长兴县教育志
(1989—2014)

长兴县教育局　编

方志出版社
Publishing House of Local Records

长兴县史志编纂委员会

主　　任　　周卫兵　石一婷

常务副主任　　何志强

副 主 任　　沈洪峰　陈少鹏　王庆忠　陈　峰　李彩琴

办公室主任　　吴连意

《长兴县教育志》编纂委员会

顾　　问　　蔡根桥　秦　伟　熊全龙　刘秋平　费伟华

主　　任　　张向前

副 主 任　　钦国强　钱海杰　成仁伟　张明阳　徐晓伟　赵运武

潘洪勇

委　　员　　李　峰　方明忠　杨宏伟　王忠林　沈汉奇　沈玉良

祁　伟　邹忠明　潘益民　黄崇明　徐芳芳　张平华

叶先鹏　李桂华　许万国　文宏章　吴　涛　徐国良

余年青　蔡永进

《长兴县教育志》编纂组

主　　编　　张向前

副 主 编　　钦国强　钱海杰　成仁伟　张明阳　徐晓伟　赵运武

潘洪勇

编　　辑　　黄牛春　豆雨松　王慧珠　杨根山　戴国华　胡孙居

● 20世纪90年代长兴中学校门(县教育局办公室提供)

● 长兴县洪桥逸夫中学校貌(洪桥逸夫中学提供)

● 长兴县和平镇成人文化技术学校校貌(和平成校提供)

● 2013年5月31日,长兴县李家巷镇中心小学迁建竣工(李家巷镇中心小学提供)

● 长兴县龙山中学校貌（龙山中学提供）

长兴县实验小学校貌(实验小学提供)

• 湖州市清泉文武学校校貌(清泉武校提供)

• 长兴县实验幼儿园校貌(实验幼儿园提供)

• 长兴县职业技术教育中心学校校貌(长兴职教中心提供)

• 长兴中学校貌(长兴中学提供)

• 1991年师生参加太湖水利工程劳动(古城中学提供)

• 1994年实验幼儿园教师带领幼儿做早操(实验幼儿园提供)

• 1997年学校开展迎接香港回归书画比赛(实验小学提供)

● 2005年11月26日，夹浦教研站首届“扬帆太湖”教研节开幕(县教育局办公室提供)

● 2005年5月，县职业教育学生在数控基地实训(县教育局职成科提供)

● 2005年6月，学生领取教育券(县教育局办公室提供)

● 2005年11月，长兴县中小学田径运动会开幕现场（县教育局办公室提供）

● 2005年2月24日，县教育局组织机关干部到长广七矿950米深处的矿井巷道开展体验式教育（县教育局办公室提供）

● 2007年3月4日，全县农村学生接送车全面启动（县教育局办公室提供）

• 2007年8月1日，第四届CSBA中国中学生篮球比赛在实验初中举行（县教育局办公室提供）

• 2007年10月12日，实验小学学生参加金钉子实践活动（实验小学提供）

• 2008年，全县各校师生向四川汶川特大地震灾区捐款(古城中学提供)

• 2009年3月27日，长兴县首届中小学“文学节”启动(县教育局办公室提供)

• 2010年7月26日，全县举行“仲夏夜之梦”先进事迹报告会(县教育局办公室提供)

• 2011年5月18日，长兴县滨海小学承办第七届浙江省未成年人读书节启动仪式(长兴县第六小学提供)

• 2010年10月18日，长兴县培智学校揭牌仪式(培智学校提供)

• 2011年9月16日，浙江省高中六校新课程论坛在长兴中学举行(长兴中学提供)

• 2011年6月1日，全县举行幼儿体操比赛(县教育局办公室提供)

• 2011年10月，央视《新闻联播》播出长兴县第一小学千人齐奏口风琴(长兴县第一小学提供)

• 2011年11月，在龙山中学举办第五期全国典型初中“同课异构”教学观摩活动（县教育局教研中心提供）

• 2011年12月，浙江省初中语文新课程“疑难问题解决”专题研讨会在龙山中学举行（县教育局教研中心提供）

• 2011年12月21日，长兴县现代制造业职业教育联盟成立大会召开（县教育局办公室提供）

• 2011年8月15日，长兴县第三中学高一新生军训（太湖高中提供）

• 2012年5月10日，浙江省青少年校园足球文化推进工作现场交流会在长兴举行（长兴县第六小学提供）

● 2012年6月5日，举办"快乐生活　健康成长"2012年长兴县学前教育宣传月活动启动仪式（实验幼儿园提供）

● 2012年11月28日，长兴县教师参加湖州市女教职工朗诵比赛（县教育工会提供）

● 2012年11月，全县举行学生艺术社团比赛（长兴县第一小学提供）

• 2013年3月15日，实验小学团员参加二界岭东村植树活动（实验小学提供）

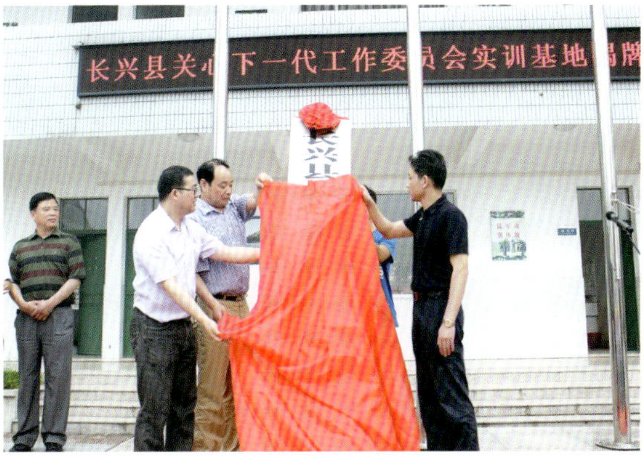

• 2013年6月20日，长兴县关工委实训基地在长兴县教育实践中心揭牌（县实践中心提供）

• 2014年4月20日，第28届浙江省青少年科技创新大赛在实验中学举办（实验中学提供）

• 2014年9月10日，长兴县庆祝第三十个教师节座谈会召开（县教育局办公室提供）

● 2014年10月13日，中心幼儿园参加浙江省第四届“阳光体育、快乐足球”幼儿足球节活动（中心幼儿园提供）

● 2014年10月28日，中科院老科学家傅前哨在龙山中学作科普报告（龙山中学提供）

● 2014年12月，长兴七小花样跳绳队参加全国跳绳联赛（华东赛区）（长兴县第七小学提供）

2014年长兴县学校平面分布示意总图

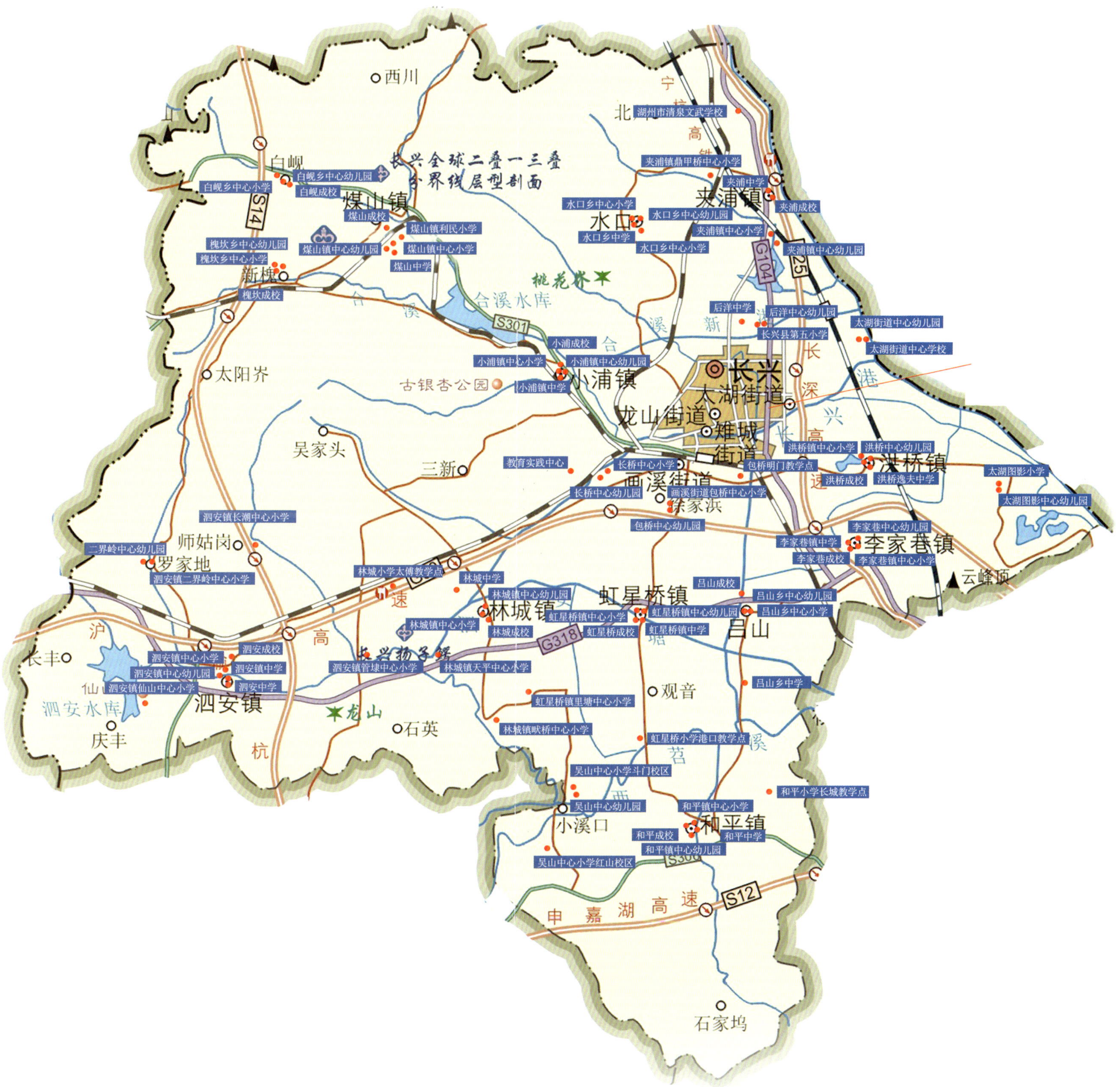

序

盛世修志，垂鉴未来；志载盛世，泽惠千秋。当前的长兴正以“大气开放，实干争先”的长兴精神为指引，在全省“重要窗口”示范建设中主动担当作为，全力打造“环太湖发展高地、长三角经济强县”，推进了长兴各方面事业的高质量发展。而当前的长兴教育，在县委、县政府的高度重视下，在社会各界的大力支持下，不断创新创优教育公共服务，不断打响“学在长兴”教育品牌，取得了令人瞩目的成绩。

长兴建城于春秋吴越争霸时期，建县始于晋武帝太康三年（282年）。建县1700多年来，坐拥太湖，背倚天目而包容一方，素有“鱼米之乡”“丝绸之府”“文化之邦”“东南望县”之美誉。长兴，受承于太湖水的滋养，渊源于帝乡佛国和茶文化圣地的历史积淀，历来是一块文化和教育的乐土。

长兴教育发展很早，据《长兴地名志》引述相关资料记载，到洎于南梁时，在磨盘山北麓创办士林馆，广收学生传授玄学，其地至今仍名“士林头”，梁陈之际的玄学大师周弘正即在这里学习成长。唐宋社会进步，印刷术发达，促进长兴教育的大发展，据清乾隆《长兴县志》记载，两宋时期，长兴县学得到了历任官员的高度重视。宋宝元二年（1039年），朝廷诏准湖州兴办学校，长兴县令许遵在县城内的东城建起了县学，这是长兴县第一座官办学校。元明清时期，长兴书院鼎盛，私塾也是遍及城乡，可谓自古学风昌盛。

中华人民共和国成立以来，长兴教育在厚重的历史文化积淀中呈现出蓬勃发展的生机，创造了令人瞩目的辉煌。新世纪初，县委、县政府依托地方经济发展，提出了“学在长兴”的教育口号，全县教育工作者在局党委领导下，创新思路，艰苦奋斗，做出了许多令人满意的成绩，教育工作呈现出欣欣向荣、健康发展的新局面。2001年11月，长兴县成功跨入省教育强县行列。2005年4月，长兴县以较高的水准顺利通过省人民政府教育强县的复查验收。而长兴的“教育券”和“德育导师制”更是在全国得到普遍推广。近几年来，长兴县成功创建了全国义务教育发展基本均衡县和浙江省基本实现教育现代化县。为集结智慧、激励后人，长兴县教育局于2015年12

月根据长兴县二轮修志工作计划安排，印发关于《长兴县教育志（1989—2014）》编纂工作方案的通知，专门组织人员修史立志。经过全县教育工作者和众多亲历者、关注者的共同努力，经过编写组的辛勤工作，历时五年，终于编纂完成了一部涵盖长兴教育沿革、教育管理、教学研究、教师管理、人物传记等内容的《长兴县教育志》，于2020年底送交出版社审核。

“以史为鉴，可以知兴替”。《长兴县教育志》是一部资料价值完备的教育类工具书，是对旧《长兴县教育志》的续修和补充，无论从现实意义还是历史意义上来讲，它都将载入长兴县教育发展的史册，是留给后人的一笔宝贵财富，我们当倍加珍惜。值此中国共产党成立100周年之际，该志的问世，既献礼了建党百年，也是对我们构建学习型社会，实现长兴教育可持续发展，建设人才资源强县意义深远，其作用必将与日俱增，亦会传诸千秋。

是为序。

凡 例

一、本志以马克思列宁主义、毛泽东思想、邓小平理论、“三个代表”重要思想、科学发展观、习近平新时代中国特色社会主义思想为指导，坚持辩证唯物主义和历史唯物主义的立场、观点和方法。记述长兴县教育的发展历史，力求反映长兴教育的特色。

二、本志为《长兴县教育志(1905—1989)》的续志，定名为《长兴县教育志(1989—2014)》。记述上限1989年，下限至2014年。

三、本志书首置图照、概述和大事记，然后分篇记述，书末编有附录和后记。全志以志、述、记为主，图(照片)、表、录为辅，照片主要集中于卷首，其余图、表、录随文插附。

四、全志采用规范语体文，述而不论，文字力求朴实简明、通俗易懂。考虑社会使用习惯，全书中亩不统一换算。

五、国家、组织机构、会议、文件、专有名词等名称使用全称，过长的名称或者使用频率高的名称第一次出现用全称，其后使用简称。如“长兴县人民政府”简称“县政府”，“长兴县教育局”简称“县教育局”，“长兴县教育委员会”简称“县教委”等。

六、本志所使用的资料主要来自县教育局档案室和县档案馆，以及全县相关学校，包括档案、报刊、年鉴、文件以及部分知情人士的口述资料等。一般不注明出处，如需注明时，采用页下注。

七、本志书采用统计数据，一般以教育年报为准；无教育年报者，则以教育行政部门的统计资料为准；无综合报表者，则参照当年基层单位之总结和汇报材料合成后确定。

目　录

第二章 义务教育

第三章　特殊教育

第四章　高中教育

第五章　中等职业教育

第六章　其他教育

第七章　成人教育

第八章　成人高等教育

第九章　中小学教育培训

第十章　教育行政管理

第十一章　教师管理与队伍建设

第十二章　教育经费

第十三章　办学条件

第十四章　教育科学研究

第十五章　民办学校

第十六章　人物

附　录

概　述

长兴县地处浙江的西北部，东临太湖，北接江苏宜兴市，西邻安徽广德县，西南和南部毗连浙江省安吉县，东南紧靠湖州市区。县境东西宽53.2千米，南北长53.1千米；县域总面积1431.3平方千米，地理坐标界于北纬30°43′—31°11′，东经119°33′—120°06′之间，人口63.1万人，辖9镇4乡、3个街道。

自1989年以来，长兴县坚持“教育先行、优先发展”的方针，大力实施“科教兴县、人才强县”战略。1993年普及义务教育，1996年基本实现九年义务教育和扫除青壮年文盲，2001年成功跨入省教育强县行列，2005年顺利通过省教育强县复查，2014年，成为全国义务教育发展基本均衡县，由此迈向实现教育现代化征程。

一

1989年6月，长兴县人大常委会通过《关于调整我县实施九年制义务教育规划的决定》，至1993年9月，全县所有乡镇全部取消小学升初中考试，小学毕业生实行按施教区划片就近入学，顺利实施九年制义务教育。之后，中共长兴县委、长兴县人民政府为迎接浙江省人民政府对长兴县基本普及九年义务教育、基本扫除青壮年文盲（简称“两基”）评估验收，于1994年制定对各乡镇“两基”评估验收规划，明确全县分3年四批对所有乡镇进行评估验收和复查。1995年按省政府要求做了调整，把“两基”评估验收工作列为政府的中心工作，同时建立县乡镇两级“两基”工作领导小组和工作班子，使政府行为落到实处。

多渠道筹措经费，增加教育投入。1993年，县政府出台《关于乡镇多渠道筹措办学经费的暂行规定》和《关于进一步加强我县农村教育事业费征收管理工作的意见》，农村教育事业费附加征管得到落实，征管额度逐年增加。1994年，县政府出台《长兴县教育配套建设费收费实施细则》，开征教育配套建设费，由城建部门在办理建筑许可证时收取。1990—1995年，大力提倡捐资助学，社会捐资共达774.5万元用于教育事业。1993—1995年，积极开展勤工俭学，勤工俭学创收用于教育经费436.7万元。坚持教育经费以政府拨款为主，教育事业经费的增长比例高于县财政经常性收入增长比例。1993—1995年县财政教育拨款总额为6196.4万元，其中1995年全县预算内教育事业经费达2470.7万元，占县财政预算内支出的25.64%，比1992年增长了155.85%。1996年，全县预算内教育事业经费达2982.6万元，比1995年增长20.7%。

改善办学条件，落实网点调整。1993—1995年，改造危房9800平方米，改造破旧校舍54300平方米，新扩建校舍47900平方米，总投资达3344.7万元。至1996年8月底，有5个乡镇易地重建中心小学和初中，投入资金共计409.41万元。全县各中小学教学仪器设备基本达到省级配备标准。学校网点调整有序进行，1993—1996年，中学从48所减少到43所，小学从400所减少到364所。

加强师资队伍建设，提高教师地位。从1992年开始，通过社会招聘、引进外地教师、"民转公"、"代转干"等途径充实教师队伍，教师数量满足教学需求，并达到任职要求。通过岗位培训、学历进修和继续教育，提高教师业务素质。至1996年，中小学校长上岗培训率达100%，通过函授、自考等形式取得大中专学历人数983人，取得中小学教师专业合格证书747人，选拔符合条件的代课教师140人到师范院校培训。全县小学、初中专任教师3064人，学历合格比例小学为78.4%、初中为81.9%。1995年，县教委向从教30年以上优秀教师颁发荣誉证书，并建立评比表彰县级优秀教师制度。加快教职工住房建设步伐，下发《关于加快解决教职工住房问题的意见》，1993—1996年，共建成教职工住房38430平方米，计508套，总投资1970万元。解决民办教师后顾之忧，对在中小学工作满30年（教学工作满15年）的退休教师（女教师放宽25年）按标准工资的100%计发退休金。

扫除文盲，保障残疾儿童教育权利。1989年，县政府下文批转县教育局《关于加快完成我县农村扫除剩余文盲任务》的报告，对全县的扫盲工作进行了规划和部署。1990年第四次人口普查，全县（含长广）青壮年的非盲率已达到95.35%，且所有乡镇的非盲率均达到95%以上。至1995年，各乡镇都建立了成人文化技术学校，76.6%的行政村建立村级教学点，并联合科技、农业等部门实施"燎原计划"[①]，同时学校教师投入扫盲教学，加快扫盲进度，全县青壮年非文盲率达到了97.92%。残疾儿

① 燎原计划：指国家教委于1988年正式部署实施的一项旨在推进农村教育改革发展，促进农村经济发展和社会进步的计划。

童少年教育列入义务教育规划，1990年，建立长兴县聋哑学校，智力障碍儿童随班就读制度，至1993年全县随班就读试点学校6所，有效保障了残疾儿童少年享受义务教育权利。

1996年9月，全县7～12周岁适龄儿童初等教育入学率99.87%，13～15周岁适龄少年初级中等教育入学率95.73%，三类残疾儿童少年入学率83.5%，15周岁人口初等教育完成率99.5%，17周岁人口初级中等教育完成率83.5%，15周岁人口中的文盲率0.05%。12月，长兴县顺利通过省人民政府“两基”评估验收，被确认为省“基本普及九年制义务教育和基本扫除青壮年文盲”县。

“两基”实现后，县政府为全面提高普及九年制义务教育水平，于1997年制定《长兴县高标准普及九年义务教育规划》，以“四高二化”①的目标，督促各乡镇制订计划，开始高标准“普九”试点工作，以点带面，分层推进。全县学校按照规划致力于高标准“普九”的实施。至2000年底，全县乡镇分三批先后实现高标准“普九”，为争创“教育强县”奠定坚实基础。

二

1997年，县委、县政府向全县转发了省教委《关于在全省范围内开展创建教育强乡镇活动的决定》，教育“创强”活动拉开序幕。

2000年8月，县委、县政府召开全县教育工作会议，印发《关于加快教育发展，争创教育强县的实施意见》，与各乡镇政府、有关部门签订创建教育强县责任书，全面落实软硬件建设任务。至此，创建教育强县工作全面展开。

加大投入，夯实教育发展基础。1997年县政府下发《关于进一步加强和完善我县教育事业费附加征收和管理工作的意见》，规范征收范围和标准。截至2000年底，全县共征收教育费附加7556.3万元，每年超额完成湖州市下达的征收任务。2000年，县政府出台《长兴县关于鼓励社会力量办学暂行规定》，鼓励外来企业和个人到长兴县投资办学，引进浙江华盛建设有限公司4500万元资金，以股份制形式，与县教委联合新建长兴华盛高级中学；引进个人资金3000万元，新建湖州市清泉武术学校；引进邵逸夫等海外知名人士捐资助学项目8个。2003—2004年，社会捐资助学金额884万元，重点用于农村学校改善办学条件。坚持教育经费以财政拨款为主不动摇，

① 四高二化：四高指普及程度高，师资合格高，经费投入高，教育质量高；二化指学校布局合理化，办学条件标准化。

1998—2000年,全县财政预算内教育拨款累计达到14754万元,占财政总支出的30%以上,财政对教育的拨款做到逐年增长,平均每年递增29%,2001年县财政对教育的拨款达8702.5万元,增幅超过35%;通过县政府牵线搭桥,县教委与工商银行、信用联社等签订“银教合作协议”,为改善办学条件增添经费保障后劲。至2000年,农村学校新增土地489.5亩,改造和新建校舍面积达13.87万平方米。

统筹兼顾,各类教育协调发展。县教委以上等级、创示范为抓手,对全县的幼儿园(班)进行全面考评,以促进规范化建设,截至2001年,幼儿园总数为41所,班级521个,全面满足适龄幼儿入园需求。义务阶段不断巩固“两基”成果,至2001年,义务教育各项指标均达到高标准“普九”要求。扩大高中段(含职高)招生的规模,达到省规定要求;加强高中段(含职高)教育教学管理,教学质量逐年提高,至2001年,高中在校学生5904人,职高在校学生2930人,全县普高高考上线率达93.25%,其中本科上线率高达59%,高职上线率连续三年为湖州市第一。成人教育迅速发展,以建设5所区域性成校为重点,加强乡镇、村成教网络建设,村级成校辐射面达到100%,教育内容适应农村经济发展;实施农科教结合及“燎原计划”,全县燎原计划实施乡镇达100%。高等教育成果明显,2001年,电大教学班43个,在校学员1650人,高等教育自学考试报名6258人。

提升品位、实施教育战略调整。县政府下发《长兴县2000—2010年城市教育发展规划》《长兴县农村中小学布局调整规划》,对城市教育布局和农村中小学网点进行战略性调整。城市教育“六大工程”[①]并驾齐驱;农村中小学布局进一步优化,2000—2001年,全县辙并农村小学119所、教学点31个,全县消灭复式班,撤并农村初中5所,全县初中、小学总数已由1996年的401所减少到167所,校均学生数初中1037人、小学374人,改变了过去学校布局散、规模小、条件差、效益低的局面;两年内农村中小学共有53个基建项目开工,建筑总面积14.8万平方米。

强化培训,提高师资素质水平。至2001年,小学专任教师总数2082人,学历合格2044人,占98.2%;初中专任教师1187人,学历合格1133人,占95.5%;普高专任教师435人,学历合格363人,占83.4%;职高专任教师142人,学历合格74人,占52.1%;长兴县教师进修学校与电大分校合署办学,专职教师44人,本科以上学历占84%,高级职称占25%。2001年,全县中小学校长培训率、教师在职培训率均达100%,教师全员普通话培训合格率达76.4%,列湖州市第一;在职教师中,小学教师参加高学历进修774人,初中教师参加高学历进修553人,分别占教职工总数的39.6%和49.5%。全

①六大工程:长兴中学、实验小学、华盛高级中学、长兴职教中心、电大进修学校及中心幼儿园。

县实行教职工全员聘任制，对教职工实行每年一次的考核，并把师德作为考核评聘的首要条件。

至2001年，全县有小学142所，初级中学25所，普通高中6所，职业类学校3所，电大进修学校1所，乡镇成人文化技术学校20所，幼儿园41所。全县小学在校生51424人、初中生25919人、高中生8834人。长兴中学被评定为“省一级重点中学”，煤山中学被评定为“省综合高中”，长兴职教中心跻身“省一级重点职高”行列，实验小学等3所学校申报省示范学校，雉城二小等4所学校被评为“省现代教育技术实验学校”，有近20所各类学校成为市级以上等级学校。2001年11月，长兴县顺利通过省教育强县评估验收，成功跨入省教育强县行列，开创新世纪长兴教育工作新局面。2005年4月，长兴县又以较高的水准顺利通过省人民政府教育强县的复查验收。

三

在实现“教育强县”的同时，教育又开始迈向教育现代化的新起点。2001年1月，县委、县政府下发了《2000—2020年长兴县教育现代化建设纲要》，迈出实现长兴教育现代化第一步。

保障投入，优先发展。2001年起，县政府对教育的主体责任和主导作用进一步凸显，教育经费落实“三个增长”[①]，至2014年，财政预算内教育经费总额达123568.4万元，义务阶段生均公共经费小学2854.14元，初中3745.12元，生均教学仪器设备值小学、初中和高中分别达到2574.31元、3439.33元、6815.41元，义务阶段教职工平均工资81145元/年。2003年，城市教育速度加快，新建实验初中、金陵高中，扩建长兴中学和长兴职教中心。同时，坚持安排专项资金用于支持薄弱学校建设和农村中小学现代化远程教育工程。2004年，加大缩小城乡教育差距步伐，全县新开工农村学校建设项目12个，农村中小学“校校通”工程全部建成，全县教育强乡镇面达到100%，提前三年完成规划。2005年，出台《2005—2007年农村学校基础设施改造规划》，投入3500多万元对破旧校舍、食堂、宿舍、厕所等基本设施进行改造。2008年，58所农村中小学多媒体配备全部完成。2010年，36所农村中小学信息化校园网建设工程全面完成并投入使用。2014年，全县中小学教学器材和设备配备均达到浙江省一类标准。

①三个增长：实施义务教育财政拨款的增长比例应当高于财政经常性收入的增长比例，保证按照在校学生人数平均的义务教育费用逐步增长，保证教职工工资和学生人均公用经费逐步增长。

促进公平，均衡发展。坚持以改善农村中小学办学条件为突破口，努力办好每一所学校。按照城乡统筹、一体发展要求，加大中小学布局调整，至2014年全县小学、初中分别从2001年的142所、25所调整至37所和18所；4所高中学校于2004年全部聚集于县城办学。从2002年起，县政府多次出台加快全县幼儿教育发展相关文件，至2014年，乡镇（街道）中心幼儿园等级建园率100%，学前三年入园率99.3%；2004年，县政府制定颁布职业教育规划，2006年，在长兴技工学校的基础上筹建长兴技师学院。至2014年，4所中等职业学校全部达到省级中等职业学校标准，其中长兴职教中心和技师学院均成为国家级重点中等职业学校。乡镇成校突飞猛进，至2014年，14所成校均达省级示范学校标准，都成为县级以上劳动力素质培训基地。社区教育全县全覆盖，并于2013年成功创建省社区教育示范区，能满足全县居民多样化学习需求。通过实施“农远”“书香校园”“信息化建设”等工程，实现了城乡教育资源一体化。通过教育券、学生关爱资助、新居民（外来长兴人员）子女入学保障等体系，实现少年儿童教育权利一体化，至2014年，新居民子女在公办学校就读比例达100%，“三残”儿童入学率达99.5%，均走在全省前列。

育人为本，优质发展。深化学生综合素养，促进教育内涵发展，坚持立德树人，在全省率先推行“德育导师制”，建立“预防未成年人犯罪预警机制”，关爱留守儿童及外来民工子弟；开足开齐开好规定课程，开发开设选修课程，严格落实“六项”①减负（减轻学生课业负担）规定，积极实施“体育艺术2+1”项目，争创文体特色学校；开通农村上下学学生班车，学校安全做到法制化、规范化和科学化；建立学生素质综合评价和学校发展性考核评价体系，推动学生素质全面发展和学校办学特色创建。全县教育质量稳步提高，普通高中高考从2007年重点上线344人、2008年455人、2009年527人、2010年538人、2013年556人，到2014年595人，连续创新高。

队伍建设，专业发展。优质发展学生的同时，大力提升教师素质，2002年3月，县教育局全面启动教师资格制度，6月，在全县中小学评选首届名师名校长，全县各级各类学校全面实施教职工专业技术职务和岗位聘任工作；2005年9月，县教育局印发《农村中小学教师素质提升工程实施规划（2005—2007年）》，实行招考录用新教师全部分配到农村学校任教，促进城乡教师均衡发展，同时启动“农村文化教育满意工程”，推动县域内教师合理流动；通过设立“特级教师后备入先班”“骨干教师跨学段挂职”“新教师培训”等方式提高教师专业发展速度。2011年3月，长兴县作为浙江省

①“六项”：严格开设课程；严格控制学生作业量；严格控制补课；严格规范考试管理；严格确保学生的休息和锻炼时间；严格规范招生秩序。

中小学教师专业发展培训制度改革的四个试点之一，在五年的时间内，对全县中小学教师在提高教师职业道德修养、专业知识、教育教学技能、教育科研水平等专业发展方面进行各类培训，至2014年，参加省级培训30494人次，县级培训29576人次。

改革创新，特色发展。进入新世纪，长兴教育改革创新新举迭出，大胆推进教育创新，在城乡联动发展上实行城区优质名校与农村学校或薄弱学校互助，至2014年，共有五个层面的教学共同体13个，涵盖学校89所；在办学特色上实行"一校一品"，全县有62所学校项目被省市认定为体育、艺术特色学校；在课堂教学方式和评价上实现方式转变，将单纯以分数、升学率为标准的评价方式转为过程的监控与发展的评价。"教育券"和"德育导师制"成为长兴教育创新的典范。2001年，首先在职教类（含民办）、社会力量办学的义务教育学校使用"教育券"；2002年"教育券"功能向义务教育阶段贫困学生延伸；2005年，高中段全程实施"教育券"制度；2006年，"教育券"制度获得第三届中国政府创新入围奖荣誉称号；截至2014年，共发"教育券"53974万张，共计12583265元。"教育券"制度，开创了教育经费拨款体制改革的新尝试，把有限的经费投入到最需要扶持的群体和领域，促进了教育的公平。2003年，长兴中学首创"德育工作导师制"，在全省得到推广；2004年，"班级德育工作导师制"先后被《光明日报》《文汇报》《中国教育报》《中国教师报》等众多媒体报道，成为长兴教育的亮点；2005年3月，长兴"德育工作导师制"在中央文明办评选的60个未成年人思想道德建设工作创新案例中获得浙江省唯一的一等奖，5月，中央电视台《新闻联播》对该案例进行了详细报道；2009年1月，长兴中学德育导师制入选长兴改革开放30年最具影响力30例典型事例。

进入新世纪，长兴教育得到均衡、公平和优质发展，呈现内涵发展、和谐发展和科学发展的新活力，正昂首阔步迈向教育现代化行列。

大事记

1989年

2月 和平中学、吴山中学、洪桥中学、新塘中学被评为省劳动技术教育工作先进学校。

4月 县政府下发《关于乡镇多渠道筹集办学经费的暂行规定》、《关于中小学进一步开展勤工俭学活动的若干意见》和《关于乡镇国拨教育事业费切块包干的暂行规定》。

6月 长兴县八届人大常委会十五次会议通过《关于要求调整我县实施九年制义务教育规划的报告》。调整至1993年,分年实施九年义务教育。

9月 全县启动首次中小学教师聘任工作,全县受聘的各级教师2794名。

同月 长潮乡中心小学教师裴广兴、煤山镇中心小学教师乔慧敏获全国优秀教师荣誉称号。

同月 县教育局沈棣兴获全国扫盲先进工作者称号。

10月 包桥乡中学教师董小白获全国教育系统劳动模范荣誉称号。槐坎乡中学教师郑绍诚获全国优秀教育工作者荣誉称号。

同月 筹办长兴县聋哑学校。

12月 全县首次开展教师职称破格评审工作。

同月 小浦镇中心小学被评为全国助残先进集体。

是年 雉城三小获全国少先队大队部"红旗大队"称号。

1990年

3月 长兴县农业技术学校被省教委核定为省首批示范性职业学校。

同月 县教育局在《教育信息》的基础上,创刊《浙北教育学刊》。

6月 全县11所农村初中实行初三分流教育，为发展农业经济服务。次年全县各初级中学普遍试行初中分流教育。

9月 长兴县聋哑学校借用县教师进修学校校舍，试办1个聋哑儿童教学班，学生18名。

同月 长兴中学教师杨谦、教研室教师吴安康被授予省特级教师称号。

11月 长桥乡中心小学少先队大队部获全国红旗大队称号；白阜乡中心小学第九中队获全国红旗中队称号，教师朱荣伟获评全国学赖宁活动优秀指导员。

12月7日 省教委职教处领导到长兴农技学校指导工作。

同月 县教育局获全国"让精神世界更美好""鲁迅纪念奖"读书活动金奖，实验小学获银奖。全县获园丁奖2名，优秀个人学生银奖2名，优秀奖9名。

1991年

3月 县教育工会女职工委员会成立。

5月 省"职教之星"巡回报告团在长兴县作报告，800名职业中学学生、分流教育班学生及普通中学学生代表参加报告会。

同月 全县高中招生制度改革，报考重点高中加试体育考试。

6月 长兴县人民教育基金会成立，到年底筹集资金额达150万元。

9月 全县推行"义务教育证书"制度。全县一至六年级，初中一年级学生全部建卡登记。

同月 实验小学教师倪淑芬被评为全国优秀教师。

12月 县教育局领导在全县科技大会上作《深入开展农村成人教育综合改革进一步促进科技兴农》专题报告。

1992年

4月 全县中学历史课程增设中共地方党史教学内容。

5月 中共长兴县教育局委员会党校成立。

7月31日 捐资建造的后洋南庄小学、新塘姚家浜小学"庆同楼"的落成典礼在长兴县后洋乡南庄小学举行。

同月 建立长兴县教育委员会，撤销县教育局、县职工教育委员会。

9月　长兴聋哑学校新校舍竣工验收,建筑面积425平方米,开办2个聋哑少年儿童班。

同月　长兴县承担省义务教育课程教材改革实验试点,全县小学起始年级和林城中学初一年级执行省编制的《义务教育试行计划》。次年秋季,初中起始年级全部执行编制的《义务教育试行计划》,全面使用省编义务教育新教材。

11月　实验小学被省妇联、省教委授予省家庭教育工作先进单位称号。

12月　长兴中学被评为省教育实践活动先进集体和电化教育先进集体。

1993年

3月　全县城镇初中一年级普遍使用省编《国防教育》课本。

3—6月　县教委教科所参加国家教委"义务教育质量研究"浙江课题组的调查测试工作,写出"义务教育质量分析报告"。次年3月,此文刊登于《浙江教育科学》。

4月　全县普通高中、职业高中、初中技校招生实施"三合一"考试,即初中毕业会考和普高、初中技校招生文化考合为一次。

7月　县教委教科所被中科院心理所列为教育实验基地。

8月　经县政府批准,建立长兴县职业技术教育、成人教育培训中心。

9月　全县幼儿园小班开始使用省编《幼儿园系列》教材。次年秋季开始全部使用新教材。

同月　实验小学教师李荣华被评为全国优秀教师,煤山中学教师许国云被评为全国优秀教育工作者。

11月　县教委出台《长兴县学校工作考核和实施办法(试行)》,此后开始每年考核一次。

12月　实验小学被省人民政府授予文明单位称号,被省教委授予先进全日制学校称号。

1994年

6月　县政府同意在长兴县农业技术学校的基础上设立长兴县职业技术学校,实行一个机构、两块牌子。

8月　县教委在煤山中学、雉城中学、林城中学、林城镇中心小学和实验小学5所学校开展校长负责制试点。

9月 长兴教师进修学校建立长兴县成人中等专业学校，设立湖州师范教学点。至1997年，连续招收4届普师班，中师毕业生192人。

10月 长兴县第一个青少年爱国主义教育基地在槐坎乡“新四军司令部旧址”纪念碑挂牌。

11月 县教委首次组建长兴县农村成人教育教师职务评审小组，负责全县农村成人教育教师职务评审推荐工作。

1995年

2月 长兴县成人中等专业学校开始招生，首届招收金融专业脱产班学员50名，市场营销、农村经济管理专业业余班学员296人。

4月 全县中小学实施每周五天工作制。

8月 县教育工会成立县教育工会救急济难互助会。

9月 县教委、县人武部联合华东八三武术学校开设预备役军人职高班。

同月 泗安中学教师周惕民获全国优秀教师荣誉称号。

同月 县教委联合县防疫站成立长兴县学生常见病防治领导小组，下设办公室，办公地址在县防疫站内。

12月 县教委被评为浙江省干训先进集体。

1996年

3月 湖州市教职工代表大会现场会在雉城四小学召开。

5月 驻湖83011部队向“希望工程”挂钩结对学校仙山乡中心小学，赠送价值1.5万元的教学用具。10月，捐款建造仙山希望小学教学楼落成。

8月 湖州市委相关领导到长兴开展学校调查研究，检查指导科技教育工作。查看夹浦镇中心小学、夹浦镇中学、长兴中学，并召开科教座谈会。

9月 县政府下发《关于加快教职工住房问题的意见》，结合住房制度改革，通过合资、合作、联建的形式逐步解决中小学教师的住房问题。

11月 长兴县高级职业中学被评为省级示范性职业高中。

12月 全县乡镇顺利通过省政府“两基”评估验收。

同月 长兴教师进修学校获省教育厅八五小学校长培训教学先进单位。

是年 雉城三小教师徐丽丽被国家少工委授予全国一级“星星火炬”奖章。

1997年

2月 李家巷镇中心小学被评为全国雏鹰红旗大队。

3月 全县中小学开始实行教代会报告制度。

同月 实验小学经浙江省教科院确认为省实施素质教育“百校工程”成员单位。

同月 县教委的《浙北教育学刊》更名为《长兴教育》。

6月 全县幼儿园实行登记注册制度。

8月 经县编制委员会批准，建立长兴县幼儿教育管理办公室，隶属县教委领导。

9月 全县初中一年级公民课改为思想政治课，使用省编新版思想政治教材，此后逐年由思想政治课取代公民课。

10月 长兴中学被国家体育总局授予全国群众体育先进集体荣誉称号。

11月 县教育工会被中华全国总工会评为送温暖工程先进集体。

1998年

1月 雉城二小被命名为浙江省中小学首批文明学校。

3月 实验小学评为浙江省首批全国中小学现代教育技术实验学校。

4月 煤山镇被授予首批浙江省教育强镇称号。

同月 香港同胞、省政协港澳委员、叔蘋奖学金基金会常务副主席顾家麒携夫人到长兴县，看望“叔蘋奖学金”获奖学生。

同月 全国现代小学素质教育研讨会在长兴县召开，来自全国各地的150余名代表参加学术交流会。

6月 省教委主任侯靖方在长兴中学、华东八三武术学校指导工作。

10月 省首届优秀教育科研成果评审会在长兴县举行，实验小学申报的“语言文字训练的最优化研究”课题荣获一等奖。

11月 雉城镇成人文化技术学校被评为第三批省一级乡（镇）成人文化技术学校（县内首家）。

同月 实验小学承办全国现代小学数学研讨会。

12月 长兴县通过省中小学实验教学普及县验收。

同月 长兴中学被评为省一级重点中学，长兴职业技术学校通过省示范性职高评估验收。

同月 县政府教育督导室建立。

1999年

4月 煤山中学被省教委批准为省级综合高中。

同月 团县委、县教委、县关工委、县新四军研究会联合主办的“99长兴18岁成人仪式”在古城公园举行，长兴中学、雉城中学等8所中学的500多名青年参加成人宣誓。

5月13日 县政府确定小浦镇、和平镇、新塘乡为县首批实施“燎原计划”示范乡镇。

5月31日 县教委建立长兴县教育委员会妇女联合委员会。

7月 长兴中学男子篮球队代表浙江省参加全国体育传统学校篮球赛，勇夺全国冠军。

同月 长广高级中学成立，迁入雉城镇。

8月 县聋哑学校撤销，在校学生全部并入湖州市聋哑学校。

同月 省计经委同意实施长兴中学迁建工程，按高中36个班，在校生1800人核定，总建筑面积30500平方米，总投资4500万元之内。

10月 长兴中学被国家教委、国家体育总局授予全国学校体育卫生先进单位荣誉称号。

2000年

1月 长兴中学教师程红被评为1999年度全国优秀外语教师。

3月6日 全县成立心理辅导专业研究会，对中小学教师进行心理辅导培训，对全县中小学生进行心理健康教育。

5月13—14日 县教委举办首届中小学生航模竞赛。全县508名学生选手参加。比赛分橡筋、弹射、直升三个项目。

7月14日 县政府同意将长兴煤田职工地质学校与长兴职业技术学校合并组建长兴县职业技术教育中心学校。

7月18日 县教委对新塘、吴山、二界岭、长潮、白岘、槐坎六个乡的中小学实行九年一贯制管理，建立中心学校统一领导，管理中小学。

同日 全县各学区教育视导办公室撤销。

8月 县教委直属单位财务核算中心和教育设备采购中心成立。

同月 县委、县政府下发《长兴县教育现代化建设纲要》、《长兴县农村中小学布局调整规划》和《2000—2010年长兴县城市教育发展规划》，简称“一纲要、两规划”。

9月 举行县首届中小学师生文学大赛颁奖仪式。至2014年12月，连续举办14届。

同月 长兴县首家引进资金以股份制形式组建的长兴华盛高级中学奠基。

10月 浙江省广播电视大学长兴分校揭牌。

同月 雉城三小获评全国雏鹰奖章“消防章”活动先进单位。

11月8—11日 省教育学会“展望21世纪浙江教育”2000年学术年会在长兴县召开。

同月 全国教育工会主席方明到长兴指导教育工会工作。

12月 长兴中学获全国青少年体育工作先进集体荣誉称号。

2001年

1月 浙江广播电视大学长兴分校、长兴县教师进修学校实行两校合并，实行一个机构、两块牌子的管理模式，搬入县高级职业中学校址办公。

2月 按省实验小学标准筹建实验小学新校区，规模36个班级，学校性质为全日制小学，办学模式为国有民办。

3月12日 长兴县首所少年环保学校在雉城二小成立。

同月 创办长兴县中心幼儿园。

4月 长兴华盛高级中学建立，股份合作制办学，实行董事会领导下的校长负责制。

同月 全县幼儿园（班）颁发学前教育证书。

同月 省教育厅厅长侯靖方到长兴县调研教育工作。

同月 长兴技工学校由县劳动局划归县教委，隶属县教委下属学校。

5月 县教委下文，从2001年秋季起在长兴职教中心、长兴技校、清泉武校和社会力量办学举办的义务教育学校中使用教育券，职业教育教育券300元，义务教育教育券500元，每学年发放一次。

同月 全县35条道路开通学生公交，增开班车100多班次，惠及5000多名学生。

9月14—16日 英国BBC电视台在湖州清泉武校进行为期三天的采访。

同月 长兴中学教师李次刚被教育部授予全国优秀教师荣誉称号。

同月 长兴县教育系统首轮普通话测试结束。

11月 长兴县通过浙江省教育强县评估验收。

同月 机关幼儿园通过省级验收，获评省示范性幼儿园（县内首家）。

12月 县委、县政府印发《长兴县教育局职能配置、内设机构和人员编制方案的通知》，长兴县教育委员会更名为长兴县教育局。

同月 长兴职教中心被评为省一级重点职业学校。

2002年

3月5日 县教育局成立长兴县教师资格制度实施工作领导小组，全面启动教师资格制度，首次认定工作于6月底全部完成。

4月 雉城二小成为省首批科研兴校百强学校。

同月 省教育厅领导一行到长兴调研教育工作，先后到长兴中学、实验小学、中心幼儿园、清泉武校、后洋中学等学校指导工作。

同月 县教育局、县科协、县妇联、团县委等联合成立长兴县青少年科技教育协会。

5月 实验小学实行三校区独立建制办学，建立长兴县第一小学和长兴县实验幼儿园。

6月 全县评选首届中小学名师名校长，评出名校长7名，名教师19名。

同月 全县首次开放向社会人员认定教师资格证。是年，申请幼儿、小学和初中教师资格分别为4人、17人和67人。

同月 长兴县所有财政供养的编内国家教职工工资由县财政统一发放。

8月 实验小学被批准为涉外单位，通过具有聘请外国文教专家资格认定，成为省小学界首家涉外单位。

同月 实验小学被命名为首批全国青少年科普创新示范学校。

同月 长兴县实行乡镇幼儿园（班）与中心小学（学校）分离，建立以乡镇中心幼儿园为中心的幼儿教育管理和业务指导网络。

9月 湖州市首个“蒙氏学前教育实验班”在长兴县机关幼儿园开班。

同月 长兴县将教育券功能向义务教育阶段贫困学生延伸，当年秋季600多名贫困学生受到资助。

同月 长兴电大与浙师大杭幼师院联合办学，经省教育厅批准，招收学前教育专业“3+2”新生80名。

10月 长兴教师进修学校升格为长兴教师进修学院。

12月 实验小学被联合国教科文组织中国全委会授予联合国教科文组织环境、人口与可持续发展（EPD）项目实验学校，“小学环境教育综合实验活动的实践与研究”课题落户学校并通过省教育科学研究院立项。

同月 省教育厅在长兴县召开“教育券”制度专题研讨会。省教育厅领导及北京大学、浙江大学等高校专家学者与会。会议以长兴教育券发行为案例，就教育券在更广范围内实施的可能性和可行性展开探讨。《人民日报》、新华社浙江分社、中央电视台教育频道、《浙江日报》等媒体予以报道。

同月 长兴县开展首届中小学师生艺术节暨元旦师生文艺会演。

是年 雉城三小被公安部、全国少工委授予雏鹰消防先进单位称号。

是年 煤山成校获评省级示范性成校，属县内首家。

2003年

2月 全县中小学全面启动基础教育课程改革实验。

同月 筹建长兴县实验初级中学，性质为股份制国有民办。

同月 县政府成立全县教育重点工程建设领导小组。分管副县长任组长。

3月 县教育局主编的《中国教育券制度的实践与探索》由人民教育出版社出版。中央电视台、《光明日报》等120多家媒体先后报道长兴教育券。次月，全国教育券研讨会在长兴县举行。

同月 长兴中学首创德育工作导师制，创设亲情化、个性化的德育工作模式。次年在全省得到推广。

4月 县教育局成立共青团长兴县教育局工作委员会。

同月 长兴金陵高级中学举行奠基仪式。学校占地300亩，规划建设60个班级，由县教育局与南京聚恒(建设)有限公司共同建设,投资1亿元。

10月28日 浙江省传统武术工作座谈会在清泉武校举行,全省40多位武术界专家和代表聚集一堂研讨工作。

同月 长兴职教中心顺利通过国家级重点职业学校验收。

同月 浙江广播电视大学长兴分校更名为浙江广播电视大学长兴学院。次年3月授牌。

12月 清泉武校增设湖州清泉综合高级中学校名,学校性质、隶属关系、领导管理体制不变。

同月 县政府出台《长兴县关于鼓励社会力量办学暂行规定》。

同月 县教育局幼儿教育管理办公室与普教科合并,成立基础教育科,将幼儿教育纳入基础教育。

是年 省传统武术涉外培训基地和长兴国家职业技能鉴定中心分别落户清泉武校和长兴技工学校。

2004年

2月 长兴县中小学心理健康教育指导中心成立。

同月 县教育局创立"长兴教育网"网站。

3月 长兴职教中心被教育部认定为首批国家级重点中等职业学校。

同月 省教育厅"加强农村转移劳动力培训的对策措施"课题调研组到长兴对全县成人、职业技术教育情况进行调研。

同月 长兴一小被全国少工委授予全国红旗大队称号。

同月 县举办的"职教之春"首届师生技能节引起新华社、《人民日报》、浙江电视台等28家媒体高度关注。对技能节、长兴打造长三角"蓝领"培养基地、职业教育成人教育开展农村劳动力转移培训、促进城乡经济统筹发展等题材进行采访报道。

同月 长兴县举行国家重点课题"基础教育阶段现代学校制度的理论与实践研究"的子课题"教育券制度与促进基础教育均衡发展、促进公共教育经费拨款体制改革关系的研究"开题仪式。次月,长兴以教育券"先行者"的身份参加中央教育科学研究培训中心在北京大学召开的全国农村教育改革理论与实践研究会。

4月 长兴职教中心通过国家ISO 9001:2000质量管理体系认证。

5月 浙大长兴职教中心数控培训基地正式挂牌,是全县首家数控专业培训基地，由长兴职教中心与浙大现代制造工程研究所合作组建。长兴职教中心投资300多万元，配备国内最先进的数控设备22台(套)，计算机67台，浙大现代工程研究所负责提供相关前沿信息、技术指导及数控教师的培训。

6月2日　省委书记习近平到长兴职教中心视察工作，走进学校教学楼、教师办公室、电脑室、实训室等场所，询问师生学习工作情况。

6月28—29日　瑞典马卡尔省政府代表团到长兴分别参观清泉武校和长兴中学，听取学校负责人对学校情况的介绍，观看武校学生精彩的武术表演。

同月　卫生部国际儿童基金会《预防农村小学生意外伤害健康促进学校》项目落户长兴二界岭中心学校，是湖州市唯一参加该项目的农村试点学校。

同月　县政府制定《2004—2007年农村园丁工程实施方案》和《2004年农村园丁工程计划》，落实配套政策措施，缩小城乡差距。

7月15—16日　教育部财务司综合处人员到长兴调研教育投入情况。

7月17日　教育部政策研究与法制建设司人员调研长兴县教育券制度，调研组在详细了解长兴教育券制度产生背景、发放对象、操作办法等情况后，到长兴中学、实验初中、清泉武校察看校园，了解相关情况。

同月　创办长兴县第二实验小学。

8月4日　留美博士、县信息化首席顾问张云飞在长兴中学设立“云飞信息学奖学金”，该奖学金主要用于奖励在县级教育部门信息学竞赛中获奖的学生及指导老师。

8月10日　长兴县举行首届中小学素质教育优胜奖表彰大会暨中小学优秀学生夏令营开营仪式。

8月29日　中央办公厅调研组到长兴调研班级德育工作导师制。

9月　长兴职教中心荣获省第一批国家星火计划农民科技培训星火学校称号。

10月　长兴县在清泉武校和长兴职教中心城西分校建立的两处中小学素质教育实践基地举行揭牌、授牌仪式。全县各中小学校组织小学三年级以上学生每学期到基地参加实践劳动一日，培养学生实践能力，推进素质教育。

同月　实验小学通过省教育厅的验收，成为湖州市首家挂牌的省九年制义务教育Ⅰ类标准化学校。

11月　瑞典、挪威皇家歌剧院终身演员、华人歌唱家蔡大生为实验初中2000余名师生作“我曾经走过的路”的专题报告，并被实验初中聘请为“客座德育导师”。

同月　新塘中心学校教师江卫华获全国中学青年数学教师优秀课观摩与评比一等奖。

12月 实验初中被国家外语教研中心授予全国外语实验学校。

2005年

3月 创办长兴县滨海小学，学校性质为公办小学，隶属县教育局管理。

同月 长兴职教中心与德国富尔达BBZ职业培训中心合作办学。9月5日，长兴职教中心、长兴技校共21名教师赶赴德国富尔达BBZ职业培训中心，进行为期一个月的进修培训。此次跨国门进行专业培训在长兴职业教育历史上尚属首次。

同月 长兴中学德育工作导师制在中央文明办评选的60个未成年人思想道德建设工作创新案例中获得一等奖。5月，中央电视台《新闻联播》进行详细报道。

4月 省教育强县复查评估组对长兴县开展为期两天的教育强县复查工作。听取县关于教育强县复查的自查自评报告，实地考察城区5所学校，召开座谈会和查阅相关资料。长兴县以高分通过省教育强县复查。

5月 长兴中学入选全国十佳创意单位，应邀参加中宣部和中央文明办在北京组织召开的"改进创新未成年人思想道德建设工作"座谈会。在会上长兴中学作了"导师制：对中小学生思想道德建设的新探索"的专题发言。

6月 县教育局制定《2005—2007年农村学校基础设施改造规划》，计划投资3500多万元对破旧校舍、食堂、宿舍、厕所等基本设施进行改造。

8月 教育部职业教育中心研究所教授到长兴作职业教育报告。全县职业学校教师听取报告。

9月 长广集团公司1处6校移交长兴县教育局管理，即公司教育处、长广高级中学、长广一中、长广二中（内设初中、小学和幼儿园）、长广实验小学（内设小学和幼儿园）、长广四小（六矿）、长广七矿小学。

10月26日 全国精神文明建设工作表彰大会在北京人民大会堂举行，长兴中学被授予全国精神文明建设工作先进单位称号。

11月25日 "中国地方政府创新奖"调研组到长兴县实地评估教育券入围"政府创新奖"，并进行调研工作。次年1月，县教育局教育券制度获得第三届中国地方政府创新入围奖荣誉称号，同月14日，在北京人民大会堂参加颁奖仪式。

同月 二界岭中心学校通过世界卫生组织的终期评估验收，荣获由省卫生厅、WHO浙江合作组颁发的"健康促进铜奖"铜匾。次年1月，浙江卫视教育科技频道采编人员一行到二界岭中心学校采访摄制该校实施省"健康促进学校"项目相关内容。专题节目于同月18日在浙江卫视教育科技频道播出。

同月 长兴职教中心荣获全国职业教育先进单位称号。

同月 长兴技校申报的省级示范专业通过省教育厅专家组验收。12月被评为省级重点技工学校。

12月 长兴职教中心被教育部、财政部授予国家级数控基地称号。

2006年

1月 亚洲美中文化教育协会中国首席代表李智华教授到实验初中指导工作。

2月 奥运冠军、女排国手周苏红到实验小学为“苏红小女排”命名进行揭牌。

同月 湖州清泉武校学生在首届香港国际武术大奖赛上获六金一银。

同月 实验小学教师何卷棣在全国劳技课比武中获一等奖。

3月 省教育厅职业与成人教育处领导一行，到长兴职教中心开展校外实习基地建设专题调研。

同月 国务院“两基”办专家、教育部基教司义教处领导，到长兴就教育券制度、外来务工人员子女就学情况进行调研。

同月 长兴技校获2004—2005学年全省先进技工学校荣誉称号。

4月 全省民办学校协会会长会议在清泉武校召开，来自全省各民办学校代表30余人参加会议。

5月 由浙江广播电视大学长兴学院和长兴县教师进修学院的资源组成，成立长兴社区学院。6月18日，长兴社区学院成立暨授牌仪式举行。此后各乡镇、街道成立社区教育中心。

6月 夹浦镇中学获评全国中小学思想道德建设活动先进单位。

同月 县教育局被省教育厅评为省教育系统文明办网示范单位。

9月 长兴县义务教育阶段学生免收学杂费。

11月 2006年全国职业教育发展研讨会在长兴职教中心举行，来自中央教科所、全国教育科学规划办公室、省教育厅、县人民政府、县教育局的领导和专家以及全国13个地区的职业学校代表参加会议。

12月 省教育厅基教处、教研室领导和各学科教研员，到实验初中调研新课程实施情况。

同月　长兴华盛虹溪中学顺利通过省教育厅的评估验收，成为浙江省一级重点普通高中。

是年　湖州清泉武校被教育部中央教科所授予全国教育教学管理示范学校称号。

2007年

1月　县教育局被评为省农村中小学现代远程教育工程先进集体。

3月　长兴县举行农村学生班车启动仪式授牌，此次共开通168辆农村学生班车，近1.5万名农村学生坐车上下学。

同月　长兴县举行"学生阳光体育运动"活动主会场启动仪式，全县"学生阳光体育运动"活动全面展开。

4月　县教育局与云南省楚雄彝族自治州教育局签署对口支援协议。

5月　长兴职教中心校长彭明才荣获中华总工会"五一劳动奖章"。

同月　长兴一小被授予全国巾帼文明岗荣誉称号。

同月　人民教育出版社专家与技术人员到长兴中学，为该校历史老师施海平现场拍摄录像课——《中外历史人物评说》中的《圣雄甘地》，作为全国示范课，秋季与人教版新教材、教师教学用书配套在全国各地发行，成为新课程"样板"。

同月　长兴职教中心被教育部确定为首批中等职业教育德育工作实验基地学校。

6月　长兴职教中心学生邹庆峰获全国汽车运用与维修技能大赛一等奖，创造长兴职教历史上的第一次。

7月　长兴一小获全国青少年文明礼仪示范基地称号。

8月　粟裕大将100周年诞辰，槐坎小学讲解员蒋雪凤应邀赴北京人民大会堂参加纪念仪式并发言。

同月　根据长兴城市建设发展规划及城市中小学教育发展要求，长兴一小和雉城二小实行集团化办学。

同月　实验初中承办第四届CSBA中国中学生篮球锦标赛。

9月　长兴中学教师程红被教育部评为全国优秀教师、全国优秀班主任。

同月　全县义务教育阶段实施免收国家课程教科书费。

10月　长兴电大荣获全国厂务公开民主管理先进单位称号。

11月　长兴中学被评为浙江省职工职业道德建设十佳单位。

12月3日　教育部体卫艺司、省教育厅及教育专家调研组到金陵高中，对新课改背景下艺术教育的开展情况进行调研。

同月 雉城三小被教育部、公安部命名为全国百所消防教育示范学校。

2008年

1月 全县举行上海幼教名师教学活动观摩,来自省内外的幼教同行共400多人参加此次活动。

2月 全县全面实施义务教育阶段课本费、作业本费免费工作。

3月 实验初中初三(6)班学生王琳获得全国第八届宋庆龄奖学金。

同月 长兴浙北大厦有限责任公司在林城镇太傅完小举行捐赠仪式,捐赠金额100万元。

4月 应中国驻法国大使馆邀请,县教育系统组建的百叶龙艺术团在巴黎参加奥运圣火传递活动。长兴百叶龙先后在该次奥运圣火传递活动的起点(埃菲尔铁塔)和终点(夏莱蒂体育场)亮相,为奥运圣火助威。

同月 长兴职教中心与湖州太湖数控机床有限公司签订校企合作协议,举行"数控技术研发中心"揭牌仪式。

同月 首批长兴县社区家长学校授牌仪式暨《我爱长兴》首发式在县行政中心举行。

同月 国家基础教育外研中心湖州地区实验学校优质课比赛在实验初中举行。

5月 实验小学五(4)班学生柴泽青在第四届全国少年作文比赛中夺得金奖。8月,受邀赴京免费参加夏令营并观看奥运会。

同月 第二实验小学教师王雪儿代表浙江省参加全国心理健康教育优质课评比,获得全国一等奖。

6月 长兴职教中心迎来四川省广元市51名学生。自四川汶川特大地震后,长兴职教中心成为全省第一批接受四川灾区中职学生的县级职教学校。

7月28日 省教育厅厅长刘希平到长兴检查工作,看望长兴职教中心来自四川广元灾区学生,实地查看灾区学生的学习和生活环境。

同月 长兴三小学生赵欢被国家少工委授予全国好少年荣誉称号。

9月 长兴职教中心被教育部授予全国教育系统抗震救灾先进集体称号。

同月 《人民教育》以较大篇幅刊登李家巷镇中心小学民工子女教育方面的成功做法。

11月　长兴职教中心学生闵琪勇夺第三届全国数控技能大赛第一名。

12月　县教育局教育技术中心史春华荣获全国电化教育优秀工作者称号。

是年　全县实行师范类毕业生择优招考制度。

2009年

1月　长兴中学德育导师制入选长兴改革开放30年最具影响力30例典型事例。

同月　李家巷镇中心小学被授予中国少年儿童平安行动示范学校称号。

2月　县教育局被评为浙江省2008年教育科学和谐发展优秀单位。2011年,县教育局再获此殊荣。

同月　长兴职教中心荣获第五届全国中等职业学校文明风采大赛优秀组织奖。

同月　长兴县首个异地"名师工作室"在长广中心学校成立,来自实验初中、实验小学、长兴四小的6位老师成为名师工作室的首批成员,并颁发聘书。

同月　长兴中学获全国文明单位称号,是长兴县历史上首次获此殊荣的单位。

3月　县首届"双元制"成人高职教育改革试点班开班,开学典礼在浙江诺力机械股份有限公司举行。

同月　长兴、安吉、德清三县职业学校首届教研节在长兴职教中心举行,三县相关领导教师400余人参加活动。

同月　金陵高中、长兴一小、实验初中获首批浙江省艺术特色学校称号。

4月　县教育局组织参加首届浙江教育博览会。实验小学被评为首届浙江教育博览会优秀参展单位。

同月　实验小学被授予全国巾帼文明岗荣誉称号。

5月　县首届中小学文学节举办"经典诗文诵读"大赛,主题为"诵读国学经典,弘扬传统文化"。

同月　长兴电大荣获全国电大开放教育招生工作优秀集体称号。

同月　长兴职教中心荣膺浙江省中职学校30强。

6月　县委第九次常委会在长兴中学召开,专题研究教育工作。与会领导与长兴中学高三年级师生代表进行座谈,听取县教育局工作汇报。

同月　实验小学通过浙江省心理健康一级站评估。

7月　长兴职教中心成为浙江省首批中等职业教育专业课程改革基地学校。

8月　筹建长兴县培智学校。

9月30日　《中国教育报》以《长兴:一个“教育强县”的升级线路图》为题,报道长兴从“学有所教”到“学有优教”,倾力打造“学在长兴”品牌的历程。

同月　长兴职教中心被教育部、国家语委授予第二批国家级语言文字规范化示范校称号。

同月　长兴县举行首部教师文学作品选《灵雨清扬》首发仪式。

同月　第二实验小学科学教师李建荣自主开发、研制的教具作品——《声音变化成因探究实验装置》获全国一等奖。

同月　浙江省中职学校首个“FANUC数控系统应用中心”在职教中心实训中心正式挂牌成立。

同月　全县义务教育学校全面实施绩效工资制度。

同月　全县开展首届中小学科普节活动,主题为“科学创新,和谐发展”。

10月　长兴一小、长兴二小少先队分别荣膺全国优秀少先队集体荣誉称号。

同月　实验小学成功举办浙江省中小学教师心理成长研讨活动。

11月　浙江广播电视大学长兴学院获评首批全国示范性基层电大。

同月　县教育局教育实践中心设立长兴县人防(民防)教育实践基地。

同月　长兴一小获评全国书法教育先进集体。

12月　清泉武校校长周清泉获首届全国民办中小学优秀校长称号。

是年　清泉武校获得全国“十运之星”十佳民办学校称号。

2010年

1月　煤山成校被教育部职成教司和中国成人教育协会联合授予全国农村成人教育先进学校称号。

同月　省教育厅到煤山成校进行农村成人教育工作调研,充分肯定煤山成校“小成校大作为”的办学成果。

同月　长兴职教中心获第六届全国中等职业学校文明风采竞赛组织奖。

2月　全县免除农村义务教育阶段学校住宿费。

4月　长兴技校被评为国家重点技工学校。

同月　县教育局人员赴青川县七佛乡中心小学看望慰问支教教师,向青川县七佛乡中心小学捐赠价值26500元的教学用品;举行煤山镇中心小学与七佛乡中心小学结对帮扶仪式，签订"心系青川，共同发展"帮扶协议书，两校成友谊单位，实行长效帮扶机制。

5月 长兴职教中心被省文化厅、省教育厅认定为省非物质文化遗产传承教学基地。

同月 《人民日报》时代先锋专刊以《浙江省体育特色学校——浙江省长兴县第一中学》为题，报道长兴一中的特色人才培养模式。

6月 长兴职教中心被教育部职业教育与成人教育司授予全国中等职业学校德育工作先进集体称号。

7月 长兴教育网被评为全国"县级五十佳网站"。

同月 煤山镇中心小学获评全国中小学图书馆先进集体。

9月 李家巷镇中心小学被教育部语言文字管理司授予全国语文特色校称号。

10月 县教育局教育实践中心举行学校揭牌仪式。

同月 长兴县培智学校新生入学。12月，学校举行揭牌仪式。

同月 实验初中被教育部艺术教育委员会授予全国学校艺术教育先进单位称号。次月，该校被中央教科所授予艺术教育示范基地称号。

11月 长兴职教中心被确定为国家中等职业教育改革发展示范学校第一批立项建设学校。

12月 县首届特级教师后备人选培训班师徒结对仪式在长兴教师进修学院举行。省特级教师导师团、县教育局相关领导、县特级教师后备人选及相关中小学的校长共55人参加仪式。

同月 长广小学在2010年全国和谐德育年会暨十三届学术研讨会上就该校感恩教育感恩文化建设做大会交流发言。

是年 清泉武校被全国民办教育促进会授予全国先进民办学校称号。

2011年

1月 长兴三小被教育部、公安部消防局授予全国消防安全教育示范学校称号。

同月 实验初中荣膺全国艺术教育先进单位称号。

3月 长兴二小成为浙江省首批雏鹰争章网试点学校。

同月 长兴县中小学教师专业发展培训管理平台全面启动，作为浙江省中小学教师专业发展培训制度改革的四个试点之一，将在五年的时间内，对全县中小学教师在提高教师职业道德修养、专业知识、教育教学技能、教育科研水平等专业发展方面进行各类培训。

同月 长兴中学举行全国高中备考策略研讨会，来自河北衡水中学、江苏海安中学的名师与长兴中学的教师共同研讨高三备考策略。

同月 长兴县教育对口支援龙游县，此轮教育对口支援工作为五年。

4月 教育部教学仪器研究所专家先后到虹星桥镇中心小学、县教育局教育实践中心和江南红村爱国主义教育基地（筹）进行调研，走进教室、图书阅览室、学生实践场地和建设工地，了解图书的配备和使用、教育实践中心建设及活动开展情况。

5月18日 长兴县滨海小学承办第七届浙江省未成年人读书节启动仪式。

5月26日 省教育厅领导一行到长兴培智学校调研，询问学校办学规模及之后的发展方向，向学校的孩子们送上“六一”节日慰问金。

7月 小浦镇中心小学“小京班”在全国“和平杯”京剧大赛中获三等奖。

9月 全国重点文学期刊《中篇小说选刊》第五期刊登实验初中学生李思雨创作的中篇小说《十年》。

同月 《人民教育》2011年第23期，刊登实验小学的专题文章《让孩子每天都有期待——记浙江省长兴县实验小学“七彩银杏卡”评价》。

10月 第二实验小学教师李建荣代表浙江省参加全国小学科学优质课评比，执教的《用显微镜观察微生物》一课获全国课堂教学比武一等奖。

同月 在2011年全国职业院校现代制造及自动化技术教师大赛暨2011年浙江省中等职业学校专业课教师职业技能大赛中，长兴职教中心教师霍永红和李忠宝参加“数控铣床装调与维修”（团体项目）竞赛，夺得全国一等奖、省一等奖。霍永红、李忠宝、蒋悦情、李昭、谷兴祥五人被授予“全国机械职业院校人才培养优秀教师”荣誉称号。

同月 实验初中在全国初中名校名校长课改特色经验报告会中作《思者无域，行者无疆——轻负担高质量之探索》的报告。

12月 国家食品药品监督管理局、教育部联合检查组对小浦中学食品卫生工作进行检查。

同月 长兴二小获全国红旗大队荣誉称号。

是年 清泉武校被教育部教师发展基金会授予全国科研兴校示范学校称号。

2012年

3月 长兴职教中心承办浙江省内地民族中职班协作会第三次工作例会。省教育厅职成处领导、全省举办内地民族中职班的11所中职学校校长、办班学校内地民族中职班具体负责人参加会议。

同月 长兴技工学校升格为长兴技师学院。5月26日，长兴技师学院举行揭牌暨职教联盟成立仪式。

4月 省教育工会的“面对面 心贴心 实打实服务职工在基层”第一调研小组到长兴调研。

5月10日 滨海小学承办全省青少年校园足球文化推进工作现场交流会观摩活动。国家足协、省教育厅相关领导出席活动，《体坛报》、《钱江晚报》、腾讯新闻等媒体相继进行报道。

5月16日 长兴初级师范学校六十周年校庆活动在长兴电大举行，90余人参加活动。

10月12日 省委第七巡视组到长兴调研师训干训工作。

10月24日 小浦镇中心小学的“小京班”在中央电视台新闻频道《新闻联播》《朝闻天下》题为《喜迎十八大，乡土艺人唱出对党的热爱》中分别播出。

11月4日 小浦镇中心小学与苏浙皖三省京剧票友代表举行联欢活动。

11月24日 在长兴大剧院举行“小京班”十周年庆典活动。

同月 金陵高中美术教师黄建鑫的作品《红色的笔记本》成功入选第十届全国水彩粉画展展览(中华人民共和国成立以来长兴籍画家首次入围国家级美术大展)。

11月27日 实验小学教师李华获全国小学信息技术教学比武特等奖，其课程并成为全国三节示范课之一。

11月 长兴技师学院成为省级数控技术应用实训基地。

同月 教育实践中心揭牌成立首个浙江省民防志愿者活动中心。

同月 长兴教师进修学院“百灵女子合唱团”参加首届浙江省合唱节获青年组银奖。

同月 浙江省“平安高铁伴你行”文艺宣讲活动在夹浦镇中心小学启动。

同月 长兴中学首次获北京大学2013年“中学校长实名推荐”资质。

12月19日 长兴一小举行国家级礼仪课题现场结题会暨校本教材《礼仪花开》首发式。

12月22日 清泉武校被评为全国人文社会科学普及基地，省社科联为学校授牌。

同日 全国“影响中国·全国典型初中名校高效课堂模式经验交流会”在实验中学举行。来自全国各地教育界领导、专家和走在课堂改革前沿的骨干教师共计600余人参加活动。

同月 龙山中学教师周利权作品《陶艺》获得第十六届全国多媒体教育软件大奖赛基础教育组课件类一等奖。

同月 洪桥镇中心小学成为浙江少儿频道在湖州建立的首批“校园记者站”。

同月 中心幼儿园老师吴茜岚在第八届全国幼儿园音乐教育观摩研讨会上，展示课大班舞蹈欣赏《百叶龙》，获得与会老师和专家的一致好评。

同月 华人歌唱家蔡大生携手浙江省青年歌唱家百场公益音乐会暨龙山中学“为你歌唱”元旦文艺会演在长兴大剧院举行。

同月 中心幼儿园被命名为省级青少年校园足球定点学校。

2013年

1月 清泉武校的武术节目《中华神功》在首届全国“蛇年吉祥颂”民办学校大型文艺会演中获金奖。

同月 教育实践中心“军事训练”项目被浙江省教育技术中心评为省素质教育实践基地优秀活动项目。

同月 实验中学被评为全国消防安全教育示范学校。

2月 第二实验小学、龙山中学被评为浙江省首批数字校园示范建设学校。

3月6日 长兴二小承办浙江省少工委六届二次（扩大）会议少先队观摩活动，团省委、省市县相关领导参加活动及全县各校少先队总辅导员180余人参加活动。

同月 机关幼儿园荣获全国巾帼文明岗荣誉称号。

同月 仙山中心小学的仙山湖少年宫师生代表走进浙江广电集团演播厅，参加“好易购同心行动”基金成立启动仪式。

同月 长兴一小被授予浙江省第二批廉政文化“六进”示范点称号。

同月 仙山中心小学的仙山湖少年宫获2012年度浙江省乡村少年宫综合考核一等奖。

4月19日 实验小学《“儿童音乐剧”校本教材的开发与实践研究》的论文获全国第四届中小学生艺术展演论文类一等奖。县教育局荣获全国第四届中小学生艺术展演活动优秀组织奖。

4月23日 省教育厅职成处领导一行到长兴核查“省财政补助与市县职业教育发展挂钩考核”工作现状。

4月25—26日 长兴四小举行浙江省珠心算教育经验交流学术研讨暨八届二次理事年会。

5月7日 长兴职教中心、龙山中学被浙江省中小学心理健康教育指导中心分别授予省中小学心理辅导一级站称号。

5月8—10日 由省教育厅教研室主办、实验中学承办的“浙江省初中课堂教学改革联盟学校第二届课堂展示暨课堂论坛 ——学为中心的学科课堂教学要素研究”活动在实验中学举行。

5月19—25日 县教育局、县科协特邀中科院老科学家科普演讲团4位科学家到县十所中小学校作10场科普报告。

5月27日 长兴技师学院获国家发展和改革委员会下达的中职教育基础能力建设2013年中央预算内投资500万元。该项目建设内容为学院机电技术应用实训基地能力提升建设，计划总投资567万元，全部用于设备采购，购置数控加工中心实训室等教育设施。

6月15日 中央电视台《走基层·寻找最美孝心少年》栏目以《徐沁烨 一夜长大》为题，对林城中学初一学生徐沁烨的“卖十字绣救治母亲”的孝心事迹进行报道，引起各界爱心人士的广泛关注。10月27日，中央电视台举行“众里寻你——2013 寻找最美孝心少年”颁奖典礼，徐沁烨获2013全国“十佳最美孝心少年”荣誉称号。

7月3日 全县召开“中国梦·学在锦绣长兴”2013年高考总结表彰暨工作座谈会。县委领导及教育局班子成员、高中校长、高中教研员、全体高三班主任、教师代表和学生代表80余人参加会议。

7月13—14日 长兴县承办2013全国青少年阳光体育露营大会，会议由全国亿万学生阳光体育运动领导小组办公室和浙江省少工委联合主办。

8月5日 《浙江日报》15 版以约2/3版的篇幅刊发配图通讯《长兴残疾女孩夏敏感动各界轮椅载起自强梦》，引起强烈反响。此后，人民网、中新网、网易新闻等全国各大知名网站纷纷转载，古城中学学生夏敏自强乐观、好学上进的事迹感动社会各界。

8月5—15日 实验小学参加浙江省第二届青少年学生阳光体育运动会小学生排球比赛，获小学女子甲组团体第一、小学生排球比赛素质测试女子甲组第一、男子乙组第三。

8月26日 小浦镇中心小学的“小京班”学生施洋在第四届“和平杯”中国京剧小票友邀请赛上获二等奖；“小京班”班主任张秋平获个人优秀组织工作奖；小浦镇中心小学获优秀单位组织奖。小浦镇中心小学被文化部命名为中国少儿京剧活动培训基地。

同月 湖州卫校药剂实训基地被评为省级实训基地。

9月5日 省教育厅人员到长兴县开展走亲连心活动。实地检查李家巷镇中心小学的开学工作，走进龙山中学初二(17)班推门听课，与长兴中学教师开展座谈。

9月15日 长兴中学举行长兴县异地商会光彩助学结对仪式。来自宁波长兴商会、绍兴长兴商会、盛泽长兴商会及广州长兴商会的10位企业家代表与该校高一年级的50位受助学生结对。

9月17日 龙山中学五位学生完成的题为《关于农村生活污水处理的调查报告》在浙江省初中研究性学习成果评比中荣获一等奖。

9月23日 长兴六小承办湖州市“阳光体育 快乐足球”为主题的首届青少年校园足球联赛开幕式。

9月25日 浙江省公安厅领导到图影小学，观摩交通安全“情景模拟教育”主题活动。

9月29日 金陵高中教师李宝华在“亚视杯”2013年第四届全国普通高中信息技术优质课展评活动中，荣获一等奖。

10月26日 小浦镇中心小学“小京班”被作为特色文化团体应邀参加美国CBS 电视台到长兴十里银杏长廊拍摄的当地特色人文风光片演出。

同月 长兴中学教师钦国强获全国历史教学评比一等奖。

11月6日 北京“心灵之声”残疾人艺术团为长兴职教中心全体师生送上一场以“励志正能量，放飞新梦想”为主题的特殊文艺演出。

11月11—14日 在省第12届中学生运动会田径比赛暨省第二届青少年学生阳光体育运动会中，长兴中学学生有 9 人次获得国家田径二级运动员称号。

11月12日 湖州市唯一一个数控类职工职业实训基地正式落户长兴技师学院。

11月16—17日 长兴中学举办全国教育专家“魅力课堂”报告会暨浙派教育典

型学校课改成果观摩活动。活动由江苏泰州洋思教育研究所主办，来自浙江、广东、江苏、江西、山东等各省的中学领导、教师参加活动。

11月22日 长兴职教中心教师骆炜的书法作品在“纪念毛泽东同志120周年诞辰”全国书法展活动中，被评为优秀作品。11月23日，书法作品光荣入展第三届中国书坛兰亭雅集42人展评审。

11月25日 实验小学图书阅览室被授予中华全国总工会示范职工书屋荣誉称号。

11月26日 县教育局承办浙江省人防教育基地建设现场会。来自全省各市、县(区)人防办和人防教育基地有关负责人60余人参加现场会。

同月 长兴县禁毒教育基地在教育实践中心成立。12月3日，县青少年法制教育中心在该校成立并揭牌。

12月31日 长兴职教中心百叶龙舞蹈社在2013年浙江省大中学校优秀学生社团评选中，荣获省优秀社团标兵称号。

2014年

1月10日 浙江省机电技术应用专业工作任务与职业能力分析会在长兴职教中心召开。

1月13日 教育部综合实践活动项目组考察指导教育实践中心实践活动教育工作。

同月 第十七届全国教育教学信息化大奖赛获奖名单揭晓，和平中学教师汪涛孙的作品《PHOTOSHOP基础教程》获基础教育组多媒体课件作品一等奖；长兴职教中心学校教师朱丹的作品《雨霖铃》和肖煜辉的作品《琵琶行》获中等职业教育组多媒体课件一等奖。

同月 长兴二小少先队大队部获浙江省红旗大队荣誉称号。

2月18日 由浙江省少工委、浙江少儿频道联合主办的浙江省汉字书写大赛湖州赛区复赛在实验小学开启，来自湖州市三县两区的五所学校参与比赛。实验小学获得冠军。

2月24日 德国黑森州迪堡市格鲁伯区一级文理中学的教师代表到长兴中学交流访问，与长兴中学签署缔结友好学校协议。

同月 长兴中学被省教育厅授予首批省一级特色示范学校称号。

3月11日 浙江省政法委领导到教育实践中心指导工作。

3月27日 中德合作湿地生物多样性保护项目专家到仙山中心小学，为该校五年级学生进行为期一天的环境教育课。

同月 教育实践中心被浙江省教育技术中心命名为首批省素质教育实践基地军事训练与国防教育教研大组组长。

4月20日 第28届浙江省青少年科技创新大赛结束，长兴学子在大赛中荣获四项大奖。省科协、省教育厅、省科技厅、团省委、市政府及县政府等领导出席颁奖会并为获奖选手颁奖。活动期间，湖州市2000余人到该校学习、观摩。

4月23—24日 “义务教育发展基本均衡县”省级现场督导评估组到长兴县进行督导评估。评估组检查14所学校，其中小学9所，初中5所。

4月 全国消防安全教育示范学校授牌仪式在实验中学举行。

同月 长兴县交通安全宣传教育基地在县教育实践中心成立。

同月 第八届全国文明礼仪研讨交流活动在长兴一小举行，国内教育专家、礼仪专家，及来自全国各地的教育行政领导、教科所研究人员、中小学德育分管校长、骨干教师近百人，观摩长兴一小文明礼仪教育展示活动。

5月18日 中央电视台国际频道《快乐汉语》栏目组到长兴拍摄民俗文化专题，小浦镇中心小学学生表演的《岕里婚庆》应邀参演。6月，在中央电视台国际频道播出。

5月28日 2014年浙江省高雅艺术进校园暨浙江艺术职业学院青年实验艺术团专场演出在长兴技师学院上演。

6月19日 浙江省反邪教“三级联创”推进现场会在长兴举行，与会代表100多人参观县教育实践中心反邪教教育基地。

同月 长兴职教中心通过国家中等职业教育改革发展示范学校建设计划第一批项目学校验收。

9月2日 长兴县首个“中国人民抗日战争胜利纪念日”暨红色山乡槐坎首届文化节启动仪式在槐坎社区教育中心仰峰村民学校举行。

9月28日 教育部职成司人员到长兴职教中心进行调研。

9月30日 中央电视台《新闻联播》播出夹浦镇中心小学300多名师生与一面960平方米的巨幅国旗合影，庆祝中华人民共和国65周岁生日。

同月 第二实验小学举行全国阅读示范基地学校授牌仪式。学校正式成为由国家新闻出版广电总局推出的“百社千校书香童年”五个基地之一。

同月 长兴中学钦国强、机关幼儿园周义华、教育研究中心沈莉三位教师被评为浙江省特级教师。

同月 金陵高中美术教师严伟琪作品《心思》入选第十二届全国美术作品展览。

同月 长兴中学教师上官维忠被教育部授予全国优秀教师荣誉称号。

10月27—30日 县教研中心臧学华参加2014年全国小学语文青年教师课堂教学评比荣获特等奖。

10月28—30日 首届浙江省素质教育实践基地“军事训练与国防教育”项目教学研讨会在县教育实践中心举行。来自全省23家中小学生素质教育实践基地70多位教师参加此次会议。会议也邀请毗邻长兴的江苏部分中小学实践基地的领导与教师参加。

11月11日 浙江省教师培训质量监控检查组到长兴教师进修学院进行检查指导工作。

11月21—23日 在中国校园媒体论坛暨颁奖盛典活动中,实验小学荣获中国校园媒体百佳示范学校称号,《长兴实小校报》获中国校园优秀校报特等奖。实验小学、长兴一小、龙山中学获报刊类一等奖。

11月24日 全省实施妇女儿童发展规划示范工作会议在长兴召开,省政府、省妇工委相关领导及全省十一个地市的100多位分管领导到实验小学进行调研。

11月24—28日 教育部委托首都体育学院对长兴县6所中学、9所小学共1050名中小学生的2014年《国家学生体质健康标准》上报数据进行抽查复核。长兴县顺利完成教育部《国家学生体质健康标准》测试上报数据抽测复核工作。

11月28日 县教育系统长兴画溪合唱团凭借《喀秋莎》《Bonse Aba》两首曲目在浙江省第二届合唱节中荣获金奖。

同月 长兴县新消费教育基地在教育实践中心成立。

12月1日 长兴七小跳绳队在由国家体育总局社会体育指导中心等主办的“培林杯”2014—2015年全国跳绳联赛(华东赛区)中,获得四金二银的成绩,学校获道德风尚奖,教师董彦杰获最佳教练称号。

12月3日 长兴职教中心学生陈启铭、教师李忠宝在第六届全国数控技能大赛中获第四名(浙江省中职组数控机床装调与维修赛项的最高荣誉)。

12月6—8日 长兴一小作为全国青少年文明礼仪教育示范基地优秀单位应邀参加全国校园文明礼仪教育2014年会,作“绘耕‘明礼’教育 涵咏一生美德”为主题的学校礼仪教育经验交流。

12月9日 教育部、省督导检查组及上海教科院智力开发研究所对长兴县进行全国义务教育发展基本均衡县督导检查。长兴县顺利通过全国义务教育发展基本均衡县评估。

12月11日 省政府领导到华盛高中检查教育教学工作。

12月12—14日 夹浦镇中学教师游海涛参加全国第七届中小学音乐优质课现场赛（中学组），执教的“美妙的变奏交响”一课获一等奖。

12月14日 第二实验小学五名学生参加由浙江省少工委和浙江少儿频道联合主办的“汉字书写大赛”全省总决赛，夺得浙江省汉字书写“百校争霸”赛总冠军。

12月20日 中央电视台《社会与法制》栏目摄制组到教育实践中心拍摄《警营探秘》，该校教官登上中央电视台展示教官风采。《警营探秘》节目在中央电视台《社会与法制》栏目中播出。

同月 长兴技师学院的会计专业荣获2014年浙江省技工院校品牌专业，获品牌专业建设项目补助资金25万元。

同月 教育实践中心被浙江省关心下一代委员会授予浙江省关心下一代工作先进集体称号。

同月 长兴职教中心、龙山中学、夹浦镇中学、长兴六小、虹星桥镇中心小学、太湖街道中心学校、中心幼儿园七所学校被列入全国校园足球定点学校。

同月 长兴一小被授予全国首批传统文化进校园试点学校称号。

同月 实验小学科学教师张建国受邀参与中欧环境治理项目“建设社区综合自然保护区，发展可持续中国”专用教材《湿地环境教育手册》编写，为编写组提供大量该校开展环境教育的翔实资料。该书由中国林业出版社出版发行。

第一章　学前教育

第一节　发展概况

一、托幼教育发展

1989年，全县托幼教育事业快速发展。4月，教育部门组织幼儿园教师进行“专业合格证书”文化专业知识考试。县妇联对全县托幼教师在政治面貌、工资待遇、教材教法与专业合格考试情况、农村幼师工资来源情况等方面进行调研。在李家巷镇召开会期3天的全县托幼工作现场会。是年，全县教育部门和集体办园5所，其他部门办园1所，共326个教学班，其中托幼班252个，在园幼儿6952人，教职工373人，专任教师354人。

1990年，实验小学附属幼儿园定名为长兴示范性幼儿园。全县12名托幼教师获评湖州市保教人员职业道德标兵。至1992年，全县幼儿园60所（班），在园幼儿共12411人，其中托儿所27所（班），入托儿童362人，在园托儿7974人。

1993年，全县对民办个体托幼园所（班）加强管理，民办托儿所有2所（班），入托儿童有41名，托幼教师有4人。全县乡（镇）幼儿园办学体制归属于乡（镇）小学，落实托幼专项经费管理。是年，全县有幼儿园共5所，416个教学班，在园幼儿共12250人，其中小学附设349个教学班，幼儿9689人，专任教师484人，取得专业合格证书104人。

1994年5月，依据湖州市《关于对城镇幼儿园进行考核评估定级的通知》，全县大力推进城镇幼儿园保教质量和办园水平。是年，全县幼儿园15所，在园幼儿共11001人，其中各类托儿所共50所（班），入托儿童有942名，托儿保教人员有121人。

1995年10月，县教委转发省教委《关于进一步改进和加强全省学前班管理意见》的通知，11月，县教委对县属各小学、乡（镇）小学附设学前班进行登记注册备案，加强规范管理。

1996年1月，县教委对县属小学、乡（镇）小学附设学前班进行评估验收。6月，机关幼儿园被评定为县一级幼儿园。8月，县教委印发《幼儿园工作规程》，规范全县办园行为。是年，全县有16所幼儿园，教育部门和集体办园7所，其他部门办学9所，有402个教学班，在园幼儿10458名，其中托幼235个教学班，托幼儿5583名。教职工499人，其中，专任教师434人，保健员31人。

1997年，全县幼儿园划归教育部门管理，使幼儿教育集行政管理与教育管理一体。县教委下发《关于建立长兴县幼儿教育管理办公室及其人员配备的通知》，县教委成立长兴县幼儿教育管理办公室，机构设在县教委教研室内，配备2名幼教专职干部，专管全县幼儿教育行政方面的工作。全县加强师资力量培养，9月，长兴电大招收职业中专幼师班。是年，全县学龄前一年学前班受教育率达80%，4～6周岁入园率达40%。幼儿教师的合格学历达到42.5%。

1998年8月，由县机关事务中心管理的机关幼儿园整体划归县教委统一管理，隶属县教委直属事业单位，维持“机关幼儿园”牌子不变，招生范围不变，经费来源不变，经济独立核算。是年，全县幼儿园21所，在园幼儿数11107人。有登记注册托儿所共19所（班），雉城镇有17所（班），李家巷镇和林城镇各有1所。雉城镇0～3岁幼儿入托率达42%。至1999年，全县4～6周岁学前幼儿三年入园率达61.62%。城镇幼儿园一年入园率达100%，农村幼儿园一年入园率达91.3%。

2000年，全县制定《长兴县“十五”期间农村幼儿教育布局规划》，学前教育进一步规范、优质发展。

2001年，县教育局制定《长兴县幼儿园创建规划》、《长兴县农村幼教网点布局调整五年规划》和《长兴县小区幼儿园管理办法》。4月，全县幼儿园（班）开始颁发“学前教育证书”。是年，全县有41所幼儿园，教育部门和集体办园25所，民办幼儿园7所，其他部门办学9所。521个教学班，在园幼儿15446名，其中托幼254个教学班，幼儿6198名。教职工501人，其中专任教师419人，保健员11人。全县三年幼儿入园率85.04%，县城和农村幼儿园学前一年入园率分别达91.0%和99.8%。

2002年，县教育局出台《关于加快长兴幼儿教育发展的实施意见》，4月，实验小学与附属长兴示范性幼儿园分离，更名为长兴县实验幼儿园。6月，机关幼儿园办学性质确定为“国有民办、园长承办”的全日制幼儿园。8月，全县乡镇幼儿园（班）与中心小学（学校）分离，实行独立办园，成立17个乡镇中心幼儿园。对乡镇中心幼儿园办园体制进行改革，实行乡镇中心幼儿园由政府举办、村级幼儿园（班）多种办园（班）形式并存的办园体制，乡镇中心幼儿园对全乡镇下属教学点的幼儿教育经费、人事及业务实行统一管理。是年，全县教育部门集体办33所幼儿园，430个教学班，在园幼儿数12894人；其他部门办8所，39个教学班，在园幼儿1154人；民办幼儿园7所，30个教学班，在园幼儿652人。全县幼儿学前一年入学率98.8%，幼儿学前三年幼儿入园率达86.8%。全县幼儿教师合格学历达85%。参加高学历进修的幼儿教师已取得大专学历的占11%。

2003年，县政府印发《长兴县农村幼儿教育布局规划》的通知，农村幼儿开展教育布局调整工作，规范乡镇中心幼儿园、教学点建设，全县有25个乡镇幼儿园，215个教学点。12月，长兴县幼儿教育管理办公室与普教科合并为基础教育科，将幼儿教育行政管理纳入基础教育科统一管理。全县在实行托幼一体化教育管理中，以小区及行政村为依托的托幼事业不断发展，有托幼单位19家，雉城镇0～3岁幼儿入托率达68%。民办幼儿园（班）发展迅速，成为学前教育的重要补充，全县有民办幼儿园（班）30个，在园幼儿1230人，占幼儿在园人数的8%。

2004年，各乡镇中心幼儿园对未入园的3～4周岁幼儿开展多种形式的宣传，采取减免、分期、结对等经费扶持政策，帮助贫困家庭幼儿解决入园问题。是年，全县有367个农村村级幼儿园（班），教学点169个。幼儿园共37所，在园幼儿共14710人，全县3～5周岁的学前三年幼儿入园率达91.2%。

2005年秋季，机关幼儿园利用小区配套幼儿园资源，在雉城镇金宇花园小区内开办“娃娃托幼部”，是县内首家启动“托幼一体化”早教工程的园区，4个教学班，84名托幼儿童。是年，全县3～5周岁的学前三年幼儿入园率达95.2%。

2006年3月，长广实验幼儿园划归县教育局管理，为县教育局直属公办学校。8月，雉城镇镇办幼儿园（其他部门办学）改制。全县幼儿教师师资力量不断加强，其中农村幼儿专任教师446人，合格学历（高中及以上）为94%。至2007年，全县学前三年入园率为96.5%。

2008年秋季，实验幼儿园与水木花都小区幼儿园实施集团化办学。电信幼儿园（其他部门办学）改制。是年，全县幼儿园49所，教育部门举办28所，部门举办1所，民办20所，教学点133个，15870名幼儿，全县3～5周岁学前三年幼儿入园率为97%，农村3～5周岁学前三年幼儿入园率为95.86%。全县教职工992名，专任教师741名，其中有事业编制教师129名，幼儿教师合格学历为96.22%。

2009年4月，县教育局转发《浙江省教育厅关于开展幼儿园等级评定和对民办幼儿园重新审核的通知》、《浙江省幼儿园申办审批办法（试行）》和《浙江省幼儿园准办标准（试行）》，出台《关于规范学前教育机构办园行为的通知》。全县建立以政府为主导、公办幼儿园为示范、社会力量办园为主体的多元化办园格局，形成优质、均衡、开放的现代学前教育体系。11月，县政府出台《关于加快学前教育改革与发展全面提升学前教育质量的实施意见》，规范托幼办学行为。12月，全县乡镇（街道）24所中心幼儿园全部办理事业法人资格登记，建立乡镇（街道）中心幼儿园法人。全县16个乡镇、3个街道办，建乡镇中心幼儿园20所、公办城镇幼儿园8所。全县幼儿园有事业编制教师131人，公办幼儿园非事业编制幼儿教师584人，事业编制教师占18.3%。幼儿教师学历合格率达到98%以上，教师持证上岗率达到80%以上，教师具有初级及以上专业技术职务达50%。

2010年，县教育局制定《长兴县幼儿教师（园长）三年培训规划（2010—2012年）》，全面启动幼儿园教师全员培训工程。2月，公开招聘、择优录用幼儿教师30名，21名到农村幼儿园任教。3月，机关幼儿园与龙山幼儿园实施集团化办学。7月，由县教育局基础教育科牵头，会同教育局计财科、县教育研究中心、县妇联办公室对县妇联管辖的西庄育才托儿所、八字桥托儿所、欢欢托儿所、宝宝托儿所四所托儿所进行办园行为、课程、收费、房屋安全、消防安全、卫生保健等方面的检查及相关业务知识指导，并移交教育局幼儿教育统一管理。至此，全县托幼儿教育全部纳入教育局统一管理。9月，下发《关于开展长兴县0～3岁婴幼儿早期教育工作的实施意见》，启动0～3岁社区早期教育，长桥中心幼儿园、机关幼儿园娃娃部设立“早教指导站”，进行试点，全县建立健全县、乡镇（街道）、村（社区）三级早教指导网络。至年底，全县3～5周岁在园幼儿人数为16293人，学前三年幼儿入园率达到98.54%，省三级以上幼儿园在园儿童数占幼儿园在园儿童总数的比例达88.15%。

2011年，县政府出台《长兴县学前教育三年行动计划（2011—2013年）》，实施学前教育普及提高工程，推进学前教育的公益性和普惠性，调整幼儿园教育资源，形成以公办幼儿园为主体、社会力量办园为补充、公办民办并举的学前教育发展格局。6月，举办长兴县首届园长论坛（至2014年共四届）。8月，下箬中心幼儿园更名为长兴县开发区幼儿园。全县12所省一级、省二级幼儿园成立早教指导站，相关宣传资料进家庭发放率达到100%，80%以上的0～3岁婴幼儿及家庭看护接受早期教育和培训。全县共有幼儿园47所，在园幼儿15817人，学前三年入园率达99.16%。

2012年，县政府出台《长兴县扶持民办幼儿园发展奖补暂行办法》；召开民办幼儿园管理现场会，为全县民办幼儿园规范管理工作树立先进典型，强化管理机制，促进全县民办幼儿园科学、健康、和谐发展。12月，中心幼儿园被命名为省级青少年校园足球定点学校。全县学前三年入园率达99.20%。至2013年，全县共有湖州市学前教育先进乡镇13个。学前三年适龄儿童入园率99.25%。

2014年9月，长广实验幼儿园撤销，91名幼儿全部到长广当地幼儿园就近入园。是年，全县共有幼儿园39所，教育部门和集体办24所（415个教学班，13002名学生）、民办14所（71个教学班，2221名学生）、其他部门办学（青少年宫）1所（9个教学班，346名学生），共教学班级495个，在园幼儿15569人，教师职工1292人，其中专任教师943人，保健员24人。市学前教育先进乡镇13个。幼儿园教师大专以上学历达到93.0%，持证上岗率达到91.9%以上。全县省三级以上幼儿园全部设立“早教站”，早教相关宣传资料进家庭率达到100%，95%以上的0～3岁婴幼儿及家庭看护人接受早期教育和培训。全县学前三年适龄幼儿入园率达到99.3%。

二、幼儿园建设

1989年，全县幼儿教育事业加大投入。县乡（镇）两级政府、村委会进一步筹措幼儿教育经费，鼓励和支持社会团体、居委会、村委会和公民个人举办幼儿园或捐资助园。是年，省财政厅、省妇联补助资金修建机关幼儿园托儿班。

1990—1993年，全县扩大办园覆盖面，落实托幼专项经费，规范幼儿园建设。1994年7月，长兴县机关幼儿园邮电分园建立。

1995年，县妇联、县物价局、县财政局联合下达《关于民办（个体办）托儿所收费标准的通知》文件，规定民办托儿所收费项目和标准。1996年7月，机关幼儿园与邮电分园分离。10月，机关幼儿园广场新园区投入使用。

1997年，长兴示范性幼儿园被评定为县一级幼儿园。12月，全县幼儿园（托儿所）实行等级收费，按一级、二级和未定级三个等级收费。

1998年，机关幼儿园邮电分园更名为长兴县电信幼儿园，被评定为县一级幼儿园。是年，有3所幼儿园被评定为市一级幼儿园。

1999年，全县幼儿园（班）进行上等级、创示范全面考评，促进规范建设。在抓好公办幼儿园的同时，规范发展民办幼儿园，满足全县适龄幼儿入园的需求。5月，县教委下发《关于开展乡镇幼儿园（班）合格评估的通知》，开展乡镇幼儿园（班）合格评估，全县14所（班）通过合格幼儿园评估，16所（班）个体托儿所被评为县先进个体托儿所。

2000年5月，全县开展合格幼儿园（班）复评。煤山镇蒋管幼儿班、新塘乡中心幼儿园、雉城镇后洋中心幼儿园、和平镇庄里幼儿班等128所幼儿园（班）通过合格幼儿园评估。9月，长兴青少年宫幼儿园获评市一级幼儿园，长兴示范性幼儿园获评市示范性幼儿园。

2001年3月，经县政府批准，对长兴县教师进修学校原址进行改建，创办长兴县中心幼儿园。10月，机关幼儿园通过省示范性幼儿园验收，成为县内首家省示范性幼儿园。是年末，全县有市级以上等级幼儿园11所，县级合格幼儿园（班）198个。

2002年，长兴青少年幼儿园迁址于金临小区内。是年，县妇联根据《长兴县托儿所考核评估定级标准》，对全县个体托儿所进行考核、评估、定级，雉城镇爱心托儿班、雉城镇宝宝托儿班、李家巷镇龙英托儿班、李家巷镇小星星托儿班、煤山镇小天使托儿班、吴山乡雏英托儿班为合格托儿班，雉城镇紫金托儿所为二级托儿所。

2003年，中心幼儿园通过省示范性幼儿验收，机关幼儿园通过省示范性幼儿园的复查。全县市级以上等级幼儿园有16所。

2004年，煤山镇中心幼儿园、青少年宫幼儿园成为市示范性幼儿园；小浦镇中心幼儿园、水口乡中心幼儿园、雉城镇后洋中心幼儿园、雉城镇下箬中心幼儿园、泗安镇中心幼儿园、林城镇天平幼儿园成为市一级幼儿园。是年，吕山乡中心幼儿园迁建，按省标准化幼儿园建造，征用土地10亩，投资100万元。全县有省示范幼儿园2所，市示范性幼儿园3所，市一级幼儿园14所，市二级幼儿园4所。

2005年，根据县政府《关于加快基础教育改革与发展的若干意见》，全县利用小区配套幼儿园，扩大办园规模，满足入学需求，全面开展湖州市学前教育先进和达标乡镇评估验收工作。加强村级教学点的建设，20个教学点完成自来水的安装工作。夹浦、长桥、槐坎、吴山、白岘、林城（太傅及阳光教学点）中心幼儿园通过市农村一级幼儿园和市农村二级幼儿园的验收。

2006年4月，煤山镇中心幼儿园通过省示范性幼儿园验收。吴山乡中心幼儿园新建横涧幼儿班。机关幼儿园、煤山镇政府获评湖州市首届幼儿教育先进集体。

2007年，机关幼儿园、中心幼儿园、实验幼儿园、青少年宫幼儿园通过省、市示范性幼儿园复查复评。吕山乡中心幼儿园、二界岭乡中心幼儿园、林城镇中心幼儿园被评为市一级幼儿园。10月，机关幼儿园、实验幼儿园获评市级示范幼儿园教育评价先进集体。是年，全县20所乡镇中心幼儿园，其中18所符合《浙江省乡镇中心幼儿园标准》,符合率占90%。全县有小区配套幼儿园12所(2所由教育部门使用和管理)。

2008年,贯彻《关于开展幼儿园等级评定和对民办幼儿园重新审核的通知》,按照“三级幼儿园由县(市区)教育局评定、核发等级证书”的规定及要求,5—6月,全县组织评估组开展评估,全县18所幼儿园成为省三级幼儿园。是年,调整城区幼儿园布局,8月,创办长兴县龙山幼儿园;9月,水木花都小区幼儿园投入使用,占地6.2亩,建筑面积3351平方米,10个教学班,招收323名学生。

2009年秋季起,全县调整公办幼儿园收费标准,保育费省一级幼儿园为310元/生·月,省二级幼儿园为220元/生·月,省三级幼儿园为150元/生·月。代管费省二级以上幼儿园为100元/生·学期,省三级以下幼儿园为80元/生·学期,实行多退少补。县财政设立学前教育专项经费,主要用于幼儿园新建、改造、创建奖励和公用经费补助。学前教育专项经费安排,由县教育部门提出方案后提交县财政例会研究,实行一年一议。县学前教育专项经费对乡镇(街道)中心幼儿园建设采用以奖代补的办法,实行一事一议。建立幼儿园等级创建奖励制度,县财政每年安排专项资金用于年度内等级幼儿园表彰奖励。创建省一级幼儿园奖励10万元,省二级幼儿园奖励6万元,省三级幼儿园奖励3万元,各乡镇(街道)按1:1的比例实施配套奖励。每两年开展一次学前教育发展先进单位及先进个人的评比表彰活动,乡镇中心幼儿园创建标准化教学点按每班1万元给予奖励。是年,机关幼儿园、龙山幼儿园完成迁建和新建工程。机关幼儿园迁建工程新征土地11.7亩,建筑面积8000平方米,总投资3000万元,规模18个教学班,秋季交付使用;新建龙山幼儿园工程竣工,占地20亩,建筑面积1万平方米,总投资3000万元。全县创建标准化村级教学点15个,乡镇中心幼儿园建园率达100%。

2010年1月,县教育局下发《长兴县幼儿园标准化村教学点评估实施意见》的通知,全县加快幼儿园标准化村教学点建设。秋季,龙山幼儿园开园,机关幼儿园、中心幼儿园、煤山镇中心幼儿园、实验幼儿园水木花都园区被评为浙江省一级幼儿园。全县15个教学点评为市农村幼儿园标准化村教学点。夹浦镇中心幼儿园被评为湖州市学前教育先进集体。新建吴山中心幼儿园、洪桥镇中心幼儿园、泗安镇中心幼儿园,总投资达1891.55万元。

2011年2月,县教育局下发《长兴县教育局关于开展幼儿日常行为规范考评工作的通知》,制定《长兴县幼儿园幼儿日常行为规范考核细则》,开展农村幼儿园标准化教学点达标工作,5月,全县2个学前教育先进乡镇和17个农村幼儿园标准化教学点顺利通过市政府验收。11月,县政府召开农村幼儿园标准化村级教学点现场会,表彰成功创建的湖州市农村幼儿园标准化村教学点。是年，洪桥中心幼儿园和水口中心幼儿园通过省二级幼儿园的创建。启动新建夹浦镇中心幼儿园、虹星桥中心幼儿园、画溪街道长桥幼儿园、白岘乡中心幼儿园，投资达1430.4万元。全县有省一级幼儿园4所，省二级幼儿园8所，省三级幼儿园20所。

2012年，夹浦镇中心幼儿园、白岘乡中心幼儿园、二界岭中心幼儿园(改建)竣工；太湖新城、吕山、后洋中心幼儿园23个教学点进行改建。全县申报省三级幼儿园3所、省二级幼儿园4所、省一级2所。省三级以上幼儿园在园儿童数占幼儿园在园儿童总数的比例达94%。乡镇中心幼儿园达到省二级幼儿园标准的为50%以上。全县20个教学点被评为湖州市农村幼儿园标准化村教学点。

2013年6月，太湖图影幼儿园新建动工，征地11.9亩，投资1200万元。8月，夹浦镇中心幼儿园、实验幼儿园(城中园区)通过省一级幼儿园评估。新建白岘中心幼儿园和改建吕山中心幼儿园竣工。秋季始，执行调整公办幼儿园保教费收费标准，省一级幼儿园350元/生·月，省二级幼儿园270元/生·月，省三级幼儿园180元/生·月，准办级幼儿园为150元/生·月。托班(小小班)保教费标准在相应等级标准的基础上，在30%的范围内上浮，自主制定。是年，乡镇(街道)中心园等级建园率达到100%，乡镇中心幼儿园省二级比例达81%，省三级以上幼儿园覆盖率为85%。全县村级教学点100%达湖州市标准化教学点要求。

2014年，实施《长兴县教育布局专项规划》，开展小区配套幼儿园规划调研。李家巷镇中心幼儿园、太湖图影中心幼儿园、槐坎乡中心幼儿园迁建工程完成，秋季投入使用。白岘乡中心幼儿园、泗安镇二界岭中心幼儿园、李家巷镇中心幼儿园成功创建省二级幼儿园，槐坎乡中心幼儿园、太湖图影中心幼儿园通过省二级幼儿园评估。

至2014年末，全县幼儿园教学点58个，市标准化村级教学点58个。全县幼儿园占地面积共399.64亩，校舍建筑面积共118346平方米。有省一级幼儿园6所、省二级幼儿园17所、省三级幼儿园12所。乡镇(街道)中心园等级建园率达到100%，乡镇中心幼儿园省二级比例达87.5%，省三级以上幼儿园覆盖率为89.7%。省三级以上幼儿园在园儿童数占幼儿园在园儿童总数的比例达98.1%。学前三年入园率达99.3%。

1989—2014年长兴县幼儿园发展情况表

表1-1

年份	园数(所)			班级(个)	在园人数(人)	教职工数(人)	专任教师(人)
	合计	其中					
		教育部门集体	其他部门、民办				
1989	6	5	1	326	6952	373	354
1990	12	11	1	341	7334	563	381
1991	8	7	1	341	9290	372	358
1992	60	58	2	423	12411	506	265
1993	5	2	3	416	12250	532	484
1994	15	3	12	416	11001	531	472
1995	16	8	8	406	11444	503	455
1996	16	7	9	402	10458	499	434
1997	49	39	10	436	10596	569	490
1998	21	8	13	457	11107	580	521
1999	40	30	10	462	11721	625	552
2000	15	7	8	399	11915	642	544
2001	41	25	16	521	15446	501	419
2002	48	33	15	499	14700	707	624
2003	42	31	11	510	14560	682	577
2004	37	28	9	487	14710	778	662
2005	32	23	9	483	13930	758	701
2006	47	30	17	468	15142	864	786
2007	47	28	19	475	15349	902	819
2008	49	28	21	505	15870	992	741
2009	48	28	20	506	15967	1019	807
2010	47	28	19	512	16293	1167	869
2011	47	29	18	449	15817	1285	935
2012	45	27	18	501	15582	1284	930
2013	40	25	15	499	15704	1059	944
2014	39	24	15	495	15569	1292	943

说明：数据来源于各年教育事业统计资料；1991年不含其他部门办学

2014年长兴县教育部门办幼儿园基本情况表

表1-2

学校	地址	创办时间	班级数（个）	学生数（人）	教职工（人）	专任教师（人）	占地（亩）	建筑面积（平方米）
长兴县机关幼儿园	雉城镇道园路168号	1956.8	41	1337	148	102	322	20684
长兴县实验幼儿园	雉城镇解放中路390号	1954.8	37	1342	128	99	14.9	9085
长兴县中心幼儿园	雉城镇长海路453号	2001.3	34	1143	111	80	19.2	8634
长兴县后洋中心幼儿园	龙山街道留下村	1985.8	14	366	28	19	19.1	3590
长兴县开发区幼儿园	开发区太湖街道上莘桥村	2002.8	10	326	32	25	5.6	1432
长兴县画溪街道包桥中心幼儿园	包桥南石桥村	1994.8	10	320	20	14	4.5	840
长兴县太湖街道中心幼儿园	太湖街道彭城村22号	2002.8	6	164	13	11	7.2	650
长兴县画溪街道长桥中心幼儿园	画溪街道姚家桥村	1978.8	9	212	23	14	7.8	2188
长兴县洪桥镇中心幼儿园	长兴洪桥镇学士路	1981.9	18	506	44	33	12.5	6539
长兴县太湖图影中心幼儿园	太湖图影旅游图假区内	1982.6	8	266	24	16	11.9	2976
长兴县李家巷镇中心幼儿园	李家巷镇李家巷村东墙门	1976.9	14	449	29	22	15.3	6451
长兴县夹浦镇中心幼儿园	夹浦镇环沉村	1979.9	29	902	62	52	28.6	7282
长兴县水口乡中心幼儿园	水口乡水口村金沙街56号	1982.2	8	277	21	18	10.5	1250
长兴县和平镇中心幼儿园	和平镇大井弄31号	1980.8	22	793	53	36	11.7	2167
长兴县和平镇吴山中心幼儿园	和平镇小溪口村	1987.8	9	257	24	16	6.6	1392

续表1-2

学校	地址	创办时间	班级数（个）	学生数（人）	教职工（人）	专任教师（人）	占地（亩）	建筑面积（平方米）
长兴县虹星桥镇中心幼儿园	虹星桥镇谭家村许家道场8号	1979.8	20	561	44	32	31.4	3479
长兴县吕山乡中心幼儿园	吕山前进街	1981.8	9	318	25	17	10	1457
长兴县泗安镇中心幼儿园	泗安镇柴湾街85号	1984.8	25	840	60	49	11	2717
长兴县林城镇中心幼儿园	林城镇桥南育才路	1987.8	28	813	65	57	33.1	3634
长兴县泗安镇二界岭中心幼儿园	泗安镇罗家地村	1989.8	11	268	25	18	6.7	1652
长兴县煤山镇中心幼儿园	煤山镇煤鑫街	1956.8	17	456	32	27	46.2	8528
长兴县小浦镇中心幼儿园	小浦镇浦草路1号	1978.8	14	444	27	23	14.4	3646
长兴县白岘乡中心幼儿园	煤山镇白岘访贤村486号	1982.2	8	193	15	13	4.8	1565
长兴县槐坎乡中心幼儿园	槐坎青塘路22号	1997.8	14	449	24	20	9	3868

说明：乡镇中心幼儿园情况含下辖教学点

第二节　学前教育管理

1989年，全县托幼教育由县妇联负责管理，县教育局负责业务管理指导，学前教育贯彻实施《幼儿园教育纲要（试行）》和《幼儿园工作规程（试行）》。实行托儿和幼儿混龄班教育。

至90年代初，全县学前教育贯彻省教委制定的《浙江省示范性幼儿园基本要求（试行）》和《浙江省乡镇中心幼儿园基本要求（试行）》，加强幼儿园规范管理，大力推进全县幼儿教育发展。

1997年，全县幼儿教育划归县教委管理，建立行政管理与教育管理网络，形成

“政府负责、分级管理、部门分工负责”的幼儿教育管理体制。全县幼儿园实行登记注册。

1998年，县幼儿园教研员归口县教育局幼儿教育管理办公室，业务管理和行政管理合并。2月起，幼儿园实行每周40小时工作制，教学计划进行相应调整。

2000年5月，全县开展合格幼儿园年度复查。12月，印发《长兴县幼儿工作年度考核标准》，全县幼儿园实施教育管理年度考核。

2001年始，全县幼儿园（班）建立颁发“学前教育证书”制度。全县城乡幼儿教育办园规模扩大，管理机制不断完善，对公办幼儿园进行人事制度和分配制度的改革，实行全员合同制，专业技术职务聘任制，中层干部实行竞聘上岗制。分配制度上，实行园内结构工资制，多劳多得，优质优酬。是年，中心幼儿园成为人事制度改革试点单位，园长通过笔试、面试竞聘上岗。

2002年，全县公办幼儿园全部实施“全员聘用、园长承办”的办学模式，乡镇中心幼儿园负责辖区村完小及托幼教育组织的管理。至此，全县学前教育形成以政府办园为骨干，以乡镇中心幼儿园为中心，辐射全县的学前教育组织管理体系。业务管理上，形成以县幼教办为中枢，以乡镇中心幼儿园为骨干的学前教育辅导网络，开展经常性的培训、讲座、论坛及教学研究活动，提高办园水平。

2003年，县教育局下发《长兴县实施教育部〈幼儿园教育指导纲要（试行）〉实施方案》（以下简称《纲要》），成立领导小组，全县各级各类幼儿园全面贯彻落实《纲要》，利用示范幼儿园的优质教育资源，充分发挥省、市示范幼儿园的辐射作用，促进城乡幼儿教育均衡化发展。全县首届幼儿园现场管理会在虹星桥中心幼儿园召开。8月，实施公开招聘乡镇中心幼儿园副园长。

2004年开始，幼儿园学前教育登记卡纳入小学新生入学报名的条件，全县进一步完善学前教育登记卡制度管理。

2005—2006年，根据县政府《关于加快基础教育改革与发展的若干意见》，全县规范托幼一体化学前教育体制管理，加快学前教育改革发展。

2007年，县政府下发《长兴县深化农村教育管理体制改革实施意见》，实行乡镇中心幼儿园由政府举办，村级幼儿园（班）多种办园（班）形式并存的办园体制。

2008年1月，县教育局会同县卫生局等4家单位组成的卫生指导小组对全县所有的公办幼儿园和大规模办园的民办幼儿园进行幼儿园卫生保健年度考核，将此考核分值列入创平安学校的考核指标中。

2009年，贯彻落实《省等级幼儿园标准和评估办法》，修改幼儿园管理年度考核办法，增加过程评价指标，扩大课时考核指标的设置面。建立“民办公助”激励机制，社会力量举办的幼儿园，在申办审批、分等定级、教师培训、专业技术资格评审、表彰奖励等方面与公办幼儿园具有同等地位。对达到省三级以上的民办幼儿园，县财政按公办幼儿园同等标准给予创建等级奖励和生均公用经费补助。

2010年，贯彻落实《浙江省教育厅办公室关于做好学前教育管理系统数据采集录入的通知》，推动学前教育管理的科学化、规范化。全县省二级以上幼儿园实施社区早教辐射，对全县托儿所课程进行管理和指导。县教育局对各级各类幼儿园有关规章制度、卫生保健知识、营养知识等方面进行系统培训，聘请长兴卫生监督所专家讲授食品卫生知识、传染病的防控和卫生消毒知识。民办托幼园所观摩省二级幼儿园长兴县电信幼儿园的保健工作。是年开始，对全县所有的民办幼儿园卫生保健方面进行督查，进行卫生保健年度考核。

2011年，县教育局制定《长兴县幼儿园幼儿日常行为规范考核细则》，根据幼儿期年龄阶段的一般特点以及各年龄班不同的侧重点，将幼儿日常行为规范分为生活习惯、学习习惯、文明礼仪、安全意识等方面进行达标考评。是年，为促进全县学前教育优质均衡发展，6月，全县举行首届幼儿园园长论坛，12月，全县幼儿园开展特色创建现场会。

2012年3月，县教育局出台《关于规范学前教育机构办学行为的通知》，对全县各幼儿园的招生、教育教学、幼儿作息时间、班额、收费、课程的实施等方面进行督查，对存在的开设非幼儿园规定课程的现象进行整顿，规范课程和师资的管理。10月，贯彻《3~6岁儿童学习与发展指南》，全面推进学前教育管理科学化、规范化发展。根据《浙江省教育厅办公室转发教育部关于规范幼儿园保育教育工作防止和纠正“小学化”现象的通知》，成立由督导室、幼教办、教研中心成员组成的联合督查组，对全县公民办幼儿园及村级教学点（班）进行明察暗访。从幼儿园课程设置；教育教学业务过程性管理的规范；课程实施各领域的均衡；树立一日生活皆课程的教育理念，科学制定保教工作计划，合理安排幼儿在园时间；创设适宜幼儿发展的良好条件，整治“小学化”教育环境；按《幼儿园工作规程》要求编班，幼儿班额按浙江省等级幼儿园标准执行，收费是否规范七个方面进行检查。

2013年，根据《长兴县教育局关于规范幼儿园保育教育工作放置和纠正“小学化”现象督查表》，对幼儿园课程设置等10个方面进行检查，建立长效机制，实行动态监管，促进全县幼儿园健康有序地发展。

2014年，全县立足浙江省一、二级幼儿园创建标准，开展园本文化，特色创建活动。5月，在白岘乡中心幼儿园开展县幼儿园特色创建现场会。6月，全县举行第四届幼儿园园长论坛，全县省三级及以上幼儿园园长参加论坛，全面促进长兴县学前教育优质均衡发展。

第三节 保育与教养

一、学制与课程

1989年，全县幼儿园招收3～6周岁的适龄幼儿，按年龄分小班、中班、大班，学制三年。幼儿入托儿所年龄为24～36个月。幼儿园每班幼儿人数一般为：小班（三至四周岁）25人，中班（四至五周岁）30人，大班（五周岁至六周岁）35人，混合班30人。

90年代初，全县幼儿园贯彻教育部《幼儿园教育纲要（试行）》，幼儿园设置体育（基本动作、基本体操）、语言（发音，说普通话，丰富词汇、口头语言等）、常识（社会和自然方面组成的知识）、计算（10以内数的概念和加减运算，有关几何形体、时间、空间等组成的知识）、音乐（唱歌、舞蹈和音乐游戏、音乐欣赏、打击乐器）、美术（绘画、泥工、手工、欣赏）等科目，教材有上海版、北京版、浙江版、江苏版，教学以幼儿为主体，教师为主导，寓教学于游戏之中，让幼儿能受到符合年龄特点较全面系统的学前教育。

1993年，省教委、市教委分别下发关于使用省编《幼儿园系列教材》的通知，是年秋季开始，小班使用省编新教材（上册）。次年秋季开始，小班、中班、大班全部使用省编的幼儿教材（包括幼儿用书）。

1995年秋，根据《幼儿园工作规程》，实行保育与教育相结合的原则，改革幼儿园课程结构，改分科教学为综合主题教学。

1996年秋，幼儿园教材换用南京市实验幼儿园编著的《幼儿园综合教育主题活动方案》，并使用配套幼儿园用书，开展不分科的综合主题教学活动。

1997年，机关幼儿园在全县率先试用南师大出版的《幼儿园课程指导》丛书（由幼教专家赵寄石教授领衔主编），分健康、语言、社会、科学、艺术五个领域。

1998—2000年，全县幼儿教育教学尝试目标管理，根据《幼儿园工作规程》、《能力课程发展目标》和幼儿园实际情况制定学年幼儿园教育总目标、阶段目标，根据目标管理的实施程序，制定各项教学计划、早锻炼活动安排及各阶段基本动作、生活自理发展目标。

2001年，省教育厅转发教育部《幼儿园教育指导纲要（试行）》（以下简称《纲要》）。全县各幼儿园相继按照《纲要》精神制定实施方案，对幼儿进行全面启蒙性教育，课程设置为健康、语言、社会、科学、艺术等五个领域。教材采用省编《幼儿园课程指导》。

2002年10月，全县举行首届幼儿园艺术节活动（此后每年一届，至2014年共十二届）。12月，全县幼儿园推行《第二套中小学生（幼儿）系列广播体操》。

2003年，长兴县被浙江省确定为实施新《纲要》第一轮实验县。全县以机关幼儿园、县中心幼儿园、实验幼儿园为总课题园，县城其他幼儿园和各乡镇中心幼儿园为子课题的实验网络。全县各级各类幼儿园开展课程与教学改革，根据新《纲要》精神和当地各园的实际情况，开设地方课程和园本课程，从不同的角度教育幼儿，促进幼儿情感、态度、能力、知识、技能等方面发展，全面提高保教质量。

2004年始，根据省教育厅《浙江省基础教育教材审查结果通知书》通知，全县统一使用华东师范大学出版社出版的《幼儿园建构式课程指导》，全面实施健康、科学、社会、语言、艺术五大领域的课程。全县幼儿园大、中、小班按不同的主题活动开展教育。

2006年1月始，全县进入第二轮《纲要》全面实施阶段。3月，县教育局下发《长兴县实施〈幼儿园教育指导纲要（试行）〉实验成果全面推广工作意见》，全县各级各类幼儿园全面开展课程与教学改革，实施课程园本化活动，推进学前教育优质均衡发展。

2007—2008年，全县各级各类幼儿园结合实际，利用本土资源，实施课程园本化主题活动开发，全力推进课程改革。

2009年，机关幼儿园金宇园区“娃娃托幼部”，开展“一日生活游戏”教学研究，按华东师范大学出版社的《早期教育方案》进行课程设置。

2010—2014年，全县按照教育部颁发的《纲要》，各级各类幼儿园规范选用国家或省级教材和课程，因地制宜开发园本特色课程。机关幼儿园的快乐绘画、生态教育、一日生活游戏，实验幼儿园的无痕快乐阅读，中心幼儿园的快乐足球，水口乡中心幼儿园的小农艺实践等一批特色鲜明的园本课程均取得丰硕成果。

二、师资提升

1989年，县教育局负责对各乡镇中心幼儿园的业务指导，负责幼儿师资培训。各乡镇中心幼儿园负责对幼儿教学点的业务指导。全县扎实开展幼儿教师舞蹈、绘画等技能培训及业务知识培训，全面提升幼儿教师业务能力与水平。

1997年始，县教委幼儿教育管理办公室专人负责幼儿教师培训工作。全县所有幼儿教师分期分批进行新教师上岗培训、普通话培训、计算机培训。全县托幼园所卫生保健人员、保育员、炊事员全部参加妇幼保健机构培训，取得岗位资格才能上岗，对已取得证书的卫生保健人员每两年参加一次知识培训。

1999年，普通话等级达国家规定要求414人，占专任教师的92%；幼儿教师计算机培训合格率达91%，持上岗证达100%。

2010年1月，县教育局、县卫生局、县总工会、县妇联联合举办的全县托幼园所卫生保健人员、保育员、炊事员系列培训班在县妇幼保健医院开班，共有150名相关人员参加培训。7月，全县第一批幼儿园教师全员培训开班，共55位幼儿园教师。10月15日，湖州市“幼儿园一日活动教育管理专题研讨培训”在煤山中心幼儿园举行，市、县幼教教研员以及来自全市的100多名园长、骨干教师参加研讨培训会。

2002年秋季起，经省教育厅批准，长兴电大与浙师大杭幼师院联合办学，招收学前教育专业“3+2”班，毕业后获大专学历，充实到全县幼师队伍。全县开展城乡幼儿园“结对帮扶”活动，城区的7所省市等级幼儿园分别与12所相对薄弱的农村幼儿园结成对子，签订“帮扶协议”，开展“一帮一 一带一”活动，培养年轻骨干教师，帮助农村幼儿园提高办园水平。

2004年2月，邀请上海华师大培训中心对全县幼儿教师进行新课程培训。3月，省《幼儿教育》编辑部到长兴县分别对机关幼儿园、中心幼儿园、实验幼儿园的课题进行指导。4月，邀请浙江师范大学杭州幼儿师范学院专家作“幼儿园课程改革”专题讲座，全县500名幼儿教师聆听报告。

2005年，21位乡（镇）中心幼儿园园长参加中央教科所在成都举办的“全国幼儿园园长培训班”学习活动。10月，幼儿教师参加湖州市幼教中心组织的上海华东师大举办的幼儿园课程改革培训班。11月，组织全县幼儿园园长进行新课程专题培训。

2006年7月，举办托幼园所保健工作人员系列培训，参加对象有卫生保健员31人、保育员25人、炊事员25人，合格率均为100%。至2008年，在全县二轮《纲要》全面实施阶段，广泛开展各级各类幼儿园师资全员培训，扎实做好园本研训，提高师资水平，推进课程改革。

2009年1月，全县托幼园所卫生保健工作指导小组对民办幼儿园进行卫生保健知识培训，规范民办幼儿园的办园水平。公办幼儿园园长参加浙江省园长上岗培训，均取得园长上岗证书，持证上岗100%。全县业务园长参加湖州市幼教中心组织的上海华东师大举办的幼儿园课程改革培训班。

2010年3月，全县农村幼儿园骨干教师进城挂职培训，培训方式以在导师指导下的在岗跟踪学习为主，同时参加导师所在学校的所有学习与培训活动，为期四个月。是年起，编外幼儿园教师全部参加全员培训，2010—2012年，共450人。

2011年7月，全县举办主题为“幼儿园持续发展与管理”首届园长论坛（至2014年共4届），全县幼儿园园长及省一、二级幼儿园副园长或业务负责人50人参加论坛，着眼于幼儿园的精细化管理、规范建设和特色发展。是年，开展幼儿园教师资格证书考前辅导培训班，117名未取得教师资格证书的幼儿园教师参加培训。

2012年，为贯彻落实《3～6岁儿童学习与发展指南》，开展幼儿教师学习、培训活动，提高专业素养。是年起，全县幼儿园（含两所民办幼儿园）有幼儿教师资格证的教师都纳入浙江省中小学教师培训管理平台，参与自主选课培训。

2014年9月15—19日，在夹浦镇中心幼儿园和李家巷镇中心幼儿园举办2014年长兴县幼儿园教师职业能力大赛的初赛和复赛。全县共有32位教师报名参加此次比赛。11月29—30日，县选派5名教师参加湖州市2014年首届幼儿教师职业技能大赛，获团体一等奖，三名教师获个人一等奖。

三、幼儿教育教学

1989年6月，国家教委颁布《幼儿园工作规程》，全县幼儿园实行保育与教育相结合的原则，对幼儿园实施体、智、德、美全面发展的教育，促进幼儿身体正常发育和心理机能的协调发展，养成良好的生活习惯和卫生习惯。各幼儿园都配备一定名额的保育员；机关幼儿园和实验小学附属幼儿园坚持家园配合，通过向家长开放半日活动、按期召开家长会、定期家访等做好家校沟通，提高幼儿园保教水平。

1990年起，全县贯彻落实《幼儿园工作规程》，开展寓教于乐的游戏活动，结合节日活动、生日活动等开展主题活动。各园建立晨检、卫生、消毒、体格检查、安全、食堂管理等制度，明确保育员职责，确保保育工作到位。

1993年，县卫生局、县教育局、县总工会、县妇联根据《浙江省托儿所、幼儿园卫生保健管理办法（试行）》，建立长兴县托幼机构卫生保健工作指导小组，完善幼儿园卫生保健各项工作。县妇联下发《关于加强民办个体托幼园所（班）管理的通知》，促进民办个体幼儿园健康持续发展。

1995年1月，全县下发《关于开展各级各类托儿所、幼儿园卫生保健合格标准的通知》，通过检查验收，对合格幼儿园发放卫生保健合格证。

1996—1998年，幼儿园教育工作坚持体、智、德、美全面发展原则，渗透于幼儿一日各项活动中。全县幼儿园施行国家教委颁布的《幼儿园工作规程》及卫生部颁发的《托儿所、幼儿园卫生保健制度》，开展卫生保健达标检查，合理安排幼儿一日生活作息制度，保证幼儿户外活动时间每天不少于2小时，按要求建立幼儿健康检查制度和幼儿健康档案。

1999年，机关幼儿园编制《带量食谱》，满足幼儿膳食需求，开展《密切家园联系、促进幼儿全面发展》保教研究。是年，县教委、县卫生局、县总工会、县妇联在雉城镇开展首届全县"健优美"儿童评选活动，对大班幼儿健康品德素质、表达能力、综合素质等方面进行评比。

2000年，县教育局、县卫生局、县总工会、县妇联联合成立县托幼园所卫生保健工作指导小组，负责指导全县托幼园所卫生保健工作。6月，全县印发《长兴县幼儿园(班)安全工作若干规定》。

2001年7月，教育部颁布新的《幼儿园教育指导纲要(试行)》，各幼儿园根据新《纲要》精神，重视幼儿的素质教育，把品德教育、情感培养、良好行为习惯的养成贯穿于幼儿生活以及各项活动中。各幼儿园根据幼儿的年龄、认知特点，教育内容注重综合性、趣味性、活动性，设置区域活动区，开展自主性游戏活动，寓教育于生活游戏中。各幼儿园积极探索办园特色，其中，机关幼儿园形成实验绘画、区域活动、双语教学等鲜明特色。

2002年，全县贯彻实施《纲要》，各幼儿园科学合理安排一日活动，树立和强化"幼儿一日生活皆课程"的观念。结合实际，因地制宜实施素质教育。全县幼儿园根据接收儿童的数量按规定设置专兼职卫生保健人员，完善晨检记录、因病缺勤病因追查与登记、传染病疫情报告等制度。全县幼儿园的安全教育管理纳入中小学统一管理。12月，全县幼儿园推行《第二套幼儿系列广播体操》。是年，各幼儿园围绕《纲要》新理念，开展走向社区亲子活动、家长阳光亲子俱乐部、家长学校等多形式家校沟通活动。

2003年，全县确定机关幼儿园、实验幼儿园、中心幼儿园、洪桥镇中心幼儿园、虹星桥镇中心幼儿园为全县实施《纲要》实验重点幼儿园。全县有机关幼儿园的"以幼儿发展为本，建构现代优质师幼关系的实践研究"、中心幼儿园的"区域活动与幼儿园亲社会行为的发展"、实验幼儿园的"促进教师专业素质提高的理论与实践研究"三个实验总课题园，县城其他各幼儿园和各乡镇中心幼儿园为子课题。

2004年，洪桥镇中心幼儿园的体育游戏“玩棒球”代表湖州市参加全省教研活动展示，荣获浙江省一等奖。4月20—22日，全县进行《幼儿园教育指导纲要（试行）》实验成果展示，展示的内容有机关幼儿园的蒙台梭利教学活动、实验幼儿园和中心幼儿园的实验成果光盘及区角活动。下箬乡中心幼儿园课题“在教育活动中注重幼儿的情感教育”、小浦镇中心幼儿园课题“教师的倾听影响幼儿情感及口语的发展”分别获国家级三等奖。

2005年，全县各幼儿园积极创建平安学校，开展安全绘画展、幼儿消防逃生演练、“六不”[①]安全教育、安全主题幼儿讲故事等系列教育活动。9月，华东师范大学到煤山镇中心幼儿园调研农村学前教育情况，在煤山镇政府召开座谈会。

2006年，全县进入第二轮《纲要》全面推广实施阶段，开展城乡结对，汇编长兴县贯彻实施《纲要》试点工作交流成果集。2月，在泗安镇中心幼儿园召开全县园本教研经验交流会。4月，县卫生局、县教育局、县总工会、县妇女联合会联合举办全县托幼园所卫生保健工作总结表彰大会，机关幼儿园等5家先进集体和30位先进个人受到表彰。同月，举办首届幼儿园家庭才艺现场展示活动，13个城镇家庭参加展示，其中，机关幼儿园一家庭《梦中花园》、中心幼儿园一家庭的《幸福一家人》、实验幼儿园一家庭的《全家总动员，人人展风采》获得最佳才艺奖，被推荐参加5月28日湖州市庆六一“湖州大舞台、幼儿家庭展风采”幼儿园家庭才艺展示，节目均获市优秀奖。6月，城区幼儿园体检儿童3670人，乡镇中心幼儿园体检率100%，由各乡镇卫生院免费进行体检。8月，根据《浙江省托儿所、幼儿园卫生保健管理办法》，城镇幼儿园开展入托体检，项目有体重、身高、血色素、心肺听诊、肝脾触诊、五官检，入托体检儿童1796人。10月，机关幼儿园的“现代儿童实验绘画”课题被列入浙江省规划课题，机关幼儿园食堂通过省A级食堂复评验收。

2007年，继续实施课程园本化主题活动，机关幼儿园“现代儿童实验绘画园本课程的实施与研究”在全县推广。11月，实验幼儿园被评为浙江省园本教研示范园。

2008年2月，深入贯彻新《纲要》，全县举行以“园本教研为载体、探究园本课程建设”研讨会。9月，全县举行“以园本教研为载体，探究本土资源开发与利用”专题研讨会，收编全县课程园本化成果专集，按城镇篇、农村篇收编。

2009年4月，县教育局与县文明办、广播电视台联合举办幼儿“我爱讲故事”活

①“六不”：不私自下水游泳；不擅自与同学结伴游泳；不在无家长或老师带领的情况下游泳；不到无安全设施、无救护人员的水域游泳；不到水边玩耍；遇到同伴溺水时不擅自下水施救。

动、首届“快乐宝贝秀”活动。全县“六一”期间儿童参加体检8012人。10月，煤山镇中心幼儿园承办湖州市“幼儿园一日活动教育常规管理”专题研讨活动。机关幼儿园开展“月末亲子俱乐部”活动，相关游戏教学经验在省学前教育研讨会和县推进早教工程的研讨会上交流分享，在全县辐射推广。是年，机关幼儿园被确立为园本培训试点单位，实施园本培训月报制。

2010年11月23日，全县早教站第一批试行点长桥中心幼儿园举行“长兴县0～3岁婴幼儿早期教育工作指导站”授牌仪式，探索以社区为依托、以示范性幼儿园和乡镇中心幼儿园为骨干的区域性早期教育服务网络。

2011年5月，在机关幼儿园龙山园区举行全县首届幼儿教师独舞比赛，评出乡镇、城镇组一等奖各5名。

2012年6月，全县在实验幼儿园水木花都园区举行首届学前教育宣传月活动启动仪式。10月，实验幼儿园作为湖州市“一日活动规范与优化”的试点园，承办湖州市一日活动规范与优化“生活版块”的现场交流活动。

2013年4月，举行长兴县首届幼儿教师创意大赛，全县共有29所幼儿园100多位教师参与活动，评出一等奖农村5个，城镇3个。11月，中心幼儿园在省幼儿绘本阅读教学研讨展示活动中，展示大班绘本阅读活动《杰克的烦恼》，受到好评。

2014年2月，全县开展幼儿园特色创建活动评比，28所幼儿园提供创建材料进行评选，评选出城镇组一等奖3个，二等奖2个，三等奖3个；乡镇组一等奖5个，二等奖7个，三等奖9个。9月，举行长兴县幼儿教师职业能力大赛，分教育活动设计、说课及特长技能展示两部分。10月，中心幼儿园参加浙江省第四届幼儿园足球节获团体二等奖。12月，全县举办第七届幼儿园银杏幼儿“能力大赛”，各幼儿园3名大班儿童参加。

2014年长兴县幼儿园特色创建评比情况表

表1-3

城镇组			
序号	单位	特色项目	奖项
1	机关幼儿园龙山园区	快乐生态	城镇组一等奖
2	实验幼儿园	快乐阅读	
3	机关幼儿园广场园区	快乐绘画	

续表 1–3

序号	单位	特色项目	奖项
4	中心幼儿园	运动健康	城镇组二等奖
5	中心幼儿园四小分园	自制户外运动器械	
6	电信幼儿园	文明礼仪	城镇组三等奖
7	实验幼儿园二小学分园	孝文化	
8	青少年宫幼儿园	古诗吟唱	
乡镇组			
序号	单位	特色项目	奖项
1	李家巷镇中心幼儿园	快乐剪纸	乡镇组一等奖
2	后洋中心幼儿园	草趣	
3	洪桥镇中心幼儿园	民间游戏	
4	长桥中心幼儿园	户外体育活动	
5	白岘乡中心幼儿园	竹文化	
6	太湖街道中心幼儿园	快乐节日	乡镇组二等奖
7	水口乡中心幼儿园	茶乡文化	
8	夹浦镇中心幼儿园	布趣	
9	虹星桥镇中心幼儿园	小小种植园，探索大乐园	
10	图影中心幼儿园	民间故事	
11	吕山乡中心幼儿园	低碳户外活动	
12	煤山镇中心幼儿园	小小金钉子	
13	包桥中心幼儿园	乡村游戏	乡镇组三等奖
14	林城镇中心幼儿园	百叶龙	
15	泗安镇中心幼儿园	学习性区角	
16	小浦镇中心幼儿园	树文化	
17	开发区中心幼儿园	折纸艺术	
18	槐坎乡中心幼儿园	稻草乐	
19	吴山中心幼儿园	纸乐纸趣	
20	和平镇中心幼儿园	淘乐	
21	二界岭中心幼儿园	木文化	

第四节　幼儿园选介

一、长兴县机关幼儿园

长兴县机关幼儿园位于雉城镇道园路168号。始建于1956年，办学初为县机关托儿所，隶属县政府主管，调拨当时县招待所的三楼三底楼房一幢和东侧三间平房作托儿所校址，调配所长、教师、保育员、炊事员、会计各1名，于年底开园，招收局级以上干部子女全托幼儿13名。1959年春，鉴于要求入托的幼儿增加，原有园舍不够，经县委同意和县政府批准，拆房扩建托儿所，1960年因故未成，将手工业联社刚落成的两座平房调给托儿所，把托儿所原来的园舍调给手工业联社。1967年元旦，托儿所被迫迁出停办。1967年1月，经托儿所全体人员的请求，由县委批准拨款重建，但中途又受干扰。后从干部福利基金中筹拨资金，全体教职工共同劳动，于同年7月建成300平方米的新园所。1967年7月16日，机关托儿所重新开办。1983年4月，更名为长兴县机关幼儿园。同年县委下达文件，批准土地归还托儿所，并拨款，9月动工新建园所，选址在雉城镇金陵北路22号，占地3345平方米，于次年8月完工。1994年，设立邮电分园，1996年7月，邮电分园分离。1996年10月，机关幼儿园广场城堡式幼儿园落成。1998年8月，根据县委常委会会议研究精神，按行业归口管理的要求，将幼儿园划转归县教委统一管理，属县教委直属事业单位，以招收机关干部子女为主，兼向社会招生。2005年8月，开办分园金宇娃娃部。2010年1月，机关幼儿园易地迁建，搬迁入道园路168号新园区。3月31日，接办龙山幼儿园。9月，龙山幼儿园正式开园。此后，幼儿园实施"一园三区"的集团化办学，并成为浙师大、杭幼师的实验幼儿园。

2014年，机关幼儿园3个园区总占地32亩，建筑面积20684平方米，各园区园内布局合理，幼儿专用教室一应俱全，有音乐工作坊、科学探究室、图书阅览室、生活操作间、美术创意室、陶艺工作室等，每班都有电脑、空调、钢琴、液晶电视等现代化教育装备。共有托、小、中、大4个年段41个教学班，幼儿1337名，教职工148人，其中专任教师102名，保健员3人。本科学历占专任教师的70.6%，幼教高级教师占30%，教师平均年龄31岁。幼儿园注重培养学前教育人才，至2014年底，培养省特级教师

1人，市、县教研员2名，幼儿园园长11名，县名校长、教学名师、教学明星、教学能手、教坛新秀等30人。

幼儿园坚持“快乐教育”的办学思想，遵循“文化理园、师爱盈园、特色办园、质量立园、科研兴园、创新强园”的办园方略和“快乐、自信、健康”办园理念，践行快乐教育，打造快乐文化，让孩子的快乐个性得以张扬，让每个孩子潜能得到最大化开掘。幼儿园立足广场园区十六年探索与实践，优化构建幼儿园快乐绘画教育特色，形成“快乐绘画”园本课程，2013年底，由南师大出版社出版发行推广；龙山园区2010年开始生态教育课程的研究与探索，获得省、市教科研成果一等奖的丰硕成果，形成园本特色的融入式生态课程体系；金宇园区坚持开展一日生活游戏的研究，“月末亲子俱乐部”活动举办60期，游戏内容和形式丰富，游戏教学经验在省学前教育研讨会和县推进早教工程的研讨会上交流分享。幼儿园先后获得国家级巾帼文明岗、省示范性幼儿园、省文明单位、省绿色学校、省一级幼儿园、省卫生先进单位、省科研兴校200强、省食品卫生A级单位、省家长示范学校、市托幼先进集体、市文明单位、市绿色学校等称号。

历任园长（书记）有马慧、高杏云、吴金娥、吕桂芬、吕文英、陈焕英、蒋桂珠、王国丽，1997年8月起，园长周义华。

二、长兴县实验幼儿园

长兴县实验幼儿园位于解放中路390号。创办于1954年，办学初为长兴县实验小学（时名为雉城镇中心小学）附设的幼儿班，位于解放中路439号。1990年，幼儿园建造新的园舍，有6个教学班的配套规模，地址搬迁至解放中路390号，更名为长兴示范性幼儿园，隶属实验小学附属幼儿园。2002年4月，按照长兴县城市规划和教育局《关于原实验小学实行三校区独立建制办学方案》文件，与实验小学分离，独立建制办园，更名为长兴县实验幼儿园，有20个教学班，在园幼儿有750人，教职工27人。2008年9月，县教育局委托实验幼儿园承办水木花都小区园区，幼儿园实施“一园两区”办学。2009年，幼儿园城中园区被省教育厅确定省一级幼儿园，2012年，水木花都园区被省教育厅确定省一级幼儿园。

2014年，幼儿园占地面积14.9亩，建筑面积9085平方米，共有小、中、大3个年段37个教学班，幼儿总人数1342，教职工128人，其中专任教师99名，本科学历占48.5%，幼儿高级教师占22%。两个园区幼儿园师资力量雄厚，有省、市、县教学明星、教学能手、教坛新秀、教学新苗、名教师、优秀班主任、优秀德育工作者、优秀共产党员等近百人次。

幼儿园秉承“让每一个孩子享受快乐的教育，感受成长的幸福”为办园宗旨，以“孩子快乐　家长放心　员工幸福　社会满意”为办园目标，培养“健康体魄 健全人格 能说会道 能想会做”的幼儿。坚持“无痕快乐阅读”的教学特色，自2000年开始实施幼儿早期阅读教学，阅读教学深受幼儿喜欢、家长肯定，形成“看、听、读、想、说”一整套的养成性教育，为幼儿的后继学习和终生可持续发展奠定扎实的基础，省级教研课题“创设多元化阅读环境，培养幼儿自主阅读能力的实践研究”获省二等奖。2011年成功申报省教育规划科研课题“幼儿快乐阅读教育的实践与研究”，深入开展快乐阅读活动，将快乐阅读全方位渗透于幼儿的学习、生活、游戏等一日生活中。通过无统一书单、无固定时空、无限制方法让幼儿轻松快乐地进行阅读，体验阅读的乐趣，最终让幼儿想说、敢说、能说、会说，培养幼儿终身受益的能力品质和情感态度，以无痕走向有痕，此课题获2011年度省教科研优秀成果二等奖。幼儿园先后获得省园本教研示范园、省巾帼文明岗、市文明单位、市绿色学校、市依法治校示范园、市课程实施先进集体、市十强幼儿园、市教科研先进集体等称号。

历任园长（书记）有潘丽蓉、张翠琴、谢美琴、吴培琴，2010年8月起，园长胡晓雁。

三、长兴县中心幼儿园

长兴县中心幼儿园位于雉城镇长海路453号。创办于2001年3月，在长兴县教师进修学校原址上按省示范性幼儿园的标准改建而成，是县教育局直属的公办幼儿园。幼儿园初建占地1198平方米，建筑面积4695平方米，内部功能设置齐全，有活动室、午睡室、盥洗室于一体的幼儿教室；有保健室、晨检室、隔离室；有全托班教室、电脑室、多功能室、画室、图书室、科学发现室；校园绿化面积2770平方米，设有玩沙池、攀岩墙、健康步道等。幼儿园师资队伍经过全县公开招聘选拔组成，园长、副园长共3人，平均年龄34岁，均大专毕业，有较丰富的管理工作经验；非在编教师和保育员都为幼师专业毕业，都具备两年以上工作经验。幼儿园于2001年9月正式开学，共招小小班、小班、中班、大班12个，共计370名幼儿，其中全托班1个，有34名幼儿，教职工共48人。

2014年，幼儿园占地面积19.2亩，建筑面积8634平方米，绿化面积2058平方米，运动场地面积3500平方米，人均活动面积10.4平方米。开设小、中、大共34个教学班，幼儿1143人，教职工111人，专职教师80人，保健员2人。本科学历占专任教师的50%，具有高级职称的有12人，县级名师2人，市教坛新秀1人。

幼儿园秉承“给我一株稚嫩的幼苗还你一棵健壮的小树”的办园理念，围绕“向阳 向善 向美”的校园文化建设宗旨，顺应孩子发展的天性，以促进幼儿全面发展为总目标，本着以人为本和开放式的管理思想，确定建设“运动型幼儿园”的特色发展之路。以运动特色教育为载体，在遵循幼儿身心发展规律的基础上，发展和创新“生命运动”的运动内涵，让运动与游戏结合，与舞蹈结合，与生命教育结合，与心灵成长结合。运动特色教育不仅倡导生命的运动，增强幼儿体质，更重要的是培养运动习惯，传承运动精神。自2006年5月之后，幼儿园在每个学期都会组织开展丰富多彩的体育节、足球嘉年华、亲子运动会等活动，广泛宣传“玩转足球 快乐成长”的理念。在2012年12月，幼儿园申报并被批准为湖州市足球试点幼儿园，积极探索“足球从娃娃抓起”的项目实践，2014年10月参加第四届浙江省幼儿足球节大赛，获得团体二等奖。幼儿园在开展特色教育的同时还注重培养幼儿良好的行为习惯和文明礼仪，积极营造向上、尊重、和谐、亲近的人文环境，形成和丰富了具有“向阳、向善、向美”精神内涵的校园“向日葵文化”，促进幼儿身心合一与全面发展，呈现多元化全方位的育人前景。幼儿园于2001年10月被确定为县教科研实验基地；2002年1月被评为湖州市示范幼儿园；2003年7月通过浙江省示范幼儿园验收；2003年12月被确定为湖州市教科研实验基地。幼儿园先后获得省一级幼儿园、省巾帼文明岗、省卫生先进单位、省A级食品卫生单位、湖州市文明单位、县绿色学校、县平安学校、县先进单位等称号。幼儿园成为杭州幼儿师范学院实验幼儿园，湖州师范学院教育实践基地。

2001年3月起，园长杭文云。

四、长兴县煤山镇中心幼儿园

长兴县煤山镇中心幼儿园位于煤山镇煤鑫街。创办于1956年。建园初，设在煤山镇南街山墩中心小学内，数间地板房，设施简陋。当时开设两个混龄班，共招收30余名幼儿，有2名专任教师，其中一名毕业于浙江幼儿师范学院。1978年，随着教育事业的发展，学前教育也前所未有地发展起来，全镇各村办起幼儿教学点12个，有18个幼儿教育班，专任教师20余人，入园率达90%以上。90年代，煤山镇经济迅速发展，同时也加速了教育事业的发展，逐渐突显出集中办园的优势。2002年8月，幼儿园异地新建，迁入煤山镇煤鑫街，由镇政府招商引资，由煤山镇中心小学与个体合作成股份制幼儿园。2004年8月，学校转为公办幼儿园，正式脱离中心小学，幼儿园独立建制。2005年6月，二都、石庙、四都教学点撤并到中心幼儿园。2007年6月，各村幼儿教学点撤并到新川教学点（原新川小学）。全镇设有一所中心幼儿园、一个新川教学点。2012年，镇中心幼儿园扩建教学楼2000平方米，办园规模逐渐扩大，设施设备日趋完善。

2014年，幼儿园下辖新川教学点，总占地面积共46.2亩，建筑面积8528平方米。幼儿园拥有多间功能室，有美工创意室、科学发现室、幼儿阅览室、金钉子小导游室等。有17个教学班，在园幼儿456人，教职工32人，其中专任教师27人，学历合格率为100%，其中本科5人，大专学历17人。新川教学点有6个教学班，在园幼儿人数129人。

幼儿园以“力求创新 办出特色”作为办园宗旨，以培养“健康活泼 自信自主 乐于探究 乐于合作 乐于创新”为办园理念，显现开放性特色和人文管理特色。2006年被评为省示范幼儿园，2010年转评为省一级幼儿园。先后获得市巾帼文明单位、市无烟先进单位、县文明单位、县先进幼儿园、县绿色单位、县卫生先进单位、县教育收费诚信示范单位、县五星级教育工会、县农村学前三年入园率先进单位、县平安校园等荣誉。

2004年8月起，园长徐盘群。

五、长兴县夹浦镇中心幼儿园

长兴县夹浦镇中心幼儿园位于夹浦镇环城村。创办于1979 年，属村办幼儿园，有2个教学班，大班、小班各1个，80多名幼儿，2名教师。1993年，幼儿班搬迁于夹浦街食品站旧址，归口乡妇联办学。1996年8月，夹浦中心小学招收1个教学混龄班，共47人，专任教师1名。1997年8月，全镇幼儿办学划归中心小学管理。1999年8月，幼儿班整体迁入乡镇府旧址。2002年8月，幼儿园与小学分离，独立建制，实行“自收自支、以园养园”办学模式。2011年，幼儿园异地新建，园址在夹浦镇环沉村，全园占地面积10667平方米，建筑面积4672平方米，总投资1800多万元。2012年8月幼儿园整体迁入。同年12月被评为浙江省一级幼儿园。

幼儿园本着“爱心献给孩子 放心留给家长”的办园宗旨，以“快乐生活 健康成长”为办园理念，把“发展幼儿 成就教师”作为幼儿园的发展目标，走特色的办园之路，从当地、各园的实际条件出发，充分挖掘轻纺资源中符合教育目标和教育价值的内容，将家乡的轻纺资源融入幼儿园课程，使幼儿园的课程更加适合当地实际，更贴近幼儿生活。教育实践中，将轻纺资源融入幼儿的一日生活，生成贴近幼儿生活的教育内容，注重和幼儿一起走进社会，扩展幼儿的生活与活动空间，让幼儿在主动、快乐、自主探究中获得发展；注重和幼儿共同创设具有轻纺气息的互动环境，让幼儿在环境中陶冶，在游戏中创造；构建富有地方特色的主题活动链，促进幼儿全面、和谐、健康的发展，培养“健康活泼有自信、文明守纪敢尝试、善良洒脱好交往、热情高雅好想象”的新世纪儿童。幼儿园先后获得省卫生先进单位、市巾帼文明岗、县学前教育先进单位、县绿色学校、文明单位等称号。

2014年，幼儿园设施齐全、功能完备。有活动室、图书阅览室、科学发现室、美术创意室、舞蹈室等各种功能室。户外有戏水池、塑胶跑道、幼儿攀爬墙、动物屋、植物园等，园内环境优美，环境教育氛围浓厚。幼儿园下辖夹浦、香山、父子岭、北川、吴城、丁甲桥6个教学点，共占地28.6亩，建筑面积7282平方米。共29个教学班，幼儿902人，教职工62人，专任教师52人，教师学历达标率100%，其中本科学历20人，专科学历31人，具有幼儿园高级职称5人，一级教师职称23人，幼儿园二级教师职称 3人。全部保育员学历均达标，并持证上岗。

历任园长叶玉芳，2014年8月起，园长徐芳。

六、长兴县洪桥镇中心幼儿园

长兴县洪桥镇中心幼儿园位于长兴县洪桥镇。创建于1981年9月，办学初为洪桥小学的附设幼儿班。2001年10月，被评为湖州市一级幼儿园。2002年与小学分离，独立建制，定名为洪桥镇中心幼儿园，下辖15个教学点。2009年，政府投入700多万元新建幼儿园，校舍毗邻洪桥镇中心小学。2月，转评为省三级幼儿园。2010年9月，幼儿园整体迁入，撤并龙舌咀、陈家埭、西华、杨家浦4个教学点；11月横山幼儿园分离。2011年2月被评为浙江省二级幼儿园。

2014年，幼儿园设施设备完善，园舍建筑设计、造型和室内设计符合幼儿特点，富有童趣。幼儿园配有电子监控、电脑、数码相机、音响等一套较齐全的现代设备，每个班级配有液晶电视、冷暖空调、钢琴等。有多功能室、幼儿种植园地、玩沙池、戏水池、操作室、阅览室等。幼儿园下辖张庄、沈家坝、太湖3个教学点，总占地12.5亩，建筑面积6539平方米，共有18个班，506名幼儿，教职工44名，专任教师33人。获县师德标兵、县教坛新秀、县优秀德育工作者、县教学新苗等称号十多人次。

幼儿园以用爱养育、用心教育为办园宗旨，形成“求实、创新、团结、奋进”的园风，“严谨、务实、善思、求新”的教风，“动手、动脑、创造、创新”的学风，取得显著的办园成果。2011年6月，在中国教育学会“十二五”课题“幼儿园民间游戏的实践研究”的引领下，立足园本实际，确立以民间游戏作为幼儿园的特色，在县第一轮特色创建中荣获一等奖。幼儿园民间游戏的特色教学受到浙江教育在线等多家媒体的关注，相关的论文、课题报告在市、县级获奖。幼儿园近三年（2012—2014年）承担省级课题1项，市级课题1项，县级课题10余项，市县级获奖、发表论文、案例共46人次，教科研省市县获奖结题共14人次，其他教育教学在市县级获奖56人次，辅导幼儿比赛获省市县级奖共54人次。幼儿园先后获市学前教育先进集体、市卫生先进单位、县绿色学校、县德育先进集体、县文明单位、县安全文化进校园特色示范点、县校本研训先进集体、县平安学校建设优胜单位等多项荣誉。

历任园长沈国英，2012年8月起，园长周有泉。

七、长兴县虹星桥镇中心幼儿园

长兴县虹星桥镇中心幼儿园位于虹星桥镇谭家村许家道场8号。创建于1979年，办学初为虹星桥镇中心小学附设的幼儿班。2002年8月与小学分离，幼儿园独立建制，命名为长兴县虹星桥镇中心幼儿园。秋季开学，中心园区班级设置为6个班，其中小班1个、中班2个、大班3个，下辖8个村级教学点（河桥、西南、观音桥、里塘、港口、午山、后羊、郑家）。2011年8月后羊教学点撤并。2014年8月，里塘教学点新园区落成并投入使用。2012年6月，幼儿园被评为浙江省一级幼儿园。2013年12月，幼儿园西侧开始新建辅助用房。

2014年，幼儿园成为融校园、花园、乐园为一体的乡镇中心幼儿园。幼儿园中心园区下辖7个教学点（午山、观音、里塘、港口、河桥、郑家、西南），均为湖州市标准化教学点。有20个教学班，幼儿561人，教职工44人，园长1人，专任教师32人。幼儿园师专任教师有高级教师职称3人，一级教师职称19人。有湖州市首届优秀园长1人，湖州市教坛新秀、县教学能手、县名师1人。教科研氛围浓厚，多次承担市、县级规划课题，在各级刊物上发表论文30余篇。

幼儿园以“师资一流、环境一流、设施一流、管理一流”为办园目标，做好教育教学各项工作，本着“追求卓越”的精神，把幼儿园办成幼儿最向往、最喜爱的成长乐园。坚持“以人为本”的教育理念，拥有一支作风硬，业务精，素质高，爱心浓的教师队伍。坚持以幼儿为本，以幼儿的需要为出发点，每位教师都把工作当作是一种兴趣，一种幸福，一种满足，为培养幼儿健全的人格，促进其身心健康的发展倾注无私的爱，孩子们在爱的氛围中快乐、健康的成长。办学过程中，幼儿园一直走在农村幼儿园的前列，2003年承办长兴县首届幼儿园现场管理会，作为县幼儿园典范被推出。2010年开拓以“青青种植园 探索大乐园”为主题，培养幼儿在种植活动中的科学探究能力的特色活动，2011年获县幼儿园特色环境光盘评比一等奖。2014年成功申报市规划课题“娃娃乐：幼儿园农庄游戏的实践研究”，将特色创建活动融入幼儿游戏领域，彰显幼儿园鲜明的办园特色。幼儿园先后被评为省卫生先进单位、市平安校园、市文明单位、县文明单位、县绿色学校、县校级五好班子、县创建平安学校优胜单位、县基础教育改革优秀实验幼儿园、县幼儿日常行为规范考核优胜单位等。2005—2010年度连续六年获得县幼儿园目标考核一等奖，在县艺术节、县科技节等活动中多次获得一等奖。

历任园长周玉琴，2014年8月起，园长许羚。

八、长兴县和平镇中心幼儿园

长兴县和平镇中心幼儿园位于和平镇大井弄31号。创建于1980年，办学初期为附设和平镇中心小学的幼儿班。2002年8月，与小学分离，幼儿园独立建制，命名为长兴县和平镇中心幼儿园，下辖21个教学点（官庄、殳村、后山、毛家山、吴村、周坞山、长岗、旧宅、回车岭、马家边、石泉、庄里、许家村、便民、何家西、凡市、东周、长城、狄家圩、徐家圩、金孙圩）。随着教育网点调整，至2006年，中心幼儿园下辖长城、施村、旧宅、吴村、便民5个教学点。2007年，镇政府投资50万余元，在和平中学原校址上进行改建，秋季，幼儿园整体迁入，下辖4个教学点。

2014年，中心幼儿园下辖长城、长岗和磜碛3个村级教学点，共占地11.7亩，建筑面积2167平方米。中心幼儿园共有22个班级，在园幼儿数793人，教职员工53人，其中园长1人，专任教师36人（兼职保健人员2人），保育员12人，炊事员4人。专任教师均具有教师资格，大专及以上学历的教师达100%，全园教职工均持证上岗。

幼儿园拥有良好的办园条件，园内硬件设施齐全，环境优美、温馨、整洁、有序，室内宽敞明亮，采光充足，整体环境美化、绿化、儿童化，坚持“我们用心 孩子开心 家长放心”的办园宗旨，不断更新教育理念，全心全意为幼儿、为家长、为社会服务。实施“以研带教、以教促研”的教学模式，以课题“淘乐——利用本土资源，创建园本特色的实践与研究”为引领，形成“淘乐”特色品牌，取得一定的办学成果。2011年被确定为省二级幼儿园。先后获得全国优秀教育科研先进单位、省卫生先进单位、市学前教育先进集体、市语言文字规范化示范学校、县文明单位、县绿色校园、县巾帼文明示范岗、县农村学前三年幼儿入园率先进单位、县平安学校优胜单位、县百日安全竞赛优胜单位等多项荣誉。

历任园长谈晓荣，2005年起，园长施丽芬。

九、长兴县泗安镇中心幼儿园

长兴县泗安镇中心幼儿园位于长兴县泗安镇柴湾街85号。创办于1984年，为泗安镇小学附设的幼儿班。2002年8月，与泗安镇中心小学分离独立建制，幼儿园搬迁至泗安镇广安路85号(泗安镇小学原址)。2010年10月，政府投入资金近1500万元，按省一级标准进行异地重建，幼儿园迁址于泗安镇柴湾街85号。2011年11月，学校整体搬迁至新校舍。

2014年，中心幼儿园下辖5个教学点(管埭、玉泉、长卡、仙山、长岗岭)，总占地面积11亩，建筑面积2717平方米，共25个教学班，840名在园幼儿，教职工60人，其中专任教师49人。有县教学新苗5名、县教学明星1名、县名师1名，县师德标兵3名。幼儿园环境优美，设施设备齐全，配有舞蹈室、图书室、美术室等专用活动室。有塑胶跑道、30组户外大中型玩具。

幼儿园秉承“个性化孩子　智慧化教师　特色化学校”的办园宗旨，以“播种梦想 放飞希望 快乐游戏 和谐发展”为园训，不断践行“多一些自主，做智慧孩子；多一些玩耍，做快乐孩子”的办学理念，向着办成城乡接合体的特色幼儿园而努力。2012年11月，幼儿园顺利通过省二级幼儿园验收；“快乐玩数学”特色创建获县一等奖。幼儿园先后获得县绿色学校、县文明单位、县平安学校建设优胜单位、县卫生先进单位、县市无烟单位等集体荣誉。

历任园长有邹小亚、金文银，2012年8月起，园长周敏。

十、长兴县李家巷镇中心幼儿园

长兴县李家巷镇中心幼儿园位于李家巷镇李家巷村东墙门。创办于1976年9月，办学初为李家巷镇中心小学的附设幼儿班。2002年9月，幼儿园与小学分离，独立建制，定名为长兴县李家巷镇中心幼儿园，下辖村级教学点11个(石泉村、陈家浜、计家浜、刘家渡、老虎洞、青草坞、广福桥、倪家埭、凌许、童乐、石三桥)。2013年9月，学校搬入李家巷镇中心小学新校区内，借用教学楼3、4楼教室共14间、办公室4间，作为校舍。同年，在镇党委政府、县教育局的大力支持关心下，投资800万元对小学原校址进行改建(2015年3月幼儿园整体迁入)。

2014年，中心幼儿园下辖陈家浜、计家浜、刘家渡3个教学点，总占地面积15.3亩，建筑面积6451平方米。有14个教学班，449名学生，教职工29名，其中专任教师22名。本科学历10人，专科学历9人。园内环境优美，设施设备完善。园外游乐场、攀岩墙、玩水池、种植园等各类游戏设施布局合理；园内功能室齐全，设施配备高档，班里配有电脑、投影仪、电视等现代教学设备，装有安全监控系统、校园广播系统、大型LED显示屏。幼儿园食堂达到湖州市A级标准。

幼儿园坚持秉承"创造人生起点的精彩"的办学理念，以打造剪纸特色为抓手，全心全意为幼儿、家长服务；实施"德、智、体、美、劳"全面发展的素质教育，注重幼儿的能力培养，围绕"正德、向善、精业、有成"的园训，内强素质，外树形象。幼儿园快乐剪纸特色教育活动提出"小剪刀，大智慧"的目标，提炼活动的精髓"快乐、智慧"，丰富幼儿一日活动内容，创新育儿特色，赢得良好的社会声誉。在县级各项特色比赛活动中，均获得一等奖；相关研究的成果在国家刊物发表，论文多次获县一等奖。幼儿园先后获省卫生先进单位、市绿色学校、县平安学校建设优胜单位、县幼儿日常行为规范考核优胜单位、县幼儿三年入园率先进单位、县德育工作先进集体、县教育系统宣传工作先进单位等称号。

历任园长有徐粉萍、姜怀文、涂春香、蔡良琪，2009年8月起，园长张志国。

十一、长兴县林城镇中心幼儿园

长兴县林城镇中心幼儿园位于长兴县林城镇桥南育才路，创办于1987年，时名为林城妇联幼儿园，招收适龄幼儿近20名，校舍毗邻林城中心小学，归属林城政府妇联部门主管。1993年校舍新建，招收适龄幼儿110名左右，开办小、中、大4个班级，教师6名。2002年8月，幼儿园定名为林城镇中心幼儿园，归属县教育局主管。2009年2月，幼儿园被评定为省二级幼儿园。

2014年，中心幼儿园下辖天平、畎桥、太傅、路东、龙山、周吴6个教学点，共占地33.1亩，建筑面积3634平方米。中心幼儿园有教学楼1幢，行政楼1幢。园内环境优美，配套设施齐全，有多功能厅1个，开辟了种植园，有40米塑胶跑道，大、中型户外玩具及小型的体育器械。活动室内配有电视机、钢琴、图书柜等教学设施。幼儿园共28个教学班，幼儿813名，教职工65名，其中专任教师57名，高级教师3人，一级教师14人，教师合格学历达100%。有长兴县教学能手1人，教坛新秀2人，县师德标兵4人。教科研氛围浓厚，曾有多人在国家级论文、县教育论文评选中获奖。2012—2014年承担市级课题1个、县级课题10个，在《中国农村教育》刊物上发表教学论文1篇。

幼儿园坚持以"用爱养育 用心教育"的办园理念，以"培养自信 快乐 勇敢 积极向上的宝贝"为办园宗旨，努力创设"敬业 创业 团结 创新"的园风校貌，创建"绿

色小军营 快乐小小兵"特色教育，为幼儿营造快乐的学习、生活环境，坚持保教合一，不断提高办园质量，促进幼儿身心全面健康发展，赢得社会及家长的认可。幼儿园先后获市（县）卫生先进单位、县基础教育课程改革先进实验园、县农村学前三年幼儿入园率先进单位、县文明单位、县绿色学校、县平安学校建设优胜单位、县基层教育工会目标责任制考核优胜单位等多项荣誉。

历任园长孙方年、周有泉、沈镇海，2014年8月起，园长李庆彩。

十二、长兴县小浦镇中心幼儿园

长兴县小浦镇中心幼儿园位于小浦镇浦草路1号。创建于1978年8月，办学初为小浦镇中心小学附设的幼儿班。2001年9月，幼儿班搬入小浦机械子弟学校原校舍。2002年8月，与小浦镇中心小学分离，正式命名为小浦镇中心幼儿园，整体搬入小浦镇中心小学原校舍（浦草路1号）。中心幼儿园下辖大岕口、方岩、潘礼南、塘渚、光耀、箬岕、合溪、中山、蝴蝶、五庄、画溪共11个村级教学点。2003年9月，箬岕村级教学点被撤并至光耀教学点。2004年9月，蝴蝶村级教学点被撤并至五庄和中山教学点。2010年3月，大岕口、方岩、潘礼南3个村级教学点合并成大岕口村级教学点。2010年9月，五庄村级教学点被撤并至中心园区。2011年9月，塘渚村级教学点被撤并至中心园区。2014年3月，合溪村级教学点被撤并至中心园区。

2014年，镇中心幼儿园下辖方岩、光耀、画溪3个教学点，共占地14.4亩，建筑面积3646平方米。共14个班级，学生444人，教职工共有27人，其中专任教师共23人。高级教师3人，一级教师12人。

幼儿园以"爱心献幼儿 放心给家长 恒心钻教研 全心创事业"为办园宗旨，以"规范+特色""和谐+进取"为办园理念，以"与经典同行 与国粹为友"为办园特色，坚持面向全体，全面发展，把幼儿的健康、兴趣放在一切工作之首，创设游戏化的教学，把丰富多彩的园本特色活动融于一日活动之中。幼儿园科研氛围浓厚，坚持以科研促发展，深入进行市、县级的教育教学科学研究，多项课题获得市、县级一、二等奖，被评为县教育科研实验基地，在省幼儿园区角活动评比三等奖，获市学前保教指南评估一等奖、县学校管理工作考核一等奖。幼儿园先后被评为省卫生保健合格单位、市级卫生先进单位、县农村幼儿园学前三年入园率优胜单位、县教育科学研究先进集体、县平安学校优胜单位、县平安学校5A、县绿色学校、县文明单位等。

历任园长有吴卫忠、肖爱新，2013年8月起，园长黄敏。

十三、长兴县后洋中心幼儿园

长兴县后洋中心幼儿园位于长兴县龙山街道留下村。创办于1985年，前身为后洋乡中心小学的幼儿教学班。2002年8月，幼儿园与中心小学分离，独立建制，有小、中、大3个班级，3名教师，130名在园幼儿，校址在县开发区留下村。2003年8月，新建一幢教学楼及食堂，有专业教师8人，4个教学班，下设涧港、后洋、牛步、川口、西峰坝共5个教学点。2012年10月，拆并后洋村教学点，中心幼儿园顺利通过省二级幼儿园的评估，隶属龙山街道。

2014年，后洋中心幼儿园下辖涧港、牛步、川口、西峰坝4个教学点，共占地19.1亩，建筑面积3590平方米。14个教学班，366名在园幼儿，教职工28人，其中专任教师19人，本科学历6人，专科11人。

幼儿园秉承"育人为本 和谐发展"的办园宗旨，以培养健康、活泼、自信、全面发展的儿童为教育理念，扎实开展幼教工作。幼儿园立足园情实际，充分挖掘乡土的优越资源，利用"草"这些农村唾手可得的材料，开展"草趣"这一园本特色的研究。以课题为抓手，从课堂教学、环境创设、常规管理、户外游戏等方面以"草资源"为载体创造特色，通过形式多样的活动，促进幼儿、教师、幼儿园的整体发展，"草趣"特色氛围浓厚，特色成效显著。市规划课题"农村幼儿园'草趣'特色主题活动研究""以'草'为资源凸显本园特色的策略研究"分别荣获市级一、二等奖，在县幼儿园特色环境创设评比、县幼儿园三年特色创建评比、县首届幼儿教师创意制作大赛中均获乡镇组一等奖。幼儿园先后获得县卫生先进单位、县绿色学校、县农村学前三年入园率先进单位、县工会优胜单位、县平安校园优胜单位、县校本研训先进单位、县幼儿日常行为规范考核优胜单位、县文明单位、县文明学校、市卫生先进单位等称号。

历任园长胡文伟，2014年8月起，园长陈晓军。

十四、长兴县开发区中心幼儿园

长兴县开发区中心幼儿园位于长兴县开发区太湖街道上莘桥村。办学初为下箬小学附设的幼儿班。2002年8月，与小学分离，独立建制，定名长兴县雉城镇下箬中心幼儿园，下辖11个村级教学点，在园幼儿共351名。2010年3月，更名为长兴县开发区下箬中心幼儿园，辖管陆汇头教学园区。2011年8月，更名为长兴县开发区中心幼儿园。2012年8月，陆汇头教学点撤销，并入翡翠名都小区幼儿园，命名为开发区幼儿园翡翠名都园区。2013年2月，长兴八小附属幼儿园并入翡翠名都园区。

2014年，开发区中心幼儿园下设1个教学点，共占地5.6亩，建筑面积1432平方米。中心园区4个教学班，翡翠园区6个教学班，共有10个教学班，幼儿326人，教职工32人，其中专任教师25人，本科学历14人，专科学历11人。

幼儿园以“一切为了孩子”为办园宗旨，秉承“让每个儿童有更好的未来”的办园理念，把“小朋友开心、家长放心是我们追求的最高境界”作为办园目标。经过多年的积累和沉淀形成办园特色，多次荣获县特色环境创设评比、幼儿园艺术节农村幼儿园组舞蹈比赛一等奖。先后通过省三级幼儿园、市一级幼儿园评估，获县卫生先进单位、县平安校园优胜单位、县绿色学校等称号。

历任园长宋雅琴，2012年8月起，园长刘元中。

十五、长兴县太湖图影中心幼儿园

长兴县太湖图影中心幼儿园位于太湖图影旅游度假区内。幼儿园创建于1982年6月，地址位于长兴县横山街（小学原旧址）。2002年9月幼儿班合并到洪桥镇中心幼儿园，成为横山村级教学点。随着规模逐渐增大，2010年9月经县政府下文由原来的村级教学点独立为乡镇中心幼儿园。2011年2月幼儿园独立办学，命名为长兴县西太湖图影中心幼儿园，下辖大公斗、小沉渎、蒋家墩3个教学点。2012年6月，更名为长兴县太湖图影中心幼儿园。2014年9月，幼儿园整体搬入新园区，3个教学点撤并到新园区。

2014年，幼儿园占地11.9亩，建筑面积2976平方米，幼儿园硬件设施设备齐全，有戏水池、沙池、大型玩具等。有8个教学班，在园幼儿266人，教职工24人，其中专任教师16人。

幼儿园坚持以人为本的管理模式，信奉爱是教育的灵魂，关注每个孩子的发展。幼儿园教科研氛围浓厚，办学成果显著。先后被确定为湖州市幼儿园一日活动管理规范与优化实践研究试点园、省编教材《好孩子》试点园，获县科技节一、二等奖，县艺术节二、三等奖，县特色学校创建二等奖，县年度工作考核一等奖，县先进学科教研组等。通过省三级幼儿园评估，市规划德育课题“小导游活动中德育教育的实践研究”取得阶段性成果。幼儿园先后获得县卫生先进单位、县平安校园优胜单位、县绿色学校、县巾帼文明岗、县日常行为规范优胜单位等集体荣誉。

历任园长沈国英，2010年8月起，园长吴春玲。

第二章 义务教育

第一节 普及九年制义务教育

1989年，全县继续实施普及九年制义务教育。2月，全县建立留生工作、控制中小学生流失的奖励制度。6月，县九届人大常委会第十五次会议通过《关于调整我县九年制义务教育实施规划的决定》，并形成相关决议，将原计划到1992年全县各乡镇都实施九年制义务教育，调整到1993年全部实施。9月，下箬寺、虹星桥、槐坎、煤山四乡镇实施九年义务教育。是年，建立学生“浙江省义务教育登记卡”，实施九年义务教育的乡镇制定《义务教育实施细则》，县、乡两级政府把落实破旧校舍改造计划同中小学网点调整结合起来，保障义务教育顺利实施。至年底，全县有9个乡镇实施九年义务教育，占乡镇总数的26.5%，实施九年义务教育的乡镇人数189233人，占全县总人数的31.9%。全县评选出初等教育先进乡镇7个，基础教育先进乡镇3个。槐坎乡、泗安镇、小浦镇获评第二批湖州市基础教育先进乡、镇。

1990年9月，按照县人大关于长兴县实施九年制义务教育规划调整方案，林城、小浦、夹浦、丁甲桥、吕山、吴山、泗安七乡镇开始实施九年制义务教育。实施义务教育的乡镇根据县政府下发《关于认真做好控制中小学流失工作通知》，制定控制学生流失的行政法规。是年，全县在16个乡镇实施九年制义务教育，占人口总数的52.3%。全县小学在校学生43348人，普及初等教育的“四率”①得到巩固，其中入学率达到99.28%，巩固率达到99.92%，毕业班学生毕业率99.96%，普及率98.67%。

1991年，《中华人民共和国义务教育法》（以下简称《义务教育法》）颁布施行五周年，全县开展《义务教育法》宣传周和宣传月活动。5月，县教育局印发《浙江省义务教育证书制度（试行）》和《长兴县实施“浙江省义务教育证书制度”办法》。9月，全县推行“义务教育证书”制度，小学一至六年级、初中一年级学生全部建卡登记。

①四率：入学率、巩固率、毕业率、普及率。

9月1日起，全县增加8个乡镇实施九年义务教育，全县共有24个乡镇实施九年义务教育，占全县总人口77.3%。小学学龄儿童入学率99.68%，巩固率达99.96%，小学升初中率91.5%。13～15周岁入初中率89.92%，在校学生巩固率97.83%，16～18岁人口数初中普及率64.79%。小学生均占有校舍面积3.73平方米，初中生均占有校舍面积7.1平方米。至1992年底，全县已有30个乡镇实施九年义务教育，实行义务教育的人口覆盖率达90.74%，全县7～15周岁适龄儿童少年的入学率达到96.17%。

1993年3月，全县开展学习和实施《中国教育改革和发展纲要》。9月，仙山、太傅、天平、白阜四个乡最后一批实施义务教育，至此，全县实施义务教育覆盖率达到100%。秋季起，全县根据省教委“两基”评估验收办法，进行调查摸底，转发文件，召开各种会议，明确指导思想和工作目标，利用各种渠道深入宣传九年义务教育。是年，全县小学学龄儿童入学率99.76%，在校学生巩固率99.98%，14岁人口初等教育普及率95.17%。小学毕业升初中率93.9%，13～15周岁适龄少年初级中等教育入学率93.74%。实验小学被省教委评为省“先进全日制学校”。

1994年，加强和完善“分级办学、分级管理”的基础教育管理体制，把实施义务教育的责任交给乡镇，进行分类指导和督导检查，制定对各乡镇“两基”评估验收规划。11月，县教育局率先完成对雉城、李家巷、小浦三个镇的县级“两基”验收。

1995年，县政府按省要求做调整，把“两基”评估验收工作列为政府的中心工作，作为教育发展中的重中之重，列入乡镇年度考核目标责任制的考核内容；建立乡镇“两基”工作领导小组和工作班子，使政府行为落到实处。至1996年，全县31个乡镇分四批通过“两基”评估验收和复查。

1996年6月，县政府表彰和奖励“两基”评估验收合格乡镇及破旧校舍改造先进乡镇。12月，长兴县顺利通过省教委“两基”评估验收。是年，全县7～12周岁适龄儿童初等教育入学率99.87%，13～15周岁适龄少年初级中等教育入学率95.73%，小学在校生年辍学率0.017%，初中在校生年辍学率1.61%。三类残疾儿童少年入学率83.5%。

1997年8月，省教委会同市教委“两基”工作检查组对长兴县“两基”工作进行复查，长兴县顺利通过省“两基”复查。全县在巩固“两基”的基础上，向高标准“普九”推进，高标准“普九”乡（镇）达标确认开始，每年一次。县教委制定《长兴县高标准普及九年义务教育规划》，开始高标准“普九”试点工作。是年，煤山镇、白岘乡、李家巷镇、洪桥乡、雉城镇通过县高标准“普九”达标验收。全县小学入学率、巩固率分别为99.87%和99.97%，小学毕业升入初中率达97.17%；初中入学率、巩固率分别为

95.77%和98.09%，特殊教育得到巩固和提高。全县中小学开始创建省“实验教学普及县”。

1998年，县教委制定“教育强乡镇”创建工作计划。4月，煤山镇被授予首批“浙江省教育强镇”称号。是年底，全县通过省中小学实验教学普及县验收。洪桥、李家巷、小浦、长桥、白岘5个乡镇通过市高标准“普九”验收，全县高标准“普九”迈出大步。全县有7个乡镇成为浙江省教育强乡镇，人口覆盖达63%。

1999年，全县学校调整后，各乡（镇）政府贯彻落实《义务教育法》，加强对中小学管理，增加投入，改造校舍，实现高标准高质量普及九年义务教育，加快教育事业发展。12月，槐坎、夹浦、新塘、吕山、和平、吴山六个乡镇通过市高标准“普九”验收。全县义务教育留生工作、入学率和巩固率得到提升，小学入学率和巩固率分别达到99.97%和99.8%，小学毕业升初中比例和初中生巩固率均在98%以上。

2000年8月，县委、县政府召开全县教育工作会议，通过《长兴县教育现代化建设纲要》、《长兴县农村中小学布局调整规划》和《2000—2010年长兴县城市教育发展规划》，印发《关于加快教育发展，争创教育强县的实施意见》的讨论稿，加大农村学校布局调整的力度，创建教育强县工作全面深入开展。11月底，县评估组对太傅、水口、泗安、虹星桥、林城、二界岭、长潮7个乡镇进行高标准“普九”验收并报市验审。是年，全县完成高标准“普九”任务，义务教育得到巩固提高，全县农村小学全部复式班教学。全县小学入学率、巩固率分别达99.97%和99.98%，小学毕业升入初中率达97.19%，初中入学率、巩固率分别达96.74%和96.9%。“三残”儿童、少年同步接受义务教育。义务教育段学校规模扩大，办学效率提高，小学校均规模达到374人。小学生均用地面积为20.66平方米，小学生均建筑面积为6.40平方米。

2001年年初，县委、县政府印发《长兴县教育现代化建设纲要（2000—2020年）的通知》和《关于加快教育发展争创教育强县的实施意见》，举全县之力争创教育强县，11月，长兴县顺利通过省级教育强县验收，成功跨入省教育强县行列，实现从普及“两基”、高标准“普九”到教育强县的三步跨越式发展。是年，出台《长兴县义务教育质量评价办法》，建立科学的评价体系，全面推进教育质量的提高和素质教育的实施。全县初中、小学校均学生数分别达到1019人和374人，改变过去学校布局散、规模小、条件差、效益低的局面。小学入学率、巩固率均达到100%。小学毕业升入初中率达99.15%。初中阶段入学率、巩固率分别为99.0%和99.25%，义务教育学龄人口入学率达99.99%。

2002年起，全县致力于深化教育改革，加快教育事业发展，不断巩固教育强县成果。县政府制定《关于基础教育改革与发展的若干意见》,加大对经济欠发达乡镇教育的扶持力度。6月,全县基础教育工作暨创建教育强县表彰大会召开,表彰50家创建省“教育强县”先进单位和59名先进个人。是年起,县财政每年安排200万元预算外资金,主要用于经济欠发达乡镇的教育。建立特困学生档案,成立扶贫助学互助会,推行“教育券”发放,资助贫困学生接受九年义务教育,落实三峡移民子女入学,控制中小学生的辍学,巩固高标准“普九”成果。是年,全县50名三峡移民的子女,分别安排到8所中小学学校就学。全县小学入学率和巩固率都达到100%,小学毕业升初中比率达99.4%,初中入学率、巩固率达98.61%和99.55%。

2003年,长兴县被列入争创“省万校标准化学校建设”试验点,县政府出台《长兴县九年制义务教育学校标准化建设工程实施规划》,义务教育段办学条件得到极大改善和提高。坚持《义务教育法》的宣传,县教育局成立专门工作领导班子,落实留生工作校长负责制、机关干部包干制、班子成员包片制,发放扶贫助学教育券。全县执行《学校优质教育达标评估方案》,对全县中小学义务教育质量进行全面的检查评价。是年,全县义务教育阶段课程改革顺利通过省中期评估,“基础教育均衡发展的实践与研究”课题获中国教育学会优秀成果一等奖。全县有16个乡镇成为省教育强乡镇。

2004年,实验小学通过浙江省I类标准化学校验收,煤山小学、虹星桥镇中学通过浙江省II类标准化学校验收。全县基本普及从学前3年到高中段15年教育。全县教育强乡镇面达到100%,提前三年完成规划。是年,小学在校生巩固率达100%,初中在校生巩固率达99.98%。

2005年,县教育局制定《2005—2007年农村学校基础设施改造规划》,义务教育段学校办学条件极大改善。4月,长兴县以较高的水准顺利通过省政府教育强县的复查验收。9月,县政府下发《关于进一步加强农村教育工作的实施意见》,大力推进全县教育均衡发展,全面普及十五年教育。

2006年,洪桥镇通过湖州市示范性教育强镇验收,夹浦镇中学、实验初中、古城中学、虹星桥镇中学、泗安中学,洪桥逸夫中学等6所学校通过浙江省示范性学校评估,虹星桥镇中心小学、洪桥镇中心小学、和平镇中心小学、水口乡中心小学、后洋中学和小浦镇中学6所学校建成省级标准化学校。秋季起,全县义务教育阶段学生全部免除学杂费,至2014年,全县义务教育阶段中小学生共免杂费1085752人次,免费金额达11791.13万元。是年,全县高标准、高质量完成普及九年制义务教育,全县16个省级教育强乡镇通过复查。

2007年,县政府出台《深化农村教育管理体制改革实施意见》,扎实提高义务教育保障水平，同时制定《义务教育保障机制改革实施方案》，充分落实义务教育发展政策保障。义务教育段学校全年发放扶贫助学券1.6万张，金额350多万元，发放爱心营养券1.4万张，金额140多万元。义务教育阶段学生受益面10.1%，确保全县无一人因贫失学。义务教育学龄人口入学率100%。

2008年，深入实施教育管理体制改革与义务教育经费保障机制改革，建立农村学校建设和发展专项经费，明确义务教育的经费投入及管理等机制。制定全县义务教育阶段债务偿还方案，计划2～3年内全面完成义务教育阶段公办学校的债务化解。春季起，全县义务教育免费提供国家课程教科书和地方课程教材。建立部分课程教科书的循环使用制度，至2014年，全县义务教育阶段中小学生共免除学生课本作业本费940018人次，免费金额达10503.08万元。是年，小学、初中入学率分别达到100%和99.99%，“三残”儿童入学率达100%。小学、初中在校生巩固率均达到100%。全县共30所义务教育阶段学校创建省标准化学校，普及十五年教育得到进一步巩固和提高。

2009年4月，扎实保障长兴务工人员子女依法接受义务教育，出台《长兴县义务教育阶段来长兴务工人员子女就学管理暂行办法》，对到长兴县务工人员子女就学情况实行动态管理，将到长兴县务工人员子女就学情况统一纳入电子学籍管理系统，定期报上级教育行政部门，及时做好其他各项数据的统计与上报。12月，全县义务教育段学校施行《长兴县义务教育学校教师绩效考核指导意见(试行)》。

2010年3月，县教育局开展《浙江省义务教育条例》宣传活动，展示、推广各校推进素质教育、促进义务教育均衡发展、努力实现教育公平的做法与成果。春季开始，全县免除农村义务教育阶段学校住宿费，至2014年，全县义务教育阶段中小学生共免除农村学校住宿费67316人次，免费金额达837.70万元。9月，县教育局对义务教育阶段学校申报湖州市教育现代化学校进行评估。

2011年1月，县政府成立“义务教育均衡发展县”创建工作领导小组，全面开启创建。4月，全县有13所中小学校(小学4所、初中9所)通过湖州市义务教育阶段首批教育现代化学校评估验收。6月，实施义务教育标准化学校建设，印发《浙江省义务教育标准化学校实施工作的通知》，全县各校对照《义务教育标准化学校评定操作标准》，开展自查自评，9月，提交自查自评报告。

2012年，县教育局把创建示范性学校和标准化学校作为重要工作，雉城、泗安、吕山3个乡镇通过市示范性教育强镇验收，有25所义务段学校被省教育厅确定为省标准化学校。第二实验小学、长兴三小、长桥中心小学、天平中心小学、后洋中学、水口乡中学等12所中小学成功创建湖州市义务阶段现代化学校。7月，全县成立县农村义务教育学生营养改善计划领导小组及其办公室。至年末，全县有义务教育阶段学校58所，其中独立设置的初中16所，校均学生数1222人，独立设置的小学41所，校均学生数882人，九年一贯制1所（含初中部和小学部）。

2013年，全县启动省教育现代化县创建工作，成立组织机构，编制工作进度安排表，对照评估标准开展自查自纠。11月，县教育局完成申报省义务教育均衡发展县材料。长兴一小、长兴七小、长兴八小、新塘中心学校、李家巷镇中心小学、和平镇中心小学、小浦镇中心小学、泗安镇中心小学、仙山中心小学、和平中学、泗安镇中学、雉城中学等12所学校创建成为省义务教育标准化学校。至此，全县创建省义务教育标准化学校共54所，占义务教育学校总数的96.4%。

2014年4月，全县完善《长兴县教育布局专项规划》，开展农村义务教育办学条件检查。省教育厅评估组对县义务教育发展均衡县进行评估，通过召开座谈会，走访学校，查看资料，全县以91.6分顺利通过省评估。11所中小学申报湖州市义务教育阶段现代化学校。至此，全县有共25所中小学通过湖州市义务教育阶段现代化学校验收，完成率达81.8%。是年，对照浙江省教育现代化县评估指标要求，长兴县正式申报创建省教育现代化县。全县义务教育标准化学校52所，占全县义务段集体办学校总数53所的98.1%。义务阶段的入学率、巩固率均达100%；学前三年入学率达99.3%；7～15周岁“三残”儿童入学率达99.5%。年末，全县有义务教育学校55所，其中，小学37所，初中17所，九年一贯制1所。小学校均学生数975人，初中校均学生数1010人。

长兴县实施九年制义务教育调整后的规划情况表

表2-1

实施年份	实施乡镇数（个）		占全县乡镇数%		人口数（万人）		占全县总人口数%		实施乡、镇、街道
	分年数	累计数	分年数	累计数	分年数	累计数	分年数	累计数	
1989	4	9	11.8	26.5	10.1770	18.9233	17	31.9	下箬、虹星桥、槐坎、煤山
1990	7	16	20.6	47.1	12.833	31.0066	20.4	52.3	林城、小浦、夹浦、丁甲桥、吕山、吴山、泗安

续表2-1

实施年份	实施乡镇数（个）		占全县乡镇数%		人口数（万人）		占全县总人口数%		实施乡、镇、街道
	分年数	累计数	分年数	累计数	分年数	累计数	分年数	累计数	
1991	8	24	23.5	70.6	14.8410	45.8476	25	77.3	洪桥、新塘、李家巷、后洋、里塘、长城、和平、二界岭
1992	6	30	17.6	88.2	8.1952	54.0428	13.8	91.1	横山、水口、包桥、长潮、管埭、畎桥
1993	4	34	11.8	100	5.2850	59.3278	8.9	100	仙山、天平、太傅、白阜

说明：此方案于1989年5月25日调整

1989—2014年长兴县九年义务教育普及情况表

表2-2

年份	小学				初中			义务教育学龄人口入学率%
	入学率%	巩固率%	女入学率%	小学升初中比例	入学率%	巩固率%	女入学率%	
1989	99.6	99.0		110.2	91.5	94.57		
1990	99.28	99.92		85.3		97.05		
1991	99.68	99.96		91.5	89.92	97.83		
1992	99.62	99.97		91.5	90.25	98.25		
1993	99.76	99.98		93.9	93.74	97.5		
1994	99.59	99.98		94.9	97.7	96.75		
1995	99.86	99.98		96.5		96.99		
1996	99.87	99.97		97.6	95.73	98.38		
1997	99.87	99.97		97.17	95.77	98.09		
1998	99.92	99.97		98.1	96.01	98.32		
1999	99.97	99.8		98.0		98.4		
2000	99.97	99.98	99.97	97.19	96.74	96.9	96.42	99.44
2001	100.0	100.0	100.0	99.15	99.0	99.25	99.11	99.99

续表2-2

年份	小学				初中			义务教育学龄人口入学率%
	入学率%	巩固率%	女入学率%	小学升初中比例	入学率%	巩固率%	女入学率%	
2002	100.0	99.97	100.0	99.40	98.61	99.55	99.05	99.50
2003	100.0	100.0	100.0	99.89	99.27	99.56	99.16	99.77
2004	100.0	100.0	110.0	100.0	99.88	99.98	99.92	99.96
2005	99.99	100.0	100.0	100.0	99.88	99.95	99.92	99.95
2006	99.69	100.0	99.74	100.0	99.68	99.98	99.76	99.69
2007	100.0	100.0	100.0	100.0	99.97	99.99	99.98	100.0
2008	99.98	100.0	100.0	100.0	99.99	100.0	100.0	100.0
2009	100.0	100.0	100.0	100.0	100.0	100.0	100.0	100.0
2010	100.0	100.0	100.0	100.0	100.0	100.0	100.0	100.0
2011	100.0	100.0	100.0	100.0	100.0	100.0	100.0	100.0
2012	100.0	100.0	100.0	100.0	100.0	100.0	100.0	100.0
2013	100.0	100.0	100.0	100.0	100.0	100.0	100.0	100.0
2014	100.0	100.0	100.0	100.0	100.0	100.0	100.0	100.0

第二节　小学教育

一、发展概况

1989年，小学教育部门集体办有406所（分别为实验小学、雉城二小、雉城三小和34所乡镇中心小学及所辖369所村完小、教学点），教学班共1468个，学生50729人，教职工1965人，其中专任教师1830人（公办教师1303人）。县境内其他部门办小学20所，教学班167个，学生5094人。小学适龄儿童入学率为99.6%，巩固率达99%以上，毕业率达98%以上，普及率达95%以上。全县实行基础教育地方负责、分级管理的教育体制。

1990年，长兴县城南小学更名雉城镇第四小学。1991年秋季，全县设置小学394所（不含其他部门办20所），其中中心小学以上的有39所。

1992年7月31日，捐建后洋乡南庄小学、新塘乡姚家浜小学"庆同楼"的落成典礼在后洋乡南庄小学举行。9月，行政划分调整，丁甲桥乡中心小学、观音桥乡中心小学、便民桥乡中心小学分别成为夹浦镇、虹星桥镇、和平镇中心小学分校。

1993年，县、乡两级政府把落实破旧校舍改造同中小学网点调整结合起来，加快校舍改造的步伐，全县小学(教育部门集体办)校数减少至400所。11月，畎桥乡芝山农校更名为畎桥乡芝山完小。至1995年，全县小学共377所，其中其他部门办学18所，教学班共1471个，学生48569人，专任教师1975人。

1996年，长兴县通过浙江省"两基"验收。全县共设置小学364所(含长广)，在校生50538人。是年开始，筹建实验小学迁建工程。

1997年7月，县教委撤销夹浦镇中心小学丁甲桥分校、虹星桥镇中心小学观音桥分校、和平镇中心小学便民桥分校建制，改三分校为镇中心小学完小。

1998年1月，雉城二小被命名为浙江省中小学首批"文明学校"。3月，实验小学被评为浙江省首批全国中小学现代教育技术实验学校。8月，泗安镇小学和泗安镇中心小学合并，泗安镇小学隶属于泗安镇中心小学。是年，根据县教育布局散、学校规模小的状况，修订《1998—2002年中小学教育网点布局调整规划》。全县开始撤并村小，调整小学布局。

1999年8月，根据全县乡镇行政区划分调整，白阜乡八都内方岩、潘礼南、大口、方一、柏家村五所完小、村小划归小浦镇管理，其余学校划归长桥乡，所属教职工包括退休人员人事关系同时划转。横山、里塘、长城、仙山、管埭、天平、畎桥、白阜乡中心小学撤销建制改为完小，归属新建乡镇中心小学统一管理。后洋、下箬、包桥三乡中心小学名称，分别改为雉城镇后洋中心小学、下箬中心小学、包桥中心小学，保留独立法人事业单位性质不变，施教区域按原范围不变，管理所属地区完、村小职能不变。9月，全县农村和山区的复式班有74个，近2000名学生。

2000年，按照《中共长兴县委办公室 长兴县人民政府办公室关于印发〈长兴县农村中小学布局调整规划〉和〈2000—2010年长兴县城市教育发展规划〉的通知》，实施农村小学布局调整工作。7月，根据县政府第十五次常务会议决议，县教委对新塘、吴山、二界岭、长潮、白岘、槐坎六个乡的中小学实行九年一贯制管理，建立中心学校统一领导，管理全乡中小学。8月，全县加大农村小学布局调整力度，撤并农村小学56所，教学点31个，小学校均达到485人。长潮、李家巷、煤山、水口、吴山五个乡镇告别复式班。至此，全县全部消灭复式教学班。全县小学187所，1283个教学班，学生51737人。

2001年1月，县行政区域调整，长桥乡中心小学、新塘乡中心学校分别更名为雉城镇长桥中心小学、雉城镇新塘中心学校；长潮乡中心学校更名泗安镇长潮中心学校；撤销太傅乡中心小学，改完小，隶属于林城镇中心小学管理。2月，按省实验小学标准迁建长兴县实验小学，新校区选址在金陵北路87号，征地80亩，总投入3200万元，规模36个班级，学校性质为全日制小学，面向全县招生，不设施教区，是年秋季投入使用。8月，泗安镇长潮中心学校撤销建制，小学部并入泗安镇中心小学。太傅乡中心小学撤销建制，改为完小。全县小学校均学生数374人。

2002年3月，实验小学二期工程建设项目为两幢学生宿舍楼及一幢学生食堂工程动工，总建筑面积8194平方米，总投资650万元。5月，根据长兴县城市教育发展规划要求，规范实验小学的管理，实行三校分设，独立办学。其中实验小学原校区设立"长兴县第一小学"，为全日制公办小学。实验小学新校区为"长兴县实验小学"，办学模式按国有民营机制运作。8月，实验小学二期工程建设项目通过竣工验收，9月，投入使用。至此，全县新一轮农村小学布局调整完成。是年，全县小学调整为106所（不含其他办学5所），在校学生共51452人。

2003年9月，筹设长兴雉城民工子弟育才小学，招生对象为外来民工子女。煤山镇中心小学、和平镇中心小学、雉城镇下箬中心小学通过省示范性学校初步验收。全县有小学102所，小学在校49564人。实验小学通过省I类标准化学校验收。

2004年7月，按照统筹规划、科学发展、均衡布局、优质高效的原则，全县对学校布局进行重大调整，推进城市化和城乡一体化发展。小学设置坚持扩展中心，完善完小，压缩村小的原则，在原来一镇一中心的基础上，恢复仙山中心小学、长潮中心小学、管埭中心小学、天平中心小学、畎桥中心小学、里塘中心小学6所小学建制，成为独立法人单位。完善《长兴县九年制义务教育学校标准化建设工程实施规划》，着力重点工程建设和薄弱学校建设，其中，乡镇新建水口乡中心小学、夹浦镇中心小学、和平镇中心小学、煤山镇中心小学。小学校均衡规模达到505人。长兴教育发展有限公司出资收购雉城中学校产，在雉城中学原校址创办长兴县第二实验小学，办学性质为国有民办，面向全县招生。是年，全县中心小学以上学校均完成"校校通"工程。

2005年3月，长兴县滨海小学成立，9月1日正式投入使用，雉城镇五峰小学并入。全年撤并农村小学网点16个。全县小学设置95所，在校学生48939人。

2006年6月，长广集团公司所属学校移交长兴县教育局管理，长广集团公司所属学校调整命名，长广一中与长广实验小学合并为九年一贯制学校，命名为长兴县长广中心学校；长广二中保留小学部，更名为长兴县五通小学，均为县属学校。全县小学校均规模501人。

2007年8月，根据长兴城市建设发展规划及城市中小学教育发展要求，缩小校际差距，提高办学水平，长兴一小和雉城二小实行集团化办学。长兴一小和下箬中心小学组建长兴一小教育集团，雉城二小和白溪完小组建雉城二小教育集团。撤并观音桥完小。全年撤并农村小学网点16个。小学撤并至50所，在校学生45258人。

2008年4月，雉成镇镇属学校管理体制调整，雉城二小教育集团、长兴一小教育集团划归为县直属管理学校。长桥中心小学、包桥中心小学、新塘中心学校仍归雉成镇政府管理；雉城三小、雉城四小划归为古城街道办管理；明门小学除业务上仍属雉城四小管理外，其他各项管理责任由雉成镇政府承担；后洋中心小学划归龙山街道办管理。雉成镇第二、三、四小学分别更名为长兴县第二、三、四小学；雉成镇后洋中心小学更名为长兴县第五小学；管理体制调整的所有学校施教区范围按原规定保持不变。9月，撤销二界岭乡中心学校，恢复二界岭乡中心小学；撤销吴山乡中心学校，恢复吴山乡中心小学。

2009年1月，县教育局在五通小学内设立县教育实践中心。8月，槐坎乡中心学校、白岘乡中心学校、长广中心学校分别更名为槐坎乡中心小学、白岘乡中心小学、长广小学。撤销长兴县八三小学，并入林城镇中心小学。全县设置38所小学。

2010年9月，撤销便民桥完小，并入和平镇中心小学；撤销白阜完小，并入长桥中心小学；横山完小恢复建制，更名为长兴县西太湖图影小学。10月，长兴县教育局教育实践中心举行揭牌仪式。全县撤并村完小5所，全县小学校均规模达到1009人。

2011年5月1日，长兴县龙山小学(筹)建设工程正式动工。8月，夹浦镇丁甲桥完小恢复建制，改为夹浦镇鼎甲桥中心小学。

2012年7月，根据县委、县政府对建成区行政区域调整的要求，规范建城区学校命名。长兴县滨海小学更名为长兴县第六小学；长兴一小城东校区分离成立为长兴县第七小学；长兴二小白溪校区分离成立长兴县第八小学。长兴四小明门完小并入包桥中心小学。8月，县教育局首次与开发区一起联合举办“新居民子女入学专项服务”活动。秋季开学，龙山小学校区竣工并移交第二实验小学办学，学校整体迁至长兴县龙山新区忻湖路，新校区占地面积43376平方米，建筑面积24844平方米，绿化面积15181平方米。长兴二小迁入第二实验小学原校址，其校舍留给长兴七小过渡办学。9月，全县优化教育资源配置，推进教育均衡发展，吴山乡中心小学、二界岭乡中心小学、雉城镇包桥中心小学、雉城镇长桥中心小学、雉城镇新塘中心学校分别更名为长兴县和平镇吴山中心小学、长兴县泗安镇二界岭中心小学、长兴县画溪街道包桥中心小学、长兴县画溪街道长桥中心小学、长兴县太湖街道中心学校。学校隶属关系不变。明门小学隶属于画溪街道包桥中心小学管理。至此，全县通过布局调整，办学条件明显改善，农村中小学师资队伍进一步优化，义务教育进一步均衡发展。至2012年年末，全县共有小学42所（九年一贯制1所），教学班854个，在校学生37037人，其中外来务工人员子女1159人；小学教职工2209人，其中专任教师1995人。

2013年8月，县教育局继续开展与开发区一起联合举办"新居民子女入学专项服务"活动，共登记一年级新生240人，随迁务工人员子女全部统筹安排至各校就近入学。李家巷镇中心小学迁建竣工并投入使用。

2014年3月，长兴县五通小学更名为长兴县教育实践中心，更名后的长兴县教育实践中心，作为独立事业法人单位，按照新的功能定位运作，根据学校性质及现有规模进行人事编制核定，学校隶属关系不变。按照"属地管理"，长兴七小和长兴八小归属长兴经济技术开发区管理委员会管辖。9月，吕山乡北杨完小、长广小学、洪桥镇张庄小学进行撤并，北杨完小3～6年级4个班63名学生，全部转入吕山乡中心小学就学；长广户籍小学生71名安排到槐坎乡中心小学、煤山镇中心小学、小浦镇中心小学就学，长广户籍小学生的学籍先全部转入槐坎乡中心小学，后部分学生转到其他学校就学。洪桥镇张庄小学教学点3～6年级4个班80名学生全部到洪桥镇中心小学就学。

至2014年末，全县设置小学37所，九年一贯制中心学校1所。全县小学有4个教学点（和平镇中心小学长城教学点、林城镇中心小学太傅教学点、虹星桥镇中心小学港口教学点、包桥中心小学明门教学点）。总占地面积2010.82亩，建筑面积431137平方米，在校生37068人，教职工2106人，专任教师1968人，专任教师合格学历100%。

2014年长兴县小学基本情况表

表2-3

学校	校址	创办时间	班级数（个）	在校学生（人）	教职工数（人）	专任教师（人）
长兴县实验小学	雉城镇金陵北路87号	1945.10	69	2433	131	124

续表2-3

学校	校址	创办时间	班级数（个）	在校学生（人）	教职工数（人）	专任教师（人）
长兴县第二实验小学	龙山新区忻湖路1111号	2004.7	44	1539	79	75
长兴县第一小学	雉城镇解放中路439号	2002.5	52	1820	109	105
长兴县第二小学	雉城镇解放中路58号	1947.8	44	1507	89	84
长兴县第六小学	雉城镇五峰路199号	2005.3	31	1174	59	56
长兴县画溪街道长桥中心小学	姚家桥文卫路18号	1954.9	16	515	38	37
长兴县洪桥镇中心小学	洪桥镇洪桥街洪学弄4号	1923	36	1275	77	75
长兴县太湖图影小学	太湖图影横山桥村	1967	22	720	48	45
长兴县小浦镇中心小学	小浦镇小柏路56号	1912	32	1185	65	64
长兴县夹浦镇中心小学	夹浦环沉村孙家浜自然村	1916	37	1318	72	68
长兴县夹浦镇鼎甲桥中心小学	夹浦镇丁新村	1897	17	551	27	26
长兴县和平镇中心小学	和平镇镇前街176号	1911	51	1725	85	84
长兴县虹星桥镇里塘中心小学	虹星桥镇里塘街	1931	9	285	22	21
长兴县吕山乡中心小学	吕山乡前进街17号	1915	19	663	46	43
长兴县槐坎乡中心小学	槐坎乡东风村上马坎	1955	16	621	42	37
长兴县煤山镇中心小学	煤山镇煤鑫街1号	1918	24	874	63	59
长兴县泗安镇中心小学	泗安镇泗安大道188号	1897	47	1654	80	72
长兴县泗安镇管埭中心小学	泗安镇管埭街道	1912	7	230	22	17
长兴县泗安镇二界岭中心小学	二界岭罗家地	1958	18	546	32	30

续表2-3

学校	校址	创办时间	班级数（个）	在校学生（人）	教职工数（人）	专任教师（人）
长兴县泗安镇长潮中心小学	泗安镇兴隆村	1943	12	331	18	18
长兴县泗安镇仙山中心小学	泗安镇仙山村	1927	12	345	24	24
长兴县林城镇中心小学	林城镇育才路56号	1905	29	1001	79	61
长兴县林城镇畎桥中心小学	畎桥新华村	1937	12	313	22	20
长兴县第三小学	雉城镇县前西街338号	1962.9	38	1357	64	62
长兴县第五小学	太湖街道留下村	1958	19	1625	58	57
长兴县李家巷镇中心小学	李家巷镇龙华路	1914	32	1095	73	71
长兴县白岘乡中心小学	煤山镇访贤街梧桐路	19世纪70年代	14	427	28	18
长兴县水口乡中心小学	水口村上吉街38号	1924	21	766	48	44
长兴县虹星桥镇中心小学	虹星桥南星路74号	1912	34	1105	70	64
长兴县画溪街道包桥中心小学	画溪街道徐家浜七里亭	1914	28	909	55	54
长兴县林城镇天平中心小学	林城镇天平街道	1933	12	323	17	17
长兴县和平镇吴山中心小学	和平镇洪山村	1934	18	590	40	31
长兴县第八小学	太湖街道林荫路111号	1969	41	1431	54	52
长兴县第七小学	雉城镇解放东路38号	20世纪50年代初	31	1051	39	38
长兴县教育实践中心	画溪街道姚家桥	1958.8	3	50	22	14
长兴县第四小学	雉城镇金陵南路58号	1962.8	58	2172	110	108

续表2-3

学校	校址	创办时间	班级数（个）	在校学生（人）	教职工数（人）	专任教师（人）
雉城镇蓝天民工子弟学校	图影大道华能电厂生活区	2003.8	23	839	36	25
煤山镇利民小学	煤山镇新安村	2004.8	6	226	17	12
太湖街道中心学校（小学部）	太湖街道彭城村	1957.8	10	235	28	28
清泉职业高级中学（小学部）	夹浦镇父子岭兰香山	1994.8	8	242	18	18

1989—2014年长兴县小学教育事业发展情况表

表2-4

年份	学校数（所）	班级数（个）	毕业生数（人）	招生数（人）	在校生数（人）	教职工数（人）	
						合计	专任教师数
1989	426	1635	4411	9175	55823	1965	1830
1990	432	1640	9956	6737	53448	1956	1800
1991	414	1544	9213	6095	49560	2254	2061
1992	411	1517	9139	7355	47501	2202	2034
1993	400	1497	8014	9148	48478	2142	1996
1994	389	1497	8560	9731	49557	2133	1973
1995	377	1471	9401	8290	48569	2133	1975
1996	364	1487	7071	8787	50538	2176	2025
1997	338	1491	6021	9026	53609	2176	2068
1998	281	1489	7362	8202	54494	2229	2119
1999	243	1419	9266	7949	53101	2288	2192
2000	187	1283	9731	8399	51737	2317	2208
2001	142	1174	8516	8354	51424	2238	2082
2002	111	1114	8843	8926	51452	2342	2190
2003	102	1077	9136	8156	49564	2182	2031
2004	101	1087	8274	7933	50577	2572	2399
2005	95	1059	8124	6588	48939	2532	2344
2006	70	1039	8521	6234	47429	2589	2374

续表2-4

年份	学校数（所）	班级数（个）	毕业生数（人）	招生数（人）	在校生数（人）	教职工数（人）	
						合计	专任教师数
2007	50	975	8665	6211	45258	2553	2377
2008	48	488	9435	6034	42382	2454	2245
2009	38	850	8614	5904	39917	2429	2219
2010	38	825	8038	6115	38358	2353	2139
2011	40	883	6998	6455	37853	2174	1928
2012	42	854	6669	5914	37037	2209	1995
2013	38	1055	6314	5699	36245	2178	2019
2014	38	1052	6117	5922	37068	2106	1968

1989—2014年长兴县各小学行政负责人情况表

表2-5

学校	职务	姓名	任职起止日期	职务	姓名	任职起止日期
实验小学	校　长	周光宽	1989.1—1991.10	副校长	李荣华	1989.1—1991.10
	校　长	李荣华	1991.10—1998.4	副校长	潘丽蓉	1989.1—1998.7
	副校长	李年轻	1991.10—1995.8	副校长	陈元新	1995.8—1998.7
	校　长	陈元新	1998.8—2006.11	副校长	谢美琴	1998.7—2001.7
	副校长	徐晓伟	1998.8—2001.7	副校长	黄显庭	2000.8—2002.4
	副校长	沈　莉	2000.8—2006.7	副校长	费水丽	2001.8—2007.7
	副校长	谈国毅	2001.1—2002.4	副校长	施志宏	2006.8—2010.7
	副校长	徐　璐	2006.10—2012.7	校　长	许百明	2007.8—
	副校长	范新萍	2007.8—	副校长	柏　凌	2010.8—
	副校长	黄正强	2012.8—2014.3	副校长	李　华	2012.8—2014.7
	副校长	黄崇明	2014.8—			
第二实验小学	校　长	余　琴	2004.8—2007.7	副校长	许百明	2004.8—2006.7
	校　长	宋显坤	2007.8—	副校长	杭巧勤	2004.8—2006.7
	副校长	徐芳芳	2006.8—2007.9	副校长	熊学林	2006.8—
	副校长	黄正强	2009.8—2012.7	副校长	黄春强	2008.8—
	副校长	吴慧婷	2012.8—	副校长	敖培华	2013.8—

续表2-5

学校	职务	姓名	任职起止日期	职务	姓名	任职起止日期
长兴一小	校　长	黄显庭	2002.5—2006.4	副校长	谈国毅	2002.5—2003.7
	副校长	左有琴	2002.5—2003.7	副校长	徐常松	2002.8—2010.7
	副校长	蒋晓华	2003.8—2007.7	副校长	温兴旺	2005.8—2006.7
	校　长	左有琴	2006.8—	副校长	陈建兵	2007.8—2011.7
	副校长	钱新华	2007.8—2012.7	副校长	张本志	2008.8—2011.7
	副校长	钦觉欣	2012.8—	副校长	王有福	2013.8—
	副校长	胡树来	2012.8—2013.7	副校长	章永红	2012.8—
	副校长	陆永强	2013.8—			
长兴二小	校　长	计根良	1989.1—1991.7	副校长	刘佩英	1989.1—1991.8
	副校长	李伟良	1987.8—1991.5	校　长	李伟良	1991.8—1998.7
	副校长	谈国毅	1997.8—1998.8	副校长	叶佩玉	1988.8—1997.2
	副校长	邹远东	1991.8—1999.8	校　长	谈国毅	1998.8—2000.10
	副校长（全面负责）	屈来清	2000.10—2001.7	副校长	高顺琴	1999.8—2004.7
	校　长	颜惠新	2001.8—2009.7	副校长	屈来清	2001.8—2006.7
	校　长	黎谊民	2009.8—	副校长	臧惠娥	2000.8—2003.7
	副校长	王志贵	2004.8—2012.7	副校长	施伟琴	2006.8—2007.7
	副校长	雷忠震	2006.8—2008.7	副校长	蒋晓华	2007.8—2009.7
	副校长	史卫平	2007.8—	副校长	杨根山	2008.8—
	副校长	叶玲利	2009.8—			
长兴三小	校　长	苏富根	1990.8—1998.10	副校长	黎谊民	1999.8—2002.2
	校　长	吴汉泉	1998.10—2002.2	校　长	黎谊民	2002.2—2009.7
	副校长	王志贵	2003.8—2004.7	副校长	蒋顺珍	2003.8—
	副校长	雷忠震	2004.8—2006.7	副校长	蒋学平	2006.8—2007.7
	副校长	张本志	2007.8—2008.7	副校长	孙伟鹰	2008.8—2012.7
	校　长	文宏章	2009.8—	副校长	褚福堂	2012.8—2014.7
	副校长	周雪妹	2012.8—	副校长	许健坤	2014.8—

续表2-5

学校	职务	姓名	任职起止日期	职务	姓名	任职起止日期
长兴四小	校　长	朱永康	1989.1—1995.7	副校长	滕步胜	1989.8—1995.7
	副校长	陈文亚	1990.8—2000.7	副校长	王志贵	1995.8—2003.7
	校　长	丁晓明	1995.8—2004.7	副校长	蔡德成	2000.8—2003.7
	副校长	上官泽玉	2002.8—2012.7	副校长	周振华	2003.8—2008.7
	校　长	曹贤瑞	2004.8—	副校长	蒋学平	2004.8—2006.7
	副校长	屈来清	2006.8—2013.7	副校长	谈国毅	2007.8—
	副校长	王玉春	2011.8—	副校长	韩家国	2012.8—
	副校长	王慧珠	2013.8—	副校长	金卫勇	2014.8—
长兴五小	校　长	丁晓明	1989.1—1995.7	副校长	李正生	1994.8—2005.7
	校　长	张本志	1995.8—	副校长	周惠娣	1997.8—2009.7
	校　长	蒋学平	2012.8—	副校长	莫　晶	2013.8—
	副校长	涂春香	2007.8—	副校长	吴月平	2008.8—
	校　长	褚福堂	2009.8—2012.7	副校长	涂春香	2007.8—
	副校长	吴月平	2008.8—	副校长	金卫勇	2008.8—2014.7
	校　长	韦炎龙	2004.8—2009.7			
长兴六小	校　长	黄显庭	2006.5—	副校长	许百明	2006.8—2007.8
	副校长	范新萍	2006.8—2007.8	副校长	蒋卯寿	2007.8—2010.8
	副校长	周振华	2007.8—	副校长	罗勤勤	2007.8—
	副校长	吴兴有	2007.8—	副校长	王新平	2012.8—2013.7
	副校长	王桂安	2014.8—			
长兴七小	校　长	冯荣谟	1989.1—1994.7	副校长	高晓雉	1989.1—1994.7
	校　长	高晓雉	1994.8—1999.7	副校长	李菊如	1998.8—1999.7
	校　长	温兴旺	1999.8—2005.7	副校长	臧惠娥	1999.8—2000.7
	副校长	王文星	2000.8—2007.7	副校长	倪惠东	2003.8—2004.7
	副校长	张国良	2004.8—2005.7	校　长	史卫平	2005.8—2007.7
	副校长	钱新华	2006.8—2007.7	副校长	高竹鸿	2012.8—
	校　长	钱新华	2012.8—	副校长	王晓冬	2012.8—
	副校长	许云云	2012.8—	副校长	吴小良	2014.8—

续表2-5

学校	职务	姓名	任职起止日期	职务	姓名	任职起止日期
长兴八小	校　长	施志宏	2012.8—	副校长	周朝阳	2012.8—
	副校长	张汉勤	2012.8—	副校长	杨海峰	2013.8—
	副校长	许玉泉	2014.8—			
泗安镇小学	校　长	张勤	1989.1—1998.8	副校长（负责人）	李德山	1998.8—2000.8
泗安镇中心小学	校　长	肖绍曾	1989.1—1995.8	校　长	颜惠新	1995.8—1998.8
	副校长	谢正雨	1997.8—1999.8	副校长	刘耀银	1995.8—1999.8
	校　长	张　勤	1998.8—2002.8	副校长	谢正雨	1999.8—2002.8
	副校长	颜伶秋	1999.8—2002.8	校　长	宋显坤	2002.8—2007.8
	副校长	程百胜	2002.8—2005.8	副校长	刘胜福	2006.8—2007.8
	副校长	周朝阳	2006.8—2007.8	副校长	奚长根	2006.8—2007.8
	校　长	陆永强	2007.8—2013.8	副校长	吴菊花	2008.8—2014.8
	副校长	奚长根	2007.8—2012.8	副校长	黄玉平	2010.8—2012.8
	副校长	吴国强	2011.8—	副校长	周玉珍	2012.8—
	校　长	胡树来	2013.8—	副校长	姜飞	2014.8—
仙山中心小学	校　长	刘耀银	1990.8—1996.7	校　长	韦炎龙	1996.8—1999.7
	副校长	高山海	1999.8—2002.7	副校长	张明义	2000.8—2011.7
	校　长	李　强	2004.8—2008.7	副校长	张昆山	2005.8—
	校　长	颜伶秋	2008.8—2011.7	校　长	陈建兵	2011.8—2014.3
	校　长	黄正强	2014.3—			
二界岭中心小学	校　长	曹贤瑞	1990.8—1997.8	校　长	卓乃道	2000.8—2002.8
	校　长	宋显坤	1997.8—2000.8	校　长	戴墩华	2002.8—2005.8
	副校长	戴墩华	2000.8—2002.8	副校长	李传忠	2002.8—2005.8
	副校长	宋显坤	2000.8—2002.8	副校长	雷忠震	2002.8—2005.8
	校　长	陈承元	2005.8—2008.8	副校长	张　骏	2005.8—2008.8
	副校长	程昌潘	2005.8—2008.8	副校长	周玉珍	2008.8—2012.8
	校　长	张　骏	2008.8—2012.8	副校长	张爱忠	2012.8—2014.8
	校　长	胡伟其	2012.8—	副校长	钱利强	2013.8—

续表2-5

学校	职务	姓名	任职起止日期	职务	姓名	任职起止日期
长潮中心小学	校　长	温兴旺	1989.1—1999.8	校　长	陈百胜	2000.8—2001.8
	校　长	裴广兴	1999.8—2000.8	副校长	胡建国	2004.8—2008.8
	校　长	褚福堂	2004.8—2009.8	副校长	许建兵	2008.8—2010.8
	副校长	胡伟其	2007.8—2012.8	副校长	王怀然	2010.8—
	校　长	刘胜福	2009.8—			
管埭中心小学	校　长	李德山	1989.1—1991.8	校　长	徐志林	1991.8—1995.8
	校　长	邹小亚	1995.8—1999.8	副校长	程培玉	2004.8—2007.8
	校　长	颜伶秋	2004.8—2007.8	校　长	程培玉	2007.8—
	副校长	吴月平	2008.8—2010.8	副校长	董　超	2010.8—2014.8
	副校长	杨　帆	2014.8—			
林城镇中心小学	校长	孙幼慧	1989.1—1990.8	校长	蒋卯寿	1990.8—1995.8
	副校长	孙晓华	1990.8—2000.8	校　长	黄加诚	1995.8—2000.8
	校　长	沈学章	2000.8—2003.7	副校长	孙方年	2000.8—2003.7
	副校长	姜怀文	2000.8—2003.7	副校长	徐志林	2000.8—2003.7
	副校长	方厚和	2000.8—2003.7	副校长	尹安贵	2000.8—2003.7
	校　长	谈国毅	2003.8—2007.7	副校长	李伯泉	2003.8—2007.7
	副校长	吴菊花	2003.8—2007.7	副校长	邹小亚	2003.8—2007.7
	副校长	许建兵	2003.8—2007.7	校　长	杨德富	2007.8—2009.7
	副校长	邹小亚	2007.8—2012.7	副校长	吴建国	2007.8—2009.7
	校　长	周朝阳	2009.8—2012.7	副校长	高竹鸿	2009.8—2012.7
	副校长	齐谊忠	2009.8—	校　长	吴建国	2012.8—
	副校长	黄益平	2012.8—	副校长	郑国鸿	2013.8—
	副校长	李　华	2014.8—			
天平中心小学	校　长	张国干	1990.8—1992.7	校　长	邹小亚	1992.8—1996.7
	校　长	徐志林	1996.8—1999.7	校　长	李伯泉	2004.8—2006.7
	副校长	罗加银	2004.8—2007.7	校　长	陆永强	2006.8—2007.7
	校　长	周朝阳	2007.8—2009.7	副校长	朱瑞明	2007.8—2010.7
	校　长	吴建国	2009.8—2012.7	副校长	郑国鸿	2009.8—2013.7
	副校长	宋桂平	2010.8—	校　长	柴建国	2012.8—2014.7
	校　长	张　坚	2014.8—			

续表2-5

学校	职务	姓名	任职起止日期	职务	姓名	任职起止日期
畈桥中心小学	校　长	卢连青	1989.9—1992.7	校　长	方厚和	1992.8—1999.7
	副校长（负责人）	方厚和	1999.8—2000.7	副校长	朱瑞明	2003.8—2004.7
	校　长	尹明英	2004.8—2005.7	副校长	朱瑞明	2004.8—2007.7
	校　长	杨德富	2005.8—2007.7	副校长	罗加银	2007.8—2009.7
	校　长	孙伟鹰	2007.8—2008.7	副校长	李　军	2007.8—2008.7
	校　长	李军	2008.8—	副校长	宋桂平	2009.8—2010.7
	副校长	朱国棋	2010.8—2013.7	副校长	黄永丹	2013.8—
太傅乡中心小学	校　长	费作人	1989.8—1995.7	副校长	冯邦彦	1989.8—1995.7
	副校长	徐月鸣	1989.8—1991.7	副校长	沈学章	1994.8—1995.7
	校　长	沈学章	1995.8—2000.7	校　长	韦炎龙	2000.8—2001.7
长城乡中心小学	校　长	屈来清	1987.8—1999.7	副校长	吴培琴	1993.8—2001.8
便民桥乡中心小学	校　长	张本安	1989.1—1989.7	副校长	李文秀	1989.1—1989.7
	校　长	李文秀	1989.8—1997.7	副校长	李　伟	1992.8—1997.7
虹星桥镇中心小学	校　长	蔡德成	1990.1—2000.7	副校长	绕恩和	1997.8—1998.7
	副校长	李根富	1997.8—2000.7	副校长	张金亮	1998.8—2002.7
	校　长	俞祖云	2000.8—2001.7	副校长	李根富	2000.8—2001.7
	副校长	尹明英	2000.8—2004.7	校　长	韦炎龙	2001.8—2004.7
	副校长	尹爱贵	2003.8—2006.7	校　长	沈学章	2004.8—
	副校长	李卫星	2004.8—	副校长	姚建峰	2006.8—2013.7
	副校长	许建兵	2010.8—	副校长	陆　峰	2013.8—
里塘中心小学	校　长	张金亮	1989.8—1998.7	副校长	吴玉良	1989.8—1993.1
	校　长	葛爱明	2004.8—2007.7	副校长	陆永强	2004.8—2005.7
	副校长	钱万龙	2005.8—2007.7	校　长	钱万龙	2007.8—
	副校长	胡建明	2007.8—			
观音桥乡中心小学	校　长	饶恩和	1989.8—1997.7	副校长	潘顺林	1989.1—1989.8
吕山乡中心小学	校　长	沈忠义	1989.1—1991.8	副校长	谢锦云	1990.1—1991.8
	校　长	谢锦云	1991.8—1996.8	副校长	敖宝跃	1990.1—1995.8
	副校长	何文斌	1994.8—1995.8	副校长	陆定和	1994.8—1996.8
	副校长	徐贤明	1995.8—1996.8	副校长	何文斌	1995.8—1996.8

续表2-5

学校	职务	姓名	任职起止日期	职务	姓名	任职起止日期
吕山乡中心小学	校　长	徐贤明	1996.8—2002.8	副校长	李卫星	2001.8—2002.8
	校　长	顾末堂	2002.8—2008.1	副校长	周有泉	2003.8—2004.8
	副校长	陈　超	2004.8—2008.1	校　长	陈　超	2008.2—2009.8
	校　长	敖培华	2009.8—2012.8	副校长	敖培华	2006.8—2009.8
	校　长	黄玉平	2013.8—	副校长	沈震辉	2009.8—
	副校长	许玉泉	2009.8—2014.8	副校长	林婵娟	2014.8—
包桥中心小学	校　长	柏元良	1989.1—1990.7	副校长	屈来清	1999.8—2000.7
	校　长	王文星	1990.8—2000.7	副校长	钱之杰	2003.8—2004.7
	校　长	蒋卯寿	2000.8—2007.7	副校长	倪会东	2004.8—2007.4
	校　长	李强	2007.8—	副校长	刘培云	2002.8—2007.8
	副校长	王玉春	2007.8—2010.8	副校长	王卫兰	2007.8—
	副校长	许云云	2010.8—2012.8	副校长	贺香芳	2012.8—
	副校长	章炳良	2013.8—			
洪桥镇中心小学	校　长	钱楚臣	1989.1—2000.8	副校长	范德泉	1989.1—1995.8
	副校长	刘培云	1995.8—2002.8	副校长	张锦华	1999.8—2002.8
	校　长	周树元	2000.8—2002.8	校　长	杨根山	2002.8—2008.1
	副校长	高山海	2002.8—2007.8	副校长	陈自学	2002.8—2005.8
	副校长	陈建兵	2005.8—2007.8	副校长	钱伟武	2006.8—
	副校长	王庆才	2007.8—	校　长	顾末堂	2008.2—
	副校长	胡光新	2008.8—2010.8	副校长	朱国棋	2013.8—
太湖图影小学	校　长	孙志权	1989.1—1991.7	校　长	张锦华	1991.8—1999.7
	校　长	胡光新	2010.8—	副校长	朱庆福	2010.10—
	副校长	朱光前	2012.8—			
李家巷镇中心小学	校　长	李菊如	1989.8—1998.7	副校长	高顺琴	1989.8—1996.7
	校　长	施卫国	1998.8—2003.12	副校长	杭文云	1998.8—1999.7
	副校长	顾末堂	1998.8—2002.7	副校长	顾末堂	1998.8—2009.7
	副校长	姜怀文	2002.8—2003.7	副校长	张国良	2003.8—2004.7
	副校长	张会富	2003.8—2003.12	校　长	张会富	2003.12—
	副校长	沈斌强	2006.8—	副校长	孙伟鹰	2004.8—2007.7
	副校长	李　梅	2008.8—	副校长	吴纪章	2013.8—
	副校长	桂海莲	2014.8—			

续表2-5

学校	职务	姓名	任职起止日期	职务	姓名	任职起止日期
长桥中心小学	校　长	吴文权	1989.1—1995.8	副校长	施卫国	1994.8—1995.8
	校　长	施卫国	1995.8—1998.8	副校长	梅金发	1996.8—2004.8
	校　长	曹贤瑞	1998.8—2004.8	副校长	黄杰珍	1996.8—2002.8
	副校长	沈　辉	2002.8—2004.8	副校长	周友泉	2004.8—2006.9
	校　长	张本志	2004.8—2007.8	副校长	钱之杰	2004.8—2008.7
	校　长	葛爱明	2007.8—2012.8	副校长	黄海荣	2007.8—2012.8
	副校长	冯银南	2008.8—2009.8	副校长	周雪妹	2009.8—2012.8
	校　长	黄海荣	2012.8—	副校长	张　骏	2012.8—
	副校长	奚长根	2012.8—	副校长	董　超	2014.8—
小浦镇中心小学	校　长	周义泉	1989.8—1996.7	校　长	吴华康	1996.8—2003.7
	副校长	文宏章	2002.8—2003.7	副校长	汪志和	2003.8—2009.7
	校　长	严新法	2003.8—2009.7	副校长	谢士华	2003.8—2011.7
	校　长	韦炎龙	2009.8—	副校长	杨根山	2008.1—2008.7
	副校长	杨海峰	2009.8—2014.7	副校长	杨永红	2012.8—
	副校长	时卫娟	2013.8—	副校长	黄玉平	2012.8—2013.7
	副校长	林天平	2014.8—			
白阜乡中心小学	校　长	吴华康	1989.9—1996.7	副校长	黄杏珍	1997.8—1999.7
	校　长	严新法	1996.8—1999.7			
白岘乡中心小学	校　长	郑翼熊	1989.1—1993.7	副校长	金星火	1989.1—1993.7
	校　长	罗正建	1993.8—2000.12	副校长	汤月英	1993.8—2000.12
	校　长	龚德森	2001.1—2002.7	副校长	罗正建	2001.1—2003.7
	校　长	吴康南	2002.8—2009.7	副校长	蒋顺珍	2003.8—2004.7
	副校长	许建兵	2005.8—2006.7	副校长	高竹鸿	2004.8—2005.7
	副校长	罗勤勤	2006.8—2007.7	副校长	俞汉斌	2007.8—2010.7
	副校长	俞忠琴	2007.8—2014.7	校　长	韩家国	2009.8—2012.7
	副校长	胡汉臣	2010.8—	校　长	孙伟鹰	2012.8—
槐坎乡中心小学	校　长	戴顺南	1989.1—1990.12	副校长	开雪明	1990.1—1992.12
	校　长	汪锦娣	1991.1—1993.12	校　长	刘玉英	1994.1—1997.7
	校　长	吴康南	1997.8—1999.7	副校长	刘玉英	1997.8—2000.7
	校　长	杭文云	1999.8—2000.7	副校长	吴康南	1999.8—2002.7

续表2-5

学校	职务	姓名	任职起止日期	职务	姓名	任职起止日期
槐坎乡中心小学	副校长	杭文云	2000.8—2002.7	副校长	刘玉英	2001.8—2002.7
	副校长	韩伟宏	2002.8—2003.7	副校长	许百明	2003.8—2004.7
	副校长	陈浙杰	2004.8—2009.7	副校长	张　坚	2009.8—2012.7
	校　长	陈浙杰	2009.8—	副校长	章永红	2009.8—2012.7
	副校长	胡咏梅	2012.8—	副校长	钱　江	2013.8—
	副校长	单　洪	2014.8—			
煤山镇中心小学	校　长	张全福	1989.1—1991.7	副校长	曹朝云	1990.8—2000.7
	校　长	王福松	1991.8—1999.7	副校长	钱志杰	2000.8—2001.7
	校　长	严新法	1999.8—2000.7	校　长	严新法	2001.8—2003.7
	副校长	钱志杰	2001.8—2003.7	校　长	文宏章	2003.8—2009.7
	副校长	徐盘群	2002.8—2004.7	副校长	罗正建	2004.8—2012.7
	副校长	臧学华	2003.8—2004.7	副校长	吴小良	2012.8—2014.7
	副校长	余海艳	2004.8—2006.7	副校长	余凤妹	2006.8—
	校　长	汪志和	2009.8—	副校长	袁俊霞	2014.8—
和平镇中心小学	副校长	林开根	1989.1—1996.8	校　长	潘锦学	1991.8—1992.10
	校　长	李文秀	1992.10—1996.8	副校长	杨根山	1997.8—2002.8
	校　长	潘锦学	1996.8—2005.8	副校长	吴培琴	1999.8—2001.8
	副校长	施丽芬	2003.8—2005.8	副校长	韩家国	2002.8—2006.8
	副校长	柴建国	2005.8—2012.8	校　长	谈晓荣	2005.8—
	副校长	薛师文	2009.8—	副校长	杭亚雷	2006.8—2010.8
	副校长	王　芳	2012.8—	副校长	刘敏森	2010.8—
吴山中心小学	校　长	邹亚民	1990.9—2002.8	副校长	李根富	1990.8—1997.8
	副校长	杨德富	1997.8—2004.8	校　长	卢学泉	2002.8—2005.8
	副校长	陆永强	2004.8—2005.8	校　长	李桂华	2005.8—2008.8
	副校长	宋洪方	2007.8—2009.8	副校长	黄鸿鑫	2007.8—
	校　长	钱之杰	2008.8—2014.8	副校长	王桂安	2010.8—2014.8
	校　长	柴建国	2014.8—	副校长	沈末琴	2014.8——

续表2–5

学校	职务	姓名	任职起止日期	职务	姓名	任职起止日期
夹浦镇中心小学	校　长	蒋炳堂	1989.8—1995.7	副校长	吴克江	1989.8—1994.7
	副校长	丁晓明	1992.8—1993.7	副校长	冯法根	1992.8—1998.7
	副校长	王新平	1992.8—1998.7	校　长	吴汉泉	1995.8—1998.7
	校　长	王新平	1998.8—2012.7	副校长	史卫平	1999.8—2002.7
	副校长	褚福堂	2001.8—2004.7	副校长	梅德胤	2003.8—2012.7
	副校长	韩家国	2006.8—2009.7	副校长	冯银南	2009.8—2011.7
	副校长	王晓冬	2009.8—2012.7	副校长	许健坤	2009.8—2012.7
	校　长	葛爱明	2012.8—	副校长	臧树新	2012.8—
	副校长	陈银珍	2013.8—	副校长	陶云辉	2014.8—
鼎甲桥中心小学	校　长	臧德铭	1989.1—1993.7	副校长	钦铭锋	2012.8—
	副校长	冯发根	1993.8—1997.7	校　长	冯银南	2011.8—
	副校长	程　枫	2013.8—			
水口乡中心小学	校　长	丁则先	1989.1—1991.8	校　长	丁火明	1991.8—2006.8
	校　长	叶会平	2006.8—	副校长	叶会平	2001.8—2006.8
	副校长	葛爱明	2003.8—2004.8	副校长	刘贵新	2006.8—
	副校长	涂春香	2006.8—2007.8	副校长	张应琪	2007.8—2011.7
	副校长	陆　峰	2007.8—2013.8	副校长	李小斌	2013.8—
长广小学	校　长	陈国耀	1989.1—1991.7	校　长	刘新林	1991.8—1992.7
	校　长	张海荣	1992.8—2003.2	校　长	唐新琴	2003.2—2007.7
	校　长	蒋学平	2007.8—2010.7	副校长	朱大干	2007.8—2010.7
	副校长	张　坚	2007.8—2012.7	校　长	胡树来	2010.8—2012.7
	校　长	张　坚	2012.8—2014.8	副校长	单　洪	2010.8—2014.8
	副校长	林天平	2012.8—2014.8			
五通小学	校　长	姒国庆	2006.8—2008.7	副校长	胡树来	2007.8—2009.7
	校　长	胡树来	2009.8—2010.7	校　长	杭亚雷	2010.8—2014.3
八三小学	校　长	吴志添	1989.1—1989.7 1991.8—1994.7	校　长	王永华	1989.8—1991.7
	校　长	梅卫平	1994.8—1997.7	校　长	胡永红	1997.8—2000.7
	校　长	齐谊忠	2000.9—2009.8			

1989—2014年长兴县乡村小学撤并情况表

表2-6

校名	撤并时校址	撤并时间	并入学校	所属地
上阳小学	雉城镇上阳村	1993.8	长兴四小	雉城
三星圩小学	雉城镇三星圩村	1999.8	高家墩小学	
竹园村小学	雉城镇竹园村	1999.8	明门小学	
柏家浜小学	雉城镇柏家浜村	2001.8	明门小学	
高山岭小学	雉城镇高山岭村	2001.8	长兴三小	
金莲桥小学	雉城镇金莲桥村	2001.8	长兴二小	
五峰小学	雉城镇五峰村	2006.8	滨海小学	
高家墩小学	雉城镇高家墩村	2011.8	长兴四小	
明门小学	雉城镇明门村	2013.8	包桥中心小学	
泗安镇小学	中泗安村	2000.8	泗安镇中心小学	泗安
大庄小学	泗安镇大庄村自然村	2002.8	汪家山小学	
钱家塘小学	钱家塘自然村	2003.8	汪家山小学	
五里渡小学	五里渡下潘	2005.8	皂山小学	
三里亭小学	三里亭村	2005.8	泗安镇中心小学	
白莲村完全小学	白莲村二里半	2006.8	泗安镇中心小学	
皂山小学	皂山自然村	2007.8	泗安镇中心小学	
汪家山小学	汪家山自然村	2008.8	泗安镇中心小学	
茅塔小学	茅塔村	1989.8	仙山乡中心小学	仙山
长安小学	长安村	1989.8	仙山乡中心小学	
十里头小学	十里头村	1989.8	仙山乡中心小学	
祠山小学	祠山村	1989.8	圩水冲完小	
枣树湾小学	枣树湾村	1996.8	圩水冲完小	
长明小学	长明村	1999.8	长岗岭完小	
建丰小学	建丰村	1999.8	长岗岭完小	
石头冲小学	石头冲村	1999.8	长岗岭完小	
五丰小学	五丰村	2001.8	长岗岭完小	
圩水冲小学	圩水冲村	2001.8	长岗岭完小	
新联小学	新联村	2004.8	泗安镇仙山中心小学	
长岗岭完小	长岗岭	2014.8	泗安镇仙山中心小学	

续表2-6

校名	撤并时校址	撤并时间	并入学校	所属地
云峰小学	云峰村	1996.9	邱家村小学	二界岭
张亩山小学	张亩山村	1998.9	初康小学	
二界岭小学	二界岭村	2000.9	二界岭乡中心学校	
荷花小学	荷花村	2000.9	二界岭乡中心学校	
邱家村小学	邱家村	2000.9	二界岭乡中心学校	
毛家村小学	毛家村	2001.9	二界岭乡中心学校	
郎村小学	郎村村	2005.9	二界岭乡中心学校	
东村小学	东村村	2006.9	二界岭乡中心学校	
太平村小学	太平村	2007.9	二界岭乡中心学校	
初康小学	初康村	2009.2	泗安镇二界岭中心小学	
上阳小学	上阳村	1992.8	长潮乡中心小学	长潮
中阳小学	中阳村	1992.8	长潮乡中心小学	
华丰小学	华丰村	1994.8	兴隆小学	
前村小学	前村	1994.8	兴隆小学	
高潮小学	高潮村	1996.8	长潮乡中心小学	
九龙小学	九龙村	1999.8	师古岗小学	
兴隆小学	兴隆村	2002.8	长潮岕完小	
东潮小学	东潮村	2005.8	长潮中心小学	
师古岗小学	师古岗村	2007.8	长潮中心小学	
长潮岕完全小学	长潮岕	2010.8	长潮中心小学	
塔山小学	塔山村	1989.8	黄巢完小	管埭
塔上小学	塔上村	1989.8	管埭乡中心小学	
尹家小学	尹家村	1990.8	管埭乡中心小学	
长山小学	长山村	1997.8	黄巢完小	
禧祉村小学	禧祉村	1999.8	泗安镇中心小学管埭完小	
长友小学	长友村	2000.8	黄巢完小	
南岗小学	南岗村	2001.8	泗安镇中心小学管埭完小	
黄巢完全小学	黄巢村	2007.8	泗安镇管埭中心小学	
东吴小学	东吴石牌头自然村	1998.8	林城镇中心小学	林城
东光小学	东岗村	1998.8	林城镇中心小学	
齐心小学	齐心村	1998.8	林城镇中心小学	

续表2-6

校名	撤并时校址	撤并时间	并入学校	所属地
姚北小学	姚北北庄自然村	1998.8	林城镇中心小学	林城
环桥小学	环桥村	1999.8	方中小学	
市里小学	市里小街自然村	1999.8	林城镇中心小学	
塘河小学	塘河施家村	1999.8	林城镇中心小学	
姚洪小学	姚洪小里自然村	2000.8	杨村小学	
洋和小学	洋和村	2001.8	下庄小学	
午桥小学	午山桥村	2001.8	下庄小学	
杨村小学	杨村	2006.8	林城镇中心小学	
下庄小学	下庄东埂自然村	2008.8	林城镇中心小学	
方中小学	方中村	2008.8	林城镇中心小学	
盂圩小学	盂圩村	1992.9	天平中心小学	天平
黄金小学	黄金村	1992.9	下墅完全小学	
中圩埂小学	中圩埂村	1994.9	华元小学	
华元小学	华元村	1995.9	天平中心小学	
仓里村小学	仓里村	1999.9	林城镇中心小学天平完小	
渎东小学	渎东村	1999.9	林城镇中心小学天平完小	
李王小学	李王村	2000.9	下墅完全小学	
下墅完全小学	下墅村	2008.9	林城镇天平中心小学	
北汤完全小学	北汤村	1999.9	林城镇中心小学畎桥完小	畎桥
杨家墩小学	杨家墩村	1999.9	林城镇中心小学畎桥完小	
许村小学	许村	1999.9	林城镇中心小学畎桥完小	
建阳小学	建阳村	1999.9	林城镇中心小学畎桥完小	
龙山小学	龙山村	1999.9	林城镇中心小学畎桥完小	
凌圩村小学	凌圩村	1999.9	林城镇中心小学畎桥完小	
芝山小学	龙四村	2008.9	林城镇畎桥中心小学	
民利小学	何家小湾自然村	1992.8	太傅乡中心小学	太傅
上阳村小学	上阳自然村	1992.8	太傅乡中心傅小学	
山泉村小学	周吴山门口自然村	1992.8	八三小学	
平洋村小学	西菇庵自然村	1992.8	太傅乡中心小学	
任庄小学	杨家庙自然村	1992.8	太傅乡中心小学	
石狮村小学	石狮自然村	1996.8	太傅乡中心小学	

续表2-6

校名	撤并时校址	撤并时间	并入学校	所属地
新星完全小学	新星村	2001.8	阳光山小学	太傅
寺基完全小学	寺基里自然村	2001.8	阳光山小学	
周吴完全小学	周吴村陈家堂前	2001.8	林城镇中心小学太傅完小	
金田小学	金田村	2001.8	阳光山小学	
新山村小学	新山自然村	2001.8	路东完全小学	
路东完全小学	路东村	2008.8	林城镇中心小学	
长兴县八三小学	山门口自然村	2009.8	林城镇中心小学	
阳光山小学	阳光山村	2012.8	林城镇中心小学太傅完小	
毕家小学	毕家村	2002.8	虹星桥镇中心小学	虹星桥
郑家小学	郑家村	2002.8	虹星桥镇中心小学	
龙从小学	龙从村	2002.8	虹星桥镇中心小学	
南庄小学	南庄村	2002.8	虹星桥镇中心小学	
白洋小学	白洋村	2002.8	虹星桥镇中心小学	
西南小学	西南村	2006.8	虹星桥镇中心小学	
午山小学	午山村	2007.8	河桥小学	
河桥小学	河桥村	2011.8	虹星桥镇中心小学	
罗家完全小学	罗家村	1995.8	观音桥小学	观音桥
张费小学	原张费村	1999.8	观音桥小学	
宋高小学	宋高村	1999.8	观音桥小学	
西元小学	西元村	1999.8	观音桥小学	
东城小学	东城村	2000.8	港口完小	
上洪小学	上洪村	2000.8	港口完小	
六合完全小学	六合村	2001.8	观音桥小学	
刘景小学	刘井村上溪自然村	1993.8	余村小学	里塘
徐庄小学	徐庄村费家自然村	1997.8	白水小学	
黄公小学	黄公村黄干桥	1999.2	后洋小学	
余村小学	余村村余村浜	2001.8	里塘完小	
周村小学	周村村灵官殿	2003.8	里塘完小	
后洋小学	后羊村东头自然村	2006.8	里塘中心小学	
白水小学	白水村白水滩	2006.8	里塘中心小学	

续表2-6

校名	撤并时校址	撤并时间	并入学校	所属地
沈家小学	沈家村	1994.8	吕山完小	吕山
郑家小学	郑家村	1994.8	吕山完小	
陶家小学	陶家村	1994.8	吕山完小	
雁荡小学	雁陶村	1994.8	吕山完小	
杨家小学	杨家村	1995.8	南敖完小	
孙家小学	孙家村	1995.8	南敖完小	
仲家村小学	仲家村	1995.8	南敖完小	
吴家小学	吴家村	1996.8	北杨完小	
下目小学	下目村	1996.8	北杨完小	
章湾圩小学	章湾圩村	1996.8	北杨完小	
钮店桥小学	钮店桥村	1996.8	北杨完小	
吕山完小	吕山乡泗安塘桥	1998.8	吕山乡中心小学	
金村小学	金村村	2001.8	北杨完小	
施联小学	施斗桥村	2001.8	施联完小	
圩里小学	圩里村	2001.8	施联完小	
门前小学	门前村	2001.8	施联完小	
胥仓小学	胥仓村	2001.8	施联完小	
南江小学	南蒋村	2001.8	施联完小	
南敖完小	南敖村	2010.8	吕山乡中心小学	
施联完小	门前村	2012.8	吕山乡中心小学	
北杨小学	杨家村	2013.8	吕山乡中心小学	
下士小学	下士村	1990.8	上浜小学	包桥
白莲桥小学	白莲桥	1992.8	上浜小学	
钮家村小学	钮家村	1992.8	虹桥浜小学	
贺阳村小学	贺杨村	1992.8	包桥小学、圣塘小学	
上浜小学	上浜	1994.8	虹桥浜小学	
圣塘小学	圣塘村	1998.8	上浜小学	
包桥小学	包桥村	2000.8	包桥中心小学	
徐家浜小学	徐家浜	2003.8	包桥中心小学	
虹桥浜小学	虹桥浜	2009.8	包桥中心小学	

续表2-6

校名	撤并时校址	撤并时间	并入学校	所属地
龙舌嘴小学	龙舌嘴	1992.8	道古斗完全小学	洪桥
王家坝小学	王家坝村	1993.8	陈家汏完全小学	
潼桥小学	潼桥村	1994.8	洪桥镇张庄完小	
双板小学	双板桥	1994.8	洪桥镇张庄完小	
橡树下完全小学	七兜里村	1994.8	洪桥镇张庄完小	
南阳小学	沈家潭	1997.8	洪桥西华小学	
陈桥小学	陈桥村	2000.8	洪桥镇中心小学	
南孙完全小学	南孙村	2000.8	洪桥西华小学	
南许小学	南许村	2001.8	洪桥镇张庄完小	
西华小学	西华村	2001.8	洪桥镇杨家浦小学	
太湖小学	邹家港村	2002.8	洪桥镇杨家浦小学	
陈家埭完全小学	陈家埭村	2002.8	洪桥镇中心小学	
道古抖完全小学	道古抖村	2007.8	洪桥镇中心小学	
杨家浦小学	杨家浦村	2010.8	洪桥镇中心小学	
张庄完小	张庄村	2014.8	洪桥镇中心小学	
新塘小学	新塘村	1996.8	新塘中心学校	新塘
刘家抖小学	刘家抖村	1998.8	新塘中心学校	
彭城村小学	彭城村	1999.8	新塘中心学校	
南张浜小学	南张浜村	2000.8	新塘中心学校	
东庄小学	东庄村	2002.8	新塘中心学校	
居仁村小学	居仁村	2008.3	新塘中心学校	
姚家浜小学	姚家浜村	2008.10	新塘中心学校	
沉渎港小学	沉渎港村委	2010.8	太湖新城中心学校	
范湾小学	范湾	1997.9	横山乡中心小学	横山（图影）
倪家田小学	倪家田	1997.9	横山乡中心小学	
温家抖小学	温家抖	1997.9	横山乡中心小学	
邱家荡小学	邱家荡	1997.9	横山乡中心小学	
豆家汇小学	豆家汇	1997.9	沈家坝完全小学	
北张小学	北张	1997.9	大公斗完全小学	
董家浜小学	董家浜	1997.9	前城完全小学	
东王小学	东王	1998.9	小沉渎完全小学	

续表2-6

校名	撤并时校址	撤并时间	并入学校	所属地
茆家浜小学	茆家浜	1998.9	沈家坝完全小学	横山（图影）
大抖坝小学	大抖坝	1998.9	小沉渎完全小学、横山乡中心小学	
唐家浜小学	唐家浜	1998.9	沈家坝完全小学	
东仁小学	东仁	1998.9	横山乡中心小学	
图影小学	原图影村	1998.9	大公抖完全小学	
蒋家墩小学	蒋家墩	1998.9	前城完全小学	
陈湾石矿职工子弟学校	陈湾	2000.9	前城完全小学	
小沉渎完全小学	小沉渎	2008.9	洪桥镇横山完小	
大公抖完全小学	大公抖	2008.9	洪桥镇横山完小	
前城完全小学	前城	2008.9	洪桥镇横山完小	
沈家坝完全小学	沈家坝	2008.9	洪桥镇横山完小	
许家浜小学	许家浜村	1993.8	凌家浜小学	李家巷
庄抖小学	庄抖村	1993.8	石山桥完小	
陈家浜小学	陈家浜村	1993.8	邵家浜小学	
庄几小学	庄几村	1994.8	李家巷镇中心小学	
长兴石灰厂职工子弟学校	李家巷村	1997.8	李家巷镇中心小学	
石山桥小学	石山桥村	1998.8	李家巷镇中心小学	
蒋家村小学	蒋家村	1998.8	刘家渡完小	
杨家村小学	杨家桥村	1998.8	倪家埭小学	
凌加浜小学	凌家浜村	1998.8	倪家埭小学	
西坝小学	西坝村	1998.8	倪家埭小学	
石泉小学	石泉村	1999.8	计家浜完小	
广福桥小学	广福桥村	2000.8	李家巷镇中心小学	
邵家浜小学	邵家浜村	2000.8	李家巷镇中心小学	
青草坞小学	青草坞村	2000.8	李家巷镇中心小学	
沈湾村小学	沈湾村	2000.8	李家巷镇中心小学	
长湖建筑材料厂小学	白鹤岭	2002.8	李家巷镇中心小学	
倪家埭小学	倪家埭村	2007.8	李家巷镇中心小学	

续表2-6

校名	撤并时校址	撤并时间	并入学校	所属地
计家浜小学	计家浜村	2009.8	李家巷镇中心小学	李家巷
刘家渡小学	刘家渡村	2012.8	李家巷镇中心小学	
杨湾小学	杨湾村	1992.8	下箬寺乡中心小学	下箬寺
官斗小学	白云桥村	1992.8	下箬寺乡中心小学	
乌鸦斗小学	乌鸦斗村	1999.8	下箬中心小学	
新开河小学	新开河村	1999.8	下箬中心小学	
五里桥小学	五里桥村	1999.8	陆汇头完小	
八字桥完全小学	张家坝村	1999.8	下箬中心小学	
王浜头小学	王浜头村	1999.8	陆汇头完小	
祥符斗小学	祥符斗村	2001.8	陆汇头完小	
长兴发电厂小学	电厂生活区	2001.8	长兴雉城二小	
杨庄小学	杨庄村	2001.8	下箬中心小学	
陆汇头小学	陆汇头村	2009.2	长兴一小城东校区	
阳南小学	阳南村	1995.8	长桥乡中心小学	长桥
南河小学	南河村	1997.8	长桥乡中心小学	
白米小学	白米村	1997.8	长桥乡中心小学	
长桥小学	长桥村	2001.8	长桥中心小学	
前途小学	前途村	2001.8	长桥中心小学	
大二小学	大二村	2001.8	长桥中心小学	
白阜完小	白阜村	2010.9	长桥中心小学	
上南村小学	上南村	1995.8	朱城小学	白阜
南阳小学	南阳	1998.8	庄基墩小学	
杨林村小学	方一村	1999.8	潘礼南完小	
下埂小学	下埂村	2000.8	白阜完小	
庄基墩小学	庄基墩	2001.8	白阜完小	
潘礼南完小	潘礼南村	2001.8	方岩小学、白阜完小	
朱城小学	三新村	2002.8	白阜完小	
大一村小学	大一村	2002.8	白阜完小	
柏家村小学	柏家村	2002.8	大岕口小学	
大岕口小学	大岕口	2002.8	方岩小学	
张家桥村小学	张家桥村	2003.8	白阜完小	
方岩小学	方岩村	2008.8	小浦镇中心小学	

续表2-6

校名	撤并时校址	撤并时间	并入学校	所属地
蝴蝶村小学	蝴蝶村	1997.8	五庄小学	小浦
箬界小学	箬岕村	2000.8	小浦镇中心小学	
高地村小学	高地村	1997.8	合溪小学	
画溪村小学	画溪村	2000.8	五庄小学	
泥桥小学	泥桥村	2000.8	五庄小学	
南周小学	周家村	2000.8	塘渚小学	
郎山小学	郎山村	2001.8	五庄小学	
中山完全小学	中山村	2002.8	小浦镇中心小学	
塘渚村小学	塘渚村	2002.8	小浦镇中心小学	
光耀完全小学	光耀村	2006.8	小浦镇中心小学	
合溪完全小学	合溪村	2007.8	小浦镇中心小学	
五庄小学	五庄村	2008.8	小浦镇中心小学	
茅山小学	白岘乡茅山村	1996.8	白岘完全小学	白岘
西岗小学	白岘乡西岗村	1998.8	白岘乡中心小学	
和岕口小学	白岘乡和岕口村	2001.8	白岘完全小学	
庄头小学	白岘乡庄头村	2002.8	罗岕完全小学	
罗岕完全小学	白岘乡罗岕村	2009.8	白岘乡中心小学	
白岘完全小学	白岘乡白岘村	2011.8	白岘乡中心小学	
勤胜小学	勤胜村	1993.9	槐坎乡中心小学	槐坎
横岕小学	横岕村	1995.9	十月完全小学	
民丰村小学	民丰村	1996.9	抛渎岗完全小学	
坞山塘小学	坞山塘村	1996.9	抛渎岗完全小学	
礼贤岕小学	礼贤岕村	1998.9	抛渎岗完全小学	
平丰村小学	平丰村	2000.9	槐坎乡中心学校	
茶窠村小学	茶窠村	2000.9	十月完全小学	
东升小学	东升村	2000.9	十月完全小学	
葆青小学	葆青村	2000.9	槐坎乡中心学校	
仰丰小学	仰丰村	2001.8	东风完全小学	
十月完全小学	十月村	2003.8	槐坎乡中心学校	
六都完全小学	六都村	2003.8	槐坎乡中心学校	
东风完全小学	东风村	2003.8	槐坎乡中心学校	
抛渎岗完全小学	抛渎岗	2007.8	槐坎乡中心学校新校区	

续表2-6

校名	撤并时校址	撤并时间	并入学校	所属地
大安小学	大安村	2001.8	新川小学	煤山
涧下小学	涧下村	2001.8	新川小学	
张坞完全小学	张坞村	2001.8	新川小学	
蒋笪完全小学	蒋笪村	2001.8	新川小学	
尚儒完全小学	尚儒村	2001.8	新川小学	
新民完全小学	新民村	2001.8	新川小学	
西川小学	西川村	2001.8	新川小学	
四都小学	四都村	2002.8	煤山镇中心小学	
新庄小学	新庄村	2002.8	煤山镇中心小学	
新昇完全小学	新升村	2002.8	煤山镇中心小学	
石庙小学	石庙村	2002.8	煤山镇中心小学	
二都完全小学	二都村	2002.8	煤山镇中心小学	
新川小学	新川村	2007.8	煤山镇中心小学	
南庄小学	和平南庄村	1993.8	徐家斗小学	长城
狄家斗小学	和平狄家斗村	1997.8	长城乡中心小学	
金孙斗小学	和平金孙斗村	1997.8	长城乡中心小学	
桥南村小学	和平桥南村	1997.8	长城乡中心小学	
横山村小学	和平横山村	1997.8	长城乡中心小学	
杨桥村小学	和平杨桥村	1997.8	长城乡中心小学	
何家西村小学	和平何家西村	1997.8	长城乡中心小学	
东周村小学	和平东周村	1997.8	长城乡中心小学	
凡市村小学	和平凡市村	1997.8	长城乡中心小学	
城山村小学	和平城山村	1997.8	长城乡中心小学	
许家斗小学	和平徐家斗村	2003.8	和平镇中心小学	
便民桥小学	和平便民村	1997.8	施家村小学、许家村完全小学	便民桥
吴山坞小学	和平吴山坞村	1999.3	石泉完全小学	
石泉完全小学	和平石泉村	2007.8	和平镇中心小学	
施家村完全小学	和平施村	2009.8	和平镇中心小学	
许家村完全小学	和平许家村	2012.8	和平镇中心小学	

续表2-6

校名	撤并时校址	撤并时间	并入学校	所属地
庄桥村小学	和平庄桥村	1993.8	和平镇中心小学	和平镇
吴村完全小学	和平吴村村	1996.8	施村完全小学	
唐伯兴小学	和平唐伯兴村	1996.8	施村完全小学	
周坞山完全小学	和平周坞山村	1996.8	施村完全小学	
回车岭小学	和平回车岭村	1998.8	和平镇中心小学	
马家边小学	和平马家边村	1998.8	施村完全小学	
石罙碛小学	和平石罙碛村	1998.8	施村完全小学	
滩龙桥小学	和平滩龙桥村	1998.8	施村完全小学	
方家庄小学	和平方家庄村	1998.8	施村完全小学	
毛家山小学	和平毛家山村	1999.8	和平镇中心小学	
殳村小学	和平殳村	2000.8	和平镇中心小学	
长岗小学	和平长岗村	2000.8	和平镇中心小学	
官庄小学	和平官庄村	2001.8	和平镇中心小学	
后山小学	和平后山村	2001.8	和平镇中心小学	
长城完小	北洋桥村	2001.8	和平镇中心小学	
旧宅小学	和平旧宅村	2002.8	和平镇中心小学	
便民桥完小	庄里村	2010.9	和平镇中心小学	
施村完全小学	施村	2009.8	和平镇中心小学	
八三五一四部队小学	73811部队驻地	1989.8	吴山乡中心小学	吴山
南淙完全小学	南淙村	1995.8	南淙村小学	
独山小学	独山村	1995.8	抖门小学	
三矿小学	三矿村	1998.8	横涧小学	
沙埠小学	沙埠村	1998.8	韦山村小学	
王村小学	王村村	1998.8	抖门小学	
临溪小学	临溪村	1998.8	清临小学	
彭汇小学	彭汇村	1998.8	抖门小学	
麦塔村小学	麦塔村	1998.8	抖门小学	
清临小学	清临村	2002.8	吴山乡中心学校	
南淙村小学	南淙村	2003.8	吴山乡中心学校	
横涧小学	横涧村	2005.8	吴山乡中心学校	

续表2-6

校名	撤并时校址	撤并时间	并入学校	所属地
韦山村小学	韦山村	2005.8	吴山乡中心学校	吴山
横涧小学	横涧村	2005.8	吴山乡中心学校	
韦山村小学	韦山村	2005.8	吴山乡中心学校	
饮泉村小学	饮泉村	1994.8	环沉完全小学	夹浦
吴家斗小学	吴家斗村	1995.8	新华完全小学	
丁家渚小学	丁家渚村	1996.8	红旗小学	
太湖小学	西蒋村	1996.8	红旗小学	
韩家斗小学	韩家斗村	1996.8	红旗小学	
长大小学	长大村	2000.8	夹浦镇中心小学	
陶家湾小学	陶家湾村	2000.8	环沉完全小学	
光明完全小学	喜鹊斗村	2003.10	夹浦镇中心小学	
新华完全小学	无胥村	2003.10	夹浦镇中心小学	
环沉完全小学	环沉村	2003.10	夹浦镇中心小学	
红旗小学	红旗村	2005.8	夹浦镇中心小学	
长丰小学	长丰坞	1991.8	北川小学	丁甲桥
敌楼湾小学	敌楼湾	1991.8	父子岭小学	
山下小学	山下村	1991.8	丁甲桥乡中心小学	
月明小学	月明村	1996.8	夹浦镇中心小学丁甲桥分校	
吴城小学	吴城村	1996.8	夹浦镇中心小学丁甲桥分校	
平桥小学	平桥村	1996.8	夹浦镇中心小学丁甲桥分校	
北川小学	北川村	2001.2	夹浦镇丁甲桥完小	
香山小学	香山村	2007.8	夹浦镇中心小学	
父子岭小学	父子岭村	2007.8	夹浦镇中心小学	
南山小学	水口乡水口村南山自然村	1989.8	水口乡中心小学	水口
水东小学	水口乡水东村	1992.8	徐旺小学	
龙山小学	水口乡龙山村	1995.8	水口乡中心小学	
高阳小学	水口乡徽州庄高阳自然村	1998.8	水口乡中心小学	

续表2-6

校名	撤并时校址	撤并时间	并入学校	所属地
沉其岭小学	水口乡水口村沉其岭自然村	1998.8	水口乡中心小学	水口
后坟小学	水口乡后坟村	1999.9	徐旺小学	
徽州庄小学	水口乡徽州庄村	2001.9	水口乡中心小学	
金山小学	水口乡金山村	2002.8	水口乡中心小学	
江排小学	水口乡水口村	2007.8	水口乡中心小学	
顾渚小学	水口乡顾渚村	2006.8	水口乡中心小学	
徐旺小学	水口乡徐旺村	2011.8	水口乡中心小学	
夹山村小学	夹山村	1997.8	车渚村小学	后洋
霞城完全小学	霞城村	1997.8	后洋中心小学	
留下小学	留下村	1997.8	后洋中心小学	
陆家斗小学	陆家斗村	1998.8	白溪完全小学	
沙塘村小学	沙塘村	1999.8	涧港完全小学	
玄坛村小学	玄坛庙村	1999.1	涧港完全小学	
车渚村小学	车渚村	2000.8	涧港完全小学	
后洋村完全小学	后洋村	2000.8	后洋中心小学	
牛步村完全小学	牛步墩村	2001.8	涧港完全小学	
新湖村完全小学	新湖村	2002.8	后洋中心小学	
北南庄小学	南庄村	2004.8	后洋中心小学	
西峰坝完全小学	西峰坝村	2007.8	后洋中心小学	
白溪完全小学	白溪村	2007.8	雉城二小	
川口村小学	川步村	2008.8	长兴五小	
涧港完全小学	涧港村	2013.2	长兴五小	

说明：资料来源于各所属乡镇中心小学

二、课程设置与教学改革

1989年，全县小学一至六年级均设思想品德、语文、数学、体育、美术、音乐、劳动等科目，四至六年级增设自然课，五年级增设地理课，六年级增设历史课。城镇小学、农村小学分别执行浙江省城镇小学、农村小学教学计划，使用部编教材。在进行劳动教育和劳作训练的基础上，学校开设劳技课达100%，并建立社会实践基地。全县推行小学各学科教学目标和具体要求，进行学科教学中的各项改革试验，全面提高教学质量。

1990年3月，省教委重新转发国家教委《关于减轻校学生课业负担过重问题的若干规定》的通知，九年义务教育的学校实行不留级制度和取消小学升学考试等规定。县教育局力推课堂教学改革，开展课外活动，在实验小学率先进行减轻学生负担，促进个性优化发展的阶段性实验。

1991年，县教研室配备专职劳技课与劳动教育员。农村中小学建立劳技与劳动课教研组，根据教学大纲，制定切实可行的教学计划。是年起，执行国家教委《关于加强义务教育阶段中小学写字教学的通知》，上好写字课，保证小学生每周的写字训练时间不少于一课时。

1992年9月，长兴县承担省义务教育课程教材改革实验，全县小学一年级使用省编新教材，执行《浙江省义务教育试行教学计划》。是年，全县小学开设思想品德、体育与保健、语文、数学、常识、音乐、美术、生活与劳动等8门学科。一、二年级的语文、思想品德及小学复式班一至三年级的语文、思想品德、常识实行合科教学。体育活动、兴趣活动根据学校实际安排。

1993年秋季起，全县小学起始年级统一使用浙江省义务教育新教材。全县承担中科院心理研究所关于《现代小学数学》实验教材试点任务，雉城二小、实验小学等6所小学被中科院心理研究所正式确定为教改实验学校。实验小学在全县推广施行“减轻学生负担，促进个性最优化发展”阶段性实验。

1995年秋季起，执行省《关于实行每周40小时工作制后调整小学教学计划的意见》，各年级学科教学每周最高为26课时，周活动总量30课时以下。

1996年，增加15分钟写字教学。四、五、六年级使用人教版课本，其他年级均使用省义务教育课本。

1998年，印发《义务教育部分学科教学内容和教学要求的调整意见》，调整涉及的学科有小学语文、思想品德、数学、常识，秋季起各年级执行。

1999年，全县中心小学以上中高年级全部开设信息技术课。5月，全县举行“可爱的长兴”地方课程首发式，作为课程落实。

2000年2月，县教委出台《关于切实减轻中小学过重负担的实施意见》，开展“轻负担高质量”研究。全县中小学严格执行国家课程计划，开足开齐规定课程，按规定控制学生在校时间，保证活动总量。秋季起，执行《浙江省义务教育试行教学计划》修订本，城镇学校五、六年级开设英语课。是年，修订《长兴县中小学教师教学工作手册》。

2001年，三年级以上设置综合实践活动课程，四、五、六年级全面开设信息技术课，乡镇小学六年级开设英语课。

2002年秋，全县小学五、六年级全面实施英语课。

2003年2月，全县中小学基础教育课程改革全面启动，长兴县作为省级实验区，制定《长兴县基础教育课程改革实验方案》，开展从实验教材的验证及推广实验，地方课程及学校课程的管理与开发的实验以及评价与考试制度改革的实验研究。秋季开始，一年级起执行《省级实验区义务教育阶段课程计划》，课程设置语文、数学、体育、音乐、美术、综合实践、地方课程与学校课程，一、二年级开设品德与生活课，三至六年级开设品德与社会、外语、科学、信息技术课。各小学结合当地文化特征，创建学校的校本课程。12月，全县举行首届基础教育课程改革研讨会暨校长论坛，全面推进课程改革。

2004年，全县各学校扎实推进新课程改革，进一步学习《长兴县基础教育课程改革实施方案》，解读学科《课程标准》，注重校本课程开发的研究。

2005年，完成“参与式德育教学读本《做人·长兴的孩子这样说，这样做》上册、下册”的编写工作，作为地方德育教材融入课程设置中。

2007年，根据《教育部关于积极推进中小学评价与考试制度改革的通知》和省教育厅的有关文件精神，制定《长兴县小学生综合素质测评实施方案(试行)》，秋季开始，在全县小学三至六年级学生中全面组织实施。11月，全面实施“体育、艺术2+1项目”，从学校组织的兴趣活动中，学生自主选择2项体育活动和1项艺术活动。实施义务教育课程改革“城乡联动”计划，加强对相对薄弱乡镇中学课程改革的引领和指导，积极开展地方课程和校本课程研究和开发。是年，县教研中心制定《长兴县中小学学科教学基地工作规程》，确立5所学校为县首批学科教学基地。其中小学语文教学基地为实验小学、第二实验小学；小学数学教学基地为长兴一小、雉城二小。

2009年，全县小学下发《长兴县课堂有效学习研究课题指南》，开展提高课堂学习有效性的研究。

2010年10月，全县12所小学参加首次浙江省教学质量综合评价监测。

2013年，全县贯彻落实《长兴县教育局关于推进轻负担高质量工作实施意见》，各学校推进“轻负担高质量”研究，实行教学质量随机检测制度，建立科学评价机制。

2014年，全县开展小班化教学改革试验，组建“小班化教育研究联盟”，推进农村自然小班化教育模式的研究。3月，长兴县小班化教育研究联盟成立暨省教研系统重点课题“农村自然小班的小学语文课堂教学最优化研究”推进会在畎桥中心小学召开。畎桥中心小学、天平中心小学、里塘中心小学、和平镇中心小学4所联盟学校就如何做好小班化教育研究联盟工作，结合自身情况进行交流。4月，举行长兴县农村自然小班语文教学研讨活动；5月，县“小班化教育研究联盟”学校的相关领导参观南京市小班化教育试点学校。是年，全县12所小学师生参与浙江省中小学综合素质测评。

1992年长兴县小学九年义务教育课程设置情况表

表2-7　　　　单位：课、%

科目	年级/周课时	小学						占必修课总时数百分比
		一年级	二年级	三年级	四年级	五年级	六年级	
必修课	思想品德	1	1	1	1	1	1	4.6
	公民	—	—	—	—	—	—	—
	体育与保健	2	2	3	3	3	3	11.0
	语文	9	9	8	8	7	7	29.2
	数学	4	4	5	5	5	5	18.7
	外语	—	—	—	—	—	—	2.3
	常识	1	1	2	2	4	4	6.4
	自然科学	—	—	—	—	—	—	4.6
	社会	—	—	—	—	—	—	4.6
	音乐	2	2	2	2	2	2	6.9
	美术	2	2	2	2	1	1	5.9
	生活与劳动	1	1	1	1	1	1	
	农业技术基础或劳动技术	—	—	—	—	—	—	5.9
	家庭生活	—	—	—	—	—	—	—
	职业指导	—	—	—	—	—	—	—
	周总课时数	22	22	24	24	24	24	—
	并开科目数	7	7	8	8	8	8	—
选修课	外语	—	—	—	—	—	—	—
	自然科学	—	—	—	—	—	—	—

续表2-7

科目	周课时 / 年级	小学						占必修课总时数百分比
		一年级	二年级	三年级	四年级	五年级	六年级	
	其他	—	—	—	—	—	—	—
	劳动职业技术选修	—	—	—	—	—	—	—
活动	晨间活动	3	3	3	3	3	3	—
	班团队活动	1	1	1	1	1	1	—
	体育活动	2	2	2	2	2	2	—
	兴趣活动	2	2	2	2	2	2	—
周学习、活动总量		30	30	32	32	32	32	—
集体教育时间和机动时间		每学年两周						—

2000年长兴县小学九年义务教育课程设置情况表

表2-8　　单位：课

科目	周课时 / 年级	小学					
		一年级	二年级	三年级	四年级	五年级	六年级
思想品德		1	1	1	1	1	1
体育与保健		2	2	3	3	3	3
语文		9	9	8	8	7	7
数学		4	4	5	5	5	5
常识		1	1	2	2	4	4
音乐		2	2	2	2	2	2
美术		2	2	2	2	1	1
生活与劳动		1	1	1	1	1	1
活动	晨间活动	每天15分钟					
	班队活动	1	1	1	1	1	1
	体育活动	2	2	2	2	2	2
	兴趣活动	2	2	3	3	3	3
周学习、活动总量		27	27	30	30	30	30

2007年长兴县小学义务教育阶段课程设置及课时安排(省级实验区)情况表

表2-9　　　　　　　　　　　　　　　　　　　　　　　　单位:课

课程	年级/周课时	一年级	二年级	三年级	四年级	五年级	六年级
课程门类	品德与生活	2	2	—	—	—	—
	品德与社会	—	—	2	2	2	2
	语文	9	9	7	7	6	6
	数学	5	5	4	4	4	4
	外语	—	—	3	3	3	3
	体育	4	4	3	3	3	3
	音乐	2	2	2	2	2	2
	美术	2	2	2	2	2	2
	科学	—	—	2	2	3	3
	信息技术	—	—	1	1	1	1
	综合实践活动	—	—	4	4	4	4
	地方课程与学校课程	2	2				
周课时总数		26	26	30	30	30	30
学年总课时		910	910	1050	1050	1050	1050

说明:此教学计划为指导性教学计划

三、招生与学制

1989年,全县小学入学年龄为6～7周岁,小学实行划块招生。学制为六年制。是年,小学新生适龄儿童入学9084人。

1990年7月,雉城镇小学施教区调整试行。1991年7月,经县委、县政府同意,县教育局下发《关于调整在雉城镇上各中小学施教区的通知》,按照“稳定规模,计划招生,分块安排,保证普及”的原则,雉成镇各小学调整施教区,秋季正式实施。1993年秋季,全县所有乡镇均实施九年义务教育,小学入学儿童全部按户籍所在地或划定施教区就近入学。招生年龄控制在6周岁半至7周岁之间。沿用至90年代末。

2000年起，根据《长兴县农村中小学布局调整规划 》和《2000—2010年长兴县城市教育发展规划》的要求，农村小学布局实施调整，农村小学施教区按照区域划分作相应调整。

2001年秋，实验小学新校区办学体制改革，招生不设施教区。全县对进城务工就业农民工子女的入学按照国务院办公厅转发教育部等部门《关于进一步做好进城务工就业农民工子女义务教育工作意见》的规定执行，实行与当地子女入学同等待遇。全县小学入学年龄逐步过渡到6周岁。

2002年，出台《长兴县普通中小学学籍管理暂行办法》，规范全县中小学学籍管理。秋季起，按照新的“学籍管理暂行办法”，对全县各学校入学学生的学籍管理情况进行检查。

2003年7月，出台《雉城镇（县城）小学招生有关规定》，规范义务教育阶段的招生秩序。规范学籍管理，建立中小学生信息化电子档案。对到长兴投资的外商子女、现役军人子女，按规定安排入学。

2004年秋，第二实验小学面向全县招生，招生不设施教区。实验小学、第二实验小学的新生招生，由县公证处进行操作，做到公开、公正、公平。

2006年秋，新开办的滨海小学招生，施教区为滨海水木花都小区和雉城镇五峰村。城区小学新生招生严控班额，不超过50人。

2007年，推行学生学籍变更网上申请，县教育局基础教育科实行网上审批。

2009年，制定《长兴县义务教育阶段来长兴务工人员子女就学管理暂行办法》，按照就近入学原则，规范民工子女的入学、转学等问题。一年级新生班额不超过40人。

2012年开始，外来务工人员子女入学，按照“统一时间、统一地点、集中报名、统筹安排”的原则，8月，县教育局与开发区一起联合举办“新居民子女入学专项服务”活动。凡符合条件的新居民子女，县教育局100%解决其子女的入学，全部统筹安排至各校就近入学。是年起，根据现代化教育县的要求，小学新生班额要求控制在35人以内。

2014年，雉城镇城区小学新生招生1928人，其中新居民子女新生267人。农村小学新生招生3994人。全县小学招生共5922人。

第三节 初中教育

一、发展概况

1989年，全县有普通初中学校36所，312个教学班，在校学生14903名。此外，县境内省属厂矿单位初中学校有3所，71个教学班，在校学生2857名。是年，初中教职工969人，其中专任教师796名，其中本科学历42人，专科学历349人，有高级职务4名，占初中专任教师的0.5%。一级职务有164名，占初中专任教师的20.6%。初中校均规模达到455人。初中入学率为91.5%，巩固率94.57%。

1990年，创立芝山农校（教育部门办）和长湖子弟学校（其他部门）2所。是年，全县设置初级中学41所，其中教育部门集体办37所，其他部门办4所，在校学生共18406人。

1992年，香港邵逸夫投资扩建洪桥中学（县属），被国家教委命名为洪桥逸夫中学（县属）。

1993年，芝山农校撤并，全县初中学校40所，在校学生22610人。

1994年8月，撤销洪桥镇中学，并入洪桥逸夫中学，洪桥逸夫中学被定为镇管中学。随着撤乡并镇，丁甲桥乡中学更名为夹浦中学丁甲桥分校，观音桥乡中学更名为虹星桥镇中学观音桥分校，便民桥乡中学更名为和平镇中学便民桥分校。是年，全县初中39所（含县内厂矿学校），县完中设初中部5所，在校生共22293人。

1996年8月，撤销和平中学，初中部并入和平镇中学，和平镇中学校址从施村迁入和平中学校址。同月，撤销县属林城中学，并入太傅乡中学，太傅乡中学校址迁入林城中学校址。全县实现一个乡镇设1所初中的要求，乡镇初中共34所（含3所分校），在校学生18349人。是年，全县初中共37所（含厂矿学校），完中初中部5所，在校学生23259人。

1997年，长兴中学实行高、初中部分离，初中部组建雉城镇城北初级中学，秋季招收一年级新生5个班，289名学生。全县初中39所（含厂矿学校），在校学生数20957人。次年8月，和平镇中学便民桥分校并入和平镇中学。

1999年7月，乡镇行政区划调整，撤并畎桥乡中学为林城镇中学畎桥教学点，撤并白阜乡中学为长桥乡中学白阜教学点，撤并虹星桥镇中学观音桥分校为虹星桥镇中学观音桥教学点，撤并夹浦镇中学丁甲桥分校为夹浦镇中学丁甲桥教学点，撤并管埭乡中学为泗安镇中学管埭教学点，撤并长城乡中学为和平镇中学长城教学点。横山、后洋、下箬、包桥、天平、仙山、里塘等镇（乡）中学以新归属的镇（乡）冠名，保留独立法人事业单位性质不变，施教区域范围不变。雉城城区有3所初中（雉城中学、城北初级中学及长兴中学初中部），在校学生2916人。全县初中共33所，在校学生20834人。

2000年8月，新塘、吴山、二界岭、长潮、白岘、槐坎六个乡的中小学实行九年一贯制管理，建立中心学校，统一管理中小学；撤销横山乡中学建制，并入洪桥逸夫中学，横山乡中学改为洪桥逸夫中学教学点；撤销虹星桥镇中学观音桥教学点并入虹星桥镇中学；撤销林城镇中学畎桥教学点并入林城镇中学。撤销泗安镇中管埭教学点，并入泗安镇中学。12月，县政府同意筹建湖州大云昆中国际学校，校址在林城镇新开发区，由浙江花海圣沃特国际发展有限公司投资兴建，预算总投资1.2亿元，地点林城镇大云村。

2001年1月，行政区域调整，长桥乡、新塘乡并入雉成镇，长潮乡并入泗安镇，太傅乡并入林城镇，学校分别更名为雉城镇长桥中学、雉城镇新塘中心学校、泗安镇长潮中心学校、林城镇太傅中学。8月，撤销林城镇天平中学建制，隶属林城镇中学；撤销虹星桥镇里塘中学建制，隶属虹星桥镇中学；撤销雉城镇包桥中学建制，隶属雉城镇古城中学；撤销泗安镇长潮中心学校建制，中学部师生并入泗安镇中学；撤销夹浦镇中学丁甲桥教学点并入夹浦镇中学；撤销和平镇中学长城教学点并入和平镇中；撤销长桥中学白阜教学点，并入长桥中学。雉城镇城北初级中学更名长兴县第一中学。是年，全县初中学校25所，在校学生25919人，专任教师1187人，学历合格率95.5%。初中校均规模达到1037人。

2002年8月，筹建古城中学异地新建项目，学校建设征地138亩，建50班教学及生活设施，总建筑面积3400平方米，总投资3450万元。秋季开学，槐坎乡中心学校（中学部）异地迁建新教学楼，10月，综合楼、学生食堂竣工。华盛虹溪高级中学招收4个初中实验班学生。是年，天平中学并入林城中学，里塘中学并入虹星桥中学，全县新一轮农村中学调整全部完成。全县初中学校设置25所，488个教学班，在校学生25879人。

2003年2月，根据加快长兴中等城市建设，合理调整城市教育布局，优化教育资源配置，缓解雉城镇初中入学难的问题，筹建长兴县实验初级中学，学校性质为股份制国有民办，学校地址在雉城镇（县行政中心）北侧，办学形式为全日制，总投资1.5亿元。是年秋季，实验初中初一招生12个班，600名学生，设在长兴一中内。

2004年秋季，新建的实验初中、迁建的古城中学完工投入使用。实验初中面向全县招生，招收20个班1000名新生，每生每期学费2800元。林城镇中学和太傅中学并入大云昆中国际学校，共38个教学班，学生数2147人，仍按两个校区上课（次年4月调整，撤销合并，恢复两校办学）。吴山乡中学迁建，二界岭乡中心学校中学部教学楼、泗安镇中学学生宿舍改建投入使用。全县城乡教育布局调整，扩大优质教育资源，撤销雉城中学建制，并入长兴一中，成为县属初级中学。撤并仙山中学，并入泗安中学；下箬中学初一停止招生，初一学生按片分别由古城中学和长兴一中招入；撤销长桥中学并入古城中学；洪桥逸夫中学横山教学点撤销并入洪桥逸夫中学。全县初级中学设置23所，487个教学班，在校学生25933人。

2005年8月，撤销下箬中学建制，并入古城中学、长兴一中。

2006年5月，实验初中、洪桥逸夫中学、古城中学、泗安中学、虹星桥镇中学、夹浦镇中学6所初中成为浙江省示范初中。6月，长广一中与长广实验小学合并，为九年一贯制学校办学，为县属学校。

2007年7月，长兴一中迁建工程举行开工奠基仪式，选址在龙山新区双拥路，占地面积86523平方米，建筑面积55000平方米，计划总投资19900万元，办学规模为初中60个教学班。煤山镇中学迁建启动。秋季开学，和平镇中学、林城镇中学迁建工程完工投入使用；撤销太傅中学建制，并入林城镇中学。全县初中设置22所，470个教学班，学生25184人。

2008年秋季，煤山镇中学新校舍投入使用，槐坎乡中心学校、白岘乡中心学校和长广中心学校初中部初一年级统一由煤山镇中学招生；撤销吴山乡中心学校初中部并入和平镇中学；撤并二界岭中心学校初中部，并入泗安中学；和平镇中学、林城镇中学和煤山镇中学分别更名为和平中学、林城中学和煤山中学；长兴一中整体搬入双拥路新校区。全县初中设置20所，484个教学班，学生26396人，专任教师1578人。

2009年秋，槐坎乡中心学校、白岘乡中心学校、长广中心学校初中部全部并入煤山中学。全县初中设置17所，484个教学班，在校学生26157人。至2010年，全县初中校均规模达到1496人。

2011年7月，成立长兴县开发区初级中学，学校性质为公办全日制普通初级中学，办学体制隶属于开发区。

2012年7月，长兴县建城区行政区域调整，建城区学校调整命名，长兴县实验初级中学更名为长兴县实验中学，长兴县第一中学更名为长兴县龙山中学，长兴县开发区初级中学更名为长兴县雉城中学。是年，全县设置普通初中17所，458个教学班，在校学生20777人，教职工1755人，其中专任教师1581人，本科以上学历1460人。

2013年6月，实验中学与雉城中学组建长兴县实验中学教育集团；9月，雉城中学正式开班办学，招初一新生8个教学班，在校学生数为325人，教师由县实验中学、龙山中学、古城中学、新塘中心学校等学校的骨干教师组成，教职工39人。

2014年8月，优化整合泗安地区教育资源，泗安镇中学停止初一招生，泗安地区初一适龄新生由泗安中学统一招生；煤山中学加入实验中学教育集团。是年，全县初中设置18所，468个教学班，在校学生18179人。全县初中校均规模达到1010人，总占地面积1482.49亩，校舍建筑面积431032平方米，教职工1689人，专任教师1563人，本科及以上学历1493人。

2014年长兴县初中学校基本情况表

表2-10

学校	地址	创办时间	班级数（个）	学生数（人）	教职工数（人）	专任教师（人）
长兴县太湖街道中心学校	太湖街道彭城村圣堂头	1957.8	2	72	16	13
长兴县夹浦镇中学	夹浦镇夹浦村上升自然村	1964.2	18	768	75	63
长兴县水口乡中学	水口乡紫笋街34号	1958.9	11	371	42	41
长兴县洪桥逸夫中学	洪桥镇洪学路2号	1958.9	29	1104	102	98
长兴县和平中学	和平镇育才路1号	1958.9	31	1149	113	105
长兴县泗安中学	泗安镇吉安路160号	1951.10	28	1081	86	81
长兴县林城中学	林城镇大云寺村小街	1958.9	21	846	100	91
长兴县泗安镇中学	泗安镇三里亭桃园村	1978.9	10	352	57	45

续表2-10

学校	地址	创办时间	班级数（个）	学生数（人）	教职工数(人)	专任教师(人)
长兴县小浦镇中学	小浦镇浦溪路111号	1968.8	21	823	66	64
长兴县李家巷镇中学	李家巷镇大石桥村	1957.9	12	386	50	40
长兴县实验中学	龙山街道忻湖路158号	2003.2	65	2887	200	187
长兴县后洋中学	龙山新区后洋陈家桥	1969.8	8	301	51	48
长兴县煤山中学	煤山镇文教区学子路	1956.9	24	811	96	93
长兴县古城中学	雉城镇紫金路99号	1969.9	55	2207	192	183
长兴县雉城中学	长兴经济开发区白溪大道15号	2009.11	17	660	70	68
长兴县虹星桥镇中学	虹星桥镇桥南	1969.2	22	840	82	79
长兴县龙山中学	雉城镇双拥路608号	1940.8	75	2855	218	201
长兴县吕山乡中学	吕山乡永隆桥南	1966	13	465	53	43
湖州市清泉职业高级中学(初中部)	长兴县父子岭兰香山	1994.9	6	201	20	20

1989—2014年长兴县初中教育事业发展情况表

表2-11

年份	学校数（所）	班级数（个）	在校学生（人）	招生数（人）	毕业数（人）	教职工数	
						合计（人）	专任教师数（人）
1989	39	383	17760	4846	6624	969	796
1990	41	399	18406	8368	6265	990	810
1991	41	446	21155	8473	4867	1310	1021
1992	41	499	23634	8385	4398	1319	1051
1993	40	475	22610	7525	6730	1307	1039
1994	39	468	22293	8127	7023	1308	1054
1995	39	476	23442	9069	7015	1305	1072
1996	37	467	23259	6902	6584	1322	1113

续表2-11

年份	学校数（所）	班级数（个）	在校学生（人）	招生数（人）	毕业数（人）	教职工数	
						合计（人）	专任教师数（人）
1997	39	432	20957	5838	7252	1304	1094
1998	37	399	19061	7220	8400	1282	1076
1999	33	416	20834	8977	5699	1417	1172
2000	30	465	24457	9476	5159	1344	1228
2001	25	479	25919	8444	6254	1488	1187
2002	25	488	25879	8841	8221	1579	1295
2003	26	492	25867	9119	8666	1597	1305
2004	23	487	25933	8364	7916	1649	1401
2005	23	474	25346	8132	8449	1746	1480
2006	23	471	24911	8547	8839	1686	1529
2007	22	470	25184	8613	8166	1762	1601
2008	20	484	26396	9285	7951	1749	1578
2009	17	484	26157	8526	8341	1759	1605
2010	17	483	25436	7927	8341	1747	1600
2011	17	480	23071	6889	8927	1740	1499
2012	17	458	20777	6321	8212	1755	1581
2013	18	477	19027	6111	7613	1708	1558
2014	18	468	18179	5949	6642	1689	1563

1989—2014年长兴县初级中学行政负责人情况表

表2-12

学校	行政负责人			行政负责人		
	职务	姓名	任职起止时间	职务	姓名	任职起止时间
林城中学（县中）	校　长	赵凤祥	1989.1—1990.7	校　长	董小白	1990.8—1993.7
	副校长	吴永明	1990.8—1993.7	校　长	徐建明	1993.8—1996.7
	校　长	徐建明	1993.8—1996.7			
雉城中学（县中）	校　长	徐汇宏	1989.1—1993.7	校　长	俞福寿	1993.8—1997.7
	校　长	曹家育	1997.8—2001.7	校　长	成仁伟	2001.8—2004.7

续表2-12

学校	行政负责人			行政负责人		
	职务	姓名	任职起止时间	职务	姓名	任职起止时间
雉城中学（开发区）	校　长	吴永明	2011.8—	副校长	包文祥	2013.8—
	副校长	金　曙	2014.8—			
龙山中学	校　长	周义强	2001.8—2004.7	副校长	沈永林	2001.8—2003.7
	副校长	吴永明	2001.8—2004.7	副校长	王天照	2001.8—2004.7
	副校长	蒋晓敏	2004.8—2005.7	副校长	周明明	2004.8—
	校　长	成仁伟	2004.8—2007.7	副校长	徐明学	2004.8—2005.12
	副校长	姚　剑	2005.8—	副校长	向小东	2007.8—2014.7
	校　长	张明阳	2007.8—2009.7	副校长	葛连松	2009.8—2013.7
	校　长	徐德伟	2009.8—	副校长	董　成	2009.8—2012.7
	副校长	臧炳良	2013.8—	副校长	章新金	2014.8—
实验中学	校　长	周义强	2003.10—2007.7	副校长	徐荣龙	2004.8—2009.7
	副校长	董　成	2004.8—2009.7	副校长	蒋小敏	2005.8—
	校　长	邹忠明	2007.8—	副校长	潘洪勇	2007.8—2008.7
	副校长	沈永林	2009.8—2014.7	副校长	肖　颖	2009.8—
	副校长	余金龙	2009.8—2011.7	副校长	汪蓬脉	2010.8—
	副校长	江卫华	2013.8—2014.7	副校长	黄银娥	2014.8—
和平中学（县属完中）	校　长	莫根虎	1989.8—1990.7	校　长	袁淦华	1990—1992.7
	校　长	范月修	1992.8—1996.7			
洪桥逸夫中学	校　长	蒋伯良	1989.1—1994.8	校　长	戴敦荣	1994.9—1996.8
	校　长	李枝泰	1996.9—2001.8	校　长	倪新宝	2001.8—2008.8
	副校长	沈卫华	2001.8—2004.7	副校长	周剑波	2001.8—2002.7
	副校长	汪　敏	2002.8—2003.4	副校长	付少来	2003.4—2005.7
	副校长	卢伟学	2006.8—2014.7	副校长	包文祥	2007.8—2013.7
	副校长	王春明	2008.8—2014.7	校　长	李桂华	2008.8—
	副校长	王伟泉	2013.8—2014.8			
洪桥镇中学	校　长	王新明	1989.8—1992.7	校　长	豆培方	1992.8—1993.7
	教学点负责人	张水培	1993—1994.7			
横山中学	校　长	霁俊龙	1987.9—1992.8	校　长	倪新宝	1992.8—2000.8
下箬中学	校　长	卢勋谋	1989.1—1991.7	负责人	张志明	1991.8—1992.7
	校　长	葛连松	1992.8—1994.7	校　长	蒋伯良	1994.8—2002.7
	校　长	韩耀良	2002.8—2005.7			

续表2-12

学校	行政负责人			行政负责人		
	职务	姓名	任职起止时间	职务	姓名	任职起止时间
太湖街道中心学校	校　长	卢福农	1989.1—2000.8	副校长	张国良	1998.8—2000.8
	校　长	蒋云泉	1989.7—1991.7	副校长	卢景簧	1989.7—1991.7
	校　长	杭景顺	1991.8—1999.7	副校长	吴达成	1991.8—2002.7
	校　长	施永林	1999.8—2002.7	校　长	王涧芳	2000.8—2004.7
	副校长	周剑波	2002.8—2004.7	副校长	李洪清	2004.8—2005.7
	校　长	周剑波	2004.8—2005.7	校　长	卢学泉	2005.8—2006.7
	副校长	孙甫永	2005.8—2007.7	校　长	俞学明	2006.8—2007.7
	副校长	付跃明	2007.8—2012.7	副校长	蒋志东	2012.8—2014.7
	校　长	孙甫永	2007.8—			
李家巷镇中学	校　长	李根庭	1989.1—1998.7	副校长	沈自良	1990.7—1994.7
	副校长	吴永明	1994.8—1998.8	副校长	周明明	1998.8—2001.7
	校　长	窦俊龙	1998.8—2002.7	副校长	王天照	1998.8—2001.7
	校　长	臧晓芳	2002.8—2004.7	校　长	余年青	2004.8—2007.7
	校　长	戴敦华	2007.8—	副校长	刘祥国	2009.8—
	副校长	殷培勇	2010.8—			
古城中学	校　长	李国胜	1989.1—1994.8	副校长	丁汉良	1990.8—1992.8
	副校长	沈月龙	1992.8—1994.8	校　长	沈月龙	1994.8—2006.8
	副校长	窦金龙	1997.8—1998.8	副校长	金　斌	2000.8—2002.8
	副校长	葛连松	2001.1—2009.8	副校长	施永林	2002.8—2004.12
	副校长	王卫人	2004.8—	副校长	徐雪明	2004.8—2009.8
	副校长	王新明	2005.5—2006.8	校　长	金　斌	2006.8—2009.8
	副校长	戛群峰	2006.8—2009.8	副校长	臧炳良	2007.8—2012.8
	校　长	徐荣农	2009.8—2014.7	副校长	尚健丽	2009.8—
	副校长	刘泽全	2009.8—2014.8	副校长	于卫芳	2010.8—2014.8
	副校长	濮建忠	2012.8—	校　长	董　成	2014.8—
	副校长	刘太华	2014.8—			
夹浦镇中学	校　长	吴子华	1989.8—1995.8	校　长	徐庆祥	1995.8—1996.8
	校　长	蔡来水	1997.8—2002.8	副校长	邵连堂	2001.8—2008.8
	副校长	李洪清	2002.8—2004.8	校　长	王晓照	2002.8—2004.8
	副校长	徐丰丰	2004.8—2005.8	副校长	付少来	2005.8—2008.8

续表 2-12

学校	行政负责人			行政负责人		
	职务	姓名	任职起止时间	职务	姓名	任职起止时间
夹浦镇中学	校　长	叶爱斌	2004.8—2006.8	校　长	朱志茂	2006.8—2014.8
	副校长	姒国庆	2008.8—2014.8	副校长	汤霄峰	2008.8—
	校　长	向小东	2014.8—	副校长	丁丽娟	2014.8—
丁甲桥中学	校　长	张福安	1989.1—1991.8	校　长	臧志民	1991.8—1994.7
	校　长	蔡来水	1994.8—1997.7	校　长	叶爱斌	1997.8—1999.7
	校　长	邵连堂	1999.8—2001.7			
水口乡中学	校　长	吴汉泉	1989.1—1990.9	校　长	邵连堂	1989.1—1999.7
	校　长	叶爱斌	1999.8—2004.7	副校长	蔡来水	2002.8—2003.7
	副校长	余年青	2002.7—2003.7	副校长	王慧泉	2003.8—2013.7
	校　长	刘泽全	2004.8—2007.7	副校长	刘祥国	2004.8—2005.7
	校　长	俞学明	2007.7—2013.7	副校长	温方方	2012.8—
	校　长	赵树华	2013.8—	副校长	章　琪	2014.8—
后洋中学	校　长	王美文	1989.1—1996.10	副校长	王谓高	1991.8—2010.8
	副校长	廖桂明	1992.8—2010.8	副校长	臧志民	1993.8—2002.8
	校　长	韦有法	1996.10—2008.8	副校长	吴达成	2002.8—2005.8
	副校长	周建波	2005.8—2006.8	校　长	陈承元	2008.8—
	副校长	徐建方	2010.8—	副校长	吴明福	2011.8—
泗安镇中学	校　长	庄剑敏	1989.8—2003.7	副校长	孙富强	1996.8—2010.7
	副校长	李　旺	1998.8—2014.7	副校长	杨培源	2000.8—2001.7
	校　长	沈永林	2003.8—2005.7	副校长	周宗奎	2002.8—2003.7
	副校长	叶先鹏	2004.8—2005.7	副校长	王卫人	2003.8—2004.7
	校　长	叶先鹏	2005.8—2009.7	副校长	张代刚	2004.8—2012.7
	副校长	胡孙居	2007.8—2009.7	副校长	李传忠	2006.8—2007.7
	校　长	周宗奎	2009.8—	副校长	刘太华	2009.8—2014.7
	副校长	陈凤贤	2012.8—2014.7	副校长	郑经雄	2010.8—2014.7
泗安中学	校　长	肖惠康	1989.8—1993.7	副校长	刘秋平	1991.8—1993.7
	校　长	刘秋平	1993.8—1996.7	副校长	汤瑞福	1993.8—1997.7
	校　长	李剑平	1996.8—2001.7	副校长	查金宝	1996.8—1997.7
	副校长	徐顺福	1997.8—1999.7	副校长	王天照	1999.8—2001.7
	副校长	蔡永进	1999.8—2000.7	校　长	蔡永进	2001.8—2004.7

续表2-12

学校	行政负责人			行政负责人		
	职务	姓名	任职起止时间	职务	姓名	任职起止时间
泗安中学	副校长	陈新华	2001.8—2004.7	校　长	沈卫华	2004.8—2010.8
	副校长	周宗奎	2004.7—2009.8	副校长	陈承元	2004.8—2005.8
	副校长	李传忠	2005.8—2006.7	副校长	吴铭福	2006.8—2011.8
	副校长	彭东海	2007.8—2008.8	副校长	程昌潘	2008.8—2010.8
	副校长	夏群峰	2009.8—2010.8	校　长	夏群峰	2010.8—2012.8
	副校长	王忠华	2010.8—	副校长	张从贤	2011.8—
	副校长	陈凤贤	2011.8—	副校长	章　琪	2011.8—2014.8
	校　长	董　成	2012.8—2014.8	校　长	周宗奎	2014.8—
	副校长	王树学	2014.8—			
林城中学	校　长	沈　明	1989.1—1995.1	校　长	王小照	1995.2—1996.7
	副校长	王小照	1996.8—1998.7	副校长	赵天德	1996.8—2010.7
	校　长	徐建明	1996.8—1998.7	校　长	王小照	1998.8—2002.7
	副校长	陈丙亮	2000.8—	校　长	金　斌	2002.8—2004.1
	校　长	赵天德	2004.2—2005.7	校　长	戴敦华	2005.8—2007.7
	校　长	王积飞	2007.8—2009.7	副校长	李传忠	2007.8—2009.7
	副校长	杨正午	2009.8—2010.7	校　长	章小杰	2009.8—
	副校长	胡孙居	2009.8—	副校长	金　曙	2010.8—2014.7
	副校长	张代刚	2012.8—			
仙山中学	校　长	李建平	1989.8—1996.7			
	校　长	孙立新	1996.8—2004.7			
二界岭中学	校　长	卓乃道	1989.1—2002.7	副校长	戴敦华	1989.1—2002.7
	校　长	戴敦华	2002.8—2005.7	副校长	李传忠	2002.8—2005.7
	校　长	陈承元	2005.8—2008.7	副校长	程昌潘	2005.8—2008.7
长潮中学	校　长	杨顺卿	1989.1—1994.7	校　长	陈先锋	1994.8—1999.7
	副校长	程百胜	1996.8—1999.7	校　长	程百胜	1999.8—2001.7
	副校长	裴广兴	2000.8—2001.7	副校长	李洪清	1999.8—2001.7
	副校长	孙富强	1994.8—1996.7			
管埭中学	校　长	李枝泰	1989.8—1995.7	校　长	李　旺	1995.8—1997.7
	校　长	刘泽全	1997.8—1999.7			

续表2-12

学校	行政负责人			行政负责人		
	职务	姓名	任职起止时间	职务	姓名	任职起止时间
太傅中学	校　长	施水华	1989.7—1992.7	校　长	陈先锋	1992.8—1995.7
	校　长	邹小平	1995.8—2004.7	副校长	王积飞	2002.8—2004.7
	校　长	王积飞	2004.8—2007.7	副校长	王小平	2006.8—2007.7
	副校长	胡孙居	2006.8—2007.7			
天平中学	校　长	赵天德	1989.8—1990.7	校　长	陈根云	1990.8—2002.7
畎桥中学	校　长	陈国柱	1989.8—1992.7	校　长	赵天德	1992.8—1996.7
	校　长	陈丙亮	1996.8—2000.7			
虹星桥镇中学	校　长	宋典饶	1989.1—1990.7	校　长	徐坤贤	1990.8—1992.10
	校　长	彭明才	1992.10—1993.7	校　长	徐坤贤	1993.8—1994.7
	校　长	葛宝才	1994.8—2004.7	校　长	张明阳	2004.8—2007.7
	校　长	程再龙	2007.8—			
	副校长	卢学泉	2001.8—2002.7	副校长	林天富	2001.8—2010.7
	副校长	胡孙居	2002.8—2006.7	副校长	章晓良	2006.8—
	副校长	钱少华	2006.8—	副校长	陈玉泉	2009.8—
	副校长	杨正年	2010.8—	副校长	付跃明	2012.8—
包桥中学	校　长	董小白	1989.1—1990.7	校　长	温东浦	1990.8—2004.7
	副校长	徐卫勇	2001.8—2002.7	副校长	徐雪明	2002.8—2004.7
观音桥中学	校　长	彭明才	1989—1992.10	负责人	王玉星	1992.10—1993.7
	校　长	葛宝才	1993.8—1994.7	校　长	施永林	1994.8—1998.7
	负责人	陈金根	1998.8—2000.7			
里塘中学	校　长	赵志祥	1989.1—1996.7	副校长	韦有法	1989.8—1990.7
	校　长	卢学泉	1996.8—2001.7			
吕山乡中学	校　长	许晓莲	1989.8—1992.7	副校长	张玉书	1990.1—1994.7
	校　长	施水华	1992.8—1994.7	校　长	张玉书	1994.8—2003.8
	副校长	徐雪明	1996.8—2002.7	副校长	程再龙	2002.8—2003.7
	校　长	程再龙	2003.8—2007.7	副校长	章小杰	2003.8—2007.7
	校长	章小杰	2007.8—2009.7	副校长	王红春	2007.8—
	副校长	高桂良	2007.8—	校　长	王润芳	2009.8—
和平中学	校　长	葛希豪	1989.1—1996.7	校　长	许继兴	1996.8—1998.7
	校　长	郑志海	1998.8—2000.7	校　长	李祥安	2000.8—2002.7

续表2-12

学校	行政负责人			行政负责人		
	职务	姓名	任职起止时间	职务	姓名	任职起止时间
和平中学	校　长	姚新民	2002.8—2009.7	校　长	王积飞	2009.8—2014.7
	校　长	李建锋	2014.8—			
	副校长	姚新明	2001.8—2002.7	副校长	黄加荣	2004.8—2006.7
	副校长	杨宏伟	1997.8—2001.7	副校长	李桂华	2004.8—2005.8
	副校长	郑志海	2000.8—2004.7	副校长	陈金根	2000.8—2004.7
	副校长	刘祥国	2005.8—2007.7	副校长	郭桂梅	2006.8—2010.7
	副校长	李建峰	2007.8—2014.7	副校长	蒋志荣	2007.8—
	副校长	李国平	2010.8—	副校长	王春辉	2013.8—
便民中学	校　长	许继兴	1989.7—1991.7	校　长	范月修	1991.8—1992.7
	校　长	李祥安	1992.8—1996.7	校　长	杨宏伟	1996.8—1997.7
	负责人	陈苏生	1997.8—1998.7			
长城中学	校　长	黄桂卿	1989—1994.7	校　长	郑志海	1994.8—1998.7
	校　长	黄仲云	1998.8—1999.7			
吴山中学	校　长	陈成宏	1989.2—1992.7	校　长	韦有法	1992.8—1995.7
	副校长	朱正祥	1995.8—1998.7	校　长	林天富	1995.8—2000.7
	副校长	姚新明	1999.8—2001.7	副校长	张建治	2000.8—2002.7
	校　长	邹亚民	2000.8—2002.7	副校长	傅永芳	2002.8—2008.7
	校　长	卢学泉	2002.8—2005.7	校　长	李桂华	2005.8—2008.7
煤山中学	校　长	王福松	1989.2—1991.7	副校长	蒋守忠	1989.2—1991.7
	校　长	韩富球	1991.8—1998.7	校　长	张明阳	1998.8—2004.7
	副校长	佘金龙	2002.8—2003.7	校　长	俞学明	2004.8—2006.7
	副校长	包文祥	2005.8—2006.7	校　长	沈月龙	2006.8—2009.10
	副校长	章新金	2006.8—2009.10	副校长	章元学	2007.8—
	校　长	章新金	2009.10—2014.7	校　长	江卫华	2014.8—
小浦镇中学	校　长	沈兆吉	1989.1—1994.7	副校长	翁满春	1990.8—1994.7
	校　长	翁满春	1994.8—2004.7	副校长	卢学伟	2000.8—2007.7
	副校长	孙金华	2000.8—2003.7	副校长	朱志茂	2000.8—2002.7
	副校长	龚德胜	2002.8—2006.7	副校长	胡习成	2006.8—2009.7
	校　长	徐德伟	2004.8—2009.7	副校长	孙源	2006.8—2011.7
	副校长	赵树华	2007.8—2013.7	副校长	张晓彬	2008.8—
	校长	叶先鹏	2009.8—	副校长	陶献文	2009.8—

续表 2-12

学校	行政负责人			行政负责人		
	职务	姓名	任职起止时间	职务	姓名	任职起止时间
白岘中学	校　长	蒋守志	1989.1—1997.7	副校长	罗民中	1995.8—1997.7
	校　长	罗民中	1997.8—1999.7	副校长	罗民中	1999.8—2000.7
	校　长	龚德胜	1999.8—2002.7	校　长	吴康南	2000.8—2009.7
	副校长	俞学明	2002.8—2004.7			
槐坎中学	校　长	郑绍成	1989.1—1993.7	副校长	韩跃良	1989.8—1993.7
	副校长	宋焕文	1989.8—2002.7	校　长	韩跃良	1993.8—2002.7
	副校长	吴康南	1999.8—2002.7	副校长	刘玉英	1999.8—2002.7
	副校长	陶献文	2002.8—2006.7	校　长	朱志茂	2002.8—2006.7
	校　长	陶献文	2006.8—2007.7	校　长	刘泽全	2007.8—2009.7
	副校长	陶献文	2007.8—2009.7			
白阜中学	校　长	徐建民	1989.1—1991.7	副校长	龚德胜	1990.8—1991.7
	校　长	龚德胜	1991.8—1999.7	副校长	余国祥	1993.8—1999.7
长桥中学	校　长	朱南山	1989.1—1995.7	校　长	姚南山	1995.8—1998.7
	校　长	汤瑞福	1998.8—2003.7	副校长	刘则全	2000.8—2003.7
	校　长	刘则全	2003.8—2004.7			

二、课程设置与教学改革

1989年，初中开设政治、语文、数学、外语、历史、地理、物理、化学、生物、生理卫生、体育、音乐、美术、劳动技术等课程，使用省编教材。

1991年，全县初中开设劳技课和劳动课。县教研室配备专职劳技课与劳动教育员。建立和完善劳技与劳动课教研组，根据教学大纲，制定教学计划。全县初中劳技课和劳动课开出率100%。

1992年9月，全县承担浙江省义务教育课程教材改革实验、施行课程改革的试点。林城中学初一年级执行省编制的《义务教育试行计划》，进行义务教育第一册试点。课程设置分必修课、选修课、活动课三类。其中初中义务教育必修课程设置公民、体育与保健、语文、数学、外语、常识、自然科学、社会、音乐、美术、生活与劳动11门课程，外语、自然科学为选修课。是年，雉城中学开展湖州市“初中语文单元合成整体训练”教材改革实验课题。

1993年秋，初中一年级全部执行省编制的《义务教育试行计划》，全面使用义务教育新教材。城镇初中一年级普遍使用省编《国防教育》课本。林城中学进行第二册义务教育新教材试点。少年军校成为国防教育重要载体。

1995年10月，全县落实省《关于实行每周40小时工作制调整中小学教学计划的意见》，执行调整后的教学计划，各年级学科教学每周最高时数为29课时，周活动总量在33课时以下。初中三年级自然科学增加2～3课时。

1996年9月，全县施行《湖州市一九九六学年义务教育课程设置表》。初中课程设置公民（思政）、体育与保健、语文、数学、英语、自然、社会、音乐、美术、农业技术（劳技）、家庭生活（职业指导）、班队活动、体育（兴趣）活动。

1997年9月，初中一年级公民课改为思想政治课，使用省编新版思想政治教材，后逐年由思想政治课取代公民课。

1998年秋，下发《义务教育部分学科教学内容和教学要求的调整意见》，调整初中语文。调整修订的新版本于次年秋季起推出。

2000年秋季开始，执行修订版《浙江省义务教育试行教学计划》。全县初中执行国家课程计划，开足开齐规定课程，控制学生在校时间，保证活动总量。是年始，在《中共中央国务院关于深化教育改革全面推进素质教育的决定》和教育部、省、市、县"切实减轻学生过重课业负担"的有关规定指导下，深入开展"轻负高效"课堂教学改革研究，扎实提升教育质量。是年，古城中学成为湖州市实施综合实践活动课程实验学校。

2001年，全县初中全面开设信息技术课，开展"轻负担、高质量"的有效途径探索，建立"尝试教育法"实验基地，进行"尝试教育法"课堂教学改革。

2003年，长兴县被确定为省基础教育课程改革实验县，执行《浙江省课程改革实验义务教育阶段课程设置及课时安排》，课程设置思想品德、语文、数学、外语、科学、历史与社会、体育与健康、音乐、美术、信息技术、综合实践活动。实施国家、地方、学校三级课程。根据新课程要求，全县初中结合当地文化特征，创建学校的校本课程，开展从实验教材的验证及推广实验，开展地方课程及学校课程的管理与开发的实验以及评价与考试制度改革的实验研究。

2004年上半年，举行省初中"历史与社会"学科新课程评价研讨会，这是县首次承办省级学科研讨会。

2005年9月，湖州市初中毕业生综合素质测评研讨会在实验初中召开，市教育局基教处人员、三县两区教研室主任及部分学校校长就如何测评学生综合素质进行广泛深入的研讨。

2006年9月，下发《长兴县义务教育初中新教材科学（常识）学科实验目录（新教材）的通知》，公布初中新教材七至九年级全六册《科学》观察实验目录，各初中参照执行。初中开展以“打造优秀青年教师，展示学校课程改革成果”为主题的教研节，700多名教师参加活动。

2007年11月，《中国教师报》以《优势学校的典型教改之路》为题，在“教育展台”版以整版优势，对实验初中的教育教学改革作纪实报道。报道分上下篇，上篇以“轻负担、高质量——素质教育的不懈追求”为主题，介绍实验初中以规范办学和评价改革来保证“轻负担”，以课堂效率、教师培养、制度管理、文化引领来支撑“高质量”的办学特色。下篇以“互助式学习——教学改革的大胆创新”为主题，介绍实验初中“两个前置”的教学理念、“三四五”的集体备课模式和“三环五步”的“互助式学习”教学环节。是年，县教研中心制定《长兴县中小学学科教学基地工作规程》，确立5所学校为县首批学科教学基地。初中语文教学基地为长兴一中；初中数学教学基地为泗安中学；初中英语教学基地为实验初中；初中科学教学基地为古城中学；初中思想品德、历史与社会教学基地为实验初中。

2009年，全县初中开展有效性课堂研究。3月，全县选拔第一届农村初中数学“青改小组”成员14人。4月，全县选拔第一届初中语文“青改小组”成员人选28名。举行县初中数学学科基地系列活动暨“领雁工程”初中数学骨干班学员课堂学习有效性研讨活动。6月，举行由县教育局、上海市中小学幼儿教师奖励基金会联合组织的上海郊区·浙江长兴初中校长论坛，论坛主题是教师教学行为的发展性评价，围绕“促进教师的专业化发展”、“教师评价机制”和“教师成长的发展性评价体系”展开。

2010年11月，贯彻落实《浙江省教育厅关于切实减轻义务教育阶段中小学生过重课业负担的通知》精神，转发《浙江省初中部分学科教学内容及要求调整方案》，凡调整为选教或不作教学要求的内容，不作考试要求，相关作业本中相应题目也进行调减。全县各初中学校及时调整和落实。

2011年，全县初中执行《浙江省课程改革实验义务教育阶段课程设置及课时安排》，初中课程设置思想品德、语文、数学、外语、体育、体育与健康、音乐、美术、科学、历史与社会、信息技术、综合实践活动、地方课程与学校课程。综合实践活动主要包括研究性学习、社区服务与社会实践以及劳动与技术教育；地方与学校课程可以根据学校自身实际开设。

2012年6月，全县初中(中心学校)试行督导性发展评价，推动学校教学改革，提升学生综合素质，推进课程改革，促进教育优质均衡发展。

2014年，围绕“创建浙江省教育现代化县，努力办好人民满意的教育”核心，按照“均衡与优质”两大发展主题，全县进入新一轮基础教育课程改革，广泛开展课堂教学改革实践和校本研训工作。1月，龙山中学、虹星桥镇中学、李家巷镇中学在县第十届课改论坛暨初中教育工作会议上分别作《以“幸福课堂”为抓手，打造高效教学模式》《课改需要坚守》《行走在阳光路上，让每个孩子精彩起来》的课改经验介绍。是年，县教育局把创建“初中学习共同体”纳入年度工作目标考核，扎实推动城乡教育共同发展；组建初中课堂教学改革联盟，全面推进课堂教学改革，推广实践探索的典型经验；全县6所初中师生参与浙江省中小学综合素质测评。

1992年长兴县初中九年义务教育课程设置情况表

表2-13　　单位：课、%

科目	年级/周课时	初中				占必修课总时数百分比
		七年级	八年级	九年级	总时数	
必修课	思想品德	—	—	—	204	4.6
	公民	2	2		136	—
	体育与保健	3	3	2	812	11.0
	语文	6	5	5	2166	29.2
	数学	5	4	4	1386	18.7
	外语	5	—	—	170	2.3
	常识	—	—	—	476	6.4
	自然科学	4	4	4/0	340	4.6
选修课	社会	3	4	3	334	4.6
	音乐	1	1	1	508	6.9
	美术	1	1	1	440	5.9
	生活与劳动	—	—	—	204	—
	农业技术基础或劳动技术	1	2	2	168	5.9
	家庭生活	0/1	1/0	—	34	—
	职业指导	—	—	1	32	—

续表 2–13

科目 \ 周课时 \ 年级		初中 七年级	初中 八年级	初中 九年级	初中 总时数	占必修课总时数百分比
选修课	周总课时数	31/32	27/26	23/19	7408	—
	并开科目数	10/11	10/9	9/8	—	—
	外语	—	4	4	364	—
	自然科学	—	—	0/4	60	—

1996 年长兴县初中义务教育课程设置情况表

表 2–14　　单位：课

科目 \ 周课时	年级 一年级	年级 二年级	年级 三年级
公民（思政）	2	2	—
体育与保健	2	2	2
语文	6	5	5
数学	5	4	4
英语	4	4	4
自然	4	4	5
社会	3	4	3
音乐	1	1	1
美术	1	1	1
农业技术（劳技）	1	2	2
家庭生活 职业指导	—	1	1
班队活动	1	1	1
体育（兴趣）活动	2	2	2
其他	—	—	2
周学习活动总量	32	33	33

2003年长兴县初中义务教育阶段课程设置及课时安排(省级试验区)情况表

表2-15 单位:课

课程	年级/周课时	七年级	八年级	九年级
课程门类	思想品德	2	2	2
	语文	5	5	5
	数学	5	4	4
	外语	4	4	4
	体育与健康	3	3	3
	音乐	1	1	1
	美术	1	1	1
	科学	4	4	4
	历史与社会	3	3	3
	信息技术	2	2	2
	综合实践活动 地方课程与学校课程	3	4	4
周课时总数		33	33	33
学年总课时		1190	1190	1122

三、招生与学制

1989年9月,全县有10个乡镇实施义务教育,实施义务教育阶段的学校取消小学升初中考试。未实施义务教育阶段的乡镇学校,初中招生采用县统一命题,由当地小学及初中组织考试。全县39所初中,招生数4846人。全县初级中学教育均实行三年制。

1990年,雉城镇初中施教区试行调整招生。

1991年7月,根据雉城镇人口普查儿童少年数量和居住状况,按照"稳定规模,计划招生,分块安排,保证普及"的原则,雉城镇调整初中招生施教区,秋季正式实施。是年起,实施九年制义务教育改革初中招生制度,由学校组织毕业考试,小学毕业学生就近升入初中。

1993年,全县普及九年制义务教育,义务教育阶段学生实行不留级制度。此后每年，全县小学毕（结）业生全部升入初中，在户籍乡、镇中学或划定中学施教区初中就读。是年，全县小学毕业升初中比率为93.9%。

1997年，县教委出台《长兴县中小学生“借读”、转学和学校不招收“择校生”的实施办法》，确认“转学”“借读”条件和对象。是年，全县小学毕业升初中比率为97.17%。

2001年始，根据“轻负担高质量”精神，改革招生制度，彻底取消小学毕业生考试，建立学生等级评价制度及素质报告单。按照义务教育阶段施教区划分招生。

2002年，全面贯彻落实《长兴县中小学全面推进素质教育方案》，对华盛高中、湖州清泉武校招收义务教育阶段学生，不设施教区。城区学校按照规定施教区，采用户口和住房所在地来确定小学毕业生应升入的学校。乡镇小学毕业生升入初中由中心小学与相应初中直接交接。对进城务工人员子女按相关规定安排入学。是年，小学毕业升初中比率为99.4%。

2005—2006年，实验初中的招生依据《长兴县初中招生实施办法》，规范操作，做到公开、公正、公平，由县公证处进行操作。全县小学毕业升初中比率均为100%。

2007年起，实验初中秋季招生实行改革，采用名额分配、自愿报名、随机抽签、公示录取办法。

2009年，县教育局制定《长兴县义务教育阶段来长兴务工人员子女就学管理暂行办法》，规范来长兴务工人员子女的升入学管理。

2012年，到长兴务工人员子女入学，按照“统一时间、统一地点、集中报名、统筹安排”的原则，确保符合条件的进城务工人员子女的入学。

2013年，新增雉城中学招生，经过调研摸底，广泛征求意见建议，确定雉城中学施教区的范围为太湖街道辖区21个行政村。初中新生班额控制在40人以内，达到教育现代化县要求。

2014年5月，实验中学招生完成。6月，城区初中学校招生完成。是的，城区初中招收初一新生2822人，农村初中招收初一新生3127人。全县有初中18所，招生数5949人。全县小学毕业生升初中比例达100%。

第四节 学校选介

一、长兴县实验小学

长兴县实验小学位于雉城镇金陵北路87号。学校创建于1945年10月，值抗日战争刚刚胜利，学校第一任校长吴学熙借淘沙弄徐宅作校址，创办学校，时名长兴县雉城中心国民学校，学校地址在雉城镇解放西路。后几经易名，分别为长兴县立简易师范附属小学、长兴县解放完全小学、长兴县雉城公社中心小学、长兴县雉城学区中心小学、东方红五七小学、长兴县雉城镇第一小学、长兴县雉城镇中心小学，1987年9月更名为长兴县实验小学，学校占地面积11.7亩。2001年9月，学校整体迁往长兴县雉城镇金陵北路87号。1995年学校晋升为湖州市实验小学，2000年被评为湖州市一级小学，2002年被省教育厅命名为浙江省示范小学。学校教学设备先进，拥有4个计算机室、3个视听型语音实验室，并配有设施齐全的电子琴、舞蹈、劳技、书法、美术等32个专用教室，建有2套校园闭路电视、通信、音响及计算机网络系统和1套先进的校园录播系统，是一所融校园、花园、乐园为一体、充分体现时代理念的全日制小学。

学校秉承“让教育成为一种享受”的办学理念，以“明理 创新”为校训，全力打造以“银杏精神 阳光品质”为核心内容的校园文化。2004年，学校创建“七彩银杏卡”评价机制，以学校主体标志“银杏”图案设计红、橙、黄、绿、蓝、白、紫七色卡片，分别命名为品德行为卡、勤俭朴实卡、绿色学习卡、体育保健卡、艺术书香卡、实践创新卡、和谐交往卡，用于对学生个体在各方面德育实践表现的评价，以此激励和促进学生道德品质全面健康发展。学校不断追求体育特色，以“苏红小女排”为载体，以“排球”为特色，形成“一人一球、一班一品”的氛围。坚持开展“三项特色项目”的测试工作（1分钟仰卧起坐、1分钟跳绳、30秒负重深蹲）。学校运动队与学校社团管理结合，组建了男子女子排球队、游泳队、手球队、乒乓球队等8个项目。制定《长兴县实验小学体艺嘉年华“阳光体艺2+1”活动特色工程实施方案》，安排每周五下午为活动专用时间，确保85%以上的学生掌握至少2项日常锻炼的体育技能，学校21次蝉联县运动会冠军。学校“苏红小女排”年年参加省市小学生排球赛。2011年开始，要求所有在校学生进行游泳培训训练，并与县少体校联手，请体校专职教练专门辅导，让学生人人学会游泳。

学校拥有一支师德高尚、业务精湛的师资队伍，先后培养全国优秀教师、全国体育优秀工作者、全国五一巾帼标兵、省"春蚕"奖优秀教师、省优秀教师等优秀典型十多名，获省级及以上级荣誉称号26人次；研究成果、教案设计、课件制作等获国家级奖项60余项、省级获奖100余项。学校先后获得全国现代教育技术实验学校、全国青少年科普创新示范学校、中央教科所小学写字教育实践基地、全国巾帼文明示范岗、省文明单位、省标准化学校等10项国家级荣誉和31项省级荣誉称号。

2014年，学校占地83亩，建筑面积30865平方米。69个教学班，在校学生2433名，教师131人，其中专任教师124名。中学高级教师6人，小学高级教师93人，大专以上学历124人。

二、长兴县第二实验小学

长兴县第二实验小学位于长兴县龙山新区忻湖路1111号。创办于2004年7月，校址在长兴县雉城镇解放中路58号，由雉城中学原校址改建而成，占地面积16.4亩，建筑面积10631平方米。于当年8月开学，招收教学班16个，学生727名，教职工47人，余琴为第一任校长。2005年，学校改建竣工，扩至30个教学班。2012年8月，学校整体迁至长兴县龙山新区忻湖路，新校区按照浙江省I类标准化学校配备内部设施，有体育馆1个、录播教室2间、电脑教室4间及陶艺室、书法室、音乐室、舞蹈室、科学实验室、地理教室、阅览室、少先队室等多功能教室。

学校以"有了爱，就有了一切"为校训，以"全面发展、和谐发展、个性发展、持续发展"为办学理念，提出"让学生喜欢，让家长放心，让教师向往，让社会满意"的办学目标，追求"知书达理、快乐成长"的校风，"教学相长、长善救失"的教风，"学无止境、学以致用"的学风。办学过程中，坚持以人为本，追求让学生在教师的发展中成长，教师在学生的成长中发展的理想教育境界。

2004年建校初，学校就确立"书香校园"的办学宗旨，致力于通过"文化引领，创建书香校园"的校本课程研究，不断丰富学校的人文内涵，形成学校的办学特色。2006年12月，省级课题"营造书香校园，提升师生人文精神"获省二等奖；2008年9月，学校推出《长兴县第二实验小学书香行动手册》，经过实践探索形成一系列书香评价机制；2010年8月，省教育技术规划课题"凭借书香电视台促进书香校园文化建设的研究”获省一等奖，市级规划课题“小学“书香”校本课程建设”获市一等奖。2011年8月，学校师生文学作品《青蓝文集》公开出版。学校在探索出一套书香校本课程管理体系后继续深入书香校园文化建设，2014年10月，市级课题“电影阅读校本课程开发的实践研究”立项，同年12月省级课题“电影阅读主题活动模式的探究”立项，这些项目的研究重在研发一套以电影阅读为特色的书香校本课程。经过十年的积累与沉淀，学校办学特色鲜明，教育成果显著。学校先后获全国阅读示范基地学校、全国中小学图书馆先进集体、全国小学生安全漫画创作活动优秀组织奖、省示范小学、省标准化学校、省巾帼文明岗、省卫生先进单位、省课外阅读先进集体、省中小学第二轮书香校园工程示范图书馆、首批省数字校园示范建设、省《百校争霸汉字书写大赛》总冠、省少年文学之星征文比赛团体奖和市文明单位、市书香特色学校、市艺术特色学校、市现代化学校等多项荣誉。

2014年，学校占地面积65亩，建筑面积24844平方米。有44个教学班，在校学生1539名，在校教师79名，其中专任教师75名。中学高级教师3人，小学高级教师52名。湖州市教学能手1人，市教坛新秀5人，长兴县教学能手8人，教学明星5人，教坛新秀13人。教师在各级各类竞赛中国家级获奖13人次，省级奖项34人次，市级奖项270人次。

三、长兴县第一小学

长兴县第一小学位于长兴县雉城镇解放中路439号。创建于2002年5月，由县实验小学分离出来，独立建校，属公立性质县属学校。是年秋季，有32个教学班，在校学生1951人，教职工94人，其中专任教师89人。2007年，学校与长兴县下箬乡中心小学合并，成立长兴县第一小学教育集团，分为长兴一小城中校区和城东校区。2012年7月，城东校区分离，长兴县第一小学教育集团恢复为长兴县第一小学。

学校以“教育优质、特色鲜明”为办学目标，以“为了每个孩子的终身发展”为办学理念，以“博爱、和谐”为校训，以“健身、厚德、博学、笃行”为校风，以“敬业、倾情、磋道、探新”为教风，以“励志、善思、悟礼、炼才”为学风，坚持“三亮一品”办学特色，即礼仪文化、趣味数学、教师成长俱乐部和口风琴教学。2002年起推行礼仪教育，2007年，被全国关工委、教育部、宣传部等十部委授予全国青少年文明礼仪教育示范基地称号，学校领导赴北京人民大会堂接受颁奖。2005年创设花色礼仪中队，在全校建立以班为单位的特色礼仪中队，让学生人人参与礼仪活动。同时，学校出台《长兴一小教师礼仪规范》《长兴一小学生礼仪规范》，研发校本课程“跟我学礼仪”。

2012年，学校出版师生文集《礼仪花开》。2013年，正式启动“明礼护照”学生评价体系。2014年4月，第八届全国文明礼仪研讨交流活动在长兴一小举行，观摩学校文明礼仪教育成果展示。

学校不断创新载体，以口风琴作为特色，注重整合教育资源，将艺术教育与学校德育工作有机结合，树立“以琴辅德、以琴益智、以琴健体”的特色教育理念。2010年教师节，中央电视台《新闻联播》聚焦学校千人齐奏口风琴尊师重教庆祝教师节活动，各主流媒体相继转载报道，产生了较大影响。学校研发校本教材《跟我学口风琴》。学校积极打造“趣味数学”课堂，利用游戏引入、情景再现、数学竞赛等活动，打造“活力课堂”。积极研发“趣味乐园”校本课程。学校学科建设品牌化，形成“一科一品”，品牌建设课题化、系列化、责任化；多形式培训，推行“主题诊断”模式；多分层培训，推行“321”工程；多维度保障，突出“名师培训基地”。

学校拥有一支年富力强、素质较高的优秀教师队伍。学校成立教师成长俱乐部。由“思想引领部”“业务提升部”“娱乐生活部”三个部分组成。2013年，学校开展第一届“做最好的自己”特色教师评选，提升教师整体素质，塑造形象优雅、师德优秀、能力优越、受学生喜爱的教师队伍。2013年，学校出版教师专刊《心语阳光坊》，为教师量身定制心理健康知识专刊，指导学校心理健康教育实践、提升教师生活幸福指数。

学校先后获得全国青少年文明礼仪教育示范基地、全国巾帼文明示范岗、全国鼓乐一级分团、全国红旗大队、全国宣传媒体百佳示范学校、全国首批传统文化进校园试点学校、省艺术教育特色学校、省体育特色学校、省卫生先进单位、省四好少年试点学校、省廉政文化进校园试点单位、省课外阅读先进集体、省群众体育工作先进单位、省卫生健康促进学校、市绿色学校、市书法特色学校、市文明单位、市学习型党组织、市校本教研先进学校、市先进教工之家、市廉政文化进学校示范点、市艺术工作先进集体、市德育工作先进单位等荣誉。

2014年，学校占地面积12.9亩，建筑面积6933平方米。有52个教学班，学生1820名，教职员工109人，其中专任教师105人，本科学历91人，中学高级教师2人，小学高级教师90人。

四、长兴县第二小学

长兴县第二小学位于长兴县雉城镇解放中路58号。始建于民国36年（1947年）8月，时名长兴雉城镇中心国民学校，钟荣孙为学校创始人，任校长。1949年9月，更名为长兴县解放完全小学（二部、本部），校址在雉城镇解放东路。1954年2月，学校更名为长兴县雉城镇中心小学（本部）。1958年2月，更名为雉城公社中心小学（本部）。1969年，学校改名为长兴制革厂五·七学校，下半年又改名为朝阳五·七学校。1979年2月23日，县文教局发文将学校更名为长兴县雉城镇第二小学，开始附设幼儿班，校址在雉城镇解放东路106号。1985年实行分级管理后转为镇属小学。2007年8月，实行集团化办学，下设雉城二小白溪校区。2008年4月，学校更名为长兴县第二小学，办学体制为直属县教育局。2012年7月，学校分部白溪校区分离独立；8月，学校本部校址迁至长兴县雉城街道解放中路58号（第二实验小学原址）。

学校以“养正”为校园文化建设主题，以“养浩然之气、正做人之本”为校训，以“养身以健、养心以静、养性以善、养志以远”为学校精神，以“德高品正、学精业正”为教风，以“乐学善思、求真践行”为学风，努力创建具有优良形象的浙北窗口学校。学校德育工作勇于实践、开拓创新，围绕“树根为魂、合力育人”德育主题，依托“家长热线、成功家长网上行、阳光聊天室以及社区德育导师点”4个德育平台，构建学校、家庭、社会三力合一的立体育人模式，《浙江宣传》《浙江教育信息报》进行重点宣传报道，学校主编的《合力德育的构建和实践创新》一书于2012年1月出版发行。2011年学校成为省雏鹰争章网试点单位之一，是湖州市唯一的一所雏鹰争章网试点学校，同年学校又成了全国少先队辅导员专业化建设实验学校；2013年成为省少先队活动课程试点学校。学校注重学生个性发展，有小篮球、蓓蕾诗社等学生社团20余个，分别于2011年1月和2012年1月成为湖州市体育特色学校和湖州市艺术特色学校。学校先后获得全国优秀少先队大队、省科研兴校200强校、省教育科研先进集体、省创新教育质量满意学校、省巾帼文明示范岗、省示范中小学家长学校等称号。

2014年，学校占地面积30亩，建筑面积10631平方米。设有蓓蕾电视台及主控机房、教师会议室、接待室、卫生保健室等，有2个科学实验室、2个计算机教室、1个音乐教室、1个艺术舞蹈教室、1个图书室、1个阅览室、1个体育活动室、1个报告厅等。有44个教学班，学生1507名，教职员工89人，其中专任教师84人，本科学历63人，中学高级教师2人，小学高级教师63人。有县级及以上教学名师、教学能手、教坛新秀11人；国家级课题3个，省规划课题22项，市级课题39项、县级课题137项。

五、长兴县第三小学

长兴县第三小学位于长兴县雉城镇县前西街338号。前身是清明山民办小学，始建于1962年9月，1名教职工，1个教学班，20名学生，辅导校长史云沧。1965年9

月学校更名为雉城镇城西完小，公民合办。1966年9月，老师自议改名为培红小学。1966年以后，质宣队、工宣队先后进驻管理学校，学校教育计划暂停执行。1968年初，成立城郊公社中心小学革委会，下半年开始附设幼儿班1个。1969年9月学校改名工农五七小学，成立学校革命委员会，属城郊公社领导。1979年2月，县文教局下文改校名为长兴县雉城镇第三小学。2008年4月学校更名为长兴县第三小学。

学校以“学做真人，和谐发展”为校训，秉承“雅正”的办学理念；以“俯视大地植桃李，仰望星空育英才”的教育理念，走“质量求生存，教育为中心，特色为导向”的办学思路，把“学生成才，老师成长，学校成功”作为办学目标；以“海纳百川，厚德笃行”为学校精神；以“优雅文明，和谐淳正”为校风；以“严谨、踏实、开拓、创优”为教风；以“乐学、会学、勤学、活学”为学风，全力打造学校办学特色，全面提高学生综合素质。学校校园文化建设特色鲜明，以文明小向导为平台建设文明校园，以体艺教育为平台建设魅力校园，以科技创新教育为平台建设智力校园。1984年，学校与长兴县消防大队建立“警民共建”关系。1997年，创建长兴县少年消防警校，至2014年已培养十八期少年消防警校学生，赢得了良好的社会声誉。学校获得全国少先队红旗大队、全国消防安全教育示范学校、全国少年儿童消防教育先进单位、全国防火先进单位、全国少工委雏鹰奖章“消防章”活动先进单位、省先进少年军校、省体育特色学校、省“巾帼文明岗”、省卫生先进单位、省乒乓球特色学校、市文明单位等多项称号。

2014年，学校占地面积12.3亩，建筑面积10278平方米。有38个教学班，学生1357名，教职员工64人，其中专任教师62人，研究生学历1人，本科学历47人，中学高级教师1人，小学高级教师56人。

六、长兴县第四小学

长兴县第四小学位于雉城镇金陵南路58号。时名长兴县城郊公社中心学校，创办于1962年，当时由各大队办小学，城郊公社实行统一管理。1980年，城郊公社中小学分离，城郊公社小学统一管理钮店湾、明门、竹园村、柏家浜、高家墩、三星斗、上阳、伍峰、高山岭、金莲桥、古城等11所大队小学。1984年，行政区域调整，学校更名为雉城镇古城中心小学，辖管明门、竹元村、柏家浜、高家墩、三星斗、上阳、伍峰、高山岭、金莲桥九所村完小。1987年9月，经县教育局批准筹建长兴县城南小学，1990年更名为长兴县雉城镇第四小学，选址在雉城镇金陵南路，隶属雉城镇。是年9月，学校本部招收56名一年级新生，2个班。1993年开始进行教学网点调整，上阳、竹园村、三星斗村、柏家浜、金莲桥、高山岭等完小，师生全部并入本部。2006年8月，五峰完小并入滨海小学。至此，学校下辖明门完小、高家墩完小及附属幼儿园。2008年4月，学校更名为长兴县第四小学。2010年，学校建新教学楼，次年9月新教学楼竣工并交付使用，高家墩完小撤销，师生全部并入。2013年9月，明门完小移交包桥中心小学管理。

学校全面贯彻党的教育方针，严谨治学，深化改革，强化管理，始终坚持以质量求生存，以特色求发展，以争创一流为目标，秉持"至真、至诚"的办学理念。以"求真知、练真功、做真人"为校训。以"忠诚、坦诚、热诚、真诚"为校风。以"信心、爱心、恒心、诚心"为教风。以"好学、积学、问学、知学"为学风。将真诚作为教师和学生为人处事的准则，以"全面发展，个性张扬"为办学目标，让"至真无息，至诚如神"的学校精神得到发扬光大。办学以来，学校不仅形成了独特的文化氛围，在教育教学方面也培育出自己的品牌，在珠心算教学、音乐、书画、科技、体育、心理健康等方面逐渐形成了独具特色的传统教育项目。其中坚持了20多年的珠心算教学，有效地开发了学生的智力，培养了学生良好的学习习惯和行为习惯，在珠心算行列具有较高的声誉，被誉为珠心算浙北名校。学校先后获得国家I类标准实验室达标学校、全国心理健康实验学校、全国幼儿珠心算活动实验基地、少先队浙江省红旗大队、省现代教育技术实验学校、省珠心算教学特色学校、市文明单位、市卫生先进单位、市绿色学校、市湖笔书法特色学校、县文明单位、县绿色学校、县新课程改革重点联系学校、县体育传统项目学校等称号。

2014年，学校占地面积18亩，建筑面积约18657平方米。教学设施先进，专用教室配备齐全。有58个教学班，学生2172名，教职员工110人，其中专任教师108人，本科学历79人，中学高级教师2人，小学高级教师88人。有县级教坛新秀10人、教学能手4人、教学明星2人、教学名师4人。

七、长兴县第五小学

长兴县第五小学位于后洋留下村。前身为雉城镇后洋中心小学，至2014年，已有56年办学历史。1956年10月，后漾、渚山两乡合并为后漾乡。1958年10月建立鼎新人民公社属后漾、渚山两个管理区，故有后漾乡第一中心小学和后漾乡第二中心小学，有12个班级，学生862人。1968年合并成后漾公社中心小学，校址所在地涧港村。直至1982年形成18个教学点，教师91人，学生2853人的规模。1992年，学校除中心小学外，还有沙塘、夹山等14个教学点，学生数1794人，占地面积共19703平方米。1997年后洋中学新建校舍迁址至陈家桥后，原后漾中心小学随迁至后洋中学老校舍所在地留下村。1999年在长兴县教委、雉城镇的大力支持下，拆除破旧校舍，新建三层教学楼，建筑面积1030平方米，改扩建学校食堂。此时，办学规模涉及10个教学点，51个班级，学生1982人。2002年，投资新建学校综合楼，建筑面积921平方米。2005年，教学点撤并，除中心小学外，剩余涧港、白溪、西峰坝、川口四所完小，全校学生1791人，教师80人，占地面积39378平方米。2008年4月，学校更名为长兴县第五小学，再次改扩建新的教学楼1705平方米和食堂，并逐步建设完成塑胶跑道、篮球场、排球场等设施，校舍功能得到进一步完善。白溪、西峰坝、川口教学点完成撤并。2013年2月，学校将教育设备设施落后的涧港完小教学点撤并整合。

学校秉承着“内涵发展，立孝爱厚道；整体优化，以品质立校”的办学理念，校训为怀孝爱之心，立广学之志。校风为德以孝为先，育以爱为源。教风为孝爱立师表，博学启真知。学风为孝行滋天性，乐学思无境。学校坚持走外部条件的优化和内涵式发展并重的改革之路，以“孝爱”文化建设为核心，致力于打造“德以孝为先，育以爱为源”的校风，培养“孝爱立师表，博学启真知”的教师和“孝行滋天性，乐学思无境”的学生，初步形成以“怀孝爱之心，立广学之志”为校训的学校文化体系。挖掘传统孝爱文化的深厚底蕴，学校注重内涵发展，关注化育涵养之功，以“孝爱”作为办学起点，进而推到“办学”和“做人”的“孝爱”境地，体现在办学的方方面面——学校管理、教学过程、学习过程、课堂建设、教师成长、学生发展等，走内涵发展之路，让学校的每一个人都成为孝爱的诠释者和实践者。

2014年，学校占地面积31.6亩，建筑面积9618平方米。有19个教学班，学生1625名，教职员工58人，其中专任教师57人，本科学历43人，小学高级教师49人。

八、长兴县第六小学

长兴县第六小学位于长兴县雉城镇五峰路199号。创办于2005年3月，时命名为长兴县滨海小学。学校性质为公办小学，隶属县教育局管理。9月1日正式投入使用，雉城镇五峰小学并入。2006年，由滨海房地产开发有限公司捐资，依照省I类标准化学校扩建。2012年7月更名为长兴县第六小学。

学校以“与真善美为友 做最好的自己”为校训，秉承“为每个孩子有更好的发展”的办学理念，把“学会健身、学会学习、学会生活、学会实践”作为办学目标，遵循“以人为本、创新为本、发展为本”原则，实施“文化兴校、科研兴校、特色取胜”战略，致力于打造让社会满意，让家长放心，让学生快乐的教育。在办学过程中，学校把

“让每个孩子获得健康成长，让每个老师都能走向成功”作为办学宗旨，着力打造“足球、书法、诵读”三张文化名片，尤其是足球文化，充分体现围绕“以球辅德、以球启智、以球健身、以球育美”的理念，有效促进学校内涵发展，不断丰厚学校品牌。学校全力打造实践校园足球文化，学校小女足曾四次荣获省校园足球联赛冠军，并组队代表湖州市参加两届省运会，实现了金牌梦。在2007年度浙江省校园足球比赛中获得学校足球运动优秀组织奖。2012年5月10日，学校承办了浙江省青少年校园足球文化推进工作现场交流会，展示学校足球教育成果。2013年9月23日和2014年10月10日，学校先后承办湖州市首届和第二届青少年校园足球联赛开幕式，各地的兄弟学校到学校进行参观、交流，在全省产生较大影响。学校创编的足球操、啦啦操曾多次参加省、市、县各级足球活动和其他体育赛事的开幕式，成为经典保留节目。至2014年，学校共培养小女足队员80人左右，小男足队员60人左右，男足队员林鑫荣、韩列广入选绿城足球俱乐部梯队；女足队员韩晖颖入选浙江省女子足球队，女足队员金清韵等多人参加全国小学生校园足球联赛。学校形成班班有球队、期期有校园足球赛的良好氛围。市级课题“‘三人制’足球活动的校本课程开发与实施”“办足球特色教育 创体教结合新模式”均成功结题，并获二等奖。

学校培养书法优秀人才，是学校办学的又一大特色，学校精心布置环境，努力使每一面墙都在诉说与书法教育有关的人文历史，让学生在富有书法艺术的氛围中受到感染、得到熏陶，这是环境育人的必备条件。与此同时，学校狠抓师资队伍建设，真正使教师成为学生“学书”道路上的引路人与指导者。学校创立“竹山堂书画社”，专任书法教师带领社员每天练习书法，每周一次的电视书法课普及学生书法知识。多次举办师生书画展，培养一大批书法优秀学生。2008年9月10日，学校学生在县争创“国际花园城市”活动中作大型书法现场表演。课题“小学生写字教育有效性的实践与研究”获得省二等奖。校内有省作家协会小记者30人，湖州星期三小记者35人，县作家协会小记者190人，《长兴时报》小记者45人。

学校凭着“志存高远，自强不息”的办学精神和显著的成效，2012—2014年，承担国家级课题1项，省级课题3项，市级课题6项，在各级刊物上发表教学论文40余篇。学校先后获得全国中华经典诗文诵读实验学校、省示范学校、省绿色学校、省体育特色学校、省书法教育实验学校、省艺术特色学校、省青少年校园足球活动试点学校、省级青少年校园足球定点学校、市体育特色学校、市湖笔文化特色学校等多项称号。

2014年，学校占地80亩，建筑面积12033平方米，有教学楼3幢，实验楼1幢，行政楼1幢，标准足球场1个，标准篮球场5个，250米跑道1条。有31个教学班，学生1174人，教职工59人，其中专任教师56人，本科学历51人，中学高级教师1人，小学高级教师33人。有省市级优秀教师、教学能手、教坛新秀、教学明星数十人。

九、长兴县第七小学

长兴县第七小学位于雉城镇解放东路38号。学校前身为长兴县下箬寺乡中心小学，创建于20世纪50年代初，校址在下箬寺乡上莘桥村。1997年，学校迁入上莘桥村西侧的新校区，下辖陆汇头完小。1999年，行政区域调整，撤销下箬寺乡并入雉城镇，学校更名为长兴县下箬中心小学。2007年，学校和长兴县第一小学组建成长兴一小教育集团，学校撤销建制，更名为长兴县第一小学城东校区。2012年7月，与长兴县第一小学分离，被命名为长兴县第七小学，属县建城区公立学校，地属长兴县经济技术开发区管理委员会管辖，学校搬迁至雉城镇解放中路38号(原长兴县第二小学校区)，有23个教学班，在校学生970人。

学校坚持秉承“为师生幸福成长服务”的办学理念，以“奋飞”为校风，以“热爱学习　健康成长”为学风，以“热爱学生　合力奉献”为教风，践行“文化立校，管理强校、特色兴校”的办学策略，努力办好人民满意教育。学校把诚实守信作为立德树人的根本，将“弘扬诚信文化”作为学校发展的基石，引领全体师生在学习中感悟诚信内涵，构建诚信校园文化体系。学校一直以打造雁群团队作为师资队伍建设的总方向，利用已有的人力资源，为“头雁”示范引领、“新雁”展翅练飞创设平台，追求群雁齐飞的最终目的。

学校精心打造的花样跳绳项目经过不断地实践和创新，在县内外享有一定知名度，不仅磨炼出一支技术过硬的社团队伍，先后摘获长兴县第五季“我想上春晚”才艺赛冠军及全国花样跳绳联赛(华东赛区)四金二银的殊荣，同时也依托“阳光大课间”活动，将花样跳绳校本课程渗透其中，使得该项目拥有厚实的群体基础和源源不断的后续力量。学校先后获得市湖笔文化特色学校、市少先队基础建设达标大队、市体育特色学校、市语言文字规范化示范学校、县文明单位、县行为规范示范学校等称号。

2014年，学校占地面积8.6亩，建筑面积9308平方米。有31个教学班，学生1051名，教职员工39人，其中专任教师38人，本科学历30人，中学高级教师2人，小学高级教师28人。

十、长兴县第八小学

长兴县第八小学位于长兴县太湖街道林荫路111号。创办于1969年。前身为后漾乡中心小学白溪完小，校址在长兴县开发区毛家浜村。2007年并入长兴二小教育集团，新建白溪校区。2007年9月新校址完成一期工程正式招生投入使用。2008年9月完成二期工程。2012年7与二小教育集团分离，独立建制，学校更名为长兴县第八小学，有28个教学班，在校学生1368人，教职工55人，其中专任教师59人。2014年3月，县政府批复学校归县经济技术开发区属地管理。

学校坚持"诚敬"为办学理念，以校园文化建设为平台，通过构建诚敬校园，提升学校内涵，追求让学生在教师的发展中成长，教师在学生的成长中发展的理想教育境界，踏实实践校训"博文 约礼 明德 笃行"，让"行诚敬事，育诚敬人"转化为教师的工作目标，实现育人目标"培育讲诚信、懂感恩的具有中国传统道德价值观和创新精神的社会主义新公民"。学校获得市艺术特色学校、市现代化学校、县体育后备人才基地、县平安校园建设优胜单位、县绿色学校等称号。

2014年，学校占地面积33.7亩，建筑面积11582平方米。有41个教学班，学生1431人，教职工54人，其中专任教师52人，本科学历45人，中学高级教师2人，小学高级教师36人，小学一级教师14人。获评县名师、教学能手、教学明星、教坛新秀、教学新苗等18人次。教师在各级课堂教学及论文评比中共获奖289人次。

十一、长兴县泗安镇中心小学

长兴县泗安镇中心小学位于泗安镇泗安大道188号。始创于清光绪二十三年（1897年），前身为安溪书院。清光绪三十四年（1908年），改建为官立安溪两等小学堂。民国2年（1913年），学堂改称学校，称公立安溪小学，同盟会会员严补茂出任校长。民国29年（1940年）学校搬迁，把斋僧塘旧房翻新，并扩建部分新房作校舍，改称为长兴县立泗安中心小学。民国32年（1943年），日军再驻泗安，校舍遭严重破坏，学校停课。民国34年（1945年）日军投降后，暂借私立宁绍小学校舍复课，改称泗安镇中心国民小学。民国35年（1946年），原校舍修复后迁回。1949年9月，县人民政府派员接收学校，更名为长兴县立泗安完全小学。1951年，县人民政府接管私立宁绍小学，并入泗安完小。1955年根据县教育局决定，将校址与泗安中学对调，从斋僧塘迁至公管基。1961年学校改名为泗安学区中心小学，负责管埭、长潮、仙山、二界岭四个乡村学校的辅导任务。1962年，于泗安桥东建分部。1976年下半年，分部独立建制，命名为泗安区小，本部更名为泗安镇第一小学。1981年，泗安镇第一小学改名为泗安镇小学。1985年，泗安区小改为泗安镇中心小学。1998年，两所小学合并，校名为泗安镇中心小学，校址在泗安桥东。2006年8月学校整体搬迁至泗安大道188号。新校区按省Ⅰ类标准化学校设计建造，是一所融校园、花园、乐园为一体的，充分体现时代理念的现代化全日制农村小学。

学校坚持“以人为本，和谐发展”的办学理念，明确“创建示范学校，构建和谐校园”的办学目标，推进新课程改革，打造“示范学校”特色，成为长兴西部窗口学校。学校秉承“推进生态教育，构建绿色校园”的教育理念，以“创建具有优良形象的浙北农村学校，打造具有浓厚文化底蕴的个性学校”为发展愿景，以“学而芬芳，行而致远”为育人目标，以弘扬“林文化”为主题，不断丰富办学内涵，促进学校个性发展、教师价值实现、学生健康成长，全面提升教育质量和办学品位。学校先后获得省示范学校、省农村远程教育工程先进单位、市文明单位、市卫生先进单位、市日常行为规范达标学校、市绿色学校、湖笔文化特色学校、县书香校园、县绿色校园、县文明单位、县国防人防先进学校、县基础教育课程改革先进实验学校等称号。

2014年，学校占地44.2亩，建筑面积12437平方米，绿化面积9997平方米。有47个教学班，在校学生1654人，教职员工80人，专任教师72人，其中有市优秀班主任、优秀辅导员15人次，获评县级名师、教学能手、教坛新秀、课改实验优秀教师12人次。

十二、长兴县和平镇中心小学

长兴县和平镇中心小学坐落在和平镇狮子山西麓，和平镇镇前街176号。前身为清末和平私塾，民国元年（1912年），改为和平两等小学堂，设在斜桥头地藏庙。民国12年（1923年），改称和平完全小学。民国20年（1931年），改校名为嘉会完全小学。民国25年（1936年），改为和平区中心小学。抗日战争初期，学校曾搬至殳村，民国28年（1939年）搬回和平。民国34年（1945年），改称和平中心民国学校。1949年，改称和平完全小学，有6个班，学生250人。1951年增至12个班，学生600余人，称和平区中心小学。1956年夏，学校搬迁至和平下街大勤头新校址。1980年，由于当时教育形势发展的需要，与处在对面、仅隔一条马路的和平中学校园进行对调。1982年改为和平区校，1986年和平建镇后改名为和平镇中心小学。2001年，学校整体搬迁至和平镇镇前街。学校于2003年和2010年两次扩建校园。

学校功能配置合理、硬件设施到位。分别设置教学区、运动区、生活区。教学楼2幢、综合楼1幢、行政办公楼1幢、图书阅览楼1幢、食堂报告厅联合楼1幢、250米塑胶田径场1个、篮球排球乒乓球等运动场所若干。音乐教室、美术教室、科学实验室各2个，电脑室3个，舞蹈室、少先队室、资源教室、国防教育室、图书阅览室各1个，社团教室7个，报告厅1座，大小会议室3个。学校的教学及辅助用房、运动场地、专用教室、师生电脑、班级多媒体、图书藏量、教学及实验器材等项目的拥有量和配备全部达到省配Ⅰ类标准。2003年3月，被命名为湖州市一级小学，2004年10月，被省教育厅定为省示范学校。

学校坚持“学生发展靠特长、学校发展靠特色”的办学理念，秉承“和而不同，平中见卓”的校训，着力打造“和合”文化。在体育艺术工作、德育工作及学生接送车管理工作方面逐渐形成自己的特色，取得良好的成效，为孩子的终身发展奠定扎实的基础。学校以国际象棋和空竹两个项目获得省特色学校称号，以舞蹈项目获得市特色学校称号。德育工作的“5S德育模式”形成鲜明特色。除了特色发展之外，学校始终把教学的中心地位作为学校的重中之重来维护。通过教学改革和工作创新，通过“和雅教师”以及“和润课堂”的打造，使学校的核心工作不断提升，教学质量在全县农村学校中一直名列前茅。学校获得省体育特色学校、市文明学校、市行规示范学校、市艺术特色学校、县绿色学校、县文明单位、县体育后备人才基地、县文体活动工程示范学校等称号。

2014年，学校下辖长城教学点，总占地面积51亩，建筑面积1.2万平方米。有51个教学班，学生1725名，教职员工85人，专任教师84人，有县级教学明星1人、教学能手1人、教坛新秀4人。

十三、长兴县李家巷镇中心小学

长兴县李家巷镇中心小学位于李家巷镇龙华路。始建于民国3年（1914年），初建校址在李家祠堂，定名为东山小学。民国5年（1916年）改名为李家巷国民学校。民国19年（1930年）初迁至南港头。是年，改名为李家巷完全小学。民国26年（1937年）11月，李家巷沦陷，学校被迫停课。1945年，校舍迁往东墙门。1949年3—4月，局势混乱，学校停课。1949年5月，学校恢复上课。1950年9月，教师配合土改工作，下农村办夜校扫盲。1953年，学校改名为城东区第二中心小学。1959年，学校改名为李家巷公社中心小学，并在大石桥和G104东面的西茅山办两所分校。1960年，学校被列为县重点小学，办两个试点班。1967年，学校停课。1968年，学校改名为东方红小学，六年制改为五年制。1978年，撤掉两所分校（其中大石桥分校，1968年创建李家巷中学时，将校舍让给中学）。撤销“贫管会”，恢复校长制。1983年，复名为李家巷镇中心小学。2010年，征地87亩、投资9792万元建新校区，校址位于李家巷镇龙华路。2013年5月学校整体迁入。

学校坚持"平等育人、快乐做人"的办学理念，以"仁爱、柔美、崇学、践行"为校风，以"向善、向学、向阳、向上"的"四向"为学风。坚持育人为本，以科研为先导，大胆探索创新，提出"平等育人、快乐做人"的宗旨和理念，将日益增多的民工孩子的教育作为学校德育与教学工作的一个重点和突破点，着力打造"成长俱乐部"，为孩子搭建一个幸福的平台，构建新时期教育理念下的"平等育人"模式，探索出"六导四同"的德育策略，开展"新时期教育下，平等理念育人路径的研究"的探索。2008年9月《学校民工子女教育模式》在《人民教育》发表并推广；2009年学校编著的《让流动的花朵沐浴阳光》一书发行，学校被团中央授予"中小学心理健康教育示范校"称号。学校先后获得中国少年儿童平安行动示范学校、全国雏鹰红旗大队、全国语文教改示范校、省乒乓球篮球特色学校、省卫生先进单位、省平安校园、省健康促进学校银奖、省绿色学校、市文明单位、市绿色学校、市群众体育先进单位、市文明学校、市卫生先进单位、市乡土语文推广实践学校、市教科研基地、县十佳校级五好班子等荣誉。

2014年，学校占地87亩，建筑面积33200平方米。学校总体设计科学，布局合理。有300米塑胶跑道，室内体育馆1个，篮球场8个，足球场1个，排球场1个。校园内设有教学楼、行政楼、综合楼、食堂等。有32个教学班级，1095名学生，教职工73人，专任教师71人，本科学历60人，中学高级教师2人，小学高级教师38人，一级教师27人。有县名校长1人，县级名师有4人，县教学明星有2人。

十四、长兴县虹星桥镇中心小学

长兴县虹星桥镇中心小学位于虹星桥南星路74号。始创于民国元年（1912年），徐纯伯创建的正谊初级小学，校址在龙从浜关帝庙。民国5年（1926年），改为虹溪高等小学，学制三年。民国19年（1930年），虹星桥南的养正小学并入，称虹溪小学，改为二、四制。民国26年（1937年），学校停办。民国28年（1939年），在龙从浜土地庙复课，改称四、五联保国民学校。民国29年（1940年），迁郑家桥称虹溪中心国民学校。民国31年（1942年），迁里塘城隍庙。民国34年（1945年）上半年，迁里塘西北相公庙。民国34年（1945年）下半年，在街南地藏殿复校。1949年，改称虹溪完全小学。1956年下半年成立虹溪学区，为学区中心小学。"文化大革命"时期，小学下放到大队办，区小校舍改办中学。1978年改称区中心学校，1981年改为区中心小学。1983年，改为镇中心小学。1984年，镇中心小学迁入谭家村。1997年7月，行政区域调整，观音桥乡中心小学并入，校名为虹星桥镇观音桥完小。1999年8月，里塘乡中心小学并入，更名为虹星桥镇里塘完小。2002年7月，虹星桥镇中心小学校址改迁到南星路74号（虹星桥镇中学原址内）。2004年7月，里塘完小分离，独立建制。2007年8月，观音桥完小师生并入虹星桥中心小学。

学校遵循"真知、真人、真会"的校训；形成"文明求实、健康创新"的校风，"正已爱生，团结务实"的教风，"勤奋、乐学、善思、合作"的学风。围绕把学校建成"办学有特色、教学有特点、学生有特长、科研有特效"的适应现代化建设需要的农村一流学校，把学生培养成为"学会做人，学会求知，学会合作，学会创新"的一代新人，学校以"综合实践、五彩足球、书香校园、家校共育"四个方面入手，着力培养"悦读、灵动、融通、践行"的虹小和善学子。学校作为县最早开展综合实践活动的小学之一，全体教师不断学习、不断创新，用生动实用、精彩纷呈的主题活动，形式多样地互动给孩子们撑起一片实践天空，实践活动评比多年获县一等奖。学校因地制宜开展体育特色项目足球活动，有计划地把踢足球纳入体育教学和课外活动当中，进行梯队建设校队、年级队、班级队，让每位学生都能够参与活动，学生参加人数占学校总数的85%以上，2012年被评为湖州市体育特色学校（足球）、省级校园足球定点学校，2013年开始参加湖州市校园足球联赛，频获佳绩。学校依托"耕读人家、水韵虹溪"的地域文化，以"名人中队"建设为抓手，打造"书香与梦想齐飞，阅读与人生相伴"的书香校园和书香家园，培养书香型师生，推进学校全面和谐发展，以书香育德、以书香立信、以书香树人。学校先后获得全国助残先进集体、中国西部教育顾问单位、省课外阅读先进单位、省红旗大队、省学示范性图书馆、市文明单位、市书香校园建设先进学校、市行为规范示范学校、市体育特色学校、市"五好五一"先进集体、县文明单位、县绿色学校等称号。

2014年，学校下辖港口教学点，总占地42.5亩，建筑面积7465平方米，有教学楼2幢，行政楼1幢，标准足球场1个，标准篮球场2个，400米跑道1条。有34个教学班，学生1105人，教职工70人，其中专任教师64人，高级教师43人，一级教师20人。

十五、长兴县洪桥镇中心小学

长兴县洪桥镇中心小学位于洪桥镇洪桥街洪学弄4号。创办于民国12年（1923年），校址在洪桥周家浜村祠堂，由管理洪桥街道的商董金圣斋一手筹划，规模是1个班，学生十余名。民国25年（1936年），学校迁至洪桥桥西的关帝庙内，规模仍是1个班，1名教师。民国27年（1938年），迁回周家浜村祠堂。当时学校名为区立鸿桥中心小学，有3个复式班，学生约120人。民国29年（1940年），恢复区立鸿桥中心小学。民国34年(1945年),学校校址迁回洪桥镇街道,命名为鸿桥镇中心国民学校,有5个班,学生207人,教职工10人。1954年前后,在原祠堂的东西两侧分别建造平房教室4幢18间,在学校的西面开辟一个800平方米左右的操场,学校规模基本稳定在10个班左右。1961年,改为城东学区中心小学,负责新塘、横山及洪桥乡小学的辅导工作。"文化大革命"开始以后,学校更名为洪桥五·七小学。1978年,重新恢复中心学校建制。1979年,拆建旧校舍,建造1幢教学楼。1984年和1989年,校舍分别进行改造,办学条件得到改善。1999年8月,行政区域调整,学校更名为洪桥镇中心小学。是年,横山乡中心小学并入洪桥镇中心小学,改为横山完小。2008年,学校下辖村完小进行大规模的调整和迁并,新横山小学迁建工程竣工,校址在横山村包家渎自然村西侧。9月1日,沈家坝、小沉渎、大公斗、横山、前城五所完小搬迁至新校。至此,镇中心小学下辖横山、张庄、杨家浦三所完小,全镇学生数3500多名。2010年9月,横山完小分离,独立建制。学校下辖完小1所,教学班30个,教职工81人,学生数1438人。2013年3月始,学校教学综合楼改建。2014年9月新教学楼投入使用,张庄完小师生并入。

学校以"清朗、豁达、情趣、逸致"为校风,"清灵、淳朴、善思、笃行"为学风,"清纯、尚德、厚生、乐教"为教风。学校在素质教育方面投入大量的人力和物力,培养出一批又一批德智体全面发展的优秀小学毕业生。特别是学校在艺术教学方面的努力,让大批学生在音乐、书法、美术、舞蹈、航模等方面有长足的发展,在县、市、省的各项比赛中屡获佳绩。学校先后获县小学在校生巩固率先进单位、县教育科学研究先进集体、创建省教育强县先进单位、农村小学毕业生初中率先进单位、县级文明单位等多项荣誉。

2014年,学校占地60.9亩,建筑面积8618平方米。有36个教学班级,1275名学生,教职工77人,专任教师75人,本科学历58人,小学高级教师48人,一级教师26人。

十六、长兴县林城镇中心小学

长兴县林城镇中心小学位于林城镇育才路56号。创建于清光绪三十一年(1905年),校址在桥南林畎北路。中华人民共和国成立后,学校被命名为林城学区中心小学。20世纪50年代,学校更名为林城镇中心小学,位于林城镇桥南育才路,下辖全镇各行政村完小。1999年8月,行政区域调整,天平完小和畎桥完小划归统一管理。2001年8月,太傅完小划归统一管理。2004年,天平完小、畎桥完小分离,恢复独立建制。2009年8月,县属八三小学师生撤并归林城镇中心小学。2012年8月,下辖阳光山完小并入太傅完小，校址在林城镇贺家岗。至此，林城城中心小学下辖一所完小。

学校以“厚德、博学、笃行、至善”为校训，秉承“千教万教教人求真，千学万学学做真人”的办学理念，把“高水平、高质量、高效益、有特色”作为办学目标，致力于培养出更优秀的学生，更优秀的老师，创建更优秀的学校。学校在师资队伍培养上推行“五三制”分类教师培养模式，搭建中层干部、年轻教师、骨干教师、薄弱教师和班主任队伍五个层次的专业成长梯队；架构教师专业成长的学习空间、实践空间和展示空间的“三维空间”。“五三制”模式铺设专业发展的多环成长道路，因材施教、循序渐进，抓实基本功，提升教学策略，凝练教学思想。学校先后获得省课外阅读先进单位、省陶行知研究会实验学校、市校本研训先进集体、市少先队基础达标七星级大队、市语言文字规范化学校、市书香校园、县平安校园、县科普特色示范学校、县校本研训先进单位等荣誉。2012、2013学年连续在县教育局目标管理考核中获得一等奖。

2014年，学校下辖太傅教学点，总占地面积约43.9亩，建筑面积7548平方米。下辖太傅完小按照农村三类学校配备内部设施，占地面积18.4亩，建筑面积467平方米。共有29个教学班级，1001名学生，教职工79人，专任教师61人，本科学历35人，小学高级教师45人，一级教师13人。

十七、长兴县煤山镇中心小学

长兴县煤山镇中心小学位于煤山镇煤鑫街1号。始建于民国7年（1918年），前身为长兴煤山矿务局在小南山首创的第一所职工子弟小学，以局长兼总工程师朱星叔的名字命名为“星叔小学”。民国29年（1940年），学校迁至花灯庙，改为政府办学，改名为煤山中心小学。煤山岕里办起了东西川小学，尚儒、蒋笪、涧下、新民办起保校（即村小）。中华人民共和国成立后，学校搬迁到南街山墩上，更名为区中心小学。1956年，学校更名为煤山镇中心小学。1998年，学校征地新建校舍，校址在煤山镇煤鑫街1号。2002年8月，学校整体搬入新校舍，岕外5所完小并入中心小学。2007年9月，新川小学并入，学校有教学班25个，学生1200人，教职工60人，其中专任教师56人。

学校秉承“阳光”的教学理念，以“一切为了孩子，为了孩子的一切”为教育宗旨，以培养阳光学生，塑造教师的阳光心态为根本，以“绿色、阳光、激情、赏识”为活动目标。自2007年始，学校就以“心理健康”为切入点，申报省健康促进学校2014年“银奖”创建已完成。2010年8月，学校组织一批骨干力量，编写校本教材——《美丽的生命》。2014年8月，煤山镇政府投入10万元，结合省心理咨询室建设标准配备的要求，在校内打造一个专属于教师的“心理氧吧”。学校制定《创建国学特色学校三年规划》，成立国学坊，形成国学研训小组，定期开展读书交流活动。开设国学课堂，并在校园网站开辟“尚儒”读书交流平台，开设“国学研讨课”，师生在国学的熏陶感染下，获得丰厚的文化营养。学校开展探究启智活动，从校内走向校外，依托煤山地域文化，开展科学第二课堂实践活动，汇编成校本教材——《植物的奥秘》。学校先后获得全国模范职工小家、联合国教科文组织城乡理解教育实验学校、省示范小学、省校本培训特色学校、省示范图书馆、省卫生先进单位、省健康促进学校银奖、省绿色学校、市中小学教师校本培训工作先进集体、市体育特色学校、市少先队大队示范队室、市七星级基础建设达标大队、市平安校园创建示范单位、市行为规范示范学校、市巾帼文明岗等荣誉。

2014年，学校占地面积70亩，建筑面积达12006平方米，美术室、音乐舞蹈室、图书阅览室、开放实验室、心理氧吧室等专用教室一应俱全，设施先进。有24个教学班级，874名学生，教职工63人，专任教师59人，本科学历40人，小学高级教师37人，一级教师17人。

十八、长兴县夹浦镇中心小学

长兴县夹浦镇中心小学位于环沉村孙家浜自然村。创建于民国5年（1916年），校址在夹浦兴隆庙。民国13年（1924年），改名夹浦国民小学。民国34年（1945年），学校改名夹浦第二国民学校。1949年，学校改名为夹浦完全小学。1952年，改名为夹浦乡中心小学。1974年，校舍扩建，学校规模扩大。1979年9月，学校被定为县重点小学。1981年，学校更名为夹浦公社中心小学。1984年5月，更名为夹浦乡中心小学。同年9月，更名为丁新区中心小学，负责全区小学的辅导工作。1985年5月，复改为夹浦乡中心小学，并扩建教学楼。1993年，更名为夹浦镇中心小学。2003年10月，根据县政府学校整体网点调整规划，学校整体搬迁至环沉村孙家浜自然村。

学校以“育好每一个孩子，为学生的未来奠基”的办学宗旨，以“芦雁精神”作为学校的校园文化，即严阵有序，不畏艰险；护群爱体，同飞同乐；行思敏捷，充满朝气；志存高远，襟怀淡薄。校训为志存高远、修业及时。学校围绕“芦雁文化”建设取得一定的成绩，“太湖泛舟齐划桨，芦雁振翅搏击操”连续两次获得长兴县课外文体活动工程展示一等奖；芦雁舞蹈社的《纺织声声》《娃娃们的剪纸梦》分获县艺术节展示

一、二等奖；“芦雁护家”校本环保课程获得湖州市一等奖，编写印刷一至六年级《芦雁剪纸》校本课程全套6本，相关的剪纸系列活动得到省市县各级媒体的广泛关注。学校装修设立芦雁剪纸展示教室，完善一校一品的创建模式，努力办成一所浙北地区“芦雁剪纸”知名特色学校。学校获得省卫生先进单位、省标准化学校、省农远工程先进集体、市少先队基础建设达标学校、市绿色学校、县首批诗教基地、县国土学校等多项荣誉。

2014年，学校占地45亩，总建筑面积达10000平方米，按省标准化、示范化标准建设。拥有标准化教学楼2幢，报告厅和多功能室各1个，多功能综合楼1幢，师生食堂1个，教师公寓2幢。标准250米塑胶跑道运动场1个，标准篮球场1个，标准排球场1个，足球场1个。有教学班37个，学生1318人（其中外来民工人员子女占总数的44%），教职工72人，专任教师68名，本科学历57人，占83.82%；专科学历10人，占14.71%，其中小学高级教师34人，占50%。

十九、长兴县小浦镇中心小学

长兴县小浦镇中心小学位于小浦镇小柏路56号。始建于民国元年（1912年），校址在合溪老街。民国14年（1925年），校名改为合溪镇第七堡国民初级小学，小浦村周公甫担任负责人，校址迁至小浦村花果庙。办学规模为1个四复式教学班，学生40余人，1名教师。民国30年（1941年）曾迁至小浦村王家头，民国33年（1944年）又迁回原址复校。1950年6月，学校更名为小浦小学，四复式1个班，学生54人。下半年，学生增至120多人，扩为3个复式教学班，年底，学校名称改为长兴县小浦乡小学，成为一所完全小学，教师增至4名，借用长广煤矿公司堆煤站工人宿舍当教室。

1964年，长兴县文教局拨款建造两幢十间平房的新校舍。1968年，小浦乡小学发展为6个单式教学班，240多名学生，9名教师，学校更名为小浦乡中心小学。全乡各村都设立村小，形成一所中心小学带领各村小学的教育格局。1968年10月，小浦小学开始附设初中两个班，招收方岩、长桥、白阜三个乡的初中生，1978年停招，初中班并入小浦中学。1978年，学生在校人数增至370余人，设有11个教学班，教师增至14名。1980年，学校更名为合溪公社中心学校，担负起全公社中小学的辅导任务。1982年，学校更名为煤山区校，成为煤山区的辅导学校。1984年，合溪公社改为合溪乡，区校与中心小学分开，改为合溪乡中心小学。下半年区校撤销，改成煤山区教育视导办公室，合溪乡改称小浦镇，学校更名为小浦镇中心小学。1988年，小浦镇人民政府投资20万元建十间三层教学大楼，教学条件得到彻底改善。1999年，白阜乡撤并，八都岕潘礼南村、方岩、大岕口等完小划归小浦镇中心小学管辖。2002年，由于办学规模不断扩大，学校迁址到小浦机械厂子弟学校原校址。2008年，学校新建教学楼，至此，全镇完小全部撤并到中心小学。2014年，学校征地23亩，扩建校舍，新建标准化运动场。

学校坚持“勤奋学习，快乐生活，健康成长”的办学理念，以“团结、活泼、严谨、文明”为校训，以“以管理求质量，以质量求生存，以生存求发展”为兴校宗旨，以“一切为了孩子，为了孩子的一切”为办学目标，全面推进素质教育。学校在努力提高学科教学质量的同时，狠抓艺术教学，丰富和提升校园文化，积极打造特色学校。2002年，学校利用当地人文资源，创办“小京班”，并成为长兴县一张响亮的文化名片。在第十届全国“小梅花”戏剧大赛中，“小京班”两名学员一举捧回两项银奖。2013年，一学生获得全国“和平杯”少儿京剧大赛二等奖，学校被文化部命名为全国少儿京剧活动培训基地。中央电视台《朝闻天下》《新闻联播》栏目于2012年10月24日、25日报道“小京班”。学校“家庭教室”获湖州市未成年人思想道德建设案例一等奖、“合韵道德银行”案例受到中国文明网关注、“春泥计划”志愿者队伍被评为浙江省优秀团队。学校先后获得浙江省艺术特色学校、浙江省健康促进学校金奖、湖州市依法治校先进单位、市级文明单位等荣誉。

2014年，学校占地44亩，建筑面积6350平方米。功能配置合理、硬件设施到位。专用教室、师生电脑、班级多媒体、图书藏量、教学及实验器材等项目的拥有量和配备全部达到省配I类标准。有32个教学班，学生1185名，教职工65人，专任教师64人，本科学历44人，小学高级教师36人，一级教师18人。专任教师中有县级教学能手2人，县级名师1人，教学新苗4人，教坛新秀1人。教师中参加各级各类比武、论文、课题、评比得奖总数61人次，其中国家级1人，省级12人，市级9人。

二十、长兴县画溪街道包桥中心小学

长兴县包桥中心小学位于长兴县画溪街道徐家浜村七里亭。创建于民国3年（1914年），当时在木竹弄祠堂，规模3个班，3个教师，100多名学生。民国27年（1938年）学校搬迁至白埠八都岕。民国34年（1945年）抗日战争胜利后搬回原址。民国35年（1946年）由吴高举出资并牵头重建，属私有制小学。中华人民共和国成立后，学校收归国有，更名为南箬乡中心小学。1957年，更名为包桥公社中心小学。1966年，更名为木竹弄学校。1982年，更名为包桥乡中心小学，辖管13所村完小。1999年，行政划分调整，学校更名为雉城镇包桥中心小学，学校新建在徐家浜村七里亭。2009年，虹桥浜完小并入包桥中心小学。2012年7月,学校更名为画溪街道包桥中心小学。

学校以"为学校的可持续发展创造条件,为学生的终生发展奠定基础"为办学宗旨,秉承"见贤思齐　学而不厌"的校训,努力打造"传承乡贤美德 砥砺品格发展"的校园文化特色,学校硬件、软件逐年提升,成为在县内外具有一定知名度的特色农村小学。学校加强精致管理,提升发展内涵,深化课堂教学改革,推进素质教育,教学质量稳步提升,各项工作扎实开展,形成"乡贤文化、篮球文化、新居民子女同城教育"三张教育特色名片。2012年学校乡贤文化长廊建设完成,乡贤人物的先进事迹、主要成就、代表作品跃然墙上,成为孩子们进行德育教育的一方好阵地;《南箬贤者——长兴包桥地区乡贤人物读本》于2012年12月编印完成。学校先后通过省标准化学校、市一级学校评估,先后获得市卫生先进单位、市文明单位、县日常行为规范达标示范学校、县体育特色学校、县艺术特色学校、县先进基层党组织等称号。学校成为湖州市乡土教材推广实验基地、长兴县诗教基地、长兴县少年作家培育基地、长兴县流动儿童之家。

2014年,学校下辖明门教学点,总占地面积32.3亩,建筑面积8034平方米。学校设施设备齐全,配备电脑室、多媒体教室、实验室、图书室、广播室等专用教室。有28个教学班,909名学生,教师55名,专任教师54人,其中中学高级教师1人,小学高级教师33人。县级名师2人,县教学能手2人,县教坛新秀5人,县教学新苗7人,教师在全国、省、市、县课堂教学或教科研评比中获奖达800多人次。

二十一、长兴县太湖图影小学

长兴县太湖图影小学位于太湖图影横山桥村。始建于1967年,时名横山一小(前身是仲家田小学),择址横山乡姚潭。1976年,学校改名为横山学校,九年一贯制办学。1978年,更改为长兴县横山乡中心小学。1999年8月,乡镇合并,撤销建制,更名为洪桥镇横山完小。2008年8月,学校新建搬迁至横山桥包家渎自然村,9月,大公斗完小、小沉渎完小、沈家坝完小、前城小学并入。2010年9月,学校恢复建制,更名为长兴县西太湖图影小学,成为具备独立法人资格的事业单位。2013年4月8日,学校更名为长兴县太湖图影小学。

学校以"让进入图影小学的每一个学生都能快乐成长"为目标,确立"树德以正气,教事以智慧"的校风,"教书学雨润物,育人学水柔情"的教风,"学以水而灵活,思以水而明察"的学风,以"为孩子的一生幸福奠基"为己任,坚持以培养学生"成才"和"成人"并重为导向,以人为本,民主管理,拟用"润泽"二字立校,在爱和期望中扬帆起航。学校把"力求创新、办出特色"作为办学宗旨,以"优化生态环境,提升生命价值”为生态教育抓手，学校开展“小手牵大手，共建生态美丽家园”主题教育实践活动，把生态教育活动延伸到家庭和社会。2014年4月获评湖州市第五届“节约资源 保护环境 做保护地球小主人”先进集体，11月，学校成功通过省级乡村少年宫申报，并挂牌成立。2011—2014年学校航模社团，在国家级、省级航空航天模型大赛中获得小学自由飞团体一等奖、小学航天火箭模型团体一等奖，学生荣获20余枚奖牌。学校获省义务教育标准化学校、省健康促进学校（铜牌）、县绿色学校、县文明单位、县书香校园、县教育技术先进集体、县禁毒示范学校、县校车安全示范点等荣誉。

2014年，学校占地43.5亩，建筑面积4956平方米。有22个教学班，学生720人，教职工48人，专任教师45人，其中有小学高级教师25人，一级教师17人。有县级名师1名，县级教学能手1名，教坛新秀1名。

二十二、长兴县水口乡中心小学

长兴县水口乡中心小学位于水口村上吉街38号。创办于民国13年（1924年），校名为水口完全小学，校址在水口村市东自然村，办学初为国民小学教育。中华人民共和国成立后，取消小学的国民学校名称，改为水口完小，设置1～6年级，第一任校长是蔡炳生。1958年，鼎新人民公社成立，水口完全小学改设为鼎新公社中心小学，对鼎甲桥、夹浦、后漾等小学实行业务上的管理。1961年撤销大公社后，鼎新公社中心小学改为鼎新学区中心小学。1978年，以公社为单位建立中心学校，统一管理初中和小学的教育工作。市东小学改为水口公社中心学校小学分部。1980年8月，撤销公社中心学校，小学分部改为水口公社中心小学。1983年更名水口乡中心小学。2000年，学校在南山村桃园里（今校址）新征土地45亩，开始建设新校园。2001年9月，998平方米的综合楼交付使用。2002年8月，1700平方米的主体教学楼交付使用，学校完成整体搬迁。2005年，学校续建400平方米的教学楼。2010年，新建1600平方米的教学综合楼和报告厅。2011年下半年，全乡最后一所完小徐旺小学合并到中心小学。

学校以“为学生的成长奠基，为教师的发展服务”为宗旨，以“茶韵滋润学生成长，生态促进学校发展”为标准，以“以茶明志，如茶雅致”为校训，以争创“一流现代化农村小学”为奋斗目标，坚持以人为本，共同成长，和谐发展的办学理念，创造适合学生发展的教育，创造适合教师发展的管理，注重学校的内涵发展，凸显办学特色，走可持续发展之路。学校紧紧依托当地深厚的地域文化资源，以茶文化教育为突破口，开展研究性学习和综合实践活动，大力推进校园文化建设，特色教育已取得一定成效，在县内外具有一定的知名度。学校获省绿色学校、省标准化学校、省卫生先进单位、市行为规范示范达标学校、市现代化示范学校、市卫生先进单位、县文明单位等荣誉。

2014年,学校占地面积44.5亩,建筑面积达5202平方米,有21个教学班级,766名在校生,48名教师,专任教师44人,学历合格率达100%。本科学历33人,占75%;大专学历10人,占22.73%;具有中学高级教师职称1人,小学高级教师职称23人。

二十三、长兴县白岘乡中心小学

长兴县白岘乡中心小学位于煤山镇访贤街梧桐路。学校始建于19世纪70年代。民国年间,白岘乡设有完全小学一所,校址在白岘村。中华人民共和国成立后,更名为白岘乡小学,同时另在罗岕村设一所小学,名为保国民学校。1957年,白岘乡小学更名为白岘乡第一中心小学,有4个教学班,108名学生,6位教师,下设村小4所,分别为访贤村小学、茅山村小学、千井湾小学、和岕口村小学。罗岕村的保国民学校更名为白岘乡第二中心小学,有学生120名左右,教师6人,下设村小庄头村小学1所。1978年8月,千井湾小学与白岘公社第一中学合并成立白岘公社中心学校。1982年,白岘乡第一中心小学改为白岘完全小学;白岘乡第二中心小学改为罗岕完全小学。小学部从中心学校中分离出来,命名为白岘乡中心小学,学校选址在访贤村千井湾山冈上(利用千井湾工农子弟学校校舍),共设教学班8个,有学生300余人。下辖2所完全小学(白岘完小、罗岕完小),4所村小(和岕口小学、茅山小学、庄头小学、西岗小学)。1998年9月,校址迁至访贤村梧桐路。2000年7月,县教育局统一规划,中心小学和白岘中学合并为白岘乡中心学校,实行九年一贯制办学。2009年8月,中小学分离,学校更名为白岘乡中心小学,校址迁至中学校舍,罗岕小学并入乡中心小学。2011年8月,白岘完小撤并至中心小学,有12个教学班,在校学生474人,教职工28人,其中专任教师23人。

学校以"方圆"为核心文化,秉承"智圆行方"的校训、"崇德尚贤、方正有为"的校风和"严慈相济、教学相长"的教风及"勤学启智、求真向善"的学风,以培养"智圆行方"的现代小公民为办学目标,打造精致农村小学。2013年春季将原学校自行车停车棚等处改建为中草药种植区,种植当地常见中草药80余种,开启中草药文化进校园的序幕。2014年6月20日,在校内举行"神农园"中草药实践基地揭牌仪式。学校荣获省卫生先进单位、省阅读示范学校、市文明单位、市行为规范学校、市体育特色学校、市卫生先进单位、县文明单位、县优秀党支部、县平安建设先进单位、县绿色学校、县教育技术工作先进集体等称号。

2014年，学校占地41.5亩，建筑面积4894平方米。有14个教学班级，427名学生，教职工28人，本科学历18人，中学高级教师1人，小学高级教师19人，省级春蚕奖获奖2人。

二十四、长兴县吕山乡中心小学

长兴县吕山乡中心小学位于吕山乡前进街17号。创办于民国4年(1915年)。办学初期为吕蒙山山脚下的一所私塾，校名为蒙山小学。民国35年(1946年)至1949年期间，吕山又相继发展为雁荡小学和南敖堡校等两所规模较大的学校并存的格局，雁荡小学又名尹溪国民小学，敖利泉任校长。中华人民共和国成立后，南敖堡校更名为第一中心小学，雁荡小学更名为第二中心小学。经过几年的发展，南敖小学逐渐发展为吕山乡当时办学规模最大、办学条件和师资力量相对最好的学校。1966年，南敖小学更名为吕山乡中心小学。1994年开始，全乡村完小网点调整。1998年，吕山乡中心小学搬迁至吕山乡新街，旧址更名为南敖完小。2002年，乡中心小学下辖南敖小学、施联小学、北杨小学三所完小。至2013年，完小全部并入中心小学，有19个教学班，在校学生700人，教职工44人，其中专任教师39人。

学校注重文化立校，通过深入挖掘吕山乡富有地域特色的“荷”这一物象，关注“荷”高洁、清雅和美好的品质，提炼出“荷”作为文化意象所承载的“和”品质，构建以中国传统智慧中“和”为内核的学校文化，并将其渗透到学校各个领域。“和”教育以“为每一位师生的终生幸福奠基”为办学宗旨，其直接指向“人生智慧”、“师生幸福”和“全人教育”；“和”教育以“建设惠风和畅的校园，追求和而不同的课堂，培养和美阳光的少年，打造和衷共济的团队”为价值追求。通过建设“荷”韵校园、构建“和”润课堂、培养“和”美少年为三年发展规划，统整各项工作，让每一位孩子像荷花一样绽放美丽，收获精彩。学校先后荣获省级卫生先进单位、省级绿色学校、省义务教育标准化学校、市艺术特色学校、市义务教育现代化学校、市行为规范示范学校、县文明单位、县德育工作先进集体等称号。

2014年，学校占地89.7亩，建筑面积8339平方米。有19个教学班级，663名学生，教职工46人，专任教师43人，专任教师本科学历33人，小学高级教师24人。

二十五、长兴县夹浦镇鼎甲桥中心小学

夹浦镇鼎甲桥中心小学位于夹浦镇鼎新村。创建于清光绪二十三年(1897年)，当时是五庙桥村周峰帆创办的私塾，择址清桥湾。民国30年(1941年)学校被日军所

毁，为避战火，时年迁至徽州庄，校名为鼎新小学。民国34年(1945年)抗日战争胜利，学校迁回丁甲桥地藏殿，易名为鼎新中心国民学校。中华人民共和国成立前夕，学校又迁至峰帆纪念堂，校名为丁新中心小学。1975年秋，学校迁至鼎北公路旁。后几经易名，先后为鼎甲桥乡中心小学、夹浦镇中心小学丁甲桥分校、夹浦镇丁甲桥小学(完小)。1999年春，学校整体迁入丁新村新校舍。2011年8月恢复学校建制，更名为长兴县夹浦镇鼎甲桥中心小学，共13个教学班，在校学生567人，专任教师27人。

学校以"快乐童年、健康成长、多彩人生"为办学理念，以"品学优良、和谐管理、特色发展"为办学目标，以"厚德、博学、仁爱"为校风，打造一批"严谨治学、陶冶心灵、启迪智慧"的教师，培养一批"乐学、善思、合作"的学生，紧紧围绕"规范管理、彰显特色、促进均衡"的总体思路，以"做学生爱戴的老师，建家长信赖的学校、办人民满意的教育"为总体目标，坚持"规范管理提质量、彰显特色求发展、促进均衡做贡献"的工作思路，以"上好每一节课、善待每一位学生、感动每一位家长"为具体行动，以质量效率为主线，以改革创新为动力，以增强学生创新精神和实践能力为核心，加强教师队伍建设，积极开展基础教育课程改革，注重内涵发展，开拓创新，竭力打造学校品牌，提升学校品位，全面提高学校的办学水平和教育质量，促进学校教育事业持续、协调、健康发展，形成"与经典同在，与乡贤同行"的校园文化特色。2013年10月通过省义务教育标准化学校评估。2013年、2014年均获县学校管理工作考核一等奖。学校先后获得县行为规范示范校、县文明学校创建优胜单位、县平安学校创建优胜单位等荣誉。

2014年，学校占地面积34亩，建筑面积3986平方米，有教学楼1幢，综合楼1幢，教师宿舍1幢，标准篮球场1个，标准足球场1个，400米塑胶跑道1条。有17个教学班级，551名学生，教职工27人，专任教师26人，本科学历25人，小学高级教师13人。

二十六、长兴县和平镇吴山中心小学

和平镇吴山中心小学有两个校区，分别位于和平镇红山村和斗门村。始建于民国23年(1934年)，由雷震集资兴学创立。民国24年(1935年)春，校舍落成并招生开学，由于学校系长兴、安吉两县联合办学，故全称为"长安联立学校"简称"长安小学"。1952年，"长安小学"更名为"和平二小"，学校性质系县属公办学校，至1957年秋又更名为吴山中心小学，并负责辅导村小。1969年起，学校由"贫管会"领导管理，同年春，小学下放到大队(村)办(原校址办吴山中学)。1984年，中心小学迁至红山村。2000年秋，中小学实施九年一贯制办学，组建吴山乡中心学校。2008年9月，撤销吴山乡中心学校，更名为吴山乡中心小学。2012年9月，吴山乡并入和平镇，学校更名为和平镇吴山中心小学，共16个教学班，在校学生659人，教职工43人，其中专任教师32人。

学校以“构建幸福课堂、畅想七彩童年、成就美丽人生”为办学理念，以“正礼、博文”为校训，以“厚德、博学、自得、尚善”为校风，以“修身、重道、善导、尚真”为教风，以“勤学、尚美、博识、雅行”为学风，构建不断与时俱进、具有浓厚育人氛围和“书香”气息的校园格局，办人民满意的学校。

2014年，学校两校区总占地面积77.5亩，建筑面积8970平方米。教学设备设施先进，设有电脑室、音舞室、图书阅览室等专用教室，建有塑胶跑道、运动场。两个校区共有18个教学班级，590名在校生，40名教师，专任教师31人，本科学历21人，大专学历9人，具有小学高级教师职称21人，小学一级教师8人。

二十七、长兴县槐坎乡中心小学

长兴县槐坎乡中心小学位于槐坎乡东风村上马坎。学校创建于1955年，校址在槐坎乡新槐老街，校名为槐坎红旗小学。1978年，槐坎中小学合并，校名改为槐坎乡中心学校。1982年，小学与中学分离，更名为槐坎乡中心小学。1995年，学校选址新槐村青塘坝，建造新校区，1997学校整体搬入。2000年8月，与槐坎中学合并成立槐坎乡中心学校，实行九年一贯制办学。2003年8月，十月完小与东风完小并入中心小学，迁入东风村上马坎校区（槐坎乡中学校址）内。2004—2005年，上马坎校区扩建教学楼。2006年8月，学校整体搬迁到上马坎校区。2009年8月，槐坎乡中心学校撤销，学校恢复单独建制，更名为长兴县槐坎乡中心小学。2011年8月，学校大门改进。是年，共18个教学班，在校学生699人，教职工42人，其中专任教师34人。

学校秉承“立足体验教育，弘扬铁军精神”的办学理念，以“学以致用”为校训，以“自强、自律、厚德、树人”为校风。学校坚持走“丰富内涵发展、培育办学个性”之路，深化德育工作，践行“以德立校、以德促教、以德导学”的思想，办成“有实力、有魅力、有活力”的学校。在整理和挖掘历年与新四军苏浙军区纪念馆共建合作成果的基础上，结合槐坎传统德育实践内容，打造“小小讲解员”的体验德育品牌。自1997年开始以新四军苏浙军区纪念馆作为红色实践载体，走出一条由“全校海选”“学校培训”“纪念馆培训”“实战训练”四阶段组成的“小小讲解员”培养之路，使“小小讲解员”工作成为学校德育工作的一个闪亮点，成为一个贴近学生的德育和实践载体。通过多年的培育和发展，得到社会的广泛认可，成为学校德育实践和对外宣传的一张响亮名片，先后受到中央及省、市有关单位和领导的邀请，作专题讲解。2007年5月27日，受新四军北京研究会一师分会邀请，4名优秀"小小讲解员"赴北京参加纪念粟裕将军100周年诞辰纪念活动，并在人民大会堂作精彩演讲，受到相关领导接见。学校凭借全国爱国主义教育基地"江南小延安"的优势，与浙江文明委合作，成立浙江省乡村少年宫，开设以红色教育为主的少年宫活动。学校通过多年实践，探求出以"铁军精神"为文化内涵的学校发展之路，形成农村学校办学特色，2011年10月，校本课程"铁军精神的美丽传递"获省精品课程一等奖。学校荣获省示范小学、省标准化学校、市南太湖小讲解员教育实践基地、市级文明单位、市健康促进学校铜奖、市未成年人思想道德建设工作先进集体、市现代化学校、县首批中小学课外文体活动工程示范学校等称号。2013年、2014年，获长兴县中小学目标管理考核一等奖。

2014年，学校占地73亩，建筑面积8496平方米，有教学楼3幢，标准田径场1个，标准篮球场1个，300米跑道1条，标准排球场1个，足球场1个。有16个教学班，学生621人，教职工42人，其中专任教师37人，本科毕业有22人，专科毕业有11人。中学高级教师1人，小学高级教师21人，县教坛新秀2人。

二十八、长兴县实验中学

长兴县实验中学位于长兴县龙山街道忻湖路158号。创立于2003年2月，总投资逾1.7亿元，硬件设施完备，校名为长兴县实验初级中学，办学体制为国有民办。是年秋季，招收初一12个教学班，在校学生600人，有专任教师34人。2012年7月，建城区行政区域调整，学校更名为长兴县实验中学，有62个教学班，在校学生3027人，教职工223人，其中专任教师199人。

学校秉承"学以明德"的校训和"全程助学，助行全程"的办学理念，以"办好人民满意的优质教育"为崇高使命，以打造"浙江省优质教育示范学校"为办学目标，脚踏实地走出一条"轻负担高质量"素质教育之路。"轻负担高质量"的素质教育和"全程助学法"的课堂教学，受到《现代教育报》、《中国教师报》、《新教育》、《浙江教育报》、《浙江教育研究》、《教学月刊》、《长兴教育》以及湖州、长兴教育网等多家媒体对学校办学情况进行跟踪报道，产生良好的社会效应。在"轻负担、高质量"素质教育价值观的指引下，学校的教学优势明显增加，每届毕业生考上县一级重点中学——长兴中学的比例均超过30%。2010年，在长兴中学50%录取名额分配的大形势下，仍保持三分之一的录取率，三个年级期末"一分两率"[①]也均保持领先优势。2010学年数

①"一分两率"：平均分，优秀率、合格率。

学竞赛有79人获市级以上荣誉，科普竞赛有130人获省、市、县级荣誉，作文比赛有140人获省、市、县级荣誉，一名学生获浙江省“少年文学之星”称号。学校坚持因材施教，因势利导，注重挖掘学生的特长，形成学科竞赛、男子篮球、女子排球和电子制作等办学特色项目，跨入全省乃至全国先进行列。学校通过开展丰富多彩的社团活动，全面提升学生综合素质，合唱、舞蹈、器乐、书法、绘画等获省、市比赛团体一、二等奖十余项，获县团体一等奖数十项。大力开展群众体育运动，坚持阳光体育一小时活动，积极培养体育竞技人才，学校篮球队曾获中国中学生第三届、第四届CSBA初中男子篮球赛第三名，获省第四届中学生男子篮球赛亚军，女子排球队获省初中组冠军。

学校创优生态环境，创浓人文氛围，在营造和谐人际和教育教学氛围的同时，也实现着自身跨越式发展。先后获得全国外语实验学校、全国“创建适合学生发展的学校”实验学校、全国艺术教育先进单位、全国消防安全教育示范学校、省示范初中、省绿色学校、省校本教研示范学校、省艺术特色学校、省体育特色学校、省语言文字规范化示范学校、市文明单位、市课程改革先进实验学校、市魅力校园等近百项国家及省、市级称号。

2014年，学校占地301.4亩，建筑面积90751平方米。有65个教学班，在校学生2887名，在职教职工200人，专任教师187人，本科学历183人，中学高级教师86人，一级教师69人。有省市县名师、名校长、教学明星、教学能手、教坛新秀89人，30余人被长兴县教研中心聘任为学科兼职教研员。

二十九、长兴县龙山中学

长兴县龙山中学位于雉城镇双拥路608号。始建于民国29年(1940年)，校名为长兴县立战时初中学生补习学校(简称“补中”)。民国32年(1943年)3月，改名为长兴县立初级中学。民国34年(1945年)10月迁至雉城镇县前街45号。1952年3月，更名为长兴县第一初级中学。1956年，首次招收高一新生，从初级中学发展成为完全中学，更名为浙江省长兴中学。1997年，长兴中学高、初中分离，初中部命名为雉城镇城北初级中学，学校独立建制。2001年，学校更名为长兴县第一中学，为县属高级中学，有高中13个班，初中28个班。2004年9月，撤销高中，学校改为县属初级中学。是年，雉城中学(创办于1972年)师生全部并入。2005年秋，下箬中学(创办于1969年)一半师生并入。2007年启动新校舍迁建工程，选址雉城镇双拥路，有58个教学班，在校学生3481人，教职工225人，其中专任教师191人。2008年9月，学校整体搬迁至新校区。2012年7月,更名为长兴县龙山中学。

学校以“为师生幸福人生奠基”为办学理念,以“上善若水,厚德载物”为校训,以“扬善、笃学、求真、尚美”为校园风尚,以“正己、爱生、敬业、求精”为教风,以“乐学、善思、励志、敏行”为学风,切实发扬“求真务实、创先争优”的工作作风,以课堂为阵地,以德育为抓手,建立多层次、多渠道、全方位的幸福学校文化体系,形成办学特色。学校通过“幸福班集体”建设强德育特色,创新“幸福课堂”课堂模式提教学质量,推广“幸福小家”团队模式展校园活力。优美的教学环境,先进的教学设施,全新的办学理念,一流的师资队伍,龙山中学以显著的办学成绩赢得了社会的信赖。学校获得全国家庭教育实验学校、全国语文教师专业化发展工程基础学校、全国首批《少先队活动课程指导纲要》试点单位、省义务教育标准化学校、省首批体育特色学校、省阳光体育后备人才培训基地、省艺术特色学校、省示范实验室学校、省卫生单位、省绿色学校、省国防教育先进单位、省食品安全示范单位等百余项集体荣誉。

2014年,学校占地129.7亩,建筑面积54495平方米。有教学楼3幢,实验楼1幢,艺术楼1幢,行政楼3幢,图书楼1幢,体育馆1幢,学生宿舍楼2幢,食堂1幢,标准足球场1个,标准篮球场11个,标准排球场1个,400米跑道1条。有75个教学班,学生2855名,教职工218人,专任教师201人,研究生学历1人,本科学历193人,中学高级教师43人,中学一级教师106人。

三十、长兴县古城中学

长兴县古城中学位于雉城镇紫金路99号。创建于1969年,前身为长兴县城郊公社金陵桥大队邵家村创办的小学附设初中班。当年,招收新生20名,1位老师任教。1970年2月,初中班迁至高山岭小学,教师增加1名。1972年,选址雉城镇南门古城山,建造城郊公社中学校区,占地15亩。1973年2月,城郊公社中学正式开办,2个初中班,102名学生,5位执教老师。1976年9月,在“队队办初中、社社办高中”的形势下,学校办起了2个高中班,招收高中生122人,到1977年9月,班级增至4个,学生增加到234人。初中因每个生产大队都办,只招收3个班级。1979年,全公社初中布局开始调整,1980年撤并各小学“戴帽”初中班,初中两年制改为三年制,全公社只办一所初中,学校规模发展到9个班级,学生471名,教职员工17名。1984年8月,城郊乡与雉城镇合并为雉城镇,学校更名为长兴县雉城镇古城中学。1986年起,初三实行分流教学,对初三学生在第二学期实行分流,学生自愿报名参加各类职业教学。此间,学校举办过缝纫班、油漆班、电机修理班等,很大一部分学生学到了谋生技能。

90年代，学校为解决经费困难问题，兴办“古城工艺服装厂”以及与镇属4所学校联办“雉洲工贸公司”。

2001年，县行政区域调整，包桥中学（创办于1969年2月）撤销建制并入。2003年2月，古城中学异地搬迁工程启动，校址在雉城镇紫荆路，县政府投入9700多万元。2004年8月，学校整体搬迁至新校区，长桥中学（创办于1969年5月）师生全部并入。2005年秋，下箬中学（创办于1969年）撤并，二分之一师生并入，有49个教学班，在校学生2816人，教职工180人，其中专任教师166人。2008年4月，学校升格为县属初中，由县教育局直管，有56个教学班，在校学生3369人，教职工202人，其中专任教师190人。

学校以“创优良环境、练优秀教师、育当代英才、争浙北名校”为办学目标。以“质量立校、管理强校、科研兴校”办学理念，围绕“科研古中、快乐古中、优质古中”的办学思路，依托教代会，进行制度创新。依靠教师群体创立“三同六步课堂教学研讨活动”模式，进行校本培训和教育教学的研究与改革，实现师训创新。学校秉承传统，规范办学，创新进取，和谐发展，凝练古中精神，倡导绿色教育，坚持“三同六步”，提升品质课堂，重视校园文化建设。学校先后获得省教科研百强学校、省Ⅰ类标准化学校、省级示范初中、省教科研先进集体、省绿色学校、省体育特色学校、省文明单位、省教育现代化标准化学校等多项称号。

2014年，学校占地面积160亩，建筑面积42605平方米，有教学楼3幢，实验楼1幢，学生宿舍楼3幢，标准足球场1个，标准篮球场8个，400米跑道1条。有55个教学班，学生2207人，教职工192人，其中专任教师183人，中学高级教师27人，一级教师113人。省、市、县优秀教师、教坛新秀20余人。

三十一、长兴县和平中学

长兴县和平中学位于长兴县和平镇育才路1号。始建于1958年，当年在和平集镇大勤村新建6间竹架结构简易平房作教室，招收2个班，初一新生112名。1960年，初一至初三年级各2个班，315名学生。1969年春，由和平公社贫管会接管，更名为和平公社中学。1970年春，增设高中部，招1个班。1979年6月收归县属。1989年，有5个高中教学班，学生226人，专任教师23人；有7个初中教学班，学生301人，专任教师25人。1996年，高中部撤销，并入虹溪中学，初中部与和平镇中（施村中学）合并组建，命名为长兴县和平镇中学，办学在和平中学原址内。有18个教学班，学生792人，教师50人。1998年8月便民桥分校并入。2001年8月长城教学点并入，共27个教学班，学生1422人，教职工89人，其中专任教师76人。2007年8月，学校整体迁入和平镇新校区。吴山中学初一新生全部纳入和平镇中学招生范围。2008年8月，吴山乡中心学校初中部全部并入，学校扩展为区域初中，更名为长兴县和平中学，有38个教学班，在校学生2235人，教职工130人，其中专任教师118人。

学校以“教师优先发展，学生优质发展，学校可持续发展”为办学理念，以“今天我以学校为荣，明天学校以我为荣——做有责任感的人”为校训，以“尊师爱校，勤奋守纪”为校风，以“敬业　爱生　团结　求实”为教风，以“勤学多思，好问求真”为学风，办人民满意教育。学校拥有一流的教育教学设施，建有400米塑胶跑道和标准运动场、网球场、篮球场、排球场等基础设施，还拥有现代化的计算机网络系统、校园闭路电视系统、智能校园广播系统、电子监控系统、校园通信系统、红外监控报警系统、多媒体教学系统、按省一类学校标准配备的实验室、电脑房等先进设施。学校荣获省《中学生日常行为规范》双达标学校、省标准化学校、省体育达标先进单位、省示范初中、省卫生先进单位、省课外阅读先进集体、市绿色学校、市行为规范示范学校等多项称号。

2014年，学校占地86.8亩，建筑面积34005平方米，有31个教学班，学生1149人，教职工113人，专任教师105人，研究生学历2人，本科学历95人，中学高级教师16人，中学一级教师46人，省级优秀教师2人，市级优秀教师4人，县级优秀教师20人。

三十二、长兴县煤山中学

长兴县煤山中学位于长兴县煤山镇文教区学子路。创建于1956年9月，时名为长兴第二初级中学，校址在煤山镇南隅高坡原长兴补中旧址。1958年9月，校舍迁建到槐坎礼贤夰民宅，更名为长兴县煤山中学。1959年9月迁址煤山镇新庄村火烧地，1960年初，有初中班10个，学生519人，教职工20人。1978年4月，煤山中学归属县属完全中学，属浙江省14所重点中学之一。1981年8月学校迁址至煤山镇五通山南山脚下。学校占地面积55亩，建有2层和3层教学楼各1幢，3层实验楼1幢，2层教工宿舍2幢，3层及4层学生宿舍各1幢，建筑面积7450平方米。1983年8月，煤山一中并入(煤山一中于1978年9月创办，校址在煤山镇南隅高坡)。1985年，学校成为全省18所“艺校输送两名飞行员”的中学之一。1989年，学校有6个高中教学班，学生337人，专任教师27人；8个初中班，学生461人，专任教师23人。2001年8月，学校高中部并入长兴华盛高级中学，煤山镇中学并入(煤山镇中学于1969年9月创办，校名为邱坞中学，校址在煤山镇邱坞村，1978年9月更名为煤山二中，1983年8月更名为煤山镇中学)。学校定名为长兴县煤山镇中学,有16个教学班,学生864人,专任教师39人。2002年,被确认为浙江省示范初中学校。2008年8月,学校整体搬迁至煤山镇中学北路的新校舍,按浙江省一类标准设计建造,教育教学功能齐全,学校更名为长兴县煤山中学。9月,白岘乡中心学校、槐坎乡中心学校和长广中心学校初中部初一年级及部分老师并入。2009年8月,白岘乡中心学校、槐坎乡中心学校和长广中心学校初中部全部并入,学校成为一所煤山地区农村区域性初中,有26个教学班,学生1405人,专任教师84人。2014年8月,长兴县实验中学教育集团煤山中学揭牌。

学校坚持以礼仪、感恩、诚信为抓手,塑造幸福人格;以培养能力为重点,打造幸福基础;以人生价值观教育为指导,奠定幸福心理为办学特色;以爱文化为核心,形成"行有道 爱无界"的校园特色文化。以"格物致和 修身立德"作为校训,发扬团结友爱,努力奋斗,方圆有度,快乐分享的校风;形成用心育人,用爱感人,以智启人,以能化人的教风。学校先后通过省示范初中、省Ⅱ类标准化学校、省义务教育标准化学校评估,获得市一级初中、市行为规范示范学校、市科普示范学校、县文明单位、县绿色学校、县质量先进单位等称号。

2014年,学校占地面积105亩,建筑面积28364平方米,有24个教学班,学生811名,教职工96人,其中专任教师93人,研究生学历2人,本科学历87人,中学高级教师9人,一级教师56人。省市县优秀教师、教坛新秀、名师、教学明星、市县学科骨干等20余人。

三十三、长兴县泗安中学

长兴县泗安中学位于泗安镇吉安路160号。创建于1951年10月,前身为长兴县立初级中学分部。当时有2个初中班,学生110人。1952年3月,独立建制,定名为长兴县第二初级中学。1955年1月,迁址于泗安安溪小学校址。1957年,更名为长兴第一初级中学。1958年9月设高中部,收招高一新生2个班,更名为长兴县泗安中学。1961年,高中停招。1962年撤并高中部,高二学生并入长兴中学。1971年9月,恢复高中招生,招收高一新生2个班。1978年复收为县属完中。1989年,有8个高中教学班,学生355人,专任教师27人;6个初中教学班,学生288人,专任教师20人,校舍规模不断扩大,教学设备日臻完善。2004年9月,长兴县教育布局调整,学校高中部迁入县金陵高中,仙山中学整体并入,学校成为一所初级中学。有19个教学班,学生1013人,专任教师43人。2008年秋季,泗安地区教育布局再次调整,二界岭中心学校初中部并入，泗安中学施教区进一步调整扩大。有30个教学班，学生1643人，专任教师84人。2014年9月，为优化整合泗安地区教育资源，泗安地区初一适龄新生由泗安中学统一招生。

学校浸透和凸显"科学+规范+特色管理思想、全面+合格+特长的育人思想、人文+和谐+品位的环境思想"，以科学性为依托、以实效性为目标，深入进行发展性、多元化教育评价体系的研究和实践。大力实施环境育人、活动育人工程。以课堂为主阵地，以校本教研为核心渠道，以德育为抓手，以学生言行为重心，积极构建"幸福班级"和"幸福课堂"，建立学科渗透，家校合作，多层次、多渠道，全方位的校园文化体系，形成自己的德育特色。2010年，成为全国养成教育实验学校。学校先后获省示范初中、省标准化学校、市文明单位、市卫生先进单位、市教育现代化学校、市绿色学校、市校本研训先进集体、市行为规范示范学校、县校本研训先进单位、县绿色学校、县体育特色学校、县艺术特色学校、县禁毒教育先进学校、县书香校园工程建设先进集体、县"幸福班集体"建设先进学校等多项荣誉。

2014年，学校占地118.3亩，建筑面积21209平方米。有28个教学班，学生1081名，教职工86人，其中专任教师81人，本科学历79人，中学高级教师11人，一级教师44人。

三十四、长兴县洪桥逸夫中学

长兴县洪桥逸夫中学坐落在洪桥镇洪学弄2号。始建于1958年。1959年6月新校舍选址于周家浜村，校名正式命名为长兴县洪桥中学。1968年，学校更名为洪桥公社中学。1971年8月，增设高中部。至1982年先后有9届高中毕业生。1979年6月，收归县属，扩建教学楼和教工宿舍楼。1982年9月，高中部撤销。1989年，有8个教学班，学生367人，专任教师17人。1992年由香港实业家邵逸夫捐资易地扩建，学校选址洪桥镇洪学弄2号，被国家教委正式命名为长兴县洪桥逸夫中学，由邵逸夫题写校名。1994年8月，撤销洪桥镇中学（创办于1969年2月），并入洪桥逸夫中学，学校实行镇管体制，有17个教学班，学生751人，专任教师32人。2000年8月，横山中学（创办于1969年9月）并入，成为学校下设教学点。2000年，学校被湖州市教委认定为市一级中学。2004年8月，横山中学教学点撤销，师生全部并入。2010年，学校通过浙江省义务教育标准化学校验收。

学校坚持以"为学生一生发展做准备"为办学理念，以"至真、至诚、至善、至美"为校风，以"千教万教教人求真，千学万学学做真人"为教风学风，围绕"本真文化"打造“本真课堂”“本真德育”，养真气，育真人，探真理，引领学生“做个有本事的本分人”，以打造“学在长兴”品牌，“锻造教育铁军”为契机，在科研引领学校走内涵发展的战略指引下，提高办学成效，提升办学品位，展示省农村示范初中的风采。学校田径运动队连续10年被评为县甲级运动队，学校毕业班中考成绩连续多年位居农村中学前列，多次受到镇党委、政府的嘉奖，并得到广泛的社会赞誉。学校办学事迹在《浙江教育在线》《浙江教育频道》《现代教育报》等多家媒体进行报道。学校设施设备全齐，有教学大楼2幢，综合实验楼1幢，教学综合楼1幢，报告厅2幢，配有普通教室30间，教室内装备多媒体系统。设有微机房、语音室、图书阅览室以及功能完备的物理、生物、化学实验室，安装现代化的多媒体教室和闭路电视系统；体育设施齐全，建有300米标准环形塑胶跑道，建有标准篮球场3个，排球场3个；建有设施完备宽敞明亮的现代化师生食堂餐厅和按标准化设计配置的学生公寓2幢。学校先后获得全国尝试教育优秀实验基地、省示范初中、市文明单位、县基础教育课程改革优秀实验学校、县五星级平安校园、县AAA级学校、县教学质量优胜单位、县教育装备先进学校等多项称号。

2014年，学校占地面积72亩，建筑总面积17324平方米。有29个教学班，学生1104名，教职工102人，其中专任教师98人，本科学历97人，中学高级教师12人，一级教师59人。

三十五、长兴县夹浦镇中学

长兴县夹浦镇中学位于夹浦镇夹浦村上升自然村。始创于1964年2月，时名“夹浦农中”，附设在夹浦村王二小庙基（当时夹浦中心小学内），业务由当时夹浦小学托管。1967年2月，正式设立初中部，学校更名为长兴县夹浦中学，首任校长为夹浦小乌桥人氏臧自杰。1970年，校址搬迁至夹浦上升村（2014年校址）。1975年8月至1982年7月，学校增设高中部。1982年8月，撤销高中部，只设初中部。1989年，有6个教学班，学生351人，专任教师22人。1994年8月，因夹浦撤乡并镇，夹浦中学重新命名为长兴县夹浦镇中学（沿用至2014年）。1999年7月，夹浦镇丁甲桥分校撤销建制，成为学校下设教学点。2001年，扩建教学大楼，建筑面积达3100平方米，8月，撤丁甲桥教学点，整体迁入夹浦镇中学，有16个教学班，学生950人，教师55人，其中专任教师49人。2005年，建造教工单身公寓28套，建造食堂847平方米。2012年，新建实验教学楼1836平方米。

学校以“宽容、责任、美誉”为校训，秉承“一切为了学生，为了学生一切”的办学理念，把“高起点创建学校设施，高要求构建师资队伍，高标准提升教育质量，打造农村窗口型学校”作为办学目标，致力于培养德能并举的新时代教师和学生。在办学过程中，学校秉承“责任文化”的教育传统，将“养责任心，育责任人”作为促进学校内涵发展的途径，多年来，已形成了自己的办学特色。2003年开始，学校大力推进社团建设，先后开设“太湖浪花水质监测环保社”“太湖芦花书法社”“太湖逐浪足球队”“太湖晨曦文学社”“太湖白鹭剪纸社”等数十个“太湖”系列学生社团，多个品牌社团在县内外产生广泛的影响，其中水质监测环保社长年监测太湖水质，曾受到浙江省文明网的关注报道；书法社连续9年春节到社区开展送春联活动，受到浙江教育在线、长兴新闻网、小彤热线等多家媒体深入报道。2006年，学校成为省示范初中。2007年，学校通过省标准化学校评估。2014年，学校足球队获湖州市首届校园足球联赛冠军、浙江省联赛第五名，学校被列入全国校园足球定点学校，夹浦中学被县教育局确定为县社团建设工作指导中心。学校师资配备齐全，年龄结构合理。学校注重教师专业能力的培养，涌现多名县级学科带头人、教坛新秀、教学能手，且有多名教师在国家级、省市级课堂教学评比中荣获一等奖。学校先后获得全国中小学思想道德建设先进单位、省绿色学校、省农村中小学现代远程教育工程先进单位、市绿色学校、市治安安全示范单位、市中小学日常行为合格学校、市文明单位、县基础教育改革先进学校等多项荣誉。

2014年，学校占地面积56亩，建筑面积11723平方米。学校配备多媒体的标准教室18个，理化生实验室、音体美活动室、电脑室、图书室等各类专用教室功能完备，学校有图书藏量达3.6万余册，生均图书47.3册，配有各类计算机近200台。有18个教学班，学生768名，教职工75人，其中专任教师63人，本科学历60人，中学高级教师4人，一级教师40人。

三十六、长兴县李家巷镇中学

长兴县李家巷镇中学位于李家巷镇大石桥村。创办于1957年秋，创建之初只有1个教学班，40余名学生，3名教师，学校占地面积为2000平方米，建筑面积500平方米。20世纪70年代，开始设立高中部，施教区有李家巷镇、洪桥镇、横山乡、吕山乡。在石山桥、邵家浜、倪家汰等地设立初中教学点。1981年，高中部被停办。1984年，经长兴县人大常委会批准恢复高中招生，调整施教区，只招收李家巷镇、洪桥镇、横山乡、下箬乡、新塘乡等5个乡镇的学生。进入20世纪90年代，学校办学规模不断扩大。1996年，学校有25个教学班，其中初中本部19个，高中班6个，在校师生1153

人。1998年9月，学校高中班撤销，并入虹溪中学。进入21世纪，学校向着省标准化办学目标不断完善。2001年，学校教工宿舍楼进行改造。2004年，学校建造食堂。2005年，学校进行校门及围墙改造。2007年，学校建造教学大楼，有14个教学班，在校学生681人，教职工54人，其中专任教师50人。

学校以让每个孩子在阳光下快乐健康成长为办学理念，办“环境会育人、教师有追求、学生善作为、百姓能满意”的精致阳光学校，以“环境会育人”为根本出发点，按照“全方位、高标准、创新性、独特性”的目的要求，对校园文化整体规划设计，能够很好地外显学校的理念体系，实现学校“环境会育人”的文化建设目标。学校以育“守规则、会学习、善健身、有爱心”的阳光少年的育人目标为统领，形成具有校本特色的学生素质发展评价体系和学生成长记录机制；学生各科学习均衡发展，学业水平不断提高。同时，健全和完善教师素质发展校本评价体系，根据不同层次教师专业发展需求制定校本培养计划，促进教师主动学习、研究和反思，不断提高教育教学水平和能力，造就“比责任担当、比奉献作为、比业绩成效、讲发展大局”的阳光教师。学校先后获得省农村示范初中、省首批标准化学校、省卫生先进单位、市文明单位、市教育现代化学校、市语言文字示范校、市卫生先进单位、市平安示范校园等多项荣誉。

2014年，学校占地面积28.4亩，建筑面积为10699平方米。学校拥有一个250米的运动场，拥有新的教学楼和实验楼各1幢，有专用教室19个，17个多媒体教室，2个图书阅览室等功能室，内部设施完备先进。有12个教学班，学生386名，教职工50人，其中专任教师40人，本科学历40人，中学高级教师5人，一级教师24人，3人被评为长兴县教坛新秀，5人被评为长兴县教学新苗。

三十七、长兴县林城中学

长兴县林城中学位于林城镇大云寺小街村。始建于1958年9月，校址在林城大云寺。办学初期为林城中心小学附设的初中班，1959年学校独立建制，归属县属中学。1969年，体制下放为林城公社中学，1979年6月收归县办。1982年9月，撤销高中班并入泗安中学。此后，学校成为初级中学。1982年9月，被定为湖州市农村示范性初级中学。1989年，有7个教学班，学生331人，专任教师19人。1996年9月，学校与林城镇中学（创办于1982年9月）合并，校名定为林城镇中学。2000年8月，畎桥教学点师生全部并入。2002年8月，天平中学师生全部并入。2004年8月，林城镇中学和太傅中学合并，改为湖州市大云昆中国际学校，共38个教学班，学生数2147人。

次年4月，撤销合并，恢复独立办学。2007年8月，教育布局调整，太傅中学师生全部并入，学校迁入林城镇大云寺小街村旁的新校舍。2008年8月，学校更名为长兴县林城中学，共31个教学班，在校学生1669人，教职工110人，其中专任教师105人。

学校以“平安、和谐、发展”为办学理念，以“博学、慎思，明德、笃行”为校训，以打造“美丽林中，活力林中，实力林中，幸福林中”为目标。学校通过行政引领、制度规范、幸福关怀、活动培育和狠抓质量等措施，办学水平逐年提升。在德育建设上，以说事育德、精品寝室、文明厕所、军校共建、四个文明建设、四个星级学生评和文明指数等为活动载体，校园环境更加干净整洁，师生更加文明和谐。孝心少年、勤学少年、诚信少年、文明之星等先进典型不断涌现，全国十佳孝心少年徐沁烨的事迹广为传颂。在教学质量管理上，坚持开展行政人员与年级、班级、学生和学科的四结对工作，行政人员深入一线，加强教学工作调研与指导。通过教师素养大赛（两笔字、教学设计、课件制作、微型课、说课、解题）、影子培训同步移植、一课两构（同课异构、同课同构）等平台，加强教师的常规管理，促进教师的专业成长。教育教学质量逐年攀升，长兴中学录取人数提质增长，2012、2013学年连续两年获得县教育局目标管理考核一等奖。在校园文化建设上，积极营造以“和”“实”为主流的精神文化，整合学校资源，挖掘学校文化底蕴，定位学校办学理念，切合实际地制定贯彻学校的三年发展规划，打造学习型校园。同时，以幸福班集体建设之“一班一品”创建活动为依托，打造富有个性的班级文化，并举办学习沙龙、学习论坛和文笔采风等活动，提高师生的文化品位。学校先后获得省课外阅读先进集体、省卫生先进单位、市文明单位、市现代化教育学校、市体育特色学校、市行为规范示范学校、县绿色学校、县校本研训先进单位、县德育工作先进集体、县幸福班集体建设先进学校、县文明指数先进单位等称号。

2014年，学校占地面积90亩，建筑面积26732平方米，拥有现代化的教育设施设备。有3幢教学楼、1幢实验楼、4幢学生宿舍、1幢教师公寓、1幢行政综合楼、1幢风雨操场、一条300米跑道、4个标准篮球场等。有21个教学班，学生846名，教职工100人，其中专任教师91人，本科学历91人，中学高级教师4人，一级教师58人。

三十八、长兴县泗安镇中学

长兴县泗安镇中学位于泗安镇三里亭桃园。创建于1978年，时名为长兴县三里亭中学。1988年，学校更名为长兴县泗安镇中学。1999年，因撤乡并镇，管埭乡中学成为学校教学点，次年8月师生全部并入。2001年8月，长潮中心学校中学部师生全部并入。2004年，仙山中学师生全部并入。2005年学校扩建，征地43亩。2006年4月28日，学校综合楼竣工举行庆典，学校整体迁入，共21个教学班，在校学生1105人，教职工59人，其中专任教师54人。2014年，学校停止初一招生。

学校坚持“让每一位师生都得到和谐发展”的办学理念，以人为本，探索适合每位师生个性成长发展的教育之路，开拓进取，勇于创新，真抓实干，努力办成让泗安人民满意的教育，提出了“向课改要质量，以质量求生存”的课改口号，2011年9月开始在初一年段实施“543课堂教学模式”，改变以往课堂教学中以教师为中心的状况，按照新课程标准教师只是导演、组织者、引导者，教师退到幕后。当年12月22日，成功承办泗安教研站第四届“仙湖论教”教研节初中组观摩活动。学校重视校园文化建设，以构建环境优美、设施先进、内涵丰富的现代化校园；培育学有特长、教有爱心、校有特色的个性化教育；建立乐于学习、善于研究、勇于创新的学习化组织为办学目标。实施德育铸礼仪、艺术扬个性、师生重合作、管理显均衡的素质教育特色。重视队伍建设，深化内部管理，倡导课堂改革，形成“团结、勤奋、求实、创新”的校风、“爱岗敬业、为人师表”的教风和“诚实友爱、勤奋进取”的学风，把学校建设成为泗安人民满意学校。学校连续9年被评为县“平安学校优胜单位”。篮球、排球、田径运动成为该校的传统体育运动项目，学校田径运动队连续6年夺得长兴县甲级队称号。

2014年，学校占地面积63亩，建筑面积18454平方米。学校环境优美，设备设施到位。有标准的实验室、劳技室、语音室、美术室、音乐室、多媒体室、计算机室、阶梯教室等，校园网络健全。并建有标准的300米环形跑道、篮球场、足球场、排球场等体育设施。有10个教学班，学生352名，教职工57人，其中专任教师45人，本科学历40人，中学高级教师5人，一级教师21人。

三十九、长兴县雉城中学

长兴县雉城中学位于长兴经济开发区白溪大道15号。学校于2009年11月开始筹建，2011年7月成立，时命名为长兴县开发区初级中学，校址在长兴经济开发区白溪大道。学校性质为公办全日制普通初级中学，办学体制隶属于开发区，总投资近4000万元。2012年7月，建成区调整，长兴县开发区中学更名为长兴县雉城中学。2013年秋季投入使用，招初一新生9个教学班，在校学生数为325人，专任教师39人。学校与实验中学共同组建成长兴县实验中学教育集团。

学校围绕“弘毅精达”的核心价值观，结合学校实际，提炼出“乐学善思，博学践行”的学风、“厚生善导，精研乐教”的教风、“睿智善行，和谐奋进”的校风。在此基础上提出“让每位师生都能得到充分发展”的办学宗旨，坚持“让每个学生都能学好”的教育理念，坚守“以生为本，学为中心”的教育原则，并不断实践“学—讲—练”的循环学习法。办学来，学校正朝打造浙北名校的办学目标进军，培养具有“开阔的视野、博大的胸怀、远大的志向、扎实的基础、创新的能力”的理想学生，具有“博爱、博学、敬业、进取、合作”的理想教师，努力创设让学生终身发展的平台，开办适合学生快乐学习、健康成长、持续发展的理想教育。2013年12月，学校“弘扬”班主任工作室成功申报省级班主任工作室。

2014年，学校占地面积21.8亩，建筑面积面积12751平方米，生均约39.2平方米。学校有报告厅1个，可容纳约550人就座；有图书室12间，内藏图书10539册，生均32.4册；有微机室1间，配备师生、科室计算机共105台，其中用于教学60台；有教室13间，其中普通教室9间，均为网络多媒体教室；有体育馆1座、篮球场2个、排球场1个，还有8道100米直跑道400米标准运动场1个。配备功能完备的物理、生物、化学实验室，建有设施完备宽敞明亮的现代化师生食堂餐厅和按标准化设计配置学生公寓。有17个教学班，学生660名，教职工70人，其中专任教师68人，研究生学历1人，本科学历65人，中学高级教师5人，一级教师39人。

四十、长兴县后洋中学

长兴县后洋中学位于长兴县龙山新区后洋陈家桥。始创于1969年8月，时名为后洋人民公社农业初中，校址选在川步村风景优美的桃花岕。1971年学校改名为后洋人民公社中学，校址搬迁到涧港村，校舍借用当地的一所吉祥寺寺庙，习惯上称之为“涧港中学”。随着学校的发展，先后陆续新建一批教学和生活用房。1978年、1979年，办两届二年制高中班。1974年学校为方便学生就读，在留下村的龙庆庵新增一个分校，校名为朝阳中学。自此后洋公社中学有涧港中学和朝阳中学两个校区。1983年，人民公社体制改革，后洋人民公社改称后洋乡，学校更名为后洋乡中学，下设涧港、朝阳2个教学点。1997年9月，后洋乡中学撤并涧港、朝阳21个教学点，搬入陈家桥新校址。学校的规模扩大，教学设施、设备大为改善，校园环境优美，教学质量优良，成为长兴县的一所窗口学校。1999年，撤乡并镇，后洋乡撤销并入雉城镇，学校更名为雉城镇后洋中学，属镇属学校。2008年4月，学校改为县教育局直属学校，更名为长兴县后洋中学，共13个教学班，在校学生708人，教职工62人，其中专任教师59人。

学校以“名德、求知、挚诚、勤朴”为校训，克奉“为学生的成功人生做准备”的办学理念，努力践行“学生在教师的发展中成长，教师在学生的成长中发展”的宗旨，把“校园精致、队伍精干、管理精细、育人精心、文化精美”作为办学目标，致力于为高一级学校输送品学兼优的毕业生，为社会培养合格的劳动者和好公民。1998年、1999年的中考，连续两年夺得全县文化考试第一名。学校立足校情，坚持从实际出发，力求创新，力求体现自己的特色，坚持走科学发展之路，经过多年的探索和实践，积累和沉淀，逐步形成了具有自己特色的德育、教学、文化项目。2009年3月开始实施的以培养学生做事能力、养育责任心为目的的学生岗位责任制，是学校德育教育的一个重大的创新之举，《浙江教育信息报》《新浪浙江》《湖州晚报》《长兴教育网》等多家省市县媒体进行了宣传报道。电子航模是学校的一大特色项目。2002年荣获湖州市航模锦标赛单项团体第2名、综合团体第5名，2003年获得首届长兴县青少年科技创新大赛航空模型比赛中学团体第四名，2005年参加浙江省中学生航空模型大赛，夺的多个个人第一名和团体总分第3名。学校以基础教育新课程改革为契机，努力探索有效课堂，大力推广“三段式”课堂教学模式，优化课堂结构，严格落实教学常规，教学质量一直位居全县前列。学校重视“和文化”建设，倡导合心、合力、合作的校园文化精神，同时依托所在社区居委会和民间艺人的力量，积极挖掘抢救面临失传的涧塘马灯，把“弘扬传统文化、做马灯传人”列为学生的综合实践活动，得到媒体的关注和宣传。学校先后通过市省农村示范初中、省标准化学校、市一级中学评估，荣获市文明单位、市现代化学校、县绿色学校、县文明学校等称号。

2014年，学校占地面积34亩，建筑面积7475平方米。有8个教学班，学生301名，教职工51人，其中专任教师48人，本科学历46人，中学高级教师2人，一级教师32人。

四十一、长兴县吕山乡中学

长兴县吕山乡中学位于吕山乡永隆桥南。始建于1966年，当时校名为吕山乡农业中学，招生1个班。1968年，更名为吕山“八一八”中学，其中南敖村4个班，吕山街上1个班。1970年，学校更名为吕山永隆桥中学，招收6个初中教学班，2个高中教学班，校址在吕山乡永隆桥南，校园面积9.7亩，有施店桥、胥仓桥、北杨村、门前村、雁荡村5个初中教学点。1976年，学校占地面积扩大到13亩。1988年，学校正式更名为长兴县吕山乡中学。此后，学校不断扩建，办学规模进一步扩大，教学质量位于县前列。至2009年，学校占地面积扩大到近50亩，教育设施设备齐全，共14个教学班，在校学生787人，教职工48人，其中专任教师42人。

学校以“文化引领、制度保证、科研兴校、建长兴的帕夫雷什学校”为办学目标，以“做帮助别人的人”为校训，营造校园“荷”文化。为使学校更好地传承、发扬荷文化，形成具有鲜明特色的荷文化品牌，学校依托胥仓雪藕构建荷文化育人体系。学校因势利导，提炼出“荷文化”为核心的特色校园文化，提出以“人性至善，人情练达，人品高雅”为育人目标，融入荷文化的核心品质：文明、和谐、诚信、友善、朴实、正直、自立、坚韧、奉献。为此，学校以“荷”命名班级、寝室，初一年级以“春荷”为主，初二年级以“夏莲”为主，初三年级围绕“秋藕”命名。学校日常工作也以“荷”为核心，围绕初一迈好中学第一步，初二迈好青春第一步，初三迈好选择第一步，开展一系列活动，最后达到学校办学目标：坚持学高、身正、学习的师资观，全力培养荷雅教师；确立健康、文雅、阳光的育人观，全心培育荷韵少年；树立团结、活力、和谐的发展观，竭力打造荷香校园。学校先后获得市文明单位、市绿色学校、市语言文字规范化示范校、市现代化学校、市行为规范示范学校、县目标管理考核一等奖（2010—2013连续四年）、县校本培训先进单位等荣誉。

2014年，学校占地面积50亩，建筑面积8596平方米。有13个教学班，在校学生465人，在编教职工53人，专任教师43人，其中县级名教师1人，教学能手1人，省市县骨干教师21人，高级教师5人，一级教师22人，教师学历达标率达100%。

四十二、长兴县水口乡中学

长兴县水口乡中学位于长兴县水口乡紫笋街34号。创办于1958年9月，当时系县属初级中学，时名为长兴县水口中学，校舍有2幢“工”字形楼房及1座礼堂。1970年，开始面向水口、丁甲桥两个地区招收高中班，当年招收73名学生。1973年，高中开始面向水口、夹浦、后洋、丁甲桥四个地区招生。1980年，高中班被撤并到夹浦中学，学校“戴帽子”办高中时期结束。1983年水口公社撤社变乡，更名为水口乡中学，是年，面向全县招收1个高中林业技术班，学制两年。此后一直招收初中学生。2001年，学校在原校址改建校舍，新建的综合楼教学仪器设备、电教设备、音体美教学设施、专用教室、图书资料等教学装备达到省级一类标准。有14个教学班，在校学生758人，教职工35人，其中专任教师32人。

学校立足于“茶文化”，以“德重茶礼，和诚清心”的精神为核心，采用精细化、人本化的管理方式，课程改革不断深入，学校内涵不断提升，文化氛围日益浓厚，学生素养不断提高，学校文明程度不断攀升。依托水口乡特有的茶文化特色，学校将茶生态文化内化为学校文化建设和发展的灵魂。经过多年的时间，形成独具特色的

"茶韵"校园文化:提炼尚和、贵真的"茶韵"核心文化和"以茶怡情,如茶明静"的校训文化。学校利用学校的茶园实践基地开展一系列的"茶艺"活动和综合实践活动,开发了校本课程"茶韵飘香的地方——水口"系列拓展性课程。学校先后获得省书法教育研究会实验基地、省绿色学校、省标准化学校、市一级学校、县文明单位、县绿色学校等称号。

2014年,学校占地面积30亩,建筑面积5354平方米。有11个教学班,学生371名,教职工42人,其中专任教师41人,本科学历40人,中学高级教师5人,一级教师24人。教师中有获农村教师突出贡献奖1人、县级名师1人、县教坛新秀4人、县教学能手3人,教学明星2人。

四十三、长兴县小浦镇中学

长兴县小浦镇中学位于长兴县小浦镇浦溪路111号,始建于1968年8月,时名合溪公社学校,为两年制初中,最初校址为花果庙,首任校长潘初元,招收两个班学生。1971年下半年开始招收小浦和白阜两个公社的初中毕业生,一个班开始设立两年制高中。1975年下半年开始办初中,下设有光耀、合溪、高地、中山、五庄、小浦、塘渚7所初中点。1974—1976年,学校不断扩建教学楼。1979年学校更名为合溪乡中学。1981年7月,高中部撤销。1986年学校更名为小浦镇中学。1992年,建造三层南楼教学楼10间。1998年,小浦机械厂子弟学校初中并入,有11个教学班,在校学生472人,专任教师30人。2000年,学校征地12亩,校园面积达到36亩,建造三层综合教学楼20间和运动场及食堂。2008年,学校征地建造四层学生公寓和标准化食堂,有17个教学班,在校学生940人,教职工64人,其中专任教师59人。2013年,学校建造一幢四层综合大楼。

学校秉承"杏品育人,浦风兴校"的办学理念,坚持"自强不息,厚德载物"的校训,弘扬"团结、勤奋、求实、创新"的校风,积极追求传统继承和现代革新的和谐发展,打造学校品牌、教师品牌和学生品牌,"银杏"文化建设成绩斐然,青苗奖、银杏奖、绿叶奖、红枫奖、紫笋奖等各个奖项异彩纷呈。学校立足人才立校、人才兴校、人才强校的需要,鼓励教师持续性发展。2009年开始,学校实施"预案式"校本研训方式,为每位教师量身定做发展规划,鼓励教师参加各级各类学习和竞赛活动,教师教科研氛围浓厚,科研硕果累累,每年有100多人次获奖,学校连续多年被评为县教科研先进单位。学生各类竞赛成绩均居乡镇前列,中考成绩连续九年位居乡镇第一。2010—2013年,连续三年获县教育局年度目标管理考核一等奖。学校先后获得省标准化学校、省示范初中评估，获得省体育达标先进单位、省卫生先进单位、市绿色学校、市文明单位、市行为规范示范学校、县文明单位等多项荣誉。

2014年，学校占地面积34.4亩，建筑面积9236平方米，有21个教学班，在校学生823人，教职员工66人，专任教师64人，中学高级教师10人，省级骨干教师6人，市级骨干教师9人，县教坛新秀教学能手10人，市级名师1人，县级名师2人，县教育明星1人，县名校长1人，各级优秀德育工作者、德育导师、班主任30多人。

四十四、长兴县虹星桥镇中学

长兴县虹星桥镇中学位于虹星桥镇桥南。创办于1969年2月。90年代开始，学校办学规模不断扩大。2000年学校建造教学楼、食堂、寝室，是年秋季，观音桥中学（创办于1976年9月）师生全部并入。2002年秋季，学校整体迁入虹溪中学原址，里塘中学（创办于1969年4月）师生全部并入，学校设立政教处，有30个教学班，在校学生1708人，专任教师75人。2003年，建造近2000平方米教学楼，学校办学规模不断扩大，有31个教学班，在校学生1696人，教职工80人，其中专任教师72人。

学校以"养正气　育正人"为校训，秉承"以人为本　知行合一"的办学理念，努力践行"润学生之花　滋家庭之园　雨社会之春"的办学宗旨，建设一支师德高尚、学识丰富、技能精湛、心理健康的教师队伍，培养素质全面、人格健全、特长明显、身心健康的学生，打造全省一流的农村示范学校。学校立足校情，不断探索和实践，在文化建设、德育建设、队伍建设中，形成学校独有的教育品牌，成为全国数学尝试教学实验基地、市教学科研实验基地。学校先后通过省Ⅱ类标准化学校、市一级初中学校评估，获得市示范初中、市现代化学校、市书香校园、县绿色学校、县文明学校等多项称号。

2014年，学校占地49.3亩，建筑面积16908平方米。学校布局合理，硬件设施较为齐全，配有实验室、音乐室、语音室、美术室、劳技室、地理教室、多功能室、计算机房、体育器材室、多媒体教室等专用教室；图书馆藏书达4.9万册，配有师生专用阅览室。学校有22个教学班，学生840人，教职工82人，其中专任教师79人，本科毕业有70人，专科毕业有8人。中学高级教师7人，中学一级教师47人。

四十五、长兴县太湖街道中心学校

长兴县太湖街道中心学校位于太湖街道彭城村圣堂头。学校创建于1957年8月，校址在新塘乡北张浜村，时命名为北张浜小学。1964年，新塘公社贫下中农管理委员会管理学校，学校更名北张浜学校，分设小学和初中，此后增设高中部。“文化大革命”以后，高中部停止招生，初中部独立建校，校址搬迁至新塘乡彭城村圣堂头。1997年，中心小学也搬迁至彭城村圣堂头。2001年1月，撤乡并镇，新塘乡并入雉城镇，将初中部和小学部合并，命名为新塘中心学校，实行九年一贯制办学，有13个初中教学班，初中在校学生646人。2012年9月，行政区域调整，学校更名为太湖街道中心学校。

学校各项制度健全，管理规范，声誉不断提高。学校致力于学校运动文化建设，力争形成“做好人，读好书”的良好学风和“理解、服务、榜样、争先”的务实教风。学校布局合理，硬件建设先进，建造四层的教学楼2649平方米，配备计算机室、音乐室、美术室、实验仪器室、图书室、音乐器材室、体育器材室、工会之家、少先队室、卫生保健室、心理辅导咨询室等各类教学及教学辅助用房、办公用房，能满足教学需要。学校开通校园网，配备广播系统，1个230米环形跑道运动场，4道70米的直跑道，2个篮球场，1个排球场，可绿化覆盖面积绿化率达100%。学校先后获得省、市、县卫生先进单位、市行为规范达标学校、县文明单位、县平安学校优胜单位等多项称号。

2014年，学校占地58.1亩，建筑面积11075平方米。小学部10个教学班，235名称学生，28名专任教师。初中部有初三年级2个教学班，72名学生，专任教师13名。其中本科学历34人，大专学历5人，高级教师29人，初级教师12人。

第三章　特殊教育

第一节　发展概况

1989年，全县把残疾少年儿童教育纳入义务教育规划，三类残疾少年儿童与正常少年儿童同步接受义务教育。其中，智力障碍儿童教育采取普通施教区学校随班就读的方式，盲童由省盲童学校招收，聋哑儿童教育主要由长兴县聋哑学校承担。由于特殊教育起步晚，盲、聋哑、智力障碍儿童少年入学率较低。是年10月，筹办长兴县聋哑学校，地址在雉城镇古城山。雉城二小开展智力障碍儿童随班就读试点。

1990年9月，经县政府批准，建立长兴县聋哑学校。借用县教师进修学校校舍试办一聋哑儿童教学班，学生18名，教职工5人。

1991年，聋哑学校正式投入使用，按照特殊教育的办学方针制定学校办学计划和发展规划，逐步组织实施。

1992年9月，聋哑学校425平方米新校舍竣工，开办2个聋哑少年儿童班。至1993年，全县智力障碍儿童随班就读试点学校达6所。

1994年2月，长兴县获评浙江省特殊教育先进县，残疾儿童少年教育纳入普及义务教育的工作轨道，聋哑儿童入学率达90%以上。11月，贯彻落实国家教委下发《关于开展残疾儿童少年随便就读工作的试行办法》，完善残疾儿童少年随班就读的管理和评估。

1995年4月，全县举办为期一周的智力障碍儿童智力测试及随班就读师资培训。是年，通过特殊学校和跟班随读的办法，接受六年至九年义务教育的残疾儿童达85%。县聋哑学校在校人数50名，跟班随读895人。

1996年9月，聋哑学校有4个年级4个班级，62名学生，初具规模。全县三类残疾儿童入学率83.5%，视图残疾儿童少年入学1人；听力语言残疾儿童少年入学率65.67%；智力残疾儿童少年入学率85.18%。

1997年，全县推进高标准“普九”，特殊教育得到巩固和提高，“三残”儿童入学率为89.32%。

1999年8月，随着计划生育和优生优育的深入开展，长兴县聋哑学生日益减少，撤销县聋哑学校，学校学生40名（其中安吉县生源9名）全部转入湖州市聋哑学校。此后，全县聋哑儿童少年归入湖州市聋哑学校招生。至2001年，全县通过省教育强县评估验收，“三残”儿童少年入学率达到97.9%。

2004年，全县进行省教育强县复查，三类残疾儿童入学率达98%。2006—2008年，三类残疾儿童入学率保持全市领先水平。至2008年，全县三类残疾儿童少年入学率均为100%。

2009年，全县贯彻实施《残疾人教育条例》，保障残疾人受教育的权利，做好扶残助学工作。8月，筹建长兴县培智学校，办学性质为九年一贯制寄宿制公办学校，办学地址在下箬中学原校舍内。

2010年5月，学校正式命名为长兴县培智学校，招收县内智力中、重度残疾适龄少年儿童。10月，培智学校新生入学，设有2个教学班，分设一年级和六年级，教职工8人。同月，湖州市特殊教育工作例会在培智学校召开。12月，培智学校举行揭牌仪式。是年起，全县每年排查，将适龄残疾儿童名册按乡镇街道下发到每个学校，要求各校落实每一位残疾儿童的入学。对重度残疾、丧失自理能力的学生采取送教上门，中轻度的残疾学生送特殊学校，轻度的残疾学生随班就读。此后，全县构建随班就读、特校就读、送教上门全覆盖的特教模式。

2011年，林城镇中心小学和虹星桥镇中心小学两所学校成为随班就读试点，建设资源教室，加强资源教师培训。是年起，特殊教育专业教师纳入全县教师招考中。

2012年，全县特殊教育实行统一规划、统一领导、统一部署、统一检查。县教育局出台《关于加强残障儿童少年随班就读工作的若干意见（暂行规定）》，《特殊教育指导中心工作制度》《普通学校随班就读工作管理制度》《资源教师职责》等系列制度，将特教纳入学校管理工作年度考核中。3月，成立长兴县特殊教育指导中心，设在培智学校，主任由学校校长兼任，指导做好施教区内残疾儿童少年随班就读和送教上门等工作。8月，培智学校迁址雉城镇人民南路218号（县妇幼保健医院原址），经改建扩建，占地面积2200多平方米。有4个教学班，42名学生，教职工9人，专任教师8人。学校先后投入300多万元进行改造、装修和添置设备，建有运动康复室、感统室、蒙氏室、律动舞蹈室、语言训练室、多感官训练室等多个专用教室。室外有运动场、篮球场、大型玩具等。12月，长兴县被列为浙江省特教随班就读试点县。是年,全县随班就读的智力障碍儿童26名,增加小浦镇中心小学、洪桥镇中心小学两所随班就读试点学校,试点学校建立资源教室。所有学生进电子学籍管理,全县残疾儿童入学率达95%。

至2012年末,全县6~18岁持证残疾学生有329名,其中,完成义务教育的有99名,特教学校就读的有60名(其中长兴培智学校有42名,县外特教学校有18名),幼儿园就读的有6名,中职类学校就读的有15名,送教上门的有50名,随班就读的有99名。

2013年,全县特殊教育开展在职教师与新教师特教岗位证书培训与考核。是年,培智学校就读学生47人,随班就读学生110人,送教上门学生39人,残疾儿童入学率98.5%。

2014年,全县特殊教育教师参加各级各类培训,鼓励教师一专多能,学习语言康复、动作康复、自闭症康复等多项康复技能。根据《长兴县教育局关于进一步加强轻度残障儿童少年随班就读工作的实施方案》,全县适龄残疾儿童少年划片分区,责任安置到每所学校随班就读。长兴八小、李家巷镇中心小学、和平镇中心小学新建三个资源教室。至此,长兴首批7所学校的资源教室全部建设到位。12月,长兴培智学校举行湖州市特殊教育研讨活动,来自市四所培智学校的领导、骨干教师和县随班就读试点学校资源教师共50余人参加活动。各学校开展"送教上门,关心残儿童"的爱心教育活动,组成教师送教小组,其中,包桥中心小学爱心送教的感人事迹有多家媒体和报刊进行报道。是年,培智学校采购数万元的教学及办公设备,增添多感官教室,实行班班通网络,改善师生教学环境。全县7~15周岁"三残"儿童入学率达99.5%。

1991—2014年长兴县特殊教育学校发展情况表

表3-1

年份	班级数(个)	招生(人)	毕业(人)	在校学生(人)	教职工(人)	专任教师(人)
1991	1	3	0	18	5	3
1992	2	16	0	35	9	5
1993	2	0	0	35	11	10
1994	3	15	0	50	12	9
1995	3	0	0	50	13	10
1996	4	12	0	62	18	15

续表3-1

年份	班级数(个)	招生(人)	毕业(人)	在校学生(人)	教职工(人)	专任教师(人)
1997	4	0	18	60	19	16
1998	4	6	18	50	23	17
长兴县聋哑学校撤销,并入湖州市聋哑学校						
2010	2	20	0	20	8	6
2011	3	17	0	32	8	7
2012	4	11	10	42	9	8
2013	4	15	10	47	9	8
2014	4	16	13	50	10	9

注:1999—2009年,停办

1990—2014年长兴县特殊教育学校行政领导情况表

表3-2

学校	职务	姓名	任职起止日期	职务	姓名	任职起止日期
长兴县聋哑学校	校　长	赵凤祥	1990.8—1995.7	校　长	蒋卯寿	1995.8—1997.7
	校　长	高顺琴	1997.8—1999.7	副校长	汪金娣	1996.8—1998.10
长兴县培智学校	校　长	杨德富	2009.8—2014.7	副校长	汪梅花	2009.8—2012.7
	副校长	李　武	2012.8—2014.7	校　长	李　武	2014.8—

第二节　长兴县培智学校

长兴县培智学校创办于2009年9月。2010年5月正式命名为长兴县培智学校。学校校舍由下箬中学原校舍改建而成,是九年一贯制公办寄宿制特殊教育学校,招收全县智力中、重度残疾适龄少年儿童。

2010年8—9月期间,在县教育局、县残联领导组织支持下,学校全体教师走访全县各个乡镇,对所有适龄特殊儿童进行摸底查访,根据障碍程度与能力招收20名学生,设2个班。10月18日,学校正式开学,20名来自全县各乡镇有智力障碍的孩子在家长的陪同下走进校园。学校配套设施设备齐全,设立运动康复室、潜能训练室、蒙氏室等8个专用教室，设有生活用房、盥洗室、篮球场等。根据低段和高段学生特点，对学生实施分层教育教学和训练，补偿其智力和适应行为的缺陷，加强劳动技能培养，提高学生生活质量，培养残疾儿童成为合格的社会公民。是年，学校在职教职工8人，由县教育局统一调配；特殊教育专业教师2人，其中1人为当年县首次招聘的特殊教育专业教师。

学校不断扩大办学规模，先后投入300多万元进行改造、装修和添置设备。2012年8月，在县委、县政府的统一部署下，迁至雉城镇人民南路218号（原长兴妇幼保健医院），学校占地面积2200多平方米。学校通过招聘招入美术专业教师1人，共有在职教师9人，特殊教育专业4人，4个教学班，共有学生50人。学校新增添多功能厅、心理康复室、多感官教室等专业教室，办学条件进一步完善。

学校提炼"科学规范　乐业善导　启智康复　自食其力"的核心办学理念，以"礼乐（lè）"校园文化思想为引领，倡导以礼成人，乐享生活，使每个孩子能够做到文明有礼、乐观向上，度过有意义的校园时光，并且根据校园文化给予个性化班名：知礼班、守礼班、明礼班等。学校实施单元主题统整教学，采用班级授课与个别化教学相结合，知识传授与康复训练相结合的办学特色，开设生活语文、生活数学、生活适应、劳动技能、体育与保健、绘画与手工等集体课程。同时进行口语训练个辅、篮球社团等个别化缺陷补偿和潜能开发课。针对学生肢体等多感官不协调障碍积极开展体艺社团、康复课程，让学生通过武术操、篮球、舞蹈等学习，补偿缺陷、树立残疾学生自信心，促进学生全面而有个性发展。2013年7月，在杭州举办的浙江省第四届特殊奥林匹克运动会上，学校4名学生获得1金1银2铜的佳绩，这也是长兴县残疾儿童参加省级运动会历史最好成绩。

学校同时承载长兴县特殊教育指导中心工作，负责全县随班就读、送教上门、医教结合等工作，共同构建区域普教与特教相结合的特殊教育指导体系，让更多的特殊孩子享受到合适的、高质量的教育资源，为他们走向社会、融入生活打下基础。根据国家及省、市级要求特殊教育向两头延伸，学校计划开设学前教育与职业教育，让智力残疾的孩子得到提早干预以及之后职业技能发展能得到有效的帮助。学校先后获得市特殊教育先进集体、县学校目标管理考核一等奖等荣誉。

2014年，学校占地面积6亩，建筑面积1228平方米。有4个教学班，一年级、三年级、五年级、八年级各1个班，在校学生共50人，当年招生数16人，毕业数13人。教职工10人，专任教师9人。

2014年长兴县培智学校各年级课程设置情况表

表3-3

课程 \ 课时 \ 年级	一年级	三年级	五年级	八年级
生活语文	3	4	4	5
生活数学	2	2	3	5
运动与保健	4	4	3	2
生活适应	4	4	3	1
健康教育	1	1	1	1
劳动技能	1	1	2	4
唱游与律动	4	4	4	2
绘画与手工	4	4	3	2
社团活动	3	3	3	3
班队活动	1	1	1	1
信息技术	—	—	1	2
周课时合计	27	28	28	28

第四章　高中教育

第一节　发展概况

1989年，全县有长兴中学、泗安中学、煤山中学、李家巷中学、虹溪中学、和平中学6所高中，设有初中部、高中部，均是完全中学。共50个高中班，学生2365名；此外，县境内的省属厂矿单位办高中(完中)，长湖学校完中1所，长广学校完中2所，18个高中班，学生863名。

1990年，县境内的省属厂矿单位完中2所，长湖学校撤销高中部。1991年始，长兴县执行省教委《关于“八五”期间加强我省普通高中工作的意见》精神，普通高中教育发展提出“调整学校布局、扩大办学规模、讲求办学效益、提高教育质量”的要求，普通高中招生数量、生源质量、办学效益和教育质量得到明显提高。1992年9月，和平中学停止招生一年。1993—1994年，和平中学继续招生，共4个班，在校学生148人。

1995年，根据省教委《关于改革和发展我省普通高中教育的若干意见》，长兴县加快高中教育建设步伐，扩大办学规模。全县普通高中招生1521人，比上一年增加21%，普通高中生源进一步优化。是年，和平中学高一停止招生。

1996年，全县普通高中不断发展和提高，县、乡镇政府加大对高中段学校的投入，加快基础设施的建设，普通高中办学规模扩大。8月，和平中学高中部撤销，并入虹溪中学。

1997年，随着义务教育普及程度的提高和经济社会的发展，发展高中教育仍是教育工作的重点。秋季，长兴中学高中、初中分离，长兴中学成为高级中学。

1998年，全县加快发展高中教育，出台《1998—2002年中小学布局调整规划》，按照普通高中规模按省定标准为班级不少于24班，开始调整普通高中布局。秋季，雉城中学招收2个高中班，122名学生；撤销李家巷中学高中部，并入虹溪中学；长兴中学命名为浙江省长兴县长兴中学。12月，长兴中学被省教委确定为省一级重点中学，复更名为浙江省长兴中学，学校规模32个教学班，在校学生1539人，专任教师110人。

1999年，全县完善高中段学校布局。4月，煤山中学被评为省级综合高中。7月，长广一中高中部迁至雉城镇，组建长广高级中学，与长广技工学校合署办学。

2000年，按《长兴县教育现代化建设纲要》的要求，调整普通高中的布局结构，实现初、高中分离。秋季，建立长兴县第二中学，招收高一学生4个教学班，198名学生，与长兴县高级职业中学实行一个机构、两个牌子的管理模式（次年秋季撤销）。雉城中学停止高中招生。是年，启动长兴中学迁建工程，迁建征地202亩，建筑面积4.37万平方米，一期投入6500万元，建筑面积4.37万平方米。开始筹建长兴华盛高级中学，学校性质为全日制寄宿制高级中学，办学模式股份合作制，民办运作，学校（筹）隶属县教委管理。华盛高级中学征地112亩，总投入5000万元，建筑面积3.9万平方米，规模为36个班，两校均按省一级重点中学标准配置。

2001年，虹溪中学通过省三级重点中学的初评。7月，长兴中学老校区更名为长兴县第一中学。秋季，长兴一中招收高一新生7个教学班，长兴县第二中学、雉城中学高中班并入；长兴中学整体迁至金陵北路新校舍；华盛高级中学投入使用，选派明星校长、书记管理学校，煤山中学高中部师生全部并入。10月，长兴中学通过省一级重点中学复评。是年，全县高中有长兴中学、长兴一中、泗安中学、虹溪中学、华盛高级中学、长广高级中学6所，共120个教学班，在校学生5904人，教师506人，其中专任教师435人。

2002年秋季，虹溪中学师生全部迁入华盛高级中学，学校撤销建制。华盛高级中学更名为长兴华盛虹溪高级中学，学校按民办运作。华盛虹溪高级中学招收15个班的高中新生（其中计划生8个班）。是年，根据省教育厅名校可以办“民校”的精神，长兴中学筹建民办长兴金陵高级中学，扩大教育优质资源，以满足人民群众对优质教育的需求。

2003年，全县高中教育继续推进办学体制改革，长兴金陵高级中学通过招商引资，由南京聚恒建设集团有限公司投资建设，一次性完成60班办学规模。华盛虹溪高中通过省三级普通中学验收。全县普通高中在校学生9191人。

2004年秋季，长兴金陵高级中学新校舍投入使用。长兴一中高中部和泗安中学高中部师生并入长兴金陵高级中学。11月，长兴金陵高级中学被确认为省三级重点高中。至此，全县4所普通高中集聚县城办学，均独立建制，共198个教学班，在校学生10290人，教师705人，其中专任教师640人。全县基本普及从学前教育到高中教育的十五年教育，高中在校生巩固率达到99.94%。

2005年1月，长兴县华盛虹溪中学被确认为省二级重点中学。

2006年3月，根据省政府决定，长广教育建制脱离企业，移交地方，长广高中成为长兴县直属公立高中，又经县政府批准，于同年6月，更名为长兴县第三中学。长兴青少年艺术学校更名为长兴艺术高级中学，办学性质为民办普通高中学历教育。12月，长兴华盛虹溪中学被确认为省一级重点普通高中。12月，湖州清泉武校增设“湖州清泉综合高级中学”校名。

2007年，清泉武术学校被确认为省二级重点综合高中。

2008年，高中教育持续发展，全县十五年基础教育得到巩固和提高。长兴中学建立数字实验室。全县建立高中学校6个通用技术实验室。

2009年2月，长兴中学被中央文明委授予“全国文明单位”称号。7月，县委、县政府在长兴中学举行县委常委会九次会议专题研究教育发展工作，全县高中教育质量不断提高。至2010年，高中段巩固率达99.65%。

2011年，随着政府对教育投入的提高和创强成果的扩大，全县普高办学水平进一步提升。12月，长兴中学全国文明单位顺利通过复评。是年，全县有全日制普通高中5所，长兴中学、太湖高级中学2所公办学校总规模91个教学班，在校生4898名，教职工415人，其中专任教师352人。金陵高级中学、华盛虹溪高级中学、艺术高级中学3所民办学校总规模138个教学班，在校学生7464名，教职工513人，其中专任教师458人。高中段巩固率达99.67%。

2012年7月，长兴县第三中学更名为长兴县太湖高级中学。长兴华盛虹溪中学更名为长兴县华盛高级中学。长兴金陵高级中学更名为长兴县金陵高级中学。是年，经北京大学自主招生专家委员会评议，长兴中学获得北京大学“中学校长实名制推荐”资质，为湖州地区首家获此资质的学校。全县高中段巩固率达99.68%。

2013年8月，长兴县太湖高级中学整体搬迁至新校区，新校区位于长兴开发区白溪大道。

2014年，全县高中教育优质特色发展鲜明，长兴中学成功创建省一级特色示范普通高中，太湖高级中学、金陵高级中学成功创建省二级特色示范普通高中。是年，全县5所普通高级中学总占地面积738.29亩，建筑面积256871平方米，261个教学班，在校学生11095人，高中段学生巩固率99.97%。教职工947人，其中专任教师835人。

1989年长兴县6所普通高中基本情况表

表4-1

学校	班级数(个)				毕业生数(人)	招生数(人)	在校学生数(人)			
	合计	高一	高二	高三			合计	高一	高二	高三
长兴中学	19	6	7	6	330	320	1010	323	387	300
泗安中学	8	3	2	3	134	98	355	98	93	164
煤山中学	6	2	2	2	118	132	337	132	97	108
李家巷中学	6	2	2	2	109	93	235	93	69	73
虹溪中学	6	2	2	2	99	74	202	75	58	69
和平中学	5	2	1	2	107	79	226	81	58	87

1989—2014年长兴县普通高中教育事业发展情况表

表4-2

年份	学校数(所)	班级数(个)	在校学生(人)	招生数(人)	毕业数(人)	教职工数(人)	
						合计	专任教师数
1989	9	68	3228	1157	1105	179	179
1990	8	69	3356	1267	978	162	162
1991	8	69	3375	1125	987	252	252
1992	8	66	3157	997	1032	252	252
1993	8	67	2944	1099	1146	250	250
1994	8	71	3117	1254	918	240	240
1995	7	76	3695	1521	793	265	265
1996	6	79	3701	1210	936	276	276
1997	6	86	4054	1639	1044	299	299
1998	6	94	4420	1846	1288	318	318
1999	5	99	4747	1808	1005	345	345
2000	5	107	5071	1879	1178	357	357
2001	6	120	5904	2431	1517	506	435
2002	5	144	7447	3371	1684	559	496
2003	4	175	9191	3674	1774	657	584

续表 4-2

年份	学校数(所)	班级数(个)	在校学生(人)	招生数(人)	毕业数(人)	教职工数(人)	
						合计	专任教师数
2004	4	198	10290	3487	2241	705	640
2005	4	210	10625	3681	3203	772	708
2006	4	216	11112	3954	3437	811	700
2007	4	222	11475	3866	3360	827	721
2008	4	223	11620	3958	3553	847	758
2009	4	226	11747	4058	3772	863	777
2010	4	226	11914	4052	3704	868	775
2011	5	229	12362	4369	3814	928	810
2012	5	228	12477	4074	4002	935	810
2013	5	254	12248	3767	3875	940	831
2014	5	261	11095	3282	4311	947	835

2014年长兴县普通高中基本情况表

表 4-3

学校	地址	创办时间	班级数(个)	学生数(人)	教职工数(人)	专任教师(人)	校长
长兴中学	雉城镇金陵北路208号	1940.8	70	2697	257	231	钦国强
长兴县太湖高级中学	雉城镇太湖街道白溪大道11号	1971.8	39	1727	171	142	俞志荣
长兴县金陵高级中学	长兴县太湖大道1138号	2003.8	66	2892	223	197	陈光明
长兴县华盛高级中学	雉城镇紫金路399号	2001.8	70	3040	254	228	尚　洪
长兴艺术高级中学	雉城镇金陵北路长兴中学内	2004.8	16	739	42	37	陆新程

第二节　课程设置与教学改革

1989年，全县延用高中三年学制，执行浙江省高中教学计划，使用省编教材。根据省教委《关于普通高中教学计划和会考科目设置调整的通知》（下称《调整意见》），高一、高二年级调整外语、化学、语文、生物、劳动技术课、选修课等。调整后的教学计划，从1989—1990年度高一年级、二年级开始执行，作为过渡。高中三年级仍按原教学计划执行。

1990年秋季开始，新入学的高一年级开设地理课，生物课暂不开设，高二开设生物、历史课，其他学科按省教委下发的《调整意见》执行。

1992年，根据国家教委《关于在普通高中开设选修课的意见》，实施《现行普通高中教学计划的调整意见》，在普通高中加强选修课建设，高一年级选修课每周安排3课时（其中1课时安排在课外活动时间），高二年级每周5课时，高三年级每周6课时，选修课类型及内容为工具类、科学类、兴趣类、技术与职业类等。

1994年秋季，根据省教委《关于推进普通高中分流教育的意见》精神，泗安中学、煤山中学、虹溪中学、和平中学、李家巷中学按《"分流实验"普通高中高一、二年级教学计划表》执行。长兴中学按《普通高中教学计划表》的课时计划执行。全县高中一年级开始开设艺术欣赏课。

1995年10月，根据浙江省《关于实行每周40小时工作制调整中小学教学计划的意见》精神，实行每周40小时工作制，普通高中课程安排进行调整：高中生物课仍安排在高一年级开设，每周3课时；历史课仍安排在高二年级开设，每周4课时；高一每周必修课增加1课时，在课外活动时间中调剂；高二每周必修课时总数减少1课时，用于选修课。各年级每周的活动总量在34课时以下，课外活动的课时由每周5课时减为4课时。是年起，普通高校招生统考科目实行"3+2"方案的改革。

1996年，从秋季入学的高中新生开始，普通高中所有在校学生，必须纳入统一的学籍管理，建立会考考籍，并参加全省统一的高中会考。

1997年，执行教育部制定的与九年义务教育课程计划相衔接的《全日制普通高级中学课程计划（试验）》及新教学大纲、新教材。

2000年，全年高中课程改革在高一语文学科中率先进行。

2001年，全县实施《长兴县教育现代化建设纲要》，高中建立市、县、校三级教研网络，高中开设研究性学习课程。秋季起，实施浙江省《普通高中课程计划(试验修订稿)》，高一全部使用新教材。课程设置为必修课：思想政治、语文、数学、外语、物理、化学、生物、历史、地理、信息技术、体育和保健、艺术以及综合实践活动。选修课有数学、物理、化学、生物、历史、地理、信息技术7门学科，以及根据学生兴趣要求和发展需要所开设课程。是年秋季，长兴职教中心开办综合高中班，高一、高二开设普通高中课程，高三开设专业课程。综合高中(班)第一、第二学年课程计划按《课程计划》要求开设，第三学年分流后，分别按"普通高考预备班""高职升学预备班""就业预备班"三大类的要求开设课程。

2006年起，贯彻落实《浙江省普通高中新课程实验第一阶段课程设置意见》《浙江省教育厅关于普通高中地方课程和校本课程开发与实施意见(试行)》《浙江省普通高中学分认定办法(试行)》《浙江省普通高中学校新课程实验工作指导意见》等文件。秋季开始，全省普通高中全面实施课程改革，各校实施地方课程和校本课程，启动高一年级新课程改革。普高一年级学生的课程修习状况实行学分管理，课程结构包含学习领域、科目、模块三个层次，共设八大领域，12～14个科目。

2008年，全县普高落实选修模块，开设和学生选课的指导，以推进高中课程改革。普通高中开设通用技术的两个必修模块"技术与设计1"和"技术与设计2"，每周2课时。

2011年3月，长兴中学承办全国著名高中备考策略研讨会，全国名校名师与长兴中学共同研讨。

2012年秋，《浙江省深化普通高中课程改革方案》在全省普通高中全面实施，普通高中实施新一轮课程改革。10月，出台《长兴县深化普通高中课程改革实施方案》，成立长兴县深化普通高中课程改革工作专业指导委员会。全县5所普通高中根据省课程改革方案要求，按照必修学分96分、选修学分48分的课程与学分结构和每周课堂教学时间不得超过26小时的要求，科学制定课程开设计划，按照每节45分钟排课，每周课堂教学总课时不得超过35节，四类选修课程(知识拓展类、职业技能类、兴趣特长类、社会实践类)的开设做到知识拓展选修课程比例不超过60%，控制各学科必修课程教学的课时总量，确保思想政治、体育与健康、艺术等必修课的开设。是年，建立以长兴中学为龙头的"学习共同体"，长兴中学成为首批特色学科建设基地。

2013年，全县普通高中贯彻新课改，制定课改方案，进行选课走班，推进选修课程建设。全县获评省精品课程5门，获评市精品课程25门。五所普高在模块的调整、选修课的走读、学生评价等方面成效显著。长兴中学顺利通过省一级特色示范高中评估。

2014年,以长兴中学为龙头,联合德清、安吉教科研中心,推进县“普高学习共同体”建设。全县深化高中课程改革,各校加快选修课程和微课程建设,普通高中申报湖州市第三批精品选修课程评比,入选并获奖11门。参加省第五批普通高中选修课网络课程评选的作品达23个,入选省第五届普通高中选修课网络课程评选8门,申报省微课程评选15个。在省基础教育微课堂、微课程作品评选中获省一等奖2项,三等奖1项。

1990年长兴县普通高中教学计划表

表4-4　　　　单位:课

学科\课时\年级	高一	高二	高三	授课总课时
政治	2	2	2	184
语文	4	4	5	392
数学	5	4	5	426
外语	5	4	—	306
物理	3	3	—	204
化学	3	3	—	204
生物	3	—	—	102
历史	—	4	—	136
地理	3	—	—	102
体育	2	2	—	184
劳动技术	每学年4周	每学年4周	每学年4周	432
社会实践活动	每学年安排2周,在劳动技术课、课外活动或学科教学活动的时间内进行			
每周必修总课时	30	26	14	2240
选修课	2	5	16	—
课外活动	6 (体育锻炼3,其他3)	6 (体育锻炼3,其他3)	6 (体育锻炼3,其他3)	—
每周活动总量	38	37	36	—

1994年长兴县高中分流教育教学计划和部分学科内容的调整安排表

表4-5 单位:周

项目＼周数＼年级	高一	高二	高三
教学(含劳技、社会实践)	36～37	36～37	36
期末复习考试	2	3(1/2)	—
机动	1～2	1～2	6
假期	10～11	10	10
总计	52	52	52

说明:每周上课5天半,每周活动总量高一35课时,高二34课时,每课时45分钟

1995年调整后长兴县普通高中教学计划表

表4-6 单位:课

科目＼课时＼年级	高一	高二	高三	授课总时数
政治	2	2	2	184
语文	4	4	5/4	380
数学	4	4	5	392
外语	4/5	4	—	289
物理	3	3/2	—	187
化学	3/2	3	—	187
生物	—	3	—	102
历史	2	2	—	136
地理	3	—	—	102
体育	2	2	2	184
艺术	1	1	—	68
劳动技术	每学年4周,共12周			
社会实践活动	每学年安排2周。在劳动技术课或学科教学活动的时间内安排			
每周必修课总课时	28	28/27	14/13	—
选修课	2	2/3	16/17	—
课外活动	4(体育锻炼2,其他2)	同左	同左	—
周活动总量	34	34	34	—

2001年长兴县普通高中课程设置示例表

表4-7　　　　单位:课

科目		课时\年级	每周课时数 高一	高二 Ⅰ	高二 Ⅱ	高三 Ⅰ	高三 Ⅱ	周课时	必修、选修授课时数	中授课时数
学科类课程	思想政治	必修	2	2	2	2	2	6	192	192
	语文	必修	4	4	4	4	4	12	384	384
	外语	必修	4	4	4	4	4	12	384	384
	数学	必修	4	4	4	—	—	8	280	332 ~ 384
		选修	—	—	—	2	4	24	52 ~ 104	
	信息技术	必修	2	—	—	—	—	2	70	70 ~ 131
		选修	—	1	1	1	1	2	61	
	物理	必修	2	3/2	2/3	—	—	4.5	158	158 ~ 306
		选修	—	—	2	—	3	5	148	
	化学	必修	2	2	2	—	—	4	140	140 ~ 271
		选修	—	—	2/1	—	3	4.5	131	
	生物	必修	—	3	3	—	—	3	105	105 ~ 183
		选修	—	—	—	—	3	3	78	
	历史	必修	3	—	—	—	—	3	105	105 ~ 240
		选修	—	2	—	2/3	—	4.5	135	
	地理	必修	3	—	—	—	—	3	105	105 ~ 218
		选修	—	1	—	3	—	4	113	
	体育和健康	必修	2	2	2	2	2	6	192	192
	艺术(音美)	必修	1	1	1	1	1	3	96	96
综合实践活动	研究性学习	必修	3	3	3	3	3	9	288	288
	劳动技术教育		每学年1周(可集中安排,可分散安排)							
	社区服务		一般应利用校外时间安排							
	社会实践		每学年1周(可集中安排,可分散安排)							
地方和学校选课			2	2/3	2	10/9	4	8 ~ 14	235 ~ 391	
活动总量			34	34	34	34	34	—	—	

2006年长兴县普通高中新课程实验第一阶段学分要求情况表

表4-8

<table>
<tr><th rowspan="2">学习领域</th><th rowspan="2" colspan="2">科 目</th><th rowspan="2">必修学分（分）</th><th colspan="3">选修学分Ⅰ（分）</th><th rowspan="2">选修学分Ⅱ（分）</th></tr>
<tr><th>A</th><th>B</th><th>C</th></tr>
<tr><td rowspan="2">语言与文学</td><td colspan="2">语 文</td><td>10</td><td>6</td><td rowspan="21">学生在全省学校统一开设的模块中选择，至少获得12学分</td><td rowspan="21">学生在学校视条件开设的模块中选择，获得若干学分</td><td rowspan="24">地方课程3学分；校本课程至少3学分</td></tr>
<tr><td colspan="2">英 语</td><td>10</td><td>4</td></tr>
<tr><td rowspan="2">数 学</td><td rowspan="2">数 学</td><td>文</td><td rowspan="2">10</td><td>4</td></tr>
<tr><td>理</td><td>6</td></tr>
<tr><td rowspan="5">人文与社会</td><td rowspan="2">思想政治</td><td>文</td><td rowspan="2">8</td><td>4</td></tr>
<tr><td>理</td><td></td></tr>
<tr><td rowspan="2">历 史</td><td>文</td><td rowspan="2">6</td><td>4</td></tr>
<tr><td>理</td><td></td></tr>
<tr><td rowspan="2">地 理</td><td>文</td><td rowspan="2">6</td><td>4</td></tr>
<tr><td rowspan="7">科学</td><td>理</td><td></td></tr>
<tr><td rowspan="2">物 理</td><td>文</td><td rowspan="2">6</td><td></td></tr>
<tr><td>理</td><td>6</td></tr>
<tr><td rowspan="2">化 学</td><td>文</td><td rowspan="2">6</td><td></td></tr>
<tr><td>理</td><td>4</td></tr>
<tr><td rowspan="2">生 物</td><td>文</td><td rowspan="2">6</td><td></td></tr>
<tr><td>理</td><td>2</td></tr>
<tr><td rowspan="2">技术</td><td colspan="2">信息技术</td><td>4</td><td></td></tr>
<tr><td colspan="2">通用技术</td><td>4</td><td></td></tr>
<tr><td rowspan="2">艺术</td><td colspan="2">音乐</td><td>3</td><td></td></tr>
<tr><td colspan="2">美术</td><td>3</td><td></td></tr>
<tr><td>体育与健康</td><td colspan="2">体育与健康</td><td>11</td><td></td></tr>
<tr><td rowspan="3">综合实践活动</td><td colspan="2">研究性学习活动</td><td>15</td><td rowspan="3"></td><td rowspan="3"></td><td rowspan="3"></td></tr>
<tr><td colspan="2">社区服务</td><td>2</td></tr>
<tr><td colspan="2">社会实践</td><td>6</td></tr>
<tr><td colspan="3">合计（文160学分、理162学分）</td><td>116</td><td>文26学分
理28学分</td><td>12</td><td></td><td>6</td></tr>
</table>

2006年长兴县普通高中新课程实验第一阶段模块设置表

表4-9

<table>
<tr><th rowspan="2">学习领域</th><th rowspan="2" colspan="2">科目</th><th rowspan="2">必修</th><th colspan="3">选修Ⅰ</th></tr>
<tr><th>A</th><th>B</th><th>C</th></tr>
<tr><td rowspan="2">语言与文学</td><td colspan="2">语文</td><td>必修1 必修2
必修3 必修4
必修5</td><td>《论语》选读
外国小说欣赏
语言与文字应用</td><td rowspan="2">语文：唐诗宋词元散曲选读
中国现当代散文鉴赏
英语：选修8
选修9</td><td rowspan="13">未列入ⅠA、ⅠB的课程标准中规定的其他选修模块</td></tr>
<tr><td colspan="2">英语</td><td>必修1 必修2
必修3 必修4
必修5</td><td>选修6 选修7</td></tr>
<tr><td rowspan="2">数学</td><td rowspan="2">数学</td><td>文</td><td rowspan="2">必修1 必修2
必修3 必修4
必修5</td><td>选修1-1
选修1-2</td><td rowspan="2">选修3-1
选修4-4
选修4-5</td></tr>
<tr><td>理</td><td>选修2-1 选修2-2 选修2-3</td></tr>
<tr><td rowspan="6">人文与社会</td><td rowspan="2">思想政治</td><td>文</td><td rowspan="2">必修1 必修2
必修3 必修4</td><td>经济学常识
国家和国际组织常识</td><td rowspan="6">思想政治：生活中法律常识、公民道德与伦理常识
历史：世界文化遗产荟萃、历史上重大改革回眸
地理：旅游地理、自然灾害与防治</td></tr>
<tr><td>理</td><td></td></tr>
<tr><td rowspan="2">历史</td><td>文</td><td rowspan="2">必修1 必修2
必修3</td><td>选修4 中外历史人物评说
选修3 20世纪的战争与和平</td></tr>
<tr><td>理</td><td></td></tr>
<tr><td rowspan="2">地理</td><td>文</td><td rowspan="2">必修1 必修2
必修3</td><td>选修4城乡规划
选修6环境保护</td></tr>
<tr><td>理</td><td></td></tr>
<tr><td rowspan="3">科学</td><td rowspan="2">物理</td><td>文</td><td>必修1 必修2
选修1-1</td><td></td><td rowspan="3">物理：选修1-2
选修3-3
化学：化学与生活
化学与技术
生物：选修1
选修2</td></tr>
<tr><td>理</td><td>必修1 必修2
选修3-1</td><td>选修3-2
选修3-4
选修3-5</td></tr>
<tr><td>化学</td><td>文</td><td>必修1 必修2
在选修1化学与生活和选修2化学与技术2个模块中，选1个模块</td><td></td></tr>
</table>

续表4-9

<table>
<tr><th rowspan="2">学习领域</th><th rowspan="2" colspan="2">科目</th><th rowspan="2">必修</th><th colspan="3">选修Ⅰ</th></tr>
<tr><th>A</th><th>B</th><th>C</th></tr>
<tr><td rowspan="3">科学</td><td>化学</td><td>理</td><td>必修1　必修2
选修5 有机化学基础</td><td>选修4 化学反应原理
选修6 实验化学</td><td rowspan="3">物理:选修1-2
选修3-3
化学:化学与生活
化学与技术
生物:选修1
选修2</td><td rowspan="9">未列入ⅠA、ⅠB的课程标准中规定的其他选修模块</td></tr>
<tr><td rowspan="2">生物</td><td>文</td><td rowspan="2">必修1　必修2
必修3</td><td></td></tr>
<tr><td>理</td><td>选修3</td></tr>
<tr><td rowspan="2">技术</td><td colspan="2">信息技术</td><td>信息技术基础;在算法与程序设计、多媒体技术应用中,选1个模块</td><td></td><td rowspan="2">信息技术:网络技术应用
数据管理技术
算法与程序设计
多媒体技术应用
通用技术:电子控制技术
家政与生活技术</td></tr>
<tr><td colspan="2">通用技术</td><td>技术与设计1
技术与设计2</td><td></td></tr>
<tr><td rowspan="2">艺术</td><td colspan="2">音乐</td><td>音乐鉴赏,2学分;在歌唱、演奏、创作、音乐与舞蹈、音乐与戏剧中,选1个模块,1学分</td><td></td><td rowspan="2">在未列入必修的模块中选择开设</td></tr>
<tr><td colspan="2">美术</td><td>美术鉴赏,1学分;绘画、雕塑、设计、工艺、书法、篆刻、摄影/摄像、电脑绘画/电脑设计模块中,选2个模块,2学分</td><td></td></tr>
<tr><td>体育与健康</td><td colspan="2">体育与健康</td><td>在健康教育、田径2个系列中,各选1个模块;
在体操、民族民间体育项目系列中,选1个模块
在新兴运动、水上项目、田径、体操、球类、民族民间体育项目6个系列中,选8个模块</td><td></td><td>球类系列
体操系列
田径系列
水上项目系列
民族民间体育项目系列
新兴运动系列
在上述系列中选择开设</td></tr>
</table>

2006年长兴县普通高中新课程实验第一阶段周课时安排表

表4-10 单位课

科目 \ 课时 \ 学期		高一上	高一下	高二上	高二下	高三上	高三下
语文		4	4	4	4	—	—
英语		4	4	3	3	—	—
数学	文	4	4	3	3	—	—
	理	4	4	4	4	—	—
政治	文	2	2	2	4	2	
	理	2	2	2	2	—	—
历史	文	3	3	2	2	—	—
	理	3	3			—	—
地理	文	3	3	2	2	—	—
	理	3	3	—	—	—	—
物理	文	2	2	2		—	—
	理	2	2	4	4	—	—
化学	文	2	2	2		—	—
	理	2	2	3	3	—	—
生物	文	—	—	3	3	—	—
	理	—	—	3	3	2	
信息技术		2	2	—	—	—	—
通用技术		—	—	2	2	—	—
美术 音乐		1	1	1	1	1	1
体育与健康		2	2	2	2	2	1
综合实践活动	研究性学习活动	3	3	3	3	3	
	社会实践	每学年一周				—	—
	社区服务	三年不少于10个工作日				—	—
小计		32	32	31	文29 理31	10	2

第三节　招生与高考

一、招生

1989年，全县普通高中招生1157人，毕业1105人。实行统一升学考试（中考）招收新生，采用湖州市中考卷。考试科目有政治、语文、数学、地理、化学、英语6门。全县初中升普高率达17.4%。

1991年秋季，普通高中招生，由县下达招生计划，划块择优录取，长兴中学面向全县择优统招200名，面向丁新区、雉城地区择优录取普通班100名。职业高中主要招收长兴县城镇户口的初中毕业生，农技校主要招收长兴县农村户口的初中毕业生。是年起，报考重点高中加试体育考试，考试项目有男子、女子50米跑，男子、女子铅球，女子800米跑，男子1000米跑。满分60分，考试得分计入升学考试总分，录取时按总分划线择优录取。

1993年起，初中毕业会考和普高、职高、初中技校文化考试合为一次，称为“三合一”考试，考试科目有政治、语文、数学、物理、化学、英语六科。初三分流教学班必须考政治、语文、数学三科。重点中学（长中、湖中）首批划线录取；全县其他普通高中，按县下达的招生计划、招生范围和考生志愿，从高分到低分择优录取。湖州一中面向全市招有体育、美术特长的新生，根据学生志愿提前录取。泗安中学、煤山中学、和平中学、李家巷中学原则上招收本区考生，如生源差距，可由县中招办根据考生要求跨区录取。5月4—8日，有3535名初中毕业生参加全县统一考试。6443人参加初三史地结业考试。是年，高中考试、初中毕业会考、初中中专招生预选考实施“三合一”考试，报名5583人，有350余人分别被中专、中技、重点高中录取。

1994年秋季始，高中全部实施《浙江省高级中学学生思想政治品德考核暂行办法》，由校长领导，政教处全面负责，班主任具体实施。继续实行普通高中重点班新生在初中中考前录取办法，已被录取高中重点班的考生不再参加初中中专考试。是年，初中“三合一”考试人数5719人，其中毕业考试中六科（政治、语文、英语、数学、物理、化学）合格率为70.2%，优良率41.9%。是年起，全县职业高中采取春、秋两次招生。

1995年起，全县普通高中招生人数逐年增加，在校学生3695人，比1994年增加578人。

1996年起，凡报考各类高一级学校（含普高、职业类高中、初中中专、初中技校）的应届初中毕业生均要报考体育。体育考试项目为女子800米跑，男子1000米跑，男子、女子立定跳远，男子、女子铅球，每个项目均按《浙江省初中毕业生升学考试体育手册》的评分表评分。每个项目10分，总成绩30分，计入升学考试总分，录取时按总分划线择优录取。是年，雉城镇和丁新区考生可填报泗安中学、煤山中学、虹溪中学、李家巷中学志愿。是年，初中升普高比例21.7%。

1997年，每个升学考生必须填报重点中学。填报的重点中学为长兴中学、湖州中学和面向本区招生的县各完（高）中重点班（和平地区的考生报虹溪中学重点班，城东地区报长兴中学）。是年，全县普通高中招生1639人。

2000年，高中段招生办法改革，普通高中打破划分施教区招生办法，学校均可面向全县招生。长兴中学通过推荐加考试，面向全县提前招生200名（其中推荐生91名）。高中段招生实行优惠加分办法。全县初中毕业生升高中段比例为68.26%，普职比为1∶0.73。

2001年，职高招生改为一年分春、夏、秋三次。秋季，长兴职教中心开办综合高中班，招收应届初中毕业生，学业成绩须参加市教委组织的“二合一”考试（初中毕业考与高中段招生考试）。高中段招生考试科目为语文、社会政治、数学、英语、英美劳、自然科学六科，总分值为630分。全县高中段招生比例达到79.18%，职普比为1∶0.98。是年起，普通高中由长兴中学、长兴一中、华盛高级中学、泗安中学、虹溪中学面向全县招生。凡报考普通高中的考生均可在志愿填报时选择这五所学校中的三所学校的志愿（不再实施划分施教区招生的办法）。

2002年，全县普通高中招生大幅度增加，达到3371人，创历史新高。职业高中与普通高中协调发展，职普招生比例为1∶1，初中毕业生升高中段比率为80.74%。

2003年，全县改革高中招生考试制度，实行初中毕业生实验操作考查，实行体育考试自选强项，成绩不满意可以重考的考试办法。全部取消高中招生施教区，学生可以选报2所普高和1所职高，对普通高中择校生实行“限人数、限分数、限钱数”三限政策。长兴一中、泗安中学分别招收体育和美术特长班。

2004年，改革高中段招生制度。普通高中招生，学生自主选择学校，录取以志愿和分数为主；所有高中都可以招收择校生；加大对贫困学生资助的力度，对四类贫困生实行免费入学；长兴中学面向全县提前自主招生120名，金陵高中提前自主招美术特长生60名。高中段招生除继续实行优惠加分办法外，规定凡夫妻双方均是农村户口的独生女孩可在高中段学校招生中加3分。全县初中毕业生升高中段比例达到87.38%，普职比达到1∶1。是年起，全县基本普及高中教育。

2005年，华盛虹溪中学、金陵高级中学两所民办高中的公费生从填报该校第一志愿的考生中从高分到低分择优录取；实行诚信招生，印发《长兴县2005年高中段招生指南》，中考特长加分实行专人分类审核签名制；实行特长特招生制度，下发《长兴县教育局关于公布长兴县2006年高中段招生加分项目的通知》，限定加分项目和要求，长兴中学面向全县招特长特招生35名，金陵高中面向全县招美术特长生90名，华盛虹溪中学面向全县招美术、体育特长生42名。文化考试成绩和体育考试成绩及特长加分成绩合并作为升学成绩。初中毕业生升高中段比例达到91.63%。

2006年起，全县实行与新课程改革实验区相配套的初中毕业考试与高中招生制度改革，根据《浙江省教育厅关于做好2006年初中毕业考试与高中招生制度改革工作的通知》和《湖州市2006年初中毕业考试与高中段招生制度改革实施意见》的精神，制定《长兴县2006年初中毕业考试与高中段招生制度改革实施意见》，建立教育质量的监测与评价体系，改变以考试分数简单相加作为衡量初中毕业生学业水平和高中招生唯一录取标准的做法，把初中毕业生综合素质评价列入高中阶段学校录取新生的前置条件。学生综合素质结果由“综合评语”和“测评等第”两部分组成；对学生的道德品质、公民素养、情感态度、合作精神、日常表现等方面进行综合评语，对审美与艺术、运动与健康、探究与实践、劳动与技能四方面进行定量测评，测评等级分A、P、E三等（分别代表优良、及格、不及格），A等人数原则上为毕业生数的30%～40%，E等控制在5%以内。测评不及格的学生提出申请，学校可进行补测，合格的仍可评为P等，仍不合格的定为E等。各类高中阶段学校录取新生时必须把综合素质测评等第作为必要条件，普通高中统一招生应达到2A、2P及以上等第，其他高中阶段学校招生应达到4P及以上等第。高中阶段学校在达到综合素质测评等第要求的考生中，根据其志愿、招生计划、高中段招生总分、参考综合评语和《学生成长记录册》，进行全面衡量、择优录取。高中段招生总分为学业考试与特长优惠加分的总和。初中毕业学业考试也相应改革，学业考试科目、分值分别为：语文120分、英语100分、社会政治80分、数学120分、科学150分、信息技术10分，学业考试总分为580分。

2007年起，职业高中招生实行秋季招生。初中毕业生升高中段比例达到96.03%。

2008年，高中段招生实行定向招生的办法，定向指标为省示范高中招生指标的30%。

2009年，全县不断推进高中招生改革，制定《长兴县2009年初中毕业生学业考试与高中段招生实施意见》和《长兴县2009年普通高中定向招生办法》等制度，定向招生由原来的30%扩大到40%，从考生的资格确认到分数确认，严格实施，推动农村学校教育。是年起，实行中考体育考试，体育考试成绩总分为30分，计入高中段招生总分。进一步规范特长招生制度，由县中招办审核学校公示，全县共14所初中学校88名考生特长加分。初中毕业生升高中段比例达到96.77%以上，普职比继续保持1∶1。

2010年起，完善中考制度，示范高中招生指标向初中分配的比重提高到50%。至2011年，初中升高中段比例达到96.77%，普职比为1∶1.012。

2012年，中考报名实行网上审核。初中升高中段比例达到98.04%，普职比为1∶1.0002。

2013年5月，县教育局转发《湖州市人民政府办公室转发〈市教育局等部门关于做好非本市户籍进城务工人员随迁子女接受义务教育后在我市参加高中段招生考试工作实施意见（试行）的通知〉》，是年起，初中应届毕业的随迁子女，可以参加湖州市的高中段招生考试。全县初中学业考试有7588人。

2014年，全县中考体育考试6491人报名，4月28—30日进行测试，全县初中学业考试有6491人（长兴中学提前招生除外）报名，比上年减少1097名考生（长兴中学提前招生除外），全县共有402名外省籍进城务工人员随迁子女报名参加中考，比上年增加192人。是年，初中升高中段比例达到97.79%，普职比为1∶1.0005。

二、高考

1989年，沿用普通高校招生统一考试，理科七门、文科六门。全县高考上线688人（含高中中专），高考录取率24.4%。

1995—1999年，普通高校招生统考科目实行“3+2”方案的改革。普通高校招生考试科目施行按文、理两大类设置，参加国家教委命题的全国统一考试。文科考试科目：语文、数学、外语、政治、历史；理科类考试科目：语文、数学、外语、物理、化学。各科考试满分为150分，文理两类考试满分各为750分。普通高校招生统一考试日程按国家教委规定执行，语文考试时间为150分钟，其他各科均为120分钟。各科均实行选择题、非选择题分卷考试。全省统一考试、统一评卷、统一录取。

1999年，全省考试实施高职（单考单招）招生考试。全县高职（单考单招）报名280人，上线165人。

2000年起，高考施行“3+X”考试，考试科目为语文、数学、英语加“综合科目”，“综合科目”考试是指建立在中学文化科目教学基础上的综合能力测试。综合科目分“文科综合”和“理科综合”，其中“文科综合”含政治、历史、地理；“理科综合”含物理、化学、生物。

2004年，长兴中学学生李景雯获省高考理科第二名、湖州市第一名。全县高考成绩居湖州市领先水平。

2009年开始，全省普通高校招生实行以“分类测试、分批选拔，全面考核、综合评价”为选拔模式的“新课改高考方案”，考试科目分三类设置。技术考试（信息技术或通用技术）和听力测试，一年提供2次考试机会，由学生自主决定参加考试的时间和次数（限定在2次以内），并从中选择一次考试成绩计入总分。成绩两年有效。改变传统的所有考生均参加3+X（综合）招生考试单一模式。

2012年7月，长兴中学学生杨纯子获省、市高考文科第一名。11月，长兴中学首次获北京大学“中学校长实名推荐”资质。

2014年，全县高考报考人数为4832人，比2013年增加293人，其中普通高校统考生4201人（文科1239人、理科2352人、艺文460人、艺理119人、体文26人、体理5人），比2013年增加294人，单考单招高职考生631人，比2013年减少1人。是年，县随迁子女高考报名37人（其中普通高校统考生19人，单考单招高职考生18人），比2013年增加26人。共设长兴中学、华盛高级中学和长兴职教中心3个考点，长兴中学83个试场、考生2451人，华盛高中60个试场、考生1750人，职教中心25个试场、考生631人。全县高考上线3631人，上线率86.4%。上重点线595人，其中文科129人，理科466人，比2013年增加39人，再创历史新高。全县高职上线527人，上线率83.52%，其中本科40人，专科487人。

1989—2014年，全县普高参加高考总人数为60398人，上线48319人，共有41人被清华、北大录取（1995年3人、1998年2人、2000年1人、2001年1人、2002年2人、2004年2人、2005年2人、2006年2人、2007年2人、2008年1人、2009年3人、2010年4人、2011年3人、2012年4人、2013年5人、2014年4人）。

2007—2014年，全县高考共有1911人被全国“211”大学录取（2007年134人、2008年177人、2009年249人、2010年256人、2011年244人、2012年311人、2013年277人、2014年263人）。

1999—2014年，全县高职（单考单招）报名7712人，上线6143人。

2009年长兴县高考科目设置情况表

表4-11

类别	考试科目	满分值
一类(重点)	3(语文、文/理数学、外语)+X(文/理综合)+ 自选模块	810分
二类(本科)	3(语文、文/理数学、外语)+X(文/理综合)	750分
三类(专科)	3(语文、文/理数学、外语)+技术(信息技术/通用技术)	550分

1989—2014年长兴县高考情况一览表

表4-12

普高						职高	
年份	报考人数(人)	重点上线人数			总上线人数(人)	报考人数(人)	上线人数(人)
		文科(人)	理科(人)	小计(人)			
1989	1553	0	0	0	263	0	0
1990	1360	0	0	0	302	0	0
1991	1408	0	0	0	309	0	0
1992	1123	1	27	28	299	0	0
1993	1031	2	16	18	470	0	0
1994	946	2	26	28	424	0	0
1995	860	1	10	11	305	0	0
1996	787	3	36	39	405	0	0
1997	976	8	84	92	466	0	0
1998	1134	10	32	42	559	0	0
1999	1016	24	134	158	776	280	165
2000	1364	28	177	205	1118	434	303
2001	1659	47	191	238	1547	608	543
2002	1977	52	169	221	1865	195	142
2003	2145	55	199	254	2085	317	279
2004	2532	37	195	232	2333	514	433
2005	3512	65	312	377	3094	618	522
2006	3874	78	279	357	3366	611	356

续表4-12

年份	普高					职高	
	报考人数(人)	重点上线人数			总上线人数(人)	报考人数(人)	上线人数(人)
		文科(人)	理科(人)	小计(人)			
2007	3950	71	273	344	3029	524	328
2008	4257	90	365	455	3943	606	394
2009	3866	107	420	527	3530	311	301
2010	3898	122	416	538	3535	416	403
2011	3951	95	412	507	3516	512	505
2012	3976	104	435	539	3667	503	421
2013	3907	128	428	556	3577	632	521
2014	4201	129	466	595	3631	631	527

第四节　学校介绍

一、长兴中学

长兴中学位于长兴县雉城镇金陵北路208号。始建于民国29年(1940年),时名长兴县立战时初中学生补习学校,择址煤山护矿大队,以潘风韶为首任校长,于当年8月开学,招收学生124名。后为避战火,四迁校址。民国30年(1941年)8月,学校迁址八都岕,附设简师科一个班,学制一年,创长兴县开办初等师范教育之先。民国31年(1942年)春,学校再次迁址泗安镇三天门。次年3月,改名为长兴县立初级中学,简称县中,9月,校舍遭日军焚毁,学校被迫呈文疏散。民国33年(1944年)3月,学校南迁孝丰桐杭(今安吉县境内)。民国34年(1945年)2月,学校停办。11月,学校迁址在雉城镇中山公园(县前街)。1949年4月,长兴解放,人民政府接管县中。1952年3月,更名为长兴县第一初级中学。1956年9月,首次招收高一新生,从初级中学发展成为完全中学,改名为浙江省长兴中学。1959年,中共长兴中学支部正式建制。7月,首届高中毕业生126人毕业,参加高考录取101人,成绩名列全省第七。1960年,学校被确认为全省十四所重点中学之一。1969年4月,长兴耐火器材厂、长兴酒厂接管长兴中学,改名卫东五·七学校(沿用至1978年9月,后复名浙江省长兴中学)。

1976年，“文化大革命”结束，学校进入新的发展时期。1979年被定为县重点中学。1981年，被省教育厅确定为省八十所重点中学之一。1997年，长兴中学高、初中分离。1998年，学校改名为浙江省长兴县长兴中学，12月，复更名为浙江省长兴中学，被省教委确定为省一级重点中学。进入21世纪，学校办学规模、教学质量迅猛发展。2001年5月，学校省级文明单位揭牌，同年8月，学校整体迁至雉城镇金陵北路208号。

学校以“博学、笃行”为校训，秉承“以学生的终身发展为本”的办学理念，把“高水平、高质量、高效益、有特色”作为办学目标，致力于为高校输送优秀毕业生。2000—2014年间，学校学生先后十五次获得高考湖州市文理科第一名，其中，学生杨纯子获2012年高考浙江省文科第一名。在办学过程中，学校把“力求创新、办出特色”作为办学宗旨，经过多年的积累和沉淀形成自己的特色项目。2002年开始推行的“德育导师制”，在2005年全国“未成年人思想道德建设工作创新奖”案例评比中获一等奖，新华社、《人民日报》、《光明日报》、中央电视台《新闻联播》栏目、《文汇报》、《中国教育报》等国家级媒体相继进行深入报道，各地的400余所兄弟学校到学校进行参观、交流，在全国产生较大影响。2011年12月，德育工作案例《中小学德育导师制的深化和拓展》被评为“全国中小学德育工作优秀案例”。学校业余党校是学校德育工作的重要阵地，至2014年已招收学员十六期，毕业学员2000余人，发展学生党员达297人。大力开展群众体育活动，培养体育竞技人才，是学校办学的又一大特色，学生男子篮球队3次荣获省级冠军，15次蝉联湖州市中学生篮球赛冠军。1999年，学生男子篮球队获全国体育传统项目学校篮球赛冠军。学校还先后为国家女排、国家田径队、国家帆船队等输送了周苏红、李荣祥、计风琴等一大批国家级优秀体育人才。学校有省特级教师、全国优秀教师、省市级优秀教师、教坛新秀、教学明星数十人。学校教科研氛围浓厚，2012—2014年，承担国家级课题2项，省级课题10项，市级课题20余项，在各级刊物上发表教学论文200余篇。2009年1月，学校被中央文明委授予“全国文明单位”称号，并于2011年12月顺利通过复评。2014年4月，学校被确认为浙江省首批一级普通高中特色示范学校。2013—2014年，学校连续两年获得北京大学“中学校长实名推荐制”资质。学校先后获得全国群众体育先进集体、全国学校体育卫生工作先进单位、全国青少年体育工作先进集体、全国精神文明建设工作先进单位、全国文明单位、省体育传统项目学校、省电化教育先进集体、省教育实践活动先进集体、省群体工作先进集体、省文明学校、省行风建设先进单位、省文明单位、省普法教育先进单位、省绿色学校、省教育科研百强学校等荣誉。

2014年，学校占地216亩，建筑面积73373平方米，有教学楼4幢，实验楼3幢，学生宿舍楼6幢，标准田径场1个，标准篮球场10个。有70个教学班，在校学生2697人，教职工257人，其中专任教师231人，研究生学历18人，本科学历212人，中学高级教师108人，中学一级教师93人。

1989—2014年长兴中学历任校长、书记名录

表4-13

姓 名	职 务	任职时间
张金康	校 长	1989.1—1993.8
沈穗年	副校长	1989.1—1993.8
章小义	书 记	1989.1—1993.8
张善栋	副校长	1989.1—1990.7
杨 谦	副校长	1990.8—1993.7
肖惠康	校 长	1993.8—2002.8
张启君	副校长	1989.8—1997.12
谈如意	副校长	1993.7—1997.8
王阿佩	副校长	1993.7—1997.8
张向前	副校长	1997.8—2002.7
	校 长	2002.8—2012.3
吴亦煌	副校长	1997.8—2000.7
潘仲二	书 记	1994.8—2004.8
沈永林	副校长	2000.8—2001.8
臧小方	副校长	2000.8—2001.8
毛苏泳	副校长	1997.8—2009.7
徐顺福	副校长	2000.8—2004.7
	书 记	2004.8—
邹忠明	副校长	2001.8—2007.7
陈光明	副校长	2002.8—2008.7
杨芊宏	副校长	2005.8—
尚 洪	副校长	2007.8—2009.7
钦国强	副校长	2008.2—2012.5
	校 长	2012.5—

续表4-13

姓 名	职 务	任职时间
蒋雪云	副校长	2009.8—
陈桂林	副校长	2012.8—
徐 泓	副校长	2012.8—
杨 珏	副校长	2012.8—

二、长兴县太湖高级中学

长兴县太湖高级中学位于长兴县太湖街道白溪大道11号。始建于1971，最初以高中班的形式分别附设在长广公司牛头山矿区学校和长广公司煤山矿区学校，两校分别择址于长广牛头山（安徽省广德县境内）和长兴县煤山镇火烧地，于当年2月开学，班级4个，学生191名。1973年，长广公司又在独山矿区学校开设高中班。1976年3月，长广公司将三所学校统一更名为长广煤矿公司第一中学、第二中学、第三中学，简称长广一中、长广二中、长广三中，均为完中。1979年2月，长广三中高中停办，原有的高中班级并入长广二中。1995年7月，长广二中高中停办，原有的高中班级并入长广一中。1999年7月，长广一中高中部迁入雉城镇，成立长广高级中学，学校迁址到雉城镇长广技校校园内，与长广技校合署办学，实行一个机构、两块牌子管理体制。

2006年3月2日，长兴县人民政府与长广集团公司正式签约，长广集团公司所属中小学整体移交长兴地方办学。学校正式移交长兴地方办学。6月，学校更名为长兴县第三中学，为县直属公办高中。2012年7月，学校更名为长兴县太湖高级中学。2013年7月，学校整体迁至长兴县太湖街道白溪大道11号。

学校坚持“文化立校、品质强校”的治校理念，以“自强不息、敢立潮头”为校训，把“创造适合学生发展的教育，建设受人尊敬的负责任的学校”作为办学目标，经过团结拼搏，教育质量迅速提高，重点上线人数逐年递增、屡创新高，纯文纯理本科上线率以每年10%的比例递增，升学率已达95%以上。2012年、2013年学校连续两年被县委、县政府授予“高中教学质量优胜单位”称号。

在办学过程中，学校一直坚持有特色有亮点，形成了在学生综合实践活动（包括中学生研究性学习）上的特色亮点项目，《我的家园我做主》于2008年12月被评为浙江省第三届中学生研究性学习成果一等奖，2010年7月被评为全国首届中小学生研究性学习成果一等奖；《水箱水位闭环电子控制系统的设计和应用》于2009

年12月被评为浙江省第四届高中生研究性学习成果一等奖，2010年4月被评为第24届浙江省青少年科技创新大赛一等奖；《全自动恒温自洁节能雏鸡喂水系统》于2014年4月被评为第28届浙江省青少年科技创新大赛一等奖，8月被评为第29届全国青少年科技创新大赛三等奖；《智能晾衣架》2013年4月被评为第27届浙江省青少年科技创新大赛一等奖。2014年5月，学校被评为浙江省二级普通高中特色示范学校。学校在移交地方办学后，先后获得市文明单位、市行为规范示范学校、市森林单位、市语言文字规范化示范学校、市德育工作先进集体、市创先争优先进基层党组织等荣誉。

2014年，学校占地87亩，总建筑面积42252平方米。有多媒体综合教室60个，各类实验室18个，学生宿舍楼3幢，室内体育馆1个，排球场4个，篮球场8个，足球场1个，400米标准塑胶运动场。有39个教学班，在校学生1727人，教职工171人，其中专任教师142人，研究生学历9人，本科学历125人，中学高级教师56人，中学一级教师60人。有省教坛新秀1人、市县名师10人、教坛新秀10人、教学能手5人、教学明星3人。

1989—2014年长兴县太湖高级中学历任校长、书记名录

表4-14

姓 名	职 务	任职时间	备注
俞 骥	校长、书记	1990.7—1991.2	长广二中
吴 浩	校 长	1991.2—1992.7	
朱兴泉	书 记	1991.2—1994.12	
	校 长	1992.7—1994.12	
沈宝华	书 记	1994.12—1995.7	
徐美庆	校 长	1994.12—1995.7	
俞 骥	校 长	1991.2—1993.4	长广一中
任振原	书 记	1991.2—1994.7	
潘树中	副校长	1990.1—1996.7	
	校 长	1993.4—1995.7	
唐瀚潮	副校长	1993.7—1994.7	
	书 记	1994.7—1995.7	
徐学健	校 长	1995.7—1998.7	

续表 4-14

姓 名	职 务	任职时间	备注
沈广场	书 记	1995.7—1999.7	长广一中
王新元	校 长	1998.7—1999.7	
杨建忠	副校长	1995.7—1998.7	
吴桂生	副校长	1998.7—1999.7	
唐建华	校长、书记	1999.7—2000.2	太湖高中（长广高中、长兴三中）
王新元	校长、书记	2000.2—2001.7	
陈昌奎	副校长	1999.7—2000.2	
吴桂生	副校长	1999.7—2000.12	
陶中毅	副校长	1999.7—2000.12	
吴桂生	副校长	2001.1—	
唐建华	校 长	2001.7—2010.8	
	书 记	2001.7—2006.8	
陶中毅	副校长	2001.1—2006.7	
孙觉先	书 记	2006.8—2011.8	
俞志荣	校 长	2010.8—	
黄 晖	副校长	2003.7—	
孙觉先	副校长	2006.7—2011.8	
蒋亚琴	副校长	2007.8—	
葛 琪	副校长	2012.8—	
蒋亚琴	书 记	2011.8—	

三、长兴县华盛高级中学

长兴县华盛高级中学位于长兴县雉城镇紫金路399号。创办于2001年，由浙江华盛建设公司出资4500万元，与县教委合作建造，时名为长兴华盛高级中学。学校以股份制形式运作，实行校董事会领导下的校长负责制。秋季招生6个班，281名学生。同年，煤山中学高中全体师生合并迁入。2002年8月，虹溪中学高中全体师生合并迁入，9月，学校更名为长兴华盛虹溪中学。2005年被确认为省二级重点中学。2006年12月，学校通过省一级重点普通高中评估验收。2012年7月，更名为长兴县华盛高级中学。

学校以“励志、明理、尚美、笃行”为校训，秉承“追求卓越，志在成功”的办学精神，以“打造精品和典范高中”作为办学目标，在办学过程中，学校一直把“一切为了学生，为了学生的一切”作为办学宗旨，致力于为高校输送优秀毕业生，十三年办学已培养优秀毕业生11967人，为高一级院校输送新生10889人。

学校深入开展素质教育，尊重学生个性及兴趣爱好差异，坚持“面向全体、因材施教”，努力实现“人人成才、个个发展”。体育运动方面，学校通过组建篮球俱乐部，充分发挥篮球队员的特长，有效地普及篮球运动。学校女篮队连续四年蝉联湖州市中学生篮球联赛冠军，并多次在省中学生篮球联赛晋级赛中荣获佳绩，提升学校的知名度。美术教学方面，学校组建美术班，积极开展美术分层模块教学，培养学生的审美能力，发挥他们在美术方面的特长，多名学生在湖州市、浙江省乃至全国比赛中荣获一等奖，在浙江省美术术科考试和中国美院高考中，学生美术成绩名列前茅。学校认真实施深化课程改革工作，制定《学校课程建设规划》，2014年开设选修课108门。在课程开发方面，学校坚持质量优先，学校开发“装饰艺术”“平面设计”“花鸟画”“素描”等4门省级精品选修课程（网络选修课程），开发了“化学与战争”“摄影艺术”“合唱与指挥”“环境与生活”“中学生人际交往”“图形创想与电脑绘制教学”等6门市级精品选修课程，其质与量均处湖州市乃至浙江省前列。学校也成为浙江省普通高中多样化课程兴趣特长类试点学校。学校始终坚持德育为首，以生为本，育人为先，致力于完善德育工作模式，紧紧围绕“习惯好、风气正、能力强、素养高”开展德育工作。学校倡导文明礼仪，深化学生行为规范养成教育，引导学生成人、成才、成功；“党支部和年级管委会指导下的学生自主管理模式——学管会”获得县教育系统“全面提升素质年”和“育人成才先锋”创先争优活动的“十大创新成果奖”。学校先后获省中学生体育协会篮球分会会员单位、省艺术特色学校、第五批省体育特色学校等称号。

2014年，学校占地112.5亩，建筑面积47235平方米。有70个教学班，学生3040人，教职员工共254人，其中专任教师228人。研究生学历19人，中学高级教师职称的56人，中学一级教师职称82人，中学二级教师77人。有市县名师15人，市、县教学明星、教学能手、教坛新秀40余人。

2001—2014年长兴县华盛高级中学历任校长、书记名录

表4-15

姓名	职务	任职时间
钱大同	校　长	2001.4—2001.7
罗民强	副校长	2001.7—2001.10
	校长、书记	2001.7—2003.8
林宗景	副校长	2002.9—2003.9
	书　记	2004.12—2009.8
	校　长	2005.2—2012.3
施建国	书　记	2003.8—2004.12
王天照	副校长	2004.8—2009.8
俞志荣	副校长	2005.1—2009.8
卢学泉	副校长	2006.8—2012.7
尚　洪	副校长	2009.8—2012.3
	书　记	2009.8—2012.3
	校　长	2012.3—
施劲松	副校长	2009.8—2013.3
	书　记	2013.3—
沈汉奇	副校长	2009.8—
许立新	副校长	2010.8—
李庚喜	副校长	2012.8—
何　俊	副校长	2012.8—
张　泽	副校长	2012.8—

四、长兴县金陵高级中学

长兴县金陵高级中学位于长兴县太湖大道1138号。创办于2003年，办学体制为民办高中，由南京聚恒建设集团有限公司出资13600万元建造，规模为60个班，校名为长兴金陵高级中学。2004年秋季，学校投入使用，招18个教学班，新生909人，长兴一中高中部和泗安中学高中部师生合并迁入，11月，通过浙江省三级重点高中评

估验收。2010年8月，由长兴县人民政府接管转为地方办学，办学性质为国有民办。2012年7月，更名为长兴县金陵高级中学。

学校在“好教师成就好教育、好团队引领好文化、好学校开启好人生”的办学思想指导下，坚持“以爱为源、以人为本、教人求真、助人成才”的办学理念和“发展学生的一切、一切为学生发展”的办学宗旨，认真践行“精勤不怠、厚积薄发”的校训，倡导形成“明理、勤业、博学、善思”的学风、“身正、敬业、合作、创新”的教风和“勤奋、崇实、文明、进取”的校风，努力实现“使学校成为师生健康成长的精神家园，倡导师生合作发展的学习共同体”的办学目标和“培养学生具有爱学习、爱家乡、爱生活精神的身心健康和谐发展的社会主义建设者”的培养目标，从而促进教师率先发展、学生优质发展、学校和谐发展。

学校传承泗安中学优秀的美术绘画教育传统，坚持“德育立本、美育树人”思想，在学校创设的浓厚艺术氛围中，提高学生的艺术修养，促进学生全面发展，为美术类高校输送大量优质生源，得到中国美术学院等专业院校的好评。学校美术师资力量雄厚，在浙江省第二届美术创作优秀群体展中，学校美术教师参展作品荣获团队优秀奖，其中，1人荣获个人金奖，1人作品《红色的笔记本》成功入选第十届全国水彩粉画展展览（是中华人民共和国成立以来长兴籍画家首次入围国家级美术大展）。三位教师成功入选浙江省美术家协会和浙江省油画家协会会员。学校有国家级十佳教师、省级优秀教师、市县级名师和教学能手31人。教科研氛围浓厚，有1人在第四届全国普通高中优质课展评活动中荣获全国一等奖，1人在浙江省首届教育教师技能大赛中荣获省一等奖。2012—2014年，承担省市级课题10余项，教师在省市县级教学论文评比中获奖160人次，在各级各类教学比武中获奖达1060人次。学校荣获全国地理科普教育先进单位、省首批艺术特色学校、省体育（排球）特色学校、省治安安全示范单位、省化学竞赛集体优胜单位、省首批二级普通高中特色示范学校等称号。

2014年，学校占地312亩，建筑面积90341平方米，有66个教学班，学生2892人，教职工223人，其中专任教师197人，研究生学历12人，中学高级教师51人，中学一级教师99人。

2003—2014年长兴县金陵高级中学历任校长、书记名录

表4-16

姓名	职务	任职时间
蔡永进	校长	2003.12—2010.8
陈光明	校长	2010.8—2014.12
	书记	2008.8—2010.8
陆仲祥	书记	2004.7—2005.8
臧小方	书记	2005.8—2008.8
陈新华	副校长	2004.8—
邹小平	副校长	2004.8—2010.8
	书记	2010.8—
郑学芬	副校长	2008.8—
张仁龙	副校长	2009.8—
徐赴耘	副校长	2010.8—
殷玉新	副校长	2012.8—
傅树方	副校长	2014.1—
徐荣农	书记	2014.8—

五、长兴县虹溪中学

长兴县虹溪中学位于长兴县虹星桥镇。创办于1956年9月。前身为县完中。1988年，初中部停办，改办为高级中学。1989年，在校学生202人，班级数为6个，教职工29人。1996年，根据县教育布局调整，和平中学高中班并入虹溪中学，在校学生数为539人，班级总数达到12个，教职工48人。1998年，李家巷高中并入。2002年7月学校撤销建制，高一、高二学生724人，教师59人并入长兴华盛高级中学。

学校遵循"敬业、爱岗、务实、创新"的治学之道，以"依法治校"和"科教兴校"为宗旨，大胆改革，锐意进取，制定学校科学发展目标。90年代末，学校投入大量的人力、物力、财力用于校园建设，先后建成综合楼、女生公寓、师生餐厅、田径场等教学场馆，多媒体语音室、电脑室、理化生实验室、图书馆、校园自动广播系统等教学设施。学校设备设施完善，生活区、教学区、运动区分布合理，校园内绿树成荫，环境宜人。

学校育人方式多样，办学设施逐步完善，教学质量稳步上升。1998年，学校取得湖

州市中学生田径赛第一名的好成绩，荣获县校舍建设先进单位、县年度治安先进单位、县团工作先进单位、县教育系统行风建设先进集体等荣誉。1999年，学校为国家输送3名优秀飞行学员，被南京军区表彰为“南空招飞先进单位”，当年高考上线185人，被评为县教学质量优胜单位。同年12月顺利通过浙江省办学水平A级督导评估验收。2000年，学校通过县师生行为规范双达标验收，被评为县文明单位，当年高考上线265人。2001年通过省三级重点中学评估。2002年1月被评为市文明单位。

2002年，学校占地面积为49.28亩，建筑面积12404平方米。有19个教学班，学生1088人，教职工81人。

1989—2002年长兴县虹溪中学历任校长、书记名录

表4-17

姓　名	职　务	任职时间
袁淦华	校　长	1989.8—1990.7
史国华	副校长	1989.8—1992.7
何良才	书　记	1989.8—1994.7
高　毅	副书记	1989.8—1995.7
袁淦华	校　长	1992.8—1994.7
史国华	副校长	1992.8—1994.7
何良才	校　长	1994.8—1995.7
罗民强	副校长（主持工作）	1995.8—1996.7
何良才	书　记	1995.8—1996.7
周义强	书　记	1996.8—1998.7
罗民强	校　长	1996.8—2001.7
林宗景	副校长	1997.8—2000.7
邹忠明	书　记	1998.8—1999.7
罗民强	书　记	1999.8—2000.7
许争鸣	副校长	2000.8—2001.7
林宗景	书　记	2000.8—2001.7
程慧群	书　记	2001.8—2002.7
林宗景	校　长	2001.8—2002.7
许争鸣	副校长	2001.8—2002.7
施劲松	副校长	2001.8—2002.7

第五章　中等职业教育

第一节　发展概况

1989年，长兴县职业中学2所（长兴县农业技术学校、长兴县高级职业中学），附设职高班学校5所，在校学生516人，教职工39人。县域内部门行业办学5所，分别为长兴县技工学校（隶属县劳动局）、长兴县煤田职工地质学校（隶属煤炭部，2000年划归地方管理）、长广煤矿公司技工学校（隶属长广煤矿）、湖州卫校长兴教学点（隶属县卫生局）、浙江财经学院长兴分院（隶属浙江省民主党派）。

1990年，在普通中学适度引进职业技术教育，全县26所初中试办初三"分叉教学班"。长兴农技校被省教委核定为省首批示范性职业学校。

1991年，初三、高三分流选修技术教育的学生1016人，初中毕业后"3+1"（3年初中1年职业技术）789人，有47名高三学生分七个专业在长兴职高和长兴农技校接受职业技术教育。

1992年，湖州卫校长兴教学点更名为长兴职工中等卫生学校，面向全省招生。是年，全县职业教育的民办学校开始起步。

1993年，长兴职高投资15万元，建立电脑房。是年，为了适应市场的需求，长兴农技校同普通中学联合举办初中分流教学班，与县建设局联办工业与民用建筑专业中专班，与天昌丝绸服装总公司联办服装班；长兴职高与县人武部联办预备役军人班。

1994年，在长兴农技校的基础上建立长兴县职业技术学校，实行一个机构、两块牌子（随着学校农业专业的消失，县农技学校的牌子随之取消）。9月，在长兴教师进修学校内建立长兴县成人中等专业学校，设立湖州师范教学点，招收普师班（至1997年连续招收4届，2000年7月最后一届普师生毕业，共192人）。是年，温州籍周清泉独资创办长兴县华东八三武校，长兴县湖州群英服装技术私立学校建立。

1995年,全县中等职业教育进入快速发展阶段,实行跨县招生,其中外县学生304名。职业教育渗透到普通中学,其中煤山中学招收硅酸盐专业成人中专班。是年,长兴县成人中等专业学校开始招生;长兴职高和长兴职技校共同主编《职教之声》,进行职业教育宣传。

1996年秋季,泗安中学、煤山中学附设职高班,学生有300余人;11月,成立长兴县职业技术教育研究会,创办《职教天地》。是年,长兴职高被评为浙江省示范性职业高中。

1997年,根据《中华人民共和国职业教育法》和全国、全省职教会议精神,鼓励和支持全社会参与职业技术教育,新创办民办职业学校5所,共招收学生500余人,职高和普高的招生比例达至6:4。长兴成人中专学校招收中专幼师班、非师范专业的职业中专和成人中专,开设外贸英语、计算机、美术、幼儿保健等专业教学班。

1998年,长兴职技校获省示范职业高中称号。长兴职技校、长兴职高均被湖州市教委首次评为行为规范达标学校。

1999年,县教委下发《关于在职业学校开办春季职业高中班的通知》,在长兴职高、长兴职技校、八三武校开办春季职高班。是年,长兴职高招收体育特长班,学制三年(职业中专),名额40名。长兴职高、长兴职技校均通过湖州市教委教学规范化管理的评估验收。长兴职高申报并被批准为职业中专。县人武部批准八三武校与长兴技校设立预备役军人学校。长广集团公司下属技工学校与长广高级中学合并(2001年停招技校学生)。长兴卫校分别成立温州医学院、浙江大学医学院长兴教学站。

2000年7月,长兴县煤田职工地质学校、长兴职技校合并,组建长兴县职业技术教育中心学校。县教委出资450万元,购买浙江省民进党创办的浙江财经学院长兴分院,创建浙江广播电视大学长兴电大分校,开办高等职业技术教育。全县职业教育教学质量大幅提高,1999—2000年,在全省高职考试中,连续两年夺全市第一名,其中服装、旅游两个专业夺得全省第一名。是年,成立县职教成教教研室,统一领导和管理全县职教成教教学研究工作。

2001年1月,长兴职高并入长兴职教中心。4月,隶属县人事劳动局管理的长兴县技工学校移交县教委管理。秋季起,县教委在全县职业教育中首次使用“教育券”。12月,长兴职教中心被评为省一级重点职业学校。是年,长兴职教中心、清泉武校招收保送生420名。

2003年,长兴国家职业技能鉴定中心落户长兴技校,有职业技能鉴定员6名。长兴卫校设有本科、大专、中专三个层次的专业,开设面向全省招生的药学和护理专业。是年，全县职业类学校在校学生6705人，教职工320人。

2004年，县政府制定《关于加快职业教育发展，打造长三角蓝领培养基地》的职业教育规划。全县举办“职教之春”（从2005年起，各职业类学校每年自办师生技能节）师生技能节，推介职业教育发展成果。是年，共有23家企业与职业类学校签订合作协议；长兴职教中心被科技部星火计划办公室授予首批农民科技培训星火学校称号。

2005年，长兴职教中心、长兴技校与德国富尔达BBZ职业教育培训中心签订10年合作办学协议，派出36名教师赴德国富尔达BBZ职业教育培训中心开展为期一个月技能专业培训。12月，浙江省首届职教班主任工作暨教学创新研讨会在长兴职教中心召开，来自全省各职业学校的近300名代表参加活动。是年，长兴职教中心荣获全国职业教育先进单位称号，长兴技校被评定为省级重点技工学校。

2006年，长兴职教中心先后承办全国职业教育工作发展研讨会和全省职业学校德育工作经验交流会，并与浙江大学、宁波职业技术学院等高校签订合作办学协议；长兴技校与日本职业学校达成合作办学意向。各职业学校根据实际编写校本教材，实行错时放学。是年，长兴技校经省政府批准筹建长兴技师学院（同年12月，长兴技师学院举行开工典礼），成为长兴县唯一一所培养中、高级技术工人，并具有国家职业技能鉴定资格的中等职业技术学校；长兴卫校增挂湖州中等卫生专业学校牌子，升格为普通中专。

2008年4月，长兴职教中心引进太湖数控机床厂，成立“数控技术研发中心”；5月，挂牌成立“陆羽茶艺文化职业培训学校”。9月，长兴技校搬迁至龙山街道回龙山路新校区。长兴职教中心受命承担四川灾区中职学生教育教学任务，有学生53人。全县职业教育落实教育部提出的“职业教育向中西部职业教育拓展”的精神，与云南楚雄州工业学校、高级技工学校合作办学，有49名云南楚雄州职高生到职教中心培训。是年，长兴职教中心获评全国教育系统抗震救灾先进集体；长兴卫校设立邹瑞芳护理教学基金会。

2009年，长兴职教中心进入全省中等职业学校综合实力30强，长兴技校数控模具设计与制造实训基地通过省级验收，并通过ISO 9001认证。是年，长兴职教中心获得全国中职学校第六届文明风采竞赛活动竞赛组织奖。

2010年，长兴职教中心被评为首批国家级重点教育改革示范中等职业学校，长兴技校被劳动部确定为国家级重点技工学校。是年，全县职业类学校有国家级实训基地1个，省级实训基地1个，省级示范专业6个；长兴卫校更名为湖州中等卫生专业学校，与温州医学院开办医学类研究生课程班。

2011年，长兴职教中心首次承办其他省市新疆中职班，有学生79人（从此年起，每年都承办其他省市新疆中职班，到2014年承办三届，共164人）。是年起，湖州卫校加入省中高职教育一体化联盟，与高等专科学校合作，进行“3+2”“五年一贯制”中高职一体化人才培养模式的探索（学生先在卫校学习3年，获得中专文凭，通过高校选拔后再升入高校学习2年，获得大专文凭）。

2012年，长兴技校正式获批成为长兴技师学院，成为省中等职业教育创新创业课程教学试点院校。是年，成立长兴技师学院职教联盟和长兴职教中心现代制造业职教联盟；长兴县成人中专并入长兴技师学院。

2013年，全县职业教育成立名师工作室，挑选12名教师与杭州名师一对一结对。师生参加技能大赛获国家级奖2项，其中一等奖1项；省级获奖13项，其中一等奖2项；市级获奖66项，其中一等奖11项。是年，长兴职教中心通过国家教育改革示范校验收，长兴技师学院成功争创省教育改革示范校。

2014年，全县职业学校参加省技能大赛，有3个项目获省一等奖，6名学生代表省参加全国大赛。首届新疆其他省市中职班学生顺利毕业，其中有10位学生进入大学继续学业。是年，湖州卫校设置高职高考升学班。全县独立设置的中等职业技术学校共4所，其中民办1所，在校学生10259人，校均规模2564人；教职工909人，其中专任教师731人，“双师型”教师达到92%。

2014年长兴县中等职业学校基本情况表

表5-1

校名	地址	创办年月	毕业数（人）	招生数（人）	学生数（人）	教职工数（人）	
						合计	专任教师
长兴县职业技术教育中心学校	长兴县雉城镇职教路136号	1983.9	1606	1267	4332	219	201
长兴技师学院	雉城街道回龙山路2009号	1979.4	1101	792	2138	293	268
湖州中等卫生学校	雉城街道回龙山路2009号	1979.11	1101	973	2999	242	176
湖州市清泉文武学校	长兴县父子岭兰香山风景区	1994.8	291	324	790	155	86

1989—2014年长兴县职业教育事业发展情况表

表5-2

年份	独立设置学校(所)	附设职高班(所)	毕业生(人)	招生(人)	在校生(人)	教职工数(人)	专任教师数(人)
1989	2	5	34	302	516	39	39
1990	2	10	205	529	736	41	41
1991	2	2	201	253	439	56	42
1992	2	1	176	292	573	59	43
1993	2	1	154	270	636	56	40
1994	2	—	293	413	676	66	52
1995	3	—	250	406	624	93	71
1996	3	—	214	414	776	118	85
1997	4	5	404	1023	1727	188	113
1998	6	4	322	1118	2302	295	183
1999	8	3	947	483	1852	252	157
2000	6	4	654	539	1456	279	181
2001	3	9	522	2002	2930	269	142
2002	3	10	410	2926	4939	297	173
2003	3	11	562	2198	6705	320	198
2004	3	13	1628	3294	9325	386	267
2005	3	12	3124	3775	9655	454	316
2006	5	9	2932	4461	10959	689	505
2007	5	9	3035	4000	11212	702	546
2008	5	7	3850	3878	11015	583	445
2009	5	—	3736	3947	10460	603	469
2010	5	—	3313	4231	10950	642	478
2011	5	—	3117	4622	11737	742	613
2012	4	1	3317	4294	11911	877	730
2013	4	1	3640	3854	11773	898	741
2014	4	1	4099	3356	10259	909	731

说明：上述表格中1989年到1994年，为教育部门所办的职业类学校数据；1995年到2005年含民办职业类学校数据；从2006年，为县内所有职业类学校数据

第二节　学制与专业

1989年，全县职业中学学制为二年或者三年，普通中学职高班学制一年或者二年，涉及生化、兽医、建筑、幼教、机电制图、食品糕点、财会、服装、家电维修、计量、硅酸盐、电子、企业管理、家用电器修理、农教、蚕桑植保、果木蔬菜种植与加工、养殖、助产士、中医士等专业。

进入90年代，全县职业类学校增设文书档案(含中文打字)、服装缝纫，畜牧兽医、妇幼医士、西医士等多个专业。1995年9月，八三武校开办预备役军人职高班专业。

1996年，全县职业中学开设财会、电算、金融、美术、装潢、建筑经济、工民建筑、服装、工艺、畜牧、医药、机电、烹饪、宾馆服务、幼师、预备役军人班等16个专业，其中美术、烹饪、服装专业首次获评湖州市职业技术教育的重点专业。1997年，增设外贸英语、计算机、幼师专业。

1998—2000年，全县对职业教育专业进行调整，设置专业为6大类，31分类。2000年，进行学制改革，对烹饪、餐饮、修理、服装、农艺等专业进行课程浓缩，编写使用性强的乡土教材，对学生进行技能等级考核，实行一生多证，增加毕业学生就业机会，增强毕业生适应社会的能力。

2003年起，全县职业学校根据企业的需要设置专业，开设课程，实行"订单"招生与就业。

2004年，全县职业类学校根据县委、县政府提出大力发展"电子电源、机械制造、新型建材、家居装饰、食医药、特色化工"六大主导产业的要求，长兴职教中心做强"数控与电子、汽车应用与维修、信息技术与旅游"三大主干专业；长兴技校做强"机电技术、商贸物流"两大主干专业；成人中等专业学校做强"外贸英语、国际商务"两个主干专业；清泉武校做强"安全防范、影视与乘务"专业；湖州中等卫生学校做强"护理、药学"专业。

2005年，全县职业教育的电子技术应用、机电技术应用两大专业成为省示范专业。

2006年，全县职业教育的电子电工、数控、汽修、机电一体化四个专业成为省级示范专业。

2007年，长兴卫校的护理专业被评为市示范专业。

2008年，长兴职教中心与太湖数控机床有限公司校企合作，成立数控机械研发中心，增设紫砂工艺、表演艺术、日语等三个专业。是年，长兴技校的模具设计与制造专业成为省示范专业。

2009年，随着地方产业转型升级，全县职业学校以“淘汰过时专业、巩固品牌专业、开设新兴专业、拓宽专业培养渠道、合理确定专业培养”为目标，开设现代纺织机械、印染、精细化工等专业。

2010—2011年，全县职业类学校合并部分相同专业，注重抓学生职业道德、操作技能和职业水平，降低文化课比例，增加专业建设投入，培养学生成为合格“蓝领”，提升专业内涵和就业质量。湖州卫校护理专业开设“3+2”联合培养模式，并被评为市品牌专业。

2012年，全县4所职业学校共开设专业36个，涉及农林牧渔类、土木水利类、加工制造类、交通运输类、信息技术类、医药卫生类、财经商贸类、旅游服务类、文化艺术类、体育健身类、教育类等11大类。其中，数控加工专业为省级品牌；数控技术应用、汽车运用与维修、电子技术应用、机电技术应用、模具设计与制造、护理为省级示范专业；数控技术应用、电子电器应用与维修、服装设计与工艺、计算机信息技术、烹饪、汽车应用与维修、电子技术应用、酒店服务与管理、机电技术应用、电子电工、机电一体化、商贸、护理、安全防范、旅游服务与管理为市示范专业、品牌专业。

2013年，湖州卫校增设五年一贯制的药剂和中药两个专业。

2014年，全县4所职业类学校共开设专业44个。其中，38个专业的学制是3年，5个专业的学制为5年（3年就读中等职业学校，2年就读高等职业院校），1个专业的学制为6年（前3年为中级工，中间2年为高级工，最后1年为预备技师）。

1998—2000年长兴县职业学校专业设置情况表

表5-3

专业大类	专业分类
机电类	应用电子、机械、机修、汽修、水电工、家电及通信设备维修
计算机类	办公自动化、电子商务、财会电算化、计算机应用、因特网
服装类	服装设计与制作、服装操作技术、服装材料、服装工艺
家口类	特种养殖与防疫、种植加工、乡村行政与经济管理、园艺、花卉
服务类	烹饪、餐饮服务、美术装潢、物业管理、文秘、经济法律事务
武术类	散打、保安与公关、保安与驾驶、影视特技武打、预备役军人班

2014年长兴县职业技术教育中心学校课程、学制、专业设置情况表

表5-4

专业	学制（年）	总教学时数（节）	其中			专业理论基础课程内容
			文化课（节）	专业理论基础（节）	实习（节）	
电气运行与控制	3	3072	896	576	1600	电工基础、电子线路
电子商务	3	3072	896	704	1472	电商概论、市场营销、仓储与物流、基础会计
计算机平面设计	3	3072	896	704	1472	彩绘基础、设计基础
机电设备安装与维修	3	3072	896	576	1600	电工基础、电子线路
建筑工程施工	3	3072	896	576	1600	建筑识图、建筑力学、建筑概论
文秘	3	3072	896	704	1472	秘书基础、文书档案、走进文员
中餐烹饪	3	3072	896	704	1472	营养知识、原料知识、成本核算
果蔬花卉生产技术	3	3072	896	704	1472	园林基础、植物与环境
计算机网络技术	3	3072	896	704	1472	VB
汽车运用与维修	3	3072	896	576	1600	汽车概论、汽车识图
旅游服务与管理	3	3072	896	704	1472	旅游文化、旅游概论
服装设计与工艺	3	3072	896	576	1600	服装识图、服装设计、彩绘
数控技术应用	3	3072	896	576	1600	机械识图、机械基础、零件测量

2014年长兴技师学院课程、学制、专业设置情况表

表5-5

专业	学制（年）	总教学时数（节）	其中			专业理论基础课程内容
			文化课（节）	专业理论基础（节）	实习（节）	
太阳能光伏利用技术（高级工）	3+2	5120	936	1896	2288	太阳能热利用技术、太阳能光伏技术、太阳能电池制造技术、太阳能工程设计与施工、企业供配电与运行

续表5-5

专 业	学制（年）	总教学时数（节）	其中			专业理论基础课程内容
			文化课（节）	专业理论基础（节）	实习（节）	
数控技术应用（技师+大专）	3+2+1	6144	1322	1822	3000	机械制图、数控加工机械基础、数控编程及操作、PLC技术、CAD/CAM/CAPP/CAE、数控电火花线切割加工、数控机床装调及维修、数控原理与控制系统
数控技术应用（高级工+大专）	3+2	5120	941	1968	2211	机械制图、数控加工机械基础、数控编程及操作、PLC技术、CAD/CAM、数控电火花线切割加工、数控机床装调及维修
数控技术应用（中级工）	3	3072	882	1056	1134	机械制图、数控加工机械基础、数控编程及操作、CAD、数控电火花线切割加工
数控技术应用（中级工）	3	3072	1460	940	672	机械制图、数控加工机械基础、零检测量与质量控制技术、数控工艺、数控编程及操作
模具制造技术（数控技术方向）	3+2	5120	1045	1952	2123	机械制图、机械工程材料、冷冲压模具设计、塑料成型模具设计、数控编程及操作、电火花及线切割工艺及操作
机电设备安装与维修（高级工+大专）	3+2	5120	998	2017	2105	机械及电气识图、电工电子技术、电力拖动控制线路与技能训练、机电一体化、机床机械与电气系统、PLC技术、液压与气动技术、机电设备维修实训
机电设备安装与维修（中级工）	3	3072	799	1245	1028	机械及电气识图、电工电子技术、电力拖动控制线路与技能训练、机电一体化、机床机械与电气系统、机电设备维修实训
计算机动漫与游戏制作（中级工）	3	3072	982	1070	1020	计算机硬件组装及维护、微机原理、计算机故障检测与维修、计算机外围设备维修、动画制作、游戏程序设计
计算机网络技术（中级工）	3	3072	846	1070	1156	计算机组装及维护、网页设计及制作、网站建设、网络建设及应用、网络安全维护

续表5-5

专业	学制（年）	总教学时数（节）	其中			专业理论基础课程内容
			文化课（节）	专业理论基础（节）	实习（节）	
会计（中级工）	3	3072	886	1214	972	基础会计、企业财务会计、财务管理、会计电算化、出纳实务
会计（成教大专）	3+2	5120	1046	1993	2081	基础会计、企业财务会计、财务管理、会计电算化、出纳实务、行业会计、成本会计、资产评估
电子商务（中级工）	3	3072	864	1188	1020	电子商务基础、网络营销、电子商务物流与配送、电子商务网站建设及维护、国际贸易、计算机技术
国际商务（外贸英语方向）	3	3072	1028	1259	785	国际贸易、进出口贸易实务、商务英语函电、外贸初级英语、国际贸易单证实务、报关实务

2014年湖州中等卫生专业学校课程、学制、专业设置情况表

表5-6

专业	学制（年）	总教学时数（节）	其中			专业理论基础课程内容
			文化课（节）	专业理论基础（节）	实习（节）	
药剂专业	3	3648	918	1530	1200	医学基础、药物制剂技术、药理学、药物分析、药事法规、药物化学、生物化学、分析化学、药用植物识别技术、中医药学概论、生药学、天然药物化学、药品市场营销、医药商品学、医药电子商务技术、药店零售与服务技术、药学概要、药品调剂技术、就业与创业指导、药品储存与养护技术

续表5-6

专 业	学制（年）	总教学时数（节）	其中			专业理论基础课程内容
			文化课（节）	专业理论基础（节）	实习（节）	
中药专业	3	3648	864	1584	1200	医学基础、中医学基础、中药鉴定技术、中药炮制技术、药事法规、中药储存与养护、生物化学、分析化学、药用植物识别技术、中药方剂学、心理学基础、中药药剂学、天然药物化学、药品市场营销、中药药理与应用、药品营销心理、中药调剂技术、就业与创业指导、中成药
康复治疗技术	3	3648	738	1710	1200	医学基础、微生物检验技术、寄生虫检验技术、免疫检验技术、临床检验技术、生物化学检验技术
检验技术	3	3648	738	1710	1200	疾病学基础、临床医学概要、康复评定技术、康复治疗技术、中国传统康复疗法、常见疾病康复、康复医学概论
口腔修复工艺技术	3	3648	738	1710	1200	口腔解剖与牙雕刻技术、口腔组织及病理学基础、口腔固定修复工艺技术、可摘义齿修复工艺技术、口腔工艺设备使用与养护、口腔正畸工艺技术、口腔疾病概要
卫生信息管理	3	3648	738	1710	1200	医学文献检索与管理、办公软件高级应用、病案管理学、卫生统计与应用、会计电算化、基础会计
普通护理专业（包含老年护理方向）	3	3648	684	1764	1200	解剖学基础、生理学基础、护理学基础、护理技术实训、病理学、病原生物与免疫学、护理学基础、内科护理学、外科护理学、儿科护理学、妇产科护理学
助产专业	3	3648	684	1764	1200	解剖学基础、生理学基础、护理学基础、护理技术实训、病理学、病原生物与免疫学、遗传与优生、护理学基础、内科护理学、外科护理学、儿科护理学、妇科护理学、产科护理学

2014年湖州市清泉文武学校课程、学制、专业设置情况表

表5-7

专业	学制（年）	总教学时数（节）	其中			专业理论基础课程内容
			文化课（节）	专业理论基础（节）	实习（节）	
航空服务	3	3159	1458	816	885	民航专用英语、乘务口语、形体、演讲与口才、空乘礼仪、医疗与急救常识、国家规定太极拳、清泉太极绵拳、健身气功等
旅游服务与管理	3	3159	1458	816	885	旅游文化、旅游概论、旅游地理、演讲与口才、旅行社经营管理、导游实训、医疗与急救常识、国家规定太极拳、清泉太极绵拳、健身气功等
法律事务（安全防范）	3	3159	1458	816	885	南山短打拳、飞虎拳、鹰爪拳、青龙拳、清泉太极绵拳、刀枪剑棍以及散打、搏击、擒拿、点穴、气功、防卫术等实战功夫和安防常识、消防概论、军事知识、治安管理、擒拿格斗、治安管理学、武学概论等理论常识
影像与影视技术	3	3159	1458	816	885	武术、散打、跆拳道、武术实战技术、影视武打技术、形体艺术、舞台表演、影视基地实训等
国际商务	3	3159	1458	816	885	国际电子商务、国际市场营销知识、国际贸易基础、专业商务英语、销售心理学、销售技巧、商品知识、商品经营、商务礼仪实训等
市场营销	3	3159	1458	816	885	电子商务、管理学、会计学、财务管理、消费者行为学、消费心理学、市场营销、市场调查、商品经营实训、企业销售策划、人力资源管理等

2014年长兴县技师学院成人中等专业学校教学点课程、学制、专业设置情况表

表5-8

专业	学制(年)	总教学时数(节)	其中			专业理论基础课程内容
			文化课(节)	专业理论基础(节)	实习(节)	
学前教育(高考方向)	3	3260	1698	1562	—	计算机基础、音乐、舞蹈、美术、口语、幼儿教育学、幼儿心理学、幼儿卫生学、幼儿文学
学前教育(实习方向)	3	3260	1182	1182	896	计算机基础、音乐、舞蹈、美术、口语、幼儿教育学、幼儿心理学、幼儿卫生学、幼儿文学、幼儿保育、幼儿园活动设计、创新创业
学前教育(五年一贯制前三年)	3	3260	1638	1542	80	学前卫生学、普通心理学、学前心理学、中外学前教育史、学前教育学、幼儿园课程、儿童早期干预、学前教育、研究方法、幼儿园教育、活动设计、现代教育技术、教师口语、手工、音乐、舞蹈、美术

第三节　实习与就业

1989年,全县独立设置的职业学校建立校内学生实训基地,基地建设实行教学、科研、生产一体化。

1991—1993年,长兴职高与省职业进修学院联办财审班,与乡企局联办企业会计班;长兴农技校与浙农大、浙江农科院联办食用菌班、与农业局联合办种植养殖班、与县林业局联合办林果班。各班均建立校外实习基地。

1994年8月,长兴职高、长兴职技校增设生产实训处,具体负责学生实习工作。至90年代末,全县职业类学校建立劳务输出培训基地。

进入21世纪,全县职业教育加强学生实习基地建设,职业学校专业实习与用人单位挂钩,各职业学校举办就业宣传月活动。2003年,在省内及上海等大中城市的经济开发区调研、建立一批学生实习基地与就业基地，拓宽中职学生的就业门路与渠道。是年，省传统武术涉外培训基地落户湖州清泉武校。

2004年5月，县教育局职成科根据市教育局要求对各职业学校的实训和实习工作进行督导评估。是年，长兴职教中心与浙江诺力机械厂、德玛机械厂、光宇集团等大企业联合办冠名班，与萧山国际机场、先科集团等企业签订订单培训协议，与杭州华开服装有限公司等7家企业签下培养有关烹饪、数控、机械电子、服装等专业400人的订单。

2005年，长兴技校数控专业的在校生被用人单位提前预订，长兴职教中心以数控技术应用专业全省考评第一名的高分成为中央财政支持职业教育专业性实训基地。中国光宇集团、上海对外服务公司等15家企业与职业类学校签订用工协议和校企合作办学协议。当年，毕业生就业率在99%以上，专业对口率在70%以上。2007年，长兴职教中心建立教育部重点扶持的数控实训基地。

2008年，长兴职教中心与太湖数控机床有限公司进行校企合作，成立数控机械研发中心；长兴技校的汽车运用与维修实训基地成为省示范实训基地。是年，全县职业类学校毕业生，就业率达到98%以上，专业对口率达到80%以上。

2009年9月，长兴职教中心实训（实习）中心挂牌成立省中职学校首个“FANUC数控系统应用中心”。

2010年，长兴职教中心与永达集团联合举办“永达班”，实行企业与学生签订合同，学生在校期间永达企业给予一定的资助，学生毕业后到永达企业工作；学校计算机、电子专业班到海信惠尔浦公司开展工学结合活动，学生109人，时间48天。湖州卫校被省教育厅确认为省级实训基地；长兴职教中心成功申报省级机电综合性公共实训基地。是年，全县职业类学校有国家级实训基地1个，省级实训基地4个，实训开出率100%。毕业生就业率98.88%，专业对口率80%以上。

2012年，长兴技师学院创建省级先进制造业实训基地；长兴职教中心建造14000平方米的开放式实训基地，实施专业理论教学和专业实践教学相结合，实现课程项目化。是年，长兴职教中心、长兴技师学院、湖州卫校参加市中职学校现代学徒制“334”模式首次试点工作，共有214人参加现代学徒制实习。全县职业学校为企业输送技术人才2406人，为合作企业订单培养学生462人，全县中职毕业生的就业率达到100%。

2013年8月，湖州卫校药剂实训基地被评为省级实训基地；11月，湖州市唯一一个数控类职业实训基地正式落户长兴技师学院。全县职业学校服务地方经济发展能力不断增强，95%以上的学生在当地企业就业，基本满足当地企业用工需求。

2014年，全县4所职业学校共有校内实训基地23个，校外实训基地122个，毕业生4099名，就业4099名（含高一级学校深造669人），毕业生就业率达100%。

2014年长兴县职业学校学生就业情况表

表5-9 单位：人

学校	毕业学生数	就业学生数	其中继续升学数
职业中心	1606	1104	502
技师学院	1101	1101	—
湖州中等专业卫生学校	1101	1030	71
湖州清泉武校	291	195	96

2014年长兴县职业技术教育中心学校实训基地情况表

表5-10

校内	金工、数控、电子电工、计算机、餐旅、服装、烹饪、汽修、钳工、幼师等实训基地
校外	长兴新紫金大酒店、长兴国际大酒店、长兴府酒店、长兴开元芳草地大酒店、湖州浙北大酒店有限公司、湖州喜来登温泉度假酒店、长兴旅游集团、浙江超悦电控设备有限公司、浙江海信电器有限公司、海信（浙江）空调有限公司、浙江湖州森富机电有限责任公司、浙江合利光电科技有限公司、浙江中晶科技股份有限公司、金麦特自动化系统有限公司、德马克长兴自动化系统有限公司、八环轴承有限公司、浙江加力仓储设备有限公司、浙江海悦自动化机械设备有限公司、浙江诺力机械股份有限公司、华夏易能投资浙江有限公司、浙江辛子精工机械股份有限公司、浙江永达实业集团有限公司、浙江普朗特电动汽车有限公司、浙江凯迪汽车部件有限公司、浙江睿璞智能汽车有限公司、长兴兴盛汽车销售服务有限公司、长兴昌盛汽车销售服务有限公司、长兴通盛汽车销售服务有限公司、长兴吉尼雅家具有限公司、长兴橄榄枝网络科技有限公司、长兴花田喜事婚庆服务部、长兴鹿富物流有限公司、湖州欧尚超市有限公司等实训基地

2014年长兴技师学院实训基地情况表

表5-11

校内	数控、会计、电子商务、计算机网络、太阳能光伏等实训基地
校外	湖州辛子精工机械、超威集团、汉能控股集团、浙江天煌科技实业有限公司、湖州杭轴特大轴承有限公司、长兴飞样钣金科技有限公司、湖州镭宝机械有限公司、浙江杭泰汽车部件有限公司、长兴众成电子有限公司、浙江长兴鑫瑞机械有限公司、浙江金指科技有限公司、浙江海悦自动化机械股份有限公司、长兴宏达机械厂、湖州众友物流技术有限公司、长兴旗滨玻璃有限公司、长兴海洋城、长兴巴黎春天婚纱摄影、美欣达集团、湖州益华网络科技有限公司、天能集团、士商精密技术有限公司、浙江诺力机械股份有限公司、浙江铭锐金属制品有限公司、湖州微巴作息技术有限公司、湖州佳华输送机械有限公司、浙江光普太阳能科技有限公司、湖州首传作息技术有限公司、申通快递、洪博教育培训学校、康迪电动汽车有限公司等实训基地

2014年湖州中等卫生专业学校实训基地情况表

表5-12

校内	护理专业、药剂专业、助产专业、中药专业、口腔修复工工艺专业等实训基地
校外	湖州市中心医院、湖州市第一人民医院、湖州市第三人民医院、湖州市妇幼保分健院、湖州市中医院、湖州市交通医院，吴兴区中西合医院、长兴县人民医院、长兴县中医院长兴县、妇幼保健院，浙江省医疗健康集团长兴医院、长兴国泰医院、安吉县人民医院、安吉县中医院、安吉县第三人民医院、安吉县妇幼保健、德清县人民医院、德清县县中医院、德清县第三人民医院、德清县妇幼保健院，南浔人民医院、南浔中西医结合医院、吴兴区人民医院、双林医院、埭溪医院、练市医院、菱湖医院、绍兴文理学院附属医院、绍兴市中心医院、绍兴柯桥区中医院、绍兴市妇幼保健院、海盐人民医院、海盐中医院、桐乡第二人民医院、余姚泗门医院、慈溪市中医院、慈溪市第一人民医院、慈溪市第二人民医院，湖州英特药业有限公司、三九湖州药业有限公司、湖州百姓缘药业有限公司、湖州平家大药房有限公司、杭州海王辰健康药房有限公司、湖州开心人大药房连锁有限公司、象山中医院、长兴雉洲医院、上海海王辰健康药房有限公司、杭州瑞嘉嘉业医用材料有限公司、杭州德凯利医疗器材有限公司等实训基地

2014年湖州清泉文武学校基地情况表

表5-13

校内	自然科学探索园、校内招待所、清泉宾馆等实训基地
校外	大唐贡茶院、金钉子、新四军纪念馆、金陵大酒店、超威集团、金盾保安公司、图影湿地等实训基地

第四节　学校介绍

一、长兴县职业技术教育中心学校

长兴县职业技术教育中心学校位于雉城镇职教路136号。学校创建于1983年9月。位于便民桥乡石泉村，校名为长兴县便民桥农业技术学校，管理体制为县乡联办。1984年6月更名为长兴县农业技术学校，迁址环桥。1994年，学校挂牌成立长兴县职业技术学校，实行一个机构、两块牌子的管理。2000年7月，经县人民政府批准，学校和长兴县煤田职工地质学校合并组建长兴县职业技术教育中心学校。2001年1月，长兴县高级职业中学并入，学校进入快速发展阶段。

学校为综合型中等职业技术学校，实施全日制中专层次的学历教育，以全日制中等职业教育和短期社会培训为主，全日制中等职业教育学制三年，短期培训学制为一个月到一年。2008年，成为全省第一批接收四川灾区学生的唯一一所县级职业学校。2011年9月，根据教育部、省教育厅的安排，学校成立新疆部接收新疆学生到校学习，开设汽车运用与维修、电气运行与控制两个专业，至2014年共有164名新疆学生在校学习。

学校秉承“一身正气、一心求知、一流技能”的校训，坚持“德育为首、能力为重、面向社会、服务经济”的办学理念，形成“修身、明理、关爱、精业”和“养德、勤学、乐思、精技”的学风。学校倡导“人人都是德育工作者”的管理理念，确立以职业道德教育为主线，推行寝室德育导师制、道德实践周、准军事化管理等制度，实施以“亲情化、个性化、规范化、社会化”为途径的德育教育新模式。学校坚持教学创新，积极推行教室车间化、“AB班”和“导生”制等专业教改举措，实施项目教学、开放式实训，创新仿真实训、引企入校、工学结合等校企合作模式，以及“依托四大基地、实施六项工程”的“双师型”师资队伍建设等措施，赢得良好的社会效应。学校相继承办全国职业教育发展研讨会、省第九届重点中学第二届重点职校田径运动会、省中职学校学生德育工作经验交流会等大型会议，学校的“四个基地”办学模式在浙江省中等职业教育办学新模式、教改新成果推广会上进行典型介绍，并向全国推广。学校先后被评为首批国家中等职业教育改革发展示范校、国家级重点职业学校、全国职业教育先进单位、全国德育工作先进单位、全国中等职业学校德育工作实验基地学校、全国教育系统抗震救灾先进集体、国家级语言文字规范化示范校、国家级星火学校、省绿色学校、省依法治校示范单位、省卫生先进单位等,被社会赞誉为长三角蓝领人才培养基地。

2014年,学校占地431亩,建筑面积12.52万平方米。学校硬件设施设备达一流水平,有1.4万平方米的现代化开放式实训中心,专业设备总价值近4000万元;图书馆藏书20万余册,并配有电子阅览图书室;建有六幢设施完善的学生公寓,1.1万平方米的学生餐厅;建有中心广场、专题文化公园、艺术馆、400米塑胶跑道运动场、12个标准篮球场、5个排球场及网球场等活动场地。在校学生4332人,教职工219人,其中专任教师201人,专任教师本科以上学历达98.2%,专业教师中高级工以上"双师型"比例达91.7%,中高级职称占63%,有县级以上名师、教坛新秀、教学能手52人。

1989—2014年长兴县职业技术教育中心学校历任校长、书记、副校长情况表

表5-14

职务	姓名	任职起止日期	职务	姓名	任职起止日期
校长	陈志荣	1989—1990.7	副校长	彭明才	2000.8—2001.12
校长	汤瑞福	1990.8—1993.7	副校长	胡　强	2000.8—2004.3
校长	彭明才	1993.8—2000.7	副校长	钱伟茂	2000.8—2001.8
校长	朱绍寅	2000.8—2001.12	副校长	沈玉良	2001.1—2009.9
校长	彭明才	2001.12—2009.5	副校长	方中仁	2001.8—2001.12
校长	沈玉良	2009.9—	副校长	费新华	2002.3—2007.7
书记	陈志荣	1989—1990.7	副校长	吴玉良	2002.8—2014.8
书记	汤瑞福	1990.8—1993.7	副校长	邹小平	2004.8—2005.8
书记	彭明才	1993.8—1998.8	副校长	温东浦	2004.8—2011.8
书记	钱海杰	1998.8—1999.4	副校长	王晓照	2005.8—2007.9
书记	钱晓南	1999.8—2000.7	副校长	孙立新	2005.8—2012.8
书记	姚明发	2000.8—2001.12	副校长	姚新明	2009.8—
书记	沈玉良	2001.12—2010.9	副校长	陆凤林	2009.8—
书记	姚新明	2010.9—	副校长	钱柏良	2009.8—
副校长	葛连松	1989—1992.7	副校长	黄德慧	2012.8—
副校长	施荣林	1992.8—2002.7	副校长	许立群	2012.8—
副校长	钱晓南	1999.8—2000.7	副校长	于卫芳	2014.8—

二、长兴技师学院

长兴技师学院位于长兴县雉城街道回龙山路2009号。创建于1979年4月。校名为长兴县技工学校，位于雉城镇南高家墩，由长兴县革命委员会主办。1979年划归为县劳动人事局主管。2001年4月25日，学校划归县教委管理。2005年12月，学校被评定为省级重点技工学校。2008年9月10日，学校搬迁至新校舍，位于雉城镇龙山街道回龙山大道2009号。2010年4月，学校成为国家重点技工院校。2012年3月，学校升格为长兴技师学院，成为省第一所县域技师学院。

学校坚持“以服务为宗旨、以就业为导向、以质量促发展”的办学理念，以“以学生为中心、以素质为基础、以技能为重点”为办学原则，以“敬业为本，精业为恒”为校训，将“和”文化引入校园，坚持以“和”立校，通过“诚、容、恒、精”四条辅线，营造和谐校园文化，培养“诚实守信、宽容大度、持之以恒、精益求精”的高技能、高素质人才。学校先后获得市级团工作先进集体、市先进卫生单位、市职业教育先进集体、市级文明单位、省先进技工学校、省级卫生先进单位等荣誉称号。

2014年，学校占地面积近177.4亩，建筑面积6.48万平方米。综合楼1幢，配有图书馆、网上电子阅览室、一个能容纳800人的会议报告厅、教学电脑室8个；教学楼2幢，能容纳100个教学班等设施设备；机电实训楼1幢，有各种型号的普通车床43台，数控车床44台，数控铣床13台等实训设施设备，可同时容纳电子电工、钳工、普通车工、数控车床、数控铣床、加工中心、外贸、财会、电子商务等十余个专业实训操作教学；学生宿舍楼6幢，餐饮中心大楼1幢，标准足球场1个，标准400米跑道1条，11个标准篮球场地和2个网球场地。在校学生2138人，专任教师268人，其中高级职称教师27人，中级职称教师42人，双师型教师103人，获部、省、市级以上优秀教师、教学能手、技术能手、优秀德育工作者、优秀辅导员等荣誉称号教师30人，教育教学论文、课题、技能竞赛等获省级以上奖项117人次。

1989—2014年长兴技师学院历任校长、书记、副校长情况表

表5-15

职务	姓名	任职起止日期	职务	姓名	任职起止日期
校长	任杏轩	1989.1—1993.6	副校长	屠　正	1998.9—1999.9
校长	乔纪林	1993.6—1998.9	副校长	盛岳生	1999.9—2000.2

续表5-15

职务	姓名	任职起止日期	职务	姓名	任职起止日期
校长	徐　宁	1998.9—2000.2	副校长	甘崇宾	2000.2—2000.10
校长	盛岳生	2000.2—2001.7	副校长	刘玉春	2000.10—2002.8
校长	彭明才	2001.7—2001.12	副校长	程惠琴	2002.8—2003.8
校长	钱晓南	2001.12—	副校长	陈于芳	2003.8—2007.8
书记	赵佰瑜	1989.1—1993.2	副校长	阮强志	2003.8—
书记	乔纪林	1993.2—2001.7	副校长	王涧芳	2004.8—2009.8
书记	徐昌良	2001.7—2003.8	副校长	韩耀良	2005.9—2009.8
书记	钱晓南	2003.8—2009.8	副校长	方中仁	2009.8—
书记	阮强志	2009.8—	副校长	龚德森	2009.8—2012.8
副校长	徐昌良	1989.1—2001.4	副校长	郭桂梅	2010.8—
副校长	郭顺田	1989.1—1993.6	副校长	俞学明	2013.8—
副校长	陈正坤	1993.6—1998.9	副校长	熊　勇	2014.8—

三、湖州中等卫生专业学校

湖州卫生中等专业学校位于雉城街道回龙山路2009号。创办于1979年11月，以环桥“五·七”大学作为校舍，时命名为长兴县卫生进修学校，由县卫生局主办。1980年，选址雉城镇清文路38号新建校舍，校园面积4869平方米，建筑面积2403平方米。1988年9月，成为湖州卫校的教学点。1992年7月，经省卫生厅、省计经委批准，湖州卫校长兴教育点更名为长兴职工中等卫生学校，面向全省招生。2006年4月，学校增挂湖州中等卫生专业学校牌子，由成人职工中专升格为普通中专，成为湖州地区唯一一所卫生类全日制普通中专。是年，在安吉县、湖州（吴兴区、南浔区）招生人数达450人。2009年1月，学校迁至雉城镇龙山街道回龙山大道2009号，与长兴技师学院共用教学楼和实训楼。是年12月进行二次搬迁，教学楼、实训楼和宿舍楼与长兴技师学院各自独立分开（卫校教学楼、实训楼、宿舍楼分别为12017.2平方米、8155.2平方米、10174.2平方米），行政楼、运动场、食堂、和绿化等其他公共设施两校共用。2010年10月，学校更名为湖州中等卫生专业学校。2011年2月，学校成为省二级中等职业学校。

学校以“人道、博爱、奉献”南丁格尔精神为引领，以“爱”为核心，开展校园“爱”文化建设。通过课堂教学、实践训练、文化活动等进行文化渗透，培养学生的“爱心、耐心、细心、责任心”和尊重生命、无私奉献、严谨求实的卫技人员职业道德，构建“爱”的特色文化体系，形成“爱国、爱校、爱专业、爱己”的校园氛围。学校以服务发展为宗旨，以促进就业为导向，立足湖州，面向全省，培养实用型健康服务人才，毕业生就业率保持95%以上，分布于湖州、宁波、杭州等地区的健康服务单位。办学来，学校向各级医疗卫生单位输送1万多名医药卫生人才。学校成为县卫健系统、县红十字会、县劳动与社会保障局技能培训基地，开展乡村医生、育婴员、药品购销员、中药调剂员等各种卫生技能培训和劳动力技能培训，年培训达5000人次以上。学校被评为省红十字达标校、市中职教育行为规范示范校、市专门化特色中职学校、市中职校园文化示范校、市中职校园文化示范校、市红十字示范校。学校护理专业被评为省骨干专业、省示范专业、市品牌专业；护理实训基地被评为省级实训基地。药剂专业被评为市特色专业；药剂实训基地被评为省级实训基地、市级品牌实训基地。

2014年，学校总占地面积252亩，总建筑面积8.5万平方米。有50个标准教室、2个计算机机房、8个文化课实验室、1个人体解剖实验室、46个专业实训室，实验实训设备总值500多万元。在校生人数2999人，教职工242人，专职教师176人，其中研究生学历5人，本科学历87人（在读研究生7人）。

1989—2014年湖州中等卫生专业学校历任校长、书记、副校长情况表

表5-16

职务	姓　名	任职起止时间	职　务	姓　名	任职起止时间
校长	张锡钧	1989.1—1989.7	副校长	金振坤	1989.1—1989.7
校长	唐冠群	1989.7—1993.9	副校长	何连娣	2003.12—2009.8
校长	张锡钧	1993.9—1995.10	副校长	潘鸿飞	2000.8—
副校长（主持工作）	於春生	1995.10—1998.9	校长助理	马　琦	2009.8—2013.9
副校长（主持工作）	柏平华	1998.9—2001.5	副校长	林丽华	2013.9—
校　长	王明华	2001.5—2009.8	副校长	马　琦	2013.9—
校　长	王坤明	2009.8—	副校长	刘　菲	2013.9—
书　记	李翠宝	1989.1—1991.11	副书记	林丽华	2013.9—
书　记	唐冠群	1991.11—1995.10	书　记	王明华	1998.9—2005.10
书　记	张锡钧	1995.10—1998.9	书　记	何连娣	2009.8—2013.10
书　记	李　坚	2005.10—2009.8	书　记	王坤明	2013.10—

第六章　其他教育

第一节　德育

全县各级各类学校始终把德育工作放在首位，全面贯彻和执行党的教育方针，把德育放在学校教学全过程，融入各学科之中。根据年龄特点探索德育工作模式，深入开展研究，德育的针对性、实效性进一步增加，学生综合素质得到全面提高。

一、德育教育内容

1989年，全县组成两个德育调查组，对实验小学（作为试行《小学德育纲要》试点学校）和林城中学（作为试行〈中学德育大纲〉试点学校）德育工作试点学校进行典型调查，对全县其他中小学德育工作进行普查，在此基础上，县委下发题为《中共长兴县委关于改革和加强中小学校德育工作的实施意见》的文件，以此指导全县学校德育工作。小学阶段德育内容：在继续抓好《行为规范》教育和训练的同时，全面推行《小学德育纲要》的实施，对学生加强艰苦朴素和劳动教育，提倡艰苦创业精神；中学阶段德育内容：继续贯彻执行《中学生日常行为规范（试行稿）》，加强对中学生的基本伦理道德教育和基础文明行为训练，培养学生良好的行为习惯。党中央十三届四中全会召开，全县各校开展“热爱中国共产党，热爱社会主义祖国、热爱人民解放军”为主要内容的形势教育。是年，各学校执行《关于严格中小学升降国旗制度的通知》，按《中华人民共和国国旗法》进行升降国旗仪式；全县评出德育先进工作者61名。

1990年，各学校全面实施国家教委《中小学德育大纲（施行）》。6月，县教育局印发《关于转发市国防教育委员会一九九〇年度国防教育意见的通知》，各学校结合鸦片战争150周年，对学生进行国防教育。12月，县教育局对各学校德育工作进行督导和评估。是年，县教育局获市国防教育先进单位称号。

1991年，各学校以五爱（爱祖国、爱人民、爱劳动、爱科学、爱社会主义）为学校德育基本内容，以中小学德育纲要和中小学行为规范为依据，以雷锋、赖宁为榜样，全方位开展德育工作。是年，县教育局成立国防教育领导小组，出台《长兴县中小学开展国防教育实施意见》，教研室编写2.5万字的中小学国防教育教材，创办实验小学、小浦镇中心小学、白岘乡中心小学少年军校示范点；建立长兴县儿童少年工作协调委员会，成立关心下一代工作委员会(简称关工委)。

1992年，全县中小学在校内悬挂中外名人画像，将中国近代史、现代史及国情作为德育教育内容。是年，全县建立10个德育教育基地，到基地接受革命传统教育、爱国主义教育和国防教育的学生达25200余人；中小学行为规范开展考核评级验收，共有25所中小学分别达到及格、良好、优秀等级。

1993年，国家教委正式颁发《小学德育纲要》，《小学生爱国主义教育读本》被列为小学生课外必读书。全县初中一年级使用省编《国防教育》课本，少年军校成为县国防教育重要基地。全县行为规范达标学校达60%。实验小学获省文明单位称号。

1994年，县教委召开中小学德育工作研讨会，转发国家教委《关于学习贯彻中共中央关于进一步加强和改进学校德育工作的若干意见的通知》和《关于贯彻爱国主义教育实施纲要的通知》。各学校开展编写爱国主义和革命传统教育乡土教材。是年，槐坎乡“新四军司令部旧址”成为青少年爱国主义教育基地，高中学校全面实施《浙江省高级中学学生思想政治品德考核暂行办法》。

1995年，全县各学校贯彻落实《爱国主义教育实施纲要》和《关于进一步加强和推进学校德育工作》文件精神，重视对青少年进行党的基本路线教育，扎实上好思想政治课和思想品德课，把爱国主义教育引向深入；试行《长兴县中小学行为规范达标考核实施细则》，各校强化行为规范训练，争创行为规范达标学校。

1996年，县教委成立未成年人保护工作小组，转发关于《湖州市初中学生思想政治考核暂行办法》的通知。从秋季开始各初中学校根据上述文件精神，全面落实学生思想政治考核工作。15所学校被评为行为规范合格学校。

1997年，全县成立4所青少年法制学校，初中公民课改为思想政治课，国防教育列入教学计划，每月安排一课时实施教学，做到“时间、教师、内容”三落实。各校编写乡土教材，学生接受爱家乡教育。20所学校被评为行为规范达标学校。

1998年，全县中小学征订《青少年法律知识问答》读本，对学生进行法律教育。完全中学、职业类学校2600多名新生进行一周军训，雉城中学学生到军事基地举行军事夏令营。是年，全县中小学8.1万多名学生观看自中共诞生以来长兴140多位“长兴英烈”图片展，20000多名中小学生祭扫英雄纪念碑，高中类学校举行成人宣誓仪式。

1999年，家长学校作为学校德育工作重要内容之一，纳入各乡镇妇联、中小学幼儿园年度目标责任考核内容。是年，《可爱的长兴》一书举行首发式。

2000年，全县中小学贯彻落实党的十五大、第三次全国教育工作会议和《中共中央、国务院关于深化教育改革全面推进素质教育的决定》，将德育作为素质教育的核心，把德育工作放在学校工作的首位，教育学生学会宽容、学会合作、学会选择、学会自立；对学生进行以乡土教材为内容的德育教育，教育学生“知我长兴、爱我长兴、建我长兴”。是年，县教委下发《开展心理健康教育的实施意见》文件，成立县心理辅导专业研究会，举办心理健康师资培训，将心理健康师资培训纳入学校师资培训计划；学校实施兼职法制副校长制度。10所中小学被评为师生行为规范“双达标”学校。

2001年，县中小学心理健康教育指导中心成立，学校开设心理辅导课，设立心理咨询室。中小学建立学业等级评价制度，推广使用《素质教育发展报告单》。是年，建立县校两级德育基地和素质教育基地60余个；雉城中学、长兴职教中心建立国防教育实验学校；20所中小学被评为师生行为规范“双达标”学校；雉城二小建立长兴县首所少年环保学校。

2002年，各校贯彻落实省教育厅《关于进一步加强中小学道德教育的意见》，树立以德治校、以德育人、以德修身的理念，坚持道德教育必须贴近学生生活的原则，重点抓中小学基本道德观念的形成和基本道德行为习惯的养成。长兴中学、雉城中学、后洋中学、泗安中学、水口乡中学、长桥中心小学成立青少年法制学校。

2003年，全县中小学确立“日常行为规范、心理健康、法制纪律教育”为德育工作重点内容；加大德育队伍建设力度，举办一系列德育骨干培训班；规模较大的初中增设政教处。

2004年，县教育局对中小学生思想道德建设现状进行调查，召开全县德育研讨会暨班级德育工作导师制现场会、青少年法制教育工作会议及加强和改进未成年人思想道德建设座谈会；开展参与式德育教学研究，聘请专家编写开放式、师生参与式的长兴地方德育教材《做人——长兴的孩子这样说，这样做》上册，做到师生人手一册；开展《长兴的孩子这样说，这样做》下册作品征集活动；加强德育基地建设，把纪念馆、革命遗址、厂矿企业作为学校校外德育基地。部分学校与驻长兴部队结成军民共建单位，借助部队力量加强学校德育工作。是年，全县设立综合素质教育优胜奖，开展第一届“综合素质优秀奖”“思想道德优秀奖”“家庭教育优胜奖”“竞赛发明优胜奖”“贫困学生奋进奖”“高考成绩优胜奖”等评选活动（以后每年一次进行评比，至2014年共11届）；实验初中聘请华人歌唱家蔡大生为“客座德育导师”。

2005年,学校德育工作以爱国主义教育为核心,以理想信念教育为主线,以中小学生守则、日常行为规范养成教育为重点,以队伍建设、方法创新、载体建设、德育研究为抓手,加大力度,提高实效。县教育局成立德育讲师团,到各校巡回演讲,编写地方德育教材《做人——长兴的孩子这样说,这样做》下册。是年,长兴中学应邀参加由中宣部组织召开的加强未成年人思想道德建设座谈会,学校校长作《导师制:对中小学生思想道德建设的新探索》的专题发言,对学校开展德育导师制工作所秉持的理念、采用的方式、方法和取得的成效等几个方面进行交流,受到与会专家的充分肯定。

2006年,县教育局转发《长兴县人民政府办公室关于印发长兴县中小学生思想品德教育实施意见》的通告,明确学生思想品德教育工作目标、要求及主要教育内容。各学校学生定期到德育基地活动,使德育实践性进一步增加。

2007年,小学德育主要开展做人做事基本道理和文明习惯养成教育;初中德育主要进行"五爱"教育、革命传统教育、社会公德教育和法制教育;高中德育主要开展立志成才、人生观、世界观、价值观教育和民族团结祖国统一教育,时政政策教育,防毒教育。是年,全县实施"预防青少年违法犯罪工程";开展德育课程考试改革,建立学生思想道德以及行为表现综合评价制度。

2008年,县教育局制定学校德育工作规程,各学校按规程开展德育工作。

2009年,县教育局成立青少年普法讲师团,到各学校进行普法宣讲;建立专职心理教师工作坊,开通心理咨询热线电话,承办全省首届中小学教师心理成长工作坊暨研讨活动,邀请团中央《知心姐姐》杂志社心理健康教育全国巡回报告团作报告,并举办心理咨询师国家职业资格证书考试培训。

2010年,全县以全面提升学生文明素养为德育重点内容,加强和改进中小学德育教育模式,倡导文明礼仪;实施"温馨校园、幸福班级"建设,增加师生对班级集体的归属感和对校园文化的认同感。

2011年,县教育局制定下发《长兴县教育系统"六五"普法规划》,推进"六五"普法工作;积极探索对学生的科学评价方式,坚持综合评价,提高学生综合素质。4月,成立县首个中小学德育工作讲师团,成员12名,涉及思想品德、思想政治、语文、心理健康教育等学科,利用业余时间从事学生思想道德建设工作;9月,县委出台《中共长兴县委、长兴县人民政府关于进一步加强和改进未成年人思想道德建设的实施意见》,召开全县未成年人思想道德建设工作会议。是年,3所学校被评为县禁毒预防教育示范学校。

2012年，全县重点做好班主任、德育导师、心理健康辅导员三支德育队伍建设，举办首届班主任综合能力大赛；以感恩教育、诚信教育为载体，开展以班级文化建设为主题内容的“幸福班集体”建设；组建“幸福班集体建设”宣讲团，宣传幸福班级管理的先进经验，以典型辐射全县；编写《我说长兴》德育读本，制定下发开展“法律进校园”活动方案。是年，全县高一新生8000余人开展为期一周的军事训练，实践中心人防教育中心接待1.2万人次学生接受国防教育。

2013年，县教育局印发《长兴县教育局关于进一步深化未成年人思想道德建设的实施意见》，强化课程育人、文化育人、制度育人、礼仪育人、网络育人、实践育人、合力育人等七项育人实践；强化以“中国梦”为核心的理想信念、爱国主义、公民道德、法制安全、青春健康、生态文明、中华优秀传统、国际文化理解等为主要内容的八项主题教育；加强对学校德育副校长、法制副校长、德育主任、班主任以及德育导师的培训，形成校级、班级、校外三支德育队伍。各学校开展“立德树人”德育工程建设，紧紧围绕加强未成年人思想道德建设这一主题创新思路，开展个性化德育实践活动。是年，长兴中学“以生导生”的德育导师制、和平镇中心小学的“五S德育模式”、小浦镇中心小学的“家庭生活教室”、龙山中学的“幸福班集体建设”、林城中学的“厕所管理”、吕山乡中学的“寝室管理”、长兴职教中心“名著、名诗、名片、名曲、名画”佳作欣赏及“我是小红帽”等都形成德育教育特色；95个班级被评为县幸福班集体，5所学校被评为县行为规范示范学校，19所幼儿园成为县行为规范考核优胜单位。

2014年，全县部分班主任到杭州参加全国中小学（含职业学校）德育教学与班主任创新理念活动培训。是年，全县成立幸福班集体建设指导中心和班主任工作指导中心，建立留守儿童之家；29个班级成为县德育工作先进集体，66名教师被评为县优秀德育工作者，59名教师被评为优秀德育导师。

二、德育教育活动

1989年，全县少先队开展“学赖宁、争十佳”争做优秀少先队员活动。

1990—1991年，中小学开展第一届“让精神世界更美好”和“鲁迅纪念奖”读书活动（至1995年，共五届）；参加团市委、市教委组织的“三个一万”社会实践活动（献出万条红领巾、节约万元分钱、说万句心里话）；各校围绕建党七十周年开展热爱社会主义、热爱中国共产党专项德育教育活动。

1993年，开展少年军校进行检阅活动，参加学校有吴山乡中心小学、和平镇中心小学、李家巷镇中心小学、白岘乡中心小学、小浦镇中心小学、太傅乡中心小学、长潮乡中心小学、实验小学。

1994—1995年，全县师生开展观看革命传统教育百部优秀影片活动。

1996年，各学校开展《中华人民共和国未成年人保护法》和《浙江省未成年人保护条例》专题宣传月活动。

1997年，中小学开展“弘扬中华美德，争做时代新人”“话说香港”等读书教育活动和相关普法教育活动。

1998年，全县完中开展“保卫21世纪”国防演讲比赛和国防征文比赛活动。

1999年，全县学校紧紧围绕“国庆五十周年”和“澳门回归祖国”两件大事，举办“知澳门、爱祖国”读书会、报告会、书画赛、演讲赛、征文赛等活动。

2000—2001年，中小学举办“爱我浙江、党在我心中”知识竞赛和征文比赛活动；开展“崇尚科学、拒绝邪教、告别三室一厅、不迷恋网吧、争做文明市民、清明节祭扫烈士墓、五四青年节成人宣誓、向海空卫士王伟同志学习”等专项教育活动。

2002—2003年，各中学开展法制教育活动，形式为邀请湖州劳教学员现身说法、公民基本道德法制知识演讲比赛、知识竞赛及征文比赛；城区各学校学生到社区、居委会开展清洁卫生社会实践活动。

2004年，全县各学校开展“崇尚科学、关爱家庭、珍惜生命反对邪教、告别网吧”专项教育活动和“弘扬和培育民族精神”专题教育月活动。

2006—2007年，全县各中小学开展“廉洁教育进校园、共建和谐家园读书征文、社会主义荣辱观公益漫画大赛”活动；开展“爱与奉献教育、行为规范养成”等专题品德教育月活动。

2008年，中小学开展“知荣辱树新风我行动”道德实践活动、“抗震救灾绿色奥运”感恩系列教育活动和“廉政文化进学校”示范点争创活动。

2009年，各校举办“遵纪守法好学生”评选活动和以“我爱我的祖国”为主题内容的演讲比赛活动。

2010—2011年，各中小学开展“诵弟子规，树好品行”活动；开展“无邪教学校”和以“珍爱生命、拒绝毒品”为主题的毒品预防教育活动及“纪念建党90周年”专题活动。

2012—2013年，中小学继续开展创建“无邪教学校”和“禁毒宣传教育周”活动；以征文、演讲、主题班会、网上签名寄语等形式举办“学雷锋，争做美德好少年”“执经典之手，塑精神之魂”“经典诗文诵读”等专题活动；开展“我的梦·中国梦”书信、绘画评比和“我的中国梦”诵读大赛活动。

2014年,全县各学校开展以“行为规范养成、雷锋精神、孝敬感恩、劳动奉献、理想信念、禁毒、法在心中、最可爱的军人”等为主题的教育月活动。

三、德育导师制

本着“切实把德育做到学生的心里去”的目标,从2002年开始,长兴中学探索学生德育工作新模式,至2009年,创立个性化、亲情化和全员化的德育导师制。

班级德育工作小组建立(2002年3—8月)。2002年,长兴中学迁入新校,当时面临的情况与所有中学都类似:学校政教工作人员缺乏,班主任工作繁杂,工作量大,面对几十号学生,力不从心;而任课教师只管教书,不管育人,学生的大事小事都往班主任身上推。学校认为,要做好学校的德育工作,必须把全校教职工的力量都调动起来,组建一支强大的德育工作队伍。学校对现有的班级管理进行“扩编”,即由每班的2~3名任课教师组成班级德育工作小组,班主任的很多工作分解给他们做,包括班级卫生管理、学生寝室管理、班级黑板报、操场管理等。这一时期的改革的具体做法是通过建立新制度让少数任课老师参与班级的常规管理,具有规模小、范围小的特点,但是具有革命性的意义。这项改革开启了学校德育制度改革的序幕,在传统德育模式下被掩盖的问题不断浮出水面,这项改革也在不断探索中走向深入,最终为德育导师制度的形成提供可能。

德育导师制度雏形——班级德育工作导师制(2002年9月至2003年6月)。鉴于“班级德育工作小组”在参与班级常规管理方面取得明显效果,从2003年3月起,长兴中学在继续推行班级德育工作小组制的同时,试行班级德育工作导师制。德育导师的职责有:引导学生树立正确的人生观、世界观、价值观和审美观,培养和提高学生的政治思想素质;帮助学生形成良好的道德品质,经常检查和督促学生的行为习惯;负责学生的学业指导,指导学生掌握良好的学习方法,培养良好的学习习惯,帮助学生解决学业上的困难;帮助学生解决生活、生理、心理上的困惑,做学生生理的长辈、心理上的医生,生活中的益友;经常与学生家长沟通,全面了解学生的家庭情况,积极争取多方协作。学校选择有一定德育工作经验和能力的10名教师参加“试行”,让这10名德育导师与学生结对子。通过师生双向选择,并兼顾好、中、差学生,每位导师有针对性地选定五六名学生作为受导对象。德育导师开展工作的形式也以制度的形式固定下来,包括档案制度、家访联络制度、谈心与汇报制度和特殊案例“会诊”制度。学校还成立以校长为组长的班级德育工作导师制领导小组,对导师工作进行检查、督促和评估。班级德育导师制度在试行中不断得到丰富和完善，最终形成全员育人、个性化、亲情化新型的育人模式的雏形。

德育导师制度的建立和完善（2003年9月至2004年12月）。班级德育工作导师制在取得显著成效的同时，也暴露出自身的局限性。局限性主要表现在：导师数量少，不能满足实际需要；受导面小，不能充分发挥该制度的优越性；导师范围局限于班级任课老师，不能适应解决学生复杂多样的德育问题的需要；德育内容主要设计学生德育的常见问题，而对学生中的一些特殊问题和突出问题涉及不够；德育方法不够丰富，采用谈话、笔谈的方法往往受到时间、地点和其他一些条件的限制而难以充分发挥效果；德育导师制度的相关管理制度还需要进一步加强和完善，才能把德育计划真正落到实处。针对问题，长兴中学大胆创新，采取措施，突破班级德育导师制度的瓶颈，最终形成比较完整的德育导师制度。2003年9月，长兴中学在班级德育工作小组制的基础上首推德育工作导师制，创设亲情化、个性化、全员化的德育工作模式。学校高二、高三年级中受导学生共459人，约占全校学生的18.36%。采用两种形式开展导师制工作：一种是固定导师形式，一个导师“导”5～8名学生，导师对所导的学生从高一到高三毕业全程关注、全面负责；另一种是流动导师形式，即每周向全校学生推出10名左右导师，供学生自主选择，导师对有关学生进行疏导、解惑。在这两种形式下，制定四本手册、五项制度，包括档案制度、谈心汇报制度、家访联络制度、寝室联系制度和会诊制度，作为工作开展的保障。导师对学生进行思想引导、心理疏导、生活指导和学习辅导。2004年2月，长兴中学增加高一年级受导学生219人，6月，长兴中学受导学生共计675人，占全校学生比例约为26.5%。

德育导师制度的发展和延续（2005年1月至2009年8月）。2005年，“人人都是德育工作者”在长兴中学教师心中已成共识，到3月，全校有德育导师173人，占全校专任教师的86%以上，并聘请校外导师10余人。德育导师制的实施，使每位教师都有机会尝试指导和管理学生的乐趣与艰辛，同时也受到学生家长的认同和学校的重视，责任感和荣誉感得到增强。2009年8月开始，长兴中学向学生推出德育导师制的一份新“配方”，这项名为“自主选择导师制度”的配方，定期推荐优秀导师，在校园网及其他宣传栏上公开亮相，介绍他们的指导特长和联系方式，任由需要辅导的学生自主选择。为便于区别，学校给这种方式取了个形象的说法“德育导师自助餐”。这使长兴中学德育导师制补充新鲜的血液，能够很好地延续下去。

德育导师制的影响。2004年5月20日，县教育局专门召开长兴中学德育导师制现场会，总结并介绍长兴中学推行德育导师制所取得的成果；同月26日，县教育局专门下发文件《关于推广长兴中学班级德育导师制的通知》，要求全县中小学结合自身特点推广长兴中学德育导师制。自此德育导师制在全县各级各类学校全面推广，央视《新闻联播》、新华社、《人民日报》、《光明日报》、《文汇报》、《浙江日报》、《中国教育报》、《中国教师报》、《都市快报》、《教育信息报》等众多媒体先后报道宣传长兴中学德育导师；8月，中共中央办公厅政策调研室、办公厅督查室领导到长兴中学调研班级德育工作导师制，对该项工作给予充分肯定；11月18日，长兴中学省级规划课题“中学德育导师制理论与实践的研究”通过省专家组鉴定，顺利结题。2005年，德育导师制荣获中宣部文明办未成年人思想道德创新案例一等奖。至2006年，有近300批来自省内外的市县教育局或学校组团到长兴中学考察交流德育导师制相关情况，不少学校仿照德育导师制开展学校德育工作。2009年1月，长兴中学德育导师制入选“长兴改革开放30年最具影响力30例”典型事例。2011年，长兴中学“中小学德育导师制的深化和拓展”被教育部评为“全国中小学德育工作优秀案例”。

四、长兴县教育实践中心

2009年1月，在五通小学内筹建长兴县教育实践中心。2010年初，县教育局为进一步加强和改进未成年人思想道德建设，根据省教育厅《关于加强中小学生实践教育基地建设的意见》文件精神，投资近千万元，将位于长兴县画溪街道姚家桥村前渚自然村的长兴职教中心城西分校进行改建，建立中小学生综合实践活动基地。10月，长兴县教育实践中心揭牌开营。

教育实践中心秉承“一切为了学生的终身发展奠基”的宗旨，以“明理、笃行、乐学、励志”为理念，以培养学生“在实践中探索、在实践中收获、在实践中成长”为目标，以“准军事化封闭式”为活动管理模式，安排小学五年级和初中二年级的学生，进行为期4天的实践活动。活动针对不同年龄学生身心发展的特点和素质教育的需要，开设体能训练、陶艺制作、木工制作、自行车修理、自护自救、电脑组装、电子百拼、野炊、趣味运动会、篝火晚会等共20多个室内外活动课程。

2009年，教育实践中心与县人防办公室确立共建关系，在教育实践中心内共同创立湖州地区唯一一所中小学防空防灾知识与技能教育的综合性人防教育基地。基地设有人防教育基地指挥部、心肺复苏室、急救包扎室、防化服室、模拟射击室、真CS训练场和人防拓展训练场、野营生存教育场地、晚间宿营体验场等十多个活动场所。人防教育基地建设，开启“整合社会教育资源，搭建基地大教育平台”的新局面，在县关心下一代委员会的引领下，教育实践中心先后与县司法局、公安局、工商局、科技局、气象局、科协等10多个部门联合，建立关工委实训基地、县禁毒教育基地、青少年法制教育中心、道路交通安全宣传教育基地、爱国统战教育基地、禁毒教育主题馆、新消费教育基地、科技教育馆、地震模拟屋、模拟法庭等十多个主题教育基地（场馆），形成学校、家庭、社会共同参与的教育格局。

教育实践中心经过不断的积累与创新，形成人防教育、国防教育、法制教育、科技教育、环境生态教育、艺术教育、生活教育等多个主题教育，共七大类近百项实践活动课程与项目。至2014年，已组织完成全县小学五年级、初中二年级十万余名学生的社会实践活动。新华网、浙江在线、《省民防杂志》、《浙江教育报》、《现代教育报》、《湖州日报》等媒体相继进行报道；各地各级领导、兄弟学校先后到教育实践中心进行考察、交流，在基地同行中产生较大影响；上海、杭州、湖州等地学生和社会团队也先后慕名到教育实践中心开展活动。浙江省人防教育基地现场会、浙江省反邪教"三级联创"推进现场会、浙江省素质教育实践基地"军事训练与国防教育"项目组首届教学研讨会、湖州市关工委基地建设现场会、长兴县青少年思想道德建设现场会等多次重要会议先后在教育实践中心召开。教育实践中心先后荣获省绿色学校、省关心下一代先进集体、市绿色学校、市生态文明教育基地、市文明单位、县文明单位、县绿色学校等称号。

2014年，教育实践中心占地65亩，建筑面积约7500平方米，设有手工科普区、生活休闲区、拓展训练区、人防教学区、野炊烧烤区、种植体验区，可同时容纳600人住宿和开展实践活动，已成为社会认可、学生喜欢，培养创新精神和实践能力的校外场所。

第二节　体育

体育是学校教育的重要部分，是全民健身的重点。学校始终把增强学生体质，提高学生健康水平放在首位。

一、教学内容

1989年，全县各中小学按照省级教育部门颁发的教学计划开设体育课，坚持"两课"（每周两节体育课）、"两操"（课间操、眼保健操）、"两活动"（每周两节课外活动），认真抓好体育达标工作。是年，县教育局、体育局对全县6所中小学（包括完小）进行达标验收。

1990年，国家体委颁布施行新的《国家体育锻炼标准》，于下半年开始在小学三年级以上学生施行；全县中学实施《中学生体育合格标准》，初一、高一学生建立中学生体质合格登记表。

1991年，学校体育工作列入督导范围，明确学校体育工作包括体育课、课外体育活动、体育训练和竞赛、体育场地、体育器材及组织管理等方面；学生体育课成绩必须按省编课本规定，采取结构考试办法评定，小学一、二年级体育不考试。6月，雉城地区中小学举行游泳比赛；10月，县教育局对煤山中学、下箬乡中学实施《中学生体育合格标准实施办法》情况进行检查；12月，县教育局印发《浙江省贯彻执行（学校体育工作条例）的实施办法（试行）》的通知，成立重点中学高中招生体育考试领导小组，制定《重点中学高中招生加试体育实施办法》，明确考试项目：50米（男、女）、800米（女）、1000米（男）、立定跳远（男、女）、铅球（男、女），满分为40分，总分计入考试总分。

1992年秋季始，小学三至六年级每周3节体育课，初高中每周2节体育课，高中体育课实行男女分班教学。是年，全县初中毕业生报考重点中学进行体育考试。

1993年，县教委下发通知，要求各中小学严格执行国家教委1989年6月修改的《国家体育锻炼标准手册》，开展以体育达标为中心的体育教学，做好学生体育达标工作。达标对象为小学三年级以上的中小学生，并下发奖励标准。奖励分中学组、乡镇中心小学组、完小组和村小组。其中，中学、乡镇中心小学取前六名，完小、村小取前10名，按应达标人数每人0.30元结算给予奖励，获奖金的学校其中30%给体育教师；各区视导办所管辖学校100%开展达标活动，并有材料上报，给予适当奖励，奖金来源由县教委、体委各承担50%，在事业费中列支。

1995年，县教委转发国家教委《贯彻全面健身计划纲要》《关于加强农村学校体育工作的几点意见》。各学校根据文件精神，坚持把提高学生体质和健康水平放在首位，学生达标率明显提高。是年，长兴县被省体委、省教委评为达标先进集体；实验小学、和平镇中心小学被评为达标先进单位。

1996年，县教委印发《1996年长兴县初中毕业生升学体育考试实施意见》，长兴中学被评为省群体工作先进单位。

1998年，修订《长兴县业余训练竞赛奖励办法暂行规定》，实施以县少体校为龙头，传统项目学校和一般项目布点学校为辅的三级训练网络。

1999年，县教委制定《长兴县1999—2002年竞技体育发展规划》，确定13所竞技体育项目学校和22所传统体育项目学校。长兴职高开办体育特长班。

2000年，对照县教委文件精神，各校对学校体育卫生工作进行自查自评，县教委和各学区视导办对照评估细则对提出申请的学校进行考评，有40所学校获评体育卫生合格学校。是年，长兴中学被评为市体育后备人才训练工作先进单位。

2001年，各学校执行《义务教育课程设置实验方案》，规定体育（体育与健康）课占10%~11%的比例。

2002年，《国家体育锻炼标准》停止施行，转而试行《学生体质健康标准》，小学一、二年级和初中一年级全面实施体育新课程，学校推行《第二套中小学生（幼儿）系列广播体操》。改革初中升高中体育考试实施办法和考试科目，考试科目为：男子1000米、女子800米、50米、任选一项，排球、跳远，掷实心球或垒球、一分钟立卧撑任选两项。

2004年，县教育局制定《学校优质教育达标评估方案》，突出体育分量。县少体校与古城中学联办摔跤项目、与华盛高中联办足球项目、与雉城镇第三小学联办乒乓球项目、与清泉武校联办武术项目。

2005年上半年，建城区中小学实施《学生体质健康标准》，下半年全县中小学全面实施《学生体质健康标准》。是年，采用先培训后上岗，组织体育教师开展基本功比武、课堂教学比武等形式提高体育教师的教学能力，促进体育教师专业成长；加强对体育新课程改革研究的实施和探索，形成《体育与健康教育学生学业成绩新评价体系》的教学实践专题，研究成果获省级论文一等奖；长兴中学被评为全国群众体育先进集体。

2006年，李家巷中学被评为湖州市贯彻《学校体育工作条例》优秀学校，实验小学迎来奥运冠军、女排国手周苏红，并举行实验小学"苏红小女排"的命名揭牌仪式。

2007年3月，县教育局、体育局和团县委在长兴职教中心启动全县"学生阳光体育运动"活动启动仪式，各中小学纷纷开展启动仪式，拟定活动方案。各校以体育大课间活动为重点，全面实施《学生体质健康标准》，开展举办田径运动会，趣味体育比赛、展示特色课外文体活动和开展奥林匹克竞赛等系列活动，吸引和倡导中小学生参与体育锻炼，把"健康第一、每天锻炼一小时、健康工作五十年、幸福生活一辈子"的思想深入到每一位师生心中。

2008年，县教育局出台《长兴县学校体育健康教育工作规程》，在学校管理工作年度考核中对体育的考核分值加大到10分，明确从2009年起，初中毕业生学业考试增加体育科目。是年，全县各校利用体育传统项目、当地体育资源开发体育活动项目，开展体育大课间活动。县教育局开展阳光体育活动展示评比和专项督查活动。

2009年，县教育局在体育工作上推出体育节（此后每年一届，至2014年共6

届)。4月,首届体育节乒乓球比赛在实验初中举行,共有40个代表队,近300人参加,3天时间,团体比赛157场,单打比赛299场;10月,首届体育节篮球赛在县体育中心举行,共有30个代表队参加,3天58场角逐;12月,首届体育节排球赛在长兴一中举行,共有21个代表队200余名运动员参加,2天36场争夺赛。各校进行学生体质健康水平测试,成绩上报教育部。是年开始,中考实行体育考试,体育考试成绩总分为30分,计入高中段招生成绩。长兴一中被确定为第二批省阳光体育后备人才基地,滨海小学被确定为省青少年体育俱乐部。

2010年,全县开展"快乐大课间,活力你我他"的活动主题,上半年先后开展中小学生"三棋"、中学生排球、小学生篮球三项赛事比赛(其中"三棋"比赛按年龄段设中小学男、女组)。10月,在长兴职教中心举办县第二届"体育节"中小学生田径运动会,近2000名师生参加开幕式,57个代表队,661名运动员参加各个组别共19个项目角逐。是年,全县学生体质健康测试小学增加六年级、初中增加初三年级、高中增加高三年级,建立学生体质健康状况公布制度,通过新闻媒体向社会和学生家长通报学生体质测试结果;各校结合新课程标准利用体育传统项目、当地资源和学生年龄特点进行体育大课间活动。

2011年,县教育局下发《长兴县中小学"体育、艺术2+1项目"实施细则》,启动中小学课外文体工程,明确力争在2012年成为省课外文体工程示范县。2月,县教育局相关负责人到德清学习课外文体工程经验;4月,全县义务教育段学校的分管副校长、教研组长和教育局职能科室的有关人员赴东阳市考察学习中小学课外文体活动工程经验;6月,县教育局成立领导小组,先后召开教育局各职能科室会议和全县中小学体育艺术专项工作会议,制定下发《长兴县中小学生课外文体活动工程实施方案》《长兴县教育局关于开展中小学生社团建设的实施意见》等文件,规范学校课外文体活动的开展;8月,召开课外文体工程工作会议,布置相关工作,各校制定"2+1"实施细则、社团建设实施意见、课程表、作息时间表、大课间活动安排表、"2+1"菜单、学生选项统计、"2+1"周活动等方案;9月起,各校根据方案开展课外文体工程;11月,县教育局对各校文体活动工程开展情况进行督查,督查结果实行全县通报。

2012年初,县教育局召开全县中小学生课外文体活动工程创建工作推进会;3月,第四届体育节赛事开始,55个代表队近600名运动员参加中小学生排球比赛,50个代表队353名选手参加"三棋"比赛。4月,举办小学生篮球比赛,28个代表队近300名运动员参加比赛;5月,举办中小学生足球比赛,小学组7个队,初中组9个队,高中组4个队参加比赛；6月，举办中小学生游泳比赛；9月，举办中小学生田径运动会，近3600名师生参加开幕式，61个代表队，694名运动员参加小学组22个项目、初中组25个项目、高中组27个项目的角逐，同月举办中学生篮球比赛，32支球队、320多名运动员报名参赛；10月，举办中小学生乒乓球赛，小学组22支、初中组13支、高中组3支共270名运动员参赛。是年，学校体育设施向社会公众开放；全县进行"阳光大课间"展示评比活动，评出一等奖11个，二等奖15个，三等奖21个。

2013年，县教育局、体育局联名印发《长兴县学校体育工作三年行动计划》，召开第三次县课外文体活动工程推进会、"学生体质健康测试"培训会。各校继续实施课外文体工程，有序、规范召开学生体质健康测试运动会，于10月顺利通过市教育局抽查验收。

2014年初，县教育局制定下发《长兴县第六届体育节工作方案》，3月至11月，先后举办中小学生排球比赛、小学生篮球比赛、中小学生游泳比赛、中小学生乒乓球比赛、中学生篮球比赛、中小学生田径运动会、中小学足球比赛；出台《长兴县体育后备人才基地布局项目》新标准，县少体校项目对应教练员进入38个项目布点学校进行训练指导。12月，长兴职教中心、龙山中学、夹浦镇中学、长兴六小、虹星桥镇中心小学、太湖街道中心学校、中心幼儿园被列入全国校园足球定点学校。是年，中小学加大学生体质健康测试工作的投入，学生体质健康测试顺利开展，上报率达100%，其中16所学校完成教育部"国家学生体质健康标准"测试上报数据抽查复核工作；全县小学1～2年级每周有4节体育课、1节课外活动，3～6年级每周有3节体育课、2节课外活动；初中每周有3节体育课、2节课外活动；高中每周有2节体育课、3节课外活动课。

1990年长兴县小学三至六年级《国家体育锻炼标准》测试项目情况表

表6-1

类别	测试项目
短路类	50米、10×4往返跑、10秒钟25米往返跑
中长跑类	1分钟跳绳、50米×8往返跑、400米、2分钟×25米往返跑、100米游泳、500米滑冰
跳跃类	跳高、跳远、立定跳远
投掷类	掷垒、掷沙包、掷实心球
力量类	一分钟仰卧起坐、20秒立卧撑、斜体引身

1990年长兴县初中一至三年级《国家体育锻炼标准》测试项目情况表

表6-2

类别	测试项目
短路类	50米、100米、10×4往返跑、10秒钟25米往返跑
中长跑类	1000米男、1500米男、800米女、50米×8往返跑、3分钟×25米往返跑、200米游泳、1000米滑冰
跳跃类	跳高、跳远、立定跳远
投掷类	掷实心球、推铅球
力量类	引体向上（男）、双杠臂屈伸（男）、一分钟仰卧起坐（女）、斜体引身（女）、屈臂悬垂（男、女）

1990年长兴县高中一至三年级《国家体育锻炼标准》测试项目情况表

表6-3

类别	测试项目
短路类	50米、100米、10×4往返跑、10秒钟25米往返跑
中长跑类	1000米男、1500米男、1500米滑冰（男）、800米女、4分钟×25米往返跑、200米游泳、1000米滑冰（女）
跳跃类	跳高、跳远、立定跳远
投掷类	掷实心球、推铅球(男5千克、女4千克)
力量类	引体向上（男）、双杠臂屈伸（男）、一分钟仰卧起坐（女）、斜体引身（女）、屈臂悬垂（男、女）

1989—2004学年长兴县中小学生体育锻炼达标情况表

表6-4

学年	上报学校数（所）	学生总数（人）	应达标数（人）	已达标数（人）	达标率%
1988—1989	93	28038	27936	25907	92.73
1989—1990	376	43671	43671	41253	94.46
1990—1991	390	45454	44784	38400	85.74
1991—1992	462	60809	59609	55347	92.85

续表6-4

学年	上报学校数（所）	学生总数（人）	应达标数（人）	已达标数（人）	达标率%
1992—1993	459	61033	59983	55790	93.01
1993—1994	448	57783	56803	53122	93.52
1994—1995	436	56333	54983	51739	94.10
1995—1996	423	57845	56973	55435	97.30
1996—1997	407	60659	59879	56777	94.82
1997—1998	383	62083	60763	58089	95.60
1998—1999	324	62682	58110	56780	97.71
1999—2000	281	64098	62778	61582	98.09
2000—2001	222	66135	56813	55651	97.95
2001—2002	173	69310	60113	58698	97.65
2002—2003	141	72287	61375	59851	97.52
2003—2004	132	72977	71539	69557	97.23
2004—2005	128	79842	63681	62471	98.10

2008—2013学年长兴县中小学生体质健康达标情况表

表6-5

学年	阶段	应测试数（人）	优秀率%	良好率%	合格率%
2008—2009	小学	35768	12.1	56.64	96.03
	初中	25979	14.6	42.09	85.28
	高中	17284	4.21	50.59	92.04
2009—2010	小学	36156	13.98	56.19	94.42
	初中	25172	12.02	37.29	77.97
	高中	18720	5.81	47.48	94.62
2010—2011	小学	36464	16.26	54.89	95.96
	初中	23061	7.88	40.67	79.59
	高中	18621	7.63	51.81	95.06
2011—2012	小学	36928	14.13	55.08	93.69
	初中	20839	5.99	39.48	83.81
	高中	21901	5.71	53.34	93.59

续表6-5

学年	阶段	应测试数(人)	优秀率%	良好率%	合格率%
2013—2014	小学	34846	8.91	34.91	95.52
	初中	17759	6.08	25.21	90.64
	高中	20846	3.35	22.33	94.35

说明:2005—2007学年、2012学年由学校自测

1989—1997年长兴县中小学田径运动会情况表

表6-6

举办时间	代表队数(个)	团体总分第一名			
		甲组	乙组	丙组	丁组
1989年	13	长兴中学	长兴中学	实验小学	实验小学
1990年	16	长兴中学	长兴中学	长兴中学	实验小学
1991年	16	长兴中学	长兴中学	长兴中学	实验小学
1992年	11	雉城中学(中学)实验小学(小学)	雉城中学(中学)实验小学(小学)	实验小学(小学)	—
1993年	24	长兴中学(县属)煤山区(学区)实验小学(小学)	长兴中学(县属)煤山区(中学)实验小学(小学)	—	—
1994年	24	长兴中学(县属)实验小学(小学)	长兴中学(县属)煤山区(中学)实验小学(小学)	长兴中学(县属)虹溪区(中学)	—
1995年	24	实验小学(城镇)和平区(学区)	李家巷小学(城镇)和平区(学区)	—	—
1996年	24	长兴中学(中学)	虹溪区(中学)	实验小学(县城小学)、和平区(学区小学)	—
1997年	24	长兴中学(中学)	长兴中学(城镇中学)煤山区(学区中学)	实验小学(城镇小学)、丁新区(学区小学)	—

1998—2014年长兴县中小学田径运动会情况表

表6-7

举办时间	代表队数(个)	阶段	团体第一名	团体第二名	团体第三名
1998年	68	小学	实验小学	雉城三小	雉城二小
		初中	长兴中学	雉城中学	古城中学
		高中	长兴中学	八三武校	职业高中
1999年	68	小学	实验小学	雉城三小	雉城二小
		初中	长兴中学	雉城中学	古城中学
		高中	长兴中学	八三武校	职业高中
2000年	68	小学	实验小学	雉城四小	雉城二小
		初中	长兴中学	雉城中学	古城中学
		高中	长兴中学	长兴二中	泗安中学
2001年	57	小学	实验小学	雉城四小	雉城二小
		初中	长兴一中	雉城中学	和平中学
		高中	长兴中学	长兴一中	泗实中学
2002年	60	小学	实验小学	雉城四小	雉城二小
		初中	长兴一中	雉城中学	洪桥逸夫中学
		高中	长兴中学	长兴一中	华盛虹溪中学
2003年	60	小学	实验小学	长兴一小	和平镇中心小学
		初中	长兴一中	雉城中学	古城中学
		高中	长兴中学	长兴一中	华盛虹溪中学
2004年	59	小学	实验小学	长兴一小	雉城三小
		初中	长兴一中	古城中学	和平中学
		高中	长兴中学	华盛虹溪中学	金陵高中
2005年	59	小学	实验小学	长兴一小	雉城四小
		初中	长兴一中	古城中学	泗安中学
		高中	长兴中学	华盛虹溪中学	长兴职教中心
2006年	63	小学	实验小学	雉城二小	长兴一小
		初中	长兴一中	古城中学	实验初中
		高中	长兴中学	华盛虹溪中学	长兴职教中心

续表6-7

举办时间	代表队数(个)	阶段	团体第一名	团体第二名	团体第三名
2007年	62	小学	实验小学	雉城四小	长兴一小
		初中	长兴一中	古城中学	洪桥逸夫中学
		高中	长兴中学	华盛虹溪中学	长兴职教中心
2008年	55	小学	滨海小学	实验小学	第二实验小学
		初中	长兴一中	古城中学	洪桥逸夫中学
		高中	长兴中学	华盛虹溪中学	长兴三中
2009年	43	小学	滨海小学	实验小学	长兴二小
		初中	长兴一中	古城中学	夹浦中学
		高中	长兴中学	华盛虹溪中学	长兴职教中心
2010年	57	小学	滨海小学	第二实验小学	实验小学
		初中	长兴一中	洪桥逸夫中学	实验初中
		高中	长兴中学	华盛虹溪中学	长兴职教中心
2011年	54	小学	实验小学	滨海小学	第二实验小学
		初中	长兴一中	洪桥逸夫中学	古城中学
		高中	长兴中学	华盛虹溪中学	长兴职教中心
2012年	45	小学	滨海小学	实验小学	小浦镇中心小学
		初中	龙山中学	实验中学	洪桥逸夫中学
		高中	长兴中学	华盛虹溪中学	长兴职教中心
2013年	60	小学	长兴四小	第二实验小学	实验小学
		初中	龙山中学	洪桥逸夫中学	古城中学
		高中	长兴中学	华盛虹溪中学	长兴职教中心
2014年	60	小学	第二实验小学	实验小学	李家巷镇中心小学
		初中	实验中学	龙山中学	古城中学
		高中	长兴中学	太湖高中	华盛高中

1990—2014年部分年份长兴县学校参加市级以上比赛情况表

表6-8

<table>
<tr><th>年份</th><th>学校</th><th>级别</th><th>名称</th><th>成绩</th></tr>
<tr><td>1990年</td><td>长兴中学</td><td>省级</td><td>第九届运动会</td><td>1人获5千米越野赛第一名,1人获1500米第一名</td></tr>
<tr><td rowspan="4">1991年</td><td rowspan="4">长兴中学</td><td rowspan="2">国家级</td><td>帆船锦标赛</td><td>1人获单项冠军</td></tr>
<tr><td>体育先进县田径赛</td><td>1人获1500第一名</td></tr>
<tr><td rowspan="2">省级</td><td>中小学田径运动会</td><td>2人分别获女子800米、1000米第一名,3人分别获男子200米、800米、1500米第一名</td></tr>
<tr><td>马拉松比赛</td><td>1人获女子21千米第一名</td></tr>
<tr><td>1995年</td><td>长兴中学</td><td>省级</td><td>县级田径赛</td><td>1人获五项全能第一名</td></tr>
<tr><td rowspan="3">1998年</td><td rowspan="3">长兴中学</td><td>国家级</td><td>中学生篮球赛</td><td>团体冠军</td></tr>
<tr><td rowspan="2">省级</td><td>省一级重点中学田径赛</td><td>团体第八名</td></tr>
<tr><td>中学生篮球赛</td><td>团体冠军</td></tr>
<tr><td rowspan="2">1999年</td><td rowspan="2">长兴中学</td><td>省级</td><td>省一级重点中学田径赛</td><td>1人获800米第一名</td></tr>
<tr><td>市级</td><td>市中小学田径运动会</td><td>团体冠军(至2014年,16次蝉联冠军)</td></tr>
<tr><td rowspan="3">2000年</td><td rowspan="2">长兴中学</td><td>省级</td><td>省一级重点中学田径赛</td><td>个人获2金、1银、1铜</td></tr>
<tr><td>市级</td><td>高中篮球赛</td><td>冠军</td></tr>
<tr><td>虹溪中学</td><td>市级</td><td>市中小学田径运动会</td><td>高中乙组冠军</td></tr>
<tr><td>2004年</td><td>长兴中学</td><td>省级</td><td>省一级重点中学田径赛</td><td>团体第五名</td></tr>
<tr><td rowspan="4">2007年</td><td>长兴一中</td><td>省级</td><td>中学生排球锦标赛</td><td>初中男子组冠军</td></tr>
<tr><td>金陵高中</td><td>省级</td><td>中学生排球锦标赛</td><td>高中男子组亚军、女子组季军</td></tr>
<tr><td>实验初中</td><td>省级</td><td>中学生篮球锦标赛</td><td>初中女子组冠军</td></tr>
<tr><td>实验初中</td><td>国家级</td><td>初中男子篮球锦标赛</td><td>第三名</td></tr>
<tr><td rowspan="5">2008年</td><td>长兴一中</td><td>市级</td><td rowspan="3">排球比赛</td><td>初中男子组第一名</td></tr>
<tr><td>实验初中</td><td>市级</td><td>初中女子组第一名</td></tr>
<tr><td>金陵高中</td><td>市级</td><td>高中男子组、女子组第一名</td></tr>
<tr><td rowspan="2">滨海小学</td><td>省级</td><td>体育特色学校足球联赛</td><td>小学男子组冠军</td></tr>
<tr><td>市级</td><td>小学生足球比赛</td><td>小学男子组冠军</td></tr>
</table>

续表6-8

年份	学校	级别	名称	成绩
2011年	和平镇小学	市级	青少年部定向运动比赛	团体赛、女子个人赛冠军
2012年	长兴一中	省级	中小学校园足球赛	—
	滨海小学			
	滨海小学	市级	中小学校园足球赛	—
	泗安镇中心小学			—
	太湖街道中心学校			—
	和平中学			—
	长兴一中			—
	长兴职教中心			—
	长兴一中	市级	定向运动	—
	古城中学			—
	和平镇小学			—
	长兴中学	省级	篮球第四阶段晋级赛	晋级十强
	华盛高中			
	长兴一中			
2013年	龙山中学	省级	第六届中学生女子篮球联赛	—
		省级	青少年校园足球联赛	第三名
	华盛高中	省级	第七届中学生篮球联赛	冠军（湖州赛区）
	长兴六小	省级	校园足球联赛	亚军
	实验小学	省级	阳光体育运动会排球赛	小学女子甲组团体第一
2014年	长兴七小	国家级	跳绳联赛	个人获4金2银、团体获道德风尚奖
	夹浦镇中学	市级	校园足球联赛	男子组第一名
		国家经	校园足球联赛总决赛	男子组第五名
	长兴中学	市级	中学生排球赛	男子组冠军
	金陵高中			女子组冠军
	实验中学			男子组、女子组冠军
	长兴六小	省级	校园足球联赛总决赛	男子组第一名
		国家级	央视“谁是球王”预选赛	

2014年长兴县中小学获评省市体育特色学校情况表

表6-9

学校	特色项目	级别	学校	特色项目	级别
长兴中学	篮球、田径(扩项)	浙江省	实验中学	羽毛球	湖州市
龙山中学	篮球(女)、排球(男)田径(扩项)	浙江省	第二实验小学	羽毛球	湖州市
滨海小学	小足球	浙江省	金陵高中	排球	湖州市
实验小学	排球	浙江省	和平镇中心中学	篮球	湖州市
实验初中	篮球	浙江省	煤山镇中心小学	象棋	湖州市
长兴一小	篮球	浙江省	实验小学	排球	湖州市
和平镇中心小学	国际象棋、空竹(扩项)	浙江省	和平镇中心小学	空竹	湖州市
李家巷镇中心小学	乒乓球、篮球(扩项)	浙江省	畎桥中心小学	武术	湖州市
古城中学	摔跤	浙江省	长兴二小	篮球	湖州市
长兴三小	乒乓球	浙江省	长桥中心小学	健美操	湖州市
金陵高中	排球	浙江省	长兴一小	武术操(扩项)	湖州市
华盛高中	篮球	浙江省	林城中学	排球	湖州市
和平中学	篮球	浙江省	虹星桥镇中心小学	足球	湖州市
古城中学	乒乓球	湖州市	长兴七小	花样跳绳	湖州市
长兴三小	乒乓球	湖州市	水口乡中心小学	排球	湖州市

二、师资与场地

1989年,全县有专职体育教师116人,其中体育专业本科2人,专科16人,中师及以下学历为98人,多数体育教师为兼职。

1991年,中学和乡镇中心小学、城镇学校基本配齐专职体育教师,444所中小学有体育活动场地,9所学校有200米以上环形跑道。

2001年,全县有体育专任教师173人,其中小学86人,普通中学87人。

2003年,全县各级各类学校体育设施有乒乓球馆3个,篮球场119个,排球场25个,田径场1个,小运动场39个。

2005年，全县各中小学已基本建成200米环形体育场地，体育专项器材设施配齐率：高中达99%、初中达98%、小学达96%，能基本满足学校体育教学和开展各项体育活动的需求。全县专任体育教师233人，专职体育教师配备率约77%，教师中大专以上学历为76.9%，中高级职称占22%。

2012年，全县有体育专任教师270人，其中小学体育教师126人、初中102人、高中42人；各级各类学校体育设施有篮球场234个、乒乓球室78个、排球场108个、小运动场95个、田径场9个、综合馆10个。

2014年，全县有小学体育教师184人，初中102人，高中67人；所有学校均有师生体育运动场地，体育器材按省一类标准配备能满足体育教学需求。

2014年长兴县中小学拥有体育馆情况表

表6-10

学校	体育馆面积（平方米）	学校	体育馆面积（平方米）
第二实验小学	1562	实验中学	3221
李家巷镇中心小学	4016	雉城中学	690
长兴八小	1200	煤山中学	3500
长兴七小	608	龙山中学	3210
和平中学	2368	太湖高中	2759
林城中学	4075	华盛高中	2850

2014年长兴县中小体育场地设施基本情况表

表6-11

学校类型	学 校	田径运动场跑道（米）		体育活动场地（平方米）	体育器材配备标准（按教育部规定）
		塑胶	其他		
小学	实验小学	300	—	16089	I类
	第二实验小学	250	—	13420	I类
	长兴一小	25	—	1400	I类
	长兴二小	200	—	5000	I类

续表6-11

学校类型	学 校	田径运动场跑道(米)		体育活动场地(平方米)	体育器材配备标准(按教育部规定)
		塑胶	其他		
小学	长兴三小	150	—	3600	I类
	长兴四小	220	—	4170	I类
	长兴五小	200	—	3000	I类
	长兴六小	300	—	6100	I类
	长兴七小	300	—	14000	I类
	长兴八小	200	—	5225	I类
	包桥中心小学	200	—	6081	I类
	长桥中心小学	180	—	6228	I类
	夹浦镇中心小学	250	—	8302	I类
	鼎甲桥中心小学	250	—	6600	I类
	水口乡中心小学	250	—	9814	I类
	洪桥镇中心小学	300	—	3200	I类
	太湖图影小学	250	—	3400	I类
	李家巷镇中心小学	300	—	16016	I类
	和平镇中心小学	250	—	8450	I类
	吴山中心小学	550	—	9680	I类
	虹星桥镇中心小学	250	—	5845	I类
	里塘中心小学	178	—	2360	I类
	吕山乡中心小学	200	—	4000	I类
	泗安镇中心小学	600	—	23695	I类
	仙山中心小学	200	—	4000	I类
	长潮中心小学	200	—	1300	I类
	管埭中心小学	167	—	2000	I类
	二界岭中心小学	200	—	7800	I类
	林城镇中心小学	250	—	7200	I类
	天平中心小学	200	—	1500	I类
	畎桥中心小学	200	—	3025	I类
	煤山镇中心小学	250	—	9944	I类
	小浦镇中心小学	250	—	13340	I类
	槐坎乡中心小学	300	—	14000	I类
	白岘乡中心小学	250	—	1661	I类

续表6-11

学校类型	学校	田径运动场跑道(米)		体育活动场地(平方米)	体育器材配备标准(按教育部规定)
		塑胶	其他		
初中	实验中学	400	—	33270	I类
	龙山中学	400	—	4800	I类
	古城中学	400	—	22500	I类
	后洋中学	250	—	6840	I类
	雉城中学	400	—	22401.9	I类
	洪桥逸夫中学	300	—	14000	I类
	李家巷镇中学	250	—	2800	I类
	夹浦镇中学	250	—	6860	I类
	林城中学	300	—	12000	I类
	泗安中学	300	—	4000	I类
	泗安镇镇中学	300	—	10666.7	I类
	虹星桥中学	300	—	6530	I类
	和平中学	400	—	20646	I类
	小浦镇中学	200	—	6384	I类
	煤山中学	400	—	11600	I类
	水口乡中学	250	—	5358	I类
	吕山乡中学	250	—	2000	I类
高中(职高)	长兴中学	400	—	16000	I类
	太湖高中	400	—	10089.5	I类
	华盛高中	300	—	6300	I类
	金陵高中	400	—	21700	I类
	艺术高中	400(与长兴中学共用)	—		I类
	长兴职教中心	400	—	31000	I类
	技师学院	400	—	22830	I类
	湖州中等卫生学校	400(与技师学院共用)	—		I类
	清泉武校	—	250	5000	I类
九年一贯制	太湖街道中心学校	200	—	5340	I类

1989—2014年长兴县田径运动最高纪录情况表

表6-12

组别	项目	成绩	创纪录者	运动会名称	创纪录时间	地点
少年男子甲组（15～17岁）	1500米	4′5″2	邵建国	省青少年田径赛	1989.3	杭州
	跳远	6.58米	陈　刚	省第二届农民运动会	1996.5	杭州
	800米	1′51″45	胡　辉	省第十一届运动会	1998.9	宁波
	标枪(600克)	54.39米	杨　多	县第七届运动会	2001.11	长兴
	铅球(6千克)	15.14米	章伟强	市中小学生田径运动会	2003.10	湖州
	200米	23″	许旭辉	县中小学生田径运动会	2003.11	长兴
	5000米	16′0″	唐中华	市中学生田径运动会	2004.11	湖州
	三级跳远	14.7米	蒋镇丹	县中小学生田径运动会	2005.11	长兴
	标枪(700克)	82.34米	王青波	省青少年田径锦标赛	2005.4	宁波
	标枪(800克)	73.80米	王青波	市第六届运动会田径比赛	2006.5	湖州
	110米栏	14″36	张志成	县第九届体育运动会	2012.10	长兴
	100米	10″70	邵耀华	县第六节体育节中小学运动会	2014.11	长兴
少年女子甲组（15～17岁）	60米	8″4	张梦璐	市中小学田径运动会	2001.11	湖州
	铁饼	37.35米	丁雪芬	省第十二届运动会	2002.10	温州
	铅球(4千克)	11.59米	罗　露	县中小学生田径运动会	2003.11	长兴
	跳高	1.71米	沈勤莉	省青少年田径比赛	2004.10	
	铅球(4千克)	11.59米	夏冰莹	县中小学生田径运动会	2005.11	长兴
	4×100米接力	50″3	长兴中学	县中小学生田径运动会	2005.11	长兴
	1500米	4′48″44	张　菁	市第六届运动会田径比赛	2006.5	湖州
	100米栏	14″5	朱珺珺	省第十三届运动会田径比赛	2006.10	台州
	800米	2′19″87	蔡银娇	市第七届体育运动会	2010.10	湖州
少年男子乙组（13～14岁）	七项全能	3326分	康军军	省第九届运动会	1990.9	杭州
	400米栏	1′6″3	杨　俊	市首届中学生运动会	1991.5	湖州
	100米栏	15″6	蔡忆建	省第十届运动会	1994.9	杭州
	跳远	6,22米	陈　刚	省第丨届运动会	1994.9	杭州
	五项全能	2494分	蔡忆建	省首届县级田径赛	1995.7	浦江
	三项全能	1719分	徐　伟	省县级田径运动会	1997.7	遂昌

续表6-12

组别	项目	成绩	创纪录者	运动会名称	创纪录时间	地点
少年男子乙组(13~14岁)	800米	1′59″1	陈　方	省第十一届运动会田径比赛	1998.9	宁波
	400米	51″45	陈　芳	省第十一届运动会	1998.9	宁波
	60米	7″9	丁　骐	县中小学田径运动会	2002.11	长兴
	标枪(500克)	67.97米	王青波	省第十二届运动会田径比赛	2002.10	温州
	三级跳远	14.1米	王必成	县中小学生田径运动会	2005.11	长兴
	100米	11″4	程　骏	县中小学生田径运动会	2005.11	长兴
	4×100米接力	48″6	古城中学	县中小学生田径运动会	2005.11	长兴
	200米	22″98	程　骏	市第六届运动会田径比赛	2006.5	湖州
	铅球(5千克)	14.49米	宗　亮	市第六届运动会	2006.5	湖州
少年女子乙组(13~14岁)	800米	2′20″8	钱金萍	省第九届运动会田径比赛	1990.9	杭州
	跳远	5.1米	唐　华	省少年田径赛	1992.7	奉化
	3000米	10′50″2	施金晶	市中小学田径运动会	1998.9	湖州
	1500米	4′53″4	施金晶	省重点中学运动会	1999.6	宁波
	100米	12″9	许　凤	市中小学生田径运动会	2001.11	湖州
	标枪(600克)	29.32米	范李娜	县第七届运动会	2001.11	长兴
	铅球(4千克)	9.92米	沈钰颖	市中小学田径运动会	2001.11	湖州
	铁饼	30.20米	罗　露	市中小学田径运动会	2002.11	湖州
	三项全能	2223分	沈勤莉	省第十二运动会田径比赛	2002.10	温州
	100米栏	15″5	夏冰莹	县中小学生田径运动会	2005.11	长兴
	200米	26″7	张梦璐	县中小学生田径运动会	2005.11	长兴
	400米	1′00″8	钱　洁	县中小学生田径赛	2006.11	长兴
	标枪(400克)	43.73米	李　丽	省第十三届运动会田径比赛	2006.10	台州
	标枪(500克)	37.76米	丁蕴月	县第八届体育运动会	2008.10	长兴
儿童男子组(10~12岁)	4×100米接力	54″1	长兴县队	市中小学生田径运动会	1999.10	长兴
	垒球	69.96米	王青波	市中小学田径赛	2000.11	湖州
	跳高	1.52米	王青波	市中小学生田径比赛	2000.11	湖州
	跳远	5.17米	刘　杰	市中小学生田径比赛	2000.11	湖州
	标枪(300克)	48.41米	王青波	杭州地区田径赛	2000.7	杭州
	铅球(4千克)	10.80米	王　伟	市中小学田径运动会	2000.11	湖州

续表6-12

组别	项目	成绩	创纪录者	运动会名称	创纪录时间	地点
儿童男子组（10~12岁）	800米	2′19″	王付强	县中小学生田径赛	2002.11	长兴
	1500米	5′5″1	李正浩	县中小学田径运动会	2002.11	长兴
	400米	59″2	王付强	县中小学生田径赛	2004.11	长兴
	100米	12″34	张　勇	市中小学生田径运动会	2007.11	德清
	200米	25″76	张　勇	市中小学生田径运动会	2007.11	德清
儿童女子组（10~12岁）	3000米	11′58″78	施金晶	省第十一届运动会	1996.9	宁波
	400米	1′05″2	张梦云	市中小学生田径比赛	2000.11	湖州
	4×100米接力	58″5	实验小学	县第七届体育运动会	2001.11	长兴
	跳远	4.41米	钱　丽	省第五届县级田径赛	2001.7	天台
	三项全能	1540分	钱　丽	省第五届县级田径赛	2001.7	天台
	1500米	5′4″1	张梦璐	省第十二届运动会	2002.11	温州
	100米	12″9	丁　骐	县中小学田径运动会	2002.11	长兴
	铅球(3千克)	9.94米	黄美玲	县中小学田径运动会	2002.11	长兴
	800米	2′27″76	张梦璐	省第十二届运动会	2002.11	温州
	垒球	42.80米	黄美玲	市中小学田径赛	2002.11	湖州

第三节　卫生

学校卫生工作主要是对学生进行健康教育，培养学生良好的卫生习惯；改善学校卫生环境和教学卫生条件；监测学生健康状况，加强对传染病、常见病预防和治疗。

一、卫生教育

1989年，县教育局召开体育卫生专题会议，全面落实教育部、卫生部和国家体委关于学校体育卫生工作《两个暂行规定》，会上总结全县学校卫生工作经验，虹溪区视导办、古城中学、和平中学、李家巷中学作交流发言。是年，共有62所中小学完成卫生一校一册建档工作，43所中学初三年级开设生理卫生课，11所小学开设卫生课教育；全县有校医室7个，校医8人，卫生室23个，保健教师23人；3所学校开展防治肝炎、近视眼等电化教育。

1990年，各学校根据《学校卫生工作条例》加强学校卫生工作，不定期对学生进行卫生知识讲座，对公共卫生、食堂卫生、学生寝室卫生及个人卫生进行定期检查。

1991年，国家教委下发《关于加强学生视力保护，做好近视眼防治工作的通知》，各中小学开展"防近"宣传教育活动，做到"防近"工作责任到人，防治措施到位，教育学生注意并养成良好的用眼习惯，每天两次眼保健操；改善采光条件，新建教室须符合国家规定的采光标准。是年，全县有9所中小学推广使用含氟牙膏3200支，保健牙刷4350只，灭头虱学生3220名。

1992年，县教委下发通知，明确国家教委、卫生部颁布的《学校卫生工作条例》是开展学校卫生工作的基本法规，学生健康检查是学校卫生的日常工作，并重申：各区、乡医疗单位承担辖区内学生的健康检查，各学校均在是年6月10日前做好学校卫生档案工作；新建、改建、扩建校舍的选址、设计实行卫生监督，对正在开工的学校，5月底前将资料送县防疫站卫生科审核存档。是年，中小学开展血吸病防止"五个一"(上一次血防课、观一次血防电视片、写一篇血防作文、组织一次血防宣传、查一次钉螺)活动。

1993年2月，县教委转发《浙江省贯彻执行〈学校卫生工作条例〉实施办法》，要求各学校遵照执行，各校建立卫生室，由专职或兼职保健教师负责，对学生卫生工作进行全面检查，健全卫生档案资料；学校配合卫生行政部门对学校卫生工作的监督，做好常见病、传染病的防治工作；学校建房应符合国家卫生标准，取得卫生行政部门许可，竣工验收应有卫生部门参加。11月，县教委、县卫生局召开学校卫生工作会议。是年，县卫生局、县教委、县总工会、县妇联联合组成长兴县托幼机构卫生工作指导小组，指导幼儿卫生保健工作走向规范。

1994年，各校注重健康教育，普及卫生知识，把健康教育纳入教育计划。

1995年，成立学生常见病防治工作领导小组，重点做好农村村级学校常见病防治工作，村级小学集中普服驱虫药，在不同地区，整群抽样调查300～500名在校中小学生，了解全县学生肠道蠕虫病感染情况。各校做好近视、弱视、沙眼、龋齿、营养不良、贫血、神经衰弱、碘缺乏病等学生常见病，地方病的群体预防和治疗工作；完善学校卫生档案，迎接国家教委、卫生部对学校常见病预防工作的中期考核评估。

1996年，县教委转发《长兴县单位爱国卫生管理办法》的通知，各学校对照通知精神，做好学校卫生工作。

1997年，县教委转发国家教委《关于下发"学校健康教育评价方案(试行)"的通知》，明确各学校重视学校健康教育评价工作，制定实施计划，并认真实施。健康教育评估以省教委规定教材为准，小学有《体育与保健》《生活与劳动 》《常识》；初中有《体育与保健》《自然科学》《家族生活》。是年，全县各中小学对照通知要求开展自评工作。

1998年，县教委组织全县校医、保健教师进行卫生知识培训。

1999年，明确健康检查监测学校增加血红蛋白测定、肠道蠕虫粪检查、有效刷牙率等调查项目；学校负责将体检结果告诉家长，保健教师根据检查的情况对学生进行生长发育、营养状况评价。

2000年，县教委下文，明确各学校健康教育开设率100%，学校经常性卫生监督覆盖率20%，乡中心小学以上学生体检率98%以上，学校卫生一校一档完善率100%。各学校制定各项卫生管理制度（卫生保健制度、学生健康检查制度、卫生检查评比制度、食堂卫生管理制度等），健康教育纳入学校教学计划，每周0.5课时，利用知识讲座、黑板报、广播等形式对学生进行健康教育，注重学生青春期教育和心理卫生教育，利用相关节点（3月3日爱耳日、5月20日营养日、6月6日爱眼日、9月9日等）进行专题卫生宣传教育。

2001年，各校重点做好学校食堂、饮用水及传染病防控等卫生工作。全县有55所学校办理食堂卫生许可证，健康证持证上岗324人，持证率93.9%。是年，长兴中学、虹溪中学获评县卫生工作先进集体，8位教师获评县卫生工作先进个人。

2002年，县教育局成立爱国卫生运动委员会，由县教育局主要领导任主任，党委班子成员任组员。学校卫生教学做到有教师、有教案、有课时、有评价，主要课本为《心理健康教育知识读本》，开课率100%。学校设立禁烟标志，进行校园环境和学校周边环境整治，抓好学校厕所、食堂、寝室卫生；在学生中开展“我爱我校园、我为校园卫生做什么、我为创建全国卫生城市作贡献、清除白色垃圾、你丢我捡”等系列卫生教育活动和“创卫给我们带来什么、我为创卫做什么”为主题的作文竞赛活动；开展防“四害”教育，宣传传染病防治知识，教育学生增强自我防御意识，提高卫生质量。是年，全县女职工开展“巾帼卫生文明示范岗”活动。

2003年，县教育局成立非典型肺炎防治领导小组，下发《长兴县教育系统预防非典型肺炎应急处置方案》和《长兴县学校预防与控制非典型肺炎工作指引》两文件；学校进行场地消毒，加强晨检，建立师生健康情况日报告制度。10月，全县召开中小学分管领导和保健教师会议，全面部署学校卫生防病工作。

2004年1月，根据县爱国卫生运动委员会要求，全县各学校开展环境卫生突击整治活动。是年,县教育局制定《长兴县教育系统学校卫生工作应急预案》。

2005年,各学校做好师生免疫接种工作,各类免疫接种面100%;加强学校医务室建设,校医务室设施设备基本齐全;各校均由副校长分管学生健康教育和学生体质健康检查工作。是年3月和9月,县教育局会同县卫生相关部门对学校食堂进行食品卫生专项监督检查和技术指导,签订学校食堂卫生安全管理责任书74份,岗位责任得到落实,食堂卫生防护,清洗消毒、从业人员卫生得到提升。

2006年,中小学按照《中小学教室采光和照明卫生标准》配置要求,教室平均照度达到150LX,符合照明要求,课桌椅配置采用单人单桌,适合学生身高配备。制定学校常见病和传染病预防与控制办法,开展"珍视生命,远离病魔"预防艾滋病健康教育和科普知识宣传。是年,浙江卫视教育科技频道专题播出二界岭中心学校实施省"健康促进学校"项目活动。

2007年,各校食堂卫生人员进行食品卫生知识培训,县卫生监督部门对学校食堂卫生工作开展全面检查,对学校周边食品加工经营户进行重点监督。

2008年,县教育局开展"校园卫生健康行动"专项整治。是年,金陵高中、新塘中心学校、小浦镇中心小学、林城镇中心小学、长桥中心小学获评县卫生先进单位。

2009年,各校深化爱国卫生运动,全面清理学校死角,开展创建"健康促进学校"活动,4所学校成为"健康促进学校",其中二界岭乡中心小学、煤山镇中心小学取得银奖,小浦镇中心小学、李家巷镇中心小学取得铜奖。2月和9月,为了防控手足口病和甲型H1N1流感疫情,县教育局会同疾控中心对学校落实晨检、通风、消毒等进行检查和督查。

2010—2012年,各学校继续开展爱国卫生运动。县教育局会同卫生部门对全县学校进行卫生大检查,检查内容为食品卫生、传染病防控、饮用水卫生、教学卫生、卫生设施、健康教育等方面,并发整改通知书,限期落实整改。

2013年,县教育局下文重点抓好中小学校卫生室建设,全县的寄宿制学校和600人以上非寄宿制学校的卫生室设置率、持证率达到85%,其余学校保健室设置率达到100%,全县寄宿制学校和600人以上非寄宿制学校专职卫生专业技术人员配备率、持证率达到85%,其余寄宿制和600人以上非寄宿制学校专职保健教师配备率100%,600人以下非寄宿制学校兼职保健教师配备率100%,卫生专业技术人员、保健教师接受学校卫生专业知识和急救技能培训率100%,并取得相应的合格证,卫生室或保健室的建筑面积及设施设备符合《国家学校体育卫生条件试行基本标准》。

2014年,县教育局会同县卫生监督所在全县集中开展以传染病防控、生活饮用水为重点的“校园卫生安全健康1号行动”和以学校突发公共卫生事件应急预案及落实情况、教学环境设施卫生情况等为重点的“校园卫生安全健康2号行动”。至2014年底，各级各类学校教室人均面积、黑板卫生、教室采光与照明、教室微小气候、寄宿制学校宿舍等均符合卫生要求；全县所有学校均按要求建立保健室或卫生室（含业务托管），校医及保健教师共计160名。

二、学生体检

1989年，全县中学和乡镇中心小学，开展一年一次的学生体检工作。

1993年起，部分有条件的村完小开展一年一次的学生体检工作，是年，全县有38162名学生参加体检。1999年起，学校负责将学生体检结果告知家长，学校保健教师根据检查情况对学生进行生长发育和营养状况评价。至2002年，学生健康体检实现全县全覆盖，全县所有学校，均开展一年一次的学生体检工作。

2014年，全县体检学生72751人，视力低下26449人，占比36%，龋齿15709人，占比21.59%。

1989—2014年长兴县中小学学生体检情况表

表6-13

年份	体检情况
1989年	中学和乡镇中心小学建立学生健康档案，进行每年一次体检
1993年	在有条件的村完小学开展学生体检，有38162名学生参加体检
1997年	43所中学，359所小学，共有71765名学生参加体检小学体检学校数达95.22%
1999年	69892名学生参加体检，视力低下7565名，占比10.82%；龋齿5320名，占比7.6%；沙眼1584名，占比2.27%；头虱243名，占比0.35%
2000年	50645名学生参加体检，视力低下8337名，占比16.46%；龋齿5742名，占比11.34%；沙眼1385名，占比2.73%；头虱10名，占比0.02%
2001年	59174名学生参加体检，视力低下8297名，占比14.02%；龋齿2515名，占比4.25%；沙眼1898名，占比3.21%；头虱322名，占比0.54%
2002年	77864名学生参加体检，视力低下14119名，占比18.13%；龋齿10202名，占比13.1%；沙眼2732名，占比3.51%；头虱528名，占比0.68%
2003年	77864名学生参加体检
2004年	81438名学生参加体检
2005年	81762名学生参加体检

续表6-13

年份	体检情况
2006年	90081名学生参加体检，视力低下23894名，占比26.52%；沙眼1633名，占比1.81%；龋齿14694名，占比16.31%
2007年	90521名学生参加体检
2008年	91108名学生参加体检
2009年	81341名学生参加体检
2010年	80109名学生参加体检，视力低下31891名，占比39.81%；沙眼813名，占比1.01%；龋齿18038名，占比22.52%
2011年	77146名学生参加体检，视力低下32882名，占比42.62%；沙眼680名，占比0.88%；龋齿18185名，占比23.57%
2012年	81077名学生参加体检
2013年	73643名学生参加体检
2014年	72751名学生参加体检，视力低下26449名，占比36.36%；龋齿15709名，占比21.59%

第四节　安全

学校安全工作事关每个家族的幸福与安宁，事关整个社会的稳定与和谐，事关教育的改革与发展。

一、安全组织

90年代初，县教育局建立治安保卫领导小组，会同县公安局联合下文聘任各校治保员。各学校相应建立治保小组，设立安全工作联络员，及时统计上报学校相关安全工作。

1997年始，县教委成立创建平安学校领导小组，各学校相应成立创建平安学校领导小组，实行安全工作一把手负责制，同时确定一名校级领导具体分管学校安全工作。

进入21世纪，全县学校安全工作组织更加健全完善，各级各类学校设立交通安全、设施安全、心理健康安全、饮食卫生安全四个小组，全方位落实抓好学校各项安全工作。

2004年，县政府颁发《关于进一步加强和改进学校安全工作实施意见》的文件，成立以县领导为组长，有关部门和乡镇分管领导为成员的学校安全工作领导小组，明确各部门各乡镇学校安全工作职责。

2006年，县教育局建立安全教育科。

2007年，长兴县成立农村接送车领导小组。

二、安全教育

1989年，雉城镇及G104、G318沿线学校小学生戴安全帽上下学。

1990年3月，县教育局印发《关于重申禁止师生远出春游的通知》和国家教委《中小学安全须知》；12月，印发《切实做好今冬明春消防安全工作的通知》，学校根据文件精神做好学校各项安全工作。1994年，县教委印发《关于加强安全教育做好安全防范工作的通知》。

1995年3月，县教委印发《关于春游活动中加强安全工作的通知》；6月，举办中小学交通安全法律知识普及教育培训班，参加对象为全县各学校安全分管领导。

1996年，各校抓好“安全教育周”（省教委决定，从1996年开始每年3月份的最后一周为中小学“安全教育周”），学习国家教委印发的《中小学安全须知》，牢固树立“安全第一”观念；11月，县教委举办学校分管安全工作校级领导安全工作培训会，培训内容为《中小学安全须知》《浙江省中小学安全工作管理细则》。

1997年3月，学校开展“安全教育周”活动；5月，雉城辖区综治委在辖区内开展创建“治安安全小区”、“治安安全村”和“治安安全单位”活动，辖区学校及县属学校均参与创建活动；6月，县教委对学校上半年综治安全工作进行全面检查，印发《加强中小学暑假期间安全教育》的紧急通知。

1998年，县教委明确安全工作位于学校各项工作之首，各校加强对学生进行法律教育，增强法制观念，强化学生安全意识，提高学生自我安全防范能力。6月，长兴县发生百年未遇特大洪水，5.1万多名中小学生全部安全转移，1000多名灾区考生全部准时参加高考。

1999年，各校确立自我保护为学生重要的安全素质，学校利用各种宣传场地和设备，采取多种形式，开展安全宣传教育活动，拓宽学生安全教育知识面，提高学生生存能力、生活能力以及自我保护能力，促进学生全面发展。5月，针对常山县特大交通事故，县教委下文《关于重申学校安全工作的几点意见》，为学校安全工作再次敲响警钟。

2001年，县教委会同县公安、消防、建设、工商、交通等部门对各校开展一系列安全大检查，多次进行学校周边环境整治；各学校利用“安全教育周”对师生进行安全意识、安全交通法规、心理健康等方面安全知识教育。

2002年,学校建立安全工作月报制度、重大事情报告制度、师生集体外出报批制度、学校工作终端考评制度;通过向学生家长印发安全家长书、进行家访等形式,让全体家长参与学校安全工作。县教育局强化检查,对检查出的问题,通过发整改书、组织专项督查等形式加以落实。

2003年4月,县教育局按照县委、县政府的统一部署和要求,把非典型肺炎防治工作作为学校工作重中之重,专门成立"非典"防治工作领导小组,组建"非典"防治工作办公室,先后召开8次校长会议,转发30份上级文件,下发18份专门文件,举办4期防治非典知识骨干培训班;机关干部到联系村召开会议,分发资料,向社会宣传非典防治安全知识;整个教育系统建立和强化严格的门卫、消毒、晨检、24小时值班、信息报告、督查反馈等8种制度;各中小学充分利用校内电视台、广播、黑板报、宣传窗等进行非典防治知识的宣传,利用晨会、班会对学生进行"防非典,养成良好卫生习惯"的专项教育;提前两周做好高考、中考考生、监考人员的每天健康登记工作,两场考试都实现零安全事故。

2004年,县教育局制定"学校安全百日竞赛"实施意见,编写《学生安全教育读本》,做到师生人手一册;先后三次组织力量对各校的校舍、食堂卫生、运动器械、周边环境进行地毯式检查。各校以安全竞赛为抓手,强化门卫、食堂、仪器室等重要场所安全管理,组建夜巡队,建立护送制度,上放学教师到主要交通道口护送学生,维持交通秩序,学习《浙江省学生伤害事故处理办法》。是年,县教育局制定长兴县学校网络与信息安全防范办法,县学生安全工作领导小组召开专题会议5次,县教育局召开安全专项会议2次,下发相关文件11个,签订各类责任状12928份,共发放《学生安全教育读本》10万册,《中华人民共和国道路交通安全法》3万册,《遵守交通法规联系卡》3万张,悬挂安全横幅222条,张贴安全标语3421条,安全宣传画2451幅,安全黑板报2471期,安全讲座1070次,安全演讲比赛333次,安全知识竞赛183次,发放安全知识资料300130份,以"教育督查通报"的形式分6期对各校存在的安全隐患进行通报。

2005年,学校安全纳入"平安长兴"建设总体规划,分管教育副县长逐一跟各乡镇、部门的主要领导签订学校交通安全工作责任状,分管教育和安全生产的两位副县长主持召开学校学生交通安全管理工作专题会议,研究并制定加强全县学校交通安全管理和专项整治实施方案,确立工作目标,分解工作任务,明确工作责任,每月以《督查通报》的形式对整改情况进行通报。各学校以六个一为抓手,(即一条横幅、一个主题班会、一次演讲、一次征文、一次图片展、观看一次碟片)开展形式多样的安全活动。各校安装110联网的自动报警装置，安全技防得到提升。是年起，学校食堂开始实行分级管理、等级评定，签订食堂安全责任书。

2006年3月，县教育局下文《关于预防春季禽流感的紧急通知》，强调学生和学校是流感防控工作的重点人群和重点场所，要求各学校切实做好预防禽流感防控工作；8月，转发教育部《中小学幼儿园安全管理办法》，各校认真学习并做到严格实施；12月，召开学校道路安全工作会议，县长主持并讲话。是年，学校食堂等级复评验收C级以上达61所。

2007年6月，学校开展“安全宣传教育月”活动，规定以后每年6月为教育系统“安全宣传教育月”。安全教育月将学生“防溺水”作为重点教育、重点防范内容。召开全县食堂食品安全检查和管理人员专题会，进行食品卫生法律法规、食品卫生知识、量化分级管理，特种设备使用与管理专题培训。是年，有8所学校食堂被评为湖州市A级食堂。

2008年，县教育局建立主要领导挂帅、分管领导具体负责，机关干部蹲点联系学校的捆绑式安全考核长效机制；联合卫生、妇联等多个部门召开各类安全防范专题会议，聘请专家、教授进行专题安全讲座和安全专题研讨；制定《长兴县教育系统维稳工作实施细则》，加大排除整治，有效化解不稳定问题。各级各类学校建立各类安全预案，进行安全预案演练，处理校园突发事件、偶发事件的应对能力得到提升。学校食堂安全推广“五常法”（常组织、常整顿、常清洁、常规范、常自律）管理模式。是年，食堂等级合格率100%，学校粮、油、豆制品实行统一配送。

2009年，县教育局将安全工作确定为抓事故防范、隐患排查整治、教育培训、应急管理、平安校园建设活动、安全过程管理；5月，在长兴职教中心举行防灾减灾、师生应急避险大演练活动，并就学校防灾减灾宣传周（2009年5月7—13日）教育活动工作提出要求；6月，开展《中华人民共和国食品安全法》宣传活动；暑假，在教育系统开展游泳安全百日宣传教育活动；9月，就“预防甲型H1N1流感疫情防控工作”两次下文，对学校疫情防控工作提出意见；10月，就国庆期间做好安全工作印发专项通知。

2010年1月，县教育局转发《国务院应急突发事件应急演练指南通知》，各学校修订和完善各单位突发事件应急预案；3—4月，举办“中国人寿杯”学校安全知识大竞赛，10所学校获优秀组织奖；9月，开展《浙江省消防条例》知识网络大赛；11月，中小学参加市、县二级消防安全有奖征文。是年，学校人防、物防、技防步伐加快，全县各学校配备保安283名，校园入校报警设施244套。

2011年4月，县教育局开展校园“安全防范、安全管理、学生上下学交通安全、校舍安全、学校人员安全、食品安全、传染病防控”大检查；8月，印发《长兴县托幼机构安全管理一日常规(试行)》，规范托幼机构安全常规管理，营造学前教育安全有序教育环境；10月，转发《国家食品药品监督管理局关于印发餐饮服务食品安全操作规范的通知》，开展食堂食品安全专项检查；11月，印发《学校安全“三清”百日安全大检查专项行动方案的通知》，开展以清底数、清隐患、清死角为主要内容的“三清”百日安全大检查专项行动(此后每年进行一次)。

2012年，学校确定“保平稳、提水平、零事故”为安全总目标，“人防、物防、技防”建设列入2012年度“教育科学和谐发展业绩考核”和“中小学幼儿园安全工作目标管理责任制考核”指标。是年，全县以点带面开展“安全特色示范点”创建活动工作；品牌超市进校园顺利启动，学校食堂社会化托管在长兴中学和技师学院进行试点；机关幼儿园(广场园区)、技师学院、林城中学、太湖高中、龙山中学获“食品安全特色”示范点称号；B级以上食堂比率达到100%。

2013年，安全教育、宣传纳入教学计划，做到“教材、师资、课时”三落实，安全培训重点延伸到安全技能的培训上，90所学校239人参加“红十字应急救护”培训。县教育局印发《校园突发公共事件应急预案》《突发食品卫生安全事件预案》《社会应急联动工作实施方案》《防汛修订预案》《涉校涉园暴力犯罪应急处置预案》；成功处置6月3日在长深高速父子岭点不到1.5千米因交通事故发生黄磷泄漏疏散清泉武校师生事件。是年，省委常委、公安厅厅长刘力伟调研图影小学观摩交通安全“情景模拟教育”主题活动；学校食堂A级单位增加到12家，高中及职教类学校食堂全部实行社会化托管；技师学院、龙山中学、林城中学、第二实验小学、机关幼儿园、实验幼儿园获“食品安全特色”示范点称号。

2014年，县教育局制定一系列学校安全管理台账，以台账规范学校日常安全工作，建立学校安全分管副校长手机短信平台和网络QQ群，提高安全信息报送速度和信息互动交流，印发《学校安全宣传教育工作方案》。各校落实教育部颁布的《中小学校岗位安全工作指南》，开展安全知识网络竞赛，安全法制知识水平测试，安全主题教育日(3月31日安全教育日、4月15日防汛防台日、4月30日交通安全反思日、5月12日防灾减灾日、11月5日消防教育日、11月9日全国消防日、12月2日交通安全日)等活动；落实安全宣传教育进校园、进班级、进宿舍、进课堂、进家族活动；开展学校各岗位安全培训，确保岗位履职能力；制定《大气重污染学校应急方案》，有效应对大气污染天气。是年，学校人防、物防、技防建设向纵深发展，校园视频监控系统做到校区全覆盖，各校警务站建设基本完成，警械装备进一步齐备；建立学校防雷安全联络员、食品安全联络员、防汛抗旱联络员，交通安全志愿者、义务消防员等应急队伍；长潮中心小学成立省首个乡村少年消防警校，实验中学成立忻湖消防志愿者队伍；中央电视台《社会与法》栏目摄制组到长兴拍摄节目，教育实践中心教官、虹星桥中心小学交通模拟情景在中央台播出。全县品牌超市进校园工作顺利推进，公立学校商店品牌超市进驻率100%。

2005年长兴县中小学食堂等级情况表

表6-14

序号	学校	等级	序号	学校	等级	序号	学校	等级
1	机关幼儿园	A	20	小浦镇中心幼儿园	B	39	水口乡中心小学	B
2	中心幼儿园	A	21	白岘乡中心幼儿园	—	40	洪桥镇中心小学	D
3	实验幼儿园	B	22	槐坎乡中心幼儿园	B	41	李家巷镇中心小学	C
4	新塘中心幼儿园	—	23	煤山镇中心幼儿园	C	42	和平镇中心小学	B
5	下箬中心幼儿园	B	24	煤山镇中学	B	43	虹星桥镇中心小学	B
6	后洋中心幼儿园	B	25	林城镇中学	D	44	里塘中心小学	B
7	长桥中心幼儿园	B	26	金陵高中	B	45	吕山乡中心小学	B
8	包桥中心幼儿园	—	27	长兴职教中心	A	46	煤山镇中心小学	A
9	吴山乡中心幼儿园	D	28	实验小学	A	47	小浦镇中心小学	C
10	和平镇中心幼儿园	D	29	第二实验小学	B	48	泗安镇中心小学	B
11	虹星桥镇中心幼儿园	B	30	长兴一小	—	49	仙山中心小学	D
12	吕山乡中心幼儿园	—	31	滨海小学	B	50	长潮中心小学	D
13	李家巷镇中心幼儿园	D	32	五通小学	—	51	小浦镇中学	B
14	洪桥镇中心幼儿园	D	33	雉城二小	B	52	长兴中学	A
15	夹浦镇中心幼儿园	B	34	雉城三小	B	53	长兴三中	B
16	水口乡中心幼儿园	D	35	雉城四小	B	54	长兴技校	B
17	二界岭乡中心幼儿园	D	36	包桥中心学	B	55	长桥中心小学	B
18	泗安镇中心幼儿园	D	37	后洋中心小学	B	56	管埭中心小学	D
19	林城镇中心幼儿园	D	38	夹浦镇中心小学	D	57	林城镇中心小学	D

续表6-14

序号	学校	等级	序号	学校	等级	序号	学校	等级
58	天平中心小学	B	66	实验初中	B	74	李家巷镇中学	B
59	畎桥中心小学	D	67	长兴一中	B	75	和平镇中学	D
60	新塘中心学校	B	68	泗安中学	B	76	虹星桥镇中学	B
61	吴山乡中心学校	B	69	古城中学	B	77	吕山乡中学	B
62	白岘乡中心学校	B	70	后洋中学	B	78	泗安镇中学	B
63	槐坎乡中心学校	B	71	夹浦镇中学	B	79	华盛高中	B
64	二界岭乡中心学校	D	72	水口乡中学	B	80	进院电大	B
65	长广中心学校	B	73	洪桥逸夫中学	A	81	清泉武校	C

三、校车

随着乡镇学校撤并，为落实学生上下学交通安全，部分乡镇与长兴县万宏公司达成协议，开设农村学生上下学班车。

2001年，通车道路28条、里程300多千米，5000多名学生乘车上下学。

2002年4月，县委常委、政法委书记及县委常委、宣传部部长就学生交通安全问题主持召开了有县委办、县政府办、交通、公安、文化、卫生、建设、工商、教育等部门参加的工作协调会，就加强车辆管理及客运车辆线路延伸等作出部署；5月，由县政府办公室牵头，组织公安、交通、教育等部门对乡镇客运线路进行勘察，落实各乡镇公路客运车辆延伸行程及设立学生上下学停靠站；6月，全县乡镇公路客运车辆线路延伸，解决部分学生上下学乘车难问题。

2005年，接送学生专用车75辆，涉及11个乡镇21所学校，全年接送学生1298170人次。至2006年，全年累计接送学生超过130多万人次。

2007年1月，县委书记参加学生交通安全问题现场办公会；3月，县政府举行农村学生班车启动仪式，此次共开通168辆农村学生班车，近1.5万名农村学生坐车上下学。

2008年，全年投入农村学生接送车185辆，开通线路63条，接送站点679个，服务学生12484名；接送车管理体系规范，做到“五定”（定乘车车辆、定乘车学生、定乘车价格、定乘时间、定乘车站点）。此后，农村学校学生班车规范管理，按实际情况调整班车开设。

2012年，全县开展学生上下学交通情况专题家访，对接送车驾驶员、接送车安全状况及行驶路线进行专项排查，县政府办公室印发《长兴县校车安全管理实施办法(试行)》，对接送车驾驶员实行“月考评”制度。是年，接送车112辆，接送学生21146名；小浦镇中心小学、和平镇中心小学、泗安镇中心小学获“接送车安全特色”示范点称号。

2013年，全县接送车112辆，接送学生19777名；李家巷镇中心小学、洪桥镇中心小学、图影小学、小浦镇中心小学、二界岭中心小学、槐坎乡中心小学、泗安镇中心小学、和平镇中心小学获“校车安全特色”示范点称号。

2014年，全县接送车112辆，接送学生19024名。

四、安全考核

2000年，县教委首次出台《长兴县学校安全工作考核奖励办法(暂行)》，从安全组织建设、制度建设、措施落实、安全教育及安全预防等五个方面对学校进行安全考核；满分为100分，95～100分为一等奖，90～94分为二等奖，85～89分为三等奖。

2003年，县教育局对全县各级各类学校进行全方位安全工作考评，对照责任，对无责任事故发生的学校给予表彰和奖励，对出现安全事故的学校负责人给予处分。

2004年，县教育局制定“创平安学校”活动考评、奖励办法，对获评“平安学校”优胜单位学校的校长、分管校长实行奖励。

2005年始，对获评平安学校优胜单位学校每年奖励1万元。

2013年，县教育局对“平安校园”考核进行深化调整，实行分类分层考核(分幼儿园、小学、初中和高中职教)，平安学校优胜单位分优秀、良好和合格三个等级。奖励标准：优秀等级每年1.2万元、良好等级每年1万元、合格等级每年8000元。

2014年，县教育局对安全考核等级再次调整，考核等级分5A优胜单位、4A优胜单位、3A优胜单位和2A优胜单位。奖励标准为5A优胜单位每年1.3万元、4A优胜单位每年1万元、3A优胜单位每年8000元、2A优胜单位每年7000元、1A优胜单位每年6000元。

2006—2014年长兴县学校安全考核获奖情况表

表6-15

年 份	考核结果
2006年	75所学校获评平安学校建设优胜单位
2007年	80所学校获评平安学校建设优胜单位

续表6-15

年份	考核结果
2008年	80所学校获评平安学校建设优胜单位
2009年	71所学校获评平安学校建设优胜单位
2010年	86所学校获评平安学校建设优胜单位
2011年	88所学校获评平安学校建设优胜单位
2012年	93所学校获评平安学校建设优胜单位
2013年	30所学校获评平安校园建设优胜单位，37所学校获评平安校园建设良好单位，22所学校获评平安校园建设合格单位
2014年	28所学校获评5A安全优胜单位，29所学校获评4A安全优胜单位，30所学校获评3A安全优胜单位，3所学校获评2A安全优胜单位

第五节　艺术

一、艺术教育

1989年，全县各学校全面贯彻党的德、智、体、音、美、劳全面发展的教育方针，开齐、开足艺术教育课程。

1990—1991年，全县各学校重视艺术教育，时间、教材得到保证。音乐、美术课各校都能按计划开设，中学执行较好。至1991年，全县中小学有25名专任教师，多数是兼职。

1993年，正式实行《浙江省义务教育全日制教学计划》，小学一至六年级音乐课每周两课时，兴趣活动每周个两课时，初中音乐课一至三年级每周一课时。

1994年，县教委转发《浙江省学校艺术教育发展规划》和《浙江省学校音乐、美术教学器材配备目录（试行）》文件，各校根据文件精神，做好学校艺术教育工作，在实施过程中总结经验，及时将情况报县教委普教科。

1997年起，全县学校确定专人分管学校艺术教育，在开齐开足艺术课的同时，大力开展艺术教育活动，成立合唱、舞蹈、器乐等课外小组，做到课内与课外、普及与提高相结合。艺术教育所需用品经费纳入学校年度教育经费方案，并按国家教委中小学音乐、美术教学器材目录规定，努力配齐艺术教育设施和设备。

1999—2001年，县教委下发《湖州市中小学艺术教育检查评估方案（试行）》，各学校对照评估方案进行自查自评，同时根据学生兴趣爱好，加强发展和培养学生艺术特长。

2002年，全县举办首届中小学、幼儿园师生艺术节，共设舞蹈、声乐、器乐、国画、西画、儿童画、书法7个项目，至2014年共举办13届。

2003年，县教育局对全县艺术教育质量好的学校进行奖励，引导学校全力抓好学校艺术教育工作，鼓励学生个性特长发展。

2004年3月，县委宣传部召开"百叶龙"艺术培训基地建设工作协调会，成立长兴职教中心、电大进院、清泉武校、实验小学、长兴一小、雉城二小、雉城四小7个学校百叶龙艺术培训基地；9月，长兴县教育艺术研究会召开第三届年会。

2005年，全县贯彻落实《学校艺术教育工作规程》，艺术教育纳入学校考核和督导评估。是年，艺术教育科研形成县、学区、学校三级网络，"音乐学习中对反思能力的实践与培养"被列入省级课题；62.5%的中学和66.7%的中心小学艺术教育课程教学活动器材配备达到一类配备标准，其余中心小学以上学校均达到二类配备标准，能基本满足学校艺术教育需要。

2006年，县教育局出台《长兴县2006年高中段招生实施办法》，把音乐、美术综合素质测评等第达到2A、2P级以上作为报考普通高中前置条件。艺术素养纳入学校管理工作年度考核指标。

2009年3月，省京剧团的大型神话儿童京剧《宝莲灯》进校园，每天4场共18场次，全县城镇10所中小学近2万名学生观看；6月，省昆剧团进校园，2000名小学生观看，接受传统艺术熏陶。

2010年4月，省交响乐团的70多名演奏家到长兴演出，全县音乐教师和长兴中学高一学生观看；省民族乐团专场音乐会在古城中学报告厅举行，实验初中、长兴一中、古城中学各200名学生及全县音乐教师共750多人参加观看。

2011—2012年，各校艺术教师参加省舞蹈书法培训班、省学校舞蹈创作题材班、省中小学书法骨干教师培训班和县中小学艺术教师专业发展集中培训班学习；加强学生艺术社团的建设，进行年度常规性竞赛活动，评选优秀艺术社团；确定专人负责，制订发展规划，落实相关责任和经费保障，开展学校艺术特色项目争创活动。

2013年，长兴职教中心学生观看北京"心灵之声"残疾人艺术团的"励志正能量，放飞新梦想"为主题的文艺专场演出。是年，县教育局获全国第四节艺术展演优秀组织奖。

2014年,技师学院邀请省艺术职业学院青年艺术团到校专场演出,千余名师生观看。是年,全县中小学共有音乐专职教师121名,美术专职教师135名,各级各类学校艺术教育设备均达省一类配备标准。

二、艺术活动与竞赛

1989年,全县举行中小学庆祝中华人民共和国成立40周年文娱会演,共有11个代表队,70个节目参加会演,评出一等奖4个、二等奖6个、三等奖12个;县教育局普教股组队参加市文娱会演,有3个节目分别获第二和第三名。

1991年,全县举办中小学生书画比赛,庆"六一"儿童乐器比赛,庆"七一"歌咏活动;举办元旦文艺会演,共有24个节目获奖,获奖节目参加汇报演出,受到县委、县府、各部委办及雉城广大群众好评。

1993年6月,全县举办中小学"班班有歌声"录音比赛和园丁书画巡回展;12月,举办长兴县中小学师生同乐同娱会演,共有17个代表队,300多名师生参加会演。

1996年,县教育局举办"职教之春"文艺晚会。

1997年,围绕香港回归和中共十五大召开,各学区举办"百校万人大合唱"选拔比赛;6月,全县举行"百校万人大合唱"比赛,突出爱国主义教育,弘扬民族文化,体现时代精神。

1999年,全县举行"庆祝中华人民共和国成立五十周年、迎澳门回归"学生现场书画赛。

2000年,各校开展"六一"艺术教育周活动;全县举办"新千年、庆六一"音乐舞蹈专场演出。

2002年12月,长兴县首届中小学师生艺术节在雉城镇开幕,有近千名学生参加,并选送优秀节目参加市艺术比赛。教师进修学院表演的《太湖明珠》获县最佳创作奖、市一等奖,下箬中心小学表演的《马灯》获县最佳创作奖、市二等奖,中心幼儿园表演的《飞吧,鸽子》获县最佳创作奖。1名学生在省中小学生演唱比赛中分别获小学组组唱、独唱第一名。

2003年,举办全县第二届中小学、幼儿园艺术节;在省第四届学生艺术节上学生绘画作品获省一等奖2个、二等奖3个。

2004年,县教育局举办以"提高文明素养、展示青春形象"为主题的"六一"文化周活动,学生及家长2万人参加;10所学校学生参加"军民鱼水情、双拥在长兴"军民联欢晚会;各校走进社区,举办"献爱心、同快乐、共成长"结对联谊活动;11月,举办县第三届中小学幼儿园艺术节，小学和初中选送的两个舞蹈节目均荣获市一等奖。实验小学一学生的声乐《苗家的小阿妹》参加第五届全国校园春节联欢晚会节目获国家演唱奖，长兴一小一学生获省声乐比赛一等奖。

2005年7—8月，有221名儿童参加故事片《亲亲鳄鱼》的拍摄；9月，学生参加2005“中国·太湖明珠——长兴国际投资贸易洽谈会”群众文化系列活动校园文艺演出和“湖笔文化节”中小学书画大赛，并获一等奖1个，二等奖7个，三等奖11个；参加“湖州风情”——长兴专场特色文艺展演活动，实验小学的《龙舞》获市一等奖；11月，举办全县三大类八个项目的第四届中小学、幼儿园艺术节。长兴一小“百叶龙”参加中央电视台春节联欢晚会，荣获全国校园春节晚会节目评比一等奖；雉城二小一学生的美术作品《给地球妈妈洗澡》荣获中美中国少年儿童环境绘画奖。

2007年，县教育局出台《长兴县中小学幼儿园艺术节活动方案》，选送的9个中小学文艺节目参加市文艺比赛，雉城二小的舞蹈《流溢的红与绿》、长兴一小的戏曲《军民鱼水情》获得市一等奖，长兴一小的口风琴《红领巾之歌》、雉城四小的器乐《库斯克邮车》、滨海小学的校园剧《同在蓝天下》获得市二等奖，中学组古城中学的舞蹈《春蚕》、金陵高中的课本剧《项链》获市一等奖，长兴一中的声乐《渴望春天》、实验初中的器乐《乐趣》获得市二等奖。10月，全县11个节目参加2007“中国·太湖明珠——长兴国际投资贸易洽谈会”开幕式文艺演出。

2008年4月，教育系统百叶龙艺术团在巴黎参加奥运圣火传递活动。暑假，举办县首届“颂祖国、迎奥运”中小学生舞蹈节，优秀作品送市进行参评，获得一等奖1个、二等奖1个，校园集体舞二等奖3个；参加市中小学书法比赛，获一等奖4人、二等奖10人、三等奖23人；长兴中学学生参加第二十四届中国兰亭书法节暨省中小学生现场书法比赛，4位参赛学生全部获奖，其中1人荣获一等奖；长兴二小1名学生代表湖州市参加省陶艺类比赛，获得一等奖。11月，举办县第六届中小学、幼儿园艺术节，分音乐、绘画、书法三大类，有舞蹈、声乐、器乐、表演剧、国画、西画、儿童画、手工制作、漫画、毛笔、钢笔书法、篆刻12个比赛项目，学生参与人数3671人，评出音乐类一等奖35个、二等奖49个、三等奖57个，评出书法类一等奖88个、二等奖122个、三等奖140个；评出绘画类一等奖178个、二等奖249个、三等奖248个。是年，机关幼儿园的舞蹈《鼓乐龙滕》获省“群星奖”幼儿舞蹈大赛银奖，创作二等奖，华盛中学1名学生获省第一届“兰亭奖”二等奖。

2009年，举办县第七届艺术节，共有近4000名学生参加音乐、绘画、书法三大类，舞蹈、声乐、器乐、表演剧、戏曲、国画、西画、儿童画、手工制作、漫画、毛笔、钢笔书法、篆刻等13小类比赛;6个优秀艺术表演类节目参加市中小学艺术节和省级比赛,分别获省市二等奖5个,省三等奖7个。

2010年,155名学生参加省书法、绘画、摄影三大类比赛;28名学生参加市“赵孟頫杯”少儿书法大赛;实验小学、第二实验小学、实验初中、古城中学、电大进院、长兴中学的优秀合唱节目参加省、市艺术节大赛;长兴一中400名师生参加“陈香梅社会活动65周年暨85华诞”庆典活动;长兴职教中心、清泉武校参加上海城市文化“周周演”长兴专场展演活动;长兴职教中心、清泉武校39名学生参加第三届中国(长兴)陆羽茶文化节暨中国县域金融论坛开幕式和《中华情·魅力长兴》大型文艺晚会;长兴职教中心、夹浦镇中心幼儿园、实验小学、长兴一小参加魅力长兴广场文化活动;实验初中、古城中学、教师进修学院三所学校合唱团参加省中小学生合唱节比赛,均获二等奖。

2011年,举办县第九届艺术节, 4000名选手参加舞蹈、无伴奏合唱、器乐、国画、儿童画、漫画、毛笔、篆刻等13个项目的艺术比赛。优秀节目参加2011年市中小学文艺会演,其中长兴职教中心自编自导的校园剧《军训》以9.88的高分获第一名,电大进修学院创编的舞蹈《成长的烦恼》以9.89的高分荣获全市舞蹈中学组一等奖,实验初中的无伴奏合唱《月亮颂》和《铃儿响叮当》获得声乐类全市初中组一等奖,实验小学的合唱《水母鸡》《葡萄园夜曲》荣获声乐类小学组全市一等奖第一名,实验初中的舞蹈《茶恋》、长兴一中的器乐《花儿与少年》、长兴一小的舞蹈《胭脂戎装》、长兴二小的表演剧《明天吧,明天吧》、长兴四小的器乐《灯节》分别获得市二等奖。是年,长兴县“小京班”在全国“和平杯”京剧大赛中荣获三等奖。

2012年,举办县第十届中小学幼儿园艺术节活动,其中4个艺术表演类节目送省进行光盘评比。是年,成人中专学校的舞蹈《太阳雨》参加省中小学生艺术节现场比赛,获二等奖;第二实验小学一学生在杭州市萧山文化大剧院举行的2012“阳光花朵”中国少年儿童艺术节全国总决赛中,以一首《爷爷的三峡号子》获声乐类儿童B组金奖;小浦中心小学“小京班”表演的节目在中央电视台《新闻联播》《朝闻天下》栏目中播出。

2013年,清泉武校的《中华神功》在首届全国民办学校大型文艺期间会演中获金奖;县“小京班”一学生在第四届“和平杯”中国京剧小票友邀请赛上获二等奖;实验中学举行“梦想从这里启航”十周年校庆汇报演出;6所学校参加市合唱比赛,获议3个一等奖,3个二等奖。

2014年,举办“迎六一·相约中国梦”小学生书画比赛,共有113名学生分别获一、

二、三等奖；7所学校参加市艺术节舞蹈、音乐剧光盘比赛，8名中小学生参加市艺术节书法比赛，40名中小学生参加绘画、平面设计、立体造型、动漫、摄影比赛，共获17个一等奖，40个二等奖；25名师生参加市首届“善琏湖笔杯”师生现场书法大赛暨教师书法教学能力比赛，3位教师获一等奖，2位学生获一等奖；小浦镇中心小学表演的《夰里婚庆》在中央电视台国际频道播出，古城中学原创苗族舞蹈《咚妮子》荣获2014年省中小学生艺术节舞蹈比赛银奖。

第六节　科普

一、科普教育

1989年，全县中小学科普教育重视学生创新创造能力的培养，开展学生手工制作作品比赛、科普讲座、劳技创作等活动。

1991年，县教育局下发《关于组织中小学生开展送科技上门的通知》，各学校开展中小学生送科技上门活动。是年，全县8000余名中小学生加入送科技上门活动，共印发农技资料100多期3万多份。

1992年，雉城镇明门小学少先队大队部开展“送科技到农家，人人争当农科宣传员”特色活动。

1996年，学生参加市“科力杯”青少年科技制作大赛。

1998年，全县开展中小学科普知识竞赛（至2001年共四次），古城中学此项活动连续四次获第一名。

2000年，县教育局举办第一届中小学生航空航天模型锦标赛（至2014年共举办15届）。

2002年4月，县教育局、县科协、县妇联、团县委联合成立长兴县青少年科技教育协会。是年，实验小学被命名为全国青少年科普创新示范学校。

2003年，全县举办长兴县青少年科技创新大赛。

2004年4月，全县中学生开展信息技术竞赛；5月，举办中小学航模竞赛；6月，举办首届长兴县青少年电子百拼赛。是年起，各学校开展到省级科普基地（金钉子）一日游实践活动。

2005年，举办全县首届中小学科技节（至2014年共举办10届），有航模比赛、电子百拼比赛、幼儿园智力七巧板三个项目。

2006年3月，县青少年科技教育协会第二次代表大会在县教育局召开，县教育局作《齐心协力搭平台，推进我县青少年科技教育工作的创新发展》报告。至此，全县初步形成青少年科技教育活动特色，指导思想突出科学知识、科学方法、科学态度和科学精神的传播；教育内容突出新技术的传播，注重能力的培养，强调科技与文化相结合；活动对象面向全体学生；操作方法注重社会化运作，邀请国内知名专家到长兴为学生作科普知识讲座。

2007年5月，县教育局在长兴职教中心举办县第八届中小学生航模竞赛，共有21所学校的260名运动员参加比赛。是年，县教育局和科协联合举办首届青少年科普征文大赛（至2014年共举办8届），共收到征文小学组73篇、中学组41篇；与县文化广电新闻出版局举办首届中小学生Flash动画大赛，小学组、中学组共有140名学生获得一、二、三等奖；与县科技局、县科协联合举行科普示范学校的评选，第二实验小学、长兴一小、吕山乡中心小学、古城中学、实验初中、清泉武校被评为县科普示范学校及基地学校；清泉武学校自然科学博物馆被确定为市级科普教育基地。

2008年，县教育局举办第四届青少年科技节，科技节分县级和学校两个层面开展，内容有青少年科普征文大赛、中小学航空模型竞赛、中小学智力七巧板竞赛、城镇“科技奥运”展板展示等系列活动。

2009年，举办县第九届中小学生幼儿园航空模型锦标赛，第四届“智力七巧板”竞赛，第三届青少年科普征文大赛；开展首届县青少年科技创新大赛（至2014共举办六届）；举办首届县中小学幼儿园科幻画大赛（至2014年共举办5届）。

2010年，县教育局举办第十一届中小学幼儿园航模竞赛、第五届“七巧科技”竞赛、第四届长兴县青少年科普征文、第二届长兴县青少年科幻画、首届青少年科技创新评比大赛（至2014年共举办5届）。是年，开展科普大篷车进校园活动，分别到小浦中心小学和长兴三小进行科普知识宣传。

2011年，县教育局举办县第七届中小学、幼儿园科技节，活动项目设置航模比赛、“七巧科技”竞赛、科普征文大赛、科幻画大赛。举办县科技创新大赛，共评出一等奖15个、二等奖30个、三等奖33个，优秀科技辅导员6人。是年，举办青少年科普报告会5场，科普大篷车进校园5次；近万名学生到金钉子地质博物馆、长兴扬子鳄自然保护区、湖州清泉自然科学博物馆、小浦八都岕古银杏长廊等省、市级科普教育示范基地开展科普实践活动；长兴中学和实验初中申报湖州市科普示范学校，实验小学申报市防震减灾科普示范学校。

2012年，县教育局举办第八届青少年科技节活动，第六届青少年科普征文评选、第八届“七巧科技”活动、第十三届航空航天模型锦标赛、第三届青少年科技大赛、第八届“云飞杯”信息学竞赛；开展科普示范学校创建工作，长兴中学、实验初中被命名为市首批科普示范学校，教育实践中心被命名为市第五批科普教育基地；邀请中科院科普演讲团老专家在和平中学、虹星桥镇中学、煤山中学、煤山镇中心小学、泗安镇中心小学、蓝天民工子弟学校、长兴职教中心举办7场青少年科普报告会；全县中小学到十里银杏长廊、煤山金钉子，开展青少年科普社会实践活动。

2013年，根据县科技节的实施方案，各校开展“看一本科普书、听一次科技讲座、出一期科普黑板报、出一个科学金点子、举办一次科普班会、参加一次科普考察”的科技普及活动。邀请中科院科普演讲团老专家分别在技师学院、金陵高中、长兴中学、后洋中学、夹浦镇中学、古城中学、实验小学、第二实验小学、长兴二小、长兴三小作青少年科普报告会，4000多位师生听取科普报告。是年，各学校开展七巧科技、科普征文、创新大赛、云飞杯信息学竞赛等活动；洪桥镇中心小学和古城中学申报市第二届科普示范学校。1所学校成为省科普教育基地，2所学校成为市社会科学普及示范基地。

2014年，县教育局与县科协联合下发《长兴县第十届青少年科技节活动实施方案》；3月，举行长兴县科技创新专利培训会；6月，举办县第九届中小学生幼儿七巧科技竞赛活动，全县有73支代表队867名中小学生参加比赛；暑期，开展“建设美丽浙江、创造美好生活”为主题的省科普征文活动，全县共上报科普征文117篇，其中有60篇在县级获奖；8月下旬，全县十位优秀科技辅导员参加全国青少年科技创新大赛观摩与学习；10月，开展科技辅导员科教创新成果竞赛活动；11月，开展学生创新发明、论文、科幻画等竞赛活动。是年，太湖高中一学生因有科技创新成果而获得浙江大学自主招生推荐信。

二、市级以上科普竞赛

1999—2002年，全县中小学生参加市级以上小制作、小发明科普活动成绩突出，实验小学一学生作品“深水警报灯”获省一等奖，雉城三小一学生制作的“音乐蜡烛”获全国少年创新设计活动一等奖，《扬子鳄的生活习性》报告获全国“动手做”大赛一等奖，实验小学的“我给片儿安个家”获市科技活动优秀项目奖，同时获全国创新杯一等奖，科普辅导员参与教育实践的探讨和创新杯征文比赛，获国家二等奖1人、获国家级三等奖1人,获省级二等奖1人,参加市中小学科普知识竞赛,古城中学两次获市第二名。

2004年,学生参加浙江省青少年航天航模型锦标赛,个人共获8金、7银、4铜,长兴一中获中学组航天综合团体冠军,县教育局获优秀组织奖;学生参加市青少年信息学奥林匹克联赛,获一等奖2人,二等奖4人,三等奖9人;42名学生参加省青少年电子百拼赛,获一、二、三等奖48人次,后洋中学获初中组团体第五名。

2005年,学生参加市、省的航模比赛比赛,获省级个人单项一等奖60人次,二等奖58人次,三等奖63人次;首次参加第七届全国青少年电子制作比赛,实验初中一学生获女子全能冠军,一学生获女子全能第4名;长兴技校、长兴职教中心、实验初中、长兴一小、古城中学共101位学生参加市电子制作比赛,获一等奖6人次,二等奖13人次,三等奖18人次;参加市十九届青少年科技创新大赛,学生获二等奖1人,三等奖6人。至2006年末,全县科技辅导员撰写论文有20篇在省、市比赛中获奖。

2007年8月,洪桥镇中心小学航模组参加在萧山区回澜中学举行的"回澜杯"省青少年航空航天模型锦标赛,分别获得"手掷模型滑翔机""初级橡筋模型飞机"小学单项团体第一名,其中,个人一等奖7人(3金3银1铜),二等奖1人,三等奖3人,以高分获单项团体冠军。

2008年,27名学生参加市第22届青少年创新大赛,获一等奖6人,二等奖10人,三等奖11人;学生参加省航模比赛,共获得3个团体第一名,2个团体第二名,1个团体第三名,个人一等奖5人,二等奖8人,三等奖8人;19名学生参加在云南昆明举办的第十届"飞向北京、飞向太空"全国青少年航天航空模型夏令营比赛,获6枚金牌,7枚银牌,6枚铜牌。

2009年,实验小学、长兴三小分别获市小学生航模比赛团体二、三名;古城中学、实验小学分别获市科普知识竞赛初中组、小学组团体第一名;实验小学科技制作获省一等奖。

2010年,学生参加市第24届青少年科技创新大赛、市科协举办的"迈向低碳生活 共建生态文明"科普知识竞赛、省中学生科普征文大赛、市青少年信息学奥林匹克联赛、市青少年科技教育论文评选等省市级各类比赛。

2011年,太湖图影小学、洪桥镇中心小学、长兴一小、长兴二小4个代表队近60名运动员参加"君禾杯"省青少年航空航天模型锦标赛,共获单项团体一等奖5人,二等奖4人,三等奖5人,其中学生个人获一等奖7人次(一金三银三铜)、二等奖20余人次、三等奖30余人次等;太湖图影小学和吕山乡中心小学参加全国模拟运动挑战赛，太湖图影小学一学生的“超低空穿越海盗船”模拟项目，获得冠军，学生5人获“超低空穿越障碍”项目第4、5、6、7、8名，教师范建龙和林毅获挑战赛国家级优秀辅导员称号。

2012年7月，长兴一中参加省航模竞赛，获个人一等奖3人，二等奖2人，三等奖7人，中学组团体总分第一名。

2013年，全县学生科技创新作品参加省市比赛，市级获奖36人，省级获奖 4人，其中太湖高中的“智能晾衣架”获省科技创新项目一等奖；7个代表队和54名运动员参加省航空航天模型锦标赛，均获较好成绩。

2014年，全县师生50篇科普征文被选送省市参赛；实验中学成功举办第28届省青少年科技创新大赛，全县共有7项创新成果获奖，其中一等奖2项，二等奖1项，三等奖4项。

第七章 成人教育

第一节 成校发展概况

1989年，全县有包桥、横山、长桥、新塘、李家巷、林城、里塘、雉城、和平、畎桥、槐坎、虹星桥、煤山13个乡（镇）建立农村成人文化技术学校（简称成校）。有24名成人教育专职干部参加省成教专职干部函授学习班学习。

1991年，全县新建成校3所，村成人文化技术班2个。至1993年，全县乡镇成校达到21所，专职成人教育干部51人，兼职教师332人。

1994年，全县乡镇成校设立村级成校（教学点）230个，成校共25所。

1995年，各乡镇成校开展争创省级示范性成校活动，年末，县教委对各乡镇成校进行岗位目标考核。是年，全县所有乡镇都建立成校，村级教学点建成面达76.6%。畎桥乡成校被评为湖州市示范性成校；雉城、李家巷、煤山成校被评为长兴县示范性成校。

1996年，雉城成校成为省首批一级乡（镇）成校。

1997年6月，全县乡镇成校迎接省“两基”复查。7月，县教委下发《湖州市乡（镇）成校工作目标、校长岗位责任制及考评办法（试行）》。

1998年10月，白岘成校成为省二级成校。

1999年，县教委下发《关于加强乡镇成校建设意见》，12月，洪桥成校成为省一级成校。

2000年12月，全县撤乡并镇，乡镇成校调整到20所，其中省一级成校2所。有专职成校干部34人，专兼职教师170余人。和平成校、吕山成校、小浦成校成为省二级成校。

2001年9月，全县6所成校首次举办职业高中班，招生292人。李家巷成校顺利通过省二级成校验收。

2002年3月,县教育局出台《关于农村成教工作成果量化记分、奖励办法》。全县撤乡并镇,成校调整为16所。是年,煤山成校成为省级示范性成校。

2003年1月,小浦镇、夹浦镇、虹星桥镇、水口乡四所成校升格为省二级成校。2月,雉城成校、煤山成校、泗安成校经县教育局量化考核,被评为县成教先进学校。

2004年12月,和平成校升格为省一级成校,吴山乡、林城镇2所成校升格为省二级成校。

2005年3月,雉城成校被确认为省示范成校。7月,煤山成校成为第一批省级中小企业职工培训示范基地。是年,和平成校与洪桥成校成功申报市"百万农民培训工程"示范项目。

2006年12月,槐坎成校、二界岭成校成为省二级成校。

2008年7月,和平成校、林城成校成为省级示范性成校。

2009年,泗安成校、洪桥成校成功申报省级示范性成校;和平成校成功申报省级社区教育优秀项目;林城成校成功申报省级校外职工实训基地。

2010年12月,水口成校被确认为省示范性成校。至此,全县创建省级示范性成校6所。是年,煤山成校被评为全国成人教育先进集体。

2012年,县行政区域调整,撤销吴山成校和二界岭成校,分别并入和平成校和泗安成校,全县成校调整为14所。是年,各成校编写校本教材,雉城成校被评为省农函大培训先进集体,煤山成校成功创建省社区教育中心示范学校。

2013年,林城成校成功创建省新型农民素质培训基地,槐坎成校编写的读本《铁军精神,在传承中成长》获湖州市首批社区教育优秀教材(读本)一等奖。

2014年,和平成校成功创建省社区教育示范学校,泗安成校成功创建省新型农民素质培训基地;和平、雉城2所成校获市2014年乡镇成校网页评比一等奖。至年末,全县有成校14所,其中省示范成校7所,省二级成校7所。全县14所成校全部被确定为县级以上劳动力素质培训若基地,其中省级中小企业培训基地2个,市级农村培训示范基地4个,市级校企业合作培训基地2个。全县成校教职工总数为446人,其中在编教师62人,聘用教师17人、兼职教师361人、其他6人;双师型教师56人,其中技师1人,高级工40人,中级工15人。

1989—2014年长兴县成人文化技术学校设置情况表

表7-1

年份	学校数(所)	名单	备注
1989	13	包桥、横山、长桥、新塘、李家巷、林城、里塘、下箬寺、雉城、和平、畎桥、虹星桥、槐坎、煤山	
1994	25	包桥、横山、长桥、新塘、李家巷、林城、里塘、下箬寺、雉城、和平、畎桥、虹星桥、洪桥、煤山、小浦、泗安、夹浦、后洋、天平、仙山、吕山、长城、白岘、管埭、长潮	
1995—1999	31	包桥、横山、长桥、新塘、李家巷、林城、里塘、下箬寺、雉城、和平、畎桥、槐坎、虹星桥、洪桥、煤山、小浦、泗安、夹浦、水口、后洋、太傅、天平、仙山、二界岭、吕山、长城、吴山、白阜、白岘、管埭、长潮	全县所有乡镇都建立成校
2000—2001	20	长桥、新塘、李家巷、林城、雉城、和平、槐坎、虹星桥、洪桥、煤山、小浦、泗安、夹浦、水口、太傅、二界岭、吕山、吴山、白岘、长潮	行政区域撤并
2002—2011	16	李家巷、林城、雉城、和平、槐坎、虹星桥、洪桥、煤山、小浦、泗安、夹浦、水口、二界岭、吕山、吴山、白岘	行政区域撤并
2012—2014	14	李家巷、林城、雉城、和平、槐坎、虹星桥、洪桥、煤山、小浦、泗安、夹浦、水口、吕山、白岘	行政区域撤并

2014年长兴县成人文化技术学校基本情况表

表7-2

学校	地址	创办时间	级别	开设专业(培训项目)
雉城成校	雉城街道天平路40号	1987年	省示范成校	计算机操作工、农业实用技术、电焊工、手工制作、美容、足浴、烹饪、面点、插花、餐厅服务员、网创
泗安成校	泗安镇文化体育中心	1991年	省示范成校	成人业余学历培训、党员干部教育、乡镇企业职工岗位技能培训、农村劳动力转移技能培训、中老年活动、青少年素质提升培训
煤山成校	煤山新街“金钉子”文化休闲广场	1988年	省示范成校	会计证、会计电算化合格证、特种作业操作证、计算机操作工证、驾驶证、企业职工及专业人员技能证、上岗证、学历证培训

续表7-2

学校	地址	创办时间	级 别	开设专业(培训项目)
和平成校	和平镇大井弄	1987年	省示范成校	农民职业技能培训、企业职工岗位培训、初中毕业职业技术、成人中专、大专学历
林城成校	林城镇育才路52号	1988年	省示范成校	电焊工、车工、电工、插花员、计算机、面点师、砌筑工、服装工、红梅嫁接、芦笋栽培、开办农函大、绿色证书班
李家巷成校	李家巷镇广福路	1988年	省二级成校	开设函授大专、本科、成人高中等学历提升班和职业技能考证培训班,农民素质教育、社区教育、"双证制"教育、农村劳动力转移技能培训、企业职工教育、业余党校等各类培训
夹浦成校	太湖边老街乌桥	1993年	省二级成校	排舞、戏曲、腰鼓、太极拳、家庭教育、弱势群体教育、青少年素质教育、"关爱女性"教育、书法、写作、剑桥英语、趣味数学
洪桥成校	洪桥镇鸿运大道588号	1994年	省示范成校	"双证制"成人高中学历班、财会中专班、电焊工、电工、计算机、家政服务、中式面点师、砌筑工
吕山成校	吕山乡吕山村	20世纪90年代初	省二级成校	服装剪裁工、横机挡车工、电焊工、计算机操作工、电工、手工编制工、创业员、面点师、电子商务师、劳动保障高级工
水口成校	水口乡上吉路	1992年	省示范成校	排舞、戏曲、腰鼓、太极拳、烹饪、家政服务、客房服务、景点讲解员、插花、芳香保健、中式面点、初级茶艺师
虹星桥成校	虹星桥镇政府3号楼	1988年	省二级成校	服装缝纫工、电子电工、喷水织机挡车工、计算机操作工、建筑工、电焊工、蓄电池组装工、手工制作、财会中专班
小浦成校	小浦镇小浦村	1994年	省二级成校	计算机操作工、电焊工、电工、面点师、育婴员、餐饮服务员
白岘成校	白岘乡访贤村	20世纪90年代初	省二级成校	农村党员干部教育、企业职工岗位技能培训、农村劳动力转移技能培训、农村预备劳动力培训、成人职业高中"双证制"教育培训、学历教育、扫盲教育、农村实用技术培训、中青年创业培训、中老年人教育
槐坎成校	槐坎乡中心小学内	1988年	省二级成校	职业技能培训、现代农业科技教育、企业职工教育、社区教育、预备劳动力技能培训、农函大、绿证培训

2014年长兴县成人文化技术学校校产情况表

表7-3

学校	占地面积（亩）	建筑面积（平方米）	教学设备总值（万元）
雉城成校	14.13	3500	51.47
洪桥镇成校	12.3	2750	50.707
李家巷镇成校	7	860	21.9
夹浦镇成校	4	1200	1.5
水口乡成校	15	2657.98	55.6
和平镇成校	27.6	4180	155.7
虹星桥镇成校	5.2	851	43.4
吕山乡成校	5.1	922	78.594
泗安镇成校	23	3880	90.4
林城镇成校	5.5	2825	111.9
煤山镇成校	32	3250	67.1888
小浦镇成校	2	870	15.77
白岘乡成校	8.8	1325	70.12
槐坎乡成校	6	336.2	3.6
合计	167.63	29407.18	817.8498

2014年长兴县成人文化技术学校辖区情况表

表7-4

学校	区域人口（人）	农村劳动力数（人）	所辖区行政村（个）	村级成校数（所）	负责人
雉城成校	243362	63000	51	51	桑刚强
洪桥镇成校	38084	27530	22	22	占闪星
李家巷镇成校	28648	14329	12	12	胡良喜
夹浦镇成校	29963	16800	13	13	蒋亚美
水口乡成校	17403	11907	8	8	陈泽文
和平镇成校	49008	34615	29	29	卢正华
虹星桥镇成校	32803	21924	17	17	樊少华
吕山乡成校	18311	13653	9	9	周荣华

续表7-4

学校	区域人口（人）	农村劳动力数（人）	所辖区行政村（个）	村级成校数（所）	负责人
泗安镇成校	60057	38043	31	31	尹章伟
林城镇成校	47012	28000	20	20	赵 珍
煤山镇成校	29141	10130	9	9	姚建锋
小浦镇成校	23118	16138	11	11	李海玉
白岘乡成校	9608	7089	6	6	章志斌
槐坎乡成校	14742	9970	9	9	韩伟宏

第二节　农民教育

1989年，全县成校组织青壮年农民学政治、学技术，举办各种短期培训班239个，受训人员11455人次，举办技术讲座47次，受训人员3543人，3465名农村历届初、高中毕业生受到2次以上实用技术培训。是年，全县5个乡镇实施“燎原计划”。

1990年，全县各成校举办多种形式的短期培训班411期，有21288人次受到各种类型的文化技术教育和实用技术培训，与科协联合举办“农函大”班，学员107人。

1991年，成校举办一年以上教学长班28个，学员889人，短期培训241期，受训13308人次，讲座68期，受训20745人次。是年，271名初中毕业生经过培训获技术培训绿色证书。

1992年，农村成人文化技术教育成果不断扩大，受训人数达3.7万人次。是年，农村成校学历教育起步，李家巷、煤山成校有89名学员取得文秘、英语和电子专业大专学历，开设财会、经营与消费的中专班，在学学员144人。

1993年，农村成校共举办一年以上长班21个，学员595人，短训班273期，广播讲座289次，全县农民总受训人数8.16万人次。15～40周岁青壮年农民受训率达32.9%。全县实施“燎原计划”乡镇增至12个，实施“燎原计划”项目有36项，其中取得较好经济效益的有新塘蔬菜、下箬吨田工程、林城蚕桑、畎桥的鱼珠混养等。

1994年，农村成校推出“联合办学”的新举措，其中雉城、泗安成校同省职业进修学院、中华会计函授学校联合举办成人中专、大专班，为当地培养高层次人才；其他乡镇成校同农村中学联合举办“3+X”形式的职业班，为农村培养有一技之长的劳动大军。是年，全年农村两级成校举办各种技术长班30个，短训班381期，讲座287次，受训人数7.1万人；“燎原计划”乡镇达到15个，实验项目达到40项。

1995年，吴山成校同县农函大举办水产培训班，包桥成校同县农函大举办蔬菜专业绿色证书培训班。是年，农民总受训人数65756人，实施“燎原计划”乡镇达到20个，实施燎原计划项目34项。

1996年，全县各乡镇成校共举办长班52个（其中学历班29个，学员1165人），短训班357期，讲座301次，农民总受训人数达77745人次，青壮年农民受训率达25.3%。实施“燎原计划”乡镇达到25个，实施项目38个，各类培训5915人次。

1997年，各乡镇成校举办绿色证书、农函大等实用技术培训，农民总受训达71273人次，农村劳动力受训率达22.8%，全县有1518名农民取得了技术职称。实施“燎原计划”乡镇达到24个，实施项目33个，各类培训9099人次。

1998年，全县举办绿色证书班、农村基层跨世纪干部培训班和农函大班等共37个，学员1450人；各种实用技术短训班373个，学员18650人，讲座358次，受训50896人。全县农民总受训达71996人次，农村劳动力受训率达到23%。

1999年，全县采取“上挂横联”（上挂大专院校，横联部门、单位）搞培训，上挂省农村广播电视学校成人中专班共5个、省职业进修学院成人中专班2个、省统计干校自考大专班1个，浙江大学、湖州师专等学校举办计算机等级证书班多期；横联县委党校联合举办青年后备干部中专班11个，县委组织部联合举办青年干部岗位培训班11个，县科协、农函大联合举办农函大班17个、县农业局联合举办“绿色证书”培训班12个。是年，农村成校为全县农村培养1500余名农民技术员；新塘、小浦、和平三个乡镇被评为湖州市实施燎原计划示范乡镇。

2000年，继续采取“上挂横联”形式，抓常年办班，开展农民教育培训工作。培训内容多种多样，各种长班（含学历班）68个，培训学员1823人，短班373期，培训学员17588人次，讲座358次，培训学员81680人次。是年，农村青壮年劳动力受训率达32.29%。

2001年，农村成人教育围绕“燎原计划”项目举办培训近万人次，各类农民培训超10万人次。

2002年，根据省、市教育部门的指示精神，进一步加强农科教结合工作，乡镇“燎原计划”项目实施面达到100%；全县组织申报“百万农民培训工程”示范项目16个。

2003年，各成校举办“农函大”“绿色证书”等培训班，全县农村青壮年劳动力培训率达到30%以上。

2004年，全县各成校开展农村农业实用技术和新技术培训，受训农民达10万余人次，农村劳动力受训率达35%以上。在农民中开展“双证制”[①]培训，举办双证制教学班17个，273人获得双证书，居湖州市第一。

2005年，根据县委、县政府《长兴县农村实用人才培养计划》，县教育局制定《长兴县教育局2006—2010年农民学历提升培养计划》，明确到2010年，完成农民学历提高培训6100余人，其中大专以上学历1840人。成人教育主动服务“三农”，继续实施农民学历提升工程，加强农村高技能人才培养、农村实用技术培训与推广工作，加大成人“双证制”教育力度，培育新型农民。是年，培训农村劳动力4000人，“双证制”教育班27个。

2006年，开展农村劳动力转移培训和农村预备劳动力培训，参加培训共计8万多人次。是年，农函大培训2776人，绿色证书培训597人，参加各类学历教育1534人，农村劳动力受训率达到38.7%以上。

2007年，成校工作重点向“为新农村建设服务”转移，采取弹性办学方式，体现多层次办学，全年农村劳动力转移培训1092人，各类培训总数达12万人次，受训率为36%。

2008年，教育领域进一步拓宽，完成农村劳动力转移培训3000多人，预备劳动力转移培训514人，各类培训总数达到6万多人，受训率为35.3%。

2009年，各成校开展兴“三农”的相关农民学历提升培训、农村高技能人培养、农村实用技术培训与推广工作。是年，大专以上学历班招生280人，初级工培养3000人，申报农科教项目4个。

2010年，全县“双证制”教育培训1363人，农民绿色证书培训500人，农函大培训2000人，农民学历提升培训717人。是年，农村劳动力受训率为35%。

2012年，全县14所成校举办烹饪、餐旅、电工、服装、计算机、针织、插花、泥工等专业技能培训班，培训人数在3000人以上；组织成人“双证制”免费教育培训，共有注册学员2280人。

2013年，根据农民个人的需要，开展多层次学历提升培训，有与大学合作的大专以上学历培训，与农村广播学校合作的中专学历培训和成人“双证制”高中学历培训。根据现代农业发展需求，开展农科教项目培训，培训项目有芦笋种植、湖羊养殖、种鸭养殖三个市级农科教项目。

① 双证制：学历证书、职业技术教育证书。

2014年，5所成校建立高级工培训基地，在全市首创。是年，成人“双证制”培训完成1240人，农函大培训2500人，农民大学生招生400人，农村劳动力参训率35%。

第三节　职工教育

1989年，全县职工学校有长兴县职工学校、长兴县总工会职工业余学校、长兴县粮食职工学校、长兴县农村金融干部学校、长兴县供销职工学校、长兴县交通职工学校、长兴县白水泥厂职工学校。7月，全县召开职工教育效益交流会，编印《长兴职工教育效益汇编》。是年，全县职工参加全员培训9387人，县职工教育委员会被湖州市人民政府评为市职工教育先进集体。

1990年，职工培训开班16期，受训学员786人；应急培训19期，受训学员1333人。受训学员来自工业、二轻、财政、税务、统计、商业、乡镇、供电、计量、安委会、职教委、计经委等系统。是年，县职工学校为了提高全民大集体、乡镇企事业单位电焊工的理论基础和技术操作能力，举办首期中级电焊工培训班。

1992年，举办车间主任、厂长（经理）、推销员培训班3期，200名学员获得岗位证书和合格证书；举办多层次的职工培训，受训人数共达10588人次，其中岗位培训8295人次，技术培训1050人次，学历教育1213人次。是年7月，县职工教育委员会并入县教育委员会。

1993年，经县政府批准，县农机技术培训站改为县农机技术培训学校，全县职工培训基地增至9个，培训基地总面积为10211平方米。县教委、县计经委、县劳动局、县总工会联合下发《企业职工教育考评细则》，首次对职工教育进行考评，评出先进单位10个，先进个人20名，并进行表彰。是年，全民、集体职工全员培训13529人，全员培训率达37%。

1994年，全县培训职工15560人，其中县职工学校与浙江大学联合举办初级电脑培训班6期，学员106人，中级班5期，学员64人。是年，县白水泥厂被评为湖州市职工教育先进集体。

1995年，县职工学校与浙大联办电脑培训班，县总工会干校与杭大、浙工大联办大专专业证书班。是年，举办各种岗位培训班70多期，共组织职工技术培训2.2万人次，全员培训率达到38%。

1996年，组织县级机关各部门、有关厂矿单位和职工学校学习《中华人民共和国职业教育法》和浙江省制定的《浙江省职工教育工作条例》。是年，职工学校共举办各类培训班90期，培训职工12557人，职工全员培训率达37.5%。

1997年，随着经济体制改革的深化，职工教育转变到"以服务为主"的轨道上来。是年，企业职员培训面达36%。

1998年，职工教育注重下岗人员的再就业培训和在岗人员的岗位培训，5月，召开全县职工教育经验交流会，推荐丰能等2个乡镇企业参加市职工教育经验交流。是年，全县职工培训8750人，职工全员受训率为25%。

1999年，全县职工教育主要是对轮岗、转岗、下岗、在岗各类人员进行培训，对乡镇企业职工进行实用技术培训，全员培训率达到35.5%。

进入21世纪，随着社会和经济的发展，一些单位和企业实行重组或改制，所属职工培训学校或机构也随之合并或撤销。

2001年，开展在岗职工的岗位培训，下岗职工的上岗培训和转岗职工的知识更新培训，同时职工培训教育向乡镇企业、个私企业延伸。

2002年，根据浙江省教育厅、浙江省劳动和社会保障厅、浙江省经济贸易委员会、浙江省总工会联合印发的《关于组织开展百万职工双证制教育培训工作的实施意见》，在全县开展"企业百万职工双证制教育培训工程"。

2003年，长兴县在全市率先开展职工"双证制"教育培训，和平镇成校组织的首期职工双证制教育培训班于4月27日上午在长兴县电力电杆有限公司开班，共有50名学员，主要来自长兴县电力电杆有限公司的职工。是年底，全县有5所学校先后办起职工双证制培训班，有269人参加培训。

2004年，为提高广大职工的文化素质，大力开展学历培训，开设本科教学班2个，学员56个，专科教学班13个，学员364个，其他学历教学班29个，学员1093人，举办双证制教学班17个，学员608人，教学效果良好，经市统考，合格率在95%以上。

2006年，县总工会联合县劳动和社会保障局、县发改委等部门为长兴职教中心、长兴技校、县总工会职工干校、浙江诺力机械股份有限公司、浙江多蒙佳乐服装有限公司、紫金大酒店、长兴县人民医院职业技能培训基地授牌。是年，培训职工3万多人次，师徒结对1353对，职工培训率为38.8%。

2007年，长兴县总工会利用职工培训基地对全县化工、建筑、矿山等重点企业和规模以上企业安全职工进行全员培训，有1115人合格通过。

2008年，全年培训工会工作职工2110人次，职工全员培训率10.3%。

2009年，县总工会利用县总工会干部学校和培训基地组织开展“十万职工大培训活动”，其中职工技能职工素质提升培训32次，专项技能培训5期。是年，长兴职教中心与诺力机械厂合作，举办全县首个企业职工“双元制”[①]大专班，班级设在企业内，41名学员正式入学。和平成校把“企业管理”大专班办在永达公司。

2010年，全面实施职工素质教育工程，为企业进行技能培训120期，受训人数4万多人次；为县、乡镇二级工会培训累计2260人次；在县“三升一改”活动中，针对性举办各类培训班120场次，受训职工5万多人次。是年，县总工会干部学校被中华全国总工会授予全国职工教育培训示范点称号。

2011年，洪桥、李家巷、雉城、夹浦、泗安、林城、和平、虹星桥、煤山、小浦等十所成校成为县职工职业技能培训基地，有248家企业近4万名职工参加免费培训，其中，职业学校与多蒙佳乐服饰有限公司、比奇厨卫设备有限公司、九川科技股份有限公司、浙江诺力机械股份有限公司等近50家企业合作，开展企业员工上岗培训、职工技能提升培训，下岗失业人员转岗培训、进城务工人员培训，培训内容有电工、焊工、车工、数控、缝纫、营业员、计算机、餐厅服务等近20个工种。是年，长兴职教中心被中华全国总工会授予全国职工教育培训示范点称号。

2012年，槐坎、吕山2所成校成为长兴县职工职业技能培训基地。是年，开展成人“双证制”培训1283人，绿色证书培训800人，高技能人才培训5000余人。县总工会干部学校举办有关业务培训班6个班次，参训人数1072名，招收在职研究生29名。

2013年，职工教育结合地方产业需要，开展多项职业技能培训，涉及的项目有苗木、电焊工、维修电工、机修工、烹饪、计算机维护等十多个工种，累计培训4000多人。

2014年，职业学校开展校企合作、产教融合活动，深入企业，采取订单、工学结合的方式培训职工。是年，共有职工培训基地19个，订单培养980人，工学结合390人，上岗培训2305人，岗位培训5334人。

---

①双元制：指职业培训要求参加培训的人员必须经过两个场所的培训，一元是指职业学校，其主要职能是传授与职业有关的专业知识；另一元是企业或公共事业单位等校外实训场所，其主要职能是让学生在企业里接受职业技能方面的专业培训。

第四节 社区教育

2006年6月18日，成立长兴社区学院，随后在雉城镇台基山、仓前街、古城街道、煤山、和平、泗安等6个街道和乡镇成立社区教育中心，形成社区教育二级培训网络。是年，开设中老年电脑初级培训班、中老年交谊舞培训班、外贸单证员考证培训班、濠滨假日酒店员工培训班，与县公安局联合举办废旧物品行业协会业主培训、浴室业主培训、矿山“四大员”培训等。《长兴教育》、《长兴之窗》、长兴电视台等宣传媒体均对社区学院教育活动做详细报道。

2007—2008年，建立“长兴县社区教育”网站。社区学院聘请上海市、浙江省相关专家以及县名师组成讲师团，开展“父母大讲堂”进社区公益讲座活动。

2009年，和平镇社区教育中心的“和平白茶标准化项目建设与技术推广”项目获评省社区教育实验项目。

2010年，社区讲堂以家庭教育为主题，先后到大西门社区、米行弄社区、体育场社区等开展讲座；在县图书馆举办“文明大讲堂”公益讲座等活动。是年，长兴社区学院的《基于网络的农村社区教育资源建设研究》被省社区教育指导中心确定为省级社区教育实验项目。

2011年，建设长兴社区教育网站和社区教育中心联盟网站。

2012年，根据《长兴县人民政府关于开展社区教育工作的实施意见》，各相关单位将有教育功能的场所向社区居民开放。是年，开发社区精品教材13门，煤山镇社区教育中心被评为省级社区教育示范学校。

2013年，社区教育着力推进信息化建设，完善社区教育工作网站和社区教育中心联盟建设。11月，长兴县全民终身学习数字化平台“长兴市民学习在线”网站顺利开通，举办“首届长兴县全民终身学习活动周”活动；12月首次开展乡镇社区教育工作2013年度目标考核工作。是年，在全省范围内首次举办社区教育专职教师专业发展90学时培训，长兴社区学院的《社区教育视角下县地域文化传承的实验》被省社区教育指导中心确定为省级社区教育实验项目，长兴县被省教育厅批准为省级社区教育示范区，长兴社区学院获评省级社区教育示范学院。

2014年，长兴县第二届全民终身学习活动周启动仪式在林城镇社区教育中心举行，举办县“百姓学习之星”评选、社区居民摄影作品征集评选、长兴地域文化知识网络大赛等系列活动。是年，全县有县级社区学院1所，乡镇(街道)社区教育中心14个，村(社区)市民学校237所 ；开展各类社区教育培训活动共292个项目，参与社区教育培训活动66644人；和平社区教育中心成为省社区教育示范学校，和平社区教育中心网站和雉城社区教育中心网站获市优秀社区网站评比一等奖。

2006—2014年长兴社区学院培训情况表

表7-5

时间	培训内容
2006.9—2007.5	中老年电脑培训(44人)，中老年交谊舞培训(31人)，国际商务单证员培训(34人)，2007年春全国英语等级考考前培训班(233人)，2007年春全国计算机等级考考前培训班(128人)，长兴县废旧物资调剂业业主培训(112人)，长兴县娱乐行业(浴室类)业主培训(81人)，酒店员工礼仪、安全培训(131人)，酒店员工计算机基础培训(131人)，长兴县矿山“四大员”培训(101人)，职业女性心理健康培训(69人)，现代女性形象与礼仪(57人)
2007.9—2008.6	女性美容班培训(53人)、国际商务单证员考证前培训班(34人)、矿山四大员培训班(45人)、旅馆行业从业人员培训班(第一期205人)、旅馆行业从业人员培训班(第二期165人)、全国计算机一级等级考试考前培训班(24人)、2007年秋双证制教学考前培训班(38人)、全国英语等级考试(二级)考前培训班(54人)、全国英语等级考试(三级)考前培训班(15人)、会计电算化考前培训(第一期46人)、会计电算化考前培训(第二期77人)、会计上岗证考前培训班(207人)、涉爆作业人员培训班(第一期313人)、涉爆作业人员培训班(第二期276人)、涉爆作业人员培训班(第三期336人)、涉爆作业人员培训班(第四期293人)、危险品货物运输员换证培训(116人)、2007年秋双证制教学班考前培训(38人)、2008春双证制教学班考前培训(22人)
2008.8—200 9 .5	涉爆作业人员培训(49人)、建筑现场管理人员培训(239人)、烟花爆竹人员培训(192人)、县工商局普通话培训(71人)、社会类普通化培训(91人)、会计电算化培训(第一期45人)、会计电算化培训(第二期45人)、会计电算化培训(第三期43人)、全国英语等级考试培训(70人)、全国计算机等级考试培训(52人)、2008年农民双证制考前培训(22人)、2008年秋农民双证制考前培训(23人)、废旧物品回收调剂业协会培训(110人)、涉爆作业人员培训(一期150人)、涉爆作业人员培训(二期146人)、普通话培训(一期171人)、普通话培训(二期181人)、会计电算化培训(85人)、父母大讲堂培训(120人)、全国英语等级考试培训(75人)、全国计算等级考试培训(90人)、2008年秋农民双证制考前培训(23人)、2009年春农民双证制考前培训(30人)

续表7-5

时间	培训内容
2009.9 — 2010.6	2009年秋农民双证制学员培训(30人)、2009年秋全国英语等级考试培训(44人)、2009年秋全国计算机等级考试培训(31人)、2010年春农民双证制学员培训(70人)、2009年秋普通话培训(一期189人)、2009年秋普通话培训(二期298人)、会计电算化培训(166人)、父母大讲堂培训(567人)、文明大讲堂培训(120人)、涉爆作业人员培训(一期214人)、涉爆作业人员培训(二期280人)、涉爆作业人员培训(三期268人)、涉爆作业人员培训(四期220人)、涉爆作业人员培训(五期198人)、2009年秋会计中级工培训(469人)、2010年4月国际单证员培训(33人)
2010.9 — 2011.6	2010年秋成人双证制培训(70人)、2010年秋全国英语等级考试培训(51人)、2010年秋全国计算机等级考试培训(45人)、2010年秋普通话培训(497人)、会计电算化培训(159人)、2010年秋父母大讲堂培训(674人)、2010年秋礼仪大讲堂培训(215人)、2010年秋会计中级工培训(387人)、2011年上半年国际单证员培训(38人)、2011年春成人双证制培训(96人)、2011年春全国英语等级考试培训(56人)、2011年春全国计算机等级考试培训(43人)、2011年春普通话培训(343人)、2011年春父母大讲堂培训(488人)、2011年春文明大讲堂培训(118人)
2011.9 — 2012.6	2011年秋季全国英语等级考试(71人)、2011年秋季全国计算机等级考试(18人)、2011年下半年普通话水平等级测试(210人)、2011年度县会计从业人员继续教育培训(1440人)、心理健康教育进社区(120人)、2012年春季全国英语等级考试(71人)、2012年春季全国计算机等级考试(86人)、2012年上半年普通话水平等级测试(296人)、2012年5月国际单证员培训及考证(41人)、2012年6月计算机中级工考试(352人)、2012年5月会计电算化考试培训及考证(145人)、2012年县民政局普通话培训及考证(21人)、2011年下半年农民双证制学员培训及考试(58人)、2011年下半年农民双证制学员培训及考试(53人)、2011年秋季淡水养殖大专班(34人)、2012年上半年农民双证制学员培训及考试(53人)、2012年春农民双证制学员培训及考试(37人)
2012.9 — 2013.6	2012年下半年成人高中双证制培训(69人)、2012年下半年全国计算机等级考试培训(120人)、2012年下半年全国英语等级考试培训(89人)、2012年下半年普通话培训测试培训(219人)、2012年县会计从业人员继续教育培训(1244人)、2012年下半年父母大讲堂(256人)、2013年上半年保育员(中级)培训(93人)、"父母大讲堂进社区"家庭教育讲座(256人)、2013年上半年普通话水平测试考前培训(80人)、2013年度长兴县会计从业人员继续教育(720人)、2013年上半年成人双证制培训(56人)、2013年上半年全国英语等级考试培训(78人)

续表7-5

时间	培训内容
2013.9—2014.6	2013年下半年成人职高“双证制”培训（63人）、2013年下半年全国英语等级考试培训（53人）、浙江超威集团员工普通话培训（129人）、超威动力能源有限公司保安礼仪培训（40人）、保育员（中级）培训及考试（96人）、2013年下半年普通话水平等级测试培训（321人）、2014年上半年成人职高“双证制”培训（70人）、2014年上半年全国英语等级考试培训（112人）、图影景区经营管理公司员工普通话培训（65人）、2014年上半年普通话考前培训（267人）、2014年上半年普通话水平等级测试（407人）、2014年计算机操作员（中级）培训（15人）、2014年第一期会计从业资格考前培训（119人）、2014年第二期会计从业资格考前培训（106人）、2014年建设系统专业技术人员继续教育（820人）
2014.9—2014.12	2014年第二期会计从业资格考试培训（106人）、2014年第三期会计从业资格考试培训（90人）、2014年下半年保育员（中级）培训考证（100人）、2014年下半年全国英语等级考试（223人）、2014年下半年普通话培训（358人）、2014年下半年成人双证制培训（43人）

说明：以上数据由长兴社区学院提供；不含乡镇、街道社区教育中心培训人数

第五节　扫盲教育

1989年，县政府批转县教育局《关于加快完成我县农村扫除剩余文盲任务》的报告，发动全县中小学教师、中小学生2700多人参加扫盲工作。是年，青壮年非文盲率93.7%。

1990年，全县共扫除文盲2697人，全县（含长广）青壮年非盲率95.35%，且所有乡镇非盲率均达到95%以上。

1991年，全县共组织3000人参加脱盲学习，使2411人摘掉文盲帽子（其中妇女脱盲1607人），全县青壮年非文盲率提高到96.95%。

1993年，当年全县参加脱盲学习的人数为1001人，实际脱盲634人。

1994年，全县扫除青壮年文盲、半文盲800名，小浦、李家巷、雉城三个镇通过“双基”验收。

1995年，全县31所成校开展扫盲教学，加快扫盲进度，全县青壮年非文盲率达97.92%。

1996年10月，全县完成基本扫除青壮年文盲任务，全县青壮年非文盲率达到97.9%，

通过省“两基”验收，被确认为“基本普及九年制义务教育和基本扫除青壮年文盲”县。

1997年，经县教委抽查有1031人脱盲，全县青壮年非文盲率达到98.3%，通过省“两基”复查。

1999年，扫除文盲969人，全县青壮年非盲率达到98.82%。至2001年，全县青壮年非盲率达到99.36%。

2003年，全县农村扫除青壮年文盲完成率100%，达到高标准“普九”要求。

2010年，全县文盲人口总数36245人，其中6～14周岁145人，占文盲总数的0.40%，15～50周岁2782人，占文盲总数的7.68%。至2012年，全县青壮年非文盲率为98.39%。

2013年，省教育厅下达扫盲任务，全体成校教师利用暑假造好文盲名册，各初中、小学分别承担扫盲任务。是年，全县青壮年非文盲率为99.01%。

2014年，全县减少文盲7820人，其中16～55岁1304人；正有接受扫盲教育7467人，其中16～55岁918人，55岁以上人数6549人。全县青壮年非文盲率为99.43%。

第六节　学校选介

一、雉城中心成人文化技术学校

雉城中心成人文化技术学校位于雉城街道天平路40号。创建于1987年，校名为雉城镇成人文化技术学校，学校附设在金陵南路长兴四小内。1992年迁址雉城镇政府内。1997年学校新建，选址雉城街道天平路40号，次年，学校整体迁入。2012年8月更名为雉城中心成人文化技术学校。学校下设雉城成校开发区分校和雉城成校画溪分校。

学校以服务当地经济建设和社会发展为导向，以中高等学历教育和技能培训并重为办学模式。2006年11月，农科教项目“葡萄无公害生产技术的应用和推广”成功申报湖州市百万农民培训工程示范项目，获得优秀成果奖；2011年省级课题“长兴县雉城成校实施城乡双证制教育的实践探索”成功结题；2014年3月课题“基于需求导向的企业员工培训策略研究”成功申报市级课题。学校系县、市窗口成校，2005年被评为省示范性成校、省中小企业职工培训示范基地；2006年被评为市区域性中心成校；2007年被评为市乡镇成校校园文化建设先进学校；2008年被评为市新农村农民培训示范基地；2014年被评为市现代化示范成校；2009—2014年连续六年获县教育局学校管理工作考核一等奖。

2014年，学校校区总占地面积约14.13亩，建筑面积约3500平方米；在职教职员工13人，兼职教师50人，90%以上的教师已具备中高级专业技术职称，95%以上教师已取得“双师型”教师资质。

历任校长吴金娥、陈建平、沈玲娣、李生泉，2011年8月起，校长桑刚强。

二、泗安镇成人文化技术学校

泗安镇成人文化技术学校位于泗安镇文化体育中心三楼。成立于1991年2月。

学校系县区域性重点成校，崇尚“求真、严谨、务实、创新”的教育服务宗旨，常年开展成人业余学历培训、农村党员干部教育、乡镇企业职工岗位技能培训、农村劳动力转移技能培训、中老年活动、青少年素质提升等培训。先后被评为省示范性乡镇成人学校、省标准化乡镇成人学校、省新型农民素质培训示范基地、市区域性中心成人文化技术学校、市乡（镇）成校校园文化建设先进单位、市基层科普行动计划先进农函大辅导站、县苗木高技能人才培训基地。

2014年，学校占地面积23亩，建筑面积3880平方米，各类教育教学设备设施齐全，建有计算机、多媒体、成人培训、少儿培训、图书馆、乒乓球、老年活动、戏曲、书画、“非物质文化遗产”展览等教室和场馆，专职教师4人。

历任校长许独松、李强，2004年8月起，校长占闪星。

三、煤山镇成人文化技术学校

煤山镇成人文化技术学校位于煤山新街金钉子文化休闲广场内。创建于1988年12月，学校在煤山镇老街，建筑面积近242平方米。2002年办学规模扩大，煤山中心小学校舍并入，学校建筑面积达3600平方米，占地面积达12亩。2006年学校整体搬迁于煤山新街“金钉子”文化休闲广场内。

学校坚持与时俱进、服务为先的办学思路，创新联合办学理念，统筹辖区内教育资源，常年开展学历提升、岗位技能、素质提高等各类培训教育活动，先后与县财政局会计培训部门、县安检局特种作业考培中心、县劳动局培训部门、浙大计算机培训中心、驾驶员培训中心、省农广校、电大、党校、江大网络进行教育合作，举办会计证、会计电算化合格证、特种作业（电工、焊工、挖掘机、装载机、起重机、叉车等）操作证等各类培训近百期，培训学员3000多人，学校办学取得丰硕成果。2002年，学校被省教育厅确认为省级示范性成校；2005年被确立为省首批中小企业职工培训示范基地；2006年被市教育局确认为市首批区域性中心成校；2007年底被授予市乡（镇）成校校园文化建设示范学校、市新农村农民培训示范基地称号；2008年2月被省教育厅、财政厅命名为2007年度省优秀农村预备劳动力培训基地；2009年12月被授予全国农村成人教育先进集体称号；2013年被评为市首届现代化乡镇成校。

2014年，学校占地32亩，建筑面积3250平方米，有多功能报告厅、计算机房、教室、会议室、接待室、乒乓球室、棋牌室、图书室、电子阅览室、办公室等教学和健身休闲设施，专职教师4人，其中具有中级以上职称的3人，兼职教师队伍30人。

历任校长蒋国华、张全福，1996年起，校长胡良喜。

四、和平镇成人文化技术学校

长兴县和平镇成人文化技术学校位于和平镇大井弄。创立于1987年，办学初校址在和平西高地牧场。1991年5月迁入和平区委。1992年10月，迁入和平镇政府内。1998年在和平镇政府旁新建校舍。1999年9月迁入新校区。2007年8月迁入和平中学原址（大井弄）。

学校坚持面向基层、面向成人、面向经济建设的办学方向，根据市场的需求、走多渠道、多形式、多层次的办学之路，不断完善硬件设施，提升学校的综合办学水平，培养实用人才。从最初的扫盲教育和短期培训，发展到集政治、文化、科技等为一体的教育体系，形成农民职业技能培训、企业职工岗位培训、初中毕业生职业技术培训和成人中专、大专学历进修等高素质办法模式。2006年学校被评为市职业教育先进集体；2008年荣获省示范性成校、市校园文化建设先进单位和县人才工作示范基地称号；2010年，“白茶标准化种植”获评省农科教示范项目；2011年获市区域性中心成人文化技术学校和县绿色学校称号；2013年获得市现代化示范乡镇成校称号。

2014年，学校占地面积27.6亩，建筑面积4180平方米。拥有标准塑胶篮球场1个，专用教室24个，多媒体教室2个，电脑室2个，拥有图书15000余册，计算机70台，配有电视机、VCD、空调、音箱、投影仪、笔记本电脑、激光打印机、复印机、数码相机等现代化教学设备。专职教师5人，均系中级技术职务以上。

历任校长王德贵、张培强，2011年8月起，校长蒋亚美。

五、林城镇成人文化技术学校

林城镇成人文化技术学校位于长兴县林城镇育才路52号。始建于1988年,办学初校址在镇政府内。1999年学校迁至林城小学内。2007年学校迁至林城镇育才路52号。

坚持“服务成人,效力社会”的办学宗旨,努力践行“终身学习,出彩人生”的办学理念,围绕“构建全民学习终身教育的学习型社会”的办学目标,确立“文化立校、管理兴校、特色强校”的办学思路。办学多年,学校取得较好的办学效益,被评为省示范性乡镇成人学校、省优秀职工培训基地、省新型农民素质培训示范基地、市校企合作职工培训基地、市区域性中心成人文化技术学校。

2014年,学校占地5.5亩,建筑面积2825平方米。有教学楼1幢,多媒体教室1个,计算机房1个,电焊工培训车间1个;专职教师6名,兼职教师30余人;在册的大专学历班5个,学员128人,成人“双证制”高中学员724人。

1988年起,校长陈泽文。

六、李家巷镇成人文化技术学校

李家巷镇成人文化技术学校位于李家巷镇广福路。创办于1988年,学校地址在李家巷政府内。2002年迁入李家巷镇中心小学内。2009年迁入李家巷老派出所。2014年迁入李家巷镇广福路(镇工业区党群服务中心)。

学校以“传播新知识,倡导新生活,培育新农民,服务新农村”为办学宗旨,常年开设函授大专、本科,成人高中等学历提升班和职业技能考证培训班,承担农民素质教育、社区教育、“双证制”教育、农村劳动力转移技能培训、企业职工教育、业余党校等各类培训工作。学校获得省级标准化成校、市成人高中双证制教育先进单位、县职业技能培训先进基地、县优秀农函大辅导站等称号。

2014年,学校占地面积近7亩,建筑面积达860平方米,有计算机教室、图书阅览室、文体活动室等功能教室,拥有5个校外农业技术实训基地和6个校外职工职业培训基地;教师4人,兼职教师30人,社区志愿者100余人。

历任校长李生泉、朱炳泉,2013年8月起,校长卢正华。

七、夹浦镇成人文化技术学校

夹浦镇成人文化技术学校位于夹浦镇老街乌桥。1993年2月创立,学校地址在夹浦镇政府内。2004年秋季,学校整体搬迁至夹浦镇老街乌桥。

学校坚持“以教科研为中心，以申报项目为抓手，围绕项目组织培训，打造优质教育培训品牌”为办学目标，秉行“以人为本，和谐发展，奠基人生，服务社会”办学理念，开展学历教育、农村实用技术技能、企业职工教育、社区教育、预备劳动力、农函大、绿色证书等培训工作。2003年通过省二级成校评估。2012年12月成功创建省标准化乡镇成校。

2014年，学校占地4亩，建筑面积1200平方米，拥有专用教室8个，拥有电脑房、多媒体教室、太极拳馆、图书室、阅览室等多个专用教室；有专职教师4名，其中本科3名，大专1名，双师型教师4名，兼职教师30名，社区志愿者48人。

历任校长董建新、臧伯方、臧树新，2012年8月起，校长樊少华。

八、洪桥镇成人文化技术学校

洪桥镇成人文化技术学校位于洪桥镇鸿运大道588号（洪桥镇政府大院内）。创建于1994年8月，校址在洪桥镇工业公司大楼内。1999年学校搬迁至横山乡政府内。2005年10月，学校迁至洪桥镇政府大院内。

学校本着“为学习者提供尽可能多的学习机会，为一切需要从成人教育中获得服务的组织和个人提供最优服务”的办学理念，全力打造全民学习的继续教育基地。2005年，学校被确立为市百万农民培训工程示范基地；2009年成功申报省示范成校；2010年，被确认为市新农村农民培训示范基地；2011年被县确立为职工职业技能培训基地；2012年被市确立为新型农民素质培训示范基地；2013年被市总工会评为职工职业技能培训先进集体。

2014年，学校占地面积12.3亩，建筑面积2750平方米，拥有普通教室10个，办公室3个，储藏室1个，实训教室7个，有河蟹养殖等实训场地4个，拥有计算机41台，电工板40块，移动多媒体1套，中式面点师培训器材1套，有长期与他人合作的电焊机7台等教学设施设备。专职教师5人，兼职教师32人。有学历班4个，在校学员104人，其中“双证制”成人高中班1个，有学员44人；成人大专班2个，有学员50人；成人本科班1个，有学员10人；有技能培训班2个，在校学员85人。

历任校长王新明、沈金华，2013年8月起，校长周荣华。

九、吕山乡成人文化技术学校

吕山乡成人文化技术学校位于吕山乡吕山村。创建于20世纪90年代初，校址位于乡政府大院内。1999年7月，迁入吕山中学老街分校。2005年9月迁入吕山新街。2012年3月,搬迁至吕山村村委会。

学校始终秉承"做力所能及的事,助推别人走向成功"的办学理念,以"群众需要的,就是我们乐于奉献的"为办学宗旨,开展学历教育、各类农村实用技术技能、企业职工教育、社区教育、预备劳动力、农函大、绿证等培训工作。学校于2000年12月成功申报省二级成校,2012年底成功创建浙江省标准化成校。

2014年,学校占地面积5.1亩,建筑面积922平方米,有专业教室和功能间共9间;专职教师3名,社会兼职教师17名,社区教育志愿者服务队21人;有成人双证制学历班1个,学员43人,园林技术大专班1个,学员20人。

历任校长钱寿明、何文斌、陶火良、钱之杰,2006年8月起,校长尹章伟。

十、水口乡成人文化技术学校

水口乡成人文化技术学校位于水口乡上吉路。创建于1992年,校址在水口乡政府内。1996年,学校迁至水口乡幼儿园原址。2010年春,学校迁至水口乡上吉路。

学校牢固树立"以服务为宗旨,以就业为导向,以质量为核心,以改革创新为动力"的教育理念,以农村劳动力培训工作为抓手,结合水口乡实际,以服务"三农"为目标,以培养农村人才为出发点,以提高全民素质为宗旨,紧紧围绕建设社会主义新农村,构建和谐社会的总体要求,认真开展学历教育、各类农村实用技术技能、企业职工教育、社区教育、预备劳动力、农函大等培训工作。2003年1月,学校被评为省二级成校;2010年12月被评为省示范性成校;2014年12月25日,学校顺利通过市现代化示范乡镇成校评审。

2014年,学校占地面积15亩,建筑面积2657.98平方米,拥有电脑房、多媒体教室、文体活动室、茶艺培训室、阅览室等多个专用教室;有专职教师4名,其中本科2名,大专1名,双师型教师4名,兼职教师27名。

历任校长陈富鑫、沈鑫良,1996年11月起,校长许锦华。

十一、虹星桥镇成人文化技术学校

虹星桥镇成人文化技术学校位于虹星桥镇政府3号楼。1988年经县人民政府批准建立,学校坐落于长兴县虹星桥镇街道。

学校坚持"以教科研为中心,以申报项目为抓手,围绕项目组织培训,打造优质教育培训品牌"为办学目标,承担着全镇及外来务工人员的成人教育、社区教育和全乡农村劳动力实用技术、职业技能培训任务。2003年获评省二级成校;2004年度、

2008年度学校被评为县目标管理先进单位；2006年度、2007年度获县“劳动力转移培训工程”二等奖；2008年度、2009年度获县“劳动力提升工程”一等奖；2011年被县授予长兴县职工培训基地；2012年12月成功创建省标准化乡镇成校；2014年11月被授予市新型农民素质培训示范基地称号。

2014年，学校占地面积5.2亩，建筑面积851平方米，共有16间教室，图书10000册；专职教师4人，兼职教师31人。

历任校长朱汉芳、左武忠，2013年8月起，校长姚建锋。

十二、小浦镇成人文化技术学校

小浦镇成人文化技术学校位于小浦镇浦长大道6-3号。创建于1994年。

学校坚持以服务社会主义新农村建设为核心，开展形式多样的实用技术培训。自2004年以来，累计培训计算机操作工、电焊工、电工、面点师、育婴员、餐饮报务员2000多人次。2003年1月，学校被命名为浙江省二级成校。2012年，成功创建浙江省标准化乡镇成校，2014年，被评为湖州市优秀农函大辅导站。

2014年，学校占地面积2亩，建筑面积870平方米；在职教师3人，兼职教师30人，均为中级职称和“双师型”教师。

历任校长徐德华、谢士华、孙金华，2009年8月起，校长李海玉。

十三、白岘乡成人文化技术学校

白岘乡成人文化技术学校位于白岘乡访贤村。创建于20世纪90年代初。

学校立足乡情和学校实际，本着“以质量求生存，以创新求发展”的办学原则，以市场为导向，以科技为依托，以效益为中心，以农民增收、农村稳定、农业增长为目的，创造性地开展工作。1998年被评为省二级成校；2008年度、2009年度连续获县农村劳动力技能提升工程考核三等奖；2012年12月成功创建浙江省标准化成校；2014年获县社区教育领导小组乡镇社区教育工作考核一等奖。

2014年，学校占地面积8.8亩，建筑面积1325平方米，校内有教室3个(其中多媒体教室1个)、办公室2个、培训接待室1个，还有会议室、计算机室、图书室、阅览室、书画室、资料档案室、舞蹈排练室、乒乓球活动室以及实训室、灯光篮球场、社区活动大舞台等教学活动设施；专职教师2人，均为中级职称，兼职教师20余人。

历任校长金星火、俞汉斌，2007年8月起，校长章志斌。

十四、槐坎乡成人文化技术学校

槐坎乡成人文化技术学校坐落在槐坎乡中心小学内。创办于1987年。

学校以“培育新农民，服务新农村”为办学指导思想，秉承“教育、服务、发展”的办学理念，以“全面提高劳动者综合素质”为办学目标，以市场需求设置培训菜单，承担着全乡及外来务工人员的成人教育、社区教育和全乡农村劳动力实用技术、职业技能培训任务。2006年12月学校晋升为省二级成校；2013年，学校编写的社区教材（读本）《铁军精神在传承中成长》获市社区教育优秀教材（读本）评选一等奖；2014年学校论文《服务新型城镇化发展新农村成校——以槐坎成校为例》获市三等奖，社区教育优秀品牌“红色德育课程”获市三等奖和国家级三等奖。

2014年，学校占地面积6亩，建筑面积336.2平方米，有可供培训上课的教室3个，其中多媒体教室1个；专任教师2人，兼职教师17人。

历任校长柏荣坤、李少美，2003年8月起，校长韩伟宏。

第八章　成人高等教育

第一节　高等教育自学考试

1989年，县教育局设有高等教育自学考试办公室，具体负责全县高等教育自学考试工作。自学考试每年开考两次，分别于1月和7月报名，于4月和10月考试。是年，全县报考人数896人，开设专业16门，报考课次2131次，实考课次1122次，合格课次602次，占实考课次率53.65%。有49人获自考专科毕业。

90年代初，县高等自学考试专业开设增多，报名考试人数逐步增加。1995年开设专科层次小学教育自学考试。1996年开设学前教育专业自学考试。1997年，开考政治教育、汉语言文学教育、英语教育、数学教育、教育管理等5个专科起点本科专业。1999年，自学考试由城镇向农村延伸，依托乡镇成校建立自考联络站，有16个乡(镇)建立自考联络站。

2000年，首次有20人获得自考本科专业毕业。

2001年秋季起，自学考试调整为每年开考四次，报名时间为3月、6月、9月和12月，考试时间为1月、4月、7月和10月。是年，长兴县荣获浙江省自学考试先进县称号。

2002年，县教育局规定凡男性45周岁、女性40周岁以下的教师均需参加心理健康教育知识自考，课程成绩列入当年教师继续教育学分。

2005年起，普通高校不断扩招，函授、远程教育的发展，自学考试报考人数和考试课次均逐年减少。

2007年8月，长兴县高等教育自学考试办公室被评为浙江省自学考试先进集体，泗安、煤山自考联络站被评为省级先进联络站。

2010—2011年，湖州市自学考试办公室派员到长兴指导自学考试工作。

2012年始，考生可以登录浙江省考试网查询考试成绩。

1989—2014年，共有77140人报名参加高等教育自学考试，报考科次158154门，合格科次53072门,共有2571人自考毕业,其中本科497人、专科2074人。

1989—2014年长兴县高等教育自学考试情况表

表8-1

年份	报名人数(人)	报考课次(次)	合格课次(次)	毕业人数(人)		
				本科	专科	合计
1989	896	2131	602	—	49	49
1990	1247	2897	876	—	42	42
1991	1522	3404	712	—	57	57
1992	2386	5346	1451	—	28	28
1993	2378	5504	2859	—	35	35
1994	2628	5946	2200	—	128	128
1995	3698	8863	3163	—	90	90
1996	4355	10512	3328	—	187	187
1997	4612	10732	3353	—	52	52
1998	5329	11470	3308	—	131	131
1999	5686	11989	3356	—	142	142
2000	4810	10200	2637	20	138	158
2001	6258	11937	2510	10	180	190
2002	4826	10987	1694	20	190	210
2003	4258	7286	1953	40	147	187
2004	4238	8188	1963	64	131	195
2005	2716	5179	1390	61	81	142
2006	5332	9779	10454	84	65	149
2007	2348	4047	1242	64	56	120
2008	3237	5424	1835	26	18	44
2009	1261	2208	943	29	12	41
2010	1008	1796	339	17	13	30
2011	572	1111	539	13	9	22
2012	543	1218	365	13	9	22
2013	431	—	—	10	32	42
2014	565	—	—	8	10	18
合计	77140	158154	53072	479	2032	2511

说明:表格数据由县教育局高等教育自学考试办公室提供

第二节　电大教育

1989年，长兴电大工作站开设4个专业，招收290人，其中煤山电线厂办1个电子工程班，有27人，另招收三年半学制的机械专业中专班32人，由煤山浙江水泥厂办班。至年底，长兴电大工作站共培养大专毕业生336名。

1991年，开展长班教育（学历教育）和短班教育（非学历教育），开设商业企业管理、行政管理两个专业班，开办“中级英语资格证书”班和书法班。

1993年，电大工作站开设8个专业，在校学员230人。至1999年，电大工作站共开设20余个专业。

1999年，开始招收开放教育专科学生。2001年，电大教学班43个。2002年，开始招收开放教育本科学生，共开设小学教育、法学、会计学等12个专业。从1999年秋至2003年秋，开设远程教育专业有8个，包括计算机、财会、法律、行政管理、土木工程、汉语言文学、英语等学科，招收学员1426人。

2004年春季起，电大停止现代远程教育试点，现代远程教育学生归并到中央电大开放教育专科学习。

2005年，电大长兴学院加入“奥鹏远程教育学习中心”，同时获得大连理工大学、东北财经大学、北京航空航天大学、中央音乐学院等高等院校的授权书。是年，有中央电大开放教育专科学生617人，本科学生403人。2005—2014年，参加电大长兴学院“奥鹏远程教育学习中心”学习的学员总数为574人次。

2014年，电大开设行政管理、土木工程、学期教育、法学、工商、会计学、小学教育、汉语言文学等8个本科专业和建筑施工管理、法学、工商管理、计算机信息管理、行政管理、乡镇企业管理、机械制造与自动化、会计学、学期教育、计算机网络技术、园林技术等11个大专专业；本科38个班级，专科43个班级，注册学员共计3900余人。

1990—2000年长兴电大毕业生情况表

表8-2

年份	毕业数(人)	相关专业
1990	108	英语
1991	21	商企管理
1992	63	商企管理(31人)、行政管理(32人)
1993	89	财会(50人)、汉语言文学(39人)
1994	111	财会(54人)、金融(57人)
1995	95	工商企业管理(28人)、财会(28人)、金融(39人)
1996	129	行政管理(27人)、财会(65人)、汉语言文学(37人)
1997	96	行政管理(21人)、财会(42人)、财会注册视听生(53人)
1998	119	财会(42人)、汉语言文学(24人)、财会注册视听生(53人)
1999	109	汉语言文学(46人)、财会(37人)、法律(26人)
2000	165	小学教育(开放专科)(54人)、汉语言文学(87人)、法律(6人)、财会(18人)

1990—2000年长兴电大部分专业人数统计情况表

表8-3 单位:人

年级 人数 年级	90级	91级	92级	93级	94级	95级	96级	97级	98级	99级	00级
财会	3	—	—	50	54	28	65	42	41	37	18
商企管	—	38	31	—	—	28	27	—	—	—	—
行政管理	—	51	32	—	—	—	—	20	—	—	—
汉语言文学	—	—	—	13	—	—	37	—	22	46	86
工民建	—	—	—	26	5	—	—	—	—	—	—
单科生	—	—	—	82	—	—	—	—	—	—	—
金融	—	—	—	—	57	39	—	—	—	—	—
法律	—	—	—	—	—	—	—	—	—	22	6
小学教育	—	—	—	—	—	—	—	—	—	—	51
计算机	—	—	—	—	—	—	—	—	—	35	60
总计	3	89	63	171	116	95	129	62	63	140	221

1999—2003年长兴电大远程教育招生情况表

表8-4　　　　　　　　　　　　　　　　　　　　　　　　　　　　单位：人

专业	1999秋	2000秋	2001秋	2002春	2002秋	2003春	2003秋
计算机科学与技术	35	60	—	—	—	—	—
计算机应用	—	—	58	—	—	—	32
财会	—	—	45	—	104	30	142
汉语言文学	—	—	112	—	126	13	37
英语	—	—	54	—	35	—	16
法律	—	—	—	228	58	19	120
土木工程	—	—	—	—	39	—	15
行政管理	—	—	—	—	—	—	48
合计	35	60	269	228	362	62	410

2004—2014年长兴电大开放教育（专科）专业招生情况表

表8-5　　　　　　　　　　　　　　　　　　　　　　　　　　　　单位：人

专业＼人数＼年份	2004	2005	2006	2007	2008	2009	2010	2011	2012	2013	2014	合计
小学教育	70	127	86	23	7	—	—	—	—	—	—	313
法学	35	107	106	84	50	54	42	27	24	30	22	581
会计学	74	194	256	376	425	375	407	269	385	299	227	3287
工商管理	57	15	43	106	98	92	118	123	97	122	108	979
行政管理	141	134	147	190	146	209	211	190	250	261	236	2115
电子商务	—	18	21	—	23	60	10	—	—	—	—	132
计算机应用	10	22	—	—	—	—	—	—	—	—		32
学前教育	—	—	18	136	84	117	118	156	115	120	127	991
建筑施工与管理	—	—	56	72	93	86	154	113	114	93	43	824
计算机信息管理	—	—	22	—	21	51	20	3	14	29	10	170
计算机网络管理	—	—	—	33	42	—	—	16	17	—	17	125
金融	37	—	—	—	—	—	—	—	—	—	—	37
汉语言文学	—	—	29	—	—	—	—	—	—	—	—	29

续表8-5

年份/人数/专业	2004	2005	2006	2007	2008	2009	2010	2011	2012	2013	2014	合计
英语	—	—	—	—	55	—	—		11	—	—	66
数控技术	—	—	—	—	—	9	7	—	—	—	—	16
乡镇企业管理(一村一)	—	—	—	—	—	31	33	—	20	74	45	203
农村行政管理(一村一)	—	—	—	44		25	—	—	—	—	—	69
畜牧(一村一)	—	—	—	30	—	—	30	—	—	—	—	60
园林技术(一村一)	—	—	—	—	30	24	—	40	30	60	72	256
茶叶生产与加工技术(一村一)	—	—	—	—	—	20	—	—	—	—	—	20
合计	424	617	784	1094	1074	1153	1150	937	1077	1088	907	10305

2002—2014年长兴电大开放教育(本科)专业招生情况表

表8-6　　单位:人

年份/人数/专业	2002	2003	2004	2005	2006	2007	2008	2009	2010	2011	2012	2013	2014	合计
小学教育	—	—	—	—	45	71	61	34	13	25	11	—	—	260
法学	—	—	62	99	86	63	77	68	66	89	70	127	50	857
会计学	—	—	103	67	90	78	140	157	172	265	198	205	190	1665
工商管理	—	—	—	—	—	41	14	33	26	82	66	75	55	392
行政管理	—	—	—	—	70	49	69	65	67	84	101	113	114	732
计算机应用	—	—	—	—	22	20	—	—	—	—	—	—	—	42
金融	—	—	—	—	15	—	—	—	—	10	23	17	—	65
汉语言文学	59	88	249	167	93	65	47	35	19	15	6	18	13	874
英语	—	—	27	—	—	—	—	—	—	—	—	—	—	27
土木工程	—	—	—	22	14	9	28	73	70	96	75	82	106	575

续表8-6

专业 \ 人数 \ 年份	2002	2003	2004	2005	2006	2007	2008	2009	2010	2011	2012	2013	2014	合计
教育管理	—	—	—	—	15	—	—	—	—	—	—	—	—	15
学前教育	—	—	—	—	—	—	—	—	28	70	29	61	47	235
合计	59	88	441	355	450	396	436	465	461	736	579	698	575	5739

2005—2014年长兴电大奥鹏教育学员情况表

表8-7　　单位:人

年份	人数	年份	人数
2005	21	2010	62
2006	34	2011	90
2007	16	2012	135
2008	9	2013	98
2009	9	2014	100

第三节　浙江广播电视大学长兴学院

浙江广播电视大学长兴学院位于长兴县雉城镇长海路619号。前身为浙江广播电视大学嘉兴地区分校长兴工作站,成立于1979年2月。1984年更名为浙江省广播电视大学湖州市分校长兴工作站(简称长兴电大工作站)。1989年,长兴电大工作站有正式编制工作人员8人,另借用人员4人。2000年5月经浙江省教委评估,升格为浙江广播电视大学长兴分校。2003年10月,学校正式更名为浙江广播电视大学长兴学院,隶属长兴县人民政府,教学业务上接受省电大的指导和管理。

学院秉承"以学生为本、助学生成功"的办学理念,以"学高、身正、求实、创新"为校风,以"敬业爱生、为人师表"为教风,以"勤奋守纪、求知求真"为学风,凸显"小实体、多功能、大服务"的办学特色,按照上级相关部门的要求,立足于长兴实际,始终坚持面向社会、面向基层、面向学校的原则，为长兴社会经济发展培养了大批应用型专门人才，为促进高等教育大众化、建设学习型社会、打响“学在长兴”品牌做出了积极的贡献。2002年秋，电大长兴分校被省电大确定为开展人才培养模式改革和开放教育试点学校。2003年10月，长兴分校先后通过省电大的更名和现代远程教育教学工作两项评估。

学院先后获得全国首批示范性基层电大、全国厂务公开民主管理先进单位、省文明单位、省卫生先进单位、省语言文字示范校、省电大系统办学先进单位、省远程教育科研先进单位等多项称号。2014年12月，被评为国家开放大学“教育部‘一村一名大学生计划’”试点工作先进单位。学院教科研氛围浓厚，2012—2014年承担省级课题17项，市级课题16项，在各级刊物上发表教学论文100余篇。2014年2月，学院教师蒋伯良的著作《图说陈霸先》由时代出版社出版。

2014年，学校占地面积65亩，建筑面积2万余平方米，有教学楼、培训楼、艺术楼、信息楼等校舍；有微格实验室、视听阅览室、计算机机房、教育实验心理室、多功能报告厅、电子钢琴教室、舞蹈室、画室等36个专用教室；有学生宿舍楼3幢，篮球场2个，排球场1个，200米跑道1个，满足学生的教学需求。学院师资力量雄厚，有市县级优秀教师、教坛新秀、名师等数十人；开设本科38个班级，专科43个班级，注册学员共计3900余人；全院共有教职工128人，其中高级教师38人，一级教师30人，讲师16人，大学讲师6人。

1989—2014长兴电大历任负责人情况表

表8-8

职务	姓名	任职起止
副站长(全面负责)	吴惠英	1989.1—1993.8
副站长(全面负责)	金建明	1993.9—1998.8
校　长	李荣华	1998.9—2001.1
院　长	赵志祥	2001.1—2007.7
院　长	戴敦荣	2007.8—

第九章　中小学教育培训

第一节　教师教育培训

一、学历进修

1989年，全县中小学专任教师合格学历教师达到56.01%，其中小学合格学历达61.26%。全县中师函授毕业354人，单科结业1732人。

1990年，全县主抓中师函授学历教育和专业合格考试辅导。全县在职业余中师进修有110人，高师进修68人。有517名中小学和幼儿教师参加专业合格证书考试，经过考试，共有84人获得专业合格证书，其中小学教师65名，中学教师7名。

1991年3月，全县55名民办教师（1963前的老民办教师）在县教师进修学校脱产培训3个月，通过专业合格考试。是年开始，在暑期开展小学教师参加专业合格考试辅导班培训。

1993年，县教委主抓中学教师的高师自考，全县有349名中学教师参加12个学科的学历培训。部分教师参加函授、电大和高等自考等多渠道提升学历。是年，全县小学专任教师学历合格率提高到70.6%，初中专任教师学历合格率提高到68.1%，高中专任教师学历合格率提高到50.8%。

1994年7月，全县举办二十年以上教龄，不具备规定学历（高中及以下学历）的二、三级的公、民办小学教师培训班，共35课时，培训合格者统一发给合格证书。9月，长兴教师进修学校设立湖州师范教学点（至1997年累计四届，累计为全县小学教育输送192名普师生）。1991—1994年，全县小学教师参加县进修学校培训的专业合格考试辅导班共865人。

1995年，县教委和湖州师范学校等院校合作委培，加快师资培训，中师函授毕业共有735人。

1996年3月，高师自考毕业246人，中师函授通过合格考试19人。中师函授学历毕业达718人。至年底，全县完成小学教师学历补偿教育，培养小学学历合格教师993人。全县小学、初中、高中教师学历合格比例分别为78.4%、81.9%和53.9%。

1997年7月始，全县第二轮高师自考开考，参加对象男教师年龄为53周岁、女教师年龄在48周岁及以下已取得专科学历、尚未进修的高中段相应专业的文化课教师。

1998年起，在继续实施教师合格学历培训的基础上，将重点转向学历提高培训。县教委出台政策鼓励教师参加高学历进修，对分别取得大专学历、本科学历、硕士学位的幼儿园、小学教师、初中教师、高中教师进行奖励。县教师进修学校分别与湖州师范学院、浙江教育学院、杭州师范学院、浙江师范大学、上海师范大学、中央广播电视大学等高校合作，举办各学科的学历提高进修班。是年，凡小学教师取得大专学历、中学教师取得本科学历、高中教师取得研究生学历的，县教委分别补助300元、800元、1500元。至1999年，小学、初中、普通高中专任教师的学历合格率分别为93.5%、88.1%、61.7%，比1992年分别提高25.2%、20.5%、12.5%。小学教师具有大专以上学历和初中具有本科及以上学历的分别为4.7%和5.9%。

2000年，全县小学、初中、高中教师学历合格率达到95.5%、92%和65%，小学大专学历、初中本科学历达到15%和10%，代课教师比率降到5%以下。

2001年起，凡新分配的大中专毕业生，均需参加提高学历的进修，凡不参加提高学历进修的，见习期满不予确定专业技术职务。是年，初中、小学教师学历合格率分别为95.5%和98.2%，当年新补充教师学历合格率为100%。至2002年8月，小学、初中、普高、职高专任教师合格学历分别达到98.2%、95.5%、83.4%、52.1%。

2003年，小学、初中分别有174人、66人取得大专和本科学历，小学、初中高一层次学历分别达到40.8%和34%。

2004年，县教育局调整教师参加学历进修的补助标准，对获得本科学历和大专学历的教师分别补助1200元和600元，是年，中小学教师有668人取得高一层次学历。

2005年，出台《农村中小学教师素质提升工程实施规划（2005—2007）》，制定《2005年农村“园丁工程”实施计划》，鼓励农村教师参加提高学历进修，对取得大专、本科、硕士学位的教师分别奖励600元、1200元和10000元。到是年暑期，全县小学教师专科学历和初中教师本科学历分别达到70.36%和70.03%，幼儿园教师专科学历达55%。至2007年，农村中小学教师素质提升工程全面完成。

2008年后，全县教师招聘设置合格学历要求，小学教师需专科以上学历，中学教师需本科学历以上。是年，全县小学、初中、普高、职高专任教师合格学历分别达到99.4%、98.4%、95.8%、90.1%。

2012年，全县专任教师学历合格率、学历提高率均达到省定标准。全县小学专任教师合格学历达标率99.9%，初中专任教师合格学历达标率99.5%，普通高中合格学历达标98.5%，职业中学合格学历达标率95.2%。至2014年，全县中小学教师取得硕士学历113人，其中小学1人，初中6人，普通高中59人，职业高中47人。

1989—2014年部分年份长兴县中小学教师学历合格情况表

表9-1　　单位：人

类别	年份	合计	硕士	本科	专科	中专、高中	高中以下	学历合格率
小学	1989	1830	0	0	0	1121	709	61.3%
	1993	1996	0	3	44	1363	586	70.6%
	1998	2119	0	1	114	1746	258	87.8%
	2003	2031	0	23	806	1155	47	97.7%
	2008	2245	0	919	866	447	13	99.4%
	2012	1995	1	1328	534	130	2	99.9%
	2014	1968	1	1460	433	74	0	100%
初中	1989	796	0	42	356	339	59	50.0%
	1993	1039	0	70	638	288	43	68.1%
	1998	1076	0	62	854	151	9	85.1%
	2003	1305	0	444	808	49	4	95.9%
	2008	1578	0	1178	375	24	1	98.4%
	2012	1581	5	1455	113	8	0	99.5%
	2014	1563	6	1487	68	2	0	99.9%
普高	1989	179	0	75	98	6	0	41.9%
	1993	250	0	127	114	9	0	50.8%
	1998	318	0	172	142	4	0	54.1%
	2003	584	3	482	96	2	1	83.0%
	2008	758	19	707	26	5	1	95.8%
	2012	810	35	763	8	4	0	98.5%
	2014	835	59	767	7	2	0	98.9%

续表9-1

类别	年份	合计	硕士	本科	专科	中专、高中	高中以下	学历合格率
职高	1989	39	0	6	29	4	0	15.4%
	1993	40	0	11	25	4	0	27.5%
	1998	183	0	54	101	15	13	29.5%
	2003	198	0	141	46	11	0	71.2%
	2008	445	7	394	44	0	0	90.1%
	2012	730	30	665	35	0	0	95.2%
	2014	731	47	668	16	0	0	97.8%

二、新教师培训

1989年，新分配教师需参加一年的见习期上岗培训，取得上岗培训结业证书后转正。每学期培训时间为80课时，沿用至90年代初期。

1996年起，根据教育部《中小学教师继续教育规定》，每年新参加工作的教师必须参加试用期培训，中小学新教师的见习期培训改为试用期培训，当年分配或者招聘的新教师必须参加为期一年的试用期培训课程，共120学时，其中集中培训时间为80学时，学校教育教学实践40学时，作为转正定级的重要依据。1996—2000年，举办5期中小学新教师培训，按照省市教学计划，999名新教师完成培训任务，其中小学共548名新教师，中学共451名新教师。

2000年7月，县教师进修学校成立教师培训部，主抓新教师培养。是年起，大量新教师充实教师队伍，县教育局组织开展师德培训、汇报课评比、教学基本功竞赛、教学业务素质考试、师徒结对等活动。

2001年7月起，施行《浙江省中小学教师专业发展若干规定（试行）》，新录用的、教龄在一年以内的新任教师，在试用期内须参加不少于180学时的培训，其中实践培训不少于60学时。新任教师在试用期内接受规定培训的时数，不列入教师周期内专业发展培训时数。新教师培训实施集中培训、校本培训与阶段考核并进。

2014年，制定《长兴县中小学见习教师规范化培训实施意见》，对中小学新任教师五年一个周期的培训作部署和安排。2004—2014年，参加中小学新教师培训2072人，其中小学（含幼儿园）990人，初中673人，高中409人。

三、骨干教师培训

90年代初，全县教师在提高学历教育基础上，开展加强以岗位培训为主的骨干教师继续教育。1991—1994年，全县小学各学科骨干教师培训班共42期。

1995年，举办首届小学语文、数学骨干教师培训班。1997年，根据《长兴县"九五"师训规划》，举办县小学数学骨干教师研讨班，经各乡镇中心小学推荐，42名中青年教师参加。1998年，启动县"名师工程"，公布首批558名骨干教师和167名学科带头人。

2000年10月，县教委下发《长兴县教育系统首批"名师、名校长"选拔培养意见》，开展名师工程建设。

2002年，初中、高中各30名骨干教师到浙江大学外国语学院进行为期半个月的培训。初中骨干教师228名，参加与上海师大联办研究生课程班学习。是年，县政府出台《长兴县"十五"期间名师名校长培养计划实施意见》，全县实施名师名校长工程。全县中小学评选首届名师19人。

名教师基本条件："师德高尚、业务精湛、业绩卓著、社会公认"的优秀教师，忠诚于人民的教育事业，依法执教，教书育人，教育教学思想符合时代要求，有较强的实施素质教育的能力；治学严谨，学风端正。对所教学科具有系统、扎实的教育理论和学科专业知识。能运用现代化教育技术辅助教学。有丰富的教学经验和自己的教学特色，教学水平高，教学成绩显著，在县具有一定的知名度；具有较强的教育科学研究能力。掌握本学科发展动态，在教学改革和教学研究方面成绩显著。近5年内出版过专著或在省级以上刊物发表过2篇以上较高水平的学科论文；具有任职学校高级教师职务任职资格，幼儿园教师、小学教师具备专科毕业及以上学历，中学教师具有本科毕业及以上学历。普通话水平和计算机应用能力达到教师继续教育的规定要求。

名教师职责：努力学习马列主义、毛泽东思想、邓小平理论和"三个代表"重要思想，忠诚于人民的教育事业，全面贯彻教育方针，积极实施素质教育，敬业爱岗，勇于创新，教书育人；系统地学习并掌握现代教育理论和技能，掌握本学科教育发展动态，自觉参加继续教育，不断更新教育观念，拓宽专业知识面，提高政治业务素质和教育教学水平，出色地做好本职工作，成为全市县学科教学和教育科研的带头人；在教育教学中必须承担规定的相应学科的教育教学任务，积极参加教育局组织的义务讲学活动；每年要承担校级、市级或省级重点科研课题研究，要取得一定成果；每年应承担两名以上青年教师的带教任务；每年至少写一篇有较高水平的专业论文或科研报告，在市级以上的刊物发表或学术会议上交流。

名教师享受待遇：建立学术假和信息费补贴制度，对省级名师每年安排6天学术假，每月发放40元教科研信息费补贴，对市级名师每年安排6天学术假，每月发放30元教科研信息费补贴。学术假由任职学校安排，科研信息费补贴由任职学校在教育事业费中支付。教育局每年拿出一定经费作为名师考察、培养的奖励经费；凡被评为名师由县教育局在全县通报表彰、奖励；评选出名师在学校年度考核、评优时给予优先考虑，在进修、休养等方面也给予优先照顾；教育局定期组织名师进行培训提高，定期聘请省内外专家、学者到长兴举办讲座。

2003年，全县举办小学语文、数学骨干教师培训班。是年起，实行优秀外语教师培训外派制度。

2005年，46名英语教师于暑期赴英、法等国进行为期一个月的培训。城镇学校选拔53名骨干教师到农村学校支教，提高农村教师队伍素质。

2006年，选派12名教师参加省级骨干教师培训，190名教师参加市级骨干教师培训。与浙大外国语学院合作，16名英语骨干教师暑期赴英、法等国进行为期一个月的培训。是年，有7个中小学学科骨干教师培训班开班，参训教师350名。评选出县级名师99名。

2007年暑期，选派24名英语教师赴美国培训深造。68名中小学班主任参加县骨干班主任培训，336名共9个班的老师参加县骨干教师培训，75名教师参加“英特尔未来教育”培训。

2008年始，全面组织实施省农村中小学教师“领雁工程”。骨干教师参加省“领雁工程”培训23名，20名名师开展下乡助教活动。参加市级中小学信息技术学科骨干教师43名，共培训20天，160学时。开展小学语文、初中语文和初中数学三个学科共130名骨干教师的理论培训与实践培训。县小学数学及中小学音、体、美、信息技术、小学科学骨干教师培训班共81个。10名中小学骨干教师赴上海名校进行脱产进修培训。

2009年2月，129名骨干教师参加县培训，86名骨干教师参加市培训，40名学科骨干教师、骨干德育教师，6名校级领导到省教育厅参加培训。49名中小学教师参加国家二级、三级心理咨询师资格证书的考试培训。成立初中语文、小学语文骨干研修小组，共19人，开展名师和特级教师后备人选的培养。是年，县首个异地名师工作室在长广中心学校成立。

2010年，参加省、市、县“领雁工程”骨干教师培训133人；73名教师参加国家心理咨询师资格证书考试培训班的培训。举办初中、小学语文教研组长培训班，初中数学、小学语文教师培训班和英特尔未来教育培训班；举办中职学校骨干教师研修班培训，22名学员与17名杭州市中职学校的优秀导师结对；3名高中学科骨干教师参加国家级骨干培训，7名高中物理教师参加市级骨干培训；7名中小学教师参加浙江省高端培训班培训，3名中小学教师参加省名师名校长工作室培训；特级教师后备人才培训班21人。

2011年，选派13名幼儿园骨干教师参加省级骨干培训；7名培智学校教师参加省、市特殊教育学校骨干教师培训；4名民工子女学校教师参加市级骨干培训；26名高中学科和班主任参加市级骨干培训。组织80名初中语文教研组长、小学语文教研组长的培训；举办初中数学骨干教师培训班。12月，县首批特级教师后备人选培训班开展师徒结对活动。培训班由第一层次7名学员和第二层次12名学员组成，设计中小学、幼儿园的语文、科学等7门学科，培训时间3年。7位省特级教师和第一层次的学员采用一对一的结对仪式。县教育局组织专家参照省特级教师考核办法，进行过程性考核和终端考核，考核实行优胜劣汰制。

2012年，2位教师入选省培名师培养后备对象，有15位教师被作为浙江省第11批特级教师后备对象推荐参加湖州市二期名师培训班学习。与浙江外国语大学、杭州师范大学合作，引进培训项目8期，参训教师443人次。选派19名教师参加省第三期高端教师培训，选派9名学科骨干教师参加国培的示范性集中培训，选派40名学科带头人参加省级骨干教师培训。特级教师后备人选培训班学员钦国强获全国中学历史教学评比一等奖第一名，李华获全国小学信息技术教学比武特等奖。是年，启动高中化学名师工作室活动。

2013年，参加国培和省培的骨干教师分别为144人和67人，国培和省培的各项工作完成率达100%。44名教师参加省级骨干学科教师带头人培训。引进浙江外国语大学培训项目3期，参训教师246人次。是年，以各类名师工作室为平台，推进21名特级教师后备人选的培养工作。第一层次学员班有8位进入湖州市名师培训班学习，成为湖州市首批第一层次名师培养对象。4名教师被推荐为浙派名师名校长培训班成员。3月，启动中职名优教师工作室，12名成员与杭州市中职特级教师结对。7月，长兴县首批特级教师后备人选（第一层次）暑期读书会在安吉举行，共20人参加。全年新增水口小学名师工作室、第二实验小学名师工作室。

2014年，完善教师培训机制，针对高端教师，设立名师培训班，委托华东师大、杭州名校等培训，实行双导师制。第一期特级教师培训班的21名学员参加市专家选拔考核，有8人通过考核，送省评选有3人，全部通过评选成为浙江省第十一批特级教师。是年，通过自愿报名、学校选送、专家审核评定的方式，组建第二期名师培训班学员25名。实施新一轮的省级名师培训，确定长兴县第二届特级教师后备人选培养对象15人。在城区设置两所基地学校，形成青年骨干教师培训工作常态化、制度化。至年末，建有教育局层面的名师工作室3个，区域性名师工作室1个，农村共建结对名师工作室2个。

1989—2014年，全县有省特级教师7人，省教坛新秀9人，市名师、教坛新秀、教学能手、教学明星有96人。共评四届县级名师322人次。

四、全员培训

1989年8月始，全县师资队伍素质提升由学历教育转移到继续教育，中小学教师的全员岗位培训工作有计划、有步骤、有重点地开展。

1990年，全县开展全员培训继续教育，举办各种类型的长、短期培训班23个，受训学员802人。

1992年起，县教育局建立师训工作县级、区级和乡级等三级培训网络。

1993年，全县小学教师参加继续学习1800余人。

1996年开始，全县教师全员培训由县教师进修学校主抓。3月，全县1760名小学教师参加电化教育培训。11月，全县1791名小学教师参加全省统一的首轮教师五项教学基本功训练全员培训，五项基本功内容为普通话、毛笔、钢笔、粉笔三笔字、简笔画、教具制作及教育活动组织。

1997年，根据省教委《关于开展中小学教师继续教育的若干意见》，9月，全面启动中学继续教育培训，对象是至1997年12月底，凡男55周岁，女50周岁以下的具有合格学历的长兴县普通中学(含职业中学文化课)的在职教师，培训课程设置及课程内容根据省教委的统一规定。

1998年4月，小学教师五项教学基本功训练首轮全员培训通过市教委、市教师培训中心优秀级评估验收。10月，全县小学教师开展50个学时的师德修养教育，参训率、参考率和合格率都达到100%(此后每年暑假均集中一个星期学习，1998—2000年累计受训人数达13767人次)。是年，初中教师1000多名参加继续教育。

1999年5月，小学教师启动第二轮全员培训，全县1786名小学教师分语文和数学两个学科分别接受14个专题共120个学时的学科课堂教学技能的培训(至2000年年底结束)。暑期举办初中初级职称的语文、数学、英语、物理、政治等学科的培训班。是年起,全县中小学幼儿园教师开展普通话专项全员培训活动,培训后,组织教师参加普通话水平等级测试,对测试不合格的教师进行再培训。

2000年,新一轮继续教育启动,开展各种能力、技术、基本功等全员培训,分学科、分层次进行继续教育技能培训。4月,举办首轮全县中小学心理健康教育师资培训,首轮培训分两期进行,第一期培训对象为全县中学(含教学点)政教处主任、负责政教工作的教师。第二期培训对象为全县各乡镇中心小学(含原乡中心)少先队辅导员或副教导主任。8月12—18日,全县中小学教师分批集中,以师德巡回讲师团报告、理论知识考试等形式进行师德培训。9月,中小学教师计算机应用能力全员培训。

2001年始,新一轮课程改革的全面实施,全县的教师课改培训随之启动,通过全员培训、分学段培训、分学科培训等多种形式开展新课程改革专项培训。9月,首轮普通话测试结束。教师全员普通话培训合格率76.4%。

2002年,根据《"十五"期间中小学教师继续教育实施意见》《"十五"期间名师名校长实施意见》,全县4000多名中小学教师自7月21日至8月5日期间,开展暑假集中培训,分三批集中一周到雉城镇进行职业道德和教学业务培训。以单位组织实施,采用集中与分散相结合办法,邀请上海、江苏、杭州等地专家、优秀教师到长兴讲学,采用听报告、听讲座,讨论、考试等办法强化训练。县教师进修学校组织全县小学英语教师进行口语强化训练培训。

2003年3月,全县初中、小学教师3500余人集中进行基础教育新课程改革通识培训。下半年,全县中小学教师开展新课程改革通识培训、心理健康教育、小学教师教科研和中小学教师师德教育四项全员培训,全县2000多人次的中小学教师参加培训。参加普通话、计算机培训分别有400余人次。是年,全县教师的普通话全员培训结束。

2004年,为贯彻《教育部关于加快推进全国教师教育网络联盟计划组织实施新一轮中小学教师全员培训的意见》精神,落实全省农村教育工作会议"进一步加强教师培训"的要求,适应省实施十五年教育、深入进行基础教育课改革和中小学教师专业发展等工作需要,全省组织实施新一轮中小学(含幼儿园)教师全员培训计划。全县组织教师暑期培训,7月5日开始到8月26日结束,历时50余天,聘请上海师范大学、浙江师范大学等高校知名教授讲课,对全县4000名在职教师进行岗位培训。培训的主要内容包括小学教师"课程改革与学习主题构建"专题培训等6个方面。培训结束后,将组织考试，考试结果记入教师继续学习档案。制定《长兴县教师职业道德规范》，引导教师加强职业道德修养。全县举办教师培训班36期，受训5809人次。2000—2004年，全县共有4888名中小学教师参加计算机应用能力的培训，培训率达到95%以上，全部通过省人事厅考核，获得"浙江省中小学教师计算机应用能力等级证书"。

2005年，贯彻落实《浙江省教育厅关于实施农村中小学教师素质提升工程的通知》，是年暑期起，实施《农村中小学教师素质提升工程》，培训对象为全县义务教学阶段在职教师，扎实开展农村素质提升工程全员培训，时间三年（2005—2007年）。开展新一轮农村中小学英语教师全员培训，以教研培训站为单位，聘请外籍教师，通过送教下乡的形式开展培训。

2006年，推进实施《2005—2007年师训干训规划》，开展新一轮农村中小学教师全员培训，完善机构培训、校本培训、网络培训"三位一体"的培训机制。6月，邀请浙大专家到长兴对全县448名英语教师进行培训，与浙大外国语学院合作开展全县中小学英语教师听说能力提高模式研究。全年共有7个中小学学科骨干教师培训班开班，参训教师350多人。12月底，开展农村教师素质提升工程，2078名参训教师完成共60课时的集中培训与考试，合格率达100%。第三批987名英语教师完成第一阶段的为期16天的集中培训。

2007年，农村中小学教师素质提升工程全部完成。中小学英语教师集中培训共27次。举办班主任全员培训的启动仪式，聘请全国著名班主任工作专家李镇西作报告，全县1800多名班主任在一个主会场和六个分会场听报告。是年，分批分层次开展397名高中班主任全员培训；485名中小学英语教师完成全员培训工作。2005—2007年，全县448名英语教师参加分层分类的培训与考试。

2008年起，全县实施骨干教师"领雁工程"培训。每年选派优秀教师参加省、市级的骨干培训，充分发挥县教师进修学院的优势，开展各学科的骨干教师培训。

2009年，开展中小学教师校本研训有效性的继续教育，中小学教师继续教育以中老年教师为培训对象的"4050"工程启动，80名教师参加培训。是年，长兴县成为"2009知行中国——中小学班主任远程培训项目县"，对110名小学班主任实施网络培训。成立8所校本研训试点学校，全面推进全县中小学校本研训。

2010年，执行《浙江省中小学教师专业发展培训若干规定（试行）》的通知，全县中小学教师专业发展培训每5年为一个周期。在职中小学教师，周期内参加专业发展培训时间应累计不少于360学时，其中校本培训时间的计算不超过总学时的三分之一。教师周期内培训时间，可以集中使用，也可以分散使用，每年参加培训时间一般不低于24学时，周期内至少参加一次不少于90学时的集中培训。至年底，全县教师三年参加“领雁工程”培训总人数535人(其中校长27人)。参加过培训的骨干教师，在县区、片区内或学校内上过公开课的508人，与其他教师结对的354人，充分发挥教育教学“领头雁”作用。

2011年，制定下发《长兴县中小学幼儿园教师继续教育“十二五”规划(2011—2015年)》《长兴县中小学教师专业发展培训实施细则(试行)》，长兴县成为浙江省中小学教师培训制度改革首个县级试点县。在五年时间内，对全县中小学教师在提高教师职业道德修养、专业知识、教育教学技能、教育科研水平等专业发展方面进行各类培训。全县100%的中小学参加教师培训自主选择制度的实施，教师自主选课率达75.42%，90学时集中培训的完成率达22.34%。

2012年，全县从高中到幼儿园所有公办学校(含两所民办幼儿园)5700名教师都纳入浙江省中小学教师培训管理平台，全年共有7335人次通过管理平台自主选择各类培训。长兴教师进修学院全年举办各类培训班75期(自选项目50期，指令性项目25期)，参训教师达4984人次。全年完成的教师培训总学时数达491523学时，管理平台自主选课完成的总学时数为288690学时，人均自主选课学时达50.18学时，自主选课率达58.73%；教师自主选课后实际参训率为94.77%；90及以上学时集中培训完成的总人数1766人次，完成率达30.7%。

2013年，全县有5821名教师参加县内外各类培训，全年人均完成96.6的教师培训总学时数，其中自主选课培训人均完成68.6学时，90及以上学时完成率达33.6%，教师自主选课后实际参训率达98.23%；全县举办各类培训班135期，参训教师达13760人次。

2014年，探索和实践小学全科教师培养的工作新机制，小学全科教师培训班第一期音乐学科35人开班。教龄在3～5年间的青年教师实行到城区名校挂职。全县从高中到幼儿园所有公办学校(含两所民办幼儿园)5934名教师参加浙江省中小学教师培训管理平台注册，自主选课人均完成培训学时数达61.87学时。全年共有9617人次通过管理平台自主选择各类培训。长兴教师进修学院全年举办各类培训班168期(自选项目150期，指令性项目18期)，参训教师达10832人次。

2012—2014年，全县参加浙江省中小学教师培训管理平台30494人次；参加县进修学院培训29576人次，共378期。引进浙江外国语学院、杭州师范大学、绍兴文理学院等院校培训项目17期，参训人数1208人次。

2014年长兴县教师进修学院培训情况表

表9-2

类别	培训班级名称	起讫时间	学时（个）	参加人数（人）
骨干教师	2014年长兴县长兴中学骨干班主任90学时培训班	2014.3.9—2014.3.20	90	68
	长兴县中小学音乐骨干教师40学时合唱班培训	2014.4.1—2014.6.11	40	62
	长兴县初中科学青年优秀教师90学时高级研修班	2014.3.15—2014.7.6	90	35
	长兴县小学数学骨干教师“概念教学”90学时专题培训班	2014.3.23—2014.7.9	90	79
	长兴县首届高中语文骨干教师90学时第一期培训班	2014.3.8—2014.7.9	90	45
	长兴初中数学骨干教师问题编制专题32学时培训班	2014.9.12—2014.9.15	32	58
	长兴县中小学音乐骨干教师90学时合唱培训	2014.8.24—2014.9.20	90	55
	长兴县初中语文骨干教师研修90学时培训班	2014.9.26—2014.12.20	90	32
	长兴县实验中学骨干教师40学时研修班	2014.9.20—2014.10.30	40	46
	长兴职教中心骨干教师“专业素养提升”90学时培训班	2014.8.25—2014.12.26		38
全员培训	2013学年第二学期高中思想政治微型课能力8学时培训班	2014.4.14—2014.4.14	8	36
	2014年初中信息技术评课专题8学时培训	2014.3.14—2014.3.14	8	31
	2014年初中正副校长实践管理能力提升120学时培训(第一期)	2014.3.9—2014.4.10	120	34
	2014年小学信息技术评课专题8学时培训	2014.3.13—2014.3.13	8	36
	2014年小学信息技术课堂教学能力16学时培训班	2014.4.17—2014.4.18	16	21
	2014年长兴县小学英语教师专业成长培训24学时培训班	2014.7.5—2014.7.7	24	46
	2014年长兴县幼儿园教师专业发展90学时培训班(一)	2014.3.15—2014.6.11	90	57
	2014年长兴县幼儿园教师专业发展90学时培训班(二)	2014.3.22—2014.6.16	90	60

续表9-2

类别	培训班级名称	起讫时间	学时（个）	参加人数（人）
全员培训	2014年长兴县长兴技师学院青年骨干教师90学时培训	2014.3.10—2014.6.9	90	31
	2014年高中信息技术学业水平考试8学时专题培训班	2014.4.11—2014.4.11	8	15
	九年级历史与社会、思想品德课堂教学8学时培训班	2014.4.11—2014.4.11	8	61
	初三英语教师课堂教学研究8学时专题培训班	2014.3.11—2014.3.11	8	58
	小学品德学科教师“优质课”16学时专项培训班	2014.4.18—2014.5.23	16	47
	小学跨学科（音乐）教师上岗90学时培训班（第一期）	2014.4.18—2014.7.4	90	35
	长兴县2014年中小学教师32学时书法（写字教学）专题培训	2014.8.15—2014.8.23	32	114
	长兴县2014年小学语文“论文写作与习作教学”16学时专题培训班（1）	2014.4.14—2014.4.15	16	45
	长兴县2014年小学语文“论文写作与习作教学”16学时专题培训班（2）	2014.4.16—2014.4.17	16	33
	长兴县2014年小学语文“语用”教学专题16学时培训班（1）	2014.3.6—2014.3.7	16	92
	长兴县2014年小学语文“语用”教学专题16学时培训班（2）	2014.3.6—2014.3.7	16	86
	长兴县2014年小学语文毕业班复习8学时专题培训班（1）	2014.5.27—2014.5.27	8	90
	长兴县2014年小学语文毕业班复习8学时专题培训班（2）	2014.5.27—2014.5.27	8	64
	长兴县“初中数学课堂教学的组织与对话策略”专题24学时培训班（一）	2014.3.15—2014.3.18	24	61
	长兴县“初中数学课堂教学的组织与对话策略”专题24学时培训班（二）	2014.3.15—2014.3.18	24	62
	长兴县“学生小团体的领导与实践”32学时培训	2014.5.18—2014.5.21	32	40
	长兴县中学音乐教师课堂教学研究16学时培训班	2014.3.25—2014.3.26	16	34

续表9-2

类别	培训班级名称	起讫时间	学时（个）	参加人数（人）
全员培训	长兴县中小学教师OFFICE在教育中的应用90学时培训	2014.4.8—2014.6.19	90	60
	长兴县中小学教师班级心理工作40学时专题培训班	2014.7.5—2014.7.9	40	138
	长兴县中小学机器人课堂教学普及专题8学时培训	2014.5.9—2014.5.9	8	26
	长兴县中小学科技辅导员创新能力16学时培训班(一)	2014.3.8—2014.3.9	16	72
	长兴县中小学科技辅导员创新能力16学时培训班(二)	2014.3.10—2014.3.11	16	40
	长兴县中小学美术教师小写意花鸟画专题32学时培训	2014.7.6—2014.7.9	32	45
	长兴县中职专业教师“微课与翻转课堂”教研专题24学时培训班	2014.4.23—2014.5.15	24	50
	长兴县中职数学高考复习8学时培训班	2014.3.5—2014.3.5	8	30
	长兴县中职英语课堂教学16学时培训班	2014.3.27—2014.3.28	16	34
	长兴县初中信息技术课堂教学能力16学时培训	2014.3.17—2014.3.18	16	35
	长兴县初中历史与社会、思想品德教师专业发展90学时培训	2014.3.11—2014.4.18	90	74
	长兴县初中心理健康教育教师C级资格证书续期使用24学时培训班(一)	2014.3.5—2014.3.7	24	41
	长兴县初中心理健康教育教师C级资格证书续期使用24学时培训班(二)	2014.3.8—2014.3.10	24	27
	长兴县初中思想品德课堂教学能力16学时培训	2014.3.27—2014.3.28	16	77
	长兴县初中数学教师本源性知识技能提升90学时培训班(一)	2014.4.12—2014.8.20	90	46
	长兴县初中数学教师本源性知识技能提升90学时培训班(二)	2014.4.16—2014.8.20	90	25
	长兴县初中科学教师学业评价专题16学时培训	2014.3.20—2014.3.21	16	141

续表9-2

类别	培训班级名称	起讫时间	学时（个）	参加人数（人）
全员培训	长兴县初中英语教师课堂展示24学时专题培训班	2014.3.26—2014.4.4	24	44
	长兴县初中语文90学时课堂有效教学专题培训	2014.3.17—2014.3.30	90	40
	长兴县初中语文“四〇五〇”教师24学时课堂有效教学专题培训	2014.3.15—2014.3.17	24	55
	长兴县初中语文教师教科研素养提升32学时专题研训	2014.3.16—2014.3.19	32	66
	长兴县小学logo语言16学时专题培训班	2014.3.11—2014.3.12	16	32
	长兴县小学劳技课堂教学8学时培训班	2014.3.19—2014.3.19	8	40
	长兴县小学心理健康教育教师C级资格证书续期使用24学时培训班（一）	2014.3.11—2014.3.13	24	111
	长兴县小学心理健康教育教师C级资格证书续期使用24学时培训班（二）	2014.3.14—2014.3.16	24	59
	长兴县小学数学二（下）新教材16学时培训班（1）	2014.3.4—2014.3.5	16	98
	长兴县小学数学二（下）新教材16学时培训班（2）	2014.3.4—2014.3.5	16	42
	长兴县小学数学毕业复习研讨16学时专题培训班（1）	2014.4.27—2014.4.28	16	79
	长兴县小学数学毕业复习研讨16学时专题培训班（2）	2014.4.29—2014.4.30	16	50
	长兴县小学科学教师课堂教学能力16学时培训班	2014.3.18—2014.3.19	16	65
	长兴县小学综合实践研究性学习8学时培训班	2014.4.10—2010.4.10	8	64
	长兴县小学英语新教材16学时专题培训班	2014.3.20—2014.3.21	16	62
	长兴县小学语文数学名师展示暨实验二小名师工作室活动8学时培训班（1）	2014.3.16—2014.3.16	8	114
	长兴县小学语文数学名师展示暨实验二小名师工作室活动8学时培训班（2）	2014.3.16—2014.3.16	8	78
	长兴县小学音乐教师课堂教学研究24学时培训班	2014.3.12—2014.3.14	24	33

续表9-2

类别	培训班级名称	起讫时间	学时（个）	参加人数（人）
全员培训	长兴县少年儿童科学幻想绘画8学时专项培训班	2014.3.9—2014.3.9	8	58
	长兴县幼儿园“中班区域活动”8学时专题研训班	2014.6.4—2014.6.4	8	109
	长兴县幼儿园“大班区域活动”8学时专题研训班	2014.6.5—2014.6.5	8	109
	长兴县幼儿园“小班区域活动”8学时专题研训班	2014.6.3—2014.6.3	8	60
	长兴县幼儿园《好孩子》德育教学16学时专题培训	2014.4.10—2014.4.11	16	156
	长兴县教师“幸福之旅”心理成长工作坊提高班24学时培训	2014.4.7—2014.4.16	24	149
	长兴县教师公益性应急救护16学时培训班（1）	2014.3.16—2014.3.17	16	77
	长兴县教师公益性应急救护16学时培训班（2）	2014.3.18—2014.3.19	16	53
	长兴县教师公益性应急救护16学时培训班（3）	2014.3.20—2014.3.21	16	47
	长兴县教师公益性应急救护16学时培训班（4）	2014.3.22—2014.3.23	16	49
	长兴县高三物理教师高考复习16学时专项培训班	2014.3.6—2014.4.17	16	28
	长兴县高中化学、高中通用技术16学时教师基本功培训班	2014.3.20—2014.3.21	16	70
	长兴县高中历史教学能力提升8学时培训班	2014.4.30—2014.4.30	8	36
	长兴县高中地理教师基本功16学时培训班	2014.4.2—2014.4.3	16	40
	长兴县高中心理健康教育教师C级资格证书续期使用24学时培训班（一）	2014.3.4—2014.3.6	24	38
	长兴县高中心理健康教育教师C级资格证书续期使用24学时培训班（二）	2014.3.7—2014.3.9	24	15
	长兴县高中数学24学时新课程“疑难问题解决”专题培训班	2014.4.27—2014.4.29	24	41
	长兴县高中生物教师课堂教学能力专题16学时培训班	2014.3.4—2014.3.5	16	35

续表9-2

类别	培训班级名称	起讫时间	学时（个）	参加人数（人）
全员培训	长兴县高中英语教师PPT制作提高班24学时培训班	2014.7.1—2014.7.3	24	73
	长兴县高中语文课堂教学能力专题16学时培训班	2014.4.21—2014.4.22	16	59
	高中英语课堂教学能力8学时培训班（1）	2014.3.18—2014.3.18	8	33
	高中英语课堂教学能力8学时培训班（2）	2014.3.17—2014.3.17	8	27
	高中英语课堂教学能力8学时培训班（3）	2014.3.25—2014.3.25	8	32
	2014年长兴县高中化学、高中通用技术16学时教师基本功培训	2014.9.25—2014.9.26	16	74
	2015届高三物理一轮实验复习16学时培训	2014.9.16—2014.9.23	16	28
	中小学“面对学生的问题”班主任成长工作坊24学时培训	2014.11.27—2014.11.29	24	40
	中小学教师自我成长团体辅导16学时培训	2014.12.23—2014.12.24	16	114
	中小学科技辅导员科技实践活动专项8学时培训	2014.9.19—2014.9.19	8	95
	中职语文“小说教学”课堂教学8学时培训	2014.11.4—2014.11.4	8	36
	初中信息技术课堂教学能力提升8学时培训班	2014.10.17—2014.10.17	8	25
	初中历史与社会教师新教材8学时培训班	2014.9.11—2014.9.11	8	117
	初中科学教师课堂教学能力16学时专题培训班	2014.10.13—2014.10.14	16	111
	初中英语新生代教师90学时培训班	2014.9.10—2014.9.25	90	35
	幼儿园自主游戏专题研训8学时培训班（一）	2014.9.30—2014.9.30	8	60
	幼儿园自主游戏专题研训8学时培训班（二）	2014.12.4—2014.12.4	8	109
	打造高效课堂“高中语文现代文品鉴与教学”24学时专题培训	2014.11.17—2014.11.18	16	57
	提升普通高中教师选修课程开发能力24学时培训	2014.10.12—2014.11.12	24	180
	长兴中职机电类专业教师教学能力提升16学时培训班	2014.11.5—2014.11.6	16	43
	长兴初中数学教师有效课堂专题24学时培训班	2014.10.14—2014.10.16	24	84

续表9-2

类别	培训班级名称	起讫时间	学时（个）	参加人数（人）
全员培训	长兴县2014年下半年小学语文90学时培训	2014.9.12—2014.11.18	90	43
	长兴县2014年下半年小学品德学科教师16学时专项培训	2014.9.28—2014.11.17	16	60
	长兴县中小学信息技术骨干教师Java 40学时培训	2014.9.11—2014.9.21	40	19
	长兴县中小学教师OFFICE在教育中的应用90学时培训	2014.9.15—2014.9.28	90	96
	长兴县中小学教师书法专题研训90学时培训	2014.9.21—2014.12.13	90	60
	长兴县中小学教师摄影实用90学时培训	2014.10.31—2014.11.25	90	47
	长兴县中小学美术教师图形创意设计32学时培训	2014.10.12—2014.10.16	32	55
	长兴县义务教育阶段综合实践活动教学研讨8学时培训	2014.10.23—2014.10.23	8	88
	长兴县初中语文4050教师24学时专题培训班	2014.11.23—2014.11.25	24	33
	长兴县学校心理健康教育教师C级上岗资格证书40学时培训	2014.11.2—2014.11.20	40	114
	长兴县小学信息技术logo语言16学时培训	2014.11.18—2014.11.19	16	18
	长兴县小学信息技术课堂教学能力提升8学时培训	2014.10.23—2014.10.23	8	18
	长兴县小学小班化教育通识16学时培训	2014.9.11—2014.9.12	16	96
	长兴县小学数学三（上）四（上）新教材16学时培训	2014.9.13—2014.9.17	16	169
	长兴县小学数学五（上）六（上）新教材16学时培训	2014.9.14—2014.9.19	16	138
	长兴县小学科学“地球与宇宙”专题研讨8学时培训	2014.10.13—2014.10.13	8	57
	长兴县小学科学青年教师教学能力16学时培训	2014.9.22—2014.9.23	16	41
	长兴县小学英语新教材16学时专题培训	2014.9.25—2014.9.26	16	57
	长兴县小学语文习作教学16学时培训项目	2014.12.7—2014.12.8	16	140
	长兴县小学语文名师课例研究24学时培训	2014.11.13—2014.11.15	24	139

续表9-2

类别	培训班级名称	起讫时间	学时（个）	参加人数（人）
全员培训	长兴县幼儿园数学专题研训24学时培训班(一)	2014.11.10—2014.11.13	24	131
	长兴县幼儿园数学专题研训24学时培训班(二)	2014.11.11—2014.11.13	24	116
	长兴县心理教师专业素养提升之“焦点解决心理教练”24学时培训	2014.10.9—2014.10.11	24	28
	长兴县高中地理教师16学时培训班	2014.11.19—2014.11.20	16	39
	长兴县高中数学16学时教师教研能力培训	2014.10.19—2014.10.20	16	39
	高中历史教师课堂教学16学时培训	2014.10.22—2014.10.23	16	38
	高中政治教师专业发展能力16学时培训	2014.10.9—2014.10.10	16	41
	高中生物教师教学科研能力16学时专题培训班	2014.10.22—2014.10.23	16	34
其他培训	2014年小学校长、园长实践管理能力提升120学时培训(第一期)	2014.3.23—2014.5.23	120	48
	长兴县乡镇成校(社区教育中心)教师24学时培训班	2014.7.7—2014.7.9	24	59
	长兴县新任师训分管领导及校本研训管理员8学时培训班	2014.3.4—2014.3.4	8	19
	中学政教主任、团委书记90学时培训班	2014.10.18—2014.12.28	90	26
	培训机构项目负责人32学时培训	2014.9.1—2014.11.21	32	33
	小学少先队辅导员90学时培训班	2014.10.18—2014.12.28	90	34
	小学跨学科(音乐)教师90学时上岗培训班(第二期)	2014.9.18—2014.11.29	90	28
	湖州中等卫生专业学校教师人文素质教育与教学能力提升90学时培训班	2014.8.15—2014.12.4	90	52
	长兴县中小学幼儿园财务人员24学时培训	2014.10.22—2014.10.24	24	92
	长兴县中小学(幼)教科室主任教科研管理能力提升32学时培训	2014.9.26—2014.10.18	32	71
	长兴县校(园)长实践管理能力提升120学时培训	2014.10.21—2014.11.20	120	59
	长兴县水口乡初级茶艺56学时培训班	2014.9.12—2014.12.1	56	63
	长兴县课改联盟学校备课组长24学时培训班	2014.9.17—2014.10.21	24	55

第二节　干部教育培训

1989年，全县教育系统干部教育培训逐步规范、科学。小学校长培训采用集中面授与在职自学相结合。

1991年，与县委联合举办校长书记培训班，受训70余人。选送小学校长51名，乡中学校长10名，完中校长2名参加市、省三级校长培训。5月，对全县83所中小学副教导主任以上干部进行考核，对部分中小学领导班子进行适当调整和充实。至1992年，组织全县乡镇中心小学校长培训，学习管理业务，300课时。1992年，有50余名小学校长通过培训取得岗位证书。

1993年，完小校长参加县岗位培训93人，中学校级领导参加省市举办的岗位培训9人。至1994年末，乡（镇）学校的正副校长普遍轮训一次。

1995年，全县中学校长62名全部送湖州市培训，培训率100%。小学校长（含完小校长）213名，由县教师进修学校负责培训，培训率100%。

1996年6月，中小学校长9人，完小校长18人，后备力量11人完成岗位培训。10月，制定《长兴县九五期间小学校长培训规划（1996—2000）》。12月，省教育厅授予长兴教师进修学校“八五小学校长培训教学先进单位”称号。全县中小学校长培训率达100%。

1997年10月，小学校长首期提高班开班，根据省干训中心的干训课程计划，开设八门必修课，两门选修课，共225个学时，至1998年11月，共举办2期，学员167人结业。1992年至1999年6月，全县16名高中校长参加省培训，69名初中校长参加市培训，70名小学校长参加县培训。

1999年，10位县属学校校长参加研究生课程班结业。

2000年10月，县教委下发《长兴县教育系统首批“名师、名校长”选拔培养意见》，加强名师名校长工程建设，采用外出考察、专家指导、学术讲座、课题研究、课堂讲课等形式进行培养与提高。是年，全县中小学校长100%参加各级各类教育行政部门组织的校长岗位培训，持证上岗率100%。1999—2000年，先后举办三期新任命的小学校长、完小校长上岗培训班，为126名上岗培训结业的校长举办2期提高班。各类校长培训率100%，持证上岗率达100%。

2002年，开展县首届名校长评选，评出首届名校长6人。参加省骨干校长培训3人，参加市骨干校长培训21人。

2003年起，每年暑期举行校长培训班，组织全县校长、书记进行封闭式培训。至2014年14期。

2006年，选送3名校长参加省骨干校长培训，选送21名校长参加市骨干校长培训。

2007年，小学校长上岗与提高培训64名，小学业务校长培训34名，组织小学少先队辅导员培训34名。

2008年，县教育局出台《长兴县师干训工作接规上海实施方案(2008—2010年)》，43名小学校长、业务副校长赴上海培训。至2010年，举办八期培训班近500名学员赴上海参加培训，包括骨干校长、骨干教师赴上海名校，与特级校长、特级教师结对学习。

2012年，出台《长兴县中小学校长队伍管理暂行办法》，制定新一轮学校干部队伍培训规划和实施方案，通过自主选择培训、指令性培训与自主研修等途径，分期分批组织各级各类干部培训。全年校(园)长参加各级各类的培训达100%。

2013年，制定《长兴县教育系统干部队伍培养规划(2013—2015)》，同时制定《2013年长兴县教育系统干部挂职培训实施方案》，全年共组织218名干部，分校级正职、校级副职和中层干部分别赴江苏、杭州以及当地名校学习。是年下半年，实施分期分岗在县内尝试跨阶段的挂职培训，帮助干部提升实际工作能力。举办校本研训分管校长、安全分管校长培训班，以及虹星桥中层干部培训班和初中、小学教导主任培训班。10月，举行长兴县初中校长和副校长第二阶段干部挂职培训。

2014年，实施干部跨学段、跨区域培训，各学段校(园)长、副校长124人到长兴中学、职教中心和江苏省部分名校挂职蹲点学习。发挥教研站作用，加强学校中层干部培养。以虹星桥教研站为试点单位，设置培训教材与内容，对虹星桥学区内中层干部55人进行通识培训，培训结束后把干部安排到湖州市相关学校进行挂职学习。4月，24 位小学校长参加“十二五”第一期小学校长上岗培训，历时半个月。培训岗位涉及教学、安全、德育、后勤等方面。培训采用分小组异地蹲点实践学习的方式进行。至2014年末，全县中小学校长参加省及以上教育行政部门组织的培训共有268人。共评四届县名校长32人次。

第十章 教育行政管理

第一节 教育行政机构

一、行政机构沿革

1989年，县教育局下设普通教育股、职业教育股、成人教育股、人事股、职称改革办公室、计划财务股、勤工俭学股、办公室、教育视导办(组)9个职能科室。

1990年，教育视导组改为督导室。

1991年，县教育局增设组织宣传股和监察审计股；7月，经湖州市编委批准，长兴县教育局改为长兴县教育委员会(简称县教委)，县职工教育管理委员会办公室并入县教委，县教委下属各股改名为科。

1993年，县教委科室进行调整，职业教育科并入成人教育科，建立职教成教教育科；撤销监察审计科，其监察审计方面的职能分别由组宣人事科和计划财务科承担；组织宣传科并入人事科，建立组宣人事科，承担组织、宣传、人事、职改(职称改革办公室并入人事科)、检查方面的职能。是年，成立长兴县职业技术教育、成人教育培训中心。1995年，勤工俭学科更名勤工俭学办公室。

1996年，县教委成立关心下一代工作委员会(简称关工会)。

1997年，县教委建立长兴县幼儿教育管理办公室，校办企业公司并入勤工俭学办公室，实行一个机构、两块牌子。

2000年，县教委成立教委直属学校财务核算中心和教育设备采购中心。7月，各学区教育视导办公室撤销。

2001年5月，县教委建立教职工交流服务中心，并对外挂牌，工作任务由组宣人事科承担；12月，长兴县教育委员会更名为长兴县教育局。

2002年1月，县教育局社会力量办学管理办公室更名为民办教育办公室；7月，成立长兴教育发展有限公司，公司主要经营教育投资服务；9月，设立长兴县中小学假日活动中心。

2003年，幼儿教育管理办公室与普通教育科合并，成立基础教育科。

2004年，勤工俭学办公室更名教育服务中心；7月，县教育局成立教育调研室；12月，建立教育监察审计室。2006年，县教育局成立安全教育科。

2007年10月，县教育局成立学生资助管理中心。2010年，计划财务科增挂行政许可科牌子。

2012年，县教育局成立城区学校布局规划办公室、招商办公室两个非常机构。2013年，县教育局成立人民防空教育办公室。

2014年，县教育局职能科室设有办公室、组宣人事科、计划财务科、基础教育科、职教成教教育科、安全教育科、监察审计室、教育督导室8个职能科室。其他设置有语言文字办公室、创建办、教育服务中心、招商办、教育工会、退教协会、团工委、女工委等机构。

2014年长兴县教育局局级领导情况表

表10-1

职　务	姓　名
局　长	张向前
副局长	陈松清、钱海杰、施煜、钦国强
党委委员	赵运武

2014年长兴县教育局职能科室及负责人情况表

表10-2

科室	姓　名	科室	姓　名
办公室	张明阳	安全教育科	潘洪勇
组宣人事科	周义强	监察审计室	张平华
计划财务科	徐国良	教育督导室	蒋耀国
基础教育科	成仁伟	教育服务中心	林仲景
职教成教教育科	杨宏伟		

1989—2014年长兴县教育局（教育委员会）行政机构（局级）历任领导情况表

表10-3

名称	姓名	职务	任职时间
县教育局	汤建中	局　长	1989.1—1992.7
	蔡根桥	副局长	1989.1—1992.7
	周建民	副局长	1990.1—1992.7
	王　勤	副局长	1990.5—1992.7
县教育委员会	汤建中	主　任	1992.7—1993.6
	蔡根桥	副主任	1992.7—1993.6
	蔡根桥	主　任	1993.7—1998.3
	王　勤	副主任	1992.7—2001.8
	高有顺	副主任	1992.7—1998.5
	周建民	副主任	1992.7—2001.12
	秦　伟	主　任	1998.4—2000.6
	李荣华	副主任	1998.5—2001.12
	熊全龙	主　任	2000.6—2001.12
教育局	熊全龙	局　长	2001.12—2003.3
	周建民	副局长	2001.12—2003.5
	李荣华	副局长	2001.12—2003.5
	刘月琴	副局长	2002.6—2009.6
	刘秋平	局　长	2003.5—2012.6
	张国康	副局长	2003.6—2007.4
	陆亚良	副局长	2003.6—2010.12
	罗民强	副局长	2003.8—2013.11
	陈松清	副局长	2007.4—
	张向前	副局长	2009.8—2012.5
	钱海杰	副局长	2010.12—
	张向前	局　长	2012.6—
	施　煜	副局长	2012.9—
	钦国强	副局长	2012.11—

1989—2014年长兴县教育局(教育委员会)历任(股)科长(主任)情况表

表10-4

科室名称	历任科长(主任)
办公室	夏明祥、周月悌、王仲云、吕时清(副主任全面负责)、姚明发、钱海杰、金斌、张明阳
人事科	王勤、吕炳荣、姚明发、蒋耀国、张明阳、周义强
基础教育科	钱新清、计根良、成仁伟
计划财务科	周建民、陆亚良、徐国良、吕时清
职教成教教育科	潘仲二、姚明发、林卫国、钱海杰、施东升、杨宏伟
教育督导室	蔡仁明、陆云盛、施汇章、蒋耀国
监察审计室	朱竞贤、李荣华、沈金良、徐国良、吕时清、张平华
安全教育科	王新元、周义强、潘洪勇
教育服务中心	潘仲二、计根良、苏富根、王新元、吕时清、林宗景

1989—2000年长兴县学区视导办历任视导员(主任)情况表

表10-5

机构名称	历任视导员(主任)	备　注
泗安学区教育视导办公室	何　毅、黄修纯	
煤山学区教育视导办公室	周　耀、俞祖云	
城东学区教育视导办公室	卢竞成、周树元	
虹溪学区教育视导办公室	周有文、徐坤贤	1999年6月撤销
丁新学区教育视导办公室	金学祥、谢国强	1999年6月撤销
和平学区教育视导办公室	沈承烈、许继兴、李祥安	1999年6月撤销
城南学区教育视导办公室	李祥安	1999年6月虹溪、和平两学区合并建立
雉城学区教育视导办公室	钱海杰	1999年6月建立，丁新学区并入

二、业务机构沿革

1989年，县教育局设有教研室、招生办公室、高等教育自学考试办公室、专业合格考试办公室、电大工作站、教学仪器管理站6个下属业务单位。

2000年，长兴电大工作站升格为浙江广播电视大学长兴分校。2003年12月，更名浙江省广播电视大学长兴学院。2004年，教研室更名教育研究中心，教学仪器管理站更名教育技术中心；成立招生考试中心，将招生办公室、高等教育自学考试办公室及专业合格考试办公室统一纳入招生考试中心。

2014年，县教育局设有教育研究中心、教育技术中心、招生考试中心3个下属业务单位。

2014年长兴县教育局下属业务单位及负责人情况表

表10-6

机构	姓名
教育研究中心	蔡永进
教育技术中心	史春华
招生考试中心	祁　伟

1989—2014年长兴县教育局下属业务单位历任负责人情况表

表10-7

机构	姓名
教育研究中心	朱圭白、施方正、沈明、蔡永进
教育技术中心	陈学诗、金建明、金斌、史春华
招生考试中心	蔡根桥、朱炳坤、黄水茂、沈金良、陈粉根、祁伟

第二节 教育行政机构职责

一、县教育局(教育委员会)工作职责

贯彻落实国家有关教育的法律、法规,起草长兴县地方性教育法规、规章草案,研究拟订长兴县教育工作的政策;组织编制长兴县教育事业发展规划、计划并实施;统一管理全县幼儿教育、初等教育、中等教育、高等教育以及其他各类教育事业,统筹协调指导全县教育工作;根据管理权限,负责审核、审批国家及社会力量举办的各类中等以上学校的设置、变更、终止,管理县属(县管)高等学校、中等职业学校的专业设置,管理长兴县涉外办学工作;组织、指导教育系统及农村、企业、社区的综合教育改革工作,组织制定中等和初等教育学校的设置标准,组织制定教学基本要求、教学基本文件,组织制定教育技术装备规划,负责教育教学质量的监控工作;研究拟订长兴县高等教育、中等教育以及成人教育的招生计划,负责全县各类教育考试的组织和管理工作,指导、管理长兴县中等以上学历教育学生的学籍管理工作;统筹指导、协调、审批、监督普通高校和长兴县教育系统内举办的毕业生供需招聘活动;管理、指导长兴县各级各类学校德育、体育、美育以及思想政治、纪律法制、健康卫生、劳动技术等专项教育,指导和协调各类学生的社会实践和校外教育工作;规划、指导长兴县教育系统自然科学和社会科学研究,组织各级各类学校承担国家及省、市和长兴县重大科研项目,研究拟订发展校办产业和鼓励教育与经济科技结合的政策;负责协调、指导长兴县教育系统人事和劳动工资工作;指导学校内部管理体制改革;主管全县学校教师和管理人员的队伍建设、教师资格认定和技术职务管理工作,管理长兴县教育类社会团体;拟订长兴县筹措教育经费、教育基建投资的政策,组织制定各级各类学校学生综合成本核算办法,负责统筹管理县本级教育基建投资、教育事业经费和城乡教育费附加、地方教育附加及外来教育经费援助和教育贷款,管理县本级教育国有资产和教育基本建设项目,监督教育经费预算的执行情况;统筹规划指导后勤改革工作,协调组织有关部门做好校内外环境整治工作,维护学校正常秩序,指导学校防火、安全等工作;管理并协调指导长兴县教育系统对外交流工作;统一规划长兴县教育科学研究和教育教学研究,负责长兴县语言文字规范化

建设工作,负责长兴县教育基本信息的统计、分析和发布,规划指导长兴县教育现代信息技术发展工作;代管长兴县人民政府教育督导室;承办县政府交办的其他工作。

二、科室工作职责

(一)办公室

综合协调机关主要政务、事务,履行参谋、协调、统筹、督查、服务等工作职能;负责拟定年度工作计划、撰写年度工作总结;负责公文处理、信访、保密、新闻宣传、档案管理及局机关安全保卫工作;负责大型活动的组织安排工作;负责党政联席会、局务会组织安排、会议议定事项督办及县委、县政府交办的中心工作;负责车辆的调度和使用;督查机关卫生、考勤、文印,承办发放办公用品等工作;负责全县教育报刊和党报党刊的征订发行工作,指导并组织局机关、学校(单位)开展精神文明创建、城建城管、爱国卫生、结对帮扶工作;完成领导交办的其他工作。

(二)组宣人事科

负责全县教育系统干部任免、人员调配、教育人事制度改革;负责教师管理、教职工培训、年度考核、职称评定、工资调整、特级教师、名师名校长和优秀教师评选、教师资格认定、人事档案管理、人事年报工作;负责教育系统人员的养老保险、医疗保险等工作;负责相关信访件的调查、回复工作;完成领导交办的其他工作。

(三)计划财务科

负责编制全县教育经费预算、决算工作,监督学校经费预算执行情况;按时足额发放教师工资;制定教育事业发展规划,做好全县学校布局调整;负责学校校舍改造及维修工作;会同县物价等有关部门制定学校收费文件并进行监督检查;负责教育事业统计报表和基建统计报表的汇总分析;负责相关信访件的调查、回复工作;完成领导交办的其他工作。

(四)基础教育科

负责实施素质教育、基础教育课程改革、基础教育教学管理工作,巩固提高普及程度;负责学校德育、体育、艺术教育、科普教育等工作,学校常规管理、学籍管理,规范办学行为,幼教、少先队工作;负责高中招生和初中、小学入学工作,核发小学、初中义务教育证书 ;负责学校素质教育质量评价;负责相关信访件的调查、回复工作;完成领导交办的其他工作。

(五)职教成教教育科(社会力量办学管理办公室)

负责全县中等职业学校的招生及管理工作;负责普通初高中未升学毕业生(预

备劳动力)的教育培训;负责中等职业学校教育教学工作、中职学生学籍管理和乡镇成人学校的管理;核发中等职业学校、成人学校学员毕业证书;负责民办中小学、幼儿园和文化培训机制的审批与管理;负责职成教师队伍的进修、培训与管理;负责相关信访件的调查、回复工作;完成领导交办的其他工作。

(六)安全教育科

负责制订全县学校安全工作计划并组织实施;负责落实学校安全工作措施;负责安全工作检查和安全隐患的消除;负责开展全县学校学生安全教育;负责编报汇总、统计、学校安全资料。

(七)监察审计室

负责全县教育系统纪检监察工作,履行保护、惩处、监督、教育四项职能;负责教育系统党风廉政建设和行业纠风工作;负责教育系统的教育内部审计工作;负责教育系统党员违纪违规的查处以及其他人员的违纪违规案件的查处工作;负责学校乱收费的查处工作;负责相关信访件的调查、回复工作;完成领导交办的其他工作。

(八)教育督导室

负责对全县贯彻教育方针、实施九年义务教育工作,进行监督、检查、评估、指导;对教育投入、教育环境、教师工资发放以及教育发展中出现的重大问题进行督查;对全县各级各类学校的办学方向、办学水平、办学条件和办学效益等教育教学工作进行督导、检查、评估、指导;开展教育督导科学研究,培训教育督导人员,组织教育信息交流,总结推广先进经验;开展学校文化建设、校际共建、学校年度管理目标工作;负责示范性强镇、示范性学校创建工作;负责相关信访件的调查、回复工作;完成领导交办的其他工作。

(九)教育服务中心

负责全县中小学教材、教辅资料的发行、征订管理工作;负责勤工俭学统计与分析工作;协助保险公司开展学生投保、校园方责任险和理赔等工作;负责相关信访件的调查、回复工作;负责全县各学校的学生素质教育实践基地建设,积极配合开展学生劳技教育和社会实践活动;负责全县各级各类学校大宗物品和作业簿册及文教用品等的采购工作;完成局长室交办的其他工作。

三、业务单位工作职责

(一)教育研究中心

全面贯彻党的教育方针,开展教学研究,改革教学方法,对全县中小学进行业务指导；制定教研计划，确定教研目标，建立教研制度，明确各学科教学研究任务；组织各级学校的教育教学研究活动，转变教育教学思想，努力提高教育教学质量，做好教师培训工作。确定教研课题，搞好教学实验，探讨教育教学规律，以点带面，推动教育教学改革的深入发展；检查各中小学执行课程标准，教学计划和使用教材的情况；教学资料审定工作；组织各级各类教研活动和学生学科竞赛活动；教育教学论文评选工作；培养教改典型，选拔教学能手，推广先进经验；沟通教研信息，及时总结和交流当地经验，吸收外地的先进经验；组织校际间的听课、评课和教研活动。进行教育法律、法规执行情况的调查研究，向上级提出执法建议。各年级各学科的抽、统考及成绩评估工作，毕业年级毕业成绩的评估工作。承担上级安排的其他事项。

（二）招生考试中心

贯彻执行国家有关招生工作的方针、政策，做好宣传工作；负责大专院校、高中段学校的招生报名、考试、统计等工作；负责组织高等教育自学考试和自考毕业人员的鉴定工作；负责组织成人高校及有关非学历教育的报名考试工作；负责招生、自考等有关文件资料的立卷归档工作；做好有关教材、资料的组织供应工作，为考生提供优质服务；规范合理使用招生经费，做好年度结算工作；完成高招委、局长室交办的其他工作。

（三）教育技术中心

负责全县现代教育装备和教育信息化发展规划的制定和实施；负责全县中小学基建项目智能布线和实验室的设计；负责教育设备的征订采购、管理及使用培训。负责长兴教育网和“校校通”工程的建设、管理及使用培训；负责组织实验（教育技术）论文、自制教具、多媒体课件、电脑作品的评比及县“云飞杯”信息学竞赛；协助做好全县中考实验操作考查工作；完成局长室交办的其他工作。

第三节　中共长兴县教育局党组织机构

一、组织建设

1989年，中共长兴县教育局党委下属13个党支部（含局机关支部和各县属中小学支部，各职业学校、教师进修学校支部）；各学区乡镇中小学合计46个党支部，分别归属所在乡镇党委领导。是年,全县教育系统中共党员659人。

1992年5月,中共长兴县教育局委员会党校成立。7月,县教育局改县教育委员会(简称县教委)。8月,建立中共长兴县教育委员会党委(简称县教委党委)。1993年8月,建立中共长兴县教育委员会纪委。

1995年9月,建立中共华东八三武校支部委员会;10月,建立中共聋哑学校党支部。1996年1月,长兴中学、县高级职业中学、县教师进修学校建立党总支委员会,分别成立学生业余党校,并建立中共青年教育支部委员会;8月,和平中学、林城中学(县属中学)机构撤销,党组织随之撤销。

1997年7月,长广高级中学党委改为党总支部。1999年8月,聋哑学校并入湖州市聋哑学校,党组织随之撤销。

2000年8月,县高级职业中学并入长兴职教中心,该校党组织随之撤销,长兴职教中心建立党总支部。

2001年8月,建立中共长兴华盛高级中学党总支部;12月,县教委会改名县教育局,县教委党委、纪委撤销,县委决定建立县教育局党委、纪委。同月,建立中共长兴县第一中学党总支部。

2002年,建立中共实验小学、中共长兴县第一小学、中共实验幼儿园、中共长兴县中心幼儿园支部委员会。

2004年,成立中共金陵高级中学党总支委员会、中共教育研究中心支部委员会、中共招生考试中心与教育技术中心支部委员会。

2006年,建立中共长兴县第三中学党总支委员会、中共长兴县滨海小学支部委员会和中共长兴县五通小学支部委员会。

2007年2月,成立中共长兴艺术高级中学支部委员会。

2008年,建立中共长兴县古城中学总支委员会、中共长兴县后洋中学支部委员会和中共长兴县第二小学支部委员会;中共华东八三武校支部委员会更名为中共湖州市清泉文武学校支部委员会。

2010年,成立中共长兴县培智学校支部委员会;长兴技校、实验小学、长兴一小、长兴二小党支部升格为党总支部;县属学校党组织成立纪检小组。

2011年,长兴中学、长兴职教中心、实验初中、长兴一中党总支部均升格为党委。

2012年,随着建城区部分学校校名的调整,中共长兴县第三中学党总支部委员会更名为中共长兴县太湖高级中学党总支委员会、中共长兴县华盛虹溪中学党总支委员会更名为中共长兴县华盛高级中学党总支委员会、中共长兴县实验初级中学委员会更名为中共长兴县实验中学委员会、中共长兴县第一中学委员会更名为中共长兴县龙山中学委员会、中共长兴县滨海小学支部委员会更名为中共长兴县第六小学支部委员会；县教育局机关成立党总支部，下设四个党支部；金陵高级中学党总支升格为党委。

2013年3月，太湖高级中学党总支升格为党委；9月，成立中共长兴县雉城中学委员会。

2014年，县教育局党委下属28个县属学校（直属单位）党组织，其中6所学校建立党委，7所学校（直属单位）建立党总支，15所学校（直属单位）建立党支部，党员总数1761名，其中公有制单位党员人数1437名，离退休党员人数324名；县教育局机关党总支（下属党支部为4个）党员数96名；全县学校属乡镇（开发区、街道、管委员）的党组织共有44个支部，党员总数为1102名，其中公有制单位党员人数为1102名，离退休党员人数为228名。

1989年长兴县教育系统党组织基本情况表

表10-8

基本情况	类别	局机关	县属党组织	乡镇属党组织	合计
党支部情况	支部数（个）	1	12	46	59
	书记（人）	1	12	34	47
党员基本情况（人）	党员总数	34	174	451	659
	正式	32	165	422	619
	预备	2	9	29	40
	男	30	131	368	529
	女	4	43	83	130
学历情况（人）	本科	2	45	9	56
	专科	9	60	81	150
	中师	14	48	192	254
	高中	6	12	54	72
	初中	3	5	108	116
	小学	0	4	7	11

续表10-8

基本情况	类别	局机关	县属党组织	乡镇属党组织	合计
职称情况（人）	高级	2	17	—	19
	中级	11	74	123	208
	初级	2	64	314	380
公办或民办情况（人）	公办	34	173	396	603
	民办	—	1	55	56

2014年长兴县教育系统党组织基本情况表

表10-9

基本情况	类别	局机关	县属党组织	乡镇属党组织	合计
党支部情况	支部数(个)	4	58	44	106
	书记(人)	4	58	44	106
党员基本情况（人）	总数	96	1761	1102	2959
	正式	96	1751	1087	2934
	预备	0	10	15	25
	男	77	917	623	1617
	女	19	844	479	1342
学历情况（人）	研究生	1	34	2	37
	大学	66	1485	811	2362
	大专及以下	29	242	289	560
职称情况（人）	高级	—	206	65	271
	中级	—	1377	662	2039

2014年中共长兴县教育局委员会领导情况表

表10-10

职务	姓 名
党委书记	张向前
党委委员	陈松清、张有兴、钱海杰、施煜、钦国强、赵运武

1989—2014年中共长兴县教育局(教育委员会)委员会历任领导情况表

表10-11

姓　名	职　务	任职时间
汤建中	党委书记	1989.1—1993.7
蔡根桥	党委书记	1993.7—1998.3
秦　伟	党委书记	1998.3—2000.3
熊全龙	党委书记	2006.6—2003.5
李荣华	党委书记	2003.5—2007.3
费伟华	党委书记	2007.3—2013.2
张向前	党委书记	2013.7—
刘秋平	党委副书记	2003.5—2012.6
张国康	党委副书记	2001.12—2003.6
张向前	党委副书记	2012.6—2013.7
王　勤	党委副书记	1993.6—2001.7
周建民	党委委员	1990.1—2003.5
高有顺	党委委员	1993.8—1998.5
李荣华	党委委员	2001.12—2003.5
董文南	党委委员	2001.12—2011.12
戴红安	党委委员	2001.12—2003.5
刘月琴	党委委员	2002.6—2009.6
张国康	党委委员	2003.6—
陆亚良	党委委员	2001.12—2003.5
陆亚良	党委委员	2001.12—2010.11
罗民强	党委委员	2003.8—
陈松清	党委委员	2007.4—
张向前	党委委员	2009.8—2012.6
钱海杰	党委委员	2007.5—
施　煜	党委委员	2012.9—
钦国强	党委委员	2012.5—
张有兴	党委委员	2009.8—
赵运武	党委委员	2010.11—

1993—2014年中共长兴县教育局(教育委员会)历任纪委书记情况表

表10-12

姓名	职务	任职时间	备注
高有顺	纪委书记	1993.8—1998.4.29	
王　勤	纪委书记	1998.4—2001.7	
陆亚良	纪委书记	2001.7—2003.5	
李荣华(兼)	纪委书记	2003.5—2007.3	时任党委书记
费伟华(兼)	纪委书记	2007.3—2009.3	时任党委书记
张有兴	纪委书记	2009.8—	

2014年长兴县教育局党委直属基层党组织情况表

表10-13

序号	县属学校	党组织建制	书记
1	长兴中学	党委	徐顺福
2	华盛高中	党总支	施劲松
3	金陵高中	党委	徐荣家
4	太湖高学	党委	蒋亚琴
5	长兴职教中心	党委	姚新民
6	电大进修学院	党总支	陆仲祥
7	技师学院	党总支	阮强志
8	艺术高中	党支部	陆新程
9	清泉文武学校	党支部	曾松平
10	实验中学	党委	沈卫华
11	龙山中学	党委	夏群峰
12	古城中学	党总支	刘泽全
13	雉城中学	党支部	朱志茂
14	泗安中学	党支部	孙　源
15	后洋中学	党支部	陈承元
16	实验小学	党总支	徐　璐
17	第二实验小学	党支部	丁晓明

续表10-13

序号	县属学校	党组织建制	书记
18	长兴一小	党总支	徐常松
19	长兴二小	党总支	黎谊民
20	长兴六小	党支部	雷忠震
21	五通小学	党支部	杭亚雷
22	培智学校	党支部	李　武
23	机关幼儿园	党支部	周义华
24	中心幼儿园	党支部	杭文云
25	实验幼儿园	党支部	吴晓雁
26	教育研究中心	党支部	高兴发
27	招生考试中心和教育技术中心	党支部	祁　伟
28	教育局机关	党总支	陈松清

2014年长兴县乡镇（街道、开发区）学校（幼儿园）党组织情况表

表10-14

序号	学校	党组织建制	书记	所在乡镇
1	雉城中心成人文化学校	党支部	桑刚强	画溪街道
2	虹星桥镇中心幼儿园	党支部	周玉琴	虹星桥镇
3	太湖街道中心学校	党支部	孙甫永	太湖街道
4	洪桥逸夫中学	党支部	李桂华	洪桥镇
5	李家巷镇中学	党支部	戴敦华	李家巷镇
6	夹浦镇中学	党支部	向小东	夹浦镇
7	林城中学	党支部	章小杰	林城镇
8	泗安镇中学	党支部	周宗奎	泗安镇
9	虹星桥镇中学	党支部	程再龙	虹星桥镇
10	和平中学	党支部	李建锋	和平镇
11	小浦镇中学	党支部	叶先鹏	小浦镇
12	煤山中学	党支部	江卫华	煤山镇
13	水口乡中学	党支部	赵树华	水口乡
14	吕山乡中学	党支部	王涧芳	吕山乡
15	长兴五小	党支部	蒋学平	龙山街道

续表10-14

序号	学校	党组织建制	书记	所在乡镇
16	长兴七小	党支部	钱新华	开发区
17	长兴八小	党支部	施志宏	开发区
18	包桥中心小学	党支部	李　强	画溪街道
19	长桥中心小学	党支部	黄海荣	画溪街道
20	夹浦镇中心小学	党支部	葛爱民	夹浦镇
21	鼎甲桥中心小学	党支部	冯银南	夹浦镇
22	水口乡中心小学	党支部	叶会平	水口乡
23	洪桥镇中心小学	党支部	顾末堂	洪桥镇
24	太湖图影小学	党支部	胡光新	太湖图影
25	李家巷镇中心小学	党支部	张会富	李家巷镇
26	和平镇中心小学	党支部	谈晓荣	和平镇
27	吴山中心小学	党支部	柴建国	和平镇
28	虹星桥镇中心小学	党支部	沈学章	虹星桥镇
29	里塘中心小学	党支部	钱万龙	虹星桥镇
30	吕山乡中心小学	党支部	黄玉平	吕山乡
31	泗安镇中心小学	党支部	胡树来	泗安镇
32	仙山中心小学	党支部	黄正强	泗安镇
33	长潮中心小学	党支部	刘胜福	泗安镇
34	管埭中心小学	党支部	程培玉	泗安镇
35	林城镇中心小学	党支部	吴建国	林城镇
36	天平中心小学	党支部	张　坚	林城镇
37	畎桥中心小学	党支部	李　军	林城镇
38	二界岭中心小学	党支部	胡伟其	泗安镇
39	煤山镇中心小学	党支部	汪志和	煤山镇
40	小浦镇中心小学	党支部	韦炎龙	小浦镇
41	槐坎乡中心小学	党支部	陈浙杰	煤山镇
42	白岘乡中心小学	党支部	孙伟鹰	煤山镇
43	长兴三小	党支部	文宏章	雉城街道
44	长兴四小	党支部	曹贤瑞	雉城街道

1989—2014年县属学校党组织历任负责人情况表

表10-15

学校	历任党组织负责人
长兴中学	章小义、潘仲二、徐顺福
泗安中学	平寿江、李建平、徐顺福、蔡永进、陆仲祥、孙立新、董成、周宗奎、夏群峰、程昌潘、孙源
煤山中学	陈秋娥、曹家育、邹忠明、施建国
虹溪中学	何良才、周义强、邹忠明、罗民强、林宗景、程琴伟
和平中学	熊维国、袁淦华、莫银虎、范月修
林城中学	赵凤祥
雉城中学(2004年撤销)	沈锦臣、俞福涛、何良才、曹家育、曹吉林、李祥安
农业技术学校	陈志荣、汤瑞福、彭明才、钱晓南
高级职业中学	顾心仪、叶国华、赵志祥
聋哑学校	赵凤祥、高顺琴
实验小学	周光宽、李荣华、颜惠新、谢美琴、施志宏、徐璐
教师进修学校	钱祥松、章兴良、赵志祥、俞福涛
华盛高中	罗民强、施建国、林宗景、尚洪、施劲松
金陵高中	陆仲祥、臧晓芳、陈光明、邹小平、徐荣农
太湖高中	俞骥、沈宝华、任振原、唐瀚潮、沈广场、唐建华、王新元、孙觉先、蒋亚琴
长兴职教中心	姚明发、沈玉良、姚新明
电大进修学院	钱晓南、方中仁、戴敦荣、赵志祥、臧晓芳、陆仲祥
技师学院	赵佰瑜、乔纪林、徐昌良、徐晓南、阮强志
实验中学	臧晓芳、吴永明、沈卫华
龙山中学	曹家育、吴永明、沈永林、董成、夏群峰
古城中学	施永林、倪新宝、刘泽全
雉城中学	朱志茂
后洋中学	韦有法、陈承元
第二实验小学	丁晓明
长兴一小	潘亚萍、左有琴、闻玉祥、温兴旺、徐长松
长兴二小	蒋晓华、黎谊民
长兴六小	许百民、雷忠震

续表10-15

学校	历任党组织负责人
培智学校	杨德富、李武
机关幼儿园	周义华
中心幼儿园	杭文云
实验幼儿园	吴培琴、胡晓雁

二、党建工作

1989年，全县党员认真学习贯彻《中共中央、国务院告全体共产党员和全国人民书》，维护安定团结政治局面，坚持岗位，忠于职守，做到不信谣、不传谣。是年，长兴中学党支部获县先进党支部称号。

1990年，县教育局机关党支部被评为县先进党支部。

1991年，县教育局党委将学校思想政治工作当作启动其他工作的核心，配备专职干部，加强对思想政治工作的宣传和领导，学习江泽民总书记“七一”讲话，与县委党校联合举办校长、书记培训班。

1993年，县教委党委举办县属学校党支部书记、委员、党员校长培训，各级各类学校开展学习中共十四大文件、中国特色社会主义理论活动。

1995年，各校党组织坚定把正确的政治方向放在学校首位，全面落实《爱国主义教育实施纲要》和《关于进一步加强和推进学校德育工作》文件精神。6月，县教委党委印发《中央廉洁“两个五条”和省纪委廉洁自律十条规定》，聘请教育系统19人和外系统4人为教育系统兼职纪检监察员。

1996年2月，县教委党委印发《开展创建标准化党支部活动的通知》；10月，发出通知，要求各学校认真学习贯彻中共十四届六中全会精神。是年，县教委党委建立党委理论学习中心组，组长为党委书记，副组长为党委成员，组员为职能科室主要负责人，规定二月集中学习一次。

1997年，教育系统党组织开展“三讲(讲学习、讲正气、讲政治)”为主要内容的党性党风教育，各级党组织建立党员活动室，县教委直属党支部开展创建标准化党支部活动。是年，长兴中学党总支被评为市先进基层党组织，学生业余党校发展第一批预备党员3人。

1999年，县教委党委继续开展“讲政治、讲正气、讲学习”思想政治系列活动，抓好党组织思想建设、组织建设和作风建设，抓好党风廉政建设和反腐败斗争，增加党组织的凝聚力和战斗力，发挥党支部的战斗堡垒和先锋模范作用。

2000年，县教委党委开展党性党风教育，抓好以“凝聚力工程”为主要形式的党组织建设，加强和完善民主集中制，开展“敬业爱生、树立新风”为主题的师德师风教育活动。是年，长兴电视台专题片《托起明天的太阳》专题介绍长兴中学党建工作，长兴中学党组织被评为市级先进基层党组织，泗安中学党支部被评为教育系统先进党支部。

2001年1月，县教委党委建立“三个代表”重要思想学习活动领导小组，结合“三个代表”重要思想学习，有计划地开展党风、党纪教育、机关作风建设、“党在心中”征文比赛等活动。

2002年，县教育局党委在全县教育系统党员和教师中掀起学习、宣传、贯彻中共十六大精神，实践“三个代表”，争做“时代先锋”主题活动；7月，开展“征集党风廉政建设公益广告宣传用语”活动，共收到宣传用语300多条。是年，县教育局纪委获评全县纪检监察工作先进单位。

2003年，县教育局党委健全机关支部党员学习制度，掀起学习“三个代表”重要思想高潮，进行学校支部书记培训，健全理论学习和民主生活会制度，开展机关中层干部和校长廉政述职。是年，长兴中学党组织开展“双向培养(优秀骨干培养成为党员、党员培养成优秀骨干)”试点工作，该校业余党校工作作为实践“三个代表”的先进经验向全省进行推荐宣传，在全省基层党校建设工作会议上代表市做《发挥业余党校主阵地作用，培养新时期高素质优秀人才》经验交流发言。

2004年，县教育局党委制定优秀共产党员、优秀党务工作者，先进党支部、五星级党支部评选办法，鼓励党员争做先进、支部创示范；围绕促进“长兴教育发展、增加凝聚力”这个主题，开展党建科研、学生业余党校建设，拓宽党建领域等活动。是年，直属支部党员扶贫助学捐款20万元；长兴中学学生党建工作被《光明日报》等媒体报道；13个基层党组织被评为五星级党支部，7个基层党支部(总支)被评为先进党支部。

2005年，县教育局党委开展第一批保持共产党员先进性教育活动，县属学校第二批开展保持共产党员先进性教育活动，全面推进基层党组织上等级、创示范；在活动中建立学习考勤、缺席补课、考学、群众监督、读书笔记上报批阅、上门学习等制度，教育对象考察长广煤矿、南湖监狱、新四军纪念馆等场所；以“真心关爱学生、倾情奉献教育”为载体在学校开展岗位练兵，争当排头兵活动。是年，县教育局党委直属支部联系一个乡镇学校支部，共同推进提高乡镇学校党建工作。

2006年，县教育局党委理论中心组强化学习党章和以“八荣八耻”为主要内容的社会主义荣辱观教育，进一步完善支部书记例会制；在县属学校开展争创五星级党支部和先进党支部活动；在全体党员中全面落实党员先锋岗、党员示范岗、党员责任区活动。是年，机关党员开展扶贫帮困4次，资助金额共计4.3万元。

2007年，县教育局党委健全作风建设活动长效机制，强化党员学习教育，规定支部成员全年至少完成1篇以上党建调研报告，每个基层党组织至少申报1个科研课题。

2008年2月，县教育系统全体党员主动抗击雪灾，到挂钩村，走村串户，帮助解决困难；7月，举办“我为党旗添光彩”主题演讲暨新党员教育活动，组织直属单位支部书记去井冈山参观学习；10月，召开党委理论中心组（扩大）会议，布置作风建设工作，培育长兴教育亮点，印发《中共长兴县教育局委员会关于试行党务公开的实施方案》；12月，各学校党员开展学习中共十七届三中全会精神活动。是年，6所学校党支部被评为县先进党支部。

2009年，县教育局党委印发《基层党支部规范化建设实施意见》《关于进一步加强发展党员工作的意见》《加强学校纪检组织规范化建设工作的通知》，开展“打造县级科学发展示范区”为主题的解放思想大讨论；4月，党委理论中心组召开学习实践科学发展观体会交流会；5月，各直属单位党组织先后召开学习实践科学发展观恳谈会；7月，各单位举办新党员入党宣誓和老党员重温入党宣誓活动。

2010年，县教育局党委开展“育人成才先锋”创先争优活动，各直属党组织召开“迎七一、创先争优”民主生活会和“党员闪光言行”承诺活动，2639名党员认领服务岗位；配合乡镇开展第三批学习实践科学发展观活动，组织农村中小学党支部书记听取动员报告，制定学习实践方案，听取第三批学习实践活动对象开展情况交流；8月，党委直属机关开展以“崇廉尚洁、透明规范、风清气正”为内容的“廉政生态单位”创建活动；10月，分片召开“创先争优”座谈会和点评会；11月，举办“创先争优”理论培训班，县属各学校党组织纷纷开展有特色的“创优争先”活动。县教育局党委理论中心学习组被评为2010年度县优秀党委理论学习中心组。

2011年年初，县教育局党委到长兴技师学院、实验初中调研“创先争优”活动，各直属单位党组织召开“创先争优”活动推进会；5月，县教育局党委举办“党在我心中”歌咏比赛；6月，表彰党支部规范化建设达标单位、先进基层党组织、优秀党务工作者和优秀共产党员；7月，党委理论中心学习组召开扩大会议，贯彻县委十二届十次全委会精神，打响“学在长兴”品牌；8月，开展“学习张家港精神，实现教育现代化”教育活动，制定中共长兴县教育局委员会关于《进一步深化党务公开的实施意见》；10月，举办县属学校(单位)党员培训;11月,举办教育系统基层干部"科学发展"培训;12月,党委及下属党组织纷纷召开"迎接党代会、迈向新征程"建言献策专题民主生活会。

2012年,县教育局党委开展党支部建设"四创"(创规范、创特色、创新意、创佳绩)活动,制定下发《长兴县教育局2012年党风廉政建设和反腐败工作要点》和《进一步深化廉政风险防控机制建设工作方案》,着力营造"以谦为荣、以贪为耻"的廉政文化;扎实推进长兴县教育系统新社会组织党的建设工作全覆盖。是年,县教育局党委开展推进党务公开活动,公开本级文件15件,党建信息172条。

2013年,县教育局党委推进党支部规范化建设,贯彻党建工作条例和有关规定,开展机关党员干部参加党员进社区活动,通过"申报服务项目、领办服务项目、认领心愿"等形式,参与社区共建;开展学习中共十八大精神、党章知识竞赛、党建征文以及重温"老三篇、践行群众路线"等主题活动。

2014年,县教育局党委开展党员闪光言行考评、"五星级"党员创评、群众路线教育实践等活动;加强党员日常管理,做好党员组织关系转接、党建年报等常规工作;配合县委组织部、县直属机关工委推进党员身份证制度建设;进行微型党课比赛。是年,微型党课"一张水费单"获市一等奖、省二等奖,县教育局党总支被评为2014年度县直属机关先进党组织。

第四节　民主党派基层组织

一、中国国民党革命委员会长兴基层委员会

1989年,全县有5名教师加入民革。至2014年全县教师队伍共有民革党员10人。属民革湖州市委会民革长兴基层委员会。

2014年长兴县教育系统民革党员情况表

表10-16

序号	姓名	性别	出生年月	工作单位	加入时间	职务
1	刘静	女	1979.3	长兴五小	2010.4	二支部主委

续表10-16

序号	姓 名	性 别	出生年月	工作单位	加入时间	职 务
2	柏慧芳	女	1976.8	华盛高中	2011.7	
3	相志伟	男	1939.6	虹溪高中	1988.4	
4	钱新中	男	1938.11	长兴职教中心	1988.8	
5	潘虎成	男	1960.9	长兴四小	1999.7	
6	沈双园	女	1965.11	长兴中学	2001.4	
7	施侍华	男	1964.5	长兴中学	2001.4	
8	张建英	女	1968.1	长兴中学	2012.6	
9	王安峰	女	1973.3	水口乡中心小学	2014.5	二支部委员
10	李次刚	男	1951.1	长兴同文学校	1996.2	

二、中国民主同盟长兴县基层委员会

1989年民盟在教师队伍中有盟员14人。此后陆续有教师加入民盟。1995年,民盟长兴中学支部被表彰为“民盟浙江省盟务工作先进集体”。至2014年教师队伍中共有民盟盟员23人,属湖州民盟市委会中国民主同盟长兴县基层委员会。

2014年长兴县教育系统民盟盟员情况表

表10-17

序号	姓名	性别	出生年月	工作单位	加入时间	职 务
1	蒋雪云	男	1963.8	长兴中学	1997.12	基层委员
2	邱荣珍	男	1978.10	水口乡中学	2013.7	基层委员
3	杨益民	男	1958.5	电大进修学院	1993.6	
4	沈俊贤	男	1934.8	长兴中学	1986.2	
5	胡安康	男	1933.11	教研中心	1986.12	
6	许 可	男	1934.4	湖州卫校	1984.3	
7	林秀凤	女	1966.11	教研中心	2002.4	副主委
8	王海花	女	1976.9	长兴中学	2010.12	支部委员
9	郭中柱	男	1948.4	教研中心	1994.1	

续表10-17

序号	姓名	性别	出生年月	工作单位	加入时间	职　务
10	谈言直	男	1946.11	长兴中学	1993.3	
11	季爱萍	女	1977.2	金陵高中	2014.7	
12	向广武	男	1976.7	金陵高中	2011.12	
13	宋有武	男	1939.1	湖州卫校	1995.4	
14	顾佐潘	男	1938	长兴中学	1995.11	
15	谈如意	男	1939.11	长兴中学	1987.2	
16	陆廷勋	男	1939.2	实验小学	1988.11	
17	胥玉成	男	1937.7	长兴中学	1986.12	
18	黄　艳	女	1977.4	太湖高中	2007.6	
19	周祥青	男	1925.1	长兴中学	1986.12	
20	王祝介	男	1933.10	长兴中学	1986.12	
21	王　茹	女	1955.11	实验中学	1997.2	
22	肖　芹	女	1968.10	长兴中学	2001.2	
23	罗　忆	男	1973.11	电大进修学院	2014	

三、中国民主建国会湖州市长兴县基层委员会

从2003年起陆续有教师加入民建。至2014年教师队伍中共有民建会员5人，属中国民主建国会湖州市长兴县基层委员会。

2014年长兴县教育系统民建会员情况表

表10-18

序号	姓名	性别	出生年月	工作单位	加入时间	职务
1	曹阳春	男	1967.9	电大进修学院	2003.6	一支部委员
2	郑　丽	女	1972.9	县教育局	2004.12	基层委员兼三支部主委
3	周泽伟	女	1972.4	长兴中学	2007.10	
4	吴　艳	女	1983.8	长兴四小	2012.7	
5	朱慧敏	女	1982.4	龙山中学	2014.5	

四、中国民主促进会湖州市长兴县支部

2012年有1位教师加入;2014年有4位教师加入。至2014年底,共有5位教师加入,属中国民主促进会湖州市长兴县支部。

2014年长兴县教育系统民进会员情况表

表10-19

序号	姓名	性别	出生年月	工作单位	加入时间
1	郑义平	男	1980.11	电大进修学院	2012.12
2	莫　晶	女	1980.10	长兴二小	2014.1
3	陆凤林	女	1968.10	长兴职教中心	2014.1
4	卢文燕	女	1975.9	长兴五小	2004.4
5	严伟琪	男	1974.4	金陵高中	2014.5

第五节　社会团体

一、教育工会

(一)工会组织

1989年,各乡(镇)基层工会进行调整改选,撤销原中心学校教育工会委员会,改按乡(镇)中、小学分别建立基层工会,凡会员在25人以上建立基层工会委员会,委员3~7人不等,会员不足25人者,设工会主席一人。通过调整,全县建立88个基层教育工会,共有会员2609人。是年,县教育工会召开第七次代表大会,选举产生县教育工会第七届委员会。

1991年,县教育工会女职工委员会成立。

1994年,县教育工会召开第八次代表大会,选举产生县教育工会第八届委员会。

2002年,县教育工会召开第九次代表大会,选举产生县教育工会第九届委员会和经费审查委员会。

2007年，县教育工会召开第十次代表大会，选举产生县教育工会第十届委员会、女职工委员会和经费审查委员会。

2008年10月，县教育工会第十届委员会主席调整。

2012年，县教育工会召开第十一次代表大会，选举产生县教育工会第十一届委员会、女职工委员会和经费审查委员会。

2014年，全县教育系统共有基层工会组织91个，其中中学24个，小学39个，幼儿园24个，机关事业单位3个，成人文化技术学校1个；公办单位工会89个，民办单位工会2个；全县会员数为6869人，其中女会员4446人。

2014年长兴县教育工会委员会组成人员情况表

表10-20

职务	姓名
主席	董文南
副主席	余年青
常委	董文南、余年青、徐国良、徐芳芳、王慧珠、王慧泉、杨珏
委员	董文南、余年青、徐国良、徐芳芳、王慧珠、王慧泉、杨珏、葛连松、朱燕

1989—2014年长兴县教育工会第7～11届委员会情况表

表10-21

届次	职务	姓　名
七	主席	陈惟柱
	副主席	林卫国
	常委	陈惟柱、林卫国、徐虹、沈德年、潘丽蓉
	委员	陈惟柱、林卫国、徐虹、沈德年、潘丽蓉、叶佩玉、赵忠祥、周月悌、胡连奎、伊天锡、刘佩云
八	主席	周建民
	副主席	林卫国
	常委	周建民、林卫国、孙觉先、卢瑞英、许继兴、潘丽蓉、黄修纯
	委员	周建民、林卫国、孙觉先、卢瑞英、许继兴、潘丽蓉、黄修纯、陈文亚、周月悌、周有文、周树元、俞祖云、章永发

续表 10-21

届次	职务	姓　名
九	主席	吕炳荣
	副主席	卢瑞英
	常委	丁晓明、卢瑞英、吕炳荣、杨芊宏、李祥安、周月悌、高兴发
	委员	丁晓明、卢瑞英、吕炳荣、杨芊宏、李祥安、周月悌、高兴发、刘彩萍、沈月龙、张翠琴、金炳云、陶火良、徐国良
十	主席	刘月琴、董文南(2008年10月起)
	副主席	余年青
	常委	刘月琴、余年青、徐国良、杨芊宏、姚新明、张丽玉、张国芳
	委员	刘月琴、余年青、徐国良、杨芊宏、姚新明、张丽玉、成仁杰、黄春明、王慧珠、许志良、张国芳
十一	主席	董文南
	副主席	余年青
	常委	董文南、余年青、徐国良、杨珏、徐芳芳、王慧泉、王慧珠
	委员	董文南、余年青、徐国良、杨珏、徐芳芳、葛连松、王慧泉、王慧珠、朱燕

2014年长兴县教育工会下属基层工会负责人情况表

表 10-22

单位	工会主席	单　位	工会主席	单位	工会主席
长兴中学	毛苏泳	吴山中心小学	沈琴琴	白岘乡中心幼儿园	张卫红
华盛高中	刘佰勤	仙山中心小学	杨余龙	包桥中心幼儿园	曾桂婷
技师学院	陈于芳	小浦镇中心小学	马卫平	二界岭中心幼儿园	邱牡丹
金陵高中	王光复	长潮中心小学	杜　燕	和平镇中心幼儿园	朱丽华
太湖高中	吴桂生	长兴一小	唐新琴	虹星桥镇中心幼儿园	钱敏玉
电大进修学院	成仁杰	长兴八小	周德芸	洪桥镇中心幼儿园	范卫华
长兴职教中心	金炳云	长兴二小	杨根山	后洋中心幼儿园	王艺橙
雉城成校	杨海华	长兴六小	卢　鼎	槐坎乡中心幼儿园	曹　峰
古城中学	林丽华	长兴七小	高竹鸿	机关幼儿园	朱　燕
和平中学	姜祖印	长兴四小	朱长根	夹浦镇中心幼儿园	周惠平

续表10-22

单位	工会主席	单 位	工会主席	单位	工会主席
虹星桥镇中学	李晓秋	长兴五小	吴月平	开发区中心幼儿园	章丽丽
洪桥逸夫中学	胡亚维	白岘乡中心小学	缪建国	林城镇中心幼儿园	莫菊芳
后洋中学	韦爱琴	包桥中心小学	章炳良	吕山乡中心幼儿园	傅春燕
夹浦镇中学	蔡振森	二界岭小学	古炳炎	煤山镇中心幼儿园	程美群
李家巷镇中学	胡茉芝	管埭中心小学	李金春	实验幼儿园	徐国琴
林城中学	姚建琴	和平镇中心小学	朱小丽	水口乡中心幼儿园	张 颖
龙山中学	葛连松	虹星桥镇中心小学	朱国昌	泗安镇中心幼儿园	何 萍
吕山乡中学	陈 龙	洪桥镇中心小学	钱伟武	太湖街道镇中心幼儿园	刘 莎
煤山中学	曾庆茂	槐坎乡中心小学	范文龙	图影中心幼儿园	陈 燕
实验中学	章林冲	夹浦镇中心小学	臧瑞良	吴山中心幼儿园	唐 芳
雉城中学	包文祥	李家巷镇中心小学	桂海莲	小浦镇中心幼儿园	唐小琴
水口乡中学	温方方	里塘中心小学	胡建明	长桥中心幼儿园	曹 慧
第二实验小学	敖培华	林城镇中心小学	郑国鸿	中心幼儿园	张 敏
泗安中学	许志良	吕山乡中心小学	沈震辉	长桥中心小学	张 华
太湖街道中心学校	周小敏	煤山镇中心小学	罗正健	太湖图影小学	钟金余
小浦镇中学	钟富娣	培智学校	汪梅花	长兴三小	王晓燕
实验小学	许智勇	畎桥中心小学	熊有杰	天平中心小学	李一丁
水口乡中心小学	倪伟锋	五通小学	章芳琴	教育局机关	余年青
泗安镇中心小学	周益生	鼎甲桥中心小学	钦铭锋	蓝天小学	朱建华
教研中心	史毅华	招考技术中心	李 峰		
清泉武校	王晓萍	李家巷镇中心幼儿园	史金娣		

（二）工会活动

1989年，县教育工会举办全县教职工篮球赛，至2014年共举办各类教职工篮球赛23次。

1990年，县教育工会在全县青年教职工开展“五一”劳动竞赛和优秀教师巡回报告活动。是年，工会财务实行独立核算制度，在银行设立账户，按县以上工会会计科目建账、算账、报账。

1993年，县教育工会在雉城四小召开工会“建小家”现场会。煤山中学、实验小学、雉城四小、水口乡中心小学及泗安镇白莲小学工会小组被评为湖州市先进职工之家。

1994年11—12月，县教育工会对全县教育系统特困教师进行调查摸底和慰问，以后每年都进行，至2014年支助和慰问共1816人次，送上慰问金105.39万元。学校工会获市先进职工之家称号4所，获市优秀工会工作者称号5人，获市优秀工会积极分子称号5人，获市工会之友称号2人。

1995年，县教育工会举办青年教师联谊会和教职工“敬业乐业、无私奉献”征文比赛；成立长兴县教育工会救急济难互助会，当年筹集资金30万元，对全县206家困难教职工进行救助。

1996年6月，县教育工会举办全县中小学教师书画展；9月，举办女职工卡拉OK比赛。是年，各学校规范有序召开教职工大会或教职工代表大会，至2014年，全县91家工会所在单位都能坚持每年召开教职工大会或教职工代表大会，实现教代会制度化和规范化。

1999年. 实验小学工会获市先进职工之家称号，古城中学被省教育工会授予民主管理先进单位称号，煤山镇中心小学荣获全国总工会模范职工小家称号。

2000年，县教育工会举办女职工健身操培训班；10月，下发《长兴县教育工会教职工大病互助会实施暂行办法》，筹集资金124.824万元，为668位大病患者补助医药费67万元。

2002年3月，县教育工会转发《教育部、中华全国总工会关于全面推进校务公开工作的意见》的通知，推进全县校务公开工作深入开展。

2004年，县教育工会举办首届女教职工排球赛，共有27家学校(单位)组团参加比赛，至2014年共举办六届女教职工排球赛；12月，各学校基层工会工作目标责任制列入学校年度考核，至2014，每年县教育工会都在年底对各基层工会进行年度目标责任制考核。是年，林城镇中心幼儿园率先试行工会会员公推直选工会委员会和工会主席。

2005年，县教育工会举办青年教师联谊，召开民主管理学校研讨暨教代会现场会。

2006年，各基层工会开展“真情关爱学生、倾情奉献教育”主题教育活动；县教育工会荣获省2005—2006年度工会信息先进一等奖。

2007年，县教育工会被评为省工会工作先进集体，所撰写的调研验报告获省教育工会第六届优秀调研报告(论文)三等奖。次年，县教育工会再次被评为省年度工会工作先进集体。

2010年,县教育工会举办"我学习、我感恩、我敬业"为主题的教师演讲比赛。是年,五所学校工会被评为2009年度市职工之家五星级达标基层工会;县教育工会被评为市工会财会先进集体。

2011年,县教育工会举办首届教职工乒乓球比赛,共有52支代表队260运动员参加比赛,至2014年,共举办四届;10月,举行全县教职工太极拳展示和以"比规范、比奉献、比质量、讲责任"为主题的青年教师征文比赛活动。

2012年,县教育工会举办教职工软笔书法比赛;11月,举办首届教职工羽毛球比赛,共有68支代表队参加比赛,至2014年,共举办3届。

2014年,县教育工会举办"我心目中好老师"演讲比赛、教师网络书画摄影作品展及幼儿教师职业能力大赛;开展工会工作先进评比活动,15家基层工会获评先进集体,29人获评工会先进个人。是年,长兴中学、实验小学被省教育工会评为"三育人"先进集体。

二、中国共产主义青年团组织

(一)组织建设

1989年,共青团组织在中学以上学校普遍建立,团组织组成人员由学校党支部提名,经团员代表大会选举通过,报上级团委批准。1994年10月,成立共青团长兴县教师进修学校团总支。1995年12月,建立共青团县高级职业中学委员会和共青团县职业技术学校委员会。

2003年4月,共青团长兴县教育局工作委员会(简称局团工委)成立,工作委员会有9人,下设14个团委(支部),共计团员8857名。

2004年,成立共青团第二实验小学团支部。2005年4月,局团工委请示团县委增补3人为局团工委委员。2006年3月,成立艺术高中团总支、长兴三中团委、长广中心学校团支部。

2007年11月,团县委批准局团工委主要负责人进行调整。

2010年,局团工委规定县属单位的团委(总支、支部)书记在职最高年龄一般不超过35周岁,团的基层班子成员一般应具有大专及以上文化程度。

2013年8月,经团县委批准,局团工委主要负责人再次进行调整。

2014年1月,经团县委党组研究,增补4人为局团工委委员。是年,县教育局团工委直属单位为21个,其中设团委为11个,设团总支2个,设团支部为8个,团员总数15823人;乡镇中学团组织12个,隶属各乡镇(街道)团委管理,团员总数2786人。

2014年长兴县教育局团工委组成人员情况表

表10-23

职务	姓名	备注
副书记	王菲	副书记(主持日常工作)
委员	潘旭娟、浦邹军、徐春芳、王煜	

2003—2014年长兴县教育局团工委书记情况表

表10-24

姓名	任职时间	职务	备注
徐晓伟	2003.4—2007.11	书记	2003年4月13日,共青团长兴县教育局工作委员会成立
马　静	2007.11—2013.8	副书记(主持工作)	
王　菲	2013.08—	副书记(主持工作)	

2014年长兴县教育局团工委直属团组织情况表

表10-25

序号	单位	团建制	书记
1	电大进修学院	团委	马　超
2	长兴职教中心	团委	浦邹军
3	长兴中学	团委	潘旭娟
4	华盛高中	团委	叶长春
5	金陵高中	团委	施海尧
6	太湖高中	团委	章海芳
7	实验中学	团委	徐春芳
8	龙山中学	团委	范　敏
9	泗安中学	团总支	蔡　君
10	古城中学	团委	钱　俊
11	后洋中学	团总支	邱英杰
12	雉城中学	团支部	范益丰

续表10-25

序号	单位	团建制	书记
13	实验小学	团支部	王 煜
14	第二实验小学	团支部	孙 晖
15	长兴一小	团支部	周赵霞
16	长兴二小	团支部	张 佩
17	机关幼儿园	团支部	徐 丹
18	实验幼儿园	团支部	许 洁
19	中心幼儿园	团支部	曹 静
20	清泉武校	团委	陈怀文
21	艺术高中	团委	花国宏

2014年长兴县教育系统初级中学（乡、镇）共青团组织情况表

表10-26　　单位：人

学校团组织名称	团员数	其中学生团员数	负责人	隶属团组织
洪桥逸夫中学团总支	480	475	朱宏新	洪桥镇团委
李家巷镇中学团总支	85	80	杨 慰	李家巷镇团委
小浦镇中学团总支	88	80	李 星	小浦镇团委
夹浦镇中学团总支	189	168	张国平	夹浦镇团委
林城中学团总支	242	236	李明根	林城镇团委
泗安镇中学团总支	247	241	卢伟强	泗安镇团委
虹星桥镇中学团总支	265	258	沈仕翔	虹星桥镇团委
和平中学团总支	523	500	黄 利	和平镇团委
煤山中学团总支	415	397	王 靓	煤山镇团委
水口乡中学团总支	74	68	高 翔	水口乡团委
吕山乡中学团总支	109	108	沈 凯	吕山乡团委
太湖中心学校团总支	69	67	张 雪	太湖街道团委

（二）团建工作

1989年，学校团组织接受同级党委组织和上级团组织的双重领导，各乡镇学校团组织属乡镇团委管理，县属学校团组织由团县委直接管理。1991年，学校团工作

重点为切实落实中学团的基础建设，全面开展以“让团徽闪光，为团旗增辉”为主题的各种竞赛活动。

1994年，根据长兴县组织部、共青团长兴县委《关于加强共青团干部配备和管理工作意见》，学校基层团委（总支、支部）的正副书记，一般享受学校中层干部待遇，书记（或主持工作的副书记）是党员的，可以列席同级党委（总支、支部）会议。

1996年，在泗安中学召开各县属学校团工作例会，总结部署学校团工作。是年，长兴中学团委被评为浙江省九五年度先进团委。

1997年，各校团组织以香港回归为契机开展以“爱国爱港”为主题的团活动，加强对团员的爱国主义教育。

1999年，各校团组织抓住五四运动80周年、中华人民共和国成立50周年和澳门回归等重大事件，开展爱国主义、集体主义和社会主义教育。

2001—2002年，各学校团组织在青少年中开展“实践‘五爱’需求，争做‘四有’新人”主题教育活动，重点围绕“读、写、讲、唱、看、访、行、展”八字进行“五爱”教育。

2003年，共青团湖州市委、湖州市教育局授予长兴职教中心01春机电团支部等7个团支部为市级先进团支部，授予8名团干部为市级优秀团干部，授予8名团员为市级优秀团员。

2004年，县教育局团工委确定抓好团工委自身建设，倡导志愿者行动，创建各校团工作品牌为团工作重点内容。是年，长兴中学设立“共青团文明监督岗”，加强学生的自我管理和自主发展。2005年10月，召开全县中学团组织负责人工作会议，总结上半年工作研究部署下阶段工作要点。市委宣传部、团市委、市教育局授予长兴一中初三（13）班一学生为湖州市十大“感动青春——校园真情”人物。

2006年，县教育局团工委在广大青年团员教师中开展“真心关爱学生、倾情奉献教育”主题教育活动，研究制定《长兴县学校团代会操作程序（试行）》，对学校团代会的规模、会前准备工作、主要议程、闭幕后的工作等做出详细的规定。是年，长兴中学团委获2005年度市级先进团组织称号。

2007年3月至5月中旬，县教育局团工委在县属学校团组织中开展“弘扬时代新风，争做优秀团员”主题活动，各校开展团史教育、团员宣誓仪式、社会公益、团员“一对一”等活动。是年，长兴职教中心团委被评为市优秀团组织。

2008年，县教育局团工委围绕“服务大局、服务青年”的主题，结合教育系统的特点，扎实开展团的活动。

2009年,县教育局团工委以“汇聚青春力量,共建和谐长兴”为主题,在县属中小学、幼儿园开展“团旗下青春誓言”“铁的新四军图片展”等系列主题教育活动;学校团委(支部)走进敬老院开展敬老活动。

2010年,各校团组织办好学生团校、业余党校,做好学生的思想引导和素质提升工作,做好推优入党工作,开展“保护生态”系列活动。

2011年3月,县教育局团工委,以“志愿服务和谐——长兴学子在行动”为主题在城北小区开展为民服务活动,各校团组织负责人到场参加活动。是年,城乡学校开展团组织结对共建行动和“我为长兴骄傲,我为长兴加油”建言献策活动。

2012年,团省委副书记朱斌在古城中学进行工作调研,各校团组织开展学雷锋做文明有礼的长兴人、庆祝建团90周年、纪念五四运动93周年等主题活动。是年,教育系统6家团组织被评为县级先进团组织,7名团干部被评为县级优秀团干部,7名团员被评为县级优秀团员。

2013年,县教育局团工委开展“百个示范、百个优秀”团组织创建专项行动;各学校团组织开展“中国梦”大讨论和“我有青春,我有承诺”主题活动,开展社区结对、文明劝导、义务劳动、爱心捐助等志愿服务活动。是年,团省委、省教育厅授予长兴中学省中学共青团工作示范学校称号,长兴职教中心获市中学共青团工作示范学校称号。

2014年,各校团组织紧紧围绕党政工作大局,做好五水共治、关爱农民工子女、敬老助残、扶贫帮困、节庆赛会等方面工作。

三、退(离)教育工作者协会

1989年,全县共有“退协”会员363人,占退(离)休教职工的97.3%。2014年,全县共有2406人参加退(离)休教育工作者协会,全县退(离)休教育工作者入会率100%。

1989—2014年,“退协”主要做了以下工作:召开退(离)休教育工作者代表大会(第二届至第八届);为退(离)休教育工作者举办政治、时政、健康讲座;举办符合老年人特点的趣味运动会;组织退(离休)教育工作者担任校外辅导员为青少年进行革命传统、文明礼仪和爱国主义等知识讲座,捐资助学,帮助品行兼优、家境困难学生完成学业;每年为70岁退(离)休教育工作者举办集体祝寿,上门为80岁、90岁退(离)教育工作者祝寿;听取广大老教育工作者意见,为长兴教育改革和发展献计献策。

1989—2014 年长兴县退（离）休教育工作者协会历任会长情况表

表 10-27

届次	会长	届次	会长
二	顾则先	六	钱新清
三	钱祥松	七	吕炳荣
四	钱祥松	八	吕炳荣
五	钱新清		

2014 年长兴县退（离）休教育工作者协会各分会会长情况表

表 10-28

名称	会长	名称	会长
教育局分会	朱景贤	雉城郊区分会	殷顺苟
长兴中学分会	沈仲明	李家巷分会	李根庭
职教中心分会	董小白	夹浦分会	王仲良
电大进院分会	郑绍成	水口分会	陶方琪
太湖高中分会	苏祖金	洪桥分会	钱楚臣
龙山中学分会	佘水娥	和平分会	葛希豪
古城中学分会	吴菊仙	虹星桥分会	饶恩和
实验小学分会	丁晓龙	吕山分会	卢玉林
长兴一小分会	卢惠琴	泗安分会	张　勤
长兴二小公会	李伟良	林城分会	徐志林
雉城地区分会	蔡德成	煤山分会	周少华
教招仪分会	胡澄华	槐坎分会	刘玉英
机关幼儿园分会	王国建	小浦分会	翁满春
长广中心分会	陈月胜		

第六节　教育督导

一、机构设置

1989年，教育督导机构为教育视导组。1990年2月，教育视导组改名教育督导室。

1998年，县政府成立长兴县人民政府教育督导室，县政府教育督导室主任由县教委主任兼任，设副主任1名。是年，县教委所辖教育督导室改称督学科，负责处理督导室日常事务工作，政府教育督导室与县教委合署办公，承担督政、督学任务。

2001年9月，县政府下发《关于公布长兴县人民政府教育督导室主任、副主任的通知》，调整县政府教育督导室领导班子成员，设主任1名，副主任2名。

2008年9月，县教育局、县政府教育督导室聘请特约教育督导员4人，专职督学3人，兼职督学27人。

2011年4月，根据长兴县行政区和学校布局，将全县所有学校划分为建成区、泗安区、夹浦区、李家巷区、煤山区、虹星桥区六个督学责任区。建成区包括县属高中、电大进院、华盛虹溪高中、艺术高中、实验初中、长兴一中、古城中学，县属小学、县属幼儿园、古城街道学校、民办学校及培训机构；泗安区包括泗安、林城、二界岭、仙山、天平、管埭、长潮、畎桥的学校（幼儿园）、民办学校及培训机构；夹浦区包括夹浦、水口、新塘的学校、后洋中学、长兴五小、下箬中心幼儿园、民办学校及培训机构；李家巷区包括李家巷、洪桥、吕山的学校（幼儿园）、民办学校及培训机构；煤山区包括煤山、白岘、槐坎、小浦、长桥的学校（幼儿园）、长广中心学校、民办学校及培训机构；虹星桥区包括虹星桥、和平、吴山、里塘、包桥的学校（幼儿园）、民办学校及培训机构。是年，县政府同意，聘请县第二届督学8人、兼职督学23人。

2013年7月，全县重新调整督学责任区。建成区有长兴中学、太湖高中、金陵高中、电大进院、长兴职教中心、技师学院、实验中学、龙山中学、古城中学、雉城中学、实验小学、第二实验小学、长兴一小、长兴六小、长兴二小、长兴三小、长兴四小、长兴七小、长兴八小、培智学校、机关幼儿园、实验幼儿园、中心幼儿园、民办学校及培训机构；泗安区有泗安中学、泗安镇中学、林城中学、泗安镇中心小学、天平中心小学、畎桥中心小学、长桥中心小学、教育实践中心、泗安镇中心幼儿园、二界岭中心幼儿园、林城镇中心幼儿园、长桥中心幼儿园、民办学校及培训机构；夹浦区有后洋中学、夹浦镇中学、水口乡中学、太湖街道中心学校、长兴五小、夹浦镇中心小学、水口乡中心小学、夹浦镇中心幼儿园、水口乡中心幼儿园、开发区中心幼儿园、太湖街道中心幼儿园、民办学校及培训机构；李家巷区有李家巷镇中学、洪桥逸夫中学、吕山乡中学、李家巷镇中心小学、洪桥镇中心小学、图影小学、吕山乡中心小学、李家巷镇中心幼儿园、洪桥镇中心幼儿园、图影中心幼儿园、吕山乡中心幼儿园、民办学校及培训机构；煤山区有煤山中学、小浦镇中学、长广小学、煤山镇中心小学、白岘乡中心小学、槐坎乡中心小学、小浦镇中心小学、煤山镇中心幼儿园、小浦镇中心幼儿园、民办学校及培训机构；虹星桥区有虹星桥镇中学、和平中学、包桥中心小学、虹星桥镇中心小学、里塘中心小学、和平镇中心小学、吴山中心小学、包桥中心幼儿园、虹星桥镇中心幼儿园、和平镇中心幼儿园、吴山中心幼儿园、民办学校及培训机构。

二、督导内容

1989年上半年，教育视导办公室调研5所乡中学、4所中心小学和4所完小，形成《关于乡镇教育督导提纲》书面报告；下半年，根据国家教委布置的五项（加强德育工作情况、教育经费增长和教师待遇落实情况、中小学危房改造情况、制止中小学流生情况、乱收费纠正情况）督导检查内容，对雉城、下箬两个乡镇进行抽查，对槐坎、白阜、观音桥三所乡中学的分叉班进行重点调查和指导。

1990年，督导室对实施九年义务教育的乡镇开展督导检查。2月，督导室重点对农村初中分流教育检查督导；5月，对雉城二小进行为期五天的专题督导评估，推动该校德育工作向整体优化方向发展，同时对和平中学、李家巷中学等学校进行德育调查，对改进县德育工作起到推动作用。

1991年，贯彻执行省教委《关于考核、评选先进全日制普通中小学校通知》的精神，督导室制定《关于考核评选先进全日制普通中小学学校工作的实施意见》等，对全县普通中小学开展全面督导和评估工作，促进学校工作规范化、制度化和标准化；从9月开始，对全县已实施九年义务教育的16个乡镇进行重点督查。是年，督导室把师资培训工作列为督导评估内容之一，并作为考核、评估各级领导工作实绩的重要依据。

1992年，以党和国家的教育方针、政策为依据，以巡视、随访为主要方式，积极开展以德育为重点的教育督导工作。

1993—1994年，督导室为落实长兴县“两基”评估工作，对乡镇“两基”进行督导检查。

1995年2月，督导室召开各乡镇、县“两基”验收领导小组成员参加的全县“两基”评估验收工作专项会议；4月，对和平、白岘、里塘、槐坎、长桥、白阜、下箬、煤山等乡镇进行“两基”评估验收；11月，对包桥、吕山、林城、长城、后洋、太傅、吴山、新塘、泗安、虹星桥、洪桥、仙山等乡镇开展“两基”评估验收。1996年，督导室把加快实施“两基”工作的督导检查作为工作的重点，通过检查指导。12月，长兴县顺利通过省“两基”评估验收。

1997年，督导室对申报市高标准“普及九年义务教育”的雉城镇、煤山镇进行督导评估；根据市教育督导处《关于社会力量办职业学校进行督导的实施方案》，对八三武校办学情况进行全面督导。是年，雉城镇、煤山镇被评为市首批“高标准普九”达标乡镇。

1998年，督导室制定“高标准普九”强乡（镇）创建工作规划，对相关申报乡镇进行督导评估，对各校的办学条件、办学规模、教学质量、办学效益进行评估。是年，洪桥、李家巷、小浦、长桥、白岘通过市高标准“普九”验收，雉城、白岘两乡镇进入全省教育强乡镇行列；有34所小学、29所中学达到合格标准，其中达到省二级标准的中小学分别有21所、22所。

1999年11月，督导室根据国家教委《普通中小学校督导评估工作指导纲要（修订版）》和《浙江省普通高（完）中办学水平督导评估指导方案》的要求，受市政府督导室委托，对虹溪中学进行办学水平督导评估。

2000年，督导室对“财政对教育拨款、学校布局调整、代课教师清退、教育附加费征收”进行督导检查；对20个乡镇学校进行“规范办学行为，减轻学生过重负担”专项检查，并制定“减负增效”11项措施。

2001年，督导室建立健全“两基”年审制度、学校评估制度、教育强镇联系制度、教师工资兑现月报制度等专项督导制度，坚持“督政”与“督学”相结合，依法开展各项教育督导活动，对各级各类学校进行“轻负担、高质量”专项督查。是年，和平、吕山、李家巷三个乡镇通过省教育强乡镇验收；长兴中学通过省一级重点中学复评，长兴职教中心通过省一级重点职高评估验收，实验小学、机关幼儿园和后洋中学创建省示范学校，虹溪中学通过省三级重点中学的初评，全县三所幼儿园通过市等级幼儿园评估验收。

2003年，督导室加大创建力度，三个乡镇通过省教育强乡镇复查，三个乡镇通过省教育强乡镇验收；对华盛虹溪中学进行办学水平评估，为申报省重点高中做准备，并指导清泉武校申报省重点综合高中；开展学校优质教育达标评比活动，并对学校建章立制工作开展专项督查，促使学校管理制度化、规范化；开展素质教育实施情况专项调查，重点是课程改革实验、信息技术教育的开展情况，为全面推进素质教育，全面提高教育质量导好向。是年，和平、李家巷、吕山3个乡镇通过教育强乡镇复查；槐坎、林城、吴山通过教育强乡镇验收，全县教育强乡镇面达到87.5%；中心幼儿园通过省示范性幼儿园评估验收。

2004年，在全县初中开展规范办学行为专项督查；在煤山镇召开创示范性省教育强镇现场会，指导泗安、二界岭两个乡镇制定创建省教育强镇规划，鼓励煤山镇创省示范性教育强镇；指导实验初中、古城中学、虹星桥中学申报省示范性初中。是年，华盛虹溪中学、金陵高中分别通过省二级和三级重点中学评估验收，全县22所学校通过省重点、示范学校验收。

2005年，督导室以教育强县为抓手编制《关于教育强县复查的实施意见》和《教育强县复查的工作计划》，确立各乡镇、县级各部门及各级各类学校的工作职责和任务；会同基教、计财、人事等科室对农村学校基本建设、扶贫助学、爱心营养餐及教师素质提升等四项工程进行调查摸底和督导评估，形成《长兴县人民政府关于"四项工程"落实情况专项督导自查自评报告》；根据省市农村教育工作会议精神要求制定《长兴县人民政府关于进一步加强农村教育工作的决定》；从各级各类学校文化积累的实际出发，编制《长兴县学校文化建设实施方案》，同时对学校创建省级示范性学校进行指导；采取随机督导和跟踪督导的方式对学校安全工作、体育课实施情况、卫生艺术教育情况进行督导。是年，煤山镇被市政府授予市示范性教育强镇称号。

2006年，督导室指导洪桥逸夫中学、虹星桥镇中学、实验初中、古城中学、李家巷中心小学、虹星桥镇小学、实验幼儿园创等级示范学校。是年，洪桥镇通过市示范性教育强镇验收；3所学校通过省示范性等级学校评估；煤山镇中心幼儿园被评为省示范性幼儿园；全县共22所学校通过省重点示范学校验收。

2007年，督导室继续加大力度，加快提升农村教育条件，促进教育均衡发展，扩大优质教育资源，促进城乡教育稳步发展，启动第一轮15所学校校建共建，促进学校办学水平均衡化。

2008年，根据《湖州市教育督导规定》，决定建立长兴县督学责任区制度。是年，和平镇、虹星桥镇顺利通过创建市教育强乡镇验收。

2010年9月，督导室开始对义务教育阶段学校申报湖州市教育现代化学校进行督导评估。

2011年，制定《长兴县学校发展性督导评价方案》，并于当年开始对全县初中学校进行发展性督导评价；5月，在第二实验小学召开全县第二届督学和兼职督学工作会议。是年，实验小学、滨海小学、吕山乡中心小学、泗安镇中心小学、实验初中、古城中学、长兴一中、小浦镇中学、和平中学、李家巷镇中学、吕山乡中学、林城中学、煤山中学成为首批湖州市义务教育现代化学校；吴山乡和二界岭乡成为市第七批示范性教育强乡镇。

2012年，督导室根据《浙江省教育现代化县（市、区）评定条件》，制定《长兴县创建省教育现代化实施意见》，全面推进县域教育现代化建设。雉城镇、泗安镇、吕山乡3个乡镇通过市示范性教育强镇评估；开展学前教育三年行动计划实施情况专项督查，指导第三批学前教育先进乡镇农村幼儿园标准化教学点创建工作；开展义务教育阶段学校现代化水平评估创建，实施中小学发展性评价工作，促进学校自身发展；加强督学干部自身建设，完善督学责任区制度，使督学做到公平、公正。是年，虹星桥镇中心幼儿园被评为省一级幼儿园；洪桥镇、雉城镇、泗安镇、和平镇、吕山等5个乡镇创建市学前教育先进和达标乡镇；第二实验小学、长兴三小、长兴四小、长桥中心小学、虹星桥镇中心小学、天平中心小学、二界岭中心小学、煤山镇中心小学、水口乡中心小学、后洋中学、夹浦中学、水口中学等12所学校创建市义务教育阶段现代化学校。

2013年，督导室继续做好"省教育现代化县"和"全国义务教育基本均衡县"创建工作；指导第四批学前教育先进乡镇农村幼儿园标准化教学点创建工作；对小学全面实施发展性评价，促进农村学校办学积极性，提高城镇学校办学竞争性；进行以"减负"为重点的规范办学行为专项督查，建立责任区月报制度和学校督学制度。是年，全县所有农村幼儿园教学点全部达到市学前教育农村幼儿园标准化教学点，第二实验小学、龙山中学被评为省首批数字校园示范建设学校。

2014年，督导室做好县义务教育均衡发展自查自评工作，4月，顺利通过省督导评估，12月，顺利通过教育部督导评估；开展浙江省教育现代化县评估准备工作，并向省申报浙江省教育现代化评估报告。是年，长兴县顺利通过省"减负万里行"督查及全国义务教育发展基本均衡县评估；长兴中学成功创建省一级特色示范普通高中，太湖高中、金陵高中成功创建省二级特色示范普通高中；白岘中心幼儿园、二界岭中心幼儿园、李家巷镇中心幼儿园成为省二级幼儿园，槐坎乡、太湖图影中心幼儿园通过省二级幼儿园评估。

第七节　教育监察

一、机构设置

1991年7月，县教育局设立监察审计股。

1992年10月，县教委聘任各区视导办人员为兼职监察员，共18人。聘任县教委计财科、横山乡教管会人员为兼职审计员，共13人。是年，县政府研究决定，成立长兴县审计事务所教委审计办事处。

1993年11月，县教委撤销监察审计科，其监察和审计方面的职能分别由组宣人事科和计划财务科承担。

1999年8月，县教委成立纪检监察审计办公室。

2000年8月，县教委成立教委内审领导小组；9月，建立纪检监察信访办公室。2004年12月，县教育局建立监察审计室。

2009年开始，建立党风廉政建设巡查组和重点工程项目廉政监察小组。

二、监察内容

1991年，纪检监察工作以"两公开、一监督"办事制度建设为核心，采用文件公布或张榜公布等办法，增强招收代培生、民转工、大中专毕业生分配、教育物资及救灾款物分配等工作的透明度，自觉接受群众监督，严肃查处有关学校片面追求升学率等违纪违法案件，及时做好来信来访工作。是年，共受理并立案13件，结案12件，正在查处1件；收到人民来信141件，结案36件。

1995—1999年，开展防腐败斗争，严肃查处违纪案件；治理中小学乱收费，纠正行业不正之风；加强自身建设，提高纪检监察干部素质；负责做好纪律检查、行政监督、信访处理、案件查处和经济审计工作，加强教育系统党风廉政建设，推进学校财务审计制度和校长离任审计制度建设。

2000年，开展学校财务工作检查和审计工作，以加强学校财务监督管理；统一受理并及时处理教育系统有关纪检监察信访等方面的问题；落实"全面审计，突出重点"的工作方针，全面履行内部审计职能。

2001年，出台《教育系统领导班子集体议事细则》，结合“三个代表”教育，有计划地开展党风党纪教育；积极推进校务公开，将收费项目、收费标准在开学前刊登在《长兴报》上，接受社会和群众的监督。

2002年，召开党风廉政专题会议，开展警示教育，组织干部听取长湖劳改支队服法的犯人现身说法；组织观看《梦醒惊雷》现代剧，增强党员干部拒腐防变能力；开展廉政建设公益广告标语征集活动，以加强对广大教师廉政教育；健全校长离任和在任经济审计制度，对退居二线和调离单位的校长进行离任经济责任审计和财物移交清还，审计情况报局党委；对76名新上任的校长、副校长、幼儿园长进行廉洁从政教育。是年，对招投标工作进行全程监督，收到群众来信来访30余件，其中涉及纪检信件14件，纪检信件全部办结。

2003年，严格实行校务公开、集体议事、大宗物品招标、学校办公用品集中采购等制度，从源头上遏制腐败现象产生；开展机关中层干部、校长廉政述职活动，实行校长离任审计，严肃查处违纪行为，提高党风廉政建设水平。

2005年3月，在长兴中学、实验初中、实验小学进行“廉政文化进校园”试点工作。

2006年，在修订完善责任书内容的基础上，与学校签订党风廉政责任书，对41名校长（园长）进行民主测评；开展创建“规范教育收费示范县”活动；完成校长经济责任审计项目19个。

2007—2008年，认真贯彻落实《信访工作条例》和《教育信访工作规定》，在学校设举报箱，随时受理群众举报。发挥网络优势，在原有电话投诉、咨询，来信、来访渠道上，利用现有的长兴教育信息网开通网络平台，设立并开通局长信箱、网上投诉和教育论坛等沟通平台，随时接受教师、学生和家长的诉求。2007年、2008年分别受理群众来信来访41件和36件，“12345”县长热线分别为75件和107件，2008年局长信箱反映问题及咨询件172件，网上投诉25件，结案率均达100%。

2009年，下发《长兴县教育局关于建立党风廉政建设巡查组的通知》文件，举办首期县属学校（单位）纪检组组长培训班，共有26位纪检组组长参加培训。党风廉政建设巡查组巡查滨海小学和夹浦镇中心小学2所学校。是年，共受理投诉、咨询交办件95件，做到按时反馈，按时办结，反馈率与办结率均达100%，满意理解率达100%。

2010年，对16所学校进行党风廉政建设开展巡查，制定《长兴县教育系统廉政风险防范机制建设实施方案》，对县教育局机关全体干部、学校（单位）现任中层以上干部及学校（单位）重要岗位共约1100位人员进行廉政风险防范排查，12月，在全县开展学校领导干部党风廉政建设述职评议活动。

2011年，全程参与学校招生考试，教师招考，学校基建（维修）、大宗物品采购招投标工作。是年，共收到投诉咨询信访件58件，其中投诉咨询件37件，信访交办件21件，按时办结率、反馈率均为100%。

2012年，在全县范围内开展有偿家教专项整治教育活动，组织教师签订《自觉抵制有偿家教承诺书》及“廉洁从教”师德师风建设责任状。下半年，监察审计室牵头并会同人事、民办教育管理等科室及部分学校领导对县城9个居民小区及全县20余所民办培训机构进行检查，同时，开通4条投诉受理热线和1个受理邮箱，接受广大市民的监督。是年，完成审计项目139项，审计资金总额59319万元，包括校长经济责任审计38项（离任审计10个，在职审计28个），预算执行与决算审计23项，基本建设、修缮项目送审51项，提出审计建议122条，完成省厅首轮审计全覆盖的要求。

2013年，与各学校（幼儿园）校（园）长签订“治理教育乱收费工作目标管理责任书”，明确责任，坚决制止乱收费行为；制定出台《长兴县教育系统预防职务犯罪工作实施意见》；2月和9月，开展教育收费专项检查工作。是年，共收到各类投诉件215件，按时办结率、反馈率均为100%。其中，县长热线交办单118件，转办信访件23件，局长信箱42件，网上投诉件11件，投诉咨询电话78个，接待来访群众43人次。

2014年，党风廉政建设工作巡查组深入学校，通过听取汇报、师生座谈、问卷调查、询问家长等方式全面了解学校党风廉政建设工作；利用教育网络短信平台，每月定期给学校校级领导和县教育局中层以上干部发廉政短信；打造阳光教育和廉洁工程，先后到工地进行党风廉政知识宣传7次，召开廉政座谈会5次，制作廉政宣传标语8块，签订工程廉政项目合同5份；全面部署落实内部审计定期轮审制度，对30所学校进行经济责任审计；组织县属学校纪检组组长参加市教育局组织的纪检干部培训班和县纪委监察局组织的培训。是年，共收到各类投诉件285件，其中，县长热线交办单155件，信访件36件，局长信箱63件，网上投诉件31件；投诉咨询电话152个，接待来访群众85人次，按时办结率、反馈率均为100%。

第十一章　教师管理与队伍建设

第一节　教师队伍管理

一、教师来源与编制

1989年，长兴县分配到的大中专毕业生共103名，本科19名，大专43名，中师41名。根据各校师资队伍情况，全部面向农村学校，充实农村学校的师资力量。是年，全县实施学校编制配备标准，教职工总数3900人，其中普通中学教职工1148人，中等职业学校教职工39人，小学教职工1965人，幼儿教职工373人，其他人员375人。

1990年，接收省市分配的大中专师范毕业生81人，其中大专生41人，中专生28人。全县学校的行政、教学人员、职工、实验、保健、生活指导、小炊、小补、成教、幼教、会计等人员进行逐一定编定员，清退计划外临时工51名。156名公办教师和3名民办教师进行调动。

1991年，全县有本科、大专学历毕业生53名，中师毕业生63名，大专、中师毕业生全部分配到农村乡镇中小学学任教，大力充实农村师资队伍。

1992年始，全县多渠道培养和充实教师队伍，鼓励优秀毕业生积极报考师范院校，向社会招聘和引进外地教师充实到农村中小学，全县代课教师实行“代转干”。

1993年，委托代培33名高师生和42名中师生，缓解县中小学教师紧缺的矛盾。26名代课教师被师范院校录取。61名中小学代课教师进行考试，选送中学16人、小学19人进入师范院校学习。是年，全县继续在1978年之前在编的中小学民办教师中择优录用公办教师，录用121人“民转公”。

1994年4月，县教委赴安徽芜湖、池州等地招聘中学教师，以偿付每生4000元培训费和给应聘者较优惠的条件，与17名应届师专毕业生签订意向合同，有中文、英语、物理、化学、地理等学科专业教师。10月，各乡镇学校根据县教委核编，对所编内所聘请的代课教师(在编代课)均实行签协任教制度,签约内容为思想业务水平、学历(初中要求高中毕业以上文化程度、小学要求初中毕业以上文化程度)、年龄(35周岁以下)、管理(服从学校安排)、时间(每年8月底与所在学校签订任教协议,时间为一年,按需要可续签)等方面。是年,全县新充实师范院校毕业生132人,安徽池州等地引进教师22人,"民转公"指标233人。

1995年,县教委和湖州师范学校等院校合作委培指标,推进师资水平提高。

1996年,对选拔符合条件的代课教师140人到师范院校培训。1993—1996年,共有553名教师"民转公",其中县拨指标186名;全县民办教师全部转公。10月,县教委印发《长兴县教育系统全面实行教师劳动合同制实施方案》。

1997年,根据省教委文件精神("代转干"最后一年),8月,县教委下发《关于加强代课教师队伍管理,积极稳妥地做好辞退工作》的通知,规定聘请代课教师,要在学校编制允许范围内聘用。被聘请的代课教师必须与学校签订《长兴县中小学代课教师任教协议书》,每学年签订一次,报县教委人事科备案,超编聘用代课教师应予辞退。9月,全县中小学根据县教委核定编制,全年辞退超编聘用的代课教师100名。

1999年始,执行大中专毕业生服务期制度,在职中小学教师脱产进修取得学历,服务期三年。是年,辞退代课教师163名,占代课教师总数的38%。

2000年10月,全县从严控制编制,对全日制中小学定编定员作规定。重点中学按1∶4.3配备教职员工;一般高中为1∶4.0;初中为1∶3.5;实验小学1∶2.3,雉城二小、三小、四小的本部为1∶2.1,其他乡镇小学及雉城四小农村部分1∶1.4。在校学生1400名以上的,配1名实验员,以下配0.5名实验员编制;实验小学及雉城二小、三小、四小的附设幼儿园无幼儿教师编制、经费。其他乡镇小学的附设幼儿园,凡被评为合格的,均照顾2名幼儿教师编制。

2001年起,对应届师范类专科毕业生全部实施人事代理制,人事关系统一放在县人事局代理中心,代理费用由用人单位和个人按政策规定分别承担。

2002年开始,新分配的大专毕业生实行双向选择。当年,小教大专班教师到乡镇初中、中心学校任教。缺编学校与大专生双向选择其过程由县教育局人事科全过程监督。县教育局与县人事局联合举办的电大计算机师资班教师按协议全部到农村中小学任教。新分配的本科生及引进的教师由县教育局统一调配。本科生的人事关系放在县教育局,当年新分配及引进的大专生全部实行人事代理。对二界岭、仙山、泗安、吴山边远地区教师缺编的学校,在师资调配上予以倾斜。9月起,学校每节编1人，县教育局补助给学校每人每月250元。全县辞退代课教师100名，代课教师的比例达高标准“普九”的要求。

2003年，全县公开、公平、公正调配教师。对雉城镇建城区学校（长兴中学、长兴一中、长兴职教中心、长兴技校、电大进院、实验初中、雉城中学、古城中学、实验小学、雉城一小、雉城二小、雉城三小、雉城四小）补充教师作出规定，条件为调入中学的必须达到本科以上学历，小学必须达到专科以上学历，应届毕业生必须在优秀毕业生中实行“双向选择”，在农村参加教学工作时间五年以上。县教育局向全县公布信息，组织报名和考试，择优录取。是年，从城镇学校选拔53名骨干教师到农村学校支教，建立支教目标责任制，开展名师多种形式的送教下乡活动，提高农村教师队伍素质。

2004年2月，贯彻《浙江省贯彻国家中小学教职工编制标准实施意见》，中小学教职工包括教师、职员、教学辅助人员和工勤人员。中小学教职工编制根据高中、初中、小学等不同教育层次和城市、县镇、农村等不同地域，按照学校教职工与在校学生数的一定比例核定。

2005年，县教育局制定《2005年农村“园丁工程”实施计划》。40余名外地师范类毕业生与农村学校签约，当年新增农村教师165名，净增100名。

2006年，全县实施农村“园丁工程”。从东北、湖北等地引入高校毕业生82人，引进硕士研究生1名。当年安排应届毕业生共258人，其中农村中小学127人，在全县范围内公开招聘全日制高校毕业生到村完小支教教师10名，教师数量得到补充。2007年，新增农村教师161人。

2008年，全县贯彻落实《浙江省教育厅关于加强中小学教师队伍管理的若干意见》，对教师调配管理作相应规定，从严格教师编制管理、规范教职工调动办法、建立教师流动机制、完善引进高层次教师管理办法等方面入手。中小学教职工编制和教师资源实行县域内统筹管理。在各区域按标准核定的编制总额内，适当向农村学校倾斜，压缩非教学人员，切实保证专任教师占教职工的比例，高中不低于86%，初中不低于88%，小学不低于91%。是年起，全县实行招考制度。首次实行师范类毕业生择优招考录用，共招录长兴籍师范毕业生110名，从知名高校引进硕士研究生12名，全部充实农村师资队伍，全县师资结构得到优化。

2009年，全县贯彻《关于规范教师调配管理工作的若干规定》，规范教师调配管理办法。公开招考长兴籍应届师范类毕业生92名，分到农村学校教师82名。向华中师大等高等院校招聘研究生5名，向天津工程师范技术学院等院校招聘职教专业课师资15名。

2010年，全县完善选人用人机制，规范幼儿在编教师招聘工作，新招聘公办幼儿教师25人。

2011年，全县招聘新教师免试生8人，中学段41人，小学段19人，专业课引进12人，幼儿教师30人，研究生7人，“211”本科生6人。

2012年，规范公办幼儿园使用事业编制。6个班级以下的幼儿园可配园长（副园长）1名，6～10个班的幼儿园配1～2名园长（副园长），10个班以上的幼儿园配2～3名园长（副园长）。专任教师按照班师比1∶1.5～1∶2的比例核定。是年，三次公开招考录用新教师100人，其中高中教师37名，初中教师19名，小学教师19名。建城区部分学校面向农村学校公开考试，调配32名教师。

2013年，制定出台《长兴县教育局关于引进优秀教育人才和紧缺急需教育人才办法（试行）》，全县教育系统共招聘教师126人，其中招考各学段学科教师103人，分三次引进中小学文化课教师和中职学校专业课教师22人，其中面向“211”“985”工程高校两次引进优秀教师18人，面向职业类师范院校引进中职专业教师4人，满足各类学校的师资需求。

2014年，全县中小学教职工编制按省定编制标准配备，各类学校教师编制配备率为116.19%，其中小学段109.32%，初中段139.18%，高中段107.64%。全县公开招聘教师1次和引进教师3次，共招聘中小学教师110名，引进中小学文化课教师和中职学校专业教师20名。全县教职工总人数6953人，其中普通中学教职工2636人，中等职业学校教职工909人，小学教职工2106人，幼儿教职工1292人，特殊教育教职工10人。1989—2014年，全县教育系统共接受大中专毕业生4173人，其中研究生52人，本科1796人，专科1424人。

1990年长兴县学校教师编制配备情况表

表11-1　　　　单位：人

阶段	学校	每班教职工合计	其中	
			每班教师	每班行职
高中	重点高中	4.2	3.0	1.2
	一般完中	3.7	2.6	1.1
	农职业中学	5	3.8	1.2

续表11-1

<table>
<tr><th rowspan="2">阶段</th><th rowspan="2">学校</th><th rowspan="2">每班教职工合计</th><th colspan="2">其中</th></tr>
<tr><th>每班教师</th><th>每班行职</th></tr>
<tr><td rowspan="4">初中</td><td>重点中学</td><td>3.5</td><td>2.4</td><td>1.1</td></tr>
<tr><td>一般县属中学</td><td>3.4</td><td>2.4</td><td>1.0</td></tr>
<tr><td>一般镇中学</td><td>3.3</td><td>2.5</td><td>0.8</td></tr>
<tr><td>乡初中</td><td>3.0</td><td>2.3</td><td>0.7</td></tr>
<tr><td rowspan="2">小学</td><td colspan="2">城镇小学及建制镇所在地的中心小学</td><td colspan="2">按班级计算：1∶1.7</td></tr>
<tr><td colspan="2">乡（镇）小学</td><td colspan="2">以乡（镇）为单位，师生比1∶28</td></tr>
<tr><td>炊事员编制</td><td colspan="4">按实际用膳人数1∶50计算，用膳满100人以上，每增加71人增加炊事员1人，用膳200人以上，每增加100人增配炊事员1人，只吃中餐的二折一计算</td></tr>
<tr><td>小学行政职工编制</td><td colspan="4">1.5万人以上的乡（镇）为大乡（镇），每乡（镇）4.5人［其中2万人以上的乡（镇），每乡（镇）5.5人］；1万人以上1.5万人以下的乡（镇）为中乡（镇），每乡（镇）3.5人；1万人以下的乡（镇）为小乡（镇），每乡（镇）3人</td></tr>
<tr><td>其他编制</td><td colspan="4">成人教育专职干部每乡镇1人至2人；教管会会计每乡（镇）1人；中学每配仪器十二组以上配1名实验教师，六组仪器的配0.5名实验教师</td></tr>
</table>

1989—2014年长兴县中小学（幼儿园）教职工分配、招聘情况表

表11-2　　单位：人

年份	合计	进编制（分配及招考）							未进编制（引进）				
		小计	硕士	本科	大专	中专	中技	职高	小计	博士	硕士	本科	大专
1989	103	103	0	19	41	40	1	2	0	0	0	0	0
1990	81	81	0	12	37	26	2	4	0	0	0	0	0
1991	121	121	0	22	31	63	3	2	0	0	0	0	0
1992	83	83	0	9	34	40	0	0	0	0	0	0	0
1993	74	74	0	9	27	36	2	0	0	0	0	0	0
1994	132	132	0	14	60	56	0	2	0	0	0	0	0
1995	156	156	0	15	74	63	2	2	0	0	0	0	0
1996	162	162	0	15	80	67	0	0	0	0	0	0	0
1997	174	174	0	9	61	103	1	0	0	0	0	0	0
1998	183	183	0	21	42	120	0	0	0	0	0	0	0
1999	252	252	0	24	113	113	0	2	0	0	0	0	0

续表11-2

年份	合计	进编制(分配及招考)							未进编制(引进)				
		小计	硕士	本科	大专	中专	中技	职高	小计	博士	硕士	本科	大专
2000	192	192	0	27	70	95	0	0	0	0	0	0	0
2001	192	192	0	59	80	53	0	0	0	0	0	0	0
2002	257	257	0	77	180	0	0	0	0	0	0	0	0
2003	36	36	0	19	17	0	0	0	0	0	0	0	0
2004	233	233	0	182	51	0	0	0	0	0	0	0	0
2005	308	308	0	273	35	0	0	0	0	0	0	0	0
2006	258	258	2	195	61	0	0	0	0	0	0	0	0
2007	293	293	8	228	57	0	0	0	0	0	0	0	0
2008	136	136	12	74	50	0	0	0	0	0	0	0	0
2009	112	112	5	82	25	0	0	0	0	0	0	0	0
2010	167	167	2	111	54	0	0	0	0	0	0	0	0
2011	112	112	7	66	39	0	0	0	0	0	0	0	0
2012	100	100	0	74	26	0	0	0	0	0	0	0	0
2013	126	105	1	67	37	0	0	0	21	1	3	17	0
2014	130	110	6	62	42	0	0	0	20	0	6	14	0

1989—2014年长兴县中小学教职工情况表

表11-3 单位:人

年份	合计	其中						临时人员
		普通中学	职业中学	小学	幼儿园	特殊教育学校	电大进院	
1989	3900	1148	39	1965	373	0	24	351
1990	4089	1152	41	1956	563	0	23	354
1991	4657	1562	56	2254	372	5	23	385
1992	4767	1571	59	2202	506	9	20	400
1993	4725	1557	56	2142	532	11	18	409
1994	4759	1548	66	2133	531	12	18	451
1995	4770	1570	93	2133	503	13	22	436
1996	4886	1598	118	2176	499	18	23	454

续表11-3

年份	合计	其中						临时人员
		普通中学	职业中学	小学	幼儿园	特殊教育学校	电大进院	
1997	5003	1603	188	2176	569	19	38	410
1998	5245	1600	295	2229	580	23	41	477
1999	5410	1762	252	2288	625	0	44	439
2000	5395	1701	279	2317	642	0	50	406
2001	5067	1994	269	2238	501	0	65	0
2002	5560	2138	297	2342	707	0	76	0
2003	5539	2254	320	2182	682	0	101	0
2004	6196	2354	386	2572	778	0	106	0
2005	6367	2518	454	2532	758	0	105	0
2006	6760	2497	689	2589	864	0	121	0
2007	6863	2589	702	2553	902	0	117	0
2008	6744	2596	583	2454	992	0	119	0
2009	6842	2622	603	2429	1069	0	119	0
2010	6906	2615	642	2353	1167	8	121	0
2011	6999	2668	742	2174	1285	8	122	0
2012	7193	2690	877	2209	1284	9	124	0
2013	6909	2648	898	2178	1059	9	117	0
2014	7071	2636	909	2106	1292	10	118	0

说明:表中1989—2000年数据不含中小学代课教师

1989—2014年长兴县学校教职工分布情况表

表11-4　　单位:人

年份	合计	大学	中学					小学			幼儿园	其他	
			普通中学		职业中学		代课	公办	民办	代课	总计(包括编内和编外)	特教	临时人员
			公办	民办	公办	民办							
1989	4408	24	1050	98	39	0	171	1303	662	337	373	0	351
1990	4612	23	1066	86	41	0	190	1323	633	333	563	0	354

续表 11-4

年份	合计	大学	中学					小学			幼儿园	其他	
			普通中学		职业中学		代课	公办	民办	代课	总计(包括编内和编外)	特教	临时人员
			公办	民办	公办	民办							
1991	5220	23	1482	80	56	0	266	1663	591	297	372	5	385
1992	5374	20	1500	71	59	0	331	1647	555	276	506	9	400
1993	5365	18	1493	64	56	0	316	1648	494	324	532	11	409
1994	5355	18	1500	48	66	0	278	1748	385	318	531	12	451
1995	5327	22	1537	33	81	12	245	1866	267	312	503	13	436
1996	5408	23	1597	1	95	23	227	2158	18	295	499	18	454
1997	5524	38	1603		117	71	223	2151	25	298	569	19	410
1998	5709	41	1591	9	201	94	182	2222	7	273	580	23	477
1999	5707	44	1746	16	171	81	92	2288	15	190	625	0	439
2000	5597	50	1677	24	279	0	98	2297	20	104	642	0	406
2001	5069	65	1973	21	173	96	0	2216	22	0	501	0	0
2002	5560	76	2117	21	297	0	0	2317	25	0	707	0	0
2003	5539	101	2232	22	215	105	0	2157	25	0	682	0	0
2004	6196	106	2354		272	114	0	2531	41	0	778	0	0
2005	6367	105	2518		317	137	0	2484	48	0	758	0	0
2006	6760	121	2464	33	513	176	0	2524	65	0	864	0	0
2007	6863	117	2566	23	529	173	0	2493	60	0	902	0	0
2008	6744	119	2563	33	475	108	0	2368	86	0	992	0	0
2009	6792	119	2588	34	505	98	0	2346	83	0	1019	0	0
2010	6906	121	2575	40	540	102	0	2263	90	0	1167	8	0
2011	6999	122	2647	21	644	98	0	2104	70	0	1285	8	0
2012	7193	124	2669	21	724	153	0	2139	70	0	1284	9	0
2013	6909	117	2633	15	753	145	0	2109	69	0	1059	9	0
2014	7071	118	2616	20	754	155	0	2045	61	0	1292	10	0

说明:1998 年起,民办指八三武校及民工子弟学校的教师

二、教师资格认定

1994年1月，施行《中华人民共和国教师法》，国家规定实行教师资格制度。1995年12月，国务院颁布《中华人民共和国教师资格条例》。1996年，县教委根据《中华人民共和国教师法》和《中华人民共和国教师资格条例》，并依据省教委关于《中华人民共和国教师资格条例》《教师资格认定的过渡办法》的实施意见和《湖州市〈教师资格认定过渡办法〉的实施意见》，开展教师资格过渡工作，对1993年12月31日前在职在岗教师采用过渡办法认定教师资格，全县符合条件的3045名中小学教师给予资格认定、颁发教师资格证书，其中普通高级中学教师185人，中等职业学校教师56人，初级中学教师865人，小学教师1904人，幼儿园教师35人。

2000年9月，教育部颁布《教师资格条例实施办法》。2001年起，浙江省教育厅出台《关于全面实施教师资格制度的通知》，全县施行教师资格证书制度。

2002年3月，县教育局成立长兴县教师资格制度实施工作领导小组，全面启动实施教师资格制度。是年8月，全县首次开放向社会人员认定教师资格证书，申请教师资格证书的社会人员88名，幼儿、小学和初中教师资格分别为4人、17人和67人。共有1607人取得教师资格证书。其中普通高级中学教师129人，中等职业学校教师21人，初级中学教师537人，小学教师835人，幼儿园教师85人。教师资格制度全面实施后，只有取得教师资格的人员方能被各级各类学校和其他教育机构聘任为教师，具有教师的权利和义务。

2003年开始，普通高级中学、中等职业学校教师资格证书认定由湖州市教育行政部门执行。

2004年起，全县教育部门每年分上半年和下半年两次教师资格认定时间。2004—2013年，由县教育部门认定教师资格证书的共1549人，其中初级中学教师502人，小学教师491人，幼儿教师556人。

2014年4月，下发《长兴县中小学教师资格定期注册制度试点首次注册工作实施方案》，6月，在全国教师资格定期注册管理信息系统中完成全县教师相关信息填报。通过首次注册的"教师资格证书"的注册有效期为5年。是年，全县中小学认定教师资格166人，其中初级中学教师36人，小学教师56人，幼儿园教师74人。

三、教师职务评审

1989年，全县首次中小学教师职务破格评审，评出中学一级教师11名。全县中小学在职教师中有专业技术人员2794人，占评聘人数2811的99.4%。

1990年，建立健全考核制度和考绩档案，通过申报、考核、评审、批准、评出高级职称3人，中级职称81人。对1989年春、秋季班大中专毕业生162人进行定职定级。是年起，教师专业技术职务评聘每年进行一次。

1991年，93名见习期满的大中专毕业生首次确定专业技术职务。1999年6月，县教委在部分学校试点教职工全员聘任制。

2000年始，中小学教师晋升中、高级职务任职资格，试行教师专业知识考试与任期履行职责情况考核相结合的职称评审办法。

2002年始，规定城镇学校教师申报中级以上职称，需有在农村学校从教一年以上的经历。6月，县教育局下发《关于在全县各级各类学校全面实施教职工专业技术职务和岗位聘任意见》，全县各级各类学校全面实施教职工专业技术职务和岗位聘任工作。实行职务结构比例制，评聘分离，专业技术职务与工资不挂钩，专业技术职务一年一聘。7月，长兴职教中心、李家巷镇中心小学、机关幼儿园等三所学校试行专业技术职务和岗位聘任制。

2004年，改革职称评比办法，实行职称量化评比办法，以量化计分项目总分为评定主要依据，评审更加公正、公平、公开、规范，调动教师的积极性。

2005年，首次开展中小学教育管理、实验人员两个职务系列评审。职务评审强化年度考核和任职期满考核工作，凡申报晋升职务，任现职以来的年度（任期）考核等第均应在“称职”以上，如属破格晋升对象，其任现职以来的年度考核等第至少有一次“优秀”。

2006年起，凡1970年1月1日以后出生的城镇中小学教师，晋升高级教师职务时，必须有在农村或欠发达地区支教一年的经历，晋升中学高级必须满三年。是年，首次在中小学开展教育管理、实验职务任职资格的评审。

2008年起，申报教师高级职务对象需参加书面业务考试。全县中小学专任教师晋升中学高级职称有48人。

2010年12月，县下发《长兴县教育事业单位岗位设置管理实施意见（试行）》，深化人事制度改革，建立教育系统岗位设置管理制度。

2012年，职称评审对乡镇学校教师计算机应用能力考试进行免试，在偏远乡镇学校工作满5年的现任教师视情加1～6分。职称评审向农村教师倾斜。是年，贯彻《长兴县教育局城乡学校互助共同体教师流动暂行办法》，义务段申报高级职称的教师必须有农村任教或全职支教的经历。

2014年，全县晋升中级职称140人，高级职称53人。全县中小学专任教师中有专业技术人员3598人，其中高级职称329人，中级职称2061人，初级职称1208人。

四、教师支教交流

2001年开始，为优化教师结构，平衡城乡师资力量，实行雉城镇县属学校教师到农村支教。“九五”期间，直接分配雉城镇上无农村学校工作经历的青年教师支教，支教时间一般为一年。

2002年，县教育局定期选派雉城镇各级各类学校中青年教师到农村师资力量薄弱的学校支教。是年起，对1990年以后参加工作无农村学校任教经历的中青年教师和优秀教师实行到农村支教，支教教师由工作单位进行年度考核，县教育局对支教期间表现好成绩突出者优先晋升专业技术职务，并作为评优、任用的重要依据，对支教期间考核不合格的教师，延长支教时间。

2004年，全县启动实施《长兴县城乡一体化农村园丁工程》，城镇学校30名教师到农村支教。此后，每年实施城镇学校教师到农村支教的办法。

2007年，出台《长兴县教育局关于开展校际共建促进均衡发展的实施意见》，开展城乡学校互助共同体教师流动试点，全县实施教师流动机制。

2009年，出台《长兴县教育局关于加强师资队伍建设工作方案》等相关文件，选派县城教师20名到农村学校支教。

2010年，出台《长兴县教育局城乡学校互助共同体教师流动暂行办法》。城乡共同体学校建立长期稳定的“校对校”教师流动机制，通过“互派教师、名师结对”等多种合作交流形式，促进优质资源共享，缩小城乡教师队伍差距。援助方学校每年要选派1名思想素质高、师德好、作风正、有较强管理能力的副校长或中层干部交流到受助方学校工作；选派4～5名有较强的教学能力和有丰富教学经验的教研组长、备课组长、学科带头人或骨干教师到受助方学校支教。受助方学校每年根据自身实际可选派1名以上年轻的中层及以上干部，同时选派4～5名思想素质好、业务精、爱岗敬业，有奉献精神的骨干教师到援助方学校拜师跟学。教师流动主要采取柔性流动的方式，柔性流动分为“短期流动”和“长期流动”。“短期流动”以学期为单位，每学期至少派出2人，以一个月为时限（一学期中最多分两次完成）；“长期交流”以学年为单位，每学年至少派出1人，以一年为时限。设立“县优秀支教教师奖”，每学年评选一次，并实行奖励。

2013年，长兴县被列为湖州市教师交流工作试点县。12月，制定出台《长兴县义务教育学校教师校长交流工作实施办法》和《长兴县义务教育学校教师校长交流若干问题规定》，全县交流教师121人，其中初中农村教师上挂交流30人，校际交流10人，城区学校教师支教24人，小学农村教师上挂锻炼44人，城区学校教师支教13人。

2014年，根据《2013年长兴县义务教育学校教师校长交流工作实施办法（征求意见稿）》，加强对教师，校长交流工作的过程监管和目标考核，建立领导班子成员联系交流片域和机关干部联络员机制，制定完善交流教师目标考核制度。是年，全县义务教育学校普通教师118人参与交流，其中小学82人，初中36人；名优教师21人参与交流，其中小学12人，初中9人。

五、教师考核

1989年，实行教师职务评审工作经常化、制度化，建立健全教师年度考核制度和考绩档案，考核工作每学年进行一次，并汇入个人业务考核档案。

1990年，依据教育系统专业技术人员《考核评分标准》，结合学年度工作总结，学校考核组对受聘的专业技术人员进行首次年度考核。采取自我评分与集体评分、群众评分与领导考评相结合的方法。通过考核，评出受聘人员的等第，并将考核材料和考核结果及时整理归档，作为专业技术人员续聘、晋升、奖惩依据。是年，全县2965个专业技术人员进行考评，评出优秀称职446人，称职2516人，不称职3人。

1994年，县教委制定考核实施意见和考核标准，印发《教职工年度考表》，考核分“德、能、勤、绩”四个方面，学校制定年度考核实施办法。

2000年2月，县教委在全县中小学全面实施教职工全员聘任制制度，教师评聘与考核挂钩，实行末位淘汰制。

2001年，县教委修订完善教师年度考核内容和办法，从考核对象、考核原则、考核等第、考核分工、考核方法等方面作明确要求。下发《年度专业技术人员考核表》，考核结果分优秀称职、称职、基本称职和不称职四个等第。县教委负责中小学（幼儿园）校长、专职党支部书记考核。年度考核结果与职称晋升、工资晋级、奖惩等挂钩。修订《2002学年度学校工作人员考核办法》。

2004年，长兴中学、长兴职教中心、实验初中、实验小学4所学校进行人事制度改革试点，解聘1人，3名教师交流到农村学校任教。

2009年，为强化考核激励机制，出台《长兴县义务教育学校教师绩效考核指导意见（试行）》，绩效考核的主要内容是履行《中华人民共和国教育法》《中华人民共和国义务教育法》《中华人民共和国教师法》等法律法规规定的法定职责情况，以及完成县教育局和学校规定的岗位职责和工作任务情况。绩效考核结果作为聘任、聘用、晋升、培养培训、绩效工资分配和奖惩等方面的重要依据。

2010年，县教育局再次修订《学校工作人员考核办法》，从考核对象、考核原则、考核等第、考核分工、考核办法等方面作出明确规定。

1996—2014长兴县教育行政部门教师资格证书认定情况表

表11-5　　单位：人

年份	合计	类别		
		初级中学教师	小学教师	幼儿教师
1996	2804	865	1904	35
1997	—	—	—	—
1998	—	—	—	—
1999	—	—	—	—
2000	—	—	—	—
2001	—	—	—	—
2002	1457	537	835	85
2003	89	62	23	4
2004	555	157	111	191
		35	45	16
2005	298	50	54	110
		27	19	38
2006	137	25	9	32
		31	25	15
2007	131	22	29	21
		17	28	14
2008	51	7	20	6
		3	5	10
2009	57	18	13	8
		9	4	5

续表11-5

年份	合计	类别		
		初级中学教师	小学教师	幼儿教师
2010	53	10	13	17
		8	5	—
2011	57	10	7	5
		16	10	9
2012	84	9	18	9
		16	17	15
2013	126	7	14	12
		25	45	23
2014	166	16	22	31
		20	34	43

1988—2014年长兴县各级各类教师职务评审情况表

表11-6　　　　单位：人

年份	小学(幼儿)教师					中学教师					中专教师			
	中高	小高	小一	小二小三	小计	中高	中一	中二	中三	小计	高级	中级	初级	小计
1989	—	—	—	—	—	—	11	—	—	11	—	—	—	—
1990	0	32	0	0	32	0	10	0	0	10	0	0	0	0
1991	0	9	177	99	285	2	15	155	47	219	0	2	1	3
1992	0	20	131	76	227	3	101	90	51	245	0	0	0	0
1993	0	127	64	52	243	14	48	80	48	190	0	0	0	0
1994	0	187	121	61	369	15	105	62	30	212	0	2	0	2
1995	1	226	135	87	449	12	98	81	70	261	0	0	2	2
1996	1	89	53	105	248	11	61	84	88	244	0	0	1	1
1997	0	128	71	102	301	17	61	84	86	248	0	0	1	1
1998	1	124	81	133	339	26	89	102	83	300	0	0	0	0
1999	0	84	100	153	337	30	52	111	82	275	0	0	1	1
2000	1	90	109	212	412	32	67	128	127	354	0	0	0	0

续表11-6

年份	小学（幼儿）教师					中学教师					中专教师			
	中高	小高	小一	小二 小三	小计	中高	中一	中二	中三	小计	高级	中级	初级	小计
2001	4	108	130	192	434	48	95	99	64	306	2	3	2	9
2002	5	103	185	56	349	41	72	179	54	346	0	1	0	1
2003	3	106	56	51	216	47	101	142	141	431	2	1	12	15
2004	0	118	165	35	318	4	131	188	39	362	1	0	0	1
2005	4	118	165	21	308	45	140	299	28	512	0	7	0	7
2006	4	123	42	29	198	49	146	223	17	435	2	1	0	3
2007	5	137	157	98	397	58	140	194	20	412	1	6	0	7
2008	7	138	142	76	363	41	140	189	10	380	0	1	8	9
2009	3	113	124	90	330	59	129	113	2	303	0	1	3	4
2010	3	109	161	70	343	45	103	98	0	246	0	0	0	0
2011	5	91	124	42	262	45	105	100	1	251	0	1	11	12
2012	4	71	116	55	246	49	120	88	0	257	1	1	19	21
2013	6	48	42	3	99	50	76	59	0	185	0	0	20	20
2014	5	58	37	10	110	48	82	64	1	195	0	0	5	5

1989—2014长兴县中学高级（小挂高）教师名录

表11-7

姓名	取得资格时间	评定单位	姓名	取得资格时间	评定单位
吴金水	1989.12	煤田职工地质学校	徐自强	1994.12	煤田职工地质学校
殷乃兴	1989.12	雉城中学	朱兴泉	1994.12	长广二中
杨维坚	1989.12	煤山中学	李大伟	1994.1	长兴中学
王阿佩	1989.12	长兴中学	汪树梅	1994.1	长兴中学
林　光	1990.12	雉城中学	王耀采	1994.1	长兴中学
胡连奎	1992.12	泗安中学	陈学诗	1994.1	县教委仪器站
周祖善	1993.12	长兴职高	陈正坤	1994.12	长兴技校
任杏轩	1993.12	技工学校	周象水	1994.1	长兴中学
张德忠	1994.12	长兴职高	徐庆祥	1994.1	夹浦镇中学

续表 11-7

姓名	取得资格时间	评定单位	姓名	取得资格时间	评定单位
魏金年	1994.12	长兴中学	徐建民	1997.1	林城中学
包胜凯	1994.12	长兴中学	俞素英	1997.12	古城中学
魏启超	1994.12	雉城中学	周天翔	1997.12	县教委仪器站
吴家刚	1994.1	长兴中学	李剑平	1997.12	泗安中学
赵家泽	1994.12	泗安中学	李次刚	1997.12	长兴中学
杨丽君	1995.12	长广技校	王潘山	1997.12	长兴技校
钱正元	1995.12	长广一中	陆廷勋	1997.12	实验小学
朱淑华	1995.1	长兴中学	佘志达	1997年	长兴中学
陈玉如	1995.1	长兴中学	王　平	1997	雉城中学
张金根	1995.1	长兴中学	徐正雄	1997	雉城中学
陆新程	1995.1	长兴中学	谢济元	1997	煤田职工地质学校
周惕民	1995.12	泗安中学	何良才	1997.12	雉城中学
王建农	1995.1	长兴中学	许继兴	1997.12	和平中学
吴子华	1995.12	夹浦镇中学	窦俊龙	1997.12	长兴中学
孙鹤良	1995.1	长兴中学	李小荣	1997.12	长兴中学
钟志华	1995.1	长兴中学	毛苏泳	1997.12	长兴中学
肖惠康	1995.1	长兴中学	庄剑敏	1997.12	泗安镇中学
莫小琴	1995.12	雉城中学	陈梧山	1998.1	林城中学
沈仲明	1995.12	长兴中学	刘惠民	1998.12	长兴中学
平寿江	1996.12	泗安中学	王毓星	1998.12	虹溪中学
杨益民	1996.12	雉城中学	傅长荣	1998.12	长兴中学
张启君	1996.5	长兴中学	查金宝	1998.12	长兴中学
郭云龙	1996.12	雉城中学	李爱芬	1998.12	长兴中学
董小白	1996.12	长兴职高	金卫平	1998.12	长兴中学
沈斌汉	1996.12	职业技校	臧晓方	1998.12	长兴中学
谈言直	1996.12	长兴中学	陆小松	1998.12	煤山中学
陈昌奎	1996.12	长广技校	尚　洪	1998.12	长兴中学
孙觉先	1996.12	长兴中学	蒋子龙	1998.12	煤田职工地质学校
吴菊仙	1996.9	包桥乡中学	陈　坚	1998.12	煤田职工地质学校
潘剑三	1997.12	横山乡中学	曹正华	1998.12	煤田职工地质学校
吴　铭	1997.12	泗安镇中	刘雪珍	1998.12	长兴中学

续表11-7

姓名	取得资格时间	评定单位	姓名	取得资格时间	评定单位
沈建英	1998.12	长兴中学	沈元树	1999年	实验初中
周焕华	1998.12	泗安中学	叶金贤	1999年	长广技校
丁和林	1998.12	泗安中学	朱　勇	1999.10	长兴中学
毛长风	1998.12	泗安中学	戴林华	1999.10	长兴中学
刘金萍	1998.12	雉城中学	周义强	2000年	长兴中学
吴剑虹	1998.12	长兴职高	程　红	2000.12	长兴中学
佘水娥	1998.12	煤山中学	董仲明	2000.12	长兴中学
蒋利芳	1999.1	古城中学	翟红英	2000.12	长兴中学
沈月龙	1999.12	古城中学	严满堂	2000.12	雉城中学
戴中俭	1999.12	教研室	倪秀英	2000年	雉城中学
沈月龙	1999.12	古城中学	王晓照	2000.12	林城镇中学
金建明	1999.1	县教委仪器站	高荣浒	2000.12	古城中学
倪新宝	1999.12	横山乡中学	王从才	2000.9	湖北潜山西大中学
黄水茂	1999.12	招生考试中心	史毅华	2000.12	长兴中学
蔡红星	1999.7	江苏丹阳鹤溪中学	胡习成	2000.12	长广三中
林宗景	1999.10	虹溪中学	许争鸣	2000.12	虹溪中学
徐荣农	1999.12	长兴中学	陈卫铭	2000.12	长兴中学
卢学泉	1999.10	里塘中学	叶　瑾	2000.12	长兴中学
杨芊宏	1999.10	长兴中学	赵立文	2000.12	长兴中学
徐　宏	1999年	长兴中学	李枝泰	2000年	洪桥逸夫中学
谭卓华	1999.10	长兴职高	王天照	2000.12	泗安中学
陆仲祥	1999.10	煤山中学	李勇胜	2000.12	教研室
朱卫琪	1999.10	长兴中学	陈粉根	2000.12	长兴二中
蒋亚琴	1999.10	长兴中学	周剑敏	2000.12	长兴中学
徐顺福	1999.10	长兴中学	王　丽	2000.12	长兴中学
严家勇	1999.10	长兴中学	沈永林	2000年	长兴一中
张荣根	1999.10	雉城中学	孙　伟	2001.12	华盛高中
曹吉林	1999.10	煤田职工地质学校	翁满春	2001.12	小浦镇中学
陈祖卫	1999.10	长兴职高	黄显庭	2001年	实验小学
沈元树	1999.10	实验初中	徐常松	2001.12	长兴一小
杨芊宏	1999.10	长兴中学	左有琴	2001.12	长兴一小

续表11-7

姓名	取得资格时间	评定单位	姓名	取得资格时间	评定单位
蔡永进	2001.12	泗安中学	林建明	2002.2	长兴中学
沈　莉	2001.12	实验小学	胡丕加	2002.2	长兴中学
韦后法	2001年	后洋中学	蒋雪云	2002.2	长兴中学
金　斌	2001.12	古城中学	陈学工	2002.2	长兴中学
胡斌芳	2002.2	长兴一中	陶燕春	2002.2	长兴中学
殷彤辉	2002年	雉城中学	杨世荣	2002.2	长兴中学
刘银凤	2002年	长兴一中	高利成	2002.2	长兴中学
汤瑞福	2002.2	长桥中学	佘志伟	2002.2	长兴中学
陈根云	2002.2	天平中学	周学新	2002.2	长兴中学
周建军	2002.2	太湖高中	杨炳璋	2002.2	长兴中学
蒋小敏	2002年	雉城中学	徐亚琴	2002年	长兴职教中心
金树火	2002年	长兴一中	章振钦	2002.2	长兴电大
曾长安	2002.2	长兴中学	沈　山	2002年	长兴职教中心
林卫国	2002.2	长兴中学	龚德森	2002.2	白岘乡中学
沈金昌	2002.2	长兴中学	钱晓南	2002.2	长兴技校
孙富强	2002.2	泗安镇中	林秀凤	2002.2	长兴一中
胥超平	2002年	长兴一中	沈其英	2002.12	长兴一中
沈金良	2002.12	长兴一中	莫　静	2002年	雉城中学
沈乾康	2002.2	教育局仪器站	朱培娥	2002年	长兴一中
周丽芳	2002.2	泗安中学	钱玉兰	2002.12	雉城二小
王涧芳	2002.12	新塘中心学校	沈怡能	2002.12	雉城二小
陈元林	2002.12	古城中学	傅树芳	2002年	金陵高中
王建平	2002.12	华盛高中	黄　晖	2002年	长广高中
蒋华铭	2002.12	华盛高中	臧志明	2002年	后洋中学
邹小平	2002年	太傅中学	蒋伯良	2003.1	长兴电大
钱根山	2002.1	林城中学	徐建华	2003.1	长兴中学
丁晓明	2002.12	雉城四小	廖全堂	2003.1	长兴中学
丁晓龙	2002.12	实验小学	沈玉良	2003年	长兴职教中心
梁水源	2002年	泗安中学	孙立新	2003年	仙山中学
吴达成	2002年	后洋中学	殷勤美	2003.11	长兴技校
吴永明	2002.2	长兴一中	方中仁	2003.12	长兴技校

续表11-7

姓名	取得资格时间	评定单位	姓名	取得资格时间	评定单位
韩耀良	2003.1	下箬中学	陈光明	2003年	长兴中学
戴法明	2003年	水口中学	张　红	2004.12	教育研究中心
陈连根	2003.1	长兴电大	尹百良	2004.1	虹星桥镇中学
吴康南	2003年	白岘乡中心学校	鲍满林	2004.1	林城中学
沈荣榴	2003.1	林城中学	戴敦华	2004.1	李家巷镇中学
窦玲玲	2003年	长兴一中	刘伯勤	2004.12	华盛高中
高增祥	2003.1	雉城中学	许立新	2004.12	华盛高中
葛连松	2003.1	古城中学	钦新华	2004.12	华盛高中
施永林	2003.1	古城中学	温东哺	2004.12	包桥中学
朱少凤	2003.1	长兴一中	李建新	2004.1	长兴中学
徐　泓	2003.1	长兴中学	张连运	2004.1	长广高中
沈双园	2003.1	长兴中学	肖　芹	2004.1	长兴中学
严觉敏	2003.1	长兴中学	周国峰	2004.1	长兴中学
朱有福	2003.1	长兴中学	姚炜莹	2004.1	长兴中学
施侍华	2003.1	长兴中学	陈新华	2004.1	长兴中学
周胜红	2003.1	长兴中学	岳连生	2004.1	长兴中学
史春华	2003.1	教育局仪器站	徐洪方	2004年	实验初中
丁鹤松	2003.1	林城中学	沈雪娥	2004年	实验初中
林天富	2003.1	虹星桥镇中学	杭景顺	2004年	下箬中学
陈新华	2003.12	教研室	李吉清	2004年	长兴一中
周利琴	2003.12	长兴中学	高小明	2004.1	长兴一中
颜惠新	2003.12	雉城二小	殷吉芳	2004.1	长兴一中
朱文华	2003年	长兴一中	华江成	2004.1	雉城中学
施劲松	2003.12	华盛高中	孔晓琴	2004.1	古城中学
奚忠恕	2003.12	华盛高中	李顺民	2004.1	古城中学
柳逢春	2003.12	华盛高中	李慧平	2004.1	古城中学
杨顺卿	2003年	泗安中学	刘泽全	2004.1	长桥中学
潘锦学	2003.12	和平镇中心小学	李传忠	2004.12	泗安镇中学
金小萍	2003.11	长兴电大	李兰萍	2004.12	古城中学
廖桂民	2003年	后洋中学	高顺琴	2004.12	雉城二小
蒋卯寿	2003年	包桥中心小学	王　禹	2004.12	长兴一中

续表11-7

姓名	取得资格时间	评定单位	姓名	取得资格时间	评定单位
丁小雄	2004.1	长兴中学	许卫卫	2005.1	长兴中学
洪　浪	2004.1	长兴中学	沈粉娣	2005.12	长兴中学
卢学锋	2004.12	实验初中	潘宏伟	2005.12	长兴中学
李　民	2004.1	长兴中学	季凤凤	2005.12	太湖高中
邵水寿	2004.12	长兴职教中心	汪月红	2005.12	太湖高中
严建梅	2004.1	长兴职教中心	费卫红	2005.12	实验中学
李勇灵	2004.1	长广教育处	杭根泉	2005.12	实验中学
陈火林	2004.1	技工学校	潘如明	2005.12	实验中学
刘春源	2004.12	长兴职教中心	徐　萍	2005.12	实验中学
董　成	2004.12	长兴一中	谢美琴	2005.12	实验小学
高晓英	2004.1	长兴一中	王晓燕	2005.12	第二实验小学
张吉娣	2004.1	太湖高中	汪明富	2005.12	金陵高中
林毅群	2004.1	长兴一中	徐建萍	2005.12	古城中学
李　旺	2004.1	泗安镇中学	王卫人	2005.12	古城中学
周宗奎	2004.1	李家巷镇中学	王华健	2005.12	古城中学
王光复	2004.12	泗安中学	卢末芳	2005年	实验初中
徐赴耘	2004.12	泗安中学	叶玉泉	2005年	实验初中
郑学芬	2004.12	金陵高中	吴金祥	2005.1	泗安中学
张建英	2005.12	长兴中学	刘金保	2005.1	泗安中学
陈桂林	2005.1	长兴中学	许志良	2005.12	二界岭乡中心学校
奚建文	2005.12	长兴中学	夏群峰	2005.12	古城中学
胡晓玲	2005.1	长兴中学	施爱社	2005年	长兴一中
倪亚红	2005.12	长兴中学	邹新娥	2005.1	长兴一中
姚新明	2005.12	和平镇中学	江雪英	2005.1	长兴一中
吴玉良	2005.12	长兴职教中心	傅晓艾	2005.1	长兴一中
钱柏良	2005.12	长兴职教中心	何政明	2005.1	长兴一中
陆凤林	2005.12	长兴职教中心	徐德伟	2005.12	小浦镇中学
黄德慧	2005.12	长兴职教中心	夏群峰	2005.12	古城中学
包伟蓉	2005.12	长兴中学	姚　剑	2005.12	长兴一中学
陆利民	2005.1	长兴中学	蒋孝仕	2005.5	泗安镇中
上官维忠	2005.12	长兴中学	徐建红	2005.12	实验幼儿园

续表11-7

姓名	取得资格时间	评定单位	姓名	取得资格时间	评定单位
高玉萍	2005.1	长兴中学	陈吉敏	2005.12	金陵高中
黄加荣	2005.12	和平镇中学	丁仲庆	2005.12	金陵高中
施桂敏	2005.12	虹星桥中学	朱志茂	2005.1	槐坎乡中心学校
孙国卿	2005.12	教育技术中心	沈卫华	2005.1	泗安中学
郑志海	2005.1	和平镇中学	潘湘平	2005.1	古城中学
郑传胜	2005.1	林城中学	俞志荣	2005.1	华盛高中
杨彬荣	2005.12	华盛高中	贺永生	2005.1	太湖高中
王国强	2005.12	华盛高中	吴桂生	2005.12	太湖高中
刘志良	2005.12	和平镇中学	李　洪	2005.12	太湖高中
王春明	2005.12	洪桥逸夫中学	叶玲丽	2005.12	太湖高中
姜祖印	2005.1	和平镇中学	葛　琪	2005.12	太湖高中
裴明珍	2005.12	雉城四小	戴福英	2005.12	太湖高中
张瑞成	2005.12	夹浦镇中学	何建萍	2005.12	太湖高中
俞　群	2005.12	金陵高中	王永清	2005.12	金陵高中
赵立国	2005.1	金陵高中	沈自达	2005.1	长兴中学
金　毅	2005.1	长兴职教中心	吴国庆	2005.12	长兴中学
王积飞	2005.1	太傅中学	常广胜	2005.1	长兴中学
董永驰	2005.1	金陵高中	杨　冰	2005.1	长兴中学
陈于芳	2005.12	长兴技校	叶　芳	2005.1	长兴中学
戴海梅	2005.1	长兴职教中心	周淼红	2005.12	长兴中学
何忠义	2005.1	长兴电大	周杨经	2005.12	德清三桥中学
张小堂	2005.1	长兴电大	余年青	2005.12	李家巷镇中学
成仁杰	2005.1	长兴电大	唐楚良	2005.12	金陵高中
卢威芳	2005.1	长兴电大	张秀玲	2006.12	金陵高中
孙明芳	2005.1	长兴职教中心	杨　珏	2006.12	长兴中学
樊桂荣	2005.1	雉城中学	窦坤红	2006.12	长兴中学
黄银娥	2005年	实验初中	王宝华	2006.12	长兴中学
范剑萍	2005年	实验初中	张汉文	2006.12	长兴中学
周　玲	2005年	实验初中	王临安	2006.12	长兴中学
强凤琴	2005年	实验初中	陈丽琴	2006.12	长兴中学
陈宇清	2005.1	长兴中学	柯永丽	2006年	实验初中

续表 11-7

姓名	取得资格时间	评定单位	姓名	取得资格时间	评定单位
李彩鹤	2006年	实验初中	唐建华	2006.12	太湖高中
凌卫国	2006年	实验初中	周桂林	2006.12	长兴技校
邱　静	2006年	实验初中	叶争洪	2006.12	长兴技校
陆卫红	2006年	实验初中	肖　颖	2006年	实验初中
钱培英	2006年	实验初中	范顺明	2006.12	教研中心
陆松群	2006年	实验初中	邓志强	2006.12	华盛高中
陆永良	2006年	实验初中	何榴红	2006.12	长兴职教中心
臧剑锋	2006年	实验初中	胡孙居	2006.12	太傅中学
朱明惠	2006年	实验初中	林素云	2006.12	长兴电大
李海英	2006.12	长兴职教中心	钱粉琴	2006.12	长兴电大
司汉生	2006.12	长兴职教中心	刘建新	2006.12	长兴电大
孙晶芹	2006.12	长兴职教中心	臧会新	2006.12	长兴技校
朱　莉	2006.12	华盛高中	刘传行	200612	沂南县第二中学
唐建华	2006.12	太湖高中	包文祥	200612	洪桥逸夫中学
熊永忠	2006.12	太湖高中	魏光华	2006.12	虹星桥镇中学
徐霞玲	2006.12	太湖高中	程再龙	2006.12	虹星桥镇中学
施治斌	2006.12	实验初中	敖克成	2007年	实验初中
魏颖辉	2006.12	实验初中	秦永忠	2007年	实验初中
徐　峰	2006.12	实验初中	周小敏	2007年	实验初中
潘蓓红	2000.12	实验初中	朱晶敏	2007.12	实验初中
范新萍	2006.12	实验小学	邹忠明	2007.12	实验初中
施永芳	2006.12	华盛高中	张建治	2007.12	实验初中
石雁亭	2006.12	华盛高中	黄卫东	2007.12	二界岭乡中心学校
张建民	2006.12	水口乡中学			
诸乐群	2006.12	古城中学	方维廉	2007.12	泗安中学
孙敏斌	2006.12	古城中学	程书国	2007.12	长兴一中
黄越新	2006.12	华盛高中	吴月梅	2007.12	长兴一中
朱爱武	2006.12	华盛高中	赵章兴	2007.12	金陵高中
龙生林	2006.12	华盛高中	吕永红	2007.12	金陵高中
周义华	2006.12	机关幼儿园	戎其俊	2007.12	金陵高中
潘　琴	2006年	实验初中	袁建新	2007.12	金陵高中

续表11-7

姓名	取得资格时间	评定单位	姓名	取得资格时间	评定单位
殷玉新	2007.12	金陵高中	施　云	2007.12	华盛高中
李晓秋	2007.12	虹星桥镇中学	林待顺	2007.12	华盛高中
刘祥国	2007.12	李家巷镇中学	章勤康	2007.12	华盛高中
赵新和	2007.12	华盛高中	王玉春	2007.12	包桥中心小学
芮道勇	2007.12	长兴职教中心	钱华斌	2007.12	和平镇中学
戴月根	2007.12	长兴职教中心	徐根琴	2007.12	和平镇中学
高春华	2007.12	长兴职教中心	王晓明	2007.12	长兴中学
周明英	2007.12	长兴职教中心	杨国庚	2007.12	长兴电大
左有云	2007.12	华盛高中	施海平	2007.12	长兴中学
汪蓬脉	2007年	实验初中	周泽伟	2007.12	长兴中学
殷顺德	2007.12	长兴中学	蔡高梅	2007.12	长兴中学
钦国强	2007.12	长兴中学	胡晓雁	2007.12	实验幼儿园
李丽芳	2007.12	华盛中学	熊学林	2007.12	第二实验小学
张传学	2007.12	长兴电大	章小杰	2007.12	吕山乡中学
吴伟琴	2007.12	长兴电大	盛明刚	2007.12	泗安镇中
俞学明	2007.12	水口乡中学	庄健明	2007.12	教研中心
赵国强	2007.12	金陵高中	吴友仙	2007.12	古城中学
陈渭山	2007.12	长兴技校	朱水法	2007.12	古城中学
张卫平	2007.12	实验初中	徐　莹	2007.12	古城中学
郑　军	2007.12	太湖高中	温兴旺	2007.12	长兴一小
何其泽	2007.12	太湖高中	柏　凌	2007.12	实验小学
陈文珍	2007.12	太湖高中	何玄吉	2007.12	和平镇中学
刘国义	2007.12	太湖高中	蒋似莲	2007.12	和平镇中学
施军勇	2007.12	太湖高中	余贤树	2008.12	金陵高中
朱维平	2007.12	金陵高中	濮建忠	2008.12	古城中学
杨巧英	2007.12	实验初中	卢伟学	2008.12	洪桥逸夫中学
臧晓燕	2007.12	实验初中	胡茉芝	2008.12	李家巷镇中学
冯燮梅	2007.12	实验初中	沈继兰	2008.12	煤山中学
付少来	2007.12	夹浦镇中学	邓　霞	2008.12	长兴中学
臧学华	2007.12	教研中心	李学红	2008.12	长兴中学
许建和	2007.12	小浦镇中学	沈茜苓	2008.12	长兴中学

续表 11-7

姓名	取得资格时间	评定单位	姓名	取得资格时间	评定单位
王敏红	2008.12	长兴中学	孙宏宇	2008.12	太湖高中
林惠红	2008.12	长兴中学	周功备	2008年	实验初中
孙雪琴	2008.12	长兴中学	许春江	2008年	实验初中
奚伟恕	2008.12	长兴中学	殷玉如	2008年	实验初中
徐　璐	2008.12	实验小学	朱晓琴	2008年	实验初中
施新帆	2008.12	实验小学	王月琴	2008年	长兴职教中心
沈红芳	2008.12	实验小学	臧云春	2008年	金陵高中
吴慧婷	2008.12	实验小学	王慧泉	2009.12	水口乡中学
蒋晓华	2008.12	长兴二小	韩伟琴	2009.12	水口乡中学
许汉兵	2008年	长兴职教中心	卢志泉	2009.12	长兴电大
李　健	2008年	长兴职教中心	陈建业	2009.12	太湖高中
施　云	2008年	长兴职教中心	王　娟	2009.12	太湖高中
李红美	2008年	长兴职教中心	黄巧玲	2009.12	长兴技校
陈　琴	2008.12	长兴中学	许立群	2009.12	长兴职教中心
徐玲玲	2008.12	金陵高中	丁振华	2009年	长兴职教中心
司建江	2008.12	长兴技校	俞世敏	2009年	实验初中
朱雪娟	2008.12	长兴技校	朱金星	2009.12	长兴中学
钱德燕	2008.12	实验初中	陈凤贤	2009.12	泗安中学
王菊英	2008.12	实验初中	程昌潘	2009.12	泗安中学
李宗文	2008.12	实验初中	张从贤	2009.12	泗安中学
邢艳云	2008.12	长兴一中	陈伯英	2009.12	长兴一中
徐　俊	2008.12	长兴一中	潘鸿知	2009.12	长兴一中
周明明	2008.12	长兴一中	闵水娣	2009.12	华盛中学
傅永方	2008.12	长兴一中	张代刚	2009.12	泗安镇中学
王春伟	2008.12	教研中心	王丽芳	2009.8	长兴中学
许云云	2008.12	长兴一小	王　萍	2009.12	教研中心
胡丰亚	2008.12	机关幼儿园	杨　芳	2009.12	小浦镇中学
许志刚	2008.12	华盛高中	钟富娣	2009.12	小浦镇中学
李向东	2008.12	华盛高中	魏晓有	2009年	实验初中
邱春方	2008.12	长兴中学	方吟波	2009.12	林城中学
彭长芳	2008.12	太湖高中	李桂华	2009.12	洪桥逸夫中学

续表11-7

姓名	取得资格时间	评定单位	姓名	取得资格时间	评定单位
向小东	2009.12	龙山中学	程昌潘	2009.12	教育实践中心
姒国庆	2009.12	夹浦镇中学	陆牡丹	2009.12	实验初中
莫纬球	2009.12	和平中学	朱安良	2009.12	虹星桥镇中学
杨玉美	2009.12	和平中学	陆建利	2009.12	吕山乡中学
吴卫健	2009.12	洪桥逸夫中学	许立群	2009.12	长兴职教中心
殷培勇	2009.12	李家巷镇中学	孙爱芳	2010.12	太湖高中
王月红	2009.12	长兴中学	钱宏英	2010年	实验初中
周兆燕	2009.12	小浦镇中学	郭桂梅	2010.12	和平中学
施明玉	2009.12	小浦镇中学	陈雪梅	2010.12	长兴电大
徐建群	2009.12	古城中学	周笑春	2010.12	长兴电大
徐梓良	2009.12	古城中学	邹福春	2010.12	林城中学
余春儿	2009.12	古城中学	沈铁军	2010.12	教研中心
冯敏强	2009.12	古城中学	汪金红	2010.12	泗安镇中学
陈苏珍	2009.12	古城中学	高　颖	2010.12	教研中心
李国平	2009.12	古城中学	汪金洪	2010.12	泗安镇中学
刘晓忠	2009.12	古城中学	赵末娥	2010.12	后洋中学
殷丽琴	2009.12	实验中学	黎　征	2010.12	长兴职教中心
倪俊凤	2009.12	实验中学	李爽英	2010.12	长兴职教中心
周法良	2009.12	实验中学	徐宏祥	2010.12	实验初中
陈虹霞	2009.12	实验中学	王丽娟	2010.12	长兴一中
胡军强	2009.12	金陵高中	吴菊敏	2010.12	长兴一中
吴迎勇	2009.12	金陵高中	尚健丽	2010.12	古城中学
曾　华	2009.12	金陵高中	沈雅芳	2010.12	古城中学
朱玉良	2009.12	华盛高中	宋显坤	2010.12	第二实验小学
林小琴	2009.12	华盛高中	朱国斌	2010.12	长兴职教中心
丁福莲	2009.12	华盛高中	杨宇虹	2010.12	长兴职教中心
王安峰	2009.12	水口乡中心小学	吴培华	2010.12	实验初中
孙甫永	2009.12	新塘中心学校	杨小平	2010.12	实验初中
陈　林	2009.12	实验初中	周家国	2010.12	金陵高中
胡国平	2009.12	实验初中	徐梅仙	2010.12	金陵高中
杭亚雷	2009.12	教育实践中心	曹学勤	2010年	实验初中

续表11-7

姓名	取得资格时间	评定单位	姓名	取得资格时间	评定单位
陈喜憧	2010年	实验初中	傅秋蓉	2011.12	实验中学
卢淑一	2010.12	长兴中学	王图雄	2011.12	金陵高中
王海花	2010.12	长兴中学	刘锦金	2011.12	金陵高中
李光耀	2010.12	泗安中学	江志英	2011.12	金陵高中
高竹鸿	2010.12	林城镇中心小学	俞爱梅	2011年	实验初中
郑有全	2010.12	水口乡中学	于常葳	2011.12	太湖高中
卢正华	2010.12	李家巷镇中学	费爱莲	2011.12	长兴电大
苏丽霞	2010.12	李家巷镇中学	沈利玲	2011.12	长兴二小
张会富	2010.12	李家巷镇中心小学	郑德胜	2011.12	泗安中学
吕基斌	2010.12	长兴中学	陈积传	2011.12	泗安中学
范辉锋	2010.12	实验初中	孙　源	2011.12	小浦中学
章元学	2010.12	煤山中学	吕小恩	2011.12	华盛高中
孙红灵	2010.12	煤山中学	叶学其	2011.12	实验初中
陆丽华	2010.12	和平中学	彭小财	2011.12	泗安镇中学
陈龙美	2010.12	和平中学	陈承元	2011.12	后洋中学
李建峰	2010.12	和平中学	孙　源	2011.12	泗安中学
范辉锋	2010.12	实验初中	胡卫珍	2011.12	长兴中学
徐秀米	2010.12	金陵高中	臧炳良	2011.12	古城中学
柏慧芳	2010.12	华盛高中	杨建芬	2011.12	长兴一中
吴小清	2010.12	华盛高中	周慧丽	2011.12	长兴一中
何　俊	2010.12	华盛高中	赵雪冰	2011.12	长兴一中
张润平	2010.12	华盛高中	汪咏明	2011.12	长兴一中
吴丽丽	2011.12	实验初中	王有福	2011.12	长兴一小
应卫强	2011.12	太湖高中	张仁龙	2011.12	华盛高中
黄　艳	2011.12	太湖高中	许春香	2011.12	华盛高中
陈丙亮	2011.12	林城中学	陈乃香	2011.12	华盛高中
王永全	2011.12	林城中学	钦培炎	2011.12	华盛高中
金建生	2011.12	长兴职教中心	范永红	2011.12	华盛高中
支　印	2011.12	长兴职教中心	吴建平	2011.12	华盛高中
李　莉	2011.12	长兴职教中心	张卫平	2011.12	华盛高中
姚建琴	2011.12	林城中学	罗　炯	2011.12	实验中学

续表11-7

姓名	取得资格时间	评定单位	姓名	取得资格时间	评定单位
陈亲红	2011.12	和平中学	王春辉	2012.12	和平中学
吴纪章	2011.12	李家巷镇中心小学	陈建萍	2012.12	长兴中学
钱少华	2011.12	虹星桥镇中学	江卫华	2012.12	实验中学
黄玉平	2011.12	泗安镇中心小学	朱建芳	2012.12	古城中学
张伟琴	2011.12	长兴中学	何亚萍	2012.12	古城中学
罗晓榕	2011.12	长兴中学	温秀珍	2012.12	古城中学
施素琴	2011.12	煤山中学	戚卫华	2012.12	古城中学
高桂良	2011.12	吕山乡中学	吴祥生	2012.12	古城中学
杨文平	2011.12	华盛高中	王洪举	2012.12	长兴电大
蒋明方	2011.12	洪桥逸夫中学	王婉芳	2012.12	长兴电大
刘晓燕	2011.12	李家巷镇中学	李应明	2012.12	长兴中学
唐　燕	2011.12	长兴中学	梁　磊	2012.12	长兴中学
唐梦健	2012.12	金陵高中	冯小芳	2012.12	长兴电大
乔金美	2012.12	金陵高中	殷玉珠	2012.12	长兴电大
郑　芳	2012.12	金陵高中	吴玉明	2012.12	太湖高中
于粉美	2012.12	金陵高中	阮强志	2012.12	长兴技校
江　政	2012.12	金陵高中	范建铭	2012.12	长兴技校
李宝华	2012.12	金陵高中	黄金龙	2012.12	长兴职教中心
严柏秋	2012.12	长兴中学	汪红艳	2012.12	长兴职教中心
谢伟华	2012.12	长兴中学	于爱泉	2012.12	龙山中学
李文奎	2012.12	长兴中学	钱剑平	2012.12	龙山中学
翟永明	2012.12	金陵高中	刘善国	2012.12	和平中学
赵树华	2012.12	小浦镇中学	沈永伟	2012.12	长兴中学
温方方	2012.12	水口乡中学	钱　芳	2012.12	长兴中学
李明华	2012.12	洪桥逸夫中学	费根法	2012.12	太湖高中
张吾珍	2012.12	洪桥逸夫中学	侯寿方	2012.12	华盛高中
周朝阳	2012.12	长兴八小	吴春林	2012.12	华盛高中
徐登红	2012.12	泗安镇中学	臧娟娟	2012.12	华盛高中
倪中瑜	2012.12	夹浦镇中学	陈元春	2012.12	华盛高中
朱桂华	2012.12	李家巷镇中学	王慧珠	2012.12	实验小学
周红芳	2012.12	李家巷镇中心小学	蒋　丽	2012.12	煤山中学

续表11-7

姓名	取得资格时间	评定单位	姓名	取得资格时间	评定单位
孙伟鹰	2012.12	长兴三小	王跃华	2013.12	太湖高中
李建荣	2012.12	第二实验小学	李伟萍	2013.12	实验中学
张汉勤	2013.12	长兴八小	沈建新	2013.12	实验中学
葛爱明	2013.12	夹浦镇中心小学	孔晓英	2013.12	实验中学
许健坤	2013.12	夹浦镇中心小学	魏　慧	2013.12	实验中学
陈卫东	2013.12	教研中心	卢明丽	2013.12	实验中学
吴茜岚	2013.12	中心幼儿园	余明敏	2013.12	实验中学
黄益平	2013.12	林城镇中心小学	冯秀珍	2013.12	龙山中学
吴　涛	2013.12	长兴中学	张伟红	2013.12	龙山中学
杨广平	2013.12	长兴中学	徐月萍	2013.12	龙山中学
卢新霞	2013.12	长兴中学	胡　珏	2013.12	水口乡中学
孔启宏	2013.12	长兴中学	刘　芸	2013.12	古城中学
陆　博	2013.12	长兴中学	杨丽丽	2013.12	古城中学
吕存芳	2013.12	华盛高中	曾有娣	2013.12	古城中学
曾根生	2013.12	华盛高中	董和平	2013.12	古城中学
徐慧华	2013.12	华盛高中	沈华南	2013.12	古城中学
沈汉奇	2013.12	华盛高中	杨承智	2013.12	泗安中学
贺莲凤	2013.12	华盛高中	蔡振森	2013.12	泗安中学
韩　燕	2013.12	华盛高中	留春梅	2013.12	古城中学
蒋云程	2013.12	华盛高中	潘卫星	2013.12	和平中学
周丰花	2013.12	华盛高中	付跃明	2013.12	虹星桥镇中学
潘胜男	2013.12	金陵高中	严永平	2013.12	吕山乡中学
张谷长	2013.12	金陵高中	王红春	2013.12	吕山乡中学
杨晶磊	2013.12	金陵高中	李　薇	2013.12	小浦镇中学
熊昌娇	2013.12	金陵高中	蔡卫星	2013.12	小浦镇中学
陈剑芳	2013.12	金陵高中	周志萍	2013.12	煤山中学
蒋永明	2013.12	金陵高中	余三毛	2013.12	煤山中学
陈建军	2013.12	金陵高中	沈莉莉	2014.12	实验小学
陈丽莉	2013.12	长兴职教中心	汤华云	2014.12	第二实验小学
董志峰	2013.12	长兴电大	周雪妹	2014.12	长兴三小
罗　屹	2013.12	长兴电大	孙艳萍	2014.12	长兴四小

续表11-7

姓名	取得资格时间	评定单位	姓名	取得资格时间	评定单位
李　梅	2014.12	李家巷镇中心小学	陈春凤	2014.12	龙山中学
郑　雄	2014.12	长兴中学	赵小丽	2014.12	龙山中学
王学伟	2014.12	长兴中学	许　燕	2014.12	龙山中学
唐　蓓	2014.12	长兴中学	黄立丽	2014.12	龙山中学
胡晓雄	2014.12	长兴中学	高建娥	2014.12	古城中学
胡婷芳	2014.12	长兴中学	张　伟	2014.12	古城中学
王　强	2014.12	长兴中学	殷冬梅	2014.12	古城中学
杭伟华	2014.12	长兴中学	章玲玲	2014.12	古城中学
李庚喜	2014.12	华盛高中	林丽华	2014.12	古城中学
陈雪云	2014.12	华盛高中	徐云梅	2014.12	古城中学
刘祖波	2014.12	华盛高中	王　芳	2014.12	雉城中学
李启德	2014.12	华盛高中	施爱亚	2014.12	夹浦镇中学
张秋菊	2014.12	金陵高中	汤霄峰	2014.12	夹浦镇中学
荆红良	2014.12	金陵高中	邱荣珍	2014.12	水口乡中学
沈　静	2014.12	金陵高中	章　琪	2014.12	水口乡中学
莫茂强	2014.12	太湖高中	王龙华	2014.12	洪桥逸夫中学
邢黎江	2014.12	太湖高中	沈初平	2014.12	洪桥逸夫中学
平玉松	2014.12	技师学院	金国华	2014.12	李家巷镇中学
顾海林	2014.12	长兴职教中心	陆海龙	2014.12	李家巷镇中学
王志峰	2014.12	长兴职教中心	陈建国	2014.12	虹星桥镇中学
陆晓燕	2014.12	长兴职教中心	郑经雄	2014.12	泗安镇中学
朱跃建	2014.12	长兴职教中心	谢　斌	2014.12	泗安镇中学
周会琴	2014.12	实验中学	殷爱凤	2014.12	实验中学
陈　丰	2014.12	实验中学	陈　健	2014.12	实验中学
徐月红	2014.12	和平中学			

第二节　师德师风建设

1989年，根据国家教委和全国教育工会提出的六条道德准则，结合长兴县实际，全县开展教师职业道德教育，提高教师政治思想觉悟和道德情操。

1990年10月，全县开展教师职业道德检查，受教育面100%，92%以上教师进行师德小结。配合师德检查，组织优秀教师报告团巡回报告。是年，评选县优秀校长14人，优秀教师63人。

1991年10月，县教委转发国家教委《中小学教师职业道德规范》，全县教职工广泛开展学习，落实《师德规范》，表彰教书育人先进典型，表彰县级先进德育工作者57人。

1994年，全县贯彻学习《中华人民共和国教师法》，增强教师的责任感和使命感。

1996年，全县开展"敬业乐业、无私奉献、树立教师新形象"主题教育活动，崇尚敬业、奉献精神。

1997年3月，县教委转发省教委《关于加强教师职业道德建设若干意见》的通知，下发《教师职业道德规范》，拟发《长兴县师德师风自查评议表》，对全县教师普遍进行师德师风考核。4月，县教委下发《全县教育系统开展行风建设评估活动的实施意见》《长兴县教育系统开展行风建设评议活动的实施计划》，各学校结合实际，制定师德规范。8月，全县组织开展行风建设评议，围绕"敬业奉献、为人师表、依法执教、服务育人"主题，以规范办学行为、治理乱收费和师德师风建设为重点，立足于自查自纠、自我教育，自我提高，不断加强行风建设，树立行风新形象，推进教育事业的改革和发展。是年，全县召开教职工行风评议学习会350余次，达15000多人次。

1998年5月，县教委制定《关于在"九五"师训中加强师德教育的实施计划》，7月，下发《关于进一步加强师德规范、树立教师良好形象的意见》，在教育系统广泛开展师德教育活动。

1999年，全县落实《教师职业道德》和《教师职业道德规范》，开展"奉献于事业奉献于学生"为主题的师德师风教育系列活动。

2000年，全县开展以"敬业爱生 树立新风"为主题的师德教育活动，结合县争创教育强县实际，深入开展"我为创强做什么"主题教育大讨论。是年起，每年暑期，全县开展中小学教师暑期师德教育专题培训。

2002年,县教育局出台《关于加强教育系统干部教师队伍建设和管理的若干意见》,规范师德师风建设。

2004年,制定《长兴县教师职业道德规范》,将有偿家教、体罚学生等有损教师形象的行为作为教师年度考核一票否决的硬指标。3月,出台《关于开展师德师风集中教育活动的实施意见》,明确全年分四个阶段,人人参与师德师风教育活动。9月,开展师德师风教育系列活动,组织名教师公开向社会承诺"倾情教育,拒绝有偿家教",开展名教师师德师风现身说法,引导广大教师进一步加强职业道德修养,树立良好的形象。10月31日,县名师巡回报告团在全县全面展开。近百名县名教师在全县28个报告点与4000余名教师进行面对面地交流。各校组织教师结合本校本人实际进行师德师风讨论。12月,县教育局举办首届师德论坛,全县名师、各校学科骨干教师共同研讨师德与育人问题。是年,开展学生评教师、家长评学校、教师评校长"三评"活动。

2006年3月,县教育局下发《关于进一步规范办学行为加强师德师风建设的若干规定》,以"真心关爱学生、倾情奉献教育"主题教育活动为载体,开展师德专题报告会、师德巡讲团、教师征文、演讲等活动,形成敬业乐业的良好风气。开展教师誓言评选活动,引导广大教师自觉炼师德、铸师魂,提高全县教师师德师风整体水平。

2007年,以"发扬优良作风、促进和谐发展"为主题,狠抓师德师风建设,县教育局成立3个督查组,对全县学校作风建设情况进行督查,定期通报。继续深化"拒绝有偿家教、拒绝请吃送礼"活动,严格实行师德师风"一票否决制"。

2008年,通过师德教育基地、"百千工程"、师德巡讲团等一系列措施,推出一批先进教师典型,提升师德师风建设水平。全县组建5个师德教育基地, 79所学校的1200多名教师分别到示范学校交流学习;由8个组15名优秀教师、2个先进团队组成的师德师风讲师团,分赴各校巡回演讲达50多场次,4000多名教职工参加报告会。

2009年,出台《长兴县教育局关于加强师资队伍建设工作方案》,提高师德修养,培养敬业精神。

2010年,实施《长兴县教育局关于加强作风建设的若干规定》,继续开展拒绝有偿家教、拒绝请吃送礼、弘扬师德先进典型等主题教育活动,推进教师人文素养提升。是年起,把职业道德规范纳入在职教师岗位责任制考核内容。

2012年,制定出台《关于进一步规范民办培训学校聘用在职公办教师的若干规定(试行)》、《关于进一步加强教育系统师德师风建设的工作意见》和《关于严禁在职公办教师有偿家教和擅自兼职(兼课)的暂行规定》等相关文件,规范在职公办教师的兼课(兼职)行为,对相关违规行为作出明确的处罚规定。

2013年暑期,根据《浙江省教育厅办公室关于做好中小学教师2013年暑期师德专题培训工作的通知》精神,结合全县中小学教师队伍实际,县教育局制定《2013年暑期师德培训实施方案》,开展以"中国梦·学在长兴""践行为人师表、争做人民满意教师"为主题的师德的系列教育活动,在全体教师中倡导正能量,缔造幸福教师梦想。

2014年3—4月,全县开展"我们心目中的好老师"标准大讨论活动,向全县广大教师发出争做好老师倡议。8月,县教育局下发《关于建立健全中小学教师师德建设长效机制意见》,建立8项机制。分别为:建立健全师德教育机制(实行新教师入职宣誓制度、实行教师师德承诺制度);建立健全师德宣传机制(开展年度"最美教师"寻找活动制度,会同新闻媒体寻找和发现身边"最美教师");建立健全师德考核机制(成立师德考核工作小组,每年对教师师德进行考核);建立健全师德激励机制;建立健全师德监督机制(建立健全师德问题报告制度、建立健全师德状况定期调查分析制度、建立健全师德舆情快速反应机制、建立健全学校、教师、学生、家长和社会广泛参与的师德监督体系);建立健全师德惩处机制;建立健全师德建设工作检查机制(每年10月为全县师德建设工作检查月);建立健全师德建设保障机制。

第三节　教师待遇

一、政治待遇

1989—2014年,全县学校实施教职工代表大会制度,被列为学校目标管理考评内容。教职工代表大会是教职工参与学校民主管理的主要形式,学校重大决策须经教职工代表大会通过。各校教代会每年至少召开一次,听取校长述职报告,审议学校工作,评议学校干部、提出意见和建议,实行教职工主人翁权利。

1989—2014年,全县每年教师节召开庆祝大会,表彰奖励先进教师,县主要领导赴学校慰问基层一线教师。社会各界积极为学校教师办实事、做好事,形成全社会尊师重教的风尚。1995年10月,县教委下发《关于开展树立"敬业乐业、无私奉献"为主题的教师新形象教育活动的意见》,对从教30年以上教龄的老师颁发荣誉证书。

2003年9月，全县表彰首批农村从教20年优秀教师60名，至2014年共表彰11批655人。2014年6月，县教育局为第16批任教农村学校30年的中小学教师107人颁发荣誉证书。

教师作为国家的主人，积极参政议政，每届县党代会、人代会、政协大会，均有一定名额的教育界代表参加。

1989—2014年，开展“优秀教师”“优秀教育工作者”“学科带头人”“名师名校”“教学明星”“特级教师”等荣誉称号的评选工作，树立榜样，提高教师地位。全县中小学教师获省级以上荣誉260余人次。

中共长兴县第十一届至十三届代表大会教育界代表情况表

表11-8

时间	届别	代表姓名
2003年1月 至 2006年12月	十一届	倪新宝、程郁英、韦后法、王晓照、沈学章、李春兰、陈美容、吴菊花、郑志海、马雪梅、熊全龙、潘仲二、彭明才、沈莉、余琴、罗明强、陆仲祥、陆小松
2007年1月 至 2011年12月	十二届	倪新宝、胡茉芝、韦后发、颜惠新、谈卫萍、叶先鹏、莫菊芳、戴敦华、何丽芳、姚新明、周玉琴、顾末堂、徐德伟、韩珊美、刘秋平、林宗景、钱晓南、戴敦荣、徐顺福、董成、余琴、周义华、姚剑、彭明才、徐璐、左有琴
2011年12月 至 2014年	十三届	费伟华、刘秋平、徐顺福、沈玉良、沈莉、柏凌、费卫红、周明明、林素云、吴茜岚、杨永红、李建荣、李桂华、李梅、王卫兰、徐燕敏、陈思思、周玉琴、朱国昌、朱向红、吴菊花、王润芳、王芳、韦炎龙、赵树华、俞忠琴、文宏章、郑毅文、柳支国

1989—2014年长兴县第九届至第十五届人民代表大会教育界代表情况表

表11-9

时间	届别	代表姓名
1987年5月至 1990年4月	九届	潘子力、高顺琴、张金康、潘文杰、闵克美、周玉兰
1990年4月至 1993年3月	十届	潘子力、高顺琴、庄剑敏、彭明才、裴广兴、周玉兰、张金康、闵克美、金炳云

续表11-9

时间	届别	代表姓名
1993年3月至1998年3月	十一届	丁火明、周玉兰、李枝泰、李旺、刘秋平、庄剑敏、蔡德成、赵志祥、闵克美、韦后法、汤建中
1998年3月至2003年3月	十二届	丁晓明、叶会平、李枝泰、倪新宝、肖惠康、叶国华、杨益民、汤卫芳、喻秋风、李旺、庄剑敏、蔡德成、吴玉英、吴培琴、吴康南
2003年3月至2007年1月	十三届	桂海莲、周奕奕、张向前、熊全龙、丁晓明、林秀凤、沈志英、杨益民、徐盘群、赵玉莉、庄剑敏、蔡永进、朱志茂、徐盘琴
2007年1月至2012年2月	十四届	张向前、曹贤瑞、李梅、蒋亚美、沈宁远、金斌、沈卫华、宋显坤、刘秋平、林秀凤、马卫红、李荣华、陈爱民
2012年2月至2014年	十五届	张向前、韩珊美、李梅、蒋亚美、高秀连、沈宁远、俞黎静、何丽琴、王靓

1989—2014年政协长兴县第二届至第八届委员会教育界委员情况表

表11-10

时间	届别	委员姓名	常委或副主席
1987年5月至1990年4月	二届	宋文英、沈鸿钧、严济勋、应灿善、潘咸璋、胡礼明、严惠君、周莹莹、肖炎麟、周树元、杨谦、罗勤三、张济群、顾则先、蒋梁成、赵雪如、吴诚敏	常委：宋文英、沈鸿钧
1990年4月至1993年3月	三届	周树元、杨谦、蒋梁成、吴诚敏、严惠君、蔡根桥、沈鸿钧、宋文英、周莹莹、张金根、殷玉如、陈祥江、李永泉、相志伟、吴剑虹、张金水	常委：宋文英、沈鸿钧
1993年3月至1998年3月	四届	王勤、周树元、严惠君、沈鸿钧、宋文英、李永泉、相志伟、吴剑虹、郭忠柱	副主席：宋文英；常委：沈鸿钧
1998年3月至2003年3月	五届	王勤、钱伟茂、袁敏、肖月红、周红、陈注华、蒋雪云、吴剑虹、周树元、李生泉	常委：蒋雪云
2003年3月至2007年1月	六届	周建民、李生泉、蒋雪云、莫银火、司汉生、范祖丽、蔡椒通、胡丰亚、傅永芳、郭忠柱、叶会平、上官泽玉	常委：蒋雪云

续表11-10

时间	届别	委员姓名	常委或副主席
2007年1月至2012年2月	七届	罗民强、成仁伟、钱晓南、蒋雪云、左有云、吴敬焦、沈双园、郑丽、范祖丽、胡丰亚、上官泽玉、司汉生、陈克洪、彭明才、李次刚、蒋晓华	常委:蒋雪云、彭明才、李次刚、蒋晓华
2012年2月至2014年	八届	钦国强、肖芹、黄艳、沈双园、郑丽、柏慧芳、蒋雪云、刘静、吴敬焦、沈山、成仁伟、杭文云	常委:蒋雪云

1989—2014年长兴县教育系统获全国荣誉情况表

表11-11

年份/项目	姓名	性别	学校名称	荣誉称号
1989	裴广兴	男	长潮乡中心小学	全国优秀教师
	沈棣兴	男	教育局	全国扫盲先进工作者
	乔惠敏	女	煤山镇中心小学	全国优秀教师
	董小白	男	包桥乡中学	全国教育系统劳动模范
	郑绍诚	男	槐坎乡中学	全国优秀教师
1990	俞福涛	男	长兴电大	全国体育传统项目先进工作者
	朱荣伟	男	白阜乡中心小学	全国学赖宁活动优秀指导员
1991	倪淑芬	女	实验小学	全国优秀教师
1993	李荣华	男	实验小学	全国优秀教师
	许国云	男	煤山中学	全国优秀教育工作者
1994	朱绍寅	男	长兴煤田地质学校	全国煤炭系统优秀教师
1995	周惕民	男	泗安中学	全国优秀教师
1996	徐丽丽	女	雉城三小	全国一级星星火炬奖
2000	程　红	女	长兴中学	全国优秀外语教师
2001	李次刚	男	长兴中学	全国优秀教师
2003	许争鸣	男	电大进院	全国先进工作者
2004	江卫华	男	新塘中心学校	全国优质课比赛一等奖
	陈元新	男	实验小学	全国外语实验学校优秀校长
2006	何卷棣	女	实验小学	全国劳技课比武一等奖

续表11-11

年份 项目	姓名	性别	学校名称	荣誉称号
2007	彭明才	男	长兴职教中心	全国五一劳动奖章
	程　红	女	长兴中学	全国优秀教师、全国优秀班主任
	左有琴	女	长兴一小	全国青少年文明礼仪教育标兵
	史春华	男	教研中心	全国电化教育优秀工作者
2008	史春华	男	教研中心	全国电化教育优秀工作者
	周杨经	男	金陵高中	全国第二届中小学心理健康教育“十佳教师”
	王雪儿	女	第二实验小学	全国心理健康教育优质课一等奖
2009	周清泉	男	清泉武校	首届全国民办中小学优秀校长
	卢福农	男	长兴三小	全国中小学图书馆先进工作者
2010	廖全堂	男	长兴中学	全国高中化学教学改革实践优秀教师
2011	柏　凌	女	实验小学	全国五一巾帼标兵
	叶　秋	女	包桥中心小学	全国中小学图书馆先进工作者
	李建荣	男	第二实验小学	全国课堂教学比武一等奖
	沈　莉	女	教研中心	全国第四届“两岸同课异教”小学语文课堂教学评比一等奖
	陆晓燕	女	长兴职教中心	全国中职学校说课大赛一等奖
2012	李　华	女	实验小学	全国小学信息技术优质课展评活动特等奖
	黄建鑫	男	金陵高中	作品入选第十届全国水彩粉画展展览
	占闪星	男	泗安成校	全国成人教育先进个人
	周利权	男	龙山中学	全国多媒体教育软件大赛课件一等奖
2013	李宝华	男	金陵高中	全国普通高中信息技术优质课一等奖
	钦国强	男	长兴中学	全国历史教学评比一等奖
	沈　莉	女	教研中心	全国第二届“教育艺术杯”课堂教学大赛一等奖；首届全国中小学语文教师写作教学说课大赛特等奖
2014	吴茜岚	女	中心幼儿园	中国教师发展基金会首届学前教育管理与教学设计评选一等奖
	上官维忠	男	长兴中学	全国优秀教师
	游海涛	男	夹浦镇中学	全国音乐优质课一等奖
	严伟琪	男	金陵高中	作品入选第十二届全国美术作品展览
	臧学华	男	教研中心	全国小学语文教师课堂教学评比特等奖

续表11-11

年份 项目	姓名	性别	学校名称	荣誉称号
2014	汪涛孙	男	和平中学	全国多媒体课件一等奖
	朱　丹	女	长兴职教中心	全国多媒体课件一等奖
	肖煜辉	男	长兴职教中心	全国多媒体课件一等奖

1990—2014年长兴县中小学教师获评省特级教师情况表

表11-12

姓　名	性别	出生年月	籍贯	评定年份	学科	工作单位
杨　谦	男	1932.11	长兴	1990年	物理	长兴中学
胡安康	男	1933.4	长兴	1990年	语文	教研中心
施方正	男	1936.10	长兴	1994年	语文	教研中心
余　琴	女	1968.1	长兴	2002年	语文	教研中心
莫银火	男	1962.5	长兴	2006年	语文	长兴中学
邢乐耘	女	1951.10	嘉兴	2006年	社会	教研中心
周义华	女	1965.6	长兴	2014年	幼教	机关幼儿园
沈　莉	女	1967.11	长兴	2014年	语文	教研中心
钦国强	男	1976.9	长兴	2014年	历史	长兴中学

1989—2014年长兴县教育系统获省级荣誉情况表

表11-13

年份 项目	姓名	性别	单位名称	荣誉称号
1989年3月	沈斌扬	男	煤山镇西川小学	省首届“春蚕奖”
	郑绍诚	男	槐坎乡中学	省首届“春蚕奖”
1989年9月	徐庆祥	男	夹浦镇中学	省第二届“春蚕奖”
	许继兴	男	便民桥乡中学	省第二届“春蚕奖”
	吴月娥	女	槐坎乡东升小学	省第二届“春蚕奖”
	吴玉良	男	芝山初级农技学校	省第二届“春蚕奖”

续表11-13

项目＼年份	姓名	性别	单位名称	荣誉称号
1990年	赵　波	男	太湖高中	1990年度浙江省“春晖奖”
	林卫国	男	教育局	省教育工会先进工作者
	费加湘	男	吴山乡中学	省第三届“春蚕奖”
	董瑞娥	女	包桥乡完小	省第三届“春蚕奖”
	徐建民	男	白阜乡中学	省第三届“春蚕奖”
	欧阳家	男	太傅乡寺基小学	省第三届“春蚕奖”
1991年	李荣华	男	实验小学	省中小学德育先进工作者
	徐根林	男	虹星桥镇中心小学	省第四届“春蚕奖”
	施荣林	男	农技学校	省第四届“春蚕奖”
	沈文珠	女	新塘乡沉港完小	省第四届“春蚕奖”
	殷舜勇	男	洪桥镇道古完小	省第四届“春蚕奖”
	谢国强	男	丁新区视导办	省第四届“春蚕奖”
	蒋守国	男	煤山镇新升完小	省第四届“春蚕奖”
	高金泉	男	吴山乡斗门完小	省第四届“春蚕奖”
1992年	沈忠义	男	吕山乡中心小学	省第五届“春蚕奖”
	黄存龙	男	长潮乡师古岗完小	省第五届“春蚕奖”
	俞国祥	男	白阜乡中学	省第五届“春蚕奖”
	董芝芳	女	水口乡中心小学	省第五届“春蚕奖”
1993年	叶玉芳	女	夹浦幼儿园	省三八红旗手
	钱爱芳	女	雉城二小	省义务教育课程教材试验先进工作者
	吴玉英	女	和平镇官庄完小	省第六届“春蚕奖”
	彭金根	男	里塘乡周村完小	省第六届“春蚕奖”
	孙立新	男	仙山乡中学	省第六届“春蚕奖”
	郑先锋	男	泗安镇大庄村小	省第六届“春蚕奖”
1994年	蒋余海	男	煤山中学	省优秀教育工作者
	张金根	男	长兴中学	省会考先进工作者
	王美琴	女	太湖高中	省优秀教师
	莫银火	男	长兴中学	省教坛新秀
	左有琴	女	实验小学	省教坛新秀、省优秀辅导员
	叶建民	男	雉城四小	省优秀教师

续表11-13

年份/项目	姓名	性别	单位名称	荣誉称号
1994年	沈乾康	男	县教委	省勤工俭学先进工作者
	吴子华	男	夹浦镇中学	省第七届“春蚕奖”
	俞有宽	男	吕山乡施联完小	省第七届“春蚕奖”
	陈观聚	男	和平镇中学	省第七届“春蚕奖”
	许秋香	女	管埭乡长友村小学	省第七届“春蚕奖”
1995年	李次刚	男	长兴中学	省体育传统项目业余训练优秀工作者
	王仕民	男	长兴中学	年度省业余训练优秀工作者
	沈银娣	女	实验小学	省实验学校首届教改之星
	胡伟铭	男	长城乡中学	省第八届“春蚕奖”
	陈义安	男	虹星桥镇龙从小学	省第八届“春蚕奖”
	周义泉	男	小浦镇中心小学	省第八届“春蚕奖”
	唐天云	男	林城中学	省第八届“春蚕奖”
1996年	王阿佩	男	长兴中学	省优秀教育工作者
	李荣华	男	实验小学	省首批实验小学明星校长
	沈金良	男	县教委	省特殊教育先进工作者
	潘剑三	男	横山乡中学	省第九届“春蚕奖”
	章阿根	男	吕山乡雁荡小学	省第九届“春蚕奖”
	蒋守志	男	白岘乡中学	省第九届“春蚕奖”
	殷振楚	男	夹浦镇中心小学	省第九届“春蚕奖”
1997年	成仁伟	男	古城中学	省青年政治教师优质课比赛一等奖
	奚忠恕	男	华盛高中	省优秀美术教师
	钱海杰	男	县教委	省扫盲先进工作者
	朱竞贤	男	县教委	省干部退休工作先进个人
	林卫国	男	县教委	省教育工会优秀信息员
1998年	倪　兵	男	长兴中学	省业余体育训练先进工作者
	周水珍	女	包桥中心小学	省第十一届“春蚕奖”
1999年	朱　莉	女	华盛中学	省优秀少先大队辅导员
	徐常松	男	雉城二小	省优秀教师

续表11-13

年份 项目	姓名	性别	单位名称	荣誉称号
2000年	章勤康	男	华盛高中	省优秀教师
	成仁伟	男	古城中学	省教坛新秀
	陈正芳	男	槐坎乡小学	省第十三届“春蚕奖”
	杨福祥	男	水口乡中心小学	省第十三届“春蚕奖”
2001年	李　群	女	太湖高中	省技工学校省级优秀班主任
	李　华	女	实验小学	第七届省实验学校“教改之星”金奖
	沈莉莉	女	实验小学	《现代小学数学》教学实验先进教师
	何爱娣	女	实验小学	《现代小学数学》教学实验先进教师
	林卫国	男	县教委	省教育工会优秀工会工作者
	董会成	男	后洋中心小学	省第十四届“春蚕奖”
	周清泉	男	清泉武校	省第十四届“春蚕奖”
2002年	赵立文	男	长兴中学	省优秀教师
	蒋伯美	女	包桥中心小学	省第十五届“春蚕奖”
	庄剑敏	男	泗安镇中学	省第十五届“春蚕奖”
2003年	于卫芳	男	长兴职教中心	省“学习雷锋，志愿服务”先进个人
	黄巧玲	女	技师学院	年度省优秀青年志愿者
	戴法明	男	水口乡中学	省第十六届“春蚕奖”
	汤月英	女	白岘乡中心小学	省第十六届“春蚕奖”
	陈长芳	男	二界岭乡中心学校	省第十六届“春蚕奖”
2004年	沈玉良	男	长兴职教中心	省人防教育先进个人
	徐　璐	女	实验小学	省优秀教师
	沈　莉	女	实验小学	省科研先进个人
	陈　炜	女	雉城二小	省教育科研青年标兵
	尚　洪	男	长兴中学	省师德楷模
	袁建新	男	泗安中学	省优秀教师
	钱伯良	男	长兴职教中心	省优秀教师
	万世虎	男	吴山乡中心学校	省第十七届“春蚕奖”
	顾康妹	女	和平中学	省第十七届“春蚕奖”
	程郁英	女	李家巷镇中学	省第十七届“春蚕奖”

续表11-13

项目 \ 年份	姓名	性别	单位名称	荣誉称号
2005年	张向前	男	长兴中学	省教育年度新闻人物
	彭明才	男	长兴职教中心	省职教十大风云人物
	王晓冬	男	实验小学	省少先队信息化工作先进个人
	陆牡丹	女	实验初中	省青少年科技教育优秀科技辅导员
	沈颖梅	女	泗安镇中心小学	省第十八 届“春蚕奖”
	窦炳秋	男	洪桥镇沈家坝完小	省第十八届“春蚕奖”
	王义林	男	虹星桥镇小学	省第十八届“春蚕奖”
2006年	颜惠新	男	雉城二小	年度省教研科研先进个人
	钦国强	男	长兴中学	省中小学教坛新秀
	莫银火	男	长兴中学	省特级教师
	陈永刚	男	长兴职教中心	省技术能手
	刘正琴	女	技师学院	省民办教育“红烛奖”
	彭明才	男	长兴职教中心	省教育十大新闻人物
	杨宇虹	女	长兴职教中心	省中小学教坛新秀
	习小花	女	槐坎乡中心学校	省第十九届“春蚕奖”
	陈春梅	女	和平镇中心小学	省第十九届“春蚕奖”
	沈柏生	男	林城镇中心小学	省第十九届“春蚕奖”
2007年	彭明才	男	长兴职教中心	省劳动模范
	濮建忠	男	古城中学	省优秀教师
	费新华	男	职教中心	省优秀教师
	王涧芳	男	吕山乡中学	省优秀教师
	曹朝云	男	煤山镇中心小学	省第二十届“春蚕奖”
	杨福祥	男	水口乡中心小学	省第二十届“春蚕奖”
	黄裕来	男	二界岭乡中心学校	省第二十届“春蚕奖”
	吴玉良	男	长兴职教中心	省学生军训工作先进个人
	杭伟华	男	长兴中学	省高中学生化学竞赛园丁奖
	钦国强	男	长兴中学	省中小学师德楷模
	郭桂梅	女	技师学院	省首届感动浙江十大乡村教师
	王涧芳	男	技师学院	省技工院校优秀教师

续表11-13

年份 项目	姓名	性别	单位名称	荣誉称号
2007年	包奇佳	女	电大进院	年度浙江广播电视大学“育人奖”
	王　娟	女	太湖高中	省廉政故事演讲比赛一等奖
	吴慧婷	女	实验小学	省义务教育课程改革第一阶段先进个人、省义务教育课程标准实验教科书小学数学（人教版）实验工作“优秀教师”
	黄玉平	男	实验小学	省实验学校第五届“教改之星”银奖
	王晓冬	男	实验小学	省优秀先队辅导员
	邵志南	男	实验小学	省中小学体育课堂教学评比一等奖
	李　华	男	实验小学	省小学信息技术课堂教学评比一等奖
	沈利玲	女	雉城二小	省农村中小学素质提升工程教学能手
	周义华	女	机关幼儿园	2005—2006年度省教育科研先进工作者
2008年	张向前	男	长兴中学	省未成年人思想道德建设先进工作者
	殷顺德	男	长兴中学	省化学会化学奥林匹克竞赛特级教练员
	王学伟	男	长兴中学	省首届十佳“心育”导师
	周丰花	女	华盛高中	省“体育道德风尚”裁判员
	吴　杭	男	太湖高中	省第九届重点中学田径运动会裁判员体育道德风尚奖
	邵志南	男	实验小学	省重点中学田径运动会体育道德风尚奖
	章永红	女	长兴一小	浙江省体育道德风尚奖
	管满泉	男	林城中学	省第二十一届“春蚕奖”
	柏　凌	女	实验小学	省第二十一届"春蚕奖"
	管　勤	男	泗安中学	省第二十一届"春蚕奖"
2009年	沈莉莉	女	实验小学	省第六届省实验学校教改之星铜奖
	陈美霞	女	长兴四小	省优秀少先队辅导员
	马卫平	男	小浦镇中心小学	省文明网优秀通讯员

续表11-13

年份/项目	姓名	性别	单位名称	荣誉称号
2009年	林天富	男	虹星桥镇中学	省第二十二届"春蚕奖"
	张凤林	男	和平镇长城完小	省第二十二届"春蚕奖"
	蔡振森	男	夹浦镇中学	省第二十二届"春蚕奖"
	程　红	女	长兴中学	省劳动模范
	张向前	男	长兴中学	省体育工作优秀校长
	钱晓南	男	技师学院	省技工院校优秀教师
	沈月龙	男	煤山中学	省首届农村教师突出贡献奖
	钦国强	男	长兴中学	省师德先进个人
2010年	潘君丽	女	实验小学	省小学信息技术课堂教学评比一等奖
	柏　凌	女	实验小学	省中小学师德楷模
	沈筱华	男	洪桥中学	省第二十三届"春蚕奖"
	杨永红	女	长广小学	省第二十三届"春蚕奖"
	王道宽	男	泗安中学	省第二十三届"春蚕奖"
2011年	江卫华	男	实验初中	省教坛新秀
	王　苹	女	水口乡中学	省第二届农村教师突出贡献奖
	杭伟华	男	长兴中学	省中小学教坛新秀
	霍永红	男	长兴职教中心	年度省青年岗位能手
	阮强志	男	技师学院	省技工院校优秀教师
	张桂英	女	技师学院	省技工院校优秀教师
	何忠义	男	电大进院	2010—2011年度全省电大系统"育人奖"
	芮道勇	男	长兴职教中心	省中学生暑期"社会实践活动先进个人"
	王慧珠	女	实验小学	省教育系统事业家庭兼顾型先进个人
	左有琴	女	长兴一小	省少先队先进工作者
	周朝阳	男	长兴八小	省农村教师"领雁工程"优秀领雁人
	杨永红	女	小浦镇中心小学	省农村教师"领雁工程"优秀领雁人
	周义华	女	机关幼儿园	省"巾帼建功"标兵
	李　华	女	实验小学	省实验学校"教改之星"评比金奖
	韩苏斌	男	太湖街道中心学校	省优秀裁判

续表11-13

年份 项目	姓名	性别	单位名称	荣誉称号
2012年	王丽华	女	实验小学	省体育特色学校小学排球比赛“优秀教练员”
	李景一	男	电大进院	年度省电大系统先进教育工作者
	李忠宝	男	长兴职教中心	省技术能手
	霍永红	男	长兴职教中心	省技术能手
	王寿成	男	槐坎中心小学	省第二十四届“春蚕奖”
	奚忠恕	男	华盛高中	省第二十四届“春蚕奖”
	王宝华	男	长兴中学	省第二十四届“春蚕奖”
2013年	傅树方	男	金陵高中	省援疆指挥部系统“优秀党务工作者”、2013年度全省援疆指挥部系统“优秀共产党员”
	周杨经	男	金陵高中	省首届心理健康教育教师技能大赛一等奖；省中小学班主任工作室领衔人
	胡晓雄	男	长兴中学	省中小学教坛新秀
	唐柏红	女	技师学院	省技工院校优秀教育工作者
	周桂林	男	技师学院	省技工院校优秀教师
	吴海龙	男	林城成校	省农函大先进工作者
	钱国豪	男	长兴一小	省少先队优秀辅导员
	潘华英	女	长兴一小	省优秀辅导员
	黄显庭	男	长兴六小	省校园足球优秀校长
	吴纪章	男	李家巷镇中心小学	全省优秀支教老师(新疆维吾尔自治区教育厅)
	叶会平	男	水口乡中心小学	省少先队先进工作者
	刘旭芬	女	第二实验小学	省优秀少先队辅导员
	胡晓雁	女	实验幼儿园	省教科研先进个人
2014年	徐建忠	男	实验小学	十三届省少先队争章技能展示获“浙江省辅导员素质技能金章”
	徐　静	女	实验小学	年度省教育系统“三育人”先进个人
	陈长芳	男	二界岭中心小学	省农村教师突出贡献奖
	何竹明	男	长潮中心小学	省优秀少先队辅导员

续表11-13

年份 项目	姓名	性别	单位名称	荣誉称号
2014年	郭敏秀	女	仙山中心小学	省"最美山村教师"
	叶玲利	女	长兴二小	省科技教育先进个人
	佘志伟	男	长兴中学	省优秀教师暨浙江省中小学师德楷模
	傅树方	男	金陵高中	省第七批优秀援疆人才
	徐平洲	男	电大长兴分院	年度全省电大系统"先进教育工作者"
	杭文云	男	中心幼儿园	省青少年校园足球活动优秀园长
	黄建鑫	男	金陵高中	省高中美术优质课评比一等奖
	费根法	男	太湖高中	省第二十五届"春蚕奖"
	李　莉	女	长兴职教中心	省第二十五届"春蚕奖"
	张佩成	男	白岘乡中心小学	省第二十五届"春蚕奖"

二、生活待遇

（一）工资津贴

1989年，小学公办教职工人均月基础工资139.4元，普通中学公办教职工人均月基础工资143.3元。全县中小学民办教师832人增加工资（国拨部分）全部兑现，共计14.76万元。

1990年，对全县中小学2403名教职员工普加工资，月增资总额17805元，对离退休334人普遍提高退休费，月增资额2912元。全县中小学民办教师719人实行普调和再升一级工资。对进职的专业技术人员，实行工资挂钩265人，4名全国优秀教师晋升一级工资，月增资2894元。是年，成立县人民教育基金会，解决民办教师的老有所养问题。

1991年，公办教师人均年收入2360.92元，民办教师人均年收入2229.66元。1993年，实施中小学教职工工资制度改革，实行中小学职务（技术）等级工资，由职务（技术）等级工资和津贴两部分构成，职务（技术）等级工资部分占70%，津贴部分占30%。10月1日起，全县实施中小学工资制度改革。是年，2732名在职教职工月增资总额26.3万元，月人均增资96元；510名退休教职工月增资离退休费总额4.2万元，月人均81元。

1996年，对在中小学工作满30年（教学工作满15年）的退休教师（女教师放宽到

25年)按标准工资的100%计发退休金。

2002年,在分配制度上实行校内结构工资制,同时健全、完善社会保障制度。6月1日开始,全县中小学教师工资全部纳入县财政预算,实行由县财政统一发放,设立教师工资专户,依法保证教师工资按时足额发放。财政统一发放工资项目包括教师等级职务工资(含10%及浮动)、工资津贴、教龄津贴、职务(岗位)津贴,国家及省、市、县明文规定由财政负担的其他工资和工资性津贴项目。义务教育阶段教师误餐补贴和年终一次性奖金也列入财政统发工资范围内。

2003年,将全县教师的冷饮费全部列入县财政统一发放。

2004年起,全面实施农村园丁工程,农村教师每月上浮一级工资(经费由乡镇财政承担),县、乡两级政府建立专项基金,建立年度目标考核奖,确保农村教师每年除工资之外收入不少于4000元。是年,加大向义务教育阶段和贫困地区学校扶持力度,对泗安镇中小学教师缺编补助标准提高到400元/人·月,虹星桥、水口、吴山、二界岭等乡镇中小学教师缺编补助标准提高到380元/人·月。

2006年12月,根据《浙江省事业单位工作人员收入分配制度改革实施意见》,实行岗位绩效工资制度。岗位绩效工资由岗位工资、薪级工资、绩效工资和特殊岗位津贴四部分组成,其中岗位工资和薪级工资为基本工资,当年7月1日起实施。是年,全县参加此次收入分配制度改革的教职工共5247人,月增资总额164.9万元,月人均增资323元。1804名退休教职工月增资离退休费总额50.7万元,月人均281元。

2007年,制定县《农村文化教育满意工程实施方案》,继续设立农村中小学教师年度目标考核奖及岗位津贴,建立农村中小学教师每月工资上浮机制,年均增幅不低于15%,工资外收入人均不少于6000元。

2008年,全县公办义务教育阶段,城镇教师工资外待遇标准提高至7200元,农村教师工资外待遇标准提高至8000元,义务教育阶段学校的农村教师实行农村任教津贴。实行农村教师任教津贴的人员,按所聘的岗位和在农村学校任教的年限执行相应的津贴标准(取值范围在60~400元/月),而对在农村学校任教的特级教师,在本人享受的任教津贴的基础上每月加发500元任教津贴。是年,领取农村教师津贴2467人,人均增资207元。

2009年,出台《长兴县义务教育学校绩效工资的指导意见(实行)》,从1月1日起实施义务教育学校教职工绩效工资。绩效工资分为基础性和奖励性两部分。基础性绩效工资设立生活补贴、岗位津贴、教(工)龄补贴、班主任津贴、农村教师任教津贴等;奖励性绩效工资,在考核的基础上,由学校确定绩效性工资的分配方式和办法。各校根据实际情况设立安全考核奖、出勤考核奖、超课时（工作量）津贴、教育教学成果奖、名优教师奖等。按照义务教育学校教师规范后津贴补贴平均水平不低于当地公务员平均工资水平的原则，核定县绩效工资总量。全县公办幼儿园非事业编制教师社会保险费单位缴纳部分由县财政全额补助，584人享受补助，共计202.45万元；公办幼儿园教师实行县“农村文化教育满意工程”，标准为4600元/人·年，有631人，共计290.44万元全部到位。

2010年1月起，高中段学校（单位）、成校、幼儿园在编在职工作人员实施绩效工资。全县教职工工资有较大幅度提高，退休教职工提高生活补贴。至2012年，全县人均教职工工资为72413元。

2013年，公办幼儿园非事业编制教师的满意工程经费在上年度5300元/人·年的基础上，增加2500元/人·年的待遇补助。

2014年，全县实施非义务教育学校教师绩效工资改革。按要求实施绩效工资制度，绩效考核向一线教师、骨干教师、班主任倾斜。农村教师津贴、特岗教师津贴按要求发放到位。是年起，全县各级各类学校设立教育质量奖。教育质量奖主要用于学校目标管理考核、教学质量、超工作量、名优教师及管理工作等奖励。全县人均教职工工资为82150元。

（二）住房待遇

1989年，全县出台教师皆可参加集资建房的政策，部分教职工的居住条件得到改善。

1990年，县属学校新建教工住宅18套，950平方米，投资26.65万元。

1993年，县政府出台《长兴县住房制度改革实施中若干补充规定》，实施城镇住房改革制度。是年起，部分城镇学校教师购买公有住房，开始实施住房公积金制度。

1995年，县政府下发《关于加快解决教职工住房问题的意见》，文件规定“政策优一点、财政拨一点、社会助一点、学校筹一点、个人出一点”，采取“划分档次，兼顾公平，结合实际，酌情补贴”办法，推进教职工住房建设。

1996年10月，长兴中学建成教师住房144套，县教师进修学校教师集资建住房10套。是年，结合住房制度的改革，通过合资、合作、联建的形式，续建新建教职工住房28800平方米，388套，投资达1520万元，缓解中小学教师住房紧缺矛盾。对农村中小学教师在享受集资建房优惠政策的同时，可享受每套4000元的补助。此后，县教育局会同有关职能部门对教育系统住房公积金等房改问题进行研究，加快全县教育系统住房制度改革。1993—1996年，共建成教职工住房38430平方米，计508套，总投资1970万元。

2001年，县教育工会积极争取教师购房优惠政策，为80名教师购房节省资金170余万元。县政府在县城划拨土地60亩，用于建造教师公寓。

2003年，80岁以上退休教职工住房货币分配政策得到落实，总经费132万元；全县教师住房公积金全部列入县财政统一发放。是年，农村学校单身公寓建设动工、立项共134套，共计建筑面积4460平方米，总投资315万元。

2004年，全县实施《农村园丁工程》，制定教师住房改革方案，每年为农村学校教师建造100套单身公寓。

2005年，全县加快单身教师公寓工程建设，共建78套，立项86套；兑现1926年1月1日至1930年12月31日期间出生、并符合条件的退休教职工人的住房补贴。

2006年2月，县教育局成立房改政策落实工作领导小组，落实兑现住房货币化政策工作。到9月底，教育系统全部兑现退休教师和1998年底前参加工作的在职教职员工的住房货币补贴。是年，农村教师单身公寓规划110套，完成建设48套，在建28套，建设前期项目34套，共计建筑面积4150平方米，总投资327万元。此后，全县教师全面施行住房公积金制度。

2012年，县财政对全县教职工公积金补助标准是247～319元/人·月。2013年，县财政对教职工公积金补助标准提高到平均600元/人·月。

2014年1月始，县财政对教职工公积金补助标准提高到平均680元/人·月。县财政对公办幼儿园非事业编制教师缴纳公积金实施补助。

（三）医疗

1989年，公办教职工按规定享受公费医疗待遇。1997年4月，教职工医疗费实行“分块管理　定点就医”管理模式。1999年，实施教职工基本养老保险基金统筹。2000年，出台《教职工大病互助会实施暂行》和《大病医疗费报销、领款暂行办法》。8月，县教育局成立县教育工会教职工大病互助会（具体操作由县教育工会负责）。次年，全县统筹会费100万元，共为248位大病教师解决医疗费118.7万元。

2002年起，实行教职工基本医疗保险制度。2003年，县政府将全县在职、离退休教师全部纳入医保范围，基本解决广大教师“看病难”问题，费率标准按照上年度省职工平均工资的16%缴纳，其中教师个人承担2%，县财政承担14%。2010年起，全县教职工每年参加长兴县在职教职工住院医疗互助活动。

2010—2014年，全县在职教职工住院医疗互助活动受益教职工855人，受助金额54.4194万元。

(三)健康检查

1989年以后，教职工健康体检由学校根据实际情况自行组织进行。1999年4月，全县组织女教职工进行健康体检。2001—2002年，三八妇女节期间，组织全县女教师参加常见妇科病筛查体检。此后，各级各类学校定期组织教师健康体检。2008年起，全县每年对女教职工进行妇科专项体检(其中一年结合正常体检开展)。2009年起，每两年为全县的教职工进行健康体检一次。2013年3月，报县政府批准，增加教师健康体检项目6项，涉及增加经费1790473元，每年体检一次，最优化保障教师的体检权益。2009—2014年，全县教职工共有25127人次进行健康体检。

(四)"农转非"

1989年，全县218名从教十年的农村大中专教师及20名从教35年以上、子女年龄在25周岁以下的农村教师分别办理一个子女"农转非"手续。1997年，为全县12名评聘担任中级职务并任职三年以上的人员，办理其农村户口配偶、子女的"农转非"；为69名大中专毕业后担任初级职务的人员、连续任教五年以上的，办理一名农村户口的子女"农转非"。

第四节 干部管理

1989年，全县学校执行教代会制度，实施民主评议学校干部制度。中小学校长参加各级各类教育行政部门组织的校长岗位培训，经考核取得合格证书持证上岗。

1991年5月，县教育局对全县中小学副教导主任以上干部进行全面考核，对部分中小学领导班子进行适当调整和充实，新提拔德才兼备的年轻干部。此后每年定期对中小学领导班子进行考核，完善干部任用机制。

1994年8月，全县在煤山中学、雉城中学、林城中学、林城中心小学和实验小学5所学校开展校长负责制试点。此后，全县推广校长负责制。

1996年起，实施校长任期审计制度。1997年6月，县教委印发《中小学民主评议干部工作的实施意见》。

1998年9月，县教委推行政务公开制度，加强学校后备干部的培养，建立后备干部档案。是年，全县中小学确立后备干部233名。

1999年6月，县政府制定《长兴县实行政务公开制度的若干规定》，对政务公开的监督考察机制等做明确规定。是年,县教委在中小学实行财务公开制度。

2000年,县教委推行领导干部全面书面述职制度。

2001年,全县改革校长单一的委任制,实行公选制,县中心幼儿园园长、雉城中学校长实行公开选拔,长兴职教中心等6所学校实行中层干部竞聘上岗。实行学校领导班子动态考察和回头看,采用上挂、下派、横联的办法培养领导干部。是年,与县委宣传部联合进行教育系统后备干部"双推双考"选拔,建立后备干部人才库,定期选拔、培训和培养,建立监督机构和试用制度。校长任用均由局党委集体商量决定。局党委与各中小学校长签订《党风廉政建设责任书》,出台《教育系统领导班子集体议事细则》。

2002年7月,出台《长兴县教育局关于加强教育系统干部教师队伍建设和管理的若干意见》,建立校长公选制,建立监督机制和试用期制度,建立后备干部选拔培养制,实行干部诫勉制度,实施"名师名校"工程。根据《学校领导班子集体工作考核评估细则》进行总体考核,每学年度末校长进行述职、教师评议、教育行政主管部门对照目标进行考核,根据实际情况对其进行诫勉、降职,直到免职。全面实行中层干部竞聘制,中层干部任期3年,可连续参加公开竞聘。推行后备干部公开选拔制,建立选人用人、公开招聘和考核制度。是年,建立100名后备干部人才库。

2003年起,全县每年组织校园长(书记)暑期读书会。全县中小学中层干部全部通过竞聘走上岗位。是年,全县举办第一届基础教育改革研讨会暨校长论坛(至2014年共10届)。

2004年,县政府出台《长兴县关于进一步加强名师名校长建设的意见》,出台名校长认定条件、职责要求和待遇标准,大力推进名校长培养。

2005年11月,全县教育系统公开选拔校级后备干部100名,其中,高中20名,初中、小学各40名。选拔考试分笔试和面试。

2006年下半年,实施《学校目标管理和校长(园长)考评办法》,实行量化考核,对各级各类学校按类别进行综合考评,将学校目标管理考评纳入校长考核。此后每年考核。

2009年12月,出台《长兴县校长书记绩效考核暂行规定》,对义务教育阶段的校长、书记进行考核,考核内容由《长兴县学校管理工作年度考核办法》《长兴县学校校长办学责任制考核办法》、个人素质测评三部分组成,每学年末考核一次,考核结果作为评聘、聘用、晋升、绩效工资分配和奖惩等方面的重要依据。

2010年,出台《长兴县教育局城乡学校互助共同体教师流动暂行办法》,将城镇学校干部交流到农村学校任职。学校中层以上干部进行廉政风险点排查和防范承诺，推进反腐倡廉。

2012年，出台《长兴县中小学校长队伍管理暂行办法》，实施名校长考核制度。

2013年，制定《长兴县教育系统干部队伍培养规划(2013—2015)》《2013年长兴县教育系统干部挂职培训实施方案》。12月，制定出台《长兴县义务教育学校教师校长交流工作实施办法》和《长兴县义务教育学校教师校长交流若干问题规定》，对全县义务教育学校分成8个片域流动，参与校长交流15人。是年，对全县中层以上干部进行民主测评，通过自主报名与组织推荐相结合、民主推荐、民主测评与组织考察等程序，建立新的局管正、副校级后备干部库，确定局正校级后备干部人选30名，局管副校级后备干部人选65名。是年，暑期对全县学校班子队伍进行调整，提拔干部28人，交流8人，降职使用4人，到龄退6人。

2014年，通过专家考评、民主测评和组织考察，公开选拔幼儿园后备干部30名。乡镇省一级幼儿园配备分管业务的副园长12名。是年，长兴县承担湖州市义务教育学校教师、校长交流工作试点县任务，全县义务教育学校校长交流29人。

第十二章　教育经费

第一节　教育经费来源

1989年后，教育经费来源主要有财政性教育经费，还有教育费附加、学杂费、社会各界捐资及其他收入。1989—2014年，全县教育经费总投入1149138.59万元。

一、财政拨款

1989年，全县财政支出4178.3万元，教育拨款占县财政支出为20.58%，全县人均教育经费20.5元。小学生均经费74.93元，初中生均经费181.20元。

1993年，县财政教育拨款1394.2万元，小学生均经费160.59元，初中生均经费201.53元。

1994年，县政府出台《长兴县教育配套建设费收费实施细则》，开征教育配套建设费。

1995年，实施《中华人民共和国教育法》，县财政拨款教育事业经费占县财政预算内支出为25.64%，比1994年增长15.02%。全县人均教育经费84.92元，小学生均经费276.65元，初中生均经费344.98元。

2000年，全县财政1.8亿元的总收入中教育经费占32.5%。县财政对教育的拨款年初预算为5308.6万元，年终追加，教育经费总额达5857.9万元，比1999年净增1087.5万元，增长率为19%，做到预算内教育拨款增长高于财政经常性收入的增长。全县人均教育经费为240.8元，小学生均经费590.42元，初中生均经费891.25元。

2001年，创建省教育强县，县财政对教育的拨款作了追加，达到8697.5万元，比上年净增2198.7万元，增长率为52.3%，财政拨款占全县财政总收入的38.2%。是年始，县财政每年安排200万元专项资金，用于扶持5个经济薄弱乡镇的学校建设、教育设施配置等。

2003年，县财政对教育的拨款为13651.6万元，财政对教育的拨款占财政支出的比例为23.15%，比上年增长26.41%。小学生均经费1301.5元，初中生均经费1721.8元。是年，县财政在教育经费中分别安排农村园丁工程专项经费、名师名校长专项经费、创强复查专项经费；对薄弱学校加大经费倾斜政策，缩小校际差距。

2004年，县财政对教育的拨款为21591.1万元，比上年增长58.2%；小学生均经费1941元，初中生均经费3506元。

2009年，全县教育经费预算方案首次列入县人代会审议。2009年、2010年、2011年，小学生均教育经费分别为4317.8元、6305.7元、6932.9元；初中生均教育经费分别为5386.1元、6359.3元、7175.1元。

2012年，全县财政对教育拨款比上年增长4.35%。

2013年，全县教育经费总投入14.19亿元，其中国家财政性教育经费为11.98亿元，占地区生产总值的2.94%，比上年提高0.12个百分点。全县预算内教育经费占财政支出为23.41%。

2014年，全县财政性教育经费达13.29亿元，其中预算内教育经费12.35亿元，占财政支出的23.92%。全县财政对教育拨款比上年增长9.06%。是年，1—10月，中央和省级财政补助全县教育专项资金4800万元。小学、初中均教育经费分别达到13723元、20311元。县财政拨款预算内经费比1989年净增长122708.4万元，增长143.7倍。小学、初中生均教育经费比1989年分别增长183.1倍、112.1倍。1989—2014年，县财政拨款共计858503.8万元。

二、教育费附加

1989年，县政府出台《关于提高教育附加费计征率的决定》文件，全县征收城乡教育事业费附加，城镇30.4万元，农村198.9万元，用于实施义务教育215.2万元，占教育附加支出的93.85%，其中用于学校基本建设和校舍修建占50.94%。

1990年，全县开始征收农村教育事业费附加。

1993年，县政府转发《关于教育事业费附加征收管理的若干意见》，教育费附加按规定征收，合理使用。是年，全县征收城乡教育费附加460.4万元。

1994年，完善、城乡教育费附加的征收和管理办法，落实《关于进一步加强我县农村教育事业费征收管理工作的意见》，加强对农村和城市教育费附加的征收、使用和管理。是年，全县征收城乡教育费附加647.1万元。

1995年，全县农村教育费附加（含工商企业、社会集资）占上年农民人均纯收入的1.11%。是年，全县征收城乡教育费附加932.9万元。

1996年，县政府与乡镇签订责任书，把农村教育事业附加足额征收列入年终考核内容。

1997年，县政府下发《关于进一步加强和改善我县教育事业费附加征收和管理工作的意见》，明确征收的范围和征收标准。

1998年，农村农民人均教育附加费征收突破千万元大关，达1154万元。

2000年，共征收农村教育附加费为1353.5万元，完成市下达的106.2%，比1999年的1203.2万元多增了150.2万元，增长率为12.5%。

2001年，规范农村教育费附加的征收工作，做到专款专用，共征收农村教育费附加2256.09万元。

2003年，全县农村教育费附加达到2155.6万元。是年始，试行"费改税"新机制，全县调整和安排农村教育经费，县政府专门拟发《关于确保农村义务教育事业健康发展的意见》，确保农村义务教育的建设及公用经费支出，加大教育费附加的调控力度，着力扶持薄弱学校、薄弱乡镇发展教育。

2007年，县政府出台《深化农村教育管理体制改革实施意见》和《义务教育经费保障机制改革实施方案》，完善"以县为主"教育管理体制，建立农村学校建设和发展专项经费，明确义务教育的经费投入及管理等机制，落实义务教育发展政策保障。1989—2014年，各级政府征收用于教育的税费共133713.2万元。

三、捐资助学收入

1989年，县政府出台《关于乡镇多渠道筹措教育经费的暂行规定》，鼓励和倡导单位、团体和个人筹资办学、捐资助学，积极争取港澳台同胞、海外侨胞和外籍华人以及国外团体、个人的捐资助学，增加教育投入，改善办学条件。

1991年，县政府建立人民教育基金会，到年底集资146.8万元，其中教育部门个人捐款总额达10.619万元，县教育局机关（含事业单位）人均捐款95.2元，中小学公民办教师人均捐款27.85元，退休教师人均捐款11.81元。教育部门100元以上有124人（其他系统45人）。是年，多渠道筹措教育经费451.2万元。

1992年7月31日，香港同胞捐资的后洋南庄小学、新塘姚家浜小学"庆同楼"的落成典礼在后洋乡南庄小学举行，共捐资29.04万元。是年，香港同胞邵逸夫捐赠基建经费130万元，分别建造雉城四小逸夫楼和洪桥逸夫中学逸夫楼。

2000年，县政府出台《长兴县关于鼓励社会力量办学暂行规定》，引进新建长兴华盛中学、湖州大云昆中国际学校、湖州清泉文武学校等办学资金；引进海外人士捐资助学项目8个。

2003年，全县接收受社会捐资助学经费779.2万元，重点用于农村学校改善办学条件。

2008年3月，浙北大厦有限责任公司向林城镇太傅完小捐赠100万元，用于校舍建设。

1989—2014年，社会团体和公民个人办学经费、民办学校中举办者投入共22822.7万元，社会捐、集资办学经费共7115.2万元。

1989—2014年长兴县教育经费收入情况表

表12-1　　　　单位：万元

年度	收入总计	国家财政性教育经费					社会团体和公民个人办学经费、民办学校中举办者投入	社会捐、集资办学经费	事业收入		其他收入
		小计	预算内教育经费	各级政府征收用于教育的税费	企业办学经费	校办产业、勤工俭学和社会服务用于教育的经费			小计	其中，学费、杂费	
1989	1215.23	1058.3	860	187.8	0	10.5	0	0	105.45	105.45	51.48
1990	1698.96	1481.46	920.1	285.3	254.76	21.3	0	18.9	126.3	126.3	72.3
1991	2024.7	1751.7	1025.8	317.9	382.8	25.2	0	21.7	165	165	86.3
1992	2391.5	1864.3	1300.3	265.8	278.1	20.1	0	31.7	248.3	248.3	247.2
1993	3223.1	2246	1394.2	460.4	354	37.4	0	178.9	414.6	414.6	383.6
1994	4782.7	3527.6	2331.5	647.1	424.7	124.3	0	174.8	645.5	645.5	434.8
1995	6443.2	4337.6	2470.7	932.9	659	275	0	348.5	797.4	797.4	959.7
1996	7467.8	4828.4	2982.6	1214.7	467.5	163.6	0	488.5	882	882	1268.9
1997	8544.2	5846.1	3474.6	1684.5	488.8	198.2	0	388.4	1108.9	1108.9	1200.8
1998	9736.5	6357.8	3904.7	1813.7	512.1	127.3	0	459.8	2381.7	1385.9	537.2
1999	11925.6	8231.6	4950.5	1944.7	1274.7	61.7	0	135	2803.3	1545.9	755.7
2000	13712.4	9049.1	5898.8	2113.4	975.3	61.6	0	213	3581.7	2053.3	868.6
2001	22529.1	12111.4	8702.5	2530.1	842.9	35.9	4492.5	1042.8	4156.9	2302.6	725.5
2002	22302.3	13594.2	10799.6	1826.2	911.3	57.1	1265.1	730.8	5753.7	3025	958.5

续表 12-1

年度	收入总计	国家财政性教育经费					社会团体和公民个人办学经费、民办学校中举办者投入	社会捐、集资办学经费	事业收入		其他收入
		小计	预算内教育经费	各级政府征收用于教育的税费	企业办学经费	校办产业、勤工俭学和社会服务用于教育的经费			小计	其中，学费、杂费	
2003	28836.8	16890.3	13651.6	2685.2	476.3	77.2	1796.4	779.2	7784.7	4688.2	1586.2
2004	47864.7	26664.1	22309.3	3610.9	733.3	10.6	9574.2	104.8	8402.7	6199.4	3118.9
2005	43474.6	28599.5	24761.2	3833.5	0	4.8	3060.8	56.6	10263.9	7251.1	1493.8
2006	56315.7	39533.2	35104.5	4423.4	0	5.3	1796.2	53.8	12505.2	8727.8	2427.3
2007	63188.7	46072.3	37373.4	8698.9	0	0	0	334.8	14551.1	6966.3	2230.5
2008	73083	51344.5	39517.3	11821.4	0	5.8	0	67.5	15744.8	8618.5	5926.2
2009	77471.1	54767	47499.3	7255.7	0	12	1	667.7	17076.8	10813.1	4958.6
2010	106393.5	82010.6	59282	22728.6	0	0	76	384.8	17216	9854.5	6706.1
2011	112821.7	89408.1	79077.9	10330.2	0	0	623.5	199.5	17819.8	10082.4	4770.8
2012	126988.9	104626.4	88723.6	15902.8	0	0	37	199.6	14578.7	10256.5	7547.2
2013	141919.4	119816.0	103090.7	16725.3	0	0	52.2	7.2	11010.4	7200.9	11033.6
2014	152783.2	132856.7	123568.4	9288.3	0	0	47.8	26.9	16612.3	12098.1	3239.5

第二节 教育经费支出

1989—2014年，全县教育经费总支出1140084万元，其中用于“个人支出”（工资、津贴等）639537.1万元，用于“公用部分”（公务费、业务费、修缮费、设备购置费等）219414.9万元。26年内教育经费支出做到逐年增长。2014年，全县教育经费总支出154152.2万元，比1989年净增152937万元。

1989—2014年，征收教育税费主要用于学校基本建设和学校教学条件装备建设，捐、集资办学经费主要用于实施九年义务教育、发展职业教育、改善办学条件等，学校事业收入经费保证30%以上用于改善办学条件。

2014年末，全县各级各类学校固定资产总值231872.18万元，其中专用设备总值30226.37万元。1989—2014年，全县学校基本建设项目投资281132.4万元，全县教育装备投资34499.3万元。

1989—2014年长兴县教育经费支出情况表

表12-2 单位：万元

年份	合计	个人部分支出	公用部分支出					基本建设支出
			小计	公务业务费	设备费	修缮费	其他费用	
1989	1215.2	759	379.4	140.8	29.3	148.5	60.8	76.8
1990	1618.9	1010.7	495	183	39.1	111.3	161.6	113.2
1991	1730.2	957.4	627.8	85.5	39.2	85.5	417.6	145
1992	1855.8	1175.1	635.7	88.1	83	186	278.6	45
1993	3169	1888.3	1069.7	64.4	7	64.1	934.2	211
1994	4590.1	2891.4	1186.7	55.8	12	76.2	1042.7	512
1995	5972.8	3334.7	1501.8	63.2	16.4	3.8	1418.4	1136.3
1996	7582.2	3900.5	1829.3	97.6	35.5	54.1	1642.1	1852.4
1997	8553.1	4409.1	2029.7	109.7	28.1	123	1768.9	2114.3
1998	9510.1	5295	2733.4	1104.3	443.7	569.9	615.5	1481.7

续表12-2

年份	合计	个人部分支出	公用部分支出					基本建设支出
			小计	公务业务费	设备费	修缮费	其他费用	
1999	12158.3	6091.9	3194.4	1340.4	450.4	620.5	783.1	2872
2000	14282.8	7481.4	3995.6	1772.5	590	800.5	832.6	2805.8
2001	22670.4	10341.6	5328.5	2094.8	1579.9	811.5	842.3	7000.3
2002	22427.8	13471.4	6684.6	2887.1	1492.4	1445	860.1	2271.8
2003	28954.7	16001.1	7193.7	3590.7	1512.2	1258.9	831.9	5759.9
2004	46995.2	20281.6	8882.8	3781.3	2502.6	1926.7	672.2	17830.8
2005	43155.9	24896.4	9683.2	4303.4	2161.8	2372	846	8576.3
2006	55984.9	35926.5	11200.1	5656.9	1981.1	2604.8	957.3	8858.3
2007	62247.3	35019.4	13725.8	5983.3	1796.9	1728.3	4217.3	13502.1
2008	72273.6	42711	14244.2	6133.8	1858.5	1805.5	4446.4	15318.4
2009	76237.8	49007	15881.9	6304.2	2112.8	1902.5	5562.4	11348.9
2010	104864	62196.2	16774.7	7036.7	2273	2058.5	5406.7	25893.1
2011	111797	61629.4	18900.7	8267.8	3018.2	2285.3	5329	31266.9
2012	126316.9	67673.7	20599	8784	2601.2	2439.9	6773.9	38044.2
2013	139768.2	76517.9	23681	9780.4	2443.4	3547.4	7909.8	39569.3
2014	154152.2	84669.4	26956.2	9706.4	5391.6	3619.8	8238.4	42526.6

说明：个人部分包括基本工资、津贴补贴、奖金及绩效工资、社会保障缴费、其他支出、离退休费、医疗费、助学金等

第三节　教育经费管理

一、分级管理

1989年，教育经费继续实行分级管理。县政府颁发《关于乡镇国拨教育事业费切块包干的暂行规定》，全县乡镇国拨教育事业经费施行“切块包干”办法。县管学校人员经费实行定编定员，工资总额、公用经费按学生数核实包干，公用经费按不同类型学校计发，预算外经费由学校根据规定收支和管理，分季度向县教育局结报。危房修复经费渠道包括教育事业费、省县专款补助、城市维护费、全民集体企业征收

附加费、个人捐资、乡镇企业征收附加费、学杂费和勤工俭学收入等。是年，县政府颁发《关于乡、镇多渠道筹措办学经费的暂行规定》，提出多渠道筹措办学经费的办法，筹措农村学校办学经费必须在乡（镇）人民政府领导下组织实施，由乡镇教管会统一入账管理，用于批准项目的开支。

1993年3月，全国八届人大三次会议通过《中华人民共和国教育法》，以法律的形式确立新的教育经费管理体制。5月，县委、县政府召开全县教育工作会议，乡（镇）主要负责人、分管领导、县级机关各部门负责人和校长等240余人参加会议。会议就如何深化县教育改革，发展基础教育，如何多渠道集资、多形式办学，如何加快校办产业发展等问题进行研究和部署。是年，县政府出台《关于教育事业费附加征收管理的若干意见》和《关于发展校办产业的若干规定》两个文件，保证学校经费的稳定来源。

1994年，全县贯彻落实《关于进一步加强我县农村教育事业费征收管理工作的意见》，加强对教育经费的使用管理和审计监督，提高教育经费的使用效率。

1995年9月，长兴县中小学实行收费联系卡制度。

1997年，全县规范和加强学校财务管理，修订学校财务管理十项制度，实施会计基础规范化考核。

1999年8月，加强对教育经费的管理，使教育经费使用规范化，县教委成立纪检监察审计办公室，建立校长离任审计制度，不定期地对全县学校经费进行校长在任审计。

2000年，全县学校实施《关于中小学财政补助经费包干办法的若干意见》。5月，县教委直属单位财务核算中心成立，为教委直属业务部门，实行“单位审批，中心结报，统一管理，分单位核算”的管理体制。

2001年，规范农村教育费附加的征收工作，实行专款专用；完善教育系统财务核算中心管理制度，实行电算化统一管理。

2002年3月，县教育局、县纠风办联合设立“义务教育阶段乱收费现场投诉点”，受理群众投诉。是年，改革高中段办学模式、经费管理办法和经费管理分配办法，高中段学校实行“综合预算、差额拨款、总额包干”的经费管理制度；学校后勤服务实行社会化管理。

2004年8月，县教育局下发《关于在全县义务教育阶段学校推行“一费制”收费方法的实施意见》。各学校收费时必须凭物价部门核发的“收费许可证”，统一使用县财政部门印制（监制）的收费票据。

2006年3月，县教育局下发《关于进一步规范办学行为的若干规定》《关于教育乱收费责任追究办法》，加强财务管理，严格财务制度。

2007年，县政府出台《深化农村教育管理体制改革实施意见》，完善"以县为主"教育管理体制，建立农村学校建设和发展专项经费，完善中小学预算资金支付管理制度和政府采购制度；成立县教育局财务核算中心，各乡镇学校经费全部纳入财务核算中心统一核算，各学校执行经费预算和财务制度执行情况报告制度。是年，县政府印发《长兴县义务教育经费保障机制改革实施方案》，建立"校财县管"的教育财务管理制度，实施《长兴县学校财务管理实施细则》，全县各县属学校、乡镇中小学、中心幼儿园、乡镇学校的所有经费全部纳入县教育局财务核算中心预算，统一核算，统一管理。学校原资金所有权、使用权、审批权不变，对财务工作的法律责任主体不变。各学校事业经费仍保留原银行结算账户，学校不设会计岗位，只设报账员岗位。县属学校直接向县教育局财务核算中心结报，乡镇学校由乡镇学校总报账员汇总后向县教育局财务核算中心结报。校长对学校财务工作负总责，对财务资料的完整性、真实性负责。各县属学校、乡镇中小学确定一位副校长分管财务工作。财会人员具备相应的任职资格。

2008年，全县继续贯彻实施"以县为主"的义务教育管理体制，深入实施教育管理体制改革与义务教育经费保障机制改革，建立农村学校建设和发展专项经费。

2010年，全县各学校执行综合预算管理制度，实施财务"收支两条线"管理，完善教育财务、综合预算和跟踪反馈机制。县教育局开设"长兴县教育局农村学校资金专户"，主要用于管理暂时未能纳入县财政局财政专户管理的农村学校。农村各学校（幼儿园）将除财政拨款以外的所有收入（含收费收入、勤工俭学收入、捐赠收入、房租收入、学校食堂、小店承包经营收入等）和单位往来款项全额缴入"长兴县教育局农村学校资金专户"，纳入各校年度预算管理，县财政局、县教育局根据实际情况统筹安排。

2012年，县教育局制定《长兴县学校食堂财务基础工作规范化考核办法》，是年起，全县学校食堂财务基础工作实行规范化考核。

2013年，出台《关于加强学校公用经费计划管理的通知》《长兴县学校基本建设管理暂行办法》《关于进一步加强中小学教育装备专项资金管理的通知》。教育系统内开始实施国库集中支付制度。健全教育偿债资金财政集中支付和校舍维修资金专户集中支付制度。

2014年，"以县为主"的经费管理体制进一步完善，全县各级各类学校教育经费全部纳入县财政预算，全面落实中小学预算管理制度，做到与财政收入同步增长。

二、收费管理

1989年，全县中小学学杂费收费标准由上级教育机构和县物价部门核准，义务教育阶段小学、初中只收杂费，免收学费。

1991年，县教委开展学校收费清理整顿，取消“发电费、设备费、住校生管理费、折旧费和财产损失费、实验费”五个收费项目，将“文体活动费、讲义费”列入学生的代管费中。下发《关于幼儿园收费标准及有关问题的通知》，严格制止乱收费。

1994年，执行新调整的中小学收费标准，适当放开非义务教育阶段的收费，普通高中在完成计划招生的前提下，允许招收30%的自费生；县职业技术教育推行有偿教育；幼儿园原则上自收自支，自我发展。

1995年9月，全县中小学实行收费联系卡制度。

1998年，县教委实行幼儿园等级收费制度。

2000年起，公办学校非义务教育阶段的收费，根据生均培养成本的一定比例收取学费，高中段学校收费按比例统筹。

2004年秋季始，义务教育阶段学校实行“一费制”[①]的收费办法，严格按标准收取一费，进一步加强学校收费收入的管理，实行“收支两条线”管理，同时，严格执行教育收费公示制度。各校严格执行教育收费公示制度，通过规定的形式，将中小学的“一费制”收费项目及标准、收费资金的使用情况向社会公示，主动接受学生、家长和社会的监督，增强学校收费的透明度。

2005年，实施收费“阳光工程”，严格执行省有关公办普通高中招生“三限生”政策，学校所有收费全额上缴县财政局预算外资金专户并实行收费电脑开票，收费实施公示制度，接受社会监督。8月，县教育局下发《关于调整义务教育阶段学校“一费制”收费标准》，对相关收费做进一步明确规定。

2006年8月，县教育局下发《关于义务教育阶段公用经费支出有关规定》，制定义务教育阶段公用经费支出规定。秋季起，全县义务教育阶段中小学生全部免除学杂费，初中每生每年260元，乡镇中心小学每生每年200元，村级完小每生每年130元。取消代办费和服务性收费。按规定限制择校生比例和收费。

2007年春季开始，全县中小学全部取消代办费和服务性收费。为了保证日常教育教学活动所需的基本开支，将必需的热（蒸）饭费、饮水费以及必要的课外（校外）教育

① 一费制：指杂费、课本费、作业费。

活动等开支，纳入公用经费支出范围。是年秋季始，全县义务教育阶段实施免收国家课程教科书费。次年春季开始，全面实施义务教育阶段课本费、作业本费免费工作。

2010年春季开始，免除农村义务教育阶段学校住宿费。至2014年末，全县义务教育阶段学校不收任何费用，中小学、幼儿园全面落实教育各项减免补助政策。

2005年长兴县九年义务教育学校“一费制”收费项目及标准情况表

表12-3 单位：元/生·学期

年级	类别	杂费	课本费	作业费	小计
一年级	城镇	100	85	10	195
	农村	65	85	10	160
二年级	城镇	100	85	10	195
	农村	65	85	10	160
三年级	城镇	100	135	10	245
	农村	65	135	10	210
四年级	城镇	100	130	10	240
	农村	65	130	10	205
五年级	城镇	100	120	10	230
	农村	65	120	10	195
六年级	城镇	100	120	10	230
	农村	65	120	10	195
初一年级		130	220	15	365
初二年级		130	220	15	365
初三年级		130	215	15	360

第四节 学生资助体系

1989—2000年，全县各中小学采取减免学杂费、结对助学、献爱心等方式资助学生，不让一个贫苦家庭子女辍学。

2001年5月，全县为发展职业技术教育，支持社会力量办学，鼓励初中学生报读职业学校，出台《长兴县教委关于教育券使用办法》，“教育券”分为职业教育和义务教育两类。职业教育“教育券”300元，义务教育“教育券”500元。秋季起，在长兴职教中心、长兴技校、清泉武校和社会力量办学举办的义务教育学校中使用教育券，抵充相当面值的学费，收到“教育券”的招生学校经费由教委兑现。是年，享受教育券的学生共1800余人，约65万元。

2002年4月，县教育局建立各级各类学校贫困学生档案，成立长兴县贫困学生助学互助会，制定《长兴县贫困学生助学互助会章程》，出台《长兴县贫困学生助学互助会经费补助实施细则》。互助会的资金以政府拨款为主，并接收会员单位和个人及社会各界的捐赠，以“教育券”的形式资助贫困学生完成义务教育阶段教育。当年县教育局在教育事业费中划拨10万元（2003年划拨20万元，2004年拨款30万元，之后每年县教育局从教育经费中划拨30万元用于扶贫助学，保证互助会的经费来源）。9月，全县教育券发放的范围拓展到义务教育阶段各类学校，发放扶贫助学教育券，小学、初中阶段的贫困生每学期可分别获得一张面额为200元、300元的教育券。贫困学生凭“教育券”到学校缴等值费用，学校期末向县教育局互助会结账。全县361名贫困学生拿到扶贫助学教育券，全部返回学校学习。是年起，为规范管理，县教育局把党政领导、离退休老干部的“一对一”救助活动、团县委的“希望工程”、县妇联的“春蕾计划”、社会捐款、企业捐资等全部纳入教育扶贫会归口管理，全部通过发放教育券的形式救助贫困学生。

2003年秋季起，县教育局出台补助薄弱高中和民办高中的教育券，将教育券的发放扩展到两所高中（华盛高级中学和原长广高级中学）。2005年9月起，在高中段全面实施教育券制度。2001—2005年上半年，县教育局共发放教育券25261张，计7373015元，其中，民办教育券72张，36000元；扶贫助学教育券8747张，2624215元；职业教育券15031张，4509300元；民办高中教育券787张，78700元；薄弱普通高中教育券624张，124800元。每年用于教育券的费用占全县教育经费的7‰左右。2005年下半年至2014年，全县共发放教育券28713张，金额521.025万元。

2004年6月，出台《长兴县人民政府办公室关于设立中小学素质教育优胜奖的通知》，设立中小学素质教育优胜奖，其中对当年高考成绩优异学生授予“高考成绩优胜奖”，并在大学期间每年每人提供10000元的奖学金；对当年高考成绩优异的家庭经济困难学生授予“贫困学生奋进奖”，并在大学期间每年每人提供8000元的助学金。以后每年一届，至2014年11届。至2014年，共有473人获得高考成绩优胜奖或贫困学生奋进奖，共资助资金430万元。

2005年7月，省财政厅、省教育厅联合下发《关于加强教育资助券管理的通知》，教育资助券由省财政厅统一印制、发放，分为“教育券”和“营养餐”两种。秋季学期开始，全省范围推行“教育券”和“营养餐券”制度。资助对象具体包括三类，Ⅰ类是低保家庭的子女、福利机构监护的未成年人、革命烈士子女、五保供养的未成年人以及残疾学生。Ⅱ类是农村居民年人均收入2000元以下、城镇居民年人均可支配收入4000元以下的低收入家庭子女（2009年秋季学期开始，低收入家庭标准中农村居民年人均收入和城镇居民年人均可支配收入全部提高到4000元以下）。Ⅲ类是少数民族学生。对Ⅰ类学生按当时政策在义务教育阶段免收杂费、课本作业本费、住宿费，免费配供爱心营养餐；对Ⅱ类、Ⅲ类学生免收杂费、课本作业本费，免费配供爱心营养餐。至2014年，全县发放爱心营养餐券106992张，金额2098.3975万元。

2006年，就读长兴县中职学校农种养专业学生全免学费，对品学兼优的中等职业学校在校学生实施奖学金制度，受奖学生数占在校生总数的5%，奖学金每人每年1000元。是年起，实施大学生生源地贷款财政贴息政策。至2014年，累计有611人次享受大学生生源地助学贷款财政贴息资助，共资助资金10.6463万元；

2007年春季入学起，扩大对全县中小学家庭经济困难学生资助范围，将农村居民年人均纯收入1500元以上、2000元以下，城镇居民人均可支配收入3000元以上、4000元以下的家庭列入低收入家庭范围。对在义务教育阶段学校就读的低收入家庭子女免收课本费、作业本费，农村低收入家庭中小学生享受爱心营养餐，其他资助对象和内容保持不变。是年起，实施中等职业学校家庭经济困难学生爱心营养餐工程。资助标准为每人每月40元，每学年按10个月计，每人每年补助400元。秋季起，实施中职学生国家助学金制度。一、二年级资助国家助学金，标准为每生每年1500元，第三年实行学生工学结合、顶岗实习，不再享受国家助学金。困难学生的资助面保持在10%左右。10月，成立长兴县教育局学生资助管理中心。至2014年，中等职业教育共有78443人次享受国家助学金，资助金额5843.225万元。

2009年春季入学开始，全县农村中小学爱心营养餐标准提高到每生每年350元。秋季学期开始，扩大免除中等职业学校学费的低收入家庭学生范围，将低收入家庭标准从农村年人均纯收入1500元、城镇年人均可支配收入3000元统一提高到4000元。对符合低收入家庭子女条件的中职在校学生，免除学费并提供营养餐。

2010年，全县中职学生资助政策做适当调整完善，秋季起，中等职业学校全日制正式学籍的在校一、二年级学生，发放国家助学金，每生每年1500元。三年级及以上年级的困难学生，发放生活补助，每生每年400元。Ⅰ类学生免费配供爱心营养餐，免收城市学校学生住宿费；Ⅱ类、Ⅲ类学生免收课本作业本费，免费配供爱心营养餐。

2011年秋季学期起，建立以国家助学金、困难学生免学费、学校奖助学金为主要内容的普通高中家庭经济困难学生资助制度。符合资助条件的学生可享受每生每年1500元的国家助学金。至2014年，普通高中共有6753人次享受国家助学金，资助金额506.475万元。是年，实施全省学前教育资助制度。资助对象为在经教育行政部门审批设立的各级各类幼儿园就读的家庭经济困难儿童，包括低保家庭幼儿、福利机构监护的幼儿、革命烈士子女、五保供养的幼儿以及残疾幼儿。资助项目为保育费，资助标准为三级公办幼儿园保育费的50%。至2014年，学前教育共有343人次享受减免保教费，减免金额17.4781万元。

2012年春季始，全面实行“一日一餐”制，即各学校每周为家庭经济困难学生免费提供5餐荤素搭配、营养合理的营养餐。餐费基准标准为每生每餐3.75元，全学年为每生750元。7月，全县成立农村义务教育学生营养改善计划领导小组及其办公室。秋季起，公办中等职业学校全日制正式学籍一、二、三年级所有在校学生免除学费（艺术类相关表演专业学生除外）。家庭经济困难学生的家庭年人均提高到收入4600元以下。中等职业学校“教育券”“营养餐”制度停止执行。中职农种养专业学生免学费政策并入中职免学费政策。

2013年秋季学期起，中等职业学校将助学金政策覆盖范围调整为一、二年级涉农专业学生和非涉农专业家庭经济困难学生。至2014年秋季学期，中等职业教育共有53815人次免除学费，共免费金额8576.1195万元。

2014年春季起，学前教育资助政策做适当调整，对经教育行政部门审批设立的各级各类幼儿园就读的低保家庭幼儿、福利机构监护的幼儿、革命烈士子女、五保供养的幼儿以及残疾幼儿（简称“五类生”）给予保育费资助，资助标准按当地公办三级幼儿园保育费标准执行。

第五节　勤工俭学与教育服务

一、勤工俭学

1989年，为了促进全县勤工俭学快速健康发展，4月，县政府制定《关于中小学进一步开展勤工俭学活动的若干意见》，县教育局开展清理整顿校办企业，健全各项制度，增强企业法律意识。是年，全县新建企业26家，校办工业总产值完成500万元，比上年增长60%；勤工俭学开展率较上年提高7.5%；学生参加勤工俭学劳动人数达到85%。全年县教育局勤工俭学股总收益达到87万元，比上年增长17%。是年起，校办企业归口为县计经委领导，校办企业业务管理纳入正规的轨道。

1990年，新建企业15个，正式投产10个。是年，全县校办企业有52个，产值完成728万元，比上年增长45.6%，超额完成市教委和县计委下达产值500万元任务。校办工业利润达45万元，比上年增长48%。其中，煤山金属线材厂年产值超过100万元，有5个企业的产值超过50万元，有2个企业的利润超过5万元。全县勤工俭学总收益大幅度上升，达到91.2万元。校办企业参加湖州交易会和长兴县举办的浙北商品交易会，成交金额总计在110万元以上，校办企业声誉得到大幅提高。文教印刷厂、校办企业公司、丝袜一厂被县政府授予"重合同守信誉"先进集体称号，文教印刷厂被评为县级安全生产先进单位。

1991年，全县中小学贯彻"潍坊"精神，以横山乡为试点，开发校园经济勤工俭学新路子。5月，县教育局下发《关于加强校办企业管理工作的若干意见》，加强校办产业的管理和指导。是年，勤工俭学引进新项目10个，开发新产品14个，5个企业提高了产品质量，领取生产许可证。校办企业参加浙北商品交易会和湖州市丝绸文化节，完成交易额114.5万元。全县校办企业总产值突破1000万元，完成计划的125%，比上年增长37%。勤工俭学总收益（含商业、第三产业）超100万元，增长幅度为5%。

1992年，全县有校办企业122家，勤工俭学工农业总产值达927万元，完成计划的161%，比1991年增长71%，收益实现166.7万元，利润达112万元，上缴国家税收58万元。

1993年上半年，新建校办企业29家，注册资金达440万元。7所学校投资60万元，建立第一个股份制企业。雉城镇建立校办企业实业公司，对全镇校办企业进行协调，18家校办企业被注销。至此，全县规模较大的校办公司5家，经营部12家，注册资金348万元。是年，重视校办企业进行技改，引入新产品，企业效益明显提高。上半年完成工业产值1400万元，销售收入3100万元，实现创利200万元，为学校发展注入活力。

1994年，全县校办企业推行股份制，校办企业总产值达3500万元，实现税利300万元。

1995年起，校办企业深化管理体制改革，加大重点企业投入，提高科技含量，壮大校办产业。9月，县教委勤工俭学科更名为勤工俭学办公室。是年，校办企业总产值达5000万元，纯收益500万元。

1996年3月，县教委根据省教委文件精神，下发《关于进一步规范校办企业管理工作的意见》，注销长桥电子元件厂等29家校办企业。

1997年，校办企业总公司并入勤工俭学办公室，实行一个机构、两块牌子。6月，县教委印发《关于进一步稳定勤工俭学队伍的若干意见的通知》，规范全县勤工俭学管理。是年，校办企业参加经贸、科技等洽谈会，引进科技成果两项，完成技改项目1000万元，校办企业总产值达8000万元，纯收益800万元。

1998年，全县深化校办企业改革，壮大校办产业，逐步完成和完善校办企业转制工作，使企业成为自主经营、自负盈亏、自我发展、自我约束的法人实体。发展校园经济，加强对学校营业房、场租管理，开发和规范教育内部市场。是年，县直属校办企业总产值达9000万元，全县校办产业纯收益850万元。

1999年，全县校办企业开始改制，上半年，直属校办企业全部完成转制工作。清理不符合要求的校办企业10家，新界定11家校办企业，解决1996年拖欠的减免税款60多万元。是年，县属校办企业完成工业总产值达1.3亿元，完成税利320万元。校办企业营业额达2.46亿元，其中外贸出口7742万元。全年补足教育经费211万元。校办企业发行书簿44133063册，发行校服45888套。

2000年，加大校办企业改革力度，加速改制进度，理顺校企关系，加强管理服务，加大招商引资和新产品开发力度。是年，完成工业总产值达1.2亿元，完成税利350万元，技改投入500万元。

2001年，勤工俭学办公室为新建的长兴中学、实验小学内部设施以及全县创强教学装备招标达30次，采购金额达2554万元，节省资金495.8万元。此后，随着校办企业改制的结束，在新的形势下，勤工俭学办公室以"服务教育、服务学校、服务师生"为思路，将工作重心转移到以全面推进素质教育为目标，推进学校社会后勤化服务上，扩大服务范围，提高经济效益和社会效益。

二、教育服务

2004年起，勤工俭学办公室改为教育服务中心，拓宽工作职能。负责全县中小学教材、教辅资料的发行、征订管理工作；负责勤工俭学统计与分析工作；协助保险公司开展学生投保、校园方责任险和理赔等工作；负责相关信访件的调查、回复工作；负责指导全县中小学开展勤工俭学活动，制定勤工俭学发展规划及年度计划，并组织实施；负责全县各学校的学生素质教育实践基地建设，积极配合开展学生劳技教育和社会实践活动；负责全县各级各类学校大宗物品和作业簿册及文教用品等的采购工作；加强对校企总公司的经营管理和财务监督；负责县属学校建设的融资和投资工作。是年，全年教育招标67次，总金额2224.18万元，为学校节省90余万元。

2006年，全年中小学拓展学生素质教育实践基地，全年中小学参加素质教育实践活动学校24所，共23000人，经营总额达1151.7万元。

2008年，建立学校食堂粮油（豆制品）实行统一配送制度；建立57个校园放心店；完成招标项目126个。

2009年，完善学校食堂和放心店配送机制，配送率达100%，至10月底，共配送大米2228.3吨，食用油175.2吨，豆制品48.2吨，全年招标项目126个，其中工程维修类44个，集中采购类8个，涉及金额650多万元，旅游考察类62个，食堂、放心店承包招标12个。建立教职工校方责任险，参保教职工7944人（其中在编5359人，与学校签订劳动用工合同的人员2026人，与承包者签订合同的食堂、放心店用工559人），投保面已经覆盖全体教职工和学生。至10月底，结案25起，获理赔款10万元。全县共组织学生社会实践活动21316人次，完成全年计划20000人的106.6%，其中实践教育中心共组织学生实践活动13718人次（含免费活动的贫困生265人次），完成全年计划数的137.18%，学生参加活动率达83.8%。全县学生作业簿册的制作与发放，发放的数量达到433万册。

2010年，强化食堂、放心店食品质量、价格、配送的监管，配送率达100%。建立配送情况定期通报制度、放心店食品的准入制度。改进考察项目、政府采购等，完成72个项目的招标。下半年，全县初中食堂根据上级文件规定，全部收回自主经营，强化督查，确保食堂正常运营。

2012年，公开招标150次，组织或参与邀请招标、竞争性谈判和询价采购等100多次。涉及学校零星基建、物品采购、学校食堂托管、商店租赁承包和外出考察等，完善配送考核和粮油定价办法。对托管食堂、品牌超市进行跟踪监管，通过面谈、座谈、书面记载等形式反馈，确保步入正轨。开展“品牌超市进校园”活动，践行民生实事工程。确定长兴中学、电大进院、长兴一中、古城中学、后洋中学5所县属学校为首批“品牌超市进校园”试点学校，由浙北大厦中标入驻校园营业。

2013年，公开招标47次，其中工程类20个，政府采购类16个，食堂与放心店11个。全县公办学校审批政府采购项目317项，其中自行采购项目150项，组织询价采购、竞争性谈判、邀请招标或委托中介代理的共167项，指导学校5万元以下小工程招标20余次，指导学校暑期外出考察招标项目30余项。通过重建专家库、规范议价规则、发布信息进行公告、走访学校等，完善粮油议价制度。确定实验初中、虹星桥镇中学、小浦镇中学、煤山中学、林城中学为第二批“品牌超市进校园”学校，由欧尚（中国）投资有限公司入驻学校营业。

2014年，加强项目的监督验收，公开招标36项，其中县教育局组织32项，委托中介代理4项；政府采购共190项，其中信息公开招标7项，询价采购75项，自行采购107项，其他1项；零星工程共90项，其中公开发包5项，直接发包85项。服务好师生校方责任险，共有86067学生参保，2528教职工参保，总保费金额657793元，做到应保尽保。全县开设超市的公办中小学有20所，根据区域和营业额分为AB两组，项目择定企业2家。长兴县第一百货商店有限责任公司经营A组，有长兴中学、金陵高中、太湖高中、古城中学、实验中学、后洋中学、夹浦镇中学、李家巷镇小学、吕山乡中学、和平中学。湖州欧尚超市有限公司经营B组，有长兴职教中心、技师学院、电大进院、龙山中学、煤山中学、小浦镇中学、虹星桥镇中学、林城中学、泗安镇中学、泗安中学。是年10月起，实施学校食堂生猪产品统一配送，配送单位为国有长兴县生猪定点屠宰服务中心。

第十三章　办学条件

第一节　校舍建设

1989年，全县学校校舍总面积为305900平方米，中小学基本实现“一无两有”[1]要求。县属学校、乡镇中学全部达到“六配套”[2]标准，乡镇中心小学和村级学校达到“六配套”标准各占90%和25%。是年，修复校舍危房12997平方米，尚有危房4083平方米，危房占校舍率为1.33%。

1990年，全县学校进行校舍拆建和危房修缮44所，学校达成“六配套”18所。

1991年，全县40所乡镇中小学共改造破旧校舍492间，排除和修复危房190间。

1992年9月，县聋哑学校425平方米新校舍竣工。是年，全县达到六配套学校249所（其中中学46所、中心小学36所、村小167所），占全县学校总数的56.46%。

1993—1995年，全县加快校舍改造步伐，共改造危房9800平方米，改造破旧校舍54300平方米。新建校舍47900平方米，总投资达3344.7万元。

1996年，全县通过省“两基”验收，破旧校舍改造任务基本完成。是年，有5个乡镇易地重建中心小学和初中，总投资达409.41万元。

1997年起，全县中小学以布局调整为契机，加快校舍现代化建设步伐。

1998年，全县村完小改造完成16所，拆除破旧校舍4410平方米，新建、改建校舍32630平方米。

2000年8月，县委、县政府召开全县教育工作会议，会上通过《长兴县教育现代化建设纲要》、《长兴县农村中小学布局调整规划》和《2000—2010年长兴县城市教育发展规划》，农村学校布局调整，城市教育发展，校舍建设进入快车道。至年底，全县改造和新建校舍总面积达13.88万平方米。

---

① 一无两有：指校园无危房、班班有教室、学生人人有课桌椅。

② 六配套：指教室、操场、围墙、校门、厕所、课桌椅。

2001年,全县招商引资,发展长兴教育,引进外资建成清泉武校和长兴华盛高级中学。启动城市教育"六大工程",长兴中学迁建工程,征地202亩;实验小学新校区建设工程,征地80亩;华盛高级中学建设工程,建筑面积3.9万平方米;组建长兴职教中心,规划新建校舍5万多平方米;电大与教师进修学校合并工程,职业高中并入长兴职教中心后,将电大与进修学校合并迁入,扩征土地20亩;创建中心幼儿园,将教师进修学校原校舍进行改建,建成一所上规模、上档次的县属幼儿园。是年,确定乡镇中小学基建项目48个,新建、改造校舍面积16.46万平方米,总投入资金14950万元。

2002年,启动长兴职教中心扩建工程、筹建古城中学迁建工程、实验小学二期生活设施建设项目、迁建林城镇中学及新建林城大云昆中国际学校、槐坎乡中学迁建项目、夹浦镇环城完小迁建项目、洪桥逸夫中学扩建七大重点教育工程。是年,新建、改造校舍面积15.99万平方米,总投入资金14443.00万元。

2003年,农村教育发展步伐加大,吴山乡中心学校中学部、二界岭乡中心幼儿园、泗安镇中学、二界岭乡中心学校、后洋中心幼儿园及水口乡中心小学进行扩建,总建筑面积22200平方米。启动实验初中、金陵高中迁建工程。实验初中工程占地302亩,建筑面积65900平方米;金陵高中工程占地310亩,建筑面积86000平方米。是年,长兴中学扩建工程竣工,新增建筑面积16328平方米。长兴职教中心扩建工程建筑面积达21100平方米;新建、改造校舍面积7.16万平方米,总投入资金6462.70万元。

2004年,全县推进教育均衡发展,加强农村校舍建设,新开工农村学校建设项目12个,建筑面积24827平方米,总投入1701万元。

2005—2007年,县教育局制定《2005—2007年农村学校基础设施改造规划》《长兴县农村中小学食宿改造工程实施计划》,建设项目共计58个,总建筑面积37.04万平方米,总投资40852.1万元。

2008年,以"项目建设推进年"推进城乡教育均衡化发展。全年教育系统重点项目达13个,其中9项列入县全年重点工程建设项目,总建筑面积达9.91万平方米,总投资1.47217亿元。

2009年,县教育局制定《2009—2011年长兴县校舍安全工程改造实施计划》。

2011年,全县教育重点基础设施建设项目共有18个(含代建项目),计划总投资48310万元,当年计划投资27480万元,其中县教育局实施的重点建设项目16个,涉及28所学校,计划总投资35310万元,当年计划完成投资11128.4万元。是年,长兴三小、长兴四小改扩建工程、夹浦镇中学教学楼、小浦镇中学食堂、和平镇中心小学教学楼、水口乡中心小学教学楼改造，泗安、吴山、煤山中心幼儿园建设工程均竣工并投入使用。

2012年，雉城中学、李家巷镇中心小学、长兴职教中心新疆部建设工程、泗安中学改造工程、第二实验小学、虹星桥镇中学教学楼工程、鼎甲桥中心小学改扩建工程及吕山乡中学、和平镇中心小学、白岘乡中心小学等学校室外配套工程竣工并投入使用。是年，新建、改造校舍总面积18.57平方米，总投资35177.8万元。

2013年，新建吕山乡中心小学、洪桥镇中心小学、小浦镇中学3所学校的教学综合楼。长兴七小、培智学校、图影中心幼儿园、槐坎中心幼儿园等迁建工程有序推进。吕山乡中心幼儿园、白岘乡中心工程竣工。

2014年年初，县教育局印发《关于加快推进2014年教育重点基础设施项目建设的通知》，详细排出每个项目计划进度，与各项目学校签订年度《项目建设工作目标责任书》。截至12月31日，全县教育系统重点建设项目完成投资10113万元；吴山中心小学、泗安中学、小浦镇中心小学、洪桥镇中心小学、吕山乡中心小学、小浦镇中学、电大进修学院建设项目以及李家巷、图影、槐坎中心幼儿园迁建工程竣工并投入使用；长兴一小改建、太湖高中迁建、长兴七小学迁建、培智学校迁建工程有序推进。是年，全县中小学校舍总面积1415702平方米，是1989年校舍面积的4.6倍，其中中学校舍面积991706平方米、中心小学校舍面积416378平方米，教学点校舍面积7618平方米。

1989年长兴县中学校舍情况表

表13-1

学校	占地（亩）	建筑面积（平方米）	学校	占地（亩）	建筑面积（平方米）
教师进修学校	8.14	2628	丁甲桥乡中学	19.1	1959
高级职业中学	33.0	3859	后洋乡中学	16.0	2679
农业技术学校	22.0	2870	泗安镇中学	20.3	1559
长兴中学	65.1	15305	林城镇中学	8.7	2335
煤山中学	50	8212	仙山乡中学	26.0	1204
泗安中学	33.8	5624	二界岭乡中学	15.0	1928
和平中学	27.5	5484	长潮乡中学	11.0	1936

续表13-1

学校	占地（亩）	建筑面积（平方米）	学校	占地（亩）	建筑面积（平方米）
虹溪中学	19.9	3646	管埭乡中学	12.5	875
雉城中学	23.4	6631	太傅乡中学	16.09	1616
林城中学	17.5	3240	天平乡中学	6.0	850
洪桥中学	13	2739	畎桥乡中学	7.0	612
李家巷镇中学	35.5	5528	虹星桥镇中学	10.3	2391
洪桥镇中学	2.4	840	包桥乡中学	9.65	2225
横山乡中学	41.3	1620	观音桥乡中学	9.5	2638
下箬寺乡中学	6.9	1443	里塘乡中学	9.8	2391
新塘乡中学	10.9	1676	吕山乡中学	9.4	2446
古城中学	9.0	2252	和平镇中学	7.6	1460
水口乡中学	23.52	2644	长城乡中学	10.3	1264
夹浦乡中学	7.0	2402	便民乡中学	9.2	1322
吴山乡中学	14.9	3781	小浦镇中学	10.0	1899
煤山镇中学	10.1	2026	白岘乡中学	19.3	2857
槐坎乡中学	18.8	4182	白阜乡中学	12.0	1992
长桥乡中学	13.6	1573	芝山初级农技学校	14	1182

1989年长兴县中心小学校舍情况表

表13-2

学校	占地（亩）	建筑面积（平方米）	学校	占地（亩）	建筑面积（平方米）
实验小学	11.7	8645	长桥乡中心小学	4.6	620
雉城二小	13	2947	小浦镇中心小学	4.0	1811
雉城三小	5.87	2104	白阜乡中心小学	5.92	850
泗安镇中心小学	10.2	2361	白岘乡中心小学	6.3	1164
泗安镇小学	10.2	2008	槐坎乡中心小学	6.5	1650
仙山乡中心小学	3.4	746	煤山镇中心小学	8.6	1888
二界岭乡中心小学	3.7	846	长城乡中心小学	6.0	1160
长潮乡中心小学	4.7	574	便民桥乡中心小学	7.7	793

续表13-2

学校	占地（亩）	建筑面积（平方米）	学校	占地（亩）	建筑面积（平方米）
管埭乡中心小学	5.6	726	和平镇中心小学	9.0	2781
林城镇中心小学	4.5	1600	吴山乡中心小学	4.7	844
天平乡中心小学	3.0	655	夹浦乡中心小学	3.8	1147
畎桥乡中心小学	9.74	920	丁甲桥乡中心小学	3.2	944
太傅乡中心小学	9.1	874	水口乡中心小学	8.1	1550
虹星桥镇中心小学	10.7	95	后洋乡中心小学	2.1	732
里塘乡中心小学	4.3	743	新塘乡中心小学	4.9	720
观音桥乡中心小学	5.4	1010	横山乡中心小学	4.54	1010
吕山乡中心小学	3.7	846	李家巷镇中心小学	8.4	1623
包桥乡中心小学	7.35	833	下箬寺乡中心小学	2.3	827
洪桥镇中心小学	4.9	1896			

2014年长兴县中学校舍情况表

表13-3

学校	占地（亩）	建筑面积（平方米）	学校	占地（亩）	建筑面积（平方米）
长兴中学	216	73373	吕山乡中学	44.2	8546
煤山中学	105	28364	后洋中学	34	7475
泗安中学	118.3	21209	泗安镇中学	63	14107
雉城中学	21.8	12751	虹星桥镇中学	49.3	17735
林城中学	90	28715	和平中学	86.8	34005
李家巷镇中学	28.4	10699	小浦镇中学	34.4	9236
洪桥逸夫中学	72	17324	龙山中学	130	58030
古城中学	160	42605	金陵高中	312	90341
水口乡中学	30	6682	华盛高中	112.5	47235
夹浦镇中学	56	11723	艺术高中	10.9	3670
实验中学	301.4	90751	太湖高中	87	42252
长兴职教中心	431	125200	湖州卫校	160	62000
技师学院	177.4	64838	清泉武校	320	62840

2014年长兴县小学校舍情况表

表13-4

学校	占地（亩）	建筑面积（平方米）	学校	占地（亩）	建筑面积（平方米）
实验小学	83	30865	长桥中心小学	37.3	5579
长兴二小	36.6	13863	小浦镇中心小学	51.8	8312
长兴三小	29.4	10278	长兴六小	72.1	13533
泗安镇中心小学	49.4	14295	白岘乡中心小学	40.1	4894
长兴一小	58.4	21067	槐坎乡中心小学	120.8	9750
仙山中心小学	36.8	8095	煤山镇中心小学	70	12006
二界岭中心小学	41.3	13789	和平镇长城教学点	11.8	2138
长潮中心小学	47	7998	第二实验小学	65	24844
管埭中心小学	19.1	5358	和平镇中心小学	87	19405
林城镇中心小学	43.9	7548	吴山中心小学	77.5	8970
天平中心小学	21	3704	夹浦镇中心小学	130.6	15955
畎桥中心小学	18.5	3673	鼎甲桥中心小学	34.9	3986
林城太傅教学点	18.4	3761	水口乡中心小学	65.5	7285
虹星桥镇中心小学	38	6765	长兴五小	37.6	5239
里塘中心小学	19	2791	太湖街道中心学校	58.1	11075
虹星桥镇港口教学点	4.6	990	太湖图影小学	43.5	6191
吕山乡中心小学	98.7	11399	李家巷镇中心小学	86.5	33759
包桥中心小学	32.3	8034	长兴八小	33.7	11582
洪桥镇中心小学	60.9	9091	长兴七小	54	15515
长兴四小	49.4	18657	包桥明门教学点	5.1	729
培智学校	6	1228			

说明：以上数据来自县教育局年报，部分学校含教学点及扩建新造面积等

1989—2014年长兴县新建、改造校舍面积及资金投入情况表

表13-5

年份	面积（万平方米）	资金（万元）	年份	面积（万平方米）	资金（万元）
1989	4.01	300.20	2002	15.99	14443.00
1990	2.63	312.50	2003	7.16	6462.70
1991	2.73	325.80	2004	14.38	17824.6
1992	2.08	464.43	2005	16.60	17118.5
1993	2.83	1041.00	2006	8.05	8858.30
1994	3.58	1155.20	2007	12.39	14875.30
1995	4.82	1235.30	2008	9.91	14721.7
1996	5.58	2494.40	2009	8.87	12676.20
1997	4.23	2020.92	2010	11.12	16952.70
1998	3.71	1776.00	2011	6.73	11128.4
1999	4.42.	2678.20	2012	18.57	35177.8
2000	1.51	3233.10	2013	4.86	16845
2001	16.46	14950.00	2014	4.5	10113

1989—2014年长兴县迁建新建及部分扩建学校情况表

表13-6

学校名称	校园地址	建造类别	竣工年份
聋哑学校	雉城街道长海路453号	新建	1992年
洪桥逸夫中学	洪桥镇洪学路2号	迁建	1994年
后洋中学	后洋陈家桥	迁建	1997年
吕山乡中心小学	吕山乡前进街17号	迁建	1998年
包桥中心小学	包桥徐家浜七里亭	迁建	1998年
清泉武校	夹浦镇父子岭村兰香山	迁建	2000年
长兴职教中心	龙山街道职教路136号	迁建	2000年
长兴中学	龙山街道金陵北路208号	迁建	2001年
实验小学	龙山街道金陵北路87号	迁建	2001年
华盛高中	雉城街道紫金路399号	新建	2001年

续表13-6

学校名称	校园地址	建造类别	竣工年份
电大进修学校	雉城街道长海路619号	迁建	2001年
中心幼儿园	雉城街道长海路453号	新建	2001年
和平镇中心小学	和平镇镇前街176号	迁建	2001年
水口乡中心小学	水口乡水口村上吉路38号	迁建	2001年
槐坎乡中学	槐坎乡新槐村	迁建	2002年
煤山镇中心幼儿园	煤山镇梅鑫街	迁建	2002年
煤山镇中心小学	煤山镇梅鑫街1号	迁建	2002年
夹浦镇环城完小	夹浦镇环沉104国道西侧	迁建	2003年
吴山乡中心学校中学部	和平镇吴山斗门	新建	2003年
古城中学	雉城街道紫金路99号	迁建	2004年
实验初中	龙山街道忻湖路158号	新建	2004年
金陵高中	太湖街道太湖大道1138号	新建	2004年
二界岭乡中心幼儿园	泗安镇二界岭罗家地村	迁建	2004年
第二实验小学	雉城街道解放中路58号	新建	2004年
泗安中学	泗安镇平桥居民会南门头2号	扩建	2004年
吕山乡中心幼儿园	吕山乡前进街7号	迁建	2005年
泗安镇中心小学	泗安镇泗安大道188号	迁建	2006年
长兴六小	县雉城街道五峰路199号	新建	2006年
林城镇中	林城镇大云寺村	迁建	2007年
和平中学	和平镇育才路1号	迁建	2007年
雉城二小白溪校区	太湖街道林荫路111号	新建	2007年
煤山中学	煤山镇学子路	迁建	2008年
长兴一中	龙山街道双拥路608号	迁建	2008年
技师学院	龙山街道回龙山路2009号	迁建	2008年
太湖图影小学	太湖图影旅游度假区横山桥村	迁建	2008年
洪桥镇中心幼儿园	洪桥镇学士路	迁建	2010年
机关幼儿园	雉城街道道园路168号	迁建	2010年
龙山幼儿园	龙山街道润兴路1号	新建	2010年
泗安镇中心幼儿园	泗安镇柴湾街85号	迁建	2011年
吴山中心幼儿园	和平镇吴山小溪口村	迁建	2011年

续表13-6

学校名称	校园地址	建造类别	竣工年份
第二实验小学	迁入龙山小学(龙山新区忻湖路1111号)	迁建	2012年
夹浦镇中心幼儿园	夹浦镇环沉村104国道西侧(小学南侧)	迁建	2012年
李家巷镇中心小学	李家巷镇龙华路	迁建	2013年
雉城中学	太湖街道白溪大道15号	新建	2013年
李家巷镇中心幼儿园	李家巷镇李家巷村东	迁建	2014年
图影中心幼儿园	太湖图影姚家潭村	迁建	2014年
槐坎乡中心幼儿园	煤山镇槐坎青塘路22号	迁建	2014年

第二节 教育技术装备

一、装备经费来源

教育技术装备经费来源主要有两种渠道:一是财政拨款,包括国家和省补助、县财政的专项资金和县教育局拨款;二是学校自筹、乡镇配套经费、纳入基建项目和社会捐赠资金。

二、电教设备

1989年,中学教学仪器一类配备4所学校,二类配备22所,三类配备15所;乡镇中心小学教学仪器一类配备1所,二类配备22所,三类配备15所。乡镇中心小学配备演示仪器和学生分组实验仪器22所,村完小68所。小学一至四年级配齐教学教具。全县中小学有实验室81个,其中小学12个,面积达4564平方米;仪器室115个,其中小学23个,面积达2568平方米。是年,全县重点落实义务教育乡的实验室建设与仪器配备,对白岘、便民、观音桥三乡的中小学仪器配备总金额达5.57万元。

1991年,全县乡镇中小学实验室建设完成13个,部分乡镇初中理、化、生仪器配备由三类上升到二类,学生分组实验由6组增开到12组;完小、村小的自然、数学实验教具相应提高到二类水平。

1993年，重点投入中小学实验室建设，对6个乡镇实行教学仪器奖配。是年，实验室标准达到二类以上的学校达80%以上。

1996年，全县中小学教学仪器配备均达到“两基”验收的基本要求。中学实验教学进一步加强，小学实验教学从乡镇中心小学，扩展到村完小。是年，全县30个乡镇获教学仪器奖配。

1997年，畎桥乡教学仪器的奖配完成，至此，全县乡镇教学仪器的奖配全部完成。是年，全县共配备计算机280台，电视演播室8间，录音室2间；实验小学被国家教委办公厅确认为全国中小学现代教育技术实验学校。

1998年，全县中小学有实验室131个，仪器室134个，仪器橱1211只，实验桌2104套，水电安全设施全部到位；各校按班级基本配齐“两机一幕”[①]。是年，全县中小学拥有计算机已超500台，其中多媒体计算机25台，网络13套；乡镇中心小学以上学校，教学仪器配备均达到规定要求，校校有实验室，部分实验用房达到标准化，全县顺利通过省“普实”验收。

1999年，学校教育装备继续加强，教学仪器一类配备达到20所，“两机一幕”配备率达到96.5%。是年，增添计算机337台，语言实验室增加7个418座；雉城二小被省确定为第一批现代教育技术实验学校。

2001年，全县建设标准计算机专用教室26个，多媒体教室1个，语言室1个；雉城四小被省确定为第二批现代教育技术实验学校。

2002年，省教育厅向农村学校特困家庭中小学生赠送学习用录音机360台，全县配备多媒体设备23套，智能广播系统33套，计算机61台。

2003年，新增长兴职教中心理化生实验室3间，全县配语言室7间。

2004年，全县加大多媒体综合电化教室的建设，配备多媒体设备280套，拥有多媒体教室的学校达80%以上。是年，根据教育强县复查生机比12∶1的要求，配备学生计算机2420台，教师计算机85台。

2005年，县教育局对所有农村完小配备彩电38台，DVD75台，并建立光盘放像点。

2006年，成校、幼儿园和村完小配备54套电脑和打印机，白岘乡完小建立电脑室。

2008年，长兴中学建立数字实验室，全县建立高中学校通用技术实验室6间，理

① 两机一幕：指录音机、投影机、银幕。

化生实验室30间，小学各校配发一套工具箱。是年，新增多媒体设备120套，电脑900台。58所农村中小学多媒体配备全部完成。

2009年，省启动第二轮“农远工程”，市启动“三进工程”[①]，共为学校配备多媒体180套、电脑750台，49所学校配备图书馆管理软件，在全市率先实现全县图书管理自动化。是年，实验初中、长兴中学、长兴职教中心被省确定为新一轮现代教育技术实验学校。

2010年，全县中小学配发图书2.5万册，建设省标准化实验室一个；小学科学探究性实验室4间，配备电脑203台、多媒体设备294套；36所农村中小学信息化校园网建设工程全面完成并投入使用。

2011年，县政府把“加快学校标准化图书馆、实验室建设和现代教育设备配备”列入民办实事项目，配备图书13.57万册，配发计算机教室12个，计算机614台，多媒体设备313套，为4所高中配备高考专用计算机721台、软件571套。全年累计共增配电脑2627台。

2012年，全县配备图书12.6万册，配备多媒体设备29套、学生机房26只，电脑1285台，中心机房服务器43台。是年，天平中心小学、长桥中心小学和煤山中学获得省农远工程先进集体称号。

2013年，县政府把“在全县义务教育段学校实施书香校园工程”列入民生实事项目，配备图书24.6万册图书，图书书架991副，省配发实验室40间，全县增补实验室6间，实验室橱柜560只，准备台62台，15所学校化学药品室安装报警设备。全年配备学生电脑674台，电子白板129套、机器人81套、电子画板53块。

2014年，全县配备图书18.9万册，配备电脑718台，多媒体98套；长兴八小、和平镇中心小学和李家巷镇中心小学配备资源教室；实验中学、龙山中学、实验小学、长兴八小、洪桥镇中心小学配备全自动录播系统；县教育局中心机房设备进行升级改造，配备1台刀箱服务器，2台存储器，4台视频服务器。是年，第二实验小学、林城镇中心小学、吕山乡中学成功争创市书香校园。全县所有学校教学仪器（图书）配备均达到浙江省一类标准；各级各类学校共有计算机19245台；实验室总面积为88442平方米，图书室总面积46671平方米，微机室总面积24251平方米，语言室总面积14871平方米。

① 三进工程：指办公室进空调和电脑，教室进多媒体、校园进塑胶跑道。

2014年长兴县小学教育装备情况表

表13-7

学校	图书（册）	计算机数量（台）	网络多媒体教室（间）	教学仪器设备资产（万元）	其中实验设备（万元）
实验小学	58857	846	70	979	81
长兴六小	30256	310	54	130	41
长兴一小	43398	348	56	394.61	35
长兴二小	38165	235	46	379.34	20.68
第二实验小学	45800	386	48	669.7	38.94
长桥中心小学	27890	195	21	141.05	16.62
洪桥镇中心小学	42059	238	41	260.80	21.19
太湖图影小学	18595	169	22	103.58	14.36
小浦镇中心小学	34000	230	32	185.7	25
夹浦镇中心小学	48980	290	46	179.77	56.08
鼎甲桥中心小学	15545	96	17	75.75	17.80
和平镇中心小学	63027	363	48	284.74	37.5
和平镇中心小学长城教学点	9365	36	7	29.15	12.66
里塘中心小学	7944	94	13	109.03	10.28
吕山乡中心小学	42970	205	29	279.80	120.20
槐坎乡中心小学	22825	157	21	204.63	27.16
煤山镇中心小学	45583	202	30	216.70	22.80
泗安镇中心小学	38996	384	47	253.60	18.52
管埭中心小学	23744	118	12	71.83	54.49
二界岭中心小学	39684	195	20	183.38	24.38
林城镇中心小学	36008	229	27	189.05	28.26
林城镇中心小学太傅教学点	14273	105	11	76.53	22.58
畎桥中心小学	14129	125	14	96.93	28.70
白岘乡中心小学	16096	136	17	242.20	27.92
长潮中心小学	18772	76	13	82.41	14.67
长兴三小	30906	271	38	169.12	29.12
长兴五小	39120	103	19	251.70	35.89
李家巷镇中心小学	49064	281	42	317.76	19.20

续表 13-7

学校	图书（册）	计算机数量（台）	网络多媒体教室（间）	教学仪器设备资产（万元）	其中实验设备（万元）
仙山中心小学	15568	88	10	87.40	20.30
仙山长岗岭教学点	3710	29	6	27.39	11.26
水口乡中心小学	26545	182	22	205.83	36.49
虹星桥镇中心小学	39872	266	29	258.02	31.00
虹星桥中心小学港口教学点	2275	40	6	25.46	9.50
包桥中心小学	26375	157	25	116.20	14.60
林城镇天平中心小学	10883	108	16	87.20	15.80
吴山中心小学	36040	186	23	136.30	9.30
长兴八小	32380	207	43	282.20	14.60
长兴七小	27293	155	31	230.00	14.50
长兴四小	51979	502	68	300.00	18.00
包桥中心小学明门教学点	5021	34	8	58.28	9.56
蓝天学校	18100	125	23	162.98	20.93
煤山镇利民小学	5230	35	6	59.50	10.2

2014年长兴县中学教育装备情况表

表 13-8

学校	图书（册）	计算机数量（台）	网络多媒体教室（间）	教学仪器设备资产（万元）	其中实验设备（万元）
太湖街道中心学校	37400	151	16	144.55	32.05
夹浦镇中学	36398	148	23	228.80	48.98
水口乡中学	17622	172	15	192.24	56.96
洪桥逸夫中学	56011	348	36	376.40	33.13
和平中学	67296	368	40	365.15	120.66
泗安中学	43897	223	29	246.80	43.52
林城中学	76100	259	21	288.40	58.20
小浦镇中学	35198	224	22	203.57	68.45
李家巷镇中学	31292	215	19	231.30	32.94

续表13-8

学校	图书（册）	计算机数量（台）	网络多媒体教室（间）	教学仪器设备资产（万元）	其中实验设备（万元）
实验中学	99900	853	84	1172.60	670.24
后洋中学	21835	195	16	96.76	52.37
煤山中学	39047	363	33	519.99	112.94
古城中学	99003	638	70	277.00	66.28
虹星桥镇中学	49980	280	23	205.00	33.50
龙山中学	99748	719	78	843.55	148.55
吕山乡中学	25936	219	15	151.00	38.00
雉城中学	20592	193	24	334.80	41.74
长兴中学	85096	895	72	1582.67	277.62
太湖高中	69120	371	43	1134.00	167.00
华盛高中	25934	629	73	1007.20	300.00
金陵高中	98236	610	72	3022.00	225.30
艺术高中	7860	108	19	70.50	12.00

2014年长兴县职业学校教育装备情况表

表13-9

学校	图书（册）	计算机数量（台）	网络多媒体教室（间）	教学、实习设备（万元）
技师学院	135386	808	105	2020.22
湖州卫校	109422	589	58	1200.00
长兴职教中心	115899	980	86	3820.00
清泉职业高级中学	43020	440	32	1670.00

三、装备的管理和使用

20世纪90年代初，县教委印发《长兴县中小学实验室建设和实验教学评估细则》，确定兼管领导和专职教师，督促各校按教学大纲要求开设实验课，提高实验课质量。全县师生参加省、市各类实验竞赛，均取得优良成绩。

1997年，泗安中学获评省实验室工作先进单位。1998年，全县中小学开展省实验教学普及验收，全县教育装备管理进一步规范。

2001年，县教委印发《关于学校安全用电的紧急通知》，对教学装备安全用电提出明确意见。

2002年，县教育局下发《关于加强中小学专用教室和仪器设备工作的意见》，明确分管实验教学、专用教室工作领导职责和专用教室管理人员岗位职责；下发《加强学校危险化学药品安全管理工作的通知》，对化学药品的管理提出明确要求。

2003年，县教育局下发《长兴县教育局关于2003年初中实验操作考查的实施意见》，分三组对全县26所学校的初中实验操作考场进行专项检查；下发《关于做好学校专用教室、仪器设备、化学药品安全管理工作的通知》，各学校做好专用教室、仪器设备、化学药品的安全管理工作。

2004年，随着信息化设备的增加，县教育局制定《长兴县中小学校教育装备管理规定》，确定每两年举办实验教师操作比赛和自制教具评比工作。

2008年，县教育局出台《长兴县学校教育技术工作考核细则》、《长兴县中小学书香校园工程建设考核细则》、《长兴县教育装备资产账务管理办法》及《关于进一步加强学校财产管理的若干规定》，把教育技术装备管理使用工作纳入学校目标考核中。

2009年，县教育局技术中心编写《中小学教育装备与管理》工作手册，在全县学校使用并在全市推广。县教育局在全省教育装备和信息化会议上做"实施精细化管理，提高装备使用效益"的交流发言。是年，长广中心学校和煤山镇中心小学成功创建省示范性图书馆，实验初中实验室被省命名为省中小学示范性实验室。

2010年，在全省教育技术工作会议上，县教育局作"创新举措、抢抓机遇，加快实验室建设"的典型经验交流。在市首次召开的全市教育技术装备与信息化工作会议上，作《加大投入、强化管理、注重应用，努力为教育工作提供条件保障和技术支撑》的发言。是年，县教育局被评为市教育技术装备工作先进集体，长兴一中实验室被省命名为省中小学示范性实验室。

2011年，县教育局教育信息技术中心与教师进修学院联手，举办中小学、幼儿园总务主任培训和中小学图书馆管理教师培训，开发教育装备网上报修平台，提高设备维修效率，缩短修复时间。在市召开的全市教育技术装备与信息化工作会议上，县教育局作"加大投入，强化管理，突出应用，加快推进全县教育信息化进程"的发言；10月，接受中国教育电视台、浙江省电视台、《浙江日报》等6家媒体对农远工程和书香校园工程的采访。是年，县教育局教育信息技术中心蝉联湖州市先进单位；虹星桥镇中心小学、第二实验小学成功创建省示范性图书馆；虹星桥镇中心小学、长广中心小学获得市书香校园称号。

2012年，在全省教育技术工作会议上，县教育局就教育信息技术工作作经验交流，省教育厅充分肯定长兴在教育信息技术工程管理和设备维护等方面的做法，号召全省“远学美国，近学长兴”；8月，在全省教育技术中心主任暑期培训班上，又作“建立技术服务体系，提高装备管理效益”的发言。是年，县教育装备网上报修平台开发思路和运作模式被省教育技术中心采用并向全省推广，第二实验小学和虹星桥镇中心小学图书馆获省示范性图书馆称号，长兴一小、煤山镇中心小学获得市书香校园称号。

2013年，县教育局推出教育技术装备“151”管理法（建立一个管理网络 、采取五项管理举措、开展一项考核评比）。是年，湖州市专用教室管理现场会在长兴召开，实验小学、小浦镇中学获市书香校园称号。

2014年，浙江省教育技术中心主任培训会召开，省教育技术中心就装备管理工作提出“学习长兴经验”，县教育局教育技术中心撰写的《建立教育技术服务，提高教育装备管理效益》发表在《浙江教育技术》（2014年第3期）杂志上。是年，长兴县被市推荐为省教育装备管理示范县，同年12月通过省验收；县教育局教育技术中心被市评为教育装备先进集体，第二实验小学、林城镇中心小学和吕山乡中学获得市书香校园称号，长桥中心小学图书馆被省授予省示范性图书馆称号。

第三节　教育信息化建设

一、校园网络建设

为加快全县教育信息化工作进程，2002年4月，县教育局成立以局长任组长的县教育城域网建设工作领导小组。是年，县教育局与县电信公司签约，开始分段实施校校通工程。

2003年，县教育局下发《长兴县教育局关于实施校校通工作的通知》，成立信息中心，建成中心机房，配备港湾核心交换机1台、神州数码防火墙1台、浪潮服务器4台等设备；城区完成17所学校中心机房硬件建设，乡镇40所学校完成光纤铺设。

2004年，全县中心小学以上学校全部完成“校校通”工程。

2010年，农村学校内部网络进行改造升级，每个学校办公室、班级都能达到100M网络带宽，62所学校安装上网行为管理系统。

2012年，45所学校中心机房配发联想服务器和二层交换机设备。

2013年，80%学校接入省教育千兆网，学校中心机房升级三层交换机，完成“校校通”工程升级改造。

2014年，62所学校上网行为管理系统进行升级，90%学校接入省教育千兆网。是年，出资120万元为信息中心机房添置软硬件设备。

二、网站建设和博客建设

（一）网站建设

2003年8月，县教育局成立信息中心并建成中心机房。

2004年1月，长兴教育网建好并开通，2月，正式投入使用；同月，县教育局出台《长兴教育信息网信息发布管理意见》、《长兴县教育信息网网络信息安全管理制度》及《长兴教育信息中心机房管理制度》。5月，在华盛虹溪中学举办现场讨论会，召集长兴教育系统中部分擅长制作网页的教师，对网站进行会诊。

2005年5月，长兴教育网进行第一次改版。9月，全县举办首届优秀学校网站评比，县教育局发布《长兴教育局信息化工作安全责任制度》和《长兴县教育局信息化办公制度》。10月，在全县优质课评比中，首次运用远程教育系统向全社会公开。

2006年，全县举办第二届优秀学校网站、优秀网管员评比。是年，县教育局被省教育厅评为省教育系统文明办网示范单位。

2007年3月，县教育局发布《关于规范教育网信息上报的通知》，对信息上报作出多项规定；10月，在市青少年网络文明活动月暨首届最受青少年喜爱的绿色网站评选活动中，长兴教育网被评为市最受青少年喜爱的绿色网站。

2008年5月，长兴教育网进行第二次大改版；10月，全县举办第三届优秀学校网站和优秀网管员评比。是年，长兴教育网站获评省优秀教育类网站、市文明办网示范单位。

2009年，全县公开招聘长兴教育网业余编辑和长兴教育论坛版主。

2010年7月，在首届全国教育门户网站评比活动中，长兴教育网站荣获全国县级五十佳网站称号；9月，县教育局对全县学校网站进行安全管理大调查，发布《关于规范我县学校网站管理的若干意见》；10月，举办第四届全县优秀学校网站和优秀网管员评比。是年，启动长兴社区教育网站和社区教育中心联盟网站建设。

2011年，全县各社区教育中心建立网站。次年，举行社区教育中心网站评比活动。

2013年，县教育局教育技术中心、教师进修学院联合举办中小学校园网站制作专题培训班。是年，中小学校园网站建设率达100%。

2014年，县教育局门户网站、OA办公系统全面更新换代，增加网站站群管理系统、报送统计分析系统和装备管理系统。

（二）博客建设

2006年8月，创建长兴教师教育网教育博客。博客由教师进修学院管理，设有教育研究、教学案例、专业园地、文学雅苑、反思随笔、教育叙事、校长论坛、继续教育等专栏。首批注册用户为40名小学语文骨干研修班学员。是年，教师共发表教育博客552篇。

2008年，开展首届长兴教师教育博客年度优秀博客、优秀博文评选活动，共评选出12个优秀博客、12篇优秀博文。此后，教师教育博客每年一次评选活动，至2014年共7次。

2014年，全县开展主题为“博客研修，助我发展”的第七届长兴教师教育博客年度优秀博客、优秀博文评选活动，共评选出10个优秀博客、30篇优秀博文，编制2014年度长兴教师教育博客优秀博文选。到年底，全县注册长兴教师教育网教育博客总数共达1889个。2006—2014年，全县教师教育博客共发表博文13345篇。

三、信息技术应用

（一）“云飞杯”信息学竞赛

2004年，县政府聘请毕业于长兴中学的留美博士张云飞任长兴信息化工作首席顾问。张云飞将县政府每年发给他的6万元工作顾问经费全部捐献给母校，设立“云飞信息学奖学金”，主要用于奖励在县教育局组织的各种信息学竞赛中获奖的师生。2004年12月25日，全县各中小学的27支学生团队共285人参加县首届“云飞杯”中小学信息学奥林匹克（计算机）竞赛。此项赛事每年举行一次，至2014年共举办十一次，全县共有17000余人参加初赛，5000余名师生参加决赛，有1500余名师生获奖。

(二)教师自制多媒体教育软件大赛

2006学年度，全县举办首届教师多媒体教育软件评比活动(此后该项赛事每年举行一次)。是年，参加省、市两级教师自制多媒体教育软件评比活动，选送30件作品参赛，有24件作品获奖。

2007—2013学年度，教师参加国家及省、市级自制多媒体教育软件评比活动，获国家级一等奖3人、二等奖2人、三等奖4人；省级一等奖15人，二等奖20人，三等奖43人；市级一等奖39人、二等奖55人、三等奖58人。

教师现代教育技术能力大赛

2010年，全县举办首届教师现代教育技术能力比赛，共有39位教师参加决赛，评出一等奖9人，二等奖12人，三等奖18人(此后该项赛事每年举行一次，至2014年共举行5次)。推荐优秀教师参加市首届教育技术能力大赛，获1个一等奖，2个二等奖，7个三等奖。

2011—2014年，教师参加省市现代化教育技术能力大赛，获省一等奖1人，三等奖2人，市一等奖11人，二等奖15人。

2006—2013学年长兴县教师自制多媒体软件获奖情况表

表13-10　　　　单位：人

学年 \ 获奖情况	国家级获奖			省级获奖			市级获奖			县级获奖		
	一等奖	二等奖	三等奖	一等奖	二等奖	三等奖	一等奖	二等奖	三等奖	一等奖	二等奖	三等奖
2006	—	—	—	—	1	1	1	11	10	17	25	40
2007	—	—	—	—	—	—	2	5	5	9	21	33
2008	—	—	—	1	—	3	—	—	—	8	15	48
2009	—	1	—	1	5	5	7	7	7	17	36	40
2010	—	—	—	3	6	12	7	12	12	14	23	40
2011		1	1	5	2	5	6	8	11	19	32	39
2012	—	—	—	3	2	11	8	14	14	25	41	59
2013	3	—	3	2	5	7	9	9	9	37	58	72

2010—2014年长兴县教师现代教育技术能力大赛教师获奖情况表

表13-11　　单位：人

学年＼获奖情况	省级获奖			市级获奖			县级获奖		
	一等奖	二等奖	三等奖	一等奖	二等奖	三等奖	一等奖	二等奖	三等奖
2010	—	—	—	1	2	7	9	12	18
2011	—	—	—	3	3	—	11	17	9
2012	—	—	1	2	4	—	6	6	—
2013	—	—	1	3	5	—	8	10	13
2014	1	—	—	3	3	—	7	10	—

第十四章　教育科学研究

第一节　机构设置

1989年，县教育局教研室（下称教研室）设主任1人，副主任2人，人员14人，其中中学教研员8人，分管政治、语文、数学、物理、化学、生物、史地、体育九个学科。小学教研员6人，分管思想品德、语文、数学、自然、幼教五个学科。是年，建立中学语文青年教师教改实验小组。

1991年，教研室教研员增至17人，其中中学教研员11人，小学教研员5人，幼儿教研员1人。

1995年，在小学、初中建立县、区、乡（镇）三级学科教研组。

1996年，全县中小学成立县学科中心教研组，小学有语文（分设高低段）、数学（分设高低段）、思品和复式教学组，中学有语文、数学、自然科学、英语和社会教学组。

1998年，全县成立以学科为单位的青年教师课改小组。

2000年，学区视导办撤销，区级学科教研组随之解散。全县建立以建制镇为中心的19个中小学教研站，形成县学科中心教研组、镇教研站、校教研组三级教研网络。是年，建立县职教成教教学研究室，统一领导和管理全县职教成教教学研究工作。

2001年11月，县中小学心理健康教育指导中心成立，负责对全县中小学教师进行心理健康教育辅导培训。

2002年，撤销19个中心教研站，全县建立泗安、煤山、城南、城东、雉城、古城等6个初中中心教研站，初中形成县中心组、片中心教研站、校教研站三级教研网络；小学建立县、校两级教研网络；高中（含职高）建立市、县、校三级教研网络。

2004年上半年，全县聘请66位一线教师作为"兼职教研员"，协助教研员参与教学调研与学科教研活动。是年,教研室与县教育局教育科学研究所(下称教科所)合并,组建县教育局教育研究中心(下称教研中心)。

2005年,全县成立夹浦、李家巷、虹星桥、泗安、煤山5个中心教研站,设站长1人,副站长2人(中小学各1人),教研员、进修学院负责师训的相关人员与城区学校分配到各教研站,担任教研指导工作,开展区域性教研活动。

2010年冬,全县普通高中教学共同体成立,以教研中心为协调、以长兴中学为龙头分别开展四校高三备课组统一行动,教学资料共享,开展高效复习课堂研讨活动。

2013年,各教研站停止活动,由教研中心学科教研组直接组织教研活动。

2014年,全县初中学校建立"学习共同体"联盟,小学建立"小班化教学研究联盟",共建13个,涵盖学校89所。是年,县教研中心共有教研员32人,其中中学19人,小学7人,幼教2人,教科研4人。

第二节　教学研究

1989年,教研室以全面提高基础教育质量为目标,重点落实教学常规,在中小学普遍开展"三个一"[①]活动,小学抽查调研吴山乡斗门小学、夹浦中心小学和环沉完小;中学抽查调研洪桥中学和芝山初级农技学校。县劳技教学在李家巷中学召开现场会。雉城中学的语文"单元合成教学"开始实验,研究学生认知规律,确定"以学定教"为课堂改革总方向。是年,全县开展教研活动共计32次。

1990年,幼儿教育进行"幼小衔接"的研究;小学语文开始从"注音识字、提前读写"的研究转向对"直呼音节、提前读写"的研究;小学数学进行"三算"和"珠心算"的研究;初中语文进行"单元合成教学"研究;初中数学进行"代数入门教学"的研究。是年,教研室对观音桥乡中心小学、丁甲桥乡中学、煤山镇新升小学、李家巷镇中学的教学常规现状和教学常规管理情况进行调研。

1991年,幼儿教育对"保教结合"和"半日主题"活动进行研究;小学语文开展以"乐学、善学、会学"为中心和"寓德育于语文教学之中"的教改实验专题研究。教研员分赴一线授课,中学语文、政治、化学、数学教研员到农校、林城、白阜中小学上课;小学语文、数学教研员到进修学校、水口、太傅中小学上课;幼教教研员到职高幼师

① 三个一:指备好一节课、上好一节课、写好一篇总结和优秀教案。

班、李家巷、虹星桥幼儿园进行展示，通过上课或展示带动全体教师参与教学研究。是年，实验小学为湖州市实验班教师和安徽巢湖市教师代表上公开课15节；初中和高一语文在虹溪中学开展专题研究；举行较大规模教研活动47次，参加人数达2500多人；开展县级教坛新秀评比，23名教师当选县级教坛新秀。

1992年，教研室开展教学一日调研和教学常规考评活动，分中小学两个组，分别对水口、林城、白岘和雉城地区的中小学通过听课、评课和教学常规检查等方法进行一日调研，向全县3800名中小学专任教师发出考评表，从计划、备课、上课、批改、辅导、考查、教研活动等7个方面进行考评。是年，开展中学优质课评比和中学先进教研组评选活动。

1993年，召开中小学教研组建设经验交流会，林城镇中心小学的"五个环节"（析课—备课—上课—评课—讲座）一条龙的教研模式得到推广。开展第四届教坛新秀评选活动，全县共评出62名县级教坛新秀，其中中学28人、小学17人、幼教17人，并推荐7人参加市教坛新秀评选。是年，教研室对洪桥逸夫中学、便民桥乡中心小学、便民桥乡石泉完小进行集体教学调研，形成调研报告。

1994年，各校以改革课堂教学，提高教学质量与效率为重点，以注重实效为原则开展教学研究。幼儿园进行优化半日活动研究，初中举办初二自然学科研讨会，高中阶段组织教师去外地名校学习参观，并邀请名师进行讲课。是年，累计开展教学研究活动小学（含幼教）32次，中学44次。

1995年，教研室先后对横山乡中心小学、横山乡前城完小、小浦镇中学、林城中学、仙山乡中心小学、新塘乡中心小学、管埭乡中心小学等十余所农村中小学进行一日调研活动；加强对高中教学的研究，先后3次召开高中教学质量分析会，教研员和部分普通高中领导教师到江苏宜兴中学、阳羡中学参观学习；对全县中小学教师执行《湖州市教学常规》情况，采用自评、复评、抽评的方法进行全面的考核。是年，初三、高中各年级由市统一命题进行教学质量监测，小学和初中一、二年级由县教研室统一命题进行教学质量监测；县级教研活动中学38次，小学（幼教）43次，其中承担市级教研活动5次。

1996年，教研室加强对中小学教材的研究，教师学习学科《指导纲要》。是年，督导室、普教科、教研室联合组成6个检查组，对全县中小学执行教学常规情况进行全面检查，开展高一、高二数学和小学语文、数学青年教师教学比武活动。

1997年，教研室开展长兴县第一届教学能手评选活动，共评出19名教学能手（其中中学9人、小学8人、幼教2人），并推荐17人参加湖州市第一届教学能手评选。

1998年，教研室提出以教学研究为中心，以提高质量为生命线，以素质教育为主攻方向的目标，制定《长兴县小学教学质量监测实施办法》。检测范围为全县各级小学，一至六年级学生为被监测对象，省义务教育的教学计划中规定的学科课程为被监测科目；监测内容以该年级学科学期（学年）学习内容为主；监测要求为以各学科《教学指导纲要》及本学期（学年）的教学目标为监测要求，难度系数控制在0.7～0.8左右。12月，教研室对小学部分学校进行语文、数学、思品、音美、体育全面监测，对语文、数学、思品、音美和体育等5门监测学科做详细分析，为全面推进素质教育提供科学依据。是年，开展评选县首届“教学明星”活动。

1999年，教研室重点落实新教师培养，对小学新教师进行系统的业务培训，从计划的制定、教案的编写、练习的设计、复习的结构及说课的方法等进行全面训练，把优秀的说课稿汇编成《长兴教研》专辑，给广大教师学习参考。

2000年，在“减负”的新形势下，教研室修订《长兴县中小学教师教学工作手册》，为学校督查常规提供依据，进一步规范教师在学科教学中的行为，坚持向45分钟要质量，课堂教学坚持走转观念、减负担、高质量的正道，在教学考评方面推广等级评分制。

2001年，实行新教师上岗过“三关”（以学校组织的“教学常规入门”和“课堂教学过关”、由教研室实行的“教学能力达标”关），中年教师开展“合格评估、优质评比、精品展示”系列活动。各窗口学校推出大型教研活动，有实验小学的“教改之春”、古城中学的“春满校园”、长兴一中和雉城中学的“教研节”等活动。9月，教研室举办首届“金秋十月”系列教研活动，内容因时而定，其中“名师送教”形式得到全县学校和一线教师欢迎，成为“金秋十月”的品牌。此后每年一届，至2014年共举办14届。是年，全县义务教育阶段建立学业等级评价制度，推广使用《素质教育发展报告单》，从思想觉悟、道德情操、知识智能、身体素质等方面按等级评价学生。建立“尝试教育法”实验基地13个，大面积进行“尝试教育法”课堂教学改革。

2002年，教研室成立由157名教师组成的学科骨干教师讲师团，并跨区域与214名青年教师结成良师益友，以师傅带徒弟的形式进行教学研究。

2003年，教研工作以《长兴县基础教育课程改革实验方案》为指导，开展教师分层培训。暑期，组织全县3700多名中小学教师参加通识培训，学习新理念，熟悉新课标；15个学科、120人次参加省、市的学科教师培训；6所学校的校长、分管校长、教导主任赴余杭区参观学习课改实践经验。挑选优秀教师作为初一和小学一年级的学科实验教师，每位教研员联系一所学校作为自己的学科实验点，教研工作以此为核心，以实验年级为重点开展实验。是年，举办县首届基础教育课程改革暨校长论坛。此后，每年底举行一届，至2014年共12届。

2004年，在基础教育课程改革稳步推进的基础上，教研中心教学研究重心上移至高中，全体教研员深入高中学校，全方位开展教学常规调研，科学有力促进高中教学提升，学生成绩取得突破，当年高考成绩高于省平均分34.7分。是年，教研中心创办每月一期的《教研中心简报》，报道各校教学常规、教学研究等相关情况。

2005年，夹浦教研站、虹星桥教研站、泗安教研站、煤山教研站、李家巷教研站分别举行“杨帆太湖”“城南叙事”“仙湖论教”“合溪之声”“教海探航”教研节，成为长兴教研特色，被列为国家级课题进行推广。是年，实验小学、古城中学在市首届校本教研研讨会上展示校本教研活动成果；古城中学、长兴一小被评为市首批校本教研示范学校，古城中学被评为第二批省级校本教研示范学校。

2006年，教研中心制订《青年教师培养计划》，确定近期与远期培养目标，青年教师每学期开展读一本书（公共理论、专业理论类）、举行一次专题教研活动、上一节公开课、命制一份规范试卷、备一份高质量的教案、写一篇教学反思或案例分析的“六个一”活动。

2007年，教研中心以“质量建设年”活动为载体，实施“专题化、主题化、课题化”的教学调研9次；制定《学科课堂教学评价量化表》，对教师的课堂教学进行量化达标考核；制定《长兴县中小学学科教学基地工作规程》，确定9所学校为县首批学科教学基地，并对学科教学基地工作进行考核评价，实行动态管理；实行“校际共建”，雉城镇十所中小学与五个教研站建立城乡学校学习共同体，共同开展教学研究。是年，全县621名中小学教师进行小学六年级、初中三年级任课教师业务考试（此项活动以后成为惯例，每年都进行）；5位教师优质课比赛获省一、二等奖。

2008年，教研中心以“质量建设深化年”活动为中心开展工作。教师培训采取抓“两头”：一头是农村教师“青改小组”，通过多途径强化训练，使他们成为农村学校课改的“领军人物”；另一头是“四〇五〇（年龄在40～50岁之间）”教师培训工程，使之与时俱进，不拖教学的后腿。课堂教学纷纷学习江苏东庐中学、洋思中学和山东杜朗口中学的“学案”教学模式；实验初中、夹浦镇中学课堂教学开始尝试“导学稿”。

2010年，教研中心以“全面提升素质年”为中心，以新课程“疑难问题的解决”为重点，梳理课改以来遇到的难点问题，帮助一线教师提升新课程理念与教学能力：对全县三分之二的学校进行集体调研，每门学科专项调研不少于8次，发现问题，帮助学校及时提出改进策略,保证教学效益。

2011年,教研中心制定《教研员落实"减负"八条要求》,以"课堂学习有效性"为核心,在减负的前提下向课堂学习要质量,与相关学校共同研究,先后推出实验初中的"全程助学法"、长兴一中的"幸福课堂"、古城中学的"品质课堂"和泗安镇中学"五四三绿色课堂";整合学校教科室、教导处、学科教研组和备课组力量,围绕"课堂学习有效性"这一主题,融合教学反思、同伴互助、专家引领三个核心要素,坚持以学为中心,改进并落实课堂教学方式。

2012年,教研中心继续以"课堂学习有效性"为核心,全面提高课堂教学效益,针对不同学段的特点,采用相应的教学调研。高中段调研做到全面覆盖、重点突出,侧重高三,"拔尖优等生、跟踪边缘生、提高文科生"; 初中段调研实行推门听课,常规检查,分学科召开教师座谈会等方式,诊断问题,提出建议;小学段调研采取随机点名听课、全面查阅教师常规、抽样检查学生作业、随机与学生座谈等策略,全方位精细化了解学校教学状况,提出建议和整改意见。是年,开展国家级教研活动一次,省级教研活动5次,市级教研活动35次,教师参与面达3600余人;县级教研活动236次,教师参与人数11100人次。

2013年,教研中心实施教研活动项目化与系列化,进行"90学时培训""新教材培训""疑难问题培训""复习课专题培训"等活动;改进学科组、备课组的评选,对各级各类学校申报的123个教研组(备课组)采取"组长现场汇报、评委当场打分、结果现场公布"的面对面考核;对全县1555名35周岁以下的小学、初中、普高文化课教师进行专业素养考试;创新义务段质量监测方式:对全县小学四年级科学、品德与社会、音乐、美术、体育、英语以及主题教育、安全教育等方面的内容进行综合性质量监测,监测遵循课改的基本理念,突出三维目标中的"过程与方法"这个维度,采用书面闭卷的形式进行;强化初中学业质量动态跟踪工作,对全县6104名初一学生进行学业质量动态跟踪调研考试。

2014年,教研中心对学校教学活动进行体检式调研,以"课堂诊断、常规检查、业务指导、交流反馈"等过程全面检查学校教学质量;进行学科单科专题调研,提高农村薄弱学校课堂教学质量;进行"菜单式"培训,提升一线教师理论素养、科研水平和研究能力。

1989—2014年长兴县教师获湖州市业务荣誉情况表(部分)

表14-1

姓名	学校	荣誉类别	姓名	学校	荣誉类别
孙觉先	长兴中学	教学明星	周扬经	金陵高中	教学明星
叶　峻	长兴中学	教学明星	费新华	长兴职教中心	教学明星
程　红	长兴中学	教学明星	沈　山	长兴职教中心	教学明星
莫银火	长兴中学	教学明星	周明明	龙山中学	教学明星
俞素梅	古城中学	教学明星	徐常松	长兴一小	教学明星
胡晓雁	实验幼儿园	教学明星	何卷棣	实验小学	教学明星
徐　宏	长兴中学	教坛新秀	成仁伟	古城中学	教坛新秀
蒋亚琴	长兴中学	教坛新秀	周　玲	古城中学	教坛新秀
周明明	龙山中学	教坛新秀	周学新	长兴中学	教坛新秀
王　丽	长兴中学	教坛新秀	周胜红	长兴中学	教坛新秀
吴　强	古城中学	教坛新秀	钱宏英	古城中学	教坛新秀
邱　静	实验中学	教坛新秀	钱培英	实验中学	教坛新秀
费卫红	实验中学	教坛新秀	臧剑锋	实验中学	教坛新秀
李宗文	实验中学	教坛新秀	朱晶敏	实验中学	教坛新秀
江卫华	实验中学	教坛新秀	叶国顺	煤山中学	教坛新秀
佘金龙	实验中学	教坛新秀	范辉锋	实验中学	教坛新秀
朱跃建	长兴职教中心	教坛新秀	董志锋	电大进院	教坛新秀
张谷长	金陵高中	教坛新秀	霍永红	长兴职教中心	教坛新秀
胡丰亚	机关幼儿园	教坛新秀	郑煤因	第二实验小学	教坛新秀
许　萍	第二实验小学	教坛新秀	费水丽	实验小学	教坛新秀
沈红芳	实验小学	教坛新秀	章永红	长兴一小	教坛新秀
施伟琴	长兴二小	教坛新秀	许　羚	虹星桥镇中心幼儿园	教坛新秀
陈加红	水口乡中心幼儿园	教坛新秀	沈莉莉	实验小学	教坛新秀
李　华	实验小学	教坛新秀	施伟萍	实验小学	教坛新秀
潘君丽	实验小学	教坛新秀	王有福	长兴一小	教坛新秀
莫　晶	长兴五小	教坛新秀	宋兰兰	实验幼儿园	教坛新秀
黄慧敏	实验小学	教坛新秀	邱利利	实验小学	教坛新秀
黄益平	林城镇中心小学	教坛新秀	许　吉	实验幼儿园	教坛新秀
王玉春	长兴四小	教坛新秀	奚忠恕	华盛高中	教学能手

续表14-1

姓名	学校	荣誉类别	姓名	学校	荣誉类别
宋乃昱	长兴中学	教学能手	万长根	长兴中学	教学能手
俞素英	古城中学	教学能手	莫银火	长兴中学	教学能手
程　红	长兴中学	教学能手	叶先鹏	古城中学	教学能手
蒋雪云	长兴中学	教学能手	赵立文	长兴中学	教学能手
王玉春	长兴四小	教学能手	周明明	龙山中学	教学能手
沈　山	长兴职教中心	教学能手	周桂林	技师学院	教学能手
廖全堂	长兴中学	教学能手	徐亚琴	长兴职教中心	教学能手
胡晓雄	长兴中学	教学能手	杭伟华	长兴中学	教学能手
赵小丽	龙山中学	教学能手	叶会平	水口乡中心小学	教学能手
沈怡能	长兴二小	教学能手	沈莉莉	实验小学	教学能手
何卷棣	实验小学	教学能手	吴慧婷	第二实验小学	教学能手
周义华	机关幼儿园	教学能手	黄玉平	吕山乡中心小学	教学能手
蒋悦情	长兴职教中心	岗位能手	翟大纲	技师学院	岗位能手
石显宽	技师学院	岗位能手	高美丽	技师学院	岗位能手
霍永红	长兴职教中心	岗位能手	喻新苗	长兴职教中心	岗位能手
周明明	龙山中学	教学名师	金小萍	电大进院	教学名师
叶先鹏	古城中学	教学名师	沈　莉	实验小学	教学名师
柏　凌	实验小学	教学名师	施新帆	实验小学	教学名师
左有琴	长兴一小	教学名师	徐常松	长兴一小	教学名师
叶会平	水口乡中心小学	教学名师	胡晓雁	实验幼儿园	教学名师

第三节　教育科研

1989年，初一数学“代数入门教学”列入市级教研课题。是年，教研员所写的教学论文获县级奖14篇，市级奖4篇，省级奖2篇，发表在省级书刊有4篇。

1991年2月，县教育局教育科学研究所成立。各区、乡镇相应建立教育科研小组。是年，确定国家及省、市、县各级课题共28个，其中“初中后教育结构和体系研究”为国家级课题。

1992年，各级各类学校承担全国一级课题11项，子课题71项；省级课题55项，市级课题86项。“八五”重点课题“农村人力结构与初中后教育结构”获省“八五”重大科研成果二等奖；“长兴县义务教育质量调查及其对策”获市优秀科研成果一等奖；实验小学、雉城二小的“语言文字训练的理论与实践”，通过成果鉴定。是年，获全国一级优秀科研成果（包括科研论文）一等奖27项，二等奖39项，三等奖137项；获省级优秀成果一等奖19项，二等奖34项，三等奖83项。

1993年，教科所参加国家教委“义务教育质量研究”浙江课题组的调查测试工作，写出《义务教育质量分析报告》，次年3月，该报告被《浙江教育科学》杂志刊登。6所小学被中科院心理研究所确定为教改试验学校，并承担中科院心理研究所关于《现代小学数学》实验教材试点任务。是年，全县成立区（校）教科室18个，聘请28位教师为兼职科研人员；“小学数学教材改革实验报告”获得中科院心理研究所评比二等奖，教科所被中科院心理所列为教育实验基地。

1994年，全县教师科研论文省级获奖7篇，市级获奖20篇。

1995年，根据国家教委《爱国主义教育实施纲要》，在思品、政治思想、历史、地理、社会等学科中确立相关课题进行教学研究。

1996年，县教育局成立教育科学规划领导小组，教研室设教育科研日常管理办公室，有专职科研人员4人，兼职10人；各学校成立教科室，教科研形成县校二级管理网络。

1998年，实验小学的“语言文字训练最优化研究”获省首届教育科研成果一等奖。

1999—2002年，各级各类学校坚持科研兴教，深入开展课题研究，通过开展教育科研助推教育教学发展。

2002年，实验小学“小学环境教育综合实验活动的实践与研究”课题通过浙江省教育科学研究院立项。

2003年，全县开始新一轮基础教育课程改革实验，县教育局的“基础教育均衡发展的实践与研究”课题获中国教育学会优秀成果一等奖。

2004年，中央教科所、省教科院和省职教教研室人员到长兴指导教育科研，确立国家及省、市、县科研课题分别7项、13项、41项和96项。

2005年，实验初中被确定为省教研室重点课题“有效的小组互动合作学习活动设计研究”思想品德学科子课题实验学校和科学学科实验基地。

2006年，长兴中学的“深入推行德育导师制 构建三维德育模式”获省科研成果一等奖；湖州清泉武校被教育部中央教科所授予全国教育教学管理示范学校称号。

2009年，教研中心建立课题研究小组，“中小学课堂学习有效性诊断及矫正策略研究”课题被立为省教育系统规划课题；“基于教研培训站的薄弱学校提高办学质量实践模式的研究”课题被立为全国教育科学“十一五”规划课题。是年，教研中心被评为省教研工作先进集体。

2010年，全县有省市县规划课题结题361项。

2011年，教研中心的“农村小学科学课实验教学规范化研究”课题获省科研成果一等奖。

2012年，全县学校进行课题研究，推进学校特色发展；坚持教学科研一体化，推进课堂教学改革。是的，5项科研成果获省优秀成果奖，27项科研成果获市教育科研优秀研究成果奖。

2013年，教研中心举办小课题研究专题理论和实践培训，召开省、市课题期中检查复评会。是年，长兴中学的“普通高中教师专业发展的路径选择与定向培养的实践研究”、机关幼儿园的“走进生态快乐成长—幼儿园融入式生态课程构建与实施的研究”课题分别获省年度优秀科研成果一等奖。全县共立项省级课题14项，市级49项，县级400项；3项成果在省第五届教研成果评比中获奖，22项在市评比中获奖。县教育局被评为省教育科学和谐发展业绩考核优秀单位和重视教科研先进单位。

2014年4月，教研中心对2013学年省市立项教研课题进行集中评定和集中检查；5月，召开县课题论证研讨会；9月，举行中小学（幼儿）教科室主任集中培训；10月，对2014年度省、市规划课题进行中期集中检查；11月，对2014年度省市教研课题开展检查评估初评的A等课题进行集中评定，分组听取有关省市立项课题的结题情况汇报。是年，长兴中学的“高中生自主管理的班级建设研究”、教研中心的“‘教师工作坊’教研方式的实践研究”两课题获省科研成果一等奖。省教研系统重点课题“农村自然小班的小学语文课堂教学最优化研究”推进会在畎桥中心小学召开。3项科研成果获省课题成果奖，21项科研成果获市课题成果奖。

2003—2014年长兴县教育系统获市级以上各级各类论文奖项情况表

表14-2 单位:篇

时间	名称	一等奖	二等奖	三等奖	发证单位
2003年	市基础教育科研优秀论文	—	2	1	市教育局
2004年	教育学会论文评比	6	14	40	市教育学会
	省教科研优秀论文	1	4	3	省教科院
2005年	市第二届教学论文	22	55	85	市教研室
	市“在教科研中成长”	4	7	22	市教科所
2006年	省教科研优秀论文	—	1	5	省教科院
	省优秀教育教学论文	1	5	21	省教育报、省教科院、省教研室
	市第三届教学论文	31	64	90	市教研室
	市课程开发与研究论文	2	6	11	市教研室
2007年	省优秀教育教学论文	1	6	15	省教育报、省教科院、省教研室
	市第四届教学论文	34	69	86	市教研室
2008年	省教科研优秀论文	—	1	2	省教科院
	2008省优秀教育教学论文	—	3	7	省教育报、省教科院、省教研室
	市第五届教学论文	38	63	86	市教科研中心
	省教科研优秀论文	1	2	1	省教科院
	2009省优秀教育教学论文	—	2	11	省教育报、省教科院、省教研室
2009年	市第六届(各学科)教学论文	37	72	86	市教科研中心
2010年	2010年度省优秀教学论文	—	3	5	省教育报、省教科院、省教研室
	2010年度市教学研究论文	47	96	95	市教科研中心
	2009年度省教科研优秀论文	1	1	3	省教科院、规划办
2011年	2011年度省优秀教学论文	2	—	7	省教育报、省教科院、省教研室
	2011年度市教学研究论文评比	47	88	95	市教科研中心
2012年	2012年度市教学研究论文评比	42	76	108	市教科研中心
	2011年度市教育学会科研成果	8	24	67	市教育学会

续表14-2

时间	名称	一等奖	二等奖	三等奖	发证单位
2013年	第二届“长三角地区”优秀科研论文评比	1	—	1	省规划领导小组
	2013年度省优秀教育教学论文	4	6	16	省教科院、省教研室、省教育报
	2012年度市教育学会科研成果	7	14	38	市教育学会
	2013年度市教学研究论文评比	24	32	50	市教科研中心
2014年	2014年度省优秀教育教学论文	6	10	27	省教科院、省教研室、省教育报
	2014年度市教学研究论文评比	32	46	57	市教科研中心
	2013年度市教育学会科研成果	6	13	33	市教育学会

2000—2014年长兴县教育系统编著出版情况表(部分)

表14-3

时间	书名	主编
2000.11	《教苑撷英》	颜惠新　陈元新
2001.9	《教育教学探索》	熊全龙
2003.3	《中国教育券制度的实践与探索》	熊全龙
2005.4	《德育创新之路》	彭明才
2005.4	《德育探索之路》	彭明才
2005.10	《环境道德教育概论》	彭明才
2005.11	《教学创新的探索(上下册)》	彭明才
2005.11	《班主任工作艺术》	彭明才
2006.9	《班级管理创新探索》	张向前
2006.11	《三维德育模式的实践》	张向前
2006.12	《德育成功之路》	彭明才
2007.9	《数控车床编程与实训》	陈小霞
2007.9	《数控车床编程与实训》	黄金龙
2008.1	《中级维修电工技能操作与考核》	戴月根
2008.9	《跋涉的足迹》	孟庆岩
2009.1	《学校管理的开拓与创新》	彭明才

续表14-3

时间	书名	主编
2009.1	《数控铣床编程与实训》	黄金龙
2009.1	《数控铣床编程与实训》	蒋悦情
2010.5	《汽车机械基础》	黄金龙(副主编)
2010.6	《汽车发动机构造与维护》	黄金龙
2010.6	《汽车发动机构造与维护》	万建兵(副主编)
2010.8	《数控铣床编程与加工技术》	蒋悦情(副主编)
2010.12	《花间行》	王念红
2011.8	《语文与写作教学改革新探》	金健人
2011.8	《普通车床加工技术复习指导》	金建生
2011.9	《旅游类专业服务礼仪课时练》	徐亚琴
2011.9	《中学课程辅导.人物传记阅读大通关》	李　强
2011.9	《机械类专业复习训练基础理论》	朱跃建(副主编)
2011.10	《单片机与嵌入式系统基础与实训》	骆　炜(副主编)
2011.10	《机械类专业复习训练基础理论阶段综合测试卷集》	朱跃建(副主编)
2012.1	《父母与孩子的100封书信》	朱棣云
2012.8	《教学之旅》	钦国强　徐顺福
2012.9	《校本教材的开发与应用》	吴建国
2012.11	《高中语文读写指津·小说卷》	曾良策
2013.11	《守望教育的追梦人》	沈　莉
2013.12	《快乐绘画:一个支持幼儿“一百种语言”的艺术课程》	周义华
2014.2	《图说陈霸先》	蒋伯良

第十五章　民办学校

第一节　民办教育

全县民办教育起步于20世纪90年代初。1992年4月29日，县物价局、县财税局和县教委联合发文《长兴县关于加强社会力量办学管理的暂行规定》，争取社会支持，鼓励社会力量办学，建立市场经济下的教育机制，规范办学行为。是年，长兴县群英服装技术培训班组建。

1994年1月，长兴县群英服装技术培训班升建为长兴县湖州群英服装技术私立学校。6月，温州籍周清泉创办长兴县华东八三武术学校。

1997年10月，县教委下发《关于社会力量举办学前教育机构审批的暂行办法》。长兴县彩电技术培训学校、长兴县旅游培训学校等5所民办学校相继创办，共招生500余人.是年，全县共有社会力量办学29个。

进入21世纪，全县职业技术教育由县职业技术教育学校统一招生，全县职业类民办学校除清泉武校续办外，其余职业类民办学校均停办。

2000年3月，县教委颁发《长兴县教委关于加快湖州清泉武术学校发展措施》的文件，出台《长兴县社会力量办学实施细则》，鼓励外来企业和个人到长兴投资办学，在建校征地、师资队伍建设、招生、经费等方面给予实质性的支持。同月，华东八三武校整体迁至夹浦镇父子岭新校址，学校更名为湖州市清泉武术学校。12月，县政府出台《长兴县关于鼓励社会力量办学暂行规定》。是年，引进浙江华盛建设有限公司4500万元资金，以股份制形式，与县教委合作新建长兴华盛高级中学；引进浙江花海圣奥特国际发展有限公司总预算投资1.2亿元，在林城镇大云新建浙江湖州大云昆中国际学校。清泉武校被评为浙江省优秀民办学校。

2001年2月，根据国务院《民办非企业单位登记管理暂行条例》精神，县教委批准社会力量办学校、个私幼儿园实行登记26所；4月，长兴华盛高级中学、实验小学建成投用。全县共有社会力量办学单位102个，其中部门办学69所（包括中小学各种艺校59所）、私人办学33所（包括个私幼儿园32所）。上规模、上档次的社会力量办学单位3家，分别是湖州清泉武术学校、华盛高级中学和实验小学。是年起，为了支持学生就读民办学校，提高民办学校办学的积极性，加快民办教育的发展，县教委向就读民办学校义务教育阶段和民办高中的学生发放“教育券”，由学校持券跟县教委结算。

2002年，全县民办教育继续实行归口主管和分工负责相结合的管理体制，是年，县教育局社会力量办学管理办公室更名为民办教育办公室，归口管理全县民办教育工作。长兴华盛中学和虹溪中学两校合并，学校更名为长兴华盛虹溪高级中学，学校性质为民办，招收15个班的高中新生（其中计划生8个班），4个初中实验班学生。

2003年3月，县教育局下发《关于颁发社会力量办园的审批办法》。9月，《中华人民共和国民办教育促进法》正式实施，华盛虹溪中学董事会追加投资1000万元，新建校体育馆等教育教学设施，提高办学水平。县教育局设立长兴县中小学生假日活动中心，性质为由县教育局发展有限公司举办的民办学校，将附设在各中小学、幼儿园的业余艺术学校并入长兴县中小学生假日活动中心。筹设长兴雉城民工子弟育才小学，性质为全日制民办学校，招生对象为外来民工子女，教学内容与公办小学的课程内容相同，教学业务服从县教育局管理和指导。12月，清泉武校成为省传统武术涉外培训基地。是年，全县有民办学校与各类民办教育培训机构共34所，专任教师484人，兼任教师34人，在校生6000人。其中上规模、上等级的民办学校有6所（有已开学的湖州清泉武校、长兴华盛虹溪中学、国有民办的实验小学；在建的金陵高级中学、大云昆中学校和股份制国有民办的实验初中），6所学校占地面积约1500亩，总建筑面积约37万平方米，总投资近6亿元。

2004年3月，长兴青年艺术学校在青少年宫挂牌成立，办学性质为民办学校，面向全省初中毕业生招生。6月，县政府出台《关于进一步促进民办教育发展的若干意见》，鼓励支持民办教育发展，共给予十二个方面的优惠措施，吸收一批高规格、上水平的民办学校相继在县内建成。7月，设立国有民办长兴县第二实验小学。9月，长兴县金陵高级中学成立，办学性质为民办。

2005年6月，县教育局下发《关于进一步加强民办学校管理意见》，调整民办教育管理办公室成员，明确民办教育的管理由职成科牵头，各职能科室分工负责。是年，全县有民办幼儿园45所，民办小学4所，民办初中2所，民办高中4所，各类民办培训机构17家，全日制在校学生16000多人。

2006年2月，县教育局下文终止民办学校长兴青少年宫艺术学校办学。4月，清泉武校承办浙江省民办学校协会会长会议，省民办学校协会会长、县教育局领导及来自全省各民办学校代表30余人参加会议。6月，经市教育局批准，设立全日制普通高中长兴艺术高级中学，办学性质为民办，招生列入县教育局普通高中招生，填补了长兴艺术类普通高中教育的空白。

2008年，全县按“政府扶持、社会参与、市场运作、群众享受”的原则，鼓励和引导社会力量创办优质民办托幼园所，积极推行“公建民办”“民办公助”、集团化等办园模式，推进民办幼儿园上档次、上规模办学。实施幼儿园办园准入制度，对符合条件的社会力量举办的幼儿园实行非企业事业法人登记。是年，全县民办幼儿园20所，73个教学班，在园幼儿2058人。

2009年4月，全县开展清理和规范民办教育机构专项活动，共检查44家民办幼儿园，对办园条件和安全状况不达标的下发《整改意见通知书》，共44份，提出整改意见177条，依法取缔民办幼儿园1所。是年，建立完善民办教育各项规章制度65个，新增签订劳动用工合同20人，新增办理各项社会保险人员16人，新增办理各类证件16张，新增依法建立账册有13家。暑假期间，20位民办幼儿园园长参加湖州市园长上岗培训。

2010年，为了规范民办教育办学行为，提高民办学校教育质量，推进全县民办学校健康发展，县教育局制定《长兴县教育局派驻民办学校指导员管理暂行办法》，选派党员干部到具有一定办学规模的民办学校担任指导员。是年，对全县民办幼儿园卫生保健进行督查，实施卫生保健年度考核；民办学校派驻工作指导员制度获县“效能建设提速年”活动创新工作奖。

2011年，县教育局加强对民办幼儿园进行办园行为督查，从园舍安全、班级设置、设施配备、卫生消毒的落实和收费、就餐、师资、教学等情况进行督查。是年，全县有民办幼儿园45所，在园幼儿2221人。3所民办幼儿园被评为湖州市优秀民办学校。

2012年，全县民办、社会力量办学有全日制学校5所。经行政部门批准在册社会力量办学机构72个，其中民办幼儿园43所，民办非学历培训机构29所。

2013年，县教育局严把民办学校准入关，加强民办学校管理，实行申办民办教育审批制度；实行定期、不定期对民办学校专项督查，实施民办教育机构年度检查。是年，获市级优秀民办学校4所。

2014年，全县有全日制义务段民办学校5所，在职教职工501人，招收新生1772人，毕业学生1985人，在校学生8367人；民办普通高中3所、综合高中1所，在职教职工519人，招收新生1962人，毕业学生2474人，在校学生6671人。全县经行政部门批准在册社会力量办学机构78个，其中民办非学历培训机构33个，民办幼儿园（托儿所）45所。

2001年长兴县民办非企业单位（社会力量办学校、幼儿园）登记情况表

表15-1

序号	单位名称	负责人	性质	开办资金（万元）	地址
1	群英服装培训学校	姚群英	个体	2	雉城镇金陵北路
2	维多尼英语培训班	王伟敏	个体	5	雉城镇广场西路（职工学校）
3	梦豪服装技术学校	陈竹林	个体	20	林城镇凌斗村
4	达达美术培训班	李旭鸥	个体	2	雉城镇广场西路29号
5	城北幼儿班	吴广萍	个体	2.8	雉城镇金陵北路
6	贝多芬幼儿班	吴　强	个体	3.5	雉城镇钟楼弄东单元201室
7	童心幼儿班	曹引娣	个体	3.5	雉城镇金陵北路
8	平华幼儿班	王萍华	个体	4.2	雉城镇金陵北路
9	金太阳幼儿班	李金萍	个体	22	雉城镇解放西路1号楼
10	张家村幼儿园	赵金枝	个体	8	雉城镇解放东路张家村
11	甜甜幼儿班	杨晓萍	个体	7.5	雉城镇长安桥南堍
12	苗苗幼儿班	高亚敏	个体	5	雉城镇城南路
13	凌许幼儿班	凌淑亚	个体	10	李家巷镇凌家浜许家浜村
14	育智幼儿班	赵　勤	个体	8.5	李家巷镇新区63号
15	育苗幼儿班	朱秀红	个体	3.8	李家巷镇新街
16	虹星桥黄公幼儿班	俞卫娟	个体	2.6	虹星桥镇黄公村
17	云峰幼儿班	沈菊红	个体	3	二界岭乡云峰村
18	唐家浜幼儿班	豆晓萍	个体	1	洪桥镇唐家浜村
19	贝贝幼儿班	沈菊红	个体	3	雉城镇后洋白溪殷家浜
20	笑笑幼儿班	蒋菊芳	个体	2.8	槐坎乡新槐村
21	仰丰幼儿班	付华方	个体	6	槐坎乡仰丰村
22	苗苗幼儿班	王亚芬	个体	7	槐坎乡六都村

续表15-1

序号	单位名称	负责人	性质	开办资金（万元）	地址
23	凤凰幼儿园	陶　霞	个体	11	泗安镇凤凰街
24	雏鹰幼儿园	来飞燕	个体	12	泗安镇新街口
25	海星幼儿班	周爱芹	个体	4	雉城镇环城南路
26	双龙幼儿班	沈卫忠	个体	3.6	雉城镇环城南路224号

2014年长兴县9所全日制中小学民办学校情况表

表15-2

学校	类别	班级(个)	在校学生(人)	教职工(人)
湖州清泉武术学校	职高		790	155
	初中	6	201	20
	小学	8	242	18
华盛高级中学	普高	70	3040	254
金陵高级中学	普高	66	2892	223
艺术高级中学	普高	16	739	42
实验中学	初中	65	2887	200
实验小学	小学	69	2433	131
第二实验小学	小学	44	1539	79
蓝天小学	小学	23	839	36
利民小学	小学	6	226	17

2014年长兴县经批准设立的民办非学历培训机构情况表

表15-3

序号	学校名称	举办者	负责人	学校地址	经营服务范围
1	长兴县中小学假日活动中心	长兴教育发展有限公司	李剑平	长兴县教育局大院内	中小学生艺术培训
2	长兴县今明文化培训学校	吴玉堂	吴玉堂	长兴县雉城街道太湖中路170号(县体育馆内)	中小学生文化培训

续表15-3

序号	学校名称	举办者	负责人	学校地址	经营服务范围
3	长兴维多利外语培训学校	王伟敏	王伟敏	长兴县雉城街道金陵中路2号	中小学生外语培训
4	长兴县立信文化补习学校	童魏琦	吕梅君	长兴县煤山镇综合市场B幢	中小学生文化培训
5	长兴县钦华书画培训学校	包爱珠	包爱珠	长兴县雉城街道金陵北路207号新世纪花园内	中小学生书画培训
6	长兴县希望外语培训学校	董玉英	董玉英	长兴县雉城街道金陵中路484号	学前、中小学生成人外语培训
7	长兴县菁英文化培训学校	倪　峰	浦　江	长兴县雉城街道县前街59号金江大厦6楼	中小学生文化培训
8	长兴县牛津英语培训学校	李荣学	李荣学	长兴县雉城街道太湖中路328号金临小区32幢内	中小学生文化培训
9	长兴县长春书画培训学校	陆爱华	陆爱华	长兴县雉城街道长春北路67号	学前、中小学生书画培训
10	长兴县图书馆文化艺术业余培训中心	长兴县图书馆	程　慧	长兴县雉城街道龙山新区植物园路2号	中小学生外语培训
11	长兴田家村少年作家业余培训学校	田家村	徐建民	长兴县雉城街道金陵北路新世纪花园内	中小学生文化、美术培训
12	长兴县红太阳外语培训学校	徐月琴	姚南山	长兴县雉城街道金陵中路211号	中小学生文化培训
13	长兴县群英文化培训学校	姚群英	陈文亚	长兴县雉城街道金陵中路348号	中小学生文化培训
14	长兴县兴达文化培训学校	吴会南	陈子勤	长兴县雉城街道解放西路260号	中小学生文化培训
15	长兴县飞扬文化培训学校	王　滢	朱景贤	长兴县雉城街道明珠路818号国际商务大厦五楼	中小学生外语培训
16	长兴县歆乐文化艺术培训学校	杨黎颖	叶佩玉	长兴县雉城街道旺角·维多利亚花园30幢2层1号	中小学生艺术培训
17	长兴县立成文化业余培训学校	李锦林	庄剑敏	长兴县泗安镇泗安大道商业街2号	中小学生文化培训
18	长兴县东方新锐培训学校	何　进	黄水茂	长兴县雉城街道金陵北路168号	中小学生文化培训

续表15-3

序号	学校名称	举办者	负责人	学校地址	经营服务范围
19	长兴县实践培训基地	长兴教育发展有限公司公司	杭亚雷	长兴县画溪街道姚家桥村阳南自然村	中小学生体能训练、实践操作
20	长兴肖邦艺术培训学校	陈文波	张文艳	长兴县雉城街道县前西街664-670号	中小学生、幼儿艺术培训
21	长兴县同文文化艺术培训学校	童　炎	李次刚	长兴县雉城街道人民北路2号	中小学生文化、艺术培训
22	长兴县青少年艺术学校	顾玉芳	顾玉芳	长兴县雉城街道太湖中路210号（青少年宫内）	学前、中小学生艺术培训
23	长兴县睿达文化培训学校	徐　莹	施　储	长兴县雉城街道金陵北路旺角维多利亚35幢三楼	学前、中小学生文化培训
24	长兴县新汇教育辅导中心	郑新梅	王益民	长兴县雉城街道花菇山路109号	中小学生文化培训
25	长兴县银杏文化艺术培训学校	卢瑞英	卢瑞英	长兴县妇女儿童活动中心（县文化馆西侧）	中小学生、成人文化艺术培训
26	长兴汇成文化培训学校	朱惠娟	吴胜权	长兴县雉城街道菱山路369号	青少年、儿童文化培训
27	长兴县朝辉文化培训学校	王　涌	徐粉萍	长兴县李家巷镇广福路（李中东侧）	青少年、成人文化培训
28	长兴县名轩文化艺术培训学校	吴桂红	钱建民	泗安镇凤凰城三贞路57-69号	青少年、儿童文化艺术培训
29	长兴县优尚雅思培训学校	朱水勤	施永林	长兴县雉城街道金陵北路旺角维多利亚32幢四楼401-409室	青少年、儿童文化培训
30	长兴县俏戈尔艺术培训学校	许　霞	曹朝云	长兴县太湖街道明珠北路振力大厦702室	青少年、儿童文艺术培训
31	长兴县张扬艺术培训学校	张　扬	张继芳	长兴县雉城街道金陵北路旺角大厦东二楼203室	青少年、儿童文艺术培训
32	长兴县新思维培训学校	陈桂成 钱超超	钱超超	长兴县太湖街道白溪大道513号金宇丽苑23幢301室	青少年、儿童
33	长兴县明理文化业余培训学校	沈剑士	陈金根	长兴县雉城街道滨河大道936号	青少年、儿童

第二节　学校选介

一、湖州市清泉文武学校

学校位于浙江省长兴县父子岭兰香山风景区。创办于1994年，由温州籍周清泉独资创办。创办初期校名为华东八三武术学校。由于学校发展迅速，学生不断增多，1997年选址夹浦镇父子岭新建校舍；2000年全部搬迁至新校，更名为湖州市清泉武术学校，设有清泉小学、清泉初中、清泉职业高中。2008年3月更名为湖州市清泉文武学校。同年。创办清泉山庄旅游开发有限公司，建立湖州清泉自然科学探索园。

学校坚持“文韬武略 正直做人”的校训。在二十年的办学过程中，形成“一二三四”的教育特色，一是“严格加关爱”的管理方法；二是“文武结合 动静相济”的教学创新；三是“三康”教育理念（三康：身体健康、心理健康和行为健康）；四是“四个”学会目标（学会做人、学会做事、学会生存、学会生活），注重学生技能加特长的培养。学校全面贯穿党的教育方针，认真执行教育法律、法规和政策。依法建章立制，办学行为规范，办学措施到位。全面推进素质教育，创新教学方法，重视学生德育教育，重视学生个体的差异性，尊重学生的个性发展，真正实现因材施教。在培养目标上，有目的地实施“两个侧重”，即有侧重地进行升学预备教育和有侧重地进行就业预备教育。建立必修课、选修课、活动实践课三大课程板块，形成“以文为主，武为特色”的教育思想和管理举措。学校的职业高中学生，连续14年参加全省高职考，上线率均达96%以上，其中近十年均获全省大类专业的总分第一，有大批学生考入各类高等院校。学校的教学成绩得到了家长的好评，为社会输送了大批有用之才。安全防范、旅游服务与管理两大专业为湖州市优秀示范专业。学校先后被《人民日报》、《光明日报》、《浙江日报》、《湖州日报》、英国BBT电视台、日本NHK等多家国内外媒体报道。学校推出的长兴“教育券”和“健康教育”模式，被全国四十多家媒体作为“清泉教育现象”加以研究并推广。

学校始终以传播国粹、弘扬武术为崇高使命，以培育英才、服务社会为终极目标，把清泉教育的品牌做精、做强、做大，真正打造中国乃至世界顶尖级的、国际化的武术教育品牌，不断创新办学特色，致力于打造集武术(教育、文化、健身、养生、娱乐)、南山系列功夫(南山短打拳、太极绵拳、飞虎拳、柳叶刀)、健身气功(五禽戏、八段锦、六字诀)、太极拳等体育运动休闲项目。学校积极开展武术段位制考评工作。学生在参加国际性和国家及省级武术比赛中共获团体冠军70多项、金牌1500多枚。太极拳教学辅导进机关、社区、学校，先后培训人数5950人。学校的清武百叶龙代表长兴出访法国、日本、新西兰、俄罗斯、瑞士等十几个国家，受到赞赏与好评；在中华人民共和国成立60周年北京天安门庆典、上海世博会上清武百叶龙再现风采；2009年获全国传统项目团体冠军、2010年获第七届全国校园春节联欢晚会一等奖。清泉自然科学探索园成为全县中小学生探索自然科学的素质教育实践基地，自然科学探索园地下面积7000多平方米，总经费投入3700多万元，园内设有16个场馆，内容集科学性、趣味性、知识性、艺术性于一体。自2009年起，每年接待学生和游客近3万人次，客源来自县内学生以及上海、江苏等地，其中，中小学生的素质教育一日实践活动，深受教师、家长和学生的喜爱。

学校办学成果显著，先后获得市文明单位、省优秀民办学校、省武术先进单位、省武术段位制先进单位、省运动休闲旅游优秀项目、省武术协会段位考试点、全国十大武术名校、中国十佳民办学校、全国教育教学管理示范学校、全国“十运之星”十佳武术学校、“十一五重点项目”中国名校、中国社会组织评估AAAAA单位、全国科研兴校示范学校、全国先进民办学校、中国社会组织评估AAAAA单位、中国素质教育示范学校、中国武术协会二级单位会员、全国最具影响力武术馆校等30多项荣誉。

2014年，学校占地面积560亩，建筑面积62840平方米。小学部有8个教学班，在校学生242人，专任教师18人；初中部有6个班，学生201人，专任教师20人；在校职业类学生790人，教师155人，其中专任教师86人，研究生学历1人，本科学历72人，高级教师职称10人，中级教师职称28人，初级教师职称40人。学校就读生源来自全国13个省市自治区。

二、长兴艺术高级中学

长兴艺术高级中学位于金陵北路208号(长兴中学内)。创办于2004年，学校办学地点在长兴县青少年宫内，办学初名为长兴青少年艺术学校。秋季，首届招生两个班80人。2006年6月，批准设立全日制艺术类普通高中学历教育，定名为长兴艺术高级中学，办学性质为民办。是年，招生列入县教育局普通高中招生，并在中考前参加县教育局统一组织艺术特长测试。高一新生按美术、音乐两大类招生，开设课程为普通高中所有的课程及美术、音乐、舞蹈三大类艺术的专业课。2008年8月，搬迁至长兴中学内。学校有标准化的美术、音乐、舞蹈教室，有专用琴房、演播厅等。2014年，学校高一新生按美术、音乐两大类招生，一个学期后，根据学生的兴趣、特长再分出部分学生进行舞蹈、影视表演、播音控制、模特等多样化、小班化的艺术教学。2009—2014年，毕业生达547人，高考上线479人(其中本科上线275人)。学校学生75人分别被中国美术学院、沈阳音乐学院、四川音乐学院、上海体育学院、华东师范大学等国内高校录取。

学校先后获省普通高中会考先进集体、市诚信办学先进单位、县党支部建设达标单位、县绿色学校等称号。2012年12月，被杭师大钱江学院定为浙北地区艺术教育实验基地。2014年学校获得中国社会组织评估等级AAAA学校称号。

2014年，学校占地面积10.9亩，建筑面积3670平方米。16个教学班，739名在校学生，教职工42人，专任教师37人。研究生学历1人，本科学历36人，中学高级教师职称16人，一级教师职称9人，二级教师职称12人。

三、长兴县蓝天民工子弟学校

学校位于雉城街道图影大道南侧华能长兴电厂生活区内。2002年筹办，校址位于雉城工业园区柏家浜村。秋季开学招收学生76名。2003年9月，县教育局批复筹设，学校负责人涂顺球出资创建，校名为长兴雉城民工子弟育才小学，办学性质为个人举办的民办学校，办学形式为全日制，限于招收外来民工子女，校迁址到原华能电厂职工子弟小学内，学生230名。2005年9月，更名为长兴县蓝天民工子弟学校，学校负责人余学千，办学范围是九年义务教育。2007年秋季开始只招收小学阶段学生。2013年5月更名为长兴县蓝天学校。

2014年，学校占地面积18.4亩，建筑面积6188平方米。23个教学班，在校小学生839名，教职员工36名，专任教师25名。

四、长兴县利民小学

学校位于煤山镇五通村。2003年由安徽籍余红千出资创办，办学性质为民办小学义务教育段教学。租用煤山镇新安村闲置的原新安村完小校舍作为教育用房，招收煤山地区外来民工子弟入学。是年秋季招生，一至五年级5个教学班，共108名学生，教职工8人。2007年学校迁址煤山镇五通村，占地1880平方米，校舍建筑面积

1854平方米。

2014年，学校占地面积2.82亩，建筑面积1854平方米。6个教学班，在校学生226名，教职员工17名，专任教师12名。

五、长兴青少年宫幼儿园

长兴青少年宫幼儿园位于龙山街道太湖中路326号（龙山街道金临小区内）。创建于1997年8月，校址位于长兴县青少年宫内，隶属于长兴县青少年宫。2002年11月，独立建制，体制民办，学校迁置于长兴县龙山街道金临小区，属小区配套幼儿园，隶属长兴青少年宫管理，业务由县教育局管理。

2014年，全园占地总面积4.5亩，建筑面积1800平方米，共有小、中、大三个年龄段9个教学班，346名幼儿，教职工25名，园长1名，专任教师19名，本科比例占55%。

幼儿园以"给幼儿幸福的童年，让人生有最坚实的起步；给教师发展的空间，使职业生涯有成功的体验"为办学理念。在"团结、求实、奉献、创新"的园风中，不断深化改革、探索办园新路子，学校快速发展，赢得良好的社会声誉。先后通过中国社会组织4A级单位、省二级幼儿园、市一级幼儿园、市示范幼儿园评估验收，获市首届优秀民办幼儿园称号。

历任园长有成珊、陈会琴、江云兰、王学琴、王伟，2013年8月起陈牡丹任园长。

第十六章　人物

第一节　人物传略

彭明才（1955.12—2009.5），男，长兴县虹星桥镇观音桥村人。1974年参加工作，1985年4月加入中国共产党。历任观音桥中学教导主任、校长和虹星桥中学校长。他思维敏捷、勇于创新，工作踏实、甘于奉献，在他担任乡镇校长期间，观音桥乡中学和虹星桥镇中学这两所乡村中学面貌一新，教育教学质量位列全县前茅。1993年，他受命出任当时濒临倒闭的长兴职业技术学校校长，团结带领全体教职工，创新克难、拼搏进取，仅用三年时间，就使学校面貌发生了翻天覆地的变化，跻身浙江省一级重点职业技术学校的行列，成为全县乃至全市职教界的一面旗帜。2000年8月，长兴县职业技术教育中心学校成立，任学校副校长。2001年，调任长兴技工学校校长。2002年初，出任长兴职教中心校长，坚持以改革创新谋求学校发展，积极倡导德育创新，提出"亲情化、个性化、规范化、社会化"德育管理模式，开创性实施"寝室德育导师制""道德实践周"，全面提升了学校德育管理水平；推行"AB分班教学""小导生制""第三学期制""错时休息"等一系列大胆的教学改革举措；力主推行招生就业等一系列改革，使长兴职教中心实现了跨越式发展，从成立之初的占地100余亩、在校学生800余人、教职工不足百人，一跃而成占地431亩，学生5528人，教职工300多人，建筑面积10万多平方米，集校园、花园、家园于一体的职教"航母"。2003年，学校顺利通过国家级重点中等职业学校的评估验收；2005年，学校被评为全国职业教育先进单位。他先后获得县先进班主任、市先进工作者、市德育先进工作者、市优秀共产党员、市劳动模范、市中小学第一批名校长、省职教十大风云人物、浙江教育2006年度新闻人物、省劳动模范等多项荣誉，先后多次当选县市党代会代表。2007年5月，获得全国五一劳动奖章。2009年5月25日，因积劳成疾，医治无效去世，享年54岁。

杨谦(1932.11—2014.8),男,长兴县槐坎乡石臼里村人,中共党员。1957年毕业于浙江师范学院(杭州大学前身)首届物理系本科。毕业后分配到长兴中学任教高中物理,1994年退休。自1984年起连任第一、第二、第三届县政协委员,兼任湖州市物理学会理事、湖州市物理教学研究会理事、长兴县物化生教学研究会会长、县物理学会会长。为湖州市首批中学高级教师,市高级评委会委员和物理学科组组长。1985年被评为湖州市"五讲四美为人师表优秀教师"和湖州市"学会工作积极分子"。1987—1993年,担任长兴中学教务处副主任,兼顾教学与管理工作,尽职尽责。1988年10月,任长兴中学党支部委员。1990年8月至1993年7月任长兴中学副校长。1990年被授予浙江省特级教师称号。历年来,多次承担市、县级公开课和辅导市、县物理教师备课活动。教学中重视经验总结和交流,撰写的多篇论文刊登在国家级、省级核心刊物上。1959年,论文《指导高中学生电学实验的一些体会》首次刊登在《物理教学》上,后《不可忽视学生的生活经验对物理教学的影响》《自制振动小车》等多篇论文在该刊物发表,其中《自制振动小车》被编入《高中物理实验集锦》一书。至退休前,在国家级刊物《物理教师》、省级刊物《教学月刊》、福建《物理教学》等刊物上均有文章发表,共发表文章30余篇。退休后生活在长兴。2014年8月21日逝世,终年83岁。

李荣华(1956.3—2017.11),男,1956年3月生,长兴县新塘莫鸭村人,中共党员,大学本科学历。县市党代表、人大代表。1974年8月参加工作,在新塘中学任教。1978年8月至1980年7月,在平湖师范学校学习。1980年8月至1987年7月,在新塘乡中心小学任教,先后任教导主任、副校长、校长。任校长期间,学校被评为省级农村示范性学校。1988年8月至1998年7月,在长兴县实验小学工作,任副校长、校长。其间,带领教师艰苦创业,大力改善办学条件,积极推进教学改革,使学校走上发展快速的轨道,成为县市窗口学校。1998年8月至2007年7月,任长兴县教育局副局长、党委书记(1998年9月至2001年1月兼长兴电大站长)。在全县教育扶贫、师资培养、职业教育发展等领域中进行有力的探索,推进长兴教育再上新台阶,为创省教育强县做出积极的贡献。先后荣获省普及初等教育工作先进工作者、省中小学德育先进工作者、省实验小学明星校长、全国优秀教师等荣誉称号。1995年撰写的《减轻学生负担,全面提高学生素质的改革》获全国教育实验成果一等奖;1996年主持的课题"培养学生梁海意志品质的研究报告"获省科研成果论文一等奖;1997年撰写的《实施素质教育的理论思考》获市一等奖。2007年7月担任长兴县人大常委会教科文卫工作委员会主任。2008年4月任长兴县人民医院院长、党委书记。期间,肩挑重担，呕心沥血，埋头苦干，医院整体水平大幅提高，2012年县人民医院率先成为全市唯一一家县级三级乙等医院。2016年3月退休。2017年11月7日病故。

第二节　人物简介

胡安康，男，民国22年（1933年）11月生，浙江长兴人。1961年毕业于南京大学中文系，先后在金华师范学院、金华二中和长兴中学任教。1987年调县教育局教研室任中学语文教研员，长期从事中学语文教学工作，对中学语文教学的主张是“实而活”。在长期的教学实践过程中，积累较为丰富的教学经验，先后发表教学论文和指导学生读写的文章百余篇，多篇论文在省市获奖。尤其在作文教学方面效果明显，撰写的《分步骤指导学生写比较复杂的记叙文》的教学经验，在天津市被广泛推广并获得好评。工作中关注青年教师的专业成长，研究教案、探讨课堂教学艺术和规律，指导青年教师进行教育科研。参与浙江省九年义务制教育初中语文教材的编写工作和浙江省普通高中证书会考语文卷的命题工作，是大型工具书《中国诗词曲赋辞典》（何宝民主编、周振甫审订）的编写者之一。1990年被授予省特级教师称号。1991年被评为长兴县首批有突出贡献的专业技术人员。1996年退休。

施方正，男，民国25年（1936年）10月出生，浙江省长兴人。1983年加入中国共产党，1954年毕业于浙江省德清师范学校，同年参加工作。先在安吉安城学区任教导主任，后在长兴县夹浦公社任教学业务辅导员。1979年12月调入县文教局教研室工作。在此期间，历任长兴县文教局（教育局）教研室教研员、副主任、主任兼党支部书记，县教育学会副会长、县教科所副所长，市教科所兼职研究员、市小语会副会长，省小语会会员。1987年被省职称评审委员会评审确认为中学高级教师。1987年开始参加省农村复式教材编写工作，先后编写《五年制农村复式第一册、第二册教材》以及相配套的教材使用说明和教师用书。1994年参加省义务教材第一册《义务教育小学语文、思品复式教学参考用书》的编写，同年8月被省政府批准为特级教师。他先后在省级刊物上发表《记一堂听说训练课》《揭题方法种种》《阅读教学中的思想渗透》《优化课堂教学过程、提高教学质量》《读读、讲讲、练练——谈“我的战友邱少云”一文的教学》等多篇文章。多次被评为县先进工作者、县优秀共产党员、市优秀教研员，以及省、市、县各级教学研究会的先进工作者。2000年12月退休。

张德忠，男，民国25年（1936年）8月生，籍贯江苏沙洲县，中共党员，大专学历。1968年大学毕业，分配至长兴中学任教，在长兴中学连续工作28年，担任班主任、校团委书记、副教导主任、副校长，其间，工作踏实，成绩显著，先后获县、市、省级劳模、教育先进工作者等荣誉称号。1985年，调往县文广局工作；1988年，又调回教育系统，在县职业高中担任副校长，直至1996年12月退休。退休后，仍心系教育，继续为社会做贡献。1997年2月，由他个人独自出资创办长兴县彩电技术学校，招收初中毕业生，教会一技之长，服务社会。学校先后招收二届学生，经四年的科学施教，严格管理，边教学边实践实习，每届学生在两年内完成三年的中专技校的教学内容，学生参加全县统考，合格率100%。毕业的学生受到用人单位的欢迎，在社会上产生良好的影响，受到县政府表扬。

倪淑芬，女，民国27年（1938年）4月出生，籍贯浙江杭州，小学高级教师。1959年7月毕业于嘉兴师范学院，1959年8月至1960年7月，任教于安吉三合中心小学；1960年8月至1964年7月，任教于安吉安城中心小学；1964年8月至1979年12月，任教于长兴县环沉小学；1980年1月至1993年8月，任教于长兴县实验小学。长年从事小学语文教学兼班主任工作，系省、市小学语文教学研究会会员，县小学语文教学研究会理事。撰写的《在整体性原则指导下训练学生听、说、读、写能力》一文在湖州市《语文教学论文集》上发布并获奖；《做学生全面发展的带路人》一文在浙江省中小学优秀班主任经验集《春泥护花》一书中刊登。1990年3月，被评为浙江省中小学优秀班主任，1991年9月被评为全国优秀教师，1993年5月被授予湖州市劳动模范称号。1993年7月退休。

郑绍成，又名郑绍诚，男，民国29年（1940年）6月出生，籍贯安徽省合肥市居巢区，中共党员，大学本科学历，中学高级教师。1965年7月安徽大学数学系本科毕业，被分配到长兴县煤山中学任教。其间，坚持教学一线，多次被评为校五好教师、先进教师、模范班主任、县先进教育工作者。1980年调入槐坎乡中学任副校长，全面主持学校教育教学工作。1981年7月任槐坎乡中学校长兼党支部书记。1983年获浙江省“五讲四美”为人师表优秀教师荣誉；1989年获浙江省首届“春蚕奖”、全国优秀教育工作者荣誉称号。1990年被推荐为长兴县优秀教师事迹报告团成员。1991年被评为浙江教育报社优秀通讯（发行）员。连任中共长兴县第七、八、九次代表大会代表。1993年9月任长兴电大教师进修学校副校长。2000年9月退休。退休后仍心系教育，任学校退休协会副会长、会长，积极参加志愿者活动，是社区关心下一代工作委员会成员，经常进社区、进学校为青少年儿童做宣讲，获县十佳志愿者荣誉称号。

2004年3月，其家庭被浙江省授予首批绿色家庭称号，后多次获街道、社区十佳星级文明户及绿色家庭等称号。2014年被评为县教育系统退教工作先进个人。

董小白，男，民国30年（1941年）9月出生，浙江长兴人，中共党员，大专学历，中学高级教师。1959年8月参加工作，在虹溪中学做代课教师，1961年12月到虹溪一小代课，1962年8月进入下箬小学任教，1968年8月到包桥中学任教，1978年12月起担任包桥中学副教导主任，分管学校初中部教学业务工作。1983年8月至1986年7月，在下箬寺乡中学任教，任校长。1986年8月至1990年7月，在包桥中学任教，任校长兼乡文教卫支部书记。1990年8月至1993年7月，在林城中学任教，任校长兼支部书记。1993年8月至2001年1月，在长兴县高级职业中学任教，任副校长。2001年2月至2001年9月在长兴职业技术中心任教，任副校长。1985年被评为浙江省"五讲四美"优秀教师；1986年被评为县、市优秀党员；1987年评为县优秀党员；1988年被评为县、市劳动模范，同年被选为市二届人大代表和县七届党代会代表；1989年8月被评为全国教育系统劳动模范。2001年9月退休。（2016年12月12日，其家庭获评第一届全国文明家庭，其长子董平作为浙江省文明家庭代表上台领奖）

乔惠敏，女，民国30年（1941年）12月出生，籍贯浙江长兴，中共党员，中专学历。1962年9月参加工作。1962年至1963年12月，在小浦镇塘渚村小学任教，1964年1月至1969年12月，在煤山镇建丰小学任教，1970年1月至1972年12月，在白阜乡大一小学任教，1973年1月至1997年1月，在煤山镇四都小学任教。工作36年来一直担任班主任工作，始终坚持教书育人，在转变学生思想、提高教学质量方面效果显著，系湖州市第二届人大代表，市教育研究会会员，1989年被吸收为浙江省教育学会会员。先后获评县普及教育先进工作者和县"三八红旗手"，1987年获得湖州市先进生产（工作）者、湖州市优秀教师、湖州市优秀思想政治工作者称号。1988年12月，获评浙江省中小学德育先进工作者。1989年9月被评为全国优秀教师。1997年1月退休。

陈惠华，女，民国33年（1944年）10月出生，浙江长兴新湖村人，中共党员，中专学历，小学高级教师。1962年3月参加工作。1962年3月至1984年8月，任教于长兴县后洋乡新湖小学，担任班主任，乡平行班语文科教研组长。1984年9月至1999年10月，任教于长兴县后洋乡中心小学，担任副教导主任、少先队总辅导员。她18岁踏上讲台，38年如一日，一直在后洋乡农村学校任教。她爱岗敬业，甘于奉献，对工作兢兢业业，无限忠诚；关爱学生，因材施教，成绩显著。1962年被评为丁新学区"五好老师"；1966年被评为县级"五好团员"；1977年被评为县级"红小兵学雷锋"优秀辅导员；1977—1983年，连续被评为公社“先进教师”“先进生产者”“先进教育工作者”；1983年被评为县级“五讲四美”为人师表优秀教师，同年荣获浙江省教育厅“五讲四美”为人师表优秀教师、全国“五讲四美”为人师表活动优秀教师称号，同时作为教育部部级劳动模范，享受省级劳模待遇。1983年当选浙江省第六届人民代表大会代表。1987—1989年，连续被评为乡级“先进教育工作者”“三八红旗手”；1990年荣获县级优秀育苗奖称号；1992年荣获县级优秀教师称号。1999年10月在后洋乡中心小学退休。

邢乐耘，女，1957年10月生，浙江嘉兴人，中共党员，大学本科学历，中学高级教师。1975年3月参加工作。1980年8月至1992年2月，在长兴雉城中学从事学科教学、班主任、学校团委书记、教务处副主任等教育教学工作。1992年2月，调入县教育局教研室，担任高中历史、初中历史与社会教研员，从事学科教学研究工作，兼任教研室副主任。参与省教研室关于《历史与社会》（八年级上下册）教师教学用书《课堂教学设计》和学生用书《作业本》的编写工作。参加人教社的《历史与社会》八年级（下册）学科教师教学用书和九年级（全册）学生用书《新教材新学案》及高中新课程教学设计点评的编写的工作；参与省地方教材《人·自然·社会》（初二全学年）一书和教学参考用书的编写工作。坚持教科研一体化，积极撰写教学论文，多篇文章在省核心期刊上发表，三项省级课题均获省二、三等奖，论文在省、市均获一等奖，为全县学科教学培养了一大批学科带头人及骨干教师。2006年被评为省中学历史与社会特级教师。

裴广兴，男，1957年12月出生，长兴泗安镇人，中共党员，大专文化，小学高级教师。自1977年参加工作始，在全县偏远、艰苦的长潮乡师古岗完小任教20余年，后在长潮乡中心小学、泗安镇白莲完小、泗安镇中心小学任教，历任完小校长、教导处副主任、中心小学校长等职务。长期担任毕业班教学，善于做后进生转化工作。1989年荣获全国优秀教师荣誉称号。1990年当选县第十届人大代表，成为县优秀教师事迹报告团成员。先后获省第二届读书活动优秀指导教师、市优秀政治工作者、县先进完小校长、县先进工作者等称号。

周青泉，又名周清泉，字旭光，男，1958年9月出生，温州平阳南雁镇东门村人，中国民主建国会会员，大学本科学历，中国武术八段，湖州市清泉文武学校董事长兼校长，长兴县清泉山庄旅游开发有限公司董事长，兼任中阿（阿联酋）友好形象大使，中国民办教育家协会副理事长、中国经济技术国际交流协会副理事长、中国当代武术家辞典名誉主编、省武术协会副会长、省武术学校专业委员会主任、市政协常委、市作家协会顾问委员会顾问、市赵孟頫书画研究会名誉会长、县古典诗词协会常务理事、县旅游协会景区分会会长等职。先后获得中国民办学校优秀校长、首届全国民办教育十大杰出人物、首届中国教育管理科学人物、中国武术十大领军人物、中国武术段位优秀考评员、民建浙江省委会优秀会员、省体育产业领军人物、省第十四届春蚕奖、市先进教育工作者、县突出贡献专业技术人才等荣誉。

幼年时，随其爷爷在长兴度过童年，8岁回平阳老家上学，12岁开始分别拜江西南山岩鹰拳第三代传人韩元吾长老和上海体育学院武术教授、中国"武林泰斗"蔡龙云为师学习武术，18岁从事武术教学生涯，分别在浙、闽、赣、湘、鄂、豫等地开设武馆近百所，数十年授徒逾万人，为国家培养了大批武术人才，享有"江南怪杰""武林义客"称誉。在教学期间创编武术拳诚套路40多种，发明"武术击打人形气靶"获国家专利。1986年受平阳体委邀请，建立平阳县武术队，负责地方武术挖掘和整理工作。1994年，携妻儿到长兴八三场站创办华东八三武术学校。2000年学校迁址父子岭，学校不断发展壮大。学校以"文韬武略、正直做人"为校训，培养学生"学会做人、学会做事、学会生存、学会生活"。学校创办20余年，始终把德育教育放在首位，以"严格加关爱"的管理方式；采用"文武结合、动静相济"的教学方法；倡导"三康"（身体健康、心理健康和行为健康）的健康教育理念，成为全国民办教育的典范。教育教学秩序井然，高考上线率年年名列全省前茅，从2000—2014年连续14年参加全省高考上线率均达到96%以上，其中2010年获全省高职考大类专业总分第一。小学、初中学生在参加省级、国家级和国际性武术、散打和跆拳道比赛，共获团体冠军70多项、金牌1500多枚。学校成为长兴百叶龙主要训练基地，代表长兴出访英国、法国、俄罗斯、日本、新西兰等数十个国家进行巡回表演。学校办学成果丰硕，国内外数十多家媒体均作报道，被誉为"清泉教育现象"并加以研究、推广。

朱绍寅，男，1960年7月出生，浙江新昌人，中共党员，高级讲师，大学本科学历，教育与经济管理硕士课程班毕业。1985年7月湖州师范专科学校（现湖州师范学院）政史专业毕业，历任长兴煤田职工地质学校教师、副校长、校长。1994年，被评为全国煤炭系统优秀教师。2000年7月，长兴县职业技术教育中心学校成立，受命出任第一任校长，完成学校初创时期的建设和整合工作，为学校发展奠定基础。2001年11月，因工作需要，调任浙江煤炭地质局办公室主任。历任副局长、党委副书记、纪委书记，后又调任广东省煤炭地质局党委书记。2014年任浙江省煤炭地质局党委书记，兼任浙江中煤实业集团有限公司执行董事。

程红，女，1961年出生于北京，祖籍重庆万州区，中共党员，大学本科学历，中学高级教师。1982年8月分配至长兴中学任教，先后担任英语教研组组长、支部书记、党总支委员等；任市英语学科中心大组成员、市教育学会外语教育分会第六届理事会理事。任教研组长期间，学校英语教研组被评为县先进教研组。其撰写的论文刊登在全国核心刊物，多次在省市各类研讨会、培训会上做专题交流发言。所辅导学生在省“走进西澳”高中英语能力竞赛中以第二名的成绩荣获一等奖，其本人荣获省优秀指导教师奖；在中国日报社“21世纪杯”全国中小学生英语读写大赛中荣获优秀指导老师奖。参加省教育厅教研室《高中新课程作业本英语（高二上）》的编写工作，编写内容为第六模块第四单元和第五单元。先后荣获市教坛新秀（1988年）、市优秀青年教师（1995年）、市教学能手（2002年）、市中小学第一批名教师（2004年）、市第三届教学明星（2005年）等称号。1999年荣获全国优秀外语教师称号；2007年被教育部授予全国优秀教师、全国中小学优秀班主任称号；2009年被省政府授予浙江省劳动模范称号。

张向前，男，1962年3月出生，籍贯浙江长兴，中学高级教师，硕士研究生学历，县市人大代表。1983年7月，进入长兴中学工作，历任校团委书记、政教主任、副校长等职。2002年8月，任长兴中学校长。2009年8月，任教育局副局长兼长兴中学校长。2012年6月，任教育局局长兼党委副书记。2013年7月，任教育局局长兼党委书记。主持多项国家级、省级规划课题的研究，其中《中学德育导师之理论与实践的研究》的成果获省教育科学研究院教育科研成果一等奖；在中央文明办组织的“未成年人思想道德建设工作创新奖”案例评比中，荣获一等奖；主编著作有《三维德育模式的实践》（人民日报出版社2006年出版）、《班级管理创新探索》（教育科学出版社2006年出版）等。先后荣获市优秀教育工作者、省教育十大年度新闻人物、省未成年人思想道德建设先进工作者、省中学体育工作优秀校长等称号。

陈长芳，男，1961年3月出生，长兴县二界岭人，湖州师范学院文化艺术大专（函授）毕业。自17岁踏上教坛，40余年如一日，一直奉献在全县最偏远、最艰苦的山区教育岗位。他爱岗敬业，甘于奉献；关爱学生，捐款助学；因材施教，成绩显著。先后在泗安镇初康小学、二界岭小学、太平小学等学校任教。1985年评为县优秀教师；2000年被评为县优秀班主任；2003年被省人民教育基金会特授予省第十六届春蚕奖称号；2012年被授予县第二届“长兴榜样”十大人物称号，同年获市首届“我最喜爱的老师”称号；2013年获省政府颁发的第三届浙江省农村教师突出贡献奖。

王苹，女，1963年9月出生，籍贯浙江长兴，大学本科学历，中学一级教师。1984年10月至1985年7月，在丁甲桥乡中心小学任教。1985年8月起，在水口乡中学任教，长期从事班主任及学科教学研究工作，所带班级多次获县先进班集体称号，辅导学生竞赛多次获市二、三等奖，所写论文在省市县评比中获奖。先后7次获水口乡优秀教师、县先进班主任、县优秀班主任、县优秀德育工作者、县从事农村教育工作20年以上优秀教师、市优秀班主任等荣誉称号。2011年获得第二届浙江省农村教师突出贡献奖。

佘志伟，男，1964年6月出生，长兴县煤山镇新民村人，大学本科学历，中学高级教师。1986年8月分配至煤山镇中学任教。1990年在煤山中学任教。1998年调入长兴中学任教，从事高中语文教学兼任班主任工作，取得显著的成绩。2010年、2011年、2012年、2014年连续担任长兴中学高三实验班班主任，其所教学生在2010年、2011年、2014年浙江省高考中夺得湖州市文科状元，1名学生夺得2011年高考文科语文单科成绩浙江省第一名。其撰写的论文《质疑，开启智慧之门的钥匙》《在作文教学中铸练素质》《提高现代文阅读效率的探讨》等先后获得全国中语会课堂教学研究中心年会一等奖、中华圣陶杯全国中青年教师论文大赛三等奖，被收入全国中语会编写的《语文教育科研成果集》和《湖州师院学报》中。1989年被评为县先进思想工作者，1995年、1996年连续被评为县优秀班主任。2005年、2007年、2009年荣获县教育系统先进共产党员称号。2010年荣获县师德标兵称号。2013年荣获长兴县县级机关各部门优秀共产党员称号。2014年被授予省优秀教师暨省中小学师德楷模称号。

周义华，女，1965年6月出生，浙江省长兴县人，大学本科学历，中学高级教师。1984年8月参加工作，同年9月在小浦镇中心小学附属幼儿园工作，同年11月在长兴中学工作；1985年8月在雉城镇幼儿园工作；1986年8月调入县机关幼儿园工作。1997年6月任县机关幼儿园园长、党支部书记。从教30余年，主张教育要顺应自然、回归本真、倡导快乐教育。致力于幼儿绘画与生态教育研究，以课程构建为抓手，通过不断实践研究形成幼儿园《快乐绘画》《融入式生态教育》等园本特色课程，其研究成果分别获得省教育科研优秀成果一、二等奖。主编出版《快乐绘画——一个支持幼儿一百种语言的艺术课程》书刊，获幼教同行与专家的好评。撰写论文20余篇在国家及省、市、县级获奖及发表，多次在省、市、县承担公开课教学。任园长以来，坚持“以思想为魂，以管理为骨，以特色为根”的办园理念，走幼儿园品牌特色发展之路，不断彰显幼儿园快乐教育特色，办园实绩突出。先后获得省教育科研先进个人、省巾帼标兵、市教学能手、市县名校长、县优秀党务工作者、县十佳教育管理楷模等称号。2014年获浙江省特级教师称号。

左有琴，女，1965年8月出生，浙江长兴人，中共党员，中学高级教师。1985年8月，被分配至畎桥乡中心小学任教。1987年8月至2002年4月，在实验小学任教，从事音乐教育教学研究，先后历任少先队大队辅导员、教导主任等职。2002年5月，起在长兴一小任教，任副校长；2003年8月，任学校党总书记；2006年8月，任学校校长。在教学中，注重一个“趣”字，大力倡导“以趣促趣，促进教师专业发展；以趣激趣，激发学生思维潜能”。先后承担国家级省市级课题13项，研究报告获国家级二等奖，多篇论文获奖及刊发。从教30年，先后荣获全国青少年文明礼仪教育标兵、全国创新杯优秀辅导员、省教坛新秀、省星星火炬事业功臣、市首批名教师、县一级名师、县一级名校长等称号。任校长期间，坚持“文化润校、质量立校、特色亮校”的办学理念，在教师专业成长，学生礼仪教育中，形成特色鲜明的办学成果，受到社会一致好评。

杭亚雷，男，浙江省长兴人，1965年9月出生，中共党员，大专学历，中学高级教师。1982年10参加工作，先后在新塘乡中心小学、李家巷镇中心小学、和平镇中心小学任教，历任教导主任、校工会主席、副校长等职务。2008年9月至2010年8月，受长兴县委组织部派遣，赴四川省青川县进行为期3年的援川工作。援川期间，每天坚持工作15个小时以上，被同事们称之为“工作狂”“铁人”。组织编辑《长兴援建在青川》纪录片、援建工作画册等重要资料，先后荣获四川省青川县优秀共产党员、浙江省援川指挥部先进个人、四川省广元市荣誉市民、四川省青川县重建工作功勋奖等称号。2010年10月调任长兴县教育实践中心，任实践中心主任、党支部副书记。任职期间，着手创办未成年人思想道德建设校外教育基地。经过几年的艰苦创业和巧思实干，先后在实践中心成立了长兴县关工委实训基地、人防教育基地、禁毒教育基地、青少年法制教育中心、道路交通安全宣传教育基地、爱国统战教育基地、新消费教育基地等十余个特色基地，累计培训学生10万余人次，接待上百个参观考察团，承办近十次省市级重要会议。教育实践中心“英雄连队体验营”特色品牌，成为长兴教育一张名片，在素质教育实践基地同行中享有一定的知名度。从教30年来，先后获县“从教二十年以上”优秀教师、县优秀共产党员、县“感动长兴教育人物”提名奖、县第五届名师名校长、市关心下一代工作先进个人等荣誉。

沈莉，女，浙江长兴县人，1967年11月出生，中共党员，大学本科学历，中学高级教师。1985年8月至1987年7月，在虹星桥镇毕家完小任教；1987年8月至1990年8月，在吕山乡完小任教；1990年8月至1994年7月，在虹星桥镇中心小学任教；1994年8月，在实验小学任教，历任教科室副主任、教导主任、办公室主任、副校长等职。2006年8月，调任县教研中心，担任小学语文、道德与法治、特殊教育、少先队活动课教研员，任中心副主任，兼任市小语学会副会长、市小学品德学会副会长。在教育教学研究工作中，致力于学本课堂的研究，逐步形成自主、扎实、真实、思辨的教学特色，在省内外上示范课、讲座、点评达150多场次，发表论文60余篇。承担多项国家级、省级课题，课题两次获省教育科学优秀成果评比一等奖，出版个人专著《守望教育的追梦人》，主编及参与编写的书作有10余部。2011年在全国第四届"两岸同课异教"小学语文课堂教学研讨评比中获一等奖；2013年在全国中小学语文教师第二届"教育艺术杯"课堂教学大赛中获小学组一等奖；在首届全国中小学语文教师写作教学说课大赛中获得小学组特等奖；先后荣获省优秀教研员、市优秀教师、县优秀共产党员等称号。2014年获评浙江省特级教师。

余琴，女，浙江省安吉县人，1968年1月出生，中共党员，大学本科学历，中学高级教师。1986年8月参加工作。1986年8月至1990年7月，在长广煤矿公司六矿子弟小学任教；1990年8月至1999年7月，在实验小学任教；1999年8月至2004年7月，在县教育局教研室担任小学语文教研员；2004年8月至2007年7月，任第二实验小学校长；2007年8月起，调任杭州市上城区教育学院。参加工作以来，一直从事小学语文教育教学研究工作，共撰写科研论文60余篇，其中38篇在省级及以上刊物发表，24篇论文在全国、省、市、县论文评比中获一、二等奖。先后当选为省市县党代会、省妇代会代表。先后获省教坛新秀、市教学明星、市兴湖教育奖、市首批一级名师、市优秀共产党员、市首批小学语文教学骨干、县专业技术拔尖人才、县教书育人优秀奖、县优秀专业技术工作者、县拔尖专业技术人才、县基础教育课程改革优秀校长等荣誉。2002年获评浙江省特级教师。

上官维忠，男，1971年6月出生，浙江省长兴人，大学本科学历，中学高级教师。1993年8月，被分配至长兴中学任教，历任长兴中学教研处副主任、主任。长期担任实验班教学和质优生培优工作，针对性地制定个性化教学方案，鼓励学生质疑和创新。在他的管理和带领下，长兴中学学科竞赛走上健康发展之路。自2007年以来，所辅导学生参加全国物理竞赛，多人获省赛区一、二、三等奖和团体优胜奖。指导学生在清华大学、北京大学等985高校自主招生和三位一体考试中，多人取得加分优惠。积极投身教育教学研究和实践，所撰写的论文多次在省级、市级评比中获奖。常年担任班主任工作，工作勤奋，所带班级学生积极向上，多次被评为市县先进班集体；所带毕业班学生在2011年、2014年夺得湖州市理科状元（其中2014年学生获得省第五名），多人升入清华、北大；连续四届学生一本上线率达100%。其本人也多次被评为市县优秀班主任、师德标兵。2014年被评为全国优秀教师。

钦国强，男，1976年9月出生，浙江省长兴人，中共党员，硕士研究生。湖州市第八届政协委员。1999年8月，被分配至长兴中学任教。历任校办副主任、主任、教务处主任、副校长、校长、县教育局党委委员、副局长、县委教育工委副书记等职。任校长期间,学校先后获得国家及省、市多项表彰,2014年学校被授予首批浙江省一级普通高中特色示范学校称号。先后参与、主持8个省、部级课题的研究,主持的课题成果"高中生历史学习方式分析及教学对策研究"被中国教育学会教育管理分会评为"十五课题一等优秀科研成果",主持的课题"深化普通高中课程改革背景下胜任阶段教师专业发展现状与对策研究"被列入全国教育科学"十二五"规划课题,两项课题成果获省教育科学优秀研究成果一等奖;发表教育教学论文20余篇,其中1篇被中国人民大学复印报刊资料全文转载;参与全省多项新课程教学用书的编写、修订工作,包括《普通高中课程标准实验教科书·历史》必修第一册、第三册,教师教学用书、历史图册等;获全国历史教学评比一等奖、省课堂教学评比和省说课一等奖。2007年被破格评为中学高级教师。先后获得省教坛新秀(2006年)、省中小学师德楷模(2007年)、省教科研先进个人(2009年、2011年)等称号。2014年获浙江省特级教师称号。

第三节 人物列表

长兴籍教授、博士名录（部分）

表16-1

姓名	性别	出生年份	职称、学位	原（现）工作单位或工作地址
蔡大生	男	1958	教授	浙江传媒学院歌舞剧院院长
陈绍炳	男	1962	教授	东南大学动力工程系
陈学文	男	1980	教授	华中科技大学
曹世华	男	1972	教授	杭州师范大学
曹先擢	男	1932	教授	北京大学中文系
冯　骅	男	1978	教授	清华大学
冯志华	男	1962	教授、博导	苏州大学机电工程学院
冯培红	男	1973	教授、博导	浙江大学
甘剑英	男	1963	教授	美国加州大学
顾建新	男	1966	教授	浙江师范大学
胡爱萍	女	1957	教授	常州大学
何　俊	男	1963	教授	杭州师范大学
胡卉芪	男	1988	博士	华东师范大学
胡爱萍	女	1957	教授	常州大学机械工程学院
胡更生	男	1929	主任医师	上海警备区医院外科
贺菊芳	男	1963	教授	香港城市大学生物医学
黄厚金	男	1967	博士	香港科技大学
韩耀成	男	1934	教授	中国社科院外文所编审
金震东	男	1962	教授、博导	上海长海医院
金兆熊	男	1937	教授	清华大学工程物理系
金佩华	男	1964	教授	湖州师院学院
姜新茂	男	1938	教授	原杭州大学
罗民兴	男	1963	教授、院士	浙江大学
罗建民	男	1934	教授	二炮指挥学院

续表16-1

姓名	性别	出生年份	职称、学位	原(现)工作单位或工作地址
罗松清	男	1935	教授	二军大附属长征医院
刘亚群	女	1951	教授	山东大学
吕振明	男	1976	教授	浙江海洋科技学院
李荣锋	男	1971	教授	空军预警学院
李祖欣	男	1972	教授	湖州师范学院教授
李俊杰	男	1977	教授	中国电信光传输专业首席专家
潘一乐	男	1944	教授、博导	中国农业科学院蚕业研究所
潘德荣	男	1951	教授	华东师范大学
潘凤岗	男	1931	主任医师	中国人民解放军125医院
钱辉环	男	1980	博士	香港中文大学(深圳)
钱星南	男	1937	高级工程师	南京5311厂品冠公司
钱源平	男	1940	教授	浙江大学
钱奕中	男	1936	教授	中石油杭州研究院
芮华夏	男	1981	博士	罗彻斯特大学
施国平	男	1961	教授	哈佛大学医学院
沈燕怀	男	1936	高级工程师	山西煤田地质研究所
沈　健	男	1959	教授	湖州师院
沈连生	男	1933	教授	北京中医学院
沈勤松	男	1957	教授、博导	浙江大学
沈伯荣	男	1940	主任医师	中国人民解放军海军四二二医院
孙晓军	男	1981	教授	华中师范大学心理学院
宋焕斌	男	1955	教授、博导	昆明理工大学
佘成学	男	1964	教授、博导	武汉大学水利水电学院
束　为	男	1967	工学博士	中国科学技术协会
舒歌群	男	1964	教授	中国科技大学
唐景昌	男	1939	教授	浙江大学物理系
陶纪值	男	1946	教授	原空军南军医院
陶　宇	男	1963	博士	美国加州大学伯克利分校留学
汤永民	男	1957	教授、博导	浙江大学医学院
万海川	男	1934	教授	北京科技大学
汪　晖	男	1968	教授	浙江大学

续表16-1

姓名	性别	出生年份	职称、学位	原（现）工作单位或工作地址
吴康健	男	1938	教授	浙江中医药大学儿科
吴稚冰	男	1977	医学博士	浙江大学
吴国群	男	1939	教授	绍兴文理学院经管系
吴雪娣	女	1951	教授	浙江大学外语系
吴玲娥	女	1936	教授	北京科技大学矿山机械新设备研究室
翁时雄	男	1935	教授	原河南师范大学外语系
汪　浩	男	1936	教授	化工部石家庄管理干部学院
徐志康	男	1963	教授	浙江大学
徐永年	男	1961	高级工程师	中国水科院泥沙灾害与防治研究室
徐鹤云	男	1962	教授、博导	浙江省人民医院胸外科
徐卫华	男	1961	教授、博导	中山大学生命科学学院
徐又彧	男	1942	高级工程师	江苏地矿研究所
徐卫华	男	1961	教授、博导	中山大学生命科学学院
徐锡彬	男	1941	教授	解放军总后勤财务部工资福利局
许建平	男	1967	博士	美国孟山都终身研究员
叶高翔	男	1958	教授、博导	浙江科技学院
叶　银	男	1984	博士	长兴中学
阎玉秀	女	1963	教授	浙江理工大学
杨　田	男	1981	博士	上海海军军医大学
杨池明	男	1958	教授、博导	南开大学化学院
殷利春	男	1968	教授	杭州新华医院神经外科
尹望平	男	1965	教授	上海复旦大学附属金山医院
严　进	男	1973	教授	浙江大学管理学院
晏　民	男	1943	高级记者	新华社
朱炳泉	男	1940	教授	原中科院广州地球化学研究所
朱云国	男	1977	博士	上海同济大学
朱懿心	男	1947	教授	上海工商外国语职业学院院长
张柏乐	男	1981	博士	新加坡南洋理工大学
张土根	男	1945	高级工程师	中国船舶工业总公司723研究所

续表16-1

姓名	性别	出生年份	职称、学位	原(现)工作单位或工作地址
张云飞	男	1961	博士	美IPDynamics公司首席技术官董事;上海市信息投资股份有限公司技术总监
张金山	男	1945	教授	浙江广播电视大学校长
周　诚	男	1936	教授	南京经济学院
周小元	女	1978	博士生导师	重庆大学物理学院
周之美	女	1931	教授	山东大学经济学院
周铭孙	男	1940	教授、博导	北京师范大学钢琴教学
周楚良	男	1937	教授	中国矿业大学矿山压力研究室
周志平	男	1938	正师级教授	南京海军指挥学院
臧　振	男	1943	教授、博导	陕西师范大学
章　超	男	1983	博士	德国毕克(上海)有限公司

附　录

长兴县教育现代化建设纲要(2000—2020年)

为认真贯彻中共中央、国务院《关于深化教育改革,全面推进素质教育的决定》和省、市教育工作会议精神,深入实施科教兴县战略,切实加快长兴教育改革和发展,全面推进素质教育,根据省、市教育现代化建设纲要,结合我县实际,特制定《长兴县教育现代化建设纲要(2000—2020年)》。

一、教育现代化建设的现实基础

1.改革开放以来,我县教育事业蓬勃发展,为建设教育现代化奠定了较好的基础。1996年全县基本普及九年制义务教育,通过了省"两基"验收。近年来,我县致力于实施高标准"普九",到99年底全县已有13个乡镇通过市"高普"验收,4个乡镇被确认为省教育强镇,长兴中学被命名为省一级重点中学。1999年全县共有小学229所,初中29所,普通高中4所,职业类学校3所,中小学学生达到76270人,在园幼儿10626人;全县在职教职工达4017人;学前三年幼儿入园率达到60.62%,小学入学率、巩固率分别达到99.7%和99.99%,小学毕业生升初中比例达到99.2%,初中生在校生巩固率达到98.3%,初中毕业生升高中段比例达到65.14%,18~21周岁人口高等教育入学率达到11%。各级各类教育的发展为我县培养了大批熟练劳动者和各类专门人才,有力地推动了我县经济和社会发展。

二、指导思想和基础要求

2.教育是知识创新、传播和应用的主要阵地,是培育创新精神和创新人才的重要摇篮,是社会文明进步的基础。在新的历史时期,我县经济发展从量的扩张向质的提高转变,要加快建设经济强县和现代化的中等工贸城市,提前基本实现现代化,关键是要深入实施科教兴县战略,大力发展教育事业,加快人才培养,全面提高劳动者素质。教育现代化是我县基本实现现代化的前提和基础,我们要进一步抓住机遇,创新创业,加快推进教育现代化进程。

今后20年我县教育改革和发展的指导思想是:以邓小平理论和党的十五大精神为指导,围绕提前基本实现现代化的宏伟目标,全面贯彻党的教育方针,全面推进素质教育,深化教育改革,加快教育发展,不断提高教育质量,建立起具有长兴特色,结构合理,充满生机与活力的现代教育体系,基本实现教育现代化,为我县现代化建设提供强有力的智力支持和人才保障。

3.基本实现教育现代化的要求是:

——教育思想现代化。以提高国民素质为根本宗旨,以培养学生的创新精神和实践能力为重点,面向全体学生,形成以素质教育为核心的教育思想体系。

——教育发展水平现代化。高标准普及九年制义务教育,普及学前教育、高中段教育,基本实现高等教育大众化,教育发展综合实力处于全省先进水平,进入教育强县行列。

——教育教学体系现代化。各类教育协调发展,布局合理,横向沟通,纵向衔接,满足社会成员终身学习的需要;教学内容体现现代科学文化最新成果,教学方式开放、灵活,考试评价制度科学。

——条件保障现代化。教育投入适应事业发展需要,教育基础设施与教育技术装备先进,基本实现教育信息化。师资队伍数量足够,结构合理,素质优良。

——管理水平现代化。依法办学,依法治教,建立起与社会主义市场经济体系相适应,符合教育规律的管理体制和运行机制。

三、事业发展目标

4.巩固提高"两基"成果。高标准实施九年制义务教育。2002年基本实现高标准"普九"。残疾儿童和少年同步接受义务教育。2005年前基本普及学前三年教育。

面向全体学生,办好每一所学校。通过"联合、改造、撤并"等途径,调整中小学布局,消除薄弱学校,合理扩大校均规模,改善办学条件,提高教育质量。到2002年基本完成农村新一轮中小学布局调整工作,全县小学调整为95所,校均学生数超过500人,其中农村小学90所,校均学生数不少于500人;建成九年一贯制学校6所。初中调整为24所,校均人数1000人以上,其中农村初中调整为20所,6所乡初中与小学合并为九年一贯制学校,到2005年再增加4 所九年一贯制学校。到2005年,全县建成36班以上规模,在校生1800人以上的大规模农村区域性初中2所;城区调整、合并、易地新建36班以上规模初中3所。全县建立窗口示范学校5所,实现学校布局合理化,办学条件标准化,学校管理规范化。

建设一批示范性学校，到2005年建成省级示范性幼儿园2所、小学4 所、初中2所。

5. 加快发展高中段教育。全县初中毕业生升高中段比例2002年达到80%左右，2005年基本普及高中段教育，初中毕业生升高中段的比例达到85%以上(县城90%以上)，2010年全面普及高中段教育。优化中等职业教育结构。适应社会需求，办好职业类学校，推动普通高中教育与中等职业教育协调发展，中等职业教育年招生占高中段比例保持在50%左右。

建设一批示范性高中段学校。办好每一所高中段学校，重点抓好省一级重点高中长兴中学及县职业技术教育中心学校的建设。2001年长兴华盛高级中学投入使用，2002年前，县职教中心建设成省一级重点职业技术学校，到2005年虹中和泗中合并迁建的新高中投入使用，并建成省二级重点中学；长兴中学、长兴职业技术教育中心学校争创国家级重点学校。

6. 积极发展高等教育。我县18～21周岁青年接受高等教育的比例2002年达到15%；2005年达到20%；2010年达到25%；2020年达到40%。

加强和加快长兴电大建设，2000年建成浙江电大长兴分校。2005年电大全日制在校生达到200人，业余生达到400人以上。2010年前建成电大分院。

加强县教师进修学校的建设。2010年建成县教师进修学院。

重视和加强与大学联合办学，积极发展高职教育，努力创建地方高等职业技术学院或专修学院。

建立和完善远程教育、开放教育体系。充分利用电大、成教系统的教育资源和现代教育手段开展远程本、专科教育和各种培训，进一步发展面向全社会的高等自学教育和各种成人业余高等教育。促进高等教育向基层、农村延伸，为实现高等教育大众化服务，努力提高全民文化素质和学历层次。

7. 努力构建终身教育体系。充分利用高等学校、中等学校、教师进修学校、各级党校、成校等各类学校教育机构和社区教育机构，加强对农民、职工、在职干部、科技人员、管理人员的继续教育，办好老年大学，逐步形成社会化、开放式、多层次、多形式的终身教育体系。

四、主要任务和保障措施

(一)全面推行素质教育

8. 实施素质教育是教育事业的一场深刻变革。要全面贯彻党的教育方针，坚持教育为社会主义现代化建设服务，按照邓小平同志“三个面向”的思想和江泽民同志“四个统一”的要求，以德育为核心，以提高国民素质为根本宗旨，以培养学生的创新精神和实践能力为重点，造就"有理想、有道德、有文化、有纪律"和德、智、体、美等全面发展的社会主义事业建设者和接班人。实施素质教育是各级各类学校的主要任务，也是全社会的共同责任，要贯穿于人才培养的全过程，体现在学校教育、家庭教育和社会教育等各个方面，统一于德育、智育、体育、美育教育活动的各个环节。

9.进一步加强德育工作。各级各类学校必须更加重视德育工作，加强德育工作队伍和阵地的建设。以马列主义、毛泽东思想和邓小平理论为指导，加强辩证唯物主义、历史唯物主义、无神论和科学精神教育，使学生树立科学的世界观、人生观和价值观。要有针对性地开展爱国主义、集体主义和社会主义教育，中华民族优秀文化传统和革命传统教育，思想、伦理道德以及文明习惯养成教育，中国近现代史、基本国情、国内外形势教育。要加强纪律法制教育，增强学生纪律法制观念。坚持教育与社会实践相结合，培养学生艰苦奋斗的精神和顽强的意志。加强学生的心理健康教育，学校要根据需要逐步配备心理辅导教师，设置心理辅导室，培养学生健康的心理素质，进一步改进德育工作的方式方法，根据青少年学生不同学龄阶段特点，确立不同的德育内容和要求，增强德育工作的科学性、针对性和实效性，要加强校园精神文明建设，弘扬正气，反对歪风邪气。

德育工作是一项系统工程，需要社会、家庭各方面的关心和支持，各级党政机关、工青妇、社会团体、基层组织和企事业单位都要重视德育工作，齐抓共管，营造有利于青少年学生身心健康发展的良好社会环境。要坚持正确的舆论导向，全面正确地宣传党的教育方针，宣传正确的教育思想、教育方法和人才成长之路，公安、工商、文化、教育等有关部门加强对学校内部和周边环境的整治，净化校园文化，确保学生有一个安全、和谐、健康的学习环境。学校要围绕素质教育，主动与家长沟通，坚持并完善家访和家长会制度。社会各方面都要为青少年提供优秀的精神文化产品和德育活动基地，形成学校、家庭和社会共同参与德育工作的新格局。

10.改进智育内容、方式和方法。基础教育要为培养学生的创新意识、创造性思维和终身学习能力奠定基础。要改进教学方法，深化课堂改革，全面提高教育质量，严格控制考试科目、次数和各类学科竞赛，严格控制学生的在校活动总量、课外作业量和各种复习资料，建立健全减轻学生课业负担的监督检查机制，切实解决课业负担过重的问题，从根本上改变应试教育的偏向，鼓励和组织学生参加多种形式的社会实践和课外活动。

职业教育和成人教育要面向经济建设主战场，加强专业文化基础教学，培养学生熟练的职业技能，较强的适应职业变化的能力，要根据社会需求调整和设置专业，增强专业的适用性。技术培训要与技术革新、实用技术推广相结合。鼓励学生一专多能，推行学业“多证制”。

改革人才培养模式，提倡启发和讨论式教学，因材施教，激发学生独立思考和创新的意识，培养学生收集和处理信息的能力，获取新知识的能力，分析和解决问题的能力，语言文字表达能力以及团结协作和社会活动的能力。

11．普及、提高体育、艺术和劳技教育。学校要树立健康第一的指导思想，切实加强体育工作，使学生掌握基本的运动技能，养成坚持锻炼身体、讲究卫生的良好习惯。学校要确保学生体育课程和课外体育活动时间，不准挤占体育活动时间和场所。要把美育融入学校教育全过程，中小学要加强音乐、美术课堂教学，广泛开展各种丰富多彩的课外文体活动，陶冶情操，开发智力，培养学生的竞争意识、合作精神和坚强毅力。各类文化场所（图书馆、博物馆、文化馆、纪念馆、青少年活动中心等）要向学生免费或优惠开放。加强劳动技术教育。积极发展校办企业，建立一批社会实践基地。鼓励和组织学生参加多种形式的学工学农学军活动和社区服务等社会实践，让学生在实践中增强创新精神和实践能力。

（二）深化教育体制改革

12．积极推进办学体制改革。认真贯彻“积极鼓励，大力支持，正确引导，加强管理”的方针，制订优惠政策，将社会力量办学纳入教育总体发展规划，创造与公办学校一视同仁的政策环境，进一步形成以政府办学为主体，公办学校和民办学校共同发展的格局，依法加强对民办教育的引导、管理和监督，确保社会力量办学健康发展。积极探索社会力量办学的有效实现形式。继续支持社会力量单独办学或以股份制等形式合资、合作办学，也可与公办学校以多种形式联合办学。积极、稳妥地推进公办幼儿园及个别公办中、小学的转制，推行民办学校运行机制，探索发展国有民营、公办民助等办学形式，重点办好国有民办的实验小学分校。鼓励公办学校特别是名校，在确保自身招生规模增长和教育质量不断提高的前提下，通过吸引社会力量投资、银行贷款等组建新的教育机构，扩大优质教育资源和办学规模，充分发挥优质教育资源的效用。

13．加大管理体制改革力度。明确县、乡镇政府发展教育事业的职责任务，进一步健全分级管理、分级办学制度。乡镇政府主要负责九年制义务教育、学前教育和农村成人教育。县政府统筹管理基础教育、职业教育和成人教育，重点发展高中段教育，加大对教育经费、教师管理和校长任免等方面的统筹权。

改革中等职业教育管理体制，调整学校布局结构。县政府对各类中等职业学校,实行统筹规划,合理布局,打破条块分割,低水平重复设置专业的现状,通过调整、合并等途径,优化资源配置,扩大学校规模,合理设置专业,提高教学质量和办学效益,重点办好一所规模在3000人以上的中等职业技术学校。省一级重点职业高中与中专、技校一样,学生入学时随迁户粮关系;对中等职业技术学校毕业生实行双向选择,自主择业的制度,进入劳动力和人才市场,到企业工作的由劳动部门管理,到事业单位工作的由人事部门管理;进一步扩大高中段以上学校招生、专业设置、教师招聘、学校内部人事分配管理等办学自主权,增强学校自我发展的活力。

14.加快学校内部管理体制改革步伐。根据“精简、高效、统一”的原则,精简机构,减员增效,实行校长负责制、教师聘任制和全员聘用制,推行人事管理代理制,对落聘人员,做好培训、分流工作,其档案、工资关系可转入县人才交流中心或教育系统的人才交流机构。专业技术职务实行评聘分离,允许低职高聘、高职低聘。改革分配奖励制度,实行多劳多得,优劳优酬,在分配上向作出突出贡献的优秀拔尖人才、学术带头人和中青年骨干教师倾斜。

高中段学校积极推行后勤服务社会化。鼓励社会力量及学校后勤服务企业以多种形式兴建学生公寓等后勤服务设施,所征用的土地视作教育用地,实行行政划拨,免缴城市建设配套费。学校的后勤服务收费由原来的行政事业性收费转为服务性收费,为师生提供的食、宿等后勤服务属教育劳务,享受改革前相应的优惠政策。

推进普通高中办学模式多样化,加强普通高中和中等职业技术学校的相互沟通,实行多种形式的联合办学,允许学生在一定阶段跨校流动,构建人才培养的立交桥。重点办好长兴华盛高级中学和虹溪中学、泗安中学合并迁建后的新高中。县职教中心学校创办与高职教育相衔接的“3+2”五年一贯制教育。

15.改革招生考试和教育教学评价制度。进一步完善小学毕业生免试就近就地升学的办法。

改革高中招生办法,试行重点高中招生指标定向到校的招生办法,规范和完善各种非学历证书考试制度,确保质量,避免重复,建立符合素质教育要求的对学校、教师、学生的评价机制,逐步推行学校办学效能评价和学生综合素质测评报告制度,县及各乡镇、学校不得下达升学指标,不得以升学率作为评价教育行政部门、学校和教师工作的主要指标,鼓励社会各界、家长和学生参与学校工作的评价。

16.教育与经济密切结合,为发展高新技术及新兴产业服务。全面推进城乡教育综合改革,加强普通教育、成人教育、职业教育的统筹管理和协调发展。采取灵活多样的教育培训形式,为企业和农村培养急需的实用技术人才和管理人才,为转岗、分流、下岗职工提供再就业培训，提高劳动力素质，支持国有企业改革，实行农科教结合，为传统农业向效益农业的转变，实现农业农村现代化服务。要积极支持第三产业的发展，为旅游、信息等第三产业发展培养人才。

（三）建设一支高素质的师资队伍

17．加强师德师风教育。通过经常性的思想教育，引导教师不断提高思想政治素质，忠诚于人民的教育事业，树立正确的教育观、质量观和人才观，教书育人，为人师表，敬业爱生。要用师德标准规范教师的教学活动，把师德作为教师工作考核的首要内容和职务聘任的重要依据，实行一票否决；坚决取消品行不良、侮辱学生，影响恶劣者的教师资格，选拔学校领导要特别注意思想品德要求。广大教师要积极提高自身的师德修养，积极参与教学科研，不断探索实施素质教育的教学方法，因材施教，致力培养和提高学生的创新精神、实践能力和综合素质。

18．健全师资培训制度，强化在职教师继续教育。加强县教师进修学校建设，通过多种途径提高教师队伍的全面素质和实际能力。2002年前完成对中小学教师新一轮培训，2005年小学、初中专任教师中取得大专、本科学历者分别达到40%，2010年基本实现幼儿园、小学教师专科化和初中教师本科化。高中阶段学校的教师和校长中研究生比例达到15%。

19．加快中青年骨干教师和学科带头人的培养。实施“高层次人才培养工程”和“名师名校长培养计划”，到2005年培养中小学学科带头人110名，培养小学、中学名教师各50名，培养小学、中学名校长各10名。设立专项培养经费，建立学科带头人信息费补贴制度。在教师高级职务的评聘，特级教师和功勋教师评选中，提高中青年骨干教师的比例，各级政府和学校要在科学研究、教学改革、进修和深造等方面为中青年教师、学科带头人创造良好的条件。

20．加强教师队伍的科学管理。全面实施教师资格证书制度，面向社会开展教师资格认定工作；建立教师资格验审制度，不合格者调离教师岗位。中小学在学校编制内经县以上教育行政部门批准可面向社会公开招聘教师。完善中小学校长岗位培训和持证上岗制度，试行校长职级制度，完善校长选拔和任用制度。

21．提高教师生活待遇和社会地位。各级党委和政府要认真贯彻《教育法》《教师法》，在政治上、工作上和生活上关心广大教师，定期表彰和奖励优秀教师，营造尊重知识、尊重人才、尊师重教的社会氛围。要切实把公办教师工资（含政府出台的工资性补贴）列入财政预算，保证工资按月足额发放。教师的平均工资水平应不低于或高于当地国家公务员平均水平，逐步提高中小学教师教龄津贴标准和班主任津贴标准,加大改善教师住房条件的力度,采取优惠政策,解决教师住房问题,使教师住房面积达到或超过当地居民平均水平。

(四)加大经费投入,改善办学条件

22.不断增加财政教育投入。依法确保财政预算内教育经费的“三个增长”。逐步提高县、乡镇预算支出中教育经费所占比例。县财政每年从预算外资金中安排一定数额的专项资金用于教育基本建设。

改革和完善教育经费拨款办法,充分发挥教育拨款在宏观调控中的作用,不断提高教育经费的使用效益。部分教育基本建设拨款改为贷款贴息。各级政府要确保义务教育的资金投入并做到专款专用。

23.多渠道筹措教育经费。依法加强城乡教育费附加的征收和管理,规范和完善城乡教育费附加的征收、管理、使用办法,确保足额征收并完全用于教育。加强企事业单位职工教育经费的统筹,按职工工资总额的2%提取职工教育经费,其中25%由县政府统筹用于发展中高等职业技术教育。加强城建教育配套费附加征收,按商品房开发每平方米征收10元的标准计征,用于发展中、高等教育。

逐步建立符合社会主义市场经济体制以及政府公共财政体制的成本分担机制,公办的普通高中实行学生缴费上学制度,逐步提高学费在培养成本中的比例。民办教育、职业教育、成人教育可实行按生均培养成本收费。

继续支持和鼓励社会组织和个人捐资助学。

积极组织开展多种形式的教育贷款、教育储蓄和教育保险,特别要推行和扩大学校基本建设贷款。完善奖学金、困难补助和勤工俭学制度,银行要积极发放信用助学贷款,确保家庭经济困难学生顺利完成学业。

加强教育成本核算和监督管理,严格教育审计,规范收费行为,禁止各种乱收费。

24.保障教育教学条件。各级各类学校的校舍、实验室(专用教室)、实习实训基地、仪器设备、图书资料及其他设施要满足实施素质教育的需要。要充分发挥各类教育资源的最佳使用效益,实现资源共享、优势互补。

城镇总体规划,要充分考虑教育事业发展需要,合理布局。对学校建设项目所需要用地指标,在土地利用年度计划中优先安排,实行行政划拨。

提高教育技术手段的现代化水平和教育信息化程度,充分利用教育科研网、卫星视频传输系统等现代化信息技术和资源,建成开放式远程教育网络、教育系统信息互联网平台。进一步建设好1所国家级、2所省级现代教育技术实验学校,2010

年全县基本普及计算机辅助教育。

(五)加强领导,齐抓共管,开创长兴教育新局面

25.切实把教育摆在优先发展的战略重点地位。各级领导干部特别是党政一把手,要真正把教育作为先导性、全局性、基础性的知识产业和关键的基础设施,纳入战略发展重点和现代化建设的整体布局之中,加强领导,采取有力措施,加快教育改革和发展,要建立和健全目标管理责任制和领导干部联系学校的制度,把教育工作实绩列为各级党政干部政绩考核和上级对下级考核以及选拔干部的重要内容。县级各部门要支持教育改革与发展,计划部门在编制国民经济和社会发展"十五"计划与2015年远景目标时,要坚持把教育作为先导性、全局性、基础性的知识产业和关键的基础设施,摆到优先发展的战略地位。财政、税收部门要研究增加教育投入的办法,落实支持教育改革和发展的优惠政策,给予专项补助和贷款贴息。金融部门要研究支持学校建设的低息信用贷款办法。物价部门要研究如何改革和完善教育收费制度,加强教育收费的指导和监管。城建、土管部门要把教育发展纳入城镇总体规划和土地利用规划,合理布局、留足空间,优先安排教育用地。人事、劳动部门要研究和指导学校推进人事、分配、职称和毕业生就业制度改革。教育行政部门和计划、财政、税务、物价、人事、劳动、建设、土管等有关部门要密切配合,通力合作,共同推进教育改革和发展。开展争创教育强县活动,加快教育现代化进程。

26.加强依法治教工作。广泛宣传教育法律法规,增强全社会的教育法律意识。认真贯彻执行《中华人民共和国教育法》等教育法律法规,加大教育执法力度,切实做到依法行政,依法增加教育投入,依法保护师生合法权益,依法维护正常的教育教学秩序。加大《中华人民共和国义务教育法》执法力度,家长和其他监护人必须严格履行职责。全面实行教育行政执法责任制,完善执法监督机制,要实行政务公开、校务公开,健全教育督导机构,加强教育督导工作,把实施素质教育作为教育督导工作的重点。

27.改革用人制度,做好毕业生就业工作。要全面推进劳动预备制度,坚持"先培训,后上岗",在全社会实行学业证书、职业资格证书并重的制度。

继续改革高等学校和中等职业技术学校毕业生就业制度,坚持和完善双向选择,自主择业的制度,加强毕业生就业指导和服务,引导学生树立正确的择业观,广开渠道,为毕业生就业创造良好条件。各类中、高等学校毕业生,在城镇有固定工作、固定住房和固定收入的,允许随迁户粮关系。各用人单位要转变传统的人才观念和用人观念,根据实际需要积极吸收多层次、多类型的专业人才和高素质劳动者,形成用人重素质、重实际能力的良好风气。

28.切实加强教育系统党的建设和干部队伍建设。各级党委要努力加强教育系统的党建和思想政治工作，坚持用邓小平理论武装干部头脑，讲学习、讲政治、讲正气。要特别注意加强学校党组织和领导班子建设，加强高中段及以上学生党建工作，充分发挥党员的先锋模范作用和党组织的战斗堡垒作用。民办教育机构要建立健全党团组织，加强思想政治工作。各地和学校要正确处理改革、发展和稳定的关系，保持校园稳定，把学校建设成为精神文明的坚强阵地。教育战线的领导和管理干部，要认真掌握现代经济、科技知识，积极探索社会主义市场经济条件下教育发展规律，努力开创我县教育工作新局面。

（2000年1月18日）

长兴县农村中小学布局调整规划

为了进一步优化教育资源配置，提高农村教育教学质量和办学效益，加快实现农村教育现代化，推进农业农村现代化建设，根据省有关部门关于农村中小学布局调整的原则意见和湖州市人民政府办公室湖政办发〔2000〕106号《关于湖州市区农村中小学布局调整规划》的通知要求，制订本调整规划。

一、农村中小学布局现状

全县现有人口61.6万人，其中雉城镇城镇人口8.5万人。全县现有小学229所，教学点43个，班级1320个，在校学生50601人，校均班级数4.8个，校均学生186人(包括教学点)，其中农村小学225所，教学点43个，班级1212个，在校学生44274人，校均班级数4.5个，校均学生165人。

全县现有初中29所，教学点5个，班级392个，在校学生20095人，校均班级数11.5个，校均学生书591人(包括教学点)，其中农村初中26所，教学点5个，班级338个，在校学生16853人，校均班级数10.9个，校均学生数543人。

随着教育事业的不断发展，这几年乡镇中心小学在校学生增长较快，村级小学生在校学生逐年减少。学校布局的现状和学校办学规模与省、市要求差距较大。尤其值得注意的是，全县74所农村小学中还有二复式班108个，学生3092人。相当数量的农村学校规模偏小，教学质量和效益不高，管理、师资水平、教育、教学质量等方面相对薄弱，造成教育经费和师资力量的浪费，影响教育质量和办学效益的提高。因此，加大工作力度，加快实施农村中小学布局调整势在必行，十分必要。

二、布局调整的原则和目标要求

（一）布局调整的原则

根据省教委、湖州市教委对农村中小学设置的一般标准，农村中小学布局调整的原则标准为平原地区小学设置不少于12个班，山区不少于6个班，初中设置不少于18个班。1.5万人口左右的乡镇提倡实行中小学九年一贯制。结合我县实际，小学校均学生不少于500人，初中校均学生不少于1000人。

学校选址应在经济文化较发达、人口相对较集中、交通便利的地方。初中一般定点在乡镇所在地，小学一般定点在乡镇所在地或人口相对集中的大村，尽可能通过对现有学校改建、扩建来实现，以提高现有资源的利用率，对调整撤并的乡镇中、小学校的校产、土地由教育主管部门会同乡镇人民政府，按有关政策法规进行处理，出让回收的资金，全部用于学校布局调整。

调整农村中小学布局，是当前基础教育的一项紧迫任务，在指导思想上要坚定不移、着眼长远；方案制定上要实事求是、因地制宜、分类指导；具体操作上要积极稳妥、分步实施。

（二）布局调整总目标

至2002年，全县小学从现有229所，教学点43个调整为95所，在校学生53627人，在校学生53627人，班级1284个，校均学生数达到564人，其中：农村小学从现有225所，教学点43个调整为90所，在校学生45787人，班级1144个，校均班级12个，校均学生数508人。

至2002年，全县初中从现有29所，教学点5个，调整为24所，在校学生26567人，班级531人，校均学生数为110人，其中：农村初中从现有26所，教学点5个调整为20所，在校学生20950人，班级433个，校均学生1047人。白岘乡中学并入现煤山中学，古城中学搬迁与包桥中学合并，雉城中学搬迁与下箬中学合并新建城东初中。新塘乡中学、吴山乡中学、二界岭乡中学、长潮乡中学、槐坎中学、白岘乡中学今年与中心小学合并为九年一贯制学校。白岘乡中学待煤山中学高中部迁移长兴后，再并入煤山中学。

农村初中继续加大调整力度，至2005年前办好区域性初中，将槐坎乡中学并入现煤山中学，三校合并后在校学生1860人，班级36个；太傅乡中学与林城镇中学合并，在校学生2600人，班级52个，使全县农村初中从20所调整到16所。

至2005年,煤山中学、泗安中学、虹溪中学高中部全部迁移至雉城镇。

(三)布局调整工作补助、奖励政策

1.关于布局调整基建项目经费补助办法。

对2000年1月至2002年12月竣工的中小学布局调整的基建项目,予以补助。补助项目符合以下条件:

(1)补助项目必须是列入中小学布局调整规划之中的建制学校的基本建设项目;

(2)补助项目为征用土地、建教学用房、建标准跑道;

(3)建制学校的建设必须同时撤并施教范围内规划撤的村校(教学点)。

补助标准为:建教学用房的,对一般乡镇每平方米补助80元,对经济不发达乡镇每平方米补助100元;征用土地每亩补助4000元;建标准跑道补助20000元(中心小学200米及以上,中学250米及以上)。原定对乡镇中、小学建设的补助一并纳入布局调整补助,不重复补助。

2.县对各乡镇中小学布局调整实行目标管理。凡按年度规划完成调整任务的,由县奖励给乡镇人民政府20000元。

3.中小学布局调整与争创教育强乡镇工作相结合。凡2003年前通过教育强乡镇验收的乡镇,县对一般乡镇一次性奖励15万元,对经济不发达乡镇一次性奖励20万元。

三、切实加强领导,确保如期完成布局调整任务

1.各乡镇党委、政府要加强对农村中小学布局调整工作的领导,并做好当地干部、群众的思想工作。

2.农村中小学布局调整工作由各乡镇人民政府组织实施。乡镇要建立学校布局调整工作领导小组,制定具体方案和配套措施,建立工作责任制,做到有组织、有计划、有步骤地实施布局调整工作。

3.各乡镇要切实把学校布局规划纳入乡镇城镇建设总体规划,并努力使新建学校规模与城镇建设规模相匹配,符合学校设置的有关标准和质量要求。

4.要通过多种形式,加强对学校布局调整工作的宣传,要向干部群众讲清学校布局调整的根本目的是让学生接受更好的学校教育,提高教育质量。引导、教育农村干部克服畏难情绪,积极做好学校布局调整工作。

2000—2005年长兴县初中、小学布局调整规划表

乡镇		规划小学数			规划初中数				备注
		2000年	2001年	2002年	2000年	2001年	2002年	2003—2005年	
合计		187	139	96	28	28	24	20	
洪桥镇		14	10	7	1	1	1	1	
新塘乡		4	3	2	1	1	1	1	九年一贯制
李家巷镇		8	4	4	1	1	1	1	
夹浦镇		8	5	5	1	1	1	1	
水口乡		6	5	4	1	1	1	1	
虹星桥镇		17	14	7	2	2	1	1	
吕山乡		9	6	4	1	1	1	1	
和平镇		8	8	7	1	1	1	1	
吴山乡		5	4	3	1	1	1	1	九年一贯制
泗安镇		16	13	9	2	2	1	1	
二界岭乡		6	4	2	1	1	1	1	九年一贯制
长潮乡		5	3	1	1	1	1	1	九年一贯制
林城镇		11	10	7	2	2	1	1	
太傅乡		7	5	4	1	1	1		
长桥乡		6	5	4	1	1	1		
小浦镇		12	7	4	1	1	1	1	
白岘乡		3	2	2	1	1	1		九年一贯制
槐坎乡		8	5	2	1	1	1		九年一贯制
煤山镇		9	6	3	1	1	1	1	
雉城镇		25	20	15	6	6	5	5	
其中	城区	4	5	5	3	3	4	4	
	农村	21	15	10	3	3	1	1	

注：实行中小学九年一贯制的乡，在本表中规划的小学生数指村小、完小

2000—2010年长兴县城市教育发展规划

一、雉城镇教育现状(不含农村部分)

1.现各类学校设置情况

雉城镇现有教育部门办小学4所,106个教学班,在校学生6327名;初中3所,54个教学班,在校学生3242名;普通高中1所,附设高中1所,共有班级38个,在校学生1815名,职业高中1所,进修学校1所,另有理工职业学校,技工学校、卫校、长广技校(一中)各1所。

2.各普通中小学基本情况

校名	学生总数	班级数	班额		生均占地	
			平均	规定(最高)	规定	现有
实小	2738	41	67	45~50	16.8	3.1
二小	1412	27	52	45~50	16.8	6.1
三小	808	16	50	45~50	19.1	5.3
四小	1369	23	60	45~50	17.3	5.8
古中	811	15	54	50	21.5	7.4
雉中	1260	20	63	50	19.2	9.5
长中初中部	1171	19	62	50	19.3	16

从以上表中看出现有中小学占地严重不足,班额严重超标,必须缩小办学规模,才能使现有中小学办学基本达标。

二、2000—2010年长兴县城市教育发展规划

(一)指导思想

根据县委、县政府提出的加快建设现代化中等城市和加快建设经济强县的总体目标,以长兴县城市建设总体规划为依据,进一步解放思想,扩宽路子,盘活存量,扩充增量,优化教育资源配置,加速教育发展。

(二)总体规划

1.在校生总量:按城市总体规划至2010年城市人口规划20万人,预测义务教

育阶段在校学生，按目前全县在校生占总人口平均比例11%计算，九年义务教育阶段学生应为22000名，其中：小学生约15000名，初中生7000名。高中段学生按要求达到基本普及计算，全县在校学生15000名左右。

2.各类学校设置及规模

(1)幼儿园：根据就近入学和方便居民的原则及城建社会配套的原则，新建设的住宅小区必须由开发商或建设单位建好幼儿园的配套工程，幼儿园应设：幼托班到大班4个不同程度，每班人数在25~30人左右。幼儿园规模应与新区住宅规模相适应，幼儿园用地应按规模和标准计算。在办好机关幼儿园、实验小学示范幼儿园的基础上，再在城南办一所示范性幼儿园。

(2)小学：在校生总量15000名，按每班学额50人计算，应设计班级300个，平均每校设置30个班，小学应设置10所，雉城镇现有小学4所，考虑现有学校已超容量，按标准最大可容纳108个班级，在校生5400名(实小30个班、二小30个班、三小24个班、四小24个班)，需新增小学5~6所，班级192个。

(3)初中：在校初中生总量7000名，规划班级140个，平均每校30个班，初中应设置5所，雉城镇现有初中3所，最大规划容量72个班，在校学生3600名，需新增初中2所，班级74个左右。

(4)高中段：在校生总量约15000名，普高与职业类学生按1:1比例，普高生总量7500名，按每班50人计算，规划班级150个，根据我县加快现代化中等城市建设需要和高中设置相对集中于城市的要求，同时结合目前我县高中布局的实际，规划为：新长中建成后，规模为42~48个班，在校学生2100~2400名，现长中改名为长兴一中，仍为一所完全中学，高中部规模为12个班，在校学生600名；煤山中学迁至长兴新建，普高36个班，在校学生1800名；虹溪中学、泗安中学迁建长兴新建一所高中，规划48个班，在校学生2400名；长广中学规划班级12个，在校学生600名，合计普通高中设置5所，班级15~156个，在校学生7500~7800名。职业类学校在校生总量7500名左右，我县职业类学校资源较为丰富，只需合理配置，基本能满足招生需要，具体规划为：成立职教中心，职教中心由理工学校与职技学校、职业中学合并，现理工学校再向南扩大校园，规划班级80个，在校学生4000多名(职业高中整体迁移，迁移后学校再征用预制场，改办广播电视大学长兴学院和长兴县教师进修学院)。八三武校规划24个班，在校学生1200名；长广技校规划24个班，在校生1200名，还有长兴卫校、长兴技校以及外地中专、技校招生。

(5)新建广播电视大学长兴学院1所。

(6)申办长兴县教师进修学院1所。

3.教职工住房按照城市教育发展规划,新增小学班级192个,初中班级74个,高中全部迁移长兴县城后,新增教职工800多名,规划教职工住房600套,需用地60亩。

(三)布局

幼儿园:将现教师进修学校改办城南示范幼儿园,规模12~15个班,入园幼儿600名。

小学:按城市规划和居民分布及小学选址规划要求设置布局,新增5所小学,布局如下:

1.在城北长征财院西边设一所实验小学分部,规模36个班,在校学生1440名,需规划用地80亩。

2.在龙山大道附近设第六小学一所,规模36~42个班,在校学生1800~2100名,需规划用地60亩。

3.在城东经一路以西、原104国道以东,县前街延伸线以北,设第七小学一所,规模36~42个班,在校学生1800~2100名,需规划用地60亩。

4.在城东南、北京路南段设第五小学一所,规模36~42个班,在校学生1800~2100名,需规划用地60亩。

5.城西,扩大现雉城镇五峰小学,规模24~30个班,在校学生1200~1500名,扩大用地30亩。

初中新增两所如下:

1.在航校地块设初中一所(第五中学),雉城中学、下箬中学并入,规模48个班,在校学生2400名,需规划用地80亩。现雉城中学规划与二小合并为一所小学。

2.在城西设初中一所(第七中学),考虑城市规划人口25万~30万和城市发展规划方向,规模36~42个班,在校学生1800~2100名,需规划用地80亩。

3.古城中学搬迁包桥中学并入,规划36个班,在校学生1800名,校址最好在目前的技工学校(第六中学),古城中学搬迁后,校址给四小,四小扩大招生能力。

高中:煤山中学迁入原职教中心已征用好土地上建造,规模36个班,在校学生1800名。泗中、虹中迁至长兴新建一所高中,规模48个班,在校学生2400名,校址选在立交桥以西,高家墩小学以北,征地200亩。

广播电视大学长兴学院、长兴县教师进修学院设置在现职业高中。

(四)规划实施

1. 迁建长兴中学2001年投入使用。

2. 实验小学分部2001年投入使用。

3. 煤山中学迁建工程,2001年投入使用。

4. 第五中学2001年动工,2002年投入使用。

5. 广播电视大学长兴学院、长兴县教师进修学院2002年前投入使用。

6. 城南示范幼儿园2002年前投入使用。

7. 古城中学搬迁,包桥中学并入(第六中学)工作在2002年前完成。

8. 第五小学,2003年动工,2004年投入使用。

9. 虹中、泗中合并迁长兴,2005年前投入使用。

10. 第七中学,2005年动工,2006年投入使用。

11. 第六小学,2007年动工,2008年投入使用。

12. 第七小学,2008年动工,2009年投入使用。

13. 五峰小学,2010年扩建。

以上规划实施应与城市发展规划实施相一致,并及时调整各校实施时间。

(2000年8月17日)

中共长兴县委办公室　长兴县人民政府办公室
关于加快教育发展争创教育强县的实施意见

创建教育强县是实施"科教兴县"战略的实质性步骤,是实现"经济强县"目标的重要部分。根据浙江省委办公厅、省政府办公厅(省委办〔1998〕47号)《关于在全省开展创建教育强县活动的通知》精神和我县提前基本实现现代化总体要求,特制定我县加快教育发展,创建教育强县的实施计划。

一、我县教育的基本现状

近几年是我县教育发展较快的时期,义务教育、高中段教育、成人教育、幼儿教育等各方面均有了长足发展。1996年通过了省政府"基本普及九年义务教育,基本扫除青壮年文盲"验收。1998年通过了省"普及实验教学县"验收。1997年以来,我县致力于巩固提高义务教育水平,全面实施高标准高质量普及九年义务教育,3年中已有13个乡镇通过市级验收,达标面达65%。高中段教育发展迅速,初中毕业生升入高中段比例达68.3%。成人自学考试近3年毕业327人,自考人数占全县总人口的0.44%。县城和农村幼儿园学前一年入园率分别达100%和99.8%,学前三年入园率分别达93.98%和66.4%。教学质量提高较快,99年高考上线878人,居于省市前列;2000年高考上线1511人,上线率高出省平均约17个百分点。"教育强镇(乡)"、等级学校创建工作取得较大突破,已有煤山、白岘、雉城、洪桥被省政府命名为"教育强镇(乡)",长兴中学被命名为省一级重点中学,职技学校被命名为省二级重点职高,煤山中学被评为省综合高中;另有实验小学等17所各类学校被评为市级以上等级学校。"教育强镇(乡)"及等级学校的扩大,为创建"教育强县"奠定了坚实的基础。

将我县教育事业置于全省范围来审视,综合水平还相对较低,主要表现在:教育投入总量不足;学校布局"小而散",校均规模低于全省平均水平;教育现代化程度较低——等级学校相对较少,教学装备严重不足而且陈旧老化;办学条件相对较差,破旧校舍尚有一定比例,生均占地面积、校舍面积较小,标准化学校不多,代课教师尚有一定比例,九年义务教育质量有待进一步提高等等。

二、今后三年我县教育事业的奋斗目标

(一)以开展高标准"普九"和创建教育强镇(乡)为抓手,力争2003年前创建成教育强县,教育综合实力进入全省先进行列。

(二)大力发展高中段教育,全县初中毕业生升学比例达到80%左右。

(三)为高校输送更多更好的新生,全县18~22周岁人口接受高等教育的比例达到15%左右。

(四)进一步调整学校布局,使小学、初中和高中校均学生数分别提高到500人、1000人和1500人以上。

(五)省教育强镇增加到9个,各级各类学校达到市一级以上等级学校25所。

(六)小学、初中教师学历基本达标,其中小学教师专科以上、初中教师本科及以上学历达30%,以适应教育现代化要求。

(七)教育硬件设施、教学设备极大改善,全县建立5所窗口示范学校,中小学教学仪器达到省Ⅰ类标准,全县初中、中心小学应用计算机进行辅助教学,开通校园网。

三、完成目标的保障措施和政策

(一)主要目标年度分解

——教育强镇(见附表2)。2000年从原有的4个增加到6个,新增吕山、和平2个乡镇,2001年新增李家巷镇,2002年新增小浦镇,2003年新增夹浦镇。

——高标准“普九”。2000年所有乡镇全部通过验收。

——等级学校。2000年增增市级以上等级学校5所,市示范性学校:县示范幼儿园、机关幼儿园;市一级学校:雉城镇后漾中心小学、李家巷中心小学、雉城镇长桥中心小学、李家巷中学、吕山中学以及吕山、和平成校。2001年增加5所,2002年再增5所,2003年基本达到“教育强县”对等级学校规定要求。

——高中段招生。2000年达70%左右,比上年增5%;2001年达75%以上;2002年达80%。职高与普高之比保持1:1。

——网点调整及学校建设。2000年撤并农村小学42所,长兴高级中学一期工程完工,实验小学分部及华盛高级中学工程建设启动,职业高中、职技学校和长兴煤田地质干校三校合并,组建职教中心,并在2001年创建省一级重点职业高中;2002年再撤并小学47所,撤并初中5所,使小学校均学生达到500人,初中校均学生达1000人以上。

——现代化教学设施。2000年三分之一的初中和中心小学实验室配备达省Ⅰ类标准,初中和中心小学至少配备一台电脑,“教育强镇(乡)”至少有一所学校配备电脑室,等级学校配有电脑室;2001年,70%的初中和中心小学实验室配备达省Ⅰ类标准,60%的初中和中心小学配有电脑室,等级学校配备语音室;2002年,全县初中和中心小学实验室配备均达Ⅰ类标准,并配备电脑室,有50%的学校配备语音室,30%的学校有多媒体设备和多功能室。

——创教育强县。2000年做好规划,通过文件形式下发到各乡镇及县属各部门,并初步做好自查自评工作。2001—2002年强化各项指标的实施,加强督导和检查,分乡镇进行对照自查,使各项指标基本达到规定要求。2003年创“教育强县”,进入省教育先进行列,基本实现教育现代化。

(二)保障措施和政策

1.县建立创教育强县领导小组,下设办公室作为日常工作机构(附件1)。各乡镇建立相应的组织,以保证创建工作的组织实施。

2.为确保硬件建设的到位,在经费筹集方面,主要有如下渠道:

(1)县财政进一步加强对教育的投入,确保“三个增长”;

(2)积极鼓励社会力量办学,利用社会资金发展教育,同时采取优惠政策,吸引民间资金资助教育;

(3)改革高中段收费制度,按教育成本的一定比例向学生收取学费,并用于校舍建设;

(4)向银行贷款;

(5)发展和壮大校办产业,开展勤工俭学。

3.加大教育网点布局调整力度。按照省教育强县的标准,进一步对农村中小学布局进行调整,力求上规模、出效益。尤其要把雉城地区教育网点调整列入推进城市化进程的整体规划之中,主动参与、超前规划、合理布局,形成"幼普职成高"五教合理设置,协调发展的格局,满足人民群众不同层次的教育需求。

4.进一步完善办学体制。义务教育实行"分级办学、分级管理",以政府办学为主。幼儿教育逐步实行社会化办学,实行自收自支,以园养园。高中段招生逐步扩大学校自主权,实行按教育成本的一定比例收费,吸纳社会资金以扩大招生规模,提高教育质量。

5.贯彻执行省政府《关于鼓励社会力量参与办学的若干规定》,制定若干优惠政策,积极鼓励和支持社会力量以各种形式举办高中段教育、职业教育、幼儿教育和成人教育。积极推行高中段学校后勤服务社会化。

6.强化学校内部管理改革。在全县中小学全面推行校长负责制,教职工聘任制和目标考核制。

7.积极筹措教育经费,确保教育发展。县财政要逐年增加对教育的投入,确保"三增长两提高"。乡镇财政做到主要用于教育,使教育设备设施得到根本改善。

8.建立创建工作奖励政策,凡2003年前通过教育强镇(乡)验收的乡镇,县对一般乡镇一次性奖励15万元,对经济欠发达乡镇一次性奖励20万元。对省市等级学校也给予相应的奖励。

(2001年1月3日)

2002—2020年长兴县城市教育发展规划

一、长兴城市总体规划及雉城城市教育现状

1.雉城城市总体规划

根据《长兴城市总体规划(1999—2020)》,至2020年,雉城城市轮廓为东至宁杭高速公路,西至新长铁路,北至合溪港,南至新318国道,城市总面积为50平方千米,总人口达30万人。

2．雉城城市教育现状

目前，雉城城市规划区有教育部门办幼儿园7所，部门集体办幼儿园5所，民办幼儿园（班）23个，共有128个幼儿班，在园幼儿3865人；有小学10所，174个教学班，在校学生9194人；初中6所（含长中初中部），123个教学班，在校学生6937人（含华盛虹溪中学初中部184人）；普通高中3所，附设高中1所，共有124个教学班，在校学生6411人，职业高中1所，另有长兴技校、卫校、长广技校、清泉武校、电大教师进修学院等各1所，共有116个教学班，在校学生4928人。

各校基本情况详见下表。

从以上各表可以看出，雉城城市学校（新建学校除外）普遍存在着班额超标，占地偏少，校舍面积不足的问题，这些问题的存在将影响城市教育进一步发展。

二、2002—2020年长兴城市教育发展规划

（一）指导思想

根据县委、县政府提出的加快建设现代化中等城市和加快建设经济强县的总体目标，以长兴城市建设总体规划为依据，使教育适应城市化发展的要求，集中体现城市教育的中心地位、聚合功能和优质教育特点，坚持“相对集中、形成规模、推进城市化、实现现代化”的基本原则，全面实施普及15年教育。

（二）总体规划

1．各类学校在校生总量测算

目前，雉城城市规划区所辖人口为14.5万人。各类学校在校生占辖区人口比例分别为：在园幼儿2.7%，小学在校生7.3%，初中在校生4.2%。2020年，雉城城市人口规划为30万人，预计各类学校在校学龄人口总数分别为：在园幼儿约8100名，增加幼儿4200名左右；小学21900名，增加12700名；初中12600名，增加5660名。根据人口普查统计，我县人口自然增长率为3.36‰，至2020年，全县人口总数将达66.3万人，全县小学在校生约为48400名，高中段按要求达到90%以上普及计算，在校学生为21800名，扣除中专、中技及县外等招生，高中段在校生约为20000名。

2．各类学校设置及规模

（1）幼儿园：以现有幼儿园为基础，根据就近入学和方便居民的原则及城建社会配套的原则，新建设的住宅小区必须由开发商或建设单位建好幼儿园的配套工程，设置含幼托班到大班4个不同程度的幼儿园，每班人数在25～30人。幼儿园规模应与新区住宅规模相适应，幼儿园用地应按规模和标准计算。教育部门办幼儿园在办好机关幼儿园、实验幼儿园及中心幼儿园的基础上,再在行政中心北侧办一所机关幼儿园城北分园。

(2)小学:在校生总量21900名,按每班学额50人计算,应设班级438个,平均每校设置36个班,小学应设置13所,雉城城市现有小学10所,考虑现有学校已超容量,按标准最大可容纳179个班级,学生8950名(详表二)。因而,在充分利用现有资源的基础上,进一步实施布局调整,优化资源配置,扩充增量,并及时新建小学3所,班级108个。

(3)初中:在校初中生总量12600名,规划班级252个,平均每校36个班,初中应设置7所,雉城城市现有初中6所,最大规划容量120个班,在校学生6000名,在深化布局调整并进行扩建的基础上,需新建初中4所。长兴一中实施初、高中分离,征用原党校并扩建,全部设施用于办初中。

(4)高中段:在校生总量约20000名,普高与职业类学校学生按1:1比例,普高学生总量10000名,按每班50人计算,规划班级200个,根据我县加快现代化中等城市建设需要和高中设置相对集中于城市的要求,同时结合我县目前高中布局的实际,规划为:长中扩建18个班后,规模达60个班,在校学生3000名;华盛虹溪中学合并后办学规模为48个班,在校学生2400名;在龙山大道北侧新建一所高中,规划60个班,在校学生3000名,建成后将长兴一中高中部迁入,并将泗安中学高中部迁雉城镇;长广技校办普通高中,规划班级30个,在校学生1500名,合计普通高中设置4所,班级198个,在校学生9900名。职业类学校在校生总量10000名左右,我县职业类学校资源较为丰富,只需合理配置及扩建,基本能满足招生需要。具体规划为:扩建职教中心,使学校规模达60个班,在校学生3000名;搬迁电大教师进修学院,校址划归长兴技校,并将长兴卫校并入长兴技校,三校合并组建长兴技校,规划规模48个班,在校学生2400名;清泉武校规划24个班,在校学生1200名;新建综合高中1所,规划规模60个班,在校学生3000名。合计职业类学校设置4所,班级192个,在校生9600名。

(5)高教:长兴电大升格为电大长兴分院,电大、进修学院异地迁建,规划规模60个班,规划学生3000名。

新建长兴理工学院,规模120班,规划学生5000名。

(三)布局

1.幼儿园:新建机关幼儿园城北分园1所,校址设于行政中心北侧,规划24个班,在园幼儿840名。

2．小学：按城市规划和居民分布及小学选址规划要求设置布局，对现有学校进行布局合理调整，优化资源配置，扩充增量，新建小学3所。

(1)扩大雉城二小办学规模：雉城中学异地新建，校址并入雉城二小，对内部设施进行改建，规划规模48个班，在校学生2400名。

(2)雉城三小征地扩建，规模36个班，在校学生1800名，征用土地30亩。

(3)搬迁古城中学，将原校址改办古城小学，规模24个班，在校学生1200名。

(4)城西，扩大现雉城五峰小学规模并异地新建，规模36个班，在校学生1800名，需建设用地60亩。

(5)下箬中学与下箬中心小学合并组建下箬中心学校，学校规模36个班，在校学生1800名，其中小学部规模24个班，在校学生1200名，规划建设用地150亩。

(6)城东南，扩大陆汇头小学规模，规划36个班，在校学生1800名，扩建用地约90亩。

(7)城西南，扩大高家墩小学办学规模，规划24个班，在校学生1200名，需扩建用地60亩。

(8)筹建长兴外国语学校，校址设于行政中心北侧，规划36个班，在校学生1800名，其中小学部12个班，在校学生600名。

(9)在西环线以东、龙山大道以南地块设金陵小学1所，规模48个班，在校学生2400名，规划用地120亩。

(10)在行政中心北侧新建城北小学1所，规模48个班，在校学生2400名，规划用地120亩。

3．初中

(1)长一中实施初、高中分离，高中部迁出并征用原党校校址，学校设施全部用于办初中，学校规模48个班，在校学生2400名。

(2)搬迁古城中学，并将包桥中学、长桥中学合并迁入，新校址设于县气象局东侧、高家墩小学北侧地块，规划48个班，在校学生2400名，规划用地150亩。

(3)雉城中学搬迁，新建城东中学1所，校址设于航校地块，规模36个班，在校学生1800名，规划用地120亩。

(4)在职教中心附近、龙山大道以南新建长兴实验初中1所，规模48个班，在校学生2400名，规划用地150亩。

(5)在行政中心北侧新建城北初中1所，规模48个班，在校学生2400名，规划用地150亩。

4.高中

(1)长兴中学扩建后规模为60个班,在校学生3000名,征用土地10亩。

(2)职教中心学校扩建后,规模达60个班,在校学生3000名,征用建设用地245亩。

(3)搬迁电大教师进修学院,原校址划归长兴技校并将卫校并入,三校合并后规模48个班,在校学生2400名。

(4)在西环线以东、龙山大道以北新建金陵高中1所,规模60个班,在校学生3000名,规划用地318亩。

(5)在西环线以西、县前街西延伸线与解放街西延街线间新建综合高中1所,规模60个班,在校学生3000名,规划用地200亩。

5.高教

(1)长兴电大升格为电大长兴分院,电大长兴分院与教师进修学院异地新建,新校址设于县前街西延伸线以北、新党校以南地段,规模60个班,学生3000名,规划用地300亩。

(2)在城西新建长兴理工学院1所,规模120个班,学生5000名。校址设于电大教师进修学院新校址附近,规划用地600亩。

(四)规划实施

城市教育规划实施应与各类学校发展的轻重缓急相结合,与城市发展规划实施相配套。

目前,雉城城市规划区现有教学设施相对不足,经对学校可办学规模与在校生对照分析,小学目前超容量250人,初中超容量达900人,为普及高中段教育,从2003年起,高中每年缺口15班,今后三年将共缺口45班。为满足招生要求,需及时进行设施建设。

为实现2020年城市人口达30万人的发展目标,雉城城市人口将平均每年递增8600人,小学每年递增630人,初中平均每年递增360人。每两年将递增一所24班规模小学,每四年将递增一所30班规模初中。

综合以上因素,各类学校规划实施如下:

1.长兴中学扩建,2003年投入使用。

2.职教中心扩建一期工程2003年投入使用。

3.古城中学迁建,2002年动工,一期工程2003年投入使用,包桥中学、长桥中学并入,二期工程2004年投入使用,古城中学搬迁。

4.长兴实验初中,2003年动工,2003年投入使用。

5.五峰小学扩建,2003年动工,2004年投入使用。

6.机关幼儿园城北分园,2004年筹建,2005年投入使用。

7.古城小学,2004年投入使用。

8.金陵高中,2003年动工筹建,并投入使用,长一中高中部迁入,泗中高中部迁雉城镇。

9.城北小学,2005年动工,2006年投入使用。

10.城北初中,2006年动工,2007年投入使用。

11.城东中学,2007年动工,2008年投入使用。

12.雉城二小扩班,2008年投入使用。

13.雉城三小扩建,2009年动工,2010年投入使用。

14.下箬中心学校扩建,2012年投入使用。

15.高家墩小学扩建,2013年动工,2014年投入使用。

16.陆汇头小学,2015年动工,2016年投入使用。

17.长兴外国语学校,2003年启动,2004年投入使用。

18.金陵小学,2017年动工,2018年投入使用。

19.电大长兴分院、教师进修学院,2010年筹建,2012年投入使用。

20.长兴理工学院,2015年动工,2017年投入使用。

21.综合高中,2017年动工,2018年投入使用。

(2002年12月28日)

长兴县教育系统事业单位改革若干意见(试行)

为进一步深化事业单位的改革,大力引入竞争机制,以适应社会主义市场经济要求,加快我县教育现代化进程,根据《中华人民共和国义务教育法》《中华人民共和国教育法》《中华人民共和国教师法》、浙江省人事厅浙人政〔1998〕141号《浙江省事业单位实行聘用制暂行办法》文件和县委〔2001〕25号《关于事业单位改革的若干意见》,结合长兴实际,提出如下若干意见。

一、指导思想

认真贯彻落实《国务院关于基础教育改革与发展的决定》，全面实施以内部劳动人事制度、分配制度、办学体制为重点的各项改革。建立起比较完善的以教职工全员聘用合同制、岗位聘任制、专业技术职务聘任制为主要内容的新型人事管理制度和基本养老、失业、医疗等保险制度；建立起重实绩、重贡献，向优秀教师和关键岗位倾斜、自主灵活的分配激励机制；建立起规范合理的事业单位经费补助方式、行之有效的预算管理制度和非义务教育阶段多元化投入办学体制。强化政府教育行政部门宏观调控力度，激活机制，全面推行素质教育，全面提高教育质量，为长兴经济和社会发展培养人才。

二、改革目标

到2002年10月，公办幼儿园全部实施“全员聘用、园长承办”的办学模式。高中段学校经费实行综合预算、差额拨款、总额包干的预算管理制度，并实行后勤服务社会化管理。

到2003年10月，各级各类学校全面实施全员聘用合同制以及校长公选制、校长负责制、中层干部竞聘制、后备干部选拔制、教职工专业技术职务聘任制、应届毕业生人事代理制等。

三、改革的具体实施意见

（一）人事制度改革

积极推行教育系统人事制度改革，形成干部能上能下，教职工能进能出，优秀人才脱颖而出，充满生机活力的用人机制，激活整个教育系统的人事制度。

1.建立校长公选制

改革学校校长单一的委任制，逐步实行校长公选制。采取“组织推荐、群众推荐、个人自荐、文化考试、面试及组织考核相结合”的“双推双考”办法。让一批德才兼备的年轻同志走上领导岗位。在建立校长公选制的同时，建立监督机制和试用期制度，保证这项工作顺利进行。

公选校长要具体把握以下方面：

（1）面要广。公选校长的候选人面要广。不仅在教育系统内部，也可以在其他部门和单位，甚至可扩大到外市（县），要广开才路，选择英才。

（2）职责清。明确校长的任期目标，确定校长的职责义务，公选任职的校长在任期目标内必须有明确的办学理念，有完成目标的措施和办法。

（3）管理严。对公选出的校长实行一年试用期制度，在一年中教育行政部门要组织培训，加强指导，同时要建立监督机制，经常督促检查。

(4)赏罚明。严格考核，每学年度末要进行校长述职、教师评议，教育行政主管部门对照目标进行考核，如完不成目标，实绩平淡，根据实际情况对其进行诫勉、降职，直到免职。

在公选校长的学校中，现职正副校长未公选到的，原职务自然免去，不再保留原职级待遇，但年满55周岁(女年满50周岁)且工作表现好的，保留原职级待遇。

2.实施校长(园长)负责制

校长(园长)是学校的法定代表人，对政府主管部门负责，承担学校管理的全部责任。实施校长(园长)负责制是明确校长(园长)对学校教育教学和行政管理全面负责，统一指挥，形成校长(园长)、党支部和教代会三者相互协调、相互制约的关系，从而形成"决定—指挥—监督—反馈—调节"的良性循环。

在法律、法规和政策允许的范围内让校长(园长)有更多的办学自主权，建立健全校长(园长)任期目标责任制，加强对任期目标完成情况的考核，并将考核结果与任用、奖惩挂钩。

校长(园长)任期一般为3年，也可以连选连任。任期内要有明确的办学理念和办学目标，主管部门在校长(园长)任期内加强对校长(园长)的考核和监督。

副校长由校长提名，按干部管理权限办理。

3.实行中层干部竞聘制

中层干部在学校教师队伍中是一支中坚力量，起着承上启下的作用，抓好这支队伍建设至关重要。各校根据学校规模，要确定中层职位设置及职数。根据不同岗位的任职要求，在中小学内部全面实行中层干部竞聘制，具体由校长组织实施，实施方案报教育局审定。

对竞聘上任的中层干部，学校按岗位目标确定工作职责，并赋予一定的权力，让他们在岗位上施展才华，同时要加强对他们的培训和培养，并确定每年的工作任务，对工作任务完成情况进行考核。聘任期满后落聘或聘期内解聘的，不再保留原职级待遇。中层干部任期3年，可连续参加公开竞聘。

4.推行后备干部选拔制

为了拓宽用人渠道，进一步扩大民主，推行后备干部公开选拔制，建立选人用人实行公开招聘和考核制度，让广大年轻教师脱颖而出。对选拔的后备干部，经综合考核编选出干部梯队进入各级人才库。较为优秀的后备干部要放在合适的岗位上进行锻炼培养。对后备干部进行定目标、定内容、定任务、定时间进行培训，同时以走出去、请进来等多种形式提高他们的岗位适应能力和管理水平。对后备干部每年要确定工作职责和工作任务,还要确定科研课题。对后备干部实行跟踪培养、动态考核制度,如经考核不合格要从人才库中取消后备干部资格。

5.实行教职工全员聘用合同制

积极引入竞争机制,在职教职工全部实行全员聘用合同制。

(1)聘用条件

①拥护党的路线、方针、政策,坚持四项基本原则,敬业爱岗,积极工作,服从分配,遵纪守法。

②具有胜任聘用岗位所需的文化水平、专业技术和相应的工作能力。

③年度考核为基本称职以上。

④身体健康,坚持正常工作。

(2)聘用原则

①坚持择优聘用原则。

②坚持公正、公平原则。

③坚持大稳定小调整原则。

④坚持按需设岗原则。

(3)聘用程序

①根据上级教育行政部门教职工配置标准和县编委核定的编制,县教育局核定各校的可聘用人数并结合各校实际公布聘用岗位,应聘条件、聘期和聘用方法。

②教职工采用个人申请、民主推荐、组织提名、公开竞聘等形式产生拟聘人选。

③按管理权限,对确定的聘用人选报县教育局核准后方可实施聘用。

④签订聘用合同,明确规定双方的权利、义务和责任。聘用合同须经县人事局鉴证。聘用合同一式四份(本人、聘用学校、县教育局、县人事局各一份)。

⑤公布聘用结果。

⑥首批未被聘用的原固定制教师和未聘足教师的学校,一方面可自行联系,另一方面由教育局人才交流中心组织未被聘用教师和未聘足学校召开招聘会,实行双向选择。双向选择后仍未被聘用的教师,教育局人才交流中心应向未聘足学校推荐,学校可视情况予以聘任、试聘或不予聘任,仍未被聘任的教师回原校试聘。

(4)聘用期限

在职教职工聘用期限为3年。当年师范类应届大中专毕业生实行见习期(见习期为一年),见习期内不签订聘用合同。见习期满后,年度考核合格者可签订聘用合同。对特别突出的优秀教师、业务尖子(省级特级教师、市级教学能手、教学明星、教坛新秀等)经批准,可签订无固定期限的聘用合同。

(5)其他有关规定

①事业单位法定代表人由任免机关或其委托的主管部门聘用并签订聘用合同,行政副职或其他行政领导班子成员,按照管理权限批准后,由法定代表人聘用并签订聘用合同。

②各校内退人员不签订聘用合同,本学年内待退教职工也须签订聘用合同。

③各校教职工虽签聘用合同,如遇组织调动,可以解除聘约。

④教育行政主管部门推荐的教师各校原则上应予聘用。

⑤原固定制教师不愿与原校签订聘用合用,拒聘者必须提交书面报告,学校签署意见,报教育局备案,学校应给其不少于两个月的自行流动期,自行流动期间仍在原校的由原校发给基本工资的固定部分,自行流动期满后仍未落实新的聘用单位的,本人愿意参加原校聘用,则由原校试聘,试聘时间为一年。如本人不愿在原校试聘的,可以提出辞职,或由聘用单位办理辞退手续。

⑥校长不得向其他学校聘用与本人有一定血亲、姻亲关系的教职工。

⑦因公(工)负伤者,聘用单位应予签订聘用合同。

⑧个人行为能力受到限制的人员及非因公(工)负伤和因病不能坚持正常工作的人员,经有关部门鉴定,可缓签聘用合同。

⑨女教职工在孕期、产期、哺乳期内,聘用单位不得解除或终止聘约。

⑩聘用单位被撤销或受聘人员退休、死亡,聘用合同则自行终止。

(6)聘用合同的变更、终止和解除。

①聘用合同依法签订后,合同双方必须全面履行合同规定的义务,任何一方不得擅自变更合同。确需变更时,双方应协商一致,并按原签订程序变更合同,双方未达成一致意见的,原合同继续有效。

②聘用合同期满或双方当事人约定的合同终止条件出现,聘用合同即行终止。经双方同意,可续签聘用合同。

③经聘用合同当事人协商一致,聘用合同可以解除。

④受聘人员(含首次聘用及续聘对象)有下列情况之一的,聘用单位可以解除聘用合同(含无固定期限聘用合同对象)。

——在试用期内被证明不符合聘用条件的;

——旷工或者无正当理由逾期不归连续超过十五天,或者一年内累计超过三十天的;

——严重失职、营私舞弊、渎职或违法乱纪，对聘用单位利益造成损失的；

——故意不完成教育教学任务，给教育教学工作造成损失的；

——品行不良，侮辱学生，影响恶劣的；

——体罚学生，经教育不改的；

——连续两年考核不合格的；

——法律、法规、规章另有规定的。

⑤有下列情况之一的，聘用单位可以解除聘用合同，但应当提前三十天以书面形式通知受聘人员：

——受聘人员患病或非因公(工)负伤，医疗期满后不能从事原工作，也不服从另行安排适当工作的；

——聘用合同订立时所依据的客观情况发生重大变化，致使原合同无法履行，经当事人协商不能就变更聘用合同达成协议的。

⑥受聘人员在聘用期内被开除，劳动教养以及被判刑的，聘用合同自行解除。

以上③—⑥条均含无固定期限聘用对象。

(7)有关待遇

①受聘者享受平等应聘和选择岗位、获得工作报酬、依法休息、休假、工作安全卫生保护，接受专业岗位轮训、享受养老、失业、医疗、工伤、女教职工生育等社会保险待遇和其他一切福利、提请争议处理以及法律、法规、规章规定的其他权利和有关待遇。

②聘用单位的工资分配应当遵循按劳分配原则，按照工作的量与质，体现多劳多得、优劳优酬，合理拉开分配档次。

③受聘者有定期进行业务培训和进修的权利，经批准脱产进修的，进修期间的待遇按有关文件规定享受。

④学校对试聘的教职工仍应安排适当的工作，给予一年的试聘期，并签订试聘协议。试聘期间，基本工资及津贴照发，其他待遇停发。试聘期间不能履行职责的，学校可对其解除试聘，即转为落聘(不聘)。

⑤对落聘(不聘)的教职工，每月发给本人的基本工资，其他一切停发。一年后仍未被聘用的，报县教育局批准后，解除合同关系。按县委办〔2001〕38号文件精神之规定，发给一次性经济补偿金，其人事关系转入人才交流中心。

(8)组织管理及争议处理

①受聘人员在受聘期间和试聘、落聘期间，由所在单位负责管理。

②县教育局有权监督聘用合同的履行，聘用单位与受聘人员之间聘用合同的订立、变更与解除，需经县教育局批准，县人事局鉴证。

③聘用单位应根据聘用合同加强对受聘人员的聘后管理，健全考核制度，做好年度考核工作，并把考核结果作为续聘、试聘、解聘的重要依据。

④因聘用合同发生争议的，争议当事人应在争议发生之日起十五日内，以书面方式向学校民主监督调解小组提出调解要求或者60日内向县人事争议仲裁委员会提出申诉。

6.完善教职工专业技术职务聘任制

在搞好聘用合同制的前提下，进一步完善教职工专业技术职务聘任制工作。严格按编制标准实行定岗定员，并确定合理的职务结构比例。专业技术职务聘任的范围为:与学校签订聘用合同书的对象。

在专业技术职务聘任过程中，严格按专业技术职务结构比例之规定实施。

实行职务结构比例制度后，即同时实行评聘分离，对超过结构比例的将不再实行职务工资挂钩，直至职务结构比例趋于正常后，方可实行职务工资挂钩。

各校要在教职工签订聘用合同后，根据教职工的专业、特长、能力、水平进行职务岗位聘任。充分发挥每位签约教职工的特长，充分调动教职工的积极性，做到人尽其才。

专业技术职务聘任的期限一般为一年一聘。

7.应届毕业生分配实行人事代理制

全面实施教师资格制度，严把教师“入口关”。从2002年起对应届师范类专科毕业生全部实行人事代理制，将其关系全部放在县人才交流服务中心，由受聘学校签订聘用协议。

8.建立城镇教师定期到农村学校支教制度。

为缓解贫困、边远学校师资紧缺矛盾，平衡城乡师资力量，办好每一所学校，全面提高教育质量，鼓励城镇学校教师到农村支教。凡未去过农村学校任教的教师，必须到农村学校支教，时间至少一年以上。凡未去过农村学校任教的教师不得申报、评定中级以上职称。

9.距法定退休年龄五年以内，且连续工龄满二十年，因身体原因不能坚持正常工作的原固定制职工，根据本人自愿的原则，经聘用单位批准，可实行在聘用单位内部离岗退养。离岗退养期间的待遇参照浙江省有关退休人员待遇的规定执行。

(二)分配制度改革

建立奖勤罚懒的机制，体现多劳多得，优质多酬的分配原则。积极探索校长年薪制,强化校长的责任,加强考核。

1.学校内部实行结构工资制。要开源节流,增加收入,各学校要将补助部分集中起来作杠杆,调节教师的分配。拉开教师分配的档次,鼓励优秀教师多上课,上好课,在工作量的分配上不搞一刀切,鼓励教师满负荷工作量,尤其是骨干教师,让他们多上课,既节约了师资保证了教育质量,又让骨干教师增加了收入。

因为各校的实际情况不同,因此具体分配方案由各校自定,报教育局审核。

2.进一步健全、完善社会保障制度。

按国家有关规定逐步健全完善社会养老保险、失业保险、医疗保险及其他保险制度。其资金来源按国家政策有关规定解决。

(三)办学体制改革

进一步深化教育体制改革,以调动各方面的办学积极性,促进我县教育事业发展,满足人民群众日益增长的教育需求。

1.公办幼儿园体制改革

积极探索幼儿园产权制度改革,形成多元化的办园格局。鼓励和支持社会力量参与合作办园。广泛吸纳社会资金。加快幼儿园基础设施建设,乡镇中心幼儿园要从小学分离出来,单门独院设置,可以采取“园长承办、租赁承办、公办民助、民办公助、合资办园、独资办园、国有民营”等多种形式。

2.改革高中段学校办学模式和经费管理办法

逐步实行初、高中分离,优化普通高中资源配置。扩大优质普通高中招生规模,充分发挥普通高中办学的整体优势。对现有高中段学校的改造和发展允许社会力量参与办学。实行高中段学校招生计划内外并轨制度,逐步提高高中段学费占学生培养成本中的比例。改革经费分配办法,加大县对教育经费的统筹权,高中段学校实行“综合预算、差额拨款、总额包干”的经费管理制度。创办综合高中班。进一步扩大高中段学校自主办学的权限,促使各校加大投入,强化内部管理、改善办学条件,提高教师素质,提高教育质量。

职业类学校要加强与企业、科协、劳动部门的合作,实行校企联合办学,灵活办班,面向市场,面向社会发展对人才的需要,改革专业设置,拓宽职业教育发展新路子。

3.实行学校后勤服务社会化管理

高中段学校后勤服务原则上推向社会化,改善学校办学条件。并逐步向义务教育阶段学校推广。

四、本实施意见，由县事业单位改革领导小组办公室负责解释。

五、本实施意见自发文之日起执行。

（2002年3月1日）

长兴县基础教育课程改革实验方案

从二〇〇三年秋季起，我县基础教育课程改革实验工作正式开始，为确保实验工作的顺利进行，特制定本方案。

一、指导思想

以十六大精神和邓小平同志“三个面向”为指导，以《中共中央国务院关于深化教育改革全面推进素质教育的决定》《国务院关于基础教育改革与发展的决定》和《基础教育课程改革纲要试行》为依据，全面贯彻教育方针，全面推进素质教育。更新教育理念，改进教学方法，确立正确的教育观、质量观、人才观，努力提高人才培养质量。通过课程改革，切实提高教师的专业水平，切实提高师资队伍的整体素质。

二、实验范围

二〇〇三年秋季，我县小学一年级、初中一年级全部执行新课程计划，使用新教材。

三、实验目标和内容

1.验证课程设置及学科课程标准的合理性、可行性，并提出修订建议。

2.检验新教材的科学性、教育性和适用性，并提出修订建议。

3.探索三级课程管理体制的运作规范，提高地方课程、学校课程开发能力和管理能力。

4.探索课程实验的合理模式，促进教学方式、方法的改革；促进民主合作的新型师生关系的形成。

5.探索评价和考试制度的改革，逐步完善促进学生身心发展，教师素质提高和学校教育质量提高的科学评价体系。

6.探索现代教育技术在教学中的有效运用，提高课堂教学效章，促进信息技术课程与其他学科课程的整合。

7.为新课程的进一步推广，提供思想舆论、教学实践、骨干力量等方面的支持。

四、课程设置及课时安排

课程设置应体现义务教育的基本性质，遵循学生身心发展规律，适应社会进步、经济发展和科学技术发展的要求，为学生的持续、全面发展奠定基础。

1. 培养目标。全面贯彻党的教育方针，体现时代要求，使学生具有爱国主义、集体主义精神，热爱社会主义，继承和发扬中华民族的优秀传统和革命传统；具有社会主义民主法制意识，遵守国家法律和社会公德；逐步形成正确的世界观、人生观、价值观；具有社会责任感，努力为人民服务；具有初步的创新精神、实践能力、科学和人文素养以及环境意识；具有适应终身学习和发展的基础知识、基本技能和方法；具有健壮的体魄和良好的心理素质，养成健康的审美情趣和生活方式，成为有理想、有道德、有文化、有纪律的一代新人。

2. 根据德智体美等方面全面发展的要求，均衡设置课程，各门课程比例适当。加强课程的综合性，改变课程过于强调学科本位的现象，设置综合课程和综合实践活动，减少课程门类。加强课程的选择性，各门课程课时可有适当的弹性，并给学校自主开发课程的空间。

3. 按照省教育厅《义务教育课程设置实验方案》设置义务教育阶段各年段的课程，采用综合课程的形式。在小学三年级开始设置《信息技术》课程。综合实践活动是国家规定的必修课，其具体内容由学校根据有关要求自主开发或选用。

4. 每学年上课时间35周，学校机动时间2周，复习考试时间2周(初中最后一年的第二学期，毕业复习考试时间增加2周)，寒暑假及节假日共13周。

课程设置及课时安排见附件。

五、实验步骤

1. 准备阶段(2002年10月—2003年1月)

主要工作：制订实验方案；建立相关组织机构；召开关于基础教育课程改革第一次工作会议；向社会进行舆论宣传，收集发放有关资料；组织教育局领导、相关科室领导及教育局定点学校校长赴国家级实验县(区)考察。

2. 启动阶段(2003年2月—2003年5月)

主要工作：根据市要求做好教材征订工作；制订培训计划；选拔确定小学、初中一年级任课教师；落实专项经费及有关仪器设备；组织小学、初中校长赴国家级实验县(区)考察；召开课改第二次工作会议；组织人员参加省级通识培训和学科培训。

3. 培训阶段(2003年6月—2003年8月)

主要工作：组织教育行政人员、教研员、教师的通识培训(6月份)；各学科组织任课教师的学科培训(8月份)。

4.实施阶段(2003年9月起)

组织教学实践,加强教学管理;开展教科研活动;及时交流总结实验情况,调整实验工作步骤;加强对实验工作的督导;制订评价办法;加强学校课程建设和管理。

5.总结阶段(2004年起,每年5月—7月)

主要工作:进行阶段性实验工作总结;评审课改实验科研课题;表彰课改先进集体及个人。2008年进行实验工作全面总结。

六、保障措施

1.组织保障

(1)成立以叶白云、宋文英同志为顾问,熊全龙同志为组长,周建民、李荣华、刘月琴同志为副组长的课程改革实验领导小组,负责领导规划、组织、协调和实施全县基础教育课程改革实验工作。

(2)为切实做好课程改革实验的具体实施工作,县课程改革实验领导小组下设办公室,由周建民同志任主任,并下设行政管理组、实验指导组、科研评价组、宣传报道组等实验工作组,由普教、教研、教科、督导、教师进修学校等相关科室作为责任单位,其他科室积极协同。各科室各司其职、密切配合、同心协力开展课程改革实验工作,确保课程改革实验的顺利进行。

(3)各学校成立由校长任组长、有关领导、教研组长及各学科实验骨干教师组成的校级课程改革实验领导小组,全面负责本校的课程改革实验工作,以确保课程改革各项工作真正落实。

(4)各学科建立以教研员为组长,学科实验骨干教师为组员的学科中心教研组,负责学科实验工作,定期专题研究,积极开展教学研究活动并进行指导,促进本学科课程改革工作不断深入,以确保学科教学质量的提高。

2.师资保障

(1)搞好课程改革实验的关键是教师。要不断增强广大教师的事业心、责任感,使他们明确新课程改革的重要性和必要性,改进教学方法,注重专业水平提高。要选拔好课程改革实验教师,尤其是明年秋季起始年级的实验教师。各校要重视建设基础教育课程改革实验的骨干教师队伍,充分发挥他们在实验工作中的骨干示范作用。

(2)定期组织校长和实验教师进行集中培训,以不断转变教育观念,确立新课程教育理念,切实提高实验教师执行课程标准和新教材的施教能力,坚持先培训,后上岗，不培训，不上岗。各校要重视校本培训。

3．制度保障

(1)课题研究制度

围绕基础教育课程改革的目标，由教科所负责确定若干重点研究课题，重点研究，集中攻关。各学校、各学科确定一批子课题，边实践边研究。

确定长兴一中、雉城中学、古城中学、实验小学、长兴一小、雉城四小为县级课程改革实验重点联系学校，加强实验研究，及时发现、总结推广他们的经验和做法，点面结合，以点带面，推进全县实验工作的整体推进。

各学科教研员也确定一所学科实验重点联系学校，经常进行研究、指导，总结经验，及时推广。

各实验教师人手一本实验记录册，随时记载新课程标准和新教材试教情况及课题研究情况，撰写教后感及实验反思，并记载对课程标准和新教材的意见与建议。

(2)教学研究制度

完善县、中心教研站，校三级教学研究制度。教研室、教科所、教师进修学校要围绕新课程实施中的一些共性问题，定期组织专题性的教学研究活动，通过专题报告会、交流研讨会、现场观摩会、研究示范课等多种形式的活动，同时组织新课程改革的优秀教案、优秀课件和优秀教学论文评选活动，推动全县各科新课程改革的实施，促进新课程改革研究不断深入。

完善校本培训制度。各校要坚持每周一次的新课程教学研究活动或培训，每学期组织2～3次全校性的新课程专题研究活动，充分发挥教研组、备课组在新课程实施中的作用，经常组织听课、评课、说课和集体备课，加强教师间的合作与交流，使优秀教学资源共享，形成随时研讨新课程的浓厚的教学、教研氛围。

要把建立国家、地方、学校三级课程体系作为教学研究的重点之一，尤其要注重学校课程的开发与综合实践活动的研究，把学校课程，研究性学习与学校特色建设有机结合起来，发挥各自优势，加速形成学校特色和品牌。

(3)检查评价制度

建立新课程实施情况交流汇报和检查评价制度。县课程改革实验领导小组办公室定期组织人员，对各学校实施新课程情况进行调研和检查，及时提出解决实施过程中存在问题的建议与对策。对新课程改革实验的先进单位与个人进行表彰奖励。督导室要在对中小学教育督导评估中，加强对课程改革实验情况的督查，及时通报课改情况。

4.物质保障

(1)教育局每年划拨专项经费50万元,专门用于新课程改革实验工作。各学校也要首先确保课程改革经费的落实,保证教师培训和教科研所需经费。

(2)进一步改善办学条件,增添新课程实验所需场地、设备、教学仪器和图书资料,加快现代教育技术应用的步伐,为新课程改革实验提供良好的物质条件。

(3)各乡镇要建立1~2个社会实践基地,充分利用现有的教育资源,为学生开展综合实践活动提供条件,丰富中小学综合实践活动的内容。

5.舆论保障。充分利用各种新闻媒体和各种会议,宣传新课程改革的必要性和重要性,宣传新课程体系的教育理念。在《长兴教育信息》开辟新课程改革专栏,介绍各校课程改革进展情况、教学经验与课题研究成果,使社会各界、家长及各级领导认同、关心、支持课程改革,营造课程改革的良好社会环境。

(2003年1月20日)

长兴县人民政府关于进一步促进民办教育发展的若干意见

各乡镇人民政府,县政府直属各单位:

为进一步深化办学体制改革,调动社会力量办学的积极性,尽快形成以政府办学为主体、公办教育和民办教育共同发展的格局,满足人民群众日益增长的教育需求、适应经济建设和社会进步的需要,根据《中华人民共和国民办教育促进法》和《中华人民共和国民办教育促进法实施条例》,结合我县实际,现就进一步促进我县民办教育发展的若干问题提出如下意见:

一、民办教育事业属于公益性事业,是社会主义教育事业的重要组成部分。发展民办教育对于深化办学体制改革,拓宽教育投资渠道,促进教育资源合理配置,形成教育竞争机制,构建终身化学习社会,满足广大人民群众日益增长的教育需求,都具有重要作用。各乡镇人民政府和县级机关各部门要转变观念,解放思想,积极鼓励、大力支持社会组织和个人利用非财政性资金,面向社会招生,依法办学和向教育投资,努力把民办教育做大扶强,积极参与国际、国内教育消费市场的竞争。县政府将民办教育纳入国民经济和社会发展规划,为民办教育创设良好的发展环境。

二、积极鼓励举办民办学前教育、高中阶段教育、高等教育，大力支持举办民办职业技术教育、社区教育和各种文化、技能培训，积极发展各种类型的民办非学历教育，允许在义务教育阶段举办少量民办教育。

三、积极鼓励和支持社会力量以多种形式办学。可以采取独资、联办、合作和中外合作(非义务教育阶段)等多种多样的办学形式。要积极引进先进的办学思想、管理经验、师资和资金，不断提高办学质量和水平。非义务教育阶段社会信誉好、教学质量高的公办学校，经上级教育行政及有关部门同意，可以吸引社会资金，与社会力量特别是现有的民办学校实行联合或其他形式办学，使优质教育资源得到有序扩张。

四、民办学校的建设和扩建应纳入当地城乡建设规划，在征地、建设等方面享受公益事业用地的优惠政策，各部门在办理有关手续时要在政策允许范围内简化程序，提高服务质量。对投资兴建我县教育急需布局的民办学校，县政府根据需要和可能无偿划拨土地使用权。为了支持民办学校发展，民办学校用于后勤服务的建设用地允许办理出让手续，并享受有关优惠政策。

五、民办学校可以根据核算的办学成本和市场供求状况确定收费的项目和标准，报物价、财政、教育部门批准或备案后向社会公布执行。民办学校根据协议招收长兴县义务教育阶段学生，由县财政根据公办学校的预算内生均经常性教育经费标准，拨付相应的经费。承担招收长兴县计划内中、高等职业教育和普通高中学生的民办学校，县财政根据其办学水平、教学质量和长兴县同类公办学校的预算内生均经常性教育经费标准，给予一定比例的经费补助。鼓励和支持民办学校通过社会赞助、捐资、投资、合作、贷款等方式多渠道筹措办学经费，其中社会赞助、捐资款主要用于校舍建设和教学设施的添置，所有资产由民办学校依法管理和使用。

六、民办学校享受国家规定的税收优惠政策，对向民办学校捐赠财产的公民、法人或者其他组织按照有关规定给予税收优惠。鼓励金融机构运用信贷手段，支持民办教育事业发展。允许民办学校用教育设施以外的财产申请银行抵押贷款。县政府采取资助，出让、转让闲置的国有资产，贴息贷款等政策进行扶持。设立民办教育发展专项资金用于资助民办教育发展，奖励和表彰有突出贡献的集体和个人，扶持有特殊困难的民办学校教职工。

七、民办学校及其教师、学生在教育教学业务管理、升学就业、表彰奖励、社会活动、教师资格认定、职称评定等方面，享有与同类型公办学校及其教师、学生同等的待遇和权益。民办学校自聘教师专业职务评审不受职称指标限制，教育行政部门为民办学校教师参加教研、进修等活动提供服务。民办学校必须依法为教职工按事业单位要求办理养老、失业、医疗等社会保险。

八、民办学校可以面向社会招聘教师，聘用的教师应当具备国家规定的任职资格。民办学校自聘教师的人事关系由县人才交流中心代理，并报县教育局备案，户籍可随迁。鼓励民办学校根据需要外聘高层次教育人才。经县人事和教育部门同意后，每年允许占学校专任教师总数3%左右的外聘高层次教育人才和招聘的应届优秀大学毕业生可转为当地在编教师(具体条件另定)。民办学校经县教育局同意可以招聘长兴县公办学校的教师。公办学校的教师被民办学校聘用后，人事关系不变，其工资与福利由民办学校按月发放，教龄和工龄连续计算，“医疗保险”“养老保险”“失业保险”和“住房公积金”等由原列支渠道列支，享受公办学校教师同等待遇。如遇工资调整，工资改革等，其档案工资由县教育局负责作相应调整。在民办学校任教的原公办学校的教师在聘用期满后，可以到公办学校竞争上岗。

九、民办学校在教育行政部门的指导与认可下可自主设置专业，自主制订招生计划，自定招生范围，自定录取分数线，享有同级同类公办学校同等的招生权。

十、教育督导部门要加强对民办学校的办学方向、贯彻教育方针、提高教育质量等方面的督导与评估，对教育条件好、管理规范、质量高的各类民办学校可评定相应示范或等级学校，并给予相应奖励。

十一、切实维护民办学校的合法权益。要坚决制止对民办学校的“乱收费、乱摊派、乱罚款”和搭车收费。对符合规定的收费，必须凭收费许可证亮证收费。对违反规定或超出范围、标准的收费，民办学校有权拒绝。要加强对民办学校的资产管理，民办学校要在指定银行建立专户，每一会计年度终了时要制作财务会计报告，委托社会审计机构对其财务会计状况进行审计，并报教育主管部门。民办学校达到国家规定设置标准后，在保证良性运转的前提下，根据有关规定，投资者和举办者可以得到合理回报。

十二、民办学校要依法办学，规范办学行为，不断提高质量，办出特色，提高自身的生存、发展能力。对民办学校实行法人代表、校长培训制度，做到持证上岗。加强民办学校党团组织和工会组织建设。民办学校要全面贯彻国家教育方针，不断提高办学质量和管理水平，全面提高学生的综合素质。

本意见自公布之日起执行，今后如与法律、法规和上级政策相抵触，则以法律、法规和上级政策为准。本意见由县教育局负责解释。

（2004年5月31日）

长兴县人民政府关于大力发展职业教育打造长三角蓝领培养基地的实施意见

各乡镇人民政府,县政府直属各单位:

1984年以来,我县的职业教育事业迅速发展,为本地和周边地区培养了一大批具有良好专业技能的劳动者,有力地推动了经济和社会事业发展。但是,目前我县职教资源仍然不足、专业装备不强、师资水平不高,尚不能满足经济和社会事业发展的需求。为了深入贯彻《国务院关于大力推进职业教育改革与发展的决定》,加快我县职业教育发展,努力打造长三角蓝领培养基地,为建设山水园林型中等工贸城市和长三角先进制造业基地输送大批技能型人才,大力推进农村劳动力转移,帮助农民增收致富奔小康,特提出如下意见:

一、总体目标

通过4年努力,真正做大、做强长兴的职业教育,把长兴打造成为长三角地区的蓝领培养基地,形成长兴职教的品牌优势。

二、具体目标

1.到2008年,把县职教中心建设成为专业设置比较合理,教育设施、教学管理、教育质量一流,涵盖高等教育、中等教育、函授教育和职业培训在内的,拥有万名学生的全国重点职业教育集团。

2.易地新建长兴技工学校,扩大办学规模,提高管理水平与教育质量,提升办学层次,力争在4年内升格为长兴技师学院。

3.加大对湖州清泉武术学校的扶持力度,力争在3年内把该校建设成为全省的涉外武术人才、高级保安人才培训基地。

三、工作措施

1.成立县"打造长三角蓝领培养基地"工作领导小组,加强对全县职业教育工作的领导。

领导小组由县主要领导任组长,分管领导任副组长,由县委宣传部、县计经委、县开发区、县教育局、县劳动和社会保障局、县人事局、县财政局、县工商局、县外贸局、县人民银行、县物价局、县总工会、县广电局、县宣传信息中心、县民政局等部门的主要领导为成员。建立领导小组成员例会制度,定期研究全县职业教育发展策略。领导小组下设办公室,办公室设在教育局,负责工作的具体落实。

2.进一步整合、优化、扩大全县职业教育资源,打造长兴职业教育品牌学校。

(1)进一步做大做强长兴职教中心。将长兴职工中等卫生学校并入县职教中心,加大专业调整与建设,扩大规模,提高办学层次,使职教中心每年能招收2000名全日制中职学生。通过与高等学校、企业、中西部地区联合办学与招生,组成职教集团,使职教中心成为拥有万名学生的全国重点学校。

(2)征地150亩,易地新建规模为1800人的长兴技校,按国家技师学院标准配置和建设,在2年内建成,4年内申报为长兴技师学院。

(3)按照《长兴县人民政府关于进一步促进民办教育发展的若干意见》精神,进一步加大对清泉武校的扶持力度,使清泉武校在2年内达到年招生能力600人以上。

(4)准确定位,调整专业。职业类学校始终坚持为生产、建设、服务一线培养中高级技术人才的办学目标,以市场为导向设置专业,积极主动为长三角经济发展培养专业对口的中高级技术人才。

3.加大投入,加快职业教育发展。

(1)县政府应进一步加大对职业教育的经费投入,县财政建立专项建设基金,为职业学校提供贴息贷款,确保职业学校重点工程建设资金和贴息资金的按时到位。

(2)加大专业建设力度,专业建设的重点是师资与装备。县财政每年下拨专项资金,用于增添专业设备,专业教师的培训和引进,加快专业发展。对创建成国家、省级示范专业,县财政分别给予50万、25万元的奖励。

4.加强职教师资队伍建设,提高教育质量。

(1)加强校本培训,坚持校企合作培养专业师资,努力培养“双师型”教师,不断提高专业教师的技能水平,争取在2007年前专业教师硕士研究生比例达10%,专业课教师达85%,“双师型”教师达50%。对于成为县级以上名师及分别具有中级职称以上的“双师型”教师给予奖励。

(2)加大职业学校教师引进力度,重点是引进具有较高专业技能的专业师资与高级技师。建设职教教师公寓,吸引外地优秀职业类师资到长兴县任教。

5.深化办学体制改革,不断探索新的办学模式。

(1)在税收等方面提供优惠政策,鼓励民间资金投入职业教育,保证投资者取得合理回报。

(2)积极与国内高等院校、有关部门、企业、西部地区合作,探索多种形式的联合办学;积极与德国、日本等经济和职业教育发达的国家开展中外教育合作,扩大招生范围，提高教育质量，拓宽毕业生就业门路，提升就业档次。

(3)坚持走产教结合、校企合作办学之路。大力推行厂校合一、订单招生、定向培养，建立稳定的实习与就业基地。

6.深化教育改革，提升人才培养规格。

坚持将职业道德、敬业和创业精神的教育放在首位，不断提高职业类学生的思想素质。继续深化课程改革，加大专业课比重，强化技能训练，真正将职业类学生培养成爱岗敬业，有一技之长的中高级技能型人才，能适应国内外大中型企业的用人需求。

7.精心谋划宣传营销，打响长兴职教品牌。

(1)每年策划宣传方案，开展宣传活动，利用各种媒体宣传我县职业教育的改革经验和教育成果。争取在3年内承办“长三角”职业教育发展论坛，扩大长兴职教的知名度。

(2)建立县就业指导中心，加强学校招生就业办公室建设，配备精干人员，健全工作制度，健全就业信息网络，及时掌握国内外用人信息。定期举办职业类毕业生的就业推介会，邀请省内外重点企业负责人来我县招聘毕业生。

（2004年5月28日）

长兴县关于进一步加强名师名校长建设的意见

为进一步加强人才队伍建设，培养和造就一支具有现代教育理念、现代教育技能和现代教育管理能力的高素质的中小学教师和校长队伍，确保我县教育现代化建设目标的顺利实现，根据长教发〔2002〕65号《长兴县“十五”期间名师名校长培养计划实施意见》(以下简称《实施意见》)的精神，现就进一步加强我县名师名校长建设提出如下意见：

一、关于评选对象范围、条件和选拔程序

(一)评选范围

除按照《实施意见》规定外，还包括幼儿园在岗教师和在任园长，民办中小学的在岗教师和在任校长。

(二)评选条件

名教师应是“师德高尚、业务精湛、业绩卓著、社会公认”的优秀教师。须在本学科教学、科研等方面在县内外有一定知名度和影响力，原则上从获得省特级教师、市县教学明星、市县学科带头人、市县教学能手和省市县教坛新秀等荣誉称号的优秀教师中产生。县名教师分三个层次，其中：县一级名教师10人（主要从省特级教师、市教学明星、学科带头人、教学能手和省教坛新秀中产生）；县二级名教师30人；县三级名教师60人。

县名校长应是“教育思想领先、教学业务精通、管理能力高超、办学实绩突出”的优秀校长。培养计划目标20名。名校长评选条件按照《实施意见》规定执行。

（三）评选程序

县名师名校长及其培养对象的选拔程序按照《实施意见》的规定执行，民办中小学、幼儿园按属地管理原则参加推荐评选。外地外系统引进的优秀人才，需经县教育局考核确认授予相应称号后，方可参加评选。名师名校长原则上每二年评选一次，由县教育局组织评审、公示，报县政府审定公布，并在教师节进行表彰奖励。

二、关于考核和管理

（一）建立考核评价制度。考核工作分日常考核和定期考核。定期考核每年一次，考核结果与奖励挂钩。县名教师考核由县教育局和学校（单位）共同负责，县名校长考核由县教育局负责。

（二）实行动态管理。建立名师名校长专门档案，由县教育局统一管理，每年根据考核结果实行动态管理。教育局和学校与名校长、名教师签订协议，约定双方权利、义务及违约责任，试行合约管理。

有下列情形之一的，撤销名教师、名校长称号，取消有关待遇：

1.调离长兴县教育系统或离任教学第一线。

2.年度考核不合格的。

3.参与有偿家教；组织或参与滥编、乱印、乱发教辅用书和各种试卷；体罚或变相体罚或发生重大责任事故，造成不良影响的。

4.教师、学生家长和社会上反对意见较多，缺乏认可度的。

5.违规违纪，受到党纪、政纪处分的。

6.违反其他有关规定，造成恶劣影响的。

三、关于津贴、奖励等有关待遇

（一）相关待遇

1.实行县名师名校长特殊津贴（按月发放，每学年按十个月核计）。县一级名教师：每人每月特殊津贴600元；县名校长、县二级名教师：每人每月特殊津贴400元；县三级名教师：每人每月特殊津贴200元。

2.实行县名师名校长定期考核奖。县名校长、县一级名教师每年考核一次,经考核合格者奖励4000元;县二级和三级名教师每年考核一次,经考核合格者分别奖励3000元和2000元。

3.获市名教师第一层次的除市补特殊津贴外,县另奖5000元/年。

4.县名教师、名校长在教育系统内有多种学术专业性称号的,按最高级别享受待遇;获得省专业称号和教育系统外学术专业称号的,同时可享受非同一经费来源的有关津贴等待遇。

(二)资金来源

县政府设立长兴县名师名校长专项奖励资金,每年由县财政安排专项经费,用于对县名师名校长津贴与奖励。

四、关于引进名师名校长津贴、奖励等办法

1.根据我县教育发展需要,大力引进国内优秀教育人才。主要是45岁以下市级以上名校长、名教师和特级教师。

2.凡经县政府确认引进的,由人事部门和教育局负责调转档案或重新建档,由引进学校办理有关手续,其配偶及子女的户籍关系可随调随迁。其配偶原在机关、事业单位工作的由县政府有关部门负责对口安排。

3.政府为每位引进的名教师名校长提供100平方米左右的住房,其工资待遇由用人学校根据其管理水平和教学水平,从优确定,可实行协议工资和年薪制等分配形式。

4.对引进的市级名校长、名教师,县政府每月分别给予800~1200元的生活津贴;省级名校长、名教师,县政府每月给予1500~2000元的生活津贴;国家级名校长、名教师,县政府每月给予2000~3000元的生活津贴。

(2004年5月31日)

长兴县城乡一体化行动农村“园丁”工程2004—2007年实施办法

根据《长兴县城乡一体化行动农村“园丁”工程实施方案》,特制定本实施办法。

一、总体目标

1.建设一支数量充足、素质优良、结构合理的农村教师队伍。2004年新增农村教师120名,到2007年新增教师360名,教师学历达到省平均标准,高学历教师小学达52%、初中达42%,骨干教师达10%以上,各学科教师的配备合理。

2.提高农村教师的经济待遇,稳定农村教师队伍。对在农村工作的教师根据履职和业绩每月上浮工资(20～50元),并建立农村教师年度目标考核奖及岗位津贴。除工资外,2004年年收入不少于4000元,以后每年递增幅度不低于10%,到2007年教师年收入达6000元左右。

3.切实解决农村教师安居问题,逐步实施教师住房改革。

二、工作措施

1.优化环境,营造尊师重教的良好氛围。各级政府和社会各界都要重视和关心农村教师的工作和生活,更好地调动农村教师的积极性,更科学地使用教师,努力为农村教师创造优越的工作条件和学习环境,营造尊师重教的良好氛围。

2.深化人事制度改革和分配制度改革。完善教师聘用制度,加强教师考核,明确职责,建立鼓励相互竞争和使优秀人才脱颖而出的用人机制。

深化分配制度改革。建立有利于调动教师工作积极性与绩效相挂钩的分配制度。

3.加大农村教师补充力度。通过分配、引进、支教等途径,逐步扩充农村学校的教师数量。新补充的计划内师范毕业生主要分配到农村学校任教;面向农村学校,加强紧缺学科教师的引进力度,每年引进一批素质好的外地师范毕业生和教学水平高的在职外地教师,并在住房、经济待遇等方面给予优惠政策。每年从城镇学校选派一定数量的骨干教师和校级后备干部到农村学校支教和任职。对在农村从教20年以上的教师,发给农村从教20年的荣誉证书,每年评出60名优秀者,给予表彰和奖励。

4.提高农村学校的教师素质,提高农村教师整体学历层次和教学业务水平。提高农村教师整体学历层次、教学业务水平,建成一支在市、县有一定知名度的名教师和学科带头人队伍。对农村教师提高学历进行奖励,对取得高一层次学历的小学、初中教师分别奖励600元、1200元,基本实现幼儿教师中师化、小学教师大专化、初中教师本科化,教与学专业对口。加强校本培训,举办农村骨干教师培训班,提高骨干教师素质。选派农村青年教师上挂进修,培养一批名教师和学科带头人。完善教师职称评审制度,在教师职务评审中向农村教师倾斜。教师晋升中级以上职务必须具备在农村任教一年以上的经历,年度考核合格。实施城镇学校与农村学校"结对计划"和城镇教师与农村教师"师徒结对计划",提高农村教师的教学能力和学校办学水平。建立农村名教师流出补偿机制,农村学校名教师流入城镇学校,流入学校在经济上给予流出学校一定的补偿。

5.优化农村教师队伍结构。调整教师结构使人尽其才,才尽其用。根据学科教师余缺情况,适当在校际间进行流动,合理配置。适当补充外地优秀教师。鼓励城镇教师到农村任教,增强农村学校的活力。

6.改善农村教师的待遇。增加农村教育投入,改善农村教师工作、生活条件,提高福利待遇。启动"单身教师公寓"工程,解决单身教师住房问题。对在农村工作的教师,每月工资上浮一级。分年度分批次逐步落实农村教师房改政策。建立农村教师年度目标考核奖及岗位津贴专项基金。

三、配套政策

1.提高素质。对取得高一层次学历的小学、初中教师分别奖励600元、1200元。加强校本培训,举办农村各类骨干教师培训班,提高骨干教师素质。选派农村青年教师上挂进修,培养一批名教师和学科带头人。在教师职务评审中向农村教师倾斜。实施城镇学校与农村学校"结对计划"和城镇教师与农村教师"师徒结对计划"。建立农村名教师流出补偿机制,对流入城镇学校的县级一级、二级、三级名教师和其他教师,流入学校在经济上分别补偿流出学校30000元、20000元、10000元和8000元。

2.提高待遇。县、乡镇两级财政建立农村教师的年度目标考核奖及岗位津贴专项基金。2004年按照每人每年4000元的标准,县财政教育事业费外落实275万元,乡镇财政落实275万元,学校自筹550万元。以后每年按不低于10%递增。乡镇财政安排专项资金,用于教师上浮一级工资。

3.改善住房条件。每年建造100套农村单身教师公寓,计3000平方米,到2007年总共建成400套(12000m^2)农村单身教师公寓,解决农村教师、引进的外地教师、支教教师住房问题。总投资840万元,每年教育事业费外需安排资金210万元(县、乡镇政府各承担一半)。

四、目标任务分解

乡镇:负责筹集、落实本乡镇增加农村教师收入的资金;负责筹集、落实建造本乡镇农村"单身教师公寓"应承担的资金;负责筹集、落实本乡镇用于农村教师年度目标考核及岗位津贴所承担的资金。责任人:各乡镇长。

县财政局:负责筹集、落实建立农村教师年度目标考核及岗位津贴专项基金;负责筹集、落实建设农村"单身公教师公寓"资金。负责建立园丁工程基金专户,其资金主要来源是：乡镇超收分成部分提取10%，农村企业教育附加返还的50%部分，农村税费改革乡镇教育财政转移支付部分。责任人：潘瑞祥。

县教育局：负责建设一支数量充足、素质优良、结构合理的农村教师队伍；负责开展农村优秀教师评比；负责农村教师年度考核。负责农村“单身教师公寓”房改、上浮一级工资、年度目标考核奖发放的规划及组织实施。责任人：刘秋平。

（2004年6月7日）

长兴县人民政府关于进一步加强农村教育工作的实施意见

为了贯彻落实《浙江省人民政府关于进一步加强农村教育工作的决定》和《湖州市人民政府关于进一步加强农村教育工作的决定》，推进我县教育的全面、协调和可持续发展，特提出如下实施意见：

一、坚持教育均衡发展，全面普及15年教育

1．我县教育的近期发展的目标是：巩固和发展高标准高质量普及九年义务教育成果，全面普及从学前3年到高中段的15年教育；大力发展职业教育、成人教育和社区教育，努力构建学习型社会；坚持教育均衡发展，各类教育协调发展，逐步满足人民群众日益增长的不同层次的接受优质教育的需求，不断加快教育现代化进程。

二、全面落实“以县为主”管理体制，加大农村教育投入

2．建立“以县为主”的财政保障制度。县财政要加大教育经费的统筹力度，确保公办中小学和公办幼儿园教职工人员经费、公用经费、校舍维修改造建设经费全额列入财政预算，并做到逐年有所增长。乡镇政府要积极筹措资金，改善农村中小学和幼儿园的办学条件，村民委员会要在改善农村学校的办学条件方面发挥积极的作用。

3．完善教师工资财政统发制度。教师工资列入财政预算，统一发放。保证教师的平均工资水平不低于或者高于公务员的平均工资水平。中小学教师享受政府出台的公务员津贴、补贴政策，所需经费由县财政承担。各乡镇要积极采取措施，不断提高农村教师的待遇。

4．保障中小学生均公用经费达到省规定标准。中小学公用经费纳入财政预算，除学校收取的杂费全部用于公用经费开支外，不足部分由财政统筹安排予以保证。

各校要严格执行收费标准,切实制止乱收费现象发生。

5.进一步加大教育基本建设投入力度。县、乡镇政府每年从土地出让金中提取5000万元用于学校基本建设;财政新增收入中按不低于年初确定的教育经费占财政支出的比例安排学校基本建设资金;按规定征收的教育费附加和财政转移支付资金,应全部用于学校的基本建设和设备添置。要控制新的教育基本建设债务,历年形成的学校基本建设债务,由县、乡镇两级财政安排还贷计划。加大教育费附加的统筹力度,用于改善学校办学条件,其中不低于20%的比例用于职业教育。各乡镇要及时消除新增危房,加大破旧校舍改造力度,所需经费由乡镇财政统筹安排。

6.深化投资体制改革,完善多元办学机制。非义务教育学校、薄弱学校、政府新建学校以及学校后勤项目,在明晰产权的基础上,对政府投资资金可以采取直接投资、资本金注入、投资补助、贷款贴息等方式,积极试行"拨改投"改革,提高资金使用效益。积极鼓励和引导社会资本以独资、租赁、合资、合作、项目融资等方式,参与办学。非义务教育阶段将逐步实行按适当成本核算收费的办法。鼓励和支持社会各界和公民个人捐资助学。对纳税人通过非营利性的社会团体与国家机关向义务教育和职业教育的捐赠,应在纳税所得额中全额扣除。

三、大力改善办学条件,积极推进教育公平

7.采取积极有效措施,切实改善农村学校的基本办学条件。各乡镇要重点保障新增危房和破旧校舍的改造资金,同时要认真落实《农村中小学食宿改造工程实施办法》,加大学校住宿、食堂、厕所、用水等基础条件的改善,保障师生的生活条件和安全。县财政继续每年安排200万元的专项资金,用于补助经费欠发达乡镇的学校建设,适当增加校舍维修资金,加快基本办学条件的改善步伐。坚持政府办园的体制,各乡镇要建好中心幼儿园,使其达到省示范幼儿园标准。到2007年,全县85%以上的学校基本达到国家和省规定的办学条件。

8.高标准地做好新一轮中小学布局调整。要科学制定分年度布局调整规划,落实具体任务。学校设置要与城镇化程度和人口集聚密度结合起来,科学合理地安排教育资源。对规模偏小、效益不高的初中,要打破行政区划逐步予以撤并,要有重点地办好区域性初中和千人以上的初中。农村学校调整还要与"康庄工程"结合起来,因地制宜,合理布局。到2007年,基本完成中小学布局调整,调整后闲置的校产须经县政府批准后方可置换,所得资金全部用于中小学和幼儿园建设。

9.大力实施农村中小学现代远程教育工程。农村初中、中心小学和500人以上的规模完小都要建有计算机教室和多媒体教室,完成"校校通"工程。从2005年起,县财政每年安排100万元专项经费,用于农村中小学现代远程教育工程建设。

10.进一步完善以“教育券”为主要形式的扶贫助学制度。具体落实《长兴县农村中小学家庭经济困难学生资助扩面工程实施规划》,将农村居民年人均收入1500元以下,城镇居民年人均可支配收入3000元以下的低收入家庭子女、少数民族学生、三峡移民子女和因受灾、疾病等原因造成家庭经济困难的学生列入扶贫对象发放教育券。对享受最低生活保障待遇家庭的子女、列入农村五保供养范围的未成年人、由社会福利机构监护的未成年人、革命烈士子女“四类”家庭子女考取重点大学的每人每年补助8000元。对其他家庭经济确有困难的学生,通过扶助方式全部或部分免收接受义务教育和高中段教育的费用。积极鼓励企事业单位、社会团体和公民个人资助贫困学生就学。

11.加强对民工子女教育的支持和管理。坚持公办学校为主、民工子女学校为辅的方式,保障民工子女接受教育的权利。民工子女入学的收费与长兴县学生一视同仁,对家庭经济确有困难的民工子女入学给予补助,免收或部分免收有关费用。加强对民工子女学校的管理、督导和指导工作,使其不断规范。

12.重视和关心残疾儿童少年的教育。残疾儿童少年免费接受义务教育和高中阶段教育,保障残疾儿童少年同步接受15年教育,其受教育费用全额纳入县财政预算。加强对残疾儿童的学前教育,引导和支持盲、聋儿童少年到指定的省市相关学校接受教育。关爱心理和行为有偏差、学业有困难的学生。树立以人为本的理念,承认个性差异,努力为学生提供多种选择的学习,尊重学生有适合自身成长的个性发展。学校要采取有效措施,切实做好心理纠偏和行为矫治工作,不得以任何理由把在校学生推向社会。

四、立足为当地经济建设服务,大力发展职业教育和成人教育

13.大力发展职业技术教育,确保职业高中(中专)年招生数占高中阶段招生总数的50%以上,促进全日制职业教育与短期职业培训的协调发展。要不断探索教育规律,优化课程设置,强化办学特色,努力提高教育教学质量。着力打造长三角一流蓝领培养基地,建设一批与经济产业对接的培训项目,特别要加大长兴县经济发展的技能型人才的培训力度,主动为经济建设服务。到2007年,全县有3所职业学校成为省级重点职业学校和4个省级示范专业,拥有1个省级示范培训基地。

14.深化职教办学体制改革和人才培养模式创新,形成多元化办学、多形式培养人才的格局。大力鼓励和支持行业、企业和公民以单独办学、联合办学、与公办职业学校合作办学,促进职业教育的发展。坚持“立足市场,接轨企业,服务社会”的办学方向，采取校企合作，产教结合、“订单式”培养等灵活多样的模式，培养企业需要的人才。

15．完善职业学校毕业生的学历证书和职业资格证书并重制度。职业学校毕业生申请与所学专业相关的中级以下(含中级)职业技能鉴定时，只进行操作技能考核；国家级重点职业学校以及教学质量高、社会声誉好的省级重点学校的主体专业，经省有关部门认定后，毕业生参加学校组织的中、初级理论和操作技术考核合格并取得毕业证书者，可视同为职业技能鉴定合格，由劳动部门发给相应的职业资格证书；对于成绩特别优秀的学生，经学校推荐，可以向职业技能鉴定站申请参加取得高级职业资格证书的职业资格鉴定。劳动部门要积极支持省重点职业学校主体专业建立职业技能鉴定站(所)。

16．努力增加职业教育的投入，保证职业教育生均事业经费、生均公用经费逐年增长，确保中等职业学校的生均经费高于普通高中。县财政预算中每年安排专项经费用于支持职业学校实验实训设施建设和师资培养。职业学校学费收入全额用于学校发展，不冲抵正常拨款，不移作他用。职业学校的水、电收费与其他中小学一样，按民用水、电价格收取。

17．坚持为“三农”服务方向，大力发展成人教育。各乡镇要按照省定标准建设好成人文化技术学校；有重点地建设4～5所区域性成人文化技术学校。深入开展“千万农村劳动力素质培训工程”，健全县、乡镇、村三级实用型、开放型农民教育技术培训体系，把职业学校、成人文化技术学校和农村中小学办成技术培训与推广、劳动力转移培训和扶贫开发服务的基地。自学考试要不断向农村延伸，依托成人文化技术学校构建并完善适合农村的自考助学体系。要积极开展农村社区教育试点，逐步构建农村终身教育体系。县、乡镇两级财政不断增加对农村成人教育的投入，重点安排农村科技开发经费、技术推广经费和扶贫资金以及农村劳动力培训经费。到2007年，全县要有3所成校成为省级示范性成校，有1～2个社区成为农村社区教育示范区。

五、深化教育教学改革，全面推进素质教育

18．加强和改进未成年人思想道德建设。要进一步完善以“德育导师制”为特色的德育工作机制，充分发挥《做人，长兴的孩子这样说，这样做》的教育作用，不断增强德育工作的针对性和实效性。重点建设好一批德育基地和劳动实践基地。强化法制教育和心理健康教育，建立防范青少年学生违法犯罪的预警机制，健全对心理、行为有障碍学生的管理和帮教网络，图书馆、体艺馆、博物馆、科技馆、公园及爱国主义教育基地都要对学生免费开放。全社会都要为广大青少年的成长营造良好的教育环境。

19．扎实有效地推进基础教育课程改革。坚决改变学校教育中重智育轻德育、重课堂教学轻社会实践的现象。建立和完善国家课程和校本课程体系，降低教学内容难度，改进教学方法，改进评价和考试制度，努力培养学生的创新精神、实践能力以及健康而有个性的可持续发展力。加强中小学规范管理，建立长效机制，切实减轻中小学生过重的课业负担。积极稳妥地推行小班化教育。要花大力气提高初中的管理水平、师资水平和教学水平，努力提高农村初中的教育教学质量。进一步改革高中招生制度，减轻初中过于激烈的竞争压力。

20．建立健全有利于农村学校的教师管理机制。积极实施“农村园丁工程”，使其成为一项长期的制度，确保各项政策和措施落实到位。除了从待遇上保障外，还要在师资配置等方面采取切实有效的措施，引导和鼓励教师到农村学校任教。适当放宽农村教师高、中级职务评审的比例；继续开展“春蚕奖”“从事农村教育二十年优秀教师”的评选和表彰；进一步加大支教力度，选派优秀中青年教师到农村学校任职和任教；进一步健全校际帮扶结对制度，把农村教师培训与城区学校、示范学校结合起来，促使农村教师素质的提升。严格执行中小学编制标准和教师资格制度。要切实落实幼儿园的事业法人地位和公办教师编制，不断扩充乡镇中心幼儿园的公办教师数量，突出中心幼儿园的主导性和示范性。全社会都要关心和爱护教师、尊重他们的劳动，改善他们的工作、生活待遇，形成尊师重教的良好氛围。

21．重视和加强教师的继续教育，逐步做到幼儿园、小学教师大专化、初中教师本科化。同时，要特别重视教师的专业培训，促使教师专业成长，不断壮大骨干教师队伍。要按照“面向全员、突出骨干、倾斜农村”的原则，根据《农村中小学教师素质提升工程实施办法》，通过多种途径，提高教师的政治素质和专业水平。健全师资培训经费保障机制，县财政按每年不少于教职工工资总额3%的比例安排专项资金，用于幼儿园、中小学师资的培训。每年继续安排专项经费用于实施“名师名校长”工程。

六、加强领导，确保农村教育优先发展

22．各乡镇要从实践“三个代表”重要思想和落实科学发展观的战略高度，切实把加强农村教育工作摆在重要议事日程，要把教育的发展纳入乡镇整体发展规划，并精心组织实施，争取在5年内，使乡镇中心小学、中学、中心幼儿园和成人文化技术学校成为示范性的“四个中心”，使村完小的办学条件得到根本改善。

23．加强对农村教育工作的督导和评估。进一步建立和完善乡镇教育工作督导评估制度，把教育发展水平作为主要领导干部任期的政绩考核。围绕普及15年教育、提高农村教师的素质和待遇、合理整合和优化农村学校布局、保障农村教育经费、推进农村教育管理体制创新等责任，对落实责任较好的给予表彰，对完成任务不好的，给予通报批评，对创建成为市示范性教育强镇和省示范学校的乡镇与学校继续实行奖励。

24. 高度重视教育系统干部队伍建设。选拔懂教育规律、专业水平高、具有开拓创新能力的优秀干部担任校长(园长)。要重视对教育干部队伍、校长队伍的培训，造就一支高质量的教育干部队伍。到2007年争取有10名校长成为市级以上“名校长”。

25. 各有关部门要通力合作，支持教育事业的进一步发展。要坚持依法行政，认真执行教育法律法规和中央及省、市有关教育发展的各项方针政策，努力为教育做好事、办实事，共同维护农村教育环境，共同打造“平安学校”，共同推进农村教育的发展。县政府教育督导室要定期督查教育法律法规和教育方针政策的落实情况。全社会都要加强对教育法律法规和教育方针政策落实情况的监督。

(2005年9月22日)

长兴县义务教育学校教师绩效考核指导意见

为加强教师队伍建设，深化中小学人事制度改革，推进义务教育学校绩效工资制度顺利实施，促进我县教育事业科学和谐发展，根据《教育部关于做好义务教育学校教师绩效考核工作的指导意见》(教人〔2008〕15号)和《浙江省义务教育学校教师绩效考核指导意见》(浙教人〔2009〕132号)精神，现就做好我县义务教育学校教师绩效考核工作提出如下意见。

一、指导思想

实施绩效考核工作，要以邓小平理论和“三个代表”重要思想为指导，深入贯彻落实科学发展观，全面贯彻党的教育方针，以服务和促进义务教育科学和谐发展为目标，以加强教师队伍建设为核心，坚持“尊重规律、以人为本，以德为先、注重实效，激励先进、促进发展，客观公正、简便易行”原则，着力构建符合教育教学和教师成长规律、导向明确、标准科学、体系完善的教师绩效考核评价制度，激发教职员工工作积极性和主动性，促进素质教育全面深入实施。

二、考核范围

按国家规定执行事业单位岗位绩效工资制度的义务教育学校正式工作人员。

三、考核内容

绩效考核的主要内容是:履行《中华人民共和国教育法》《中华人民共和国义务教育法》《中华人民共和国教师法》等法律法规规定的法定职责情况,以及完成县教育局和学校规定的岗位职责和工作任务情况。

(一)专任教师

专任教师的绩效考核包括德育、教育教学、从事班主任工作、安全工作等方面的实绩。

1. 师德主要考核教师遵守《中小学教师职业道德规范》的情况,特别是为人师表、爱岗敬业、关爱学生的情况。在考核中,要明确规定,教师应自觉抵制有偿家教,不得以任何理由、任何方式影响教育教学任务的完成、干扰正常教育教学秩序、损害学生利益,并将此作为教师绩效考核合格的必备的基本条件。

2. 教育教学主要考核教师从事德育、教学、教育教学研究、教师专业发展的情况。德育工作是每个教师应尽的责任,要结合所教学科特点,考核教师在教育教学过程中实施德育的情况;教学工作重点考核教学工作量、教学准备、教学实施、教学效果,积极参与教学管理的情况;对教学效果的考核,要重点考核教师实施轻负高质以及关注学生的全面发展,关爱每一个学生,特别是学习上有困难或行为上有偏差学生的情况。教育教学研究工作重点考核教师参与教学研究活动的情况。教师专业发展重点考核教师拓展专业知识、提高教育教学能力情况。

3. 班主任是义务教育学校教育教学工作中的重要岗位。班主任的工作任务应作为教师教学工作量的重要组成部分。要鼓励教师尤其是优秀骨干教师要积极主动承担班主任工作。要加强对班主任工作的考核,重点考核其对学生教育引导、班级管理、组织班集体和团队活动、关注每个学生全面发展的情况。

4. 安全工作主要考核教师履行学校安全工作职责情况。对学生进行安全教育管理是教师工作的基本职责之一,加强教师安全工作的考核,重点考核其对学生是否按照规定履行安全知识的宣传普及教育活动,是否对学生的在校活动履行监督管理职责,对学生的不安全行为及时予以制止和批评,及时处置所发现的安全偶发事件并履行相应的汇报职责。

(二)校长(书记)

校长(书记)的绩效考核由教育局组织实施。具体内容根据学校管理工作年度考核、校长办学责任制考核和个人素质测评结果确定等次，按照等次确定奖励系数。

(三)管理人员和教辅人员

管理人员和教辅人员的绩效考核，具体内容由学校根据岗位情况确定。重点考核其为安全工作、教育教学服务、为师生服务的情况，包括服务态度、服务质量以及服务技能水平等。

四、考核工作的组织和实施

(一)县教育局负责制定县绩效考核实施指导意见，负责对学校校长、书记的考核工作，负责监督、指导学校教职工绩效考核工作。

(二)各校要成立绩效考核小组，负责制定本校教师绩效考核办法并组织实施。考核小组的成员应具有广泛的代表性，包括校长、书记、负责学校德育、教育工作的校领导、校工会主席以及一定比例的教职工代表等。

(三)绩效考核一般按规定的程序与年度考核或学年度考核结合进行。可采取定性评价与定量分析相结合，教师自评与学科组评议、年级组评议、考核组评议相结合，形成性评价和阶段性评价相结合等方法进行考核。此外，以适当方式听取学生、家长及社区的意见。

(四)考核等次分为合格和不合格。学校校长(书记)绩效考核等次由县教育局确定。专任教师、学校管理人员和教辅人员的绩效考核等次由学校绩效考核小组确定，学校也可根据实际和奖励性绩效工资实施方案的要求，对考核合格的专任教师、管理人员和教辅人员，经考核进一步分为优秀、良好、一般三个等次。三个等次的比例依次占考核总人数的15%、70%、15%。此外，各校根据实际需要，还可分项目进行考核。

(五)有下列行为之一者应确定为不合格：

1.职业道德考核达不到基本要求的；

2.当年连续旷工超过5个工作日，或累计超过10个工作日的(包括因公外出、请假期满无正当理由逾期不归者)；

3.以非法方式表达诉求、干扰正常教育教学秩序、损害学生利益的；

4.从事有偿家教，有举报并查实的；

5.其他有碍完成教育教学任务违规违纪行为的；

6.对党委政府中心工作和重大部署不配合，造成较大影响的。

五、考核结果的使用

绩效考核结果作为聘任、聘用、晋升、培养培训、绩效工资分配和奖惩等方面的重要依据。考核确定为合格的，全额发放基础性绩效工资。考核确定为不合格的，不发放奖励性绩效工资,并可根据《浙江省事业单位人员聘用制度实施细则》(浙政办发〔2004〕117号)的规定给予转岗或解聘。

六、考核工作要求

(一)加强领导,精心组织。绩效考核工作是一项复杂的系统工程,政策性强,涉及面广,关系到教师队伍建设和广大教职员工的切身利益。各校要高度重视,切实把这项工作作为加强教师队伍建设、深化教育人事制度改革的一件大事、要事列入重要议事日程,及时研究解决实施中出现的矛盾和问题,周密部署,精心组织,抓紧抓好。

(二)明确责任,狠抓落实。各校要根据本实施意见,结合学校实际,制定具体的绩效考核方案和分配办法。

(三)发扬民主,强化监督。学校绩效考核工作要充分发扬民主,广泛征求教职工的意见。实施方案由学校领导班子集体研究后,需经教职工代表大会(教职工大会)通过后,报县教育局备案后实施,并在本校公开。绩效考核结果要告知本人。

(四)加强宣传,严肃纪律。各校要切实加强宣传思想工作,引导教职工正确对待绩效考核,以绩效考核促进学校科学发展和教师专业发展,促进素质教育的深入推进。要严肃考核工作纪律,对工作不负责任,考核失真失实的,要实行责任追究。

(2009年12月11日)

长兴县学前教育三年行动计划(2011—2013年)

根据《国家中长期教育改革和发展规划纲要(2010—2020年)》(中发〔2010〕12号)、《国务院关于当前发展学前教育的若干意见》(国发〔2010〕41号)、《浙江省人民政府关于印发浙江省发展学前教育三年行动计划(2011—2013)的通知》(浙政发〔2011〕29号)精神,推动我县学前教育事业科学发展,加快幼儿园规划建设,加强师资队伍建设,提高保教质量,满足广大群众对学前教育优质资源的需求,特制定本计划。

一、发展现状

近年来,长兴县幼儿教育事业取得了长足发展,基础建设力度逐年加大,新建了一批幼儿园,每个乡镇(街道、园区)都建立了中心幼儿园,内部管理不断加强,保教水平明显提升。目前，全县幼儿园47所，在园幼儿16293人，幼儿园教职工1167人；学前三年幼儿入园率98.54%，省一级幼儿园4所，省二级幼儿园8所，省三级幼儿园17所，省三级以上幼儿园在园儿童数占幼儿园在园儿童总数的比例达88.15%；2010开始，我县已完成幼儿园教师第一轮培训。但从总体上看，我县学前教育仍是各级各类教育最薄弱的环节，幼儿教育资源紧缺，经费投入不足，师资队伍整体素质不够高，平均班额超标，保教质量不高，城乡发展水平不平衡等问题仍制约着我县学前教育的持续发展，不能满足人民群众对“入好园”的需求。

二、发展目标

（一）总体目标

坚持学前教育的公益性和普惠性，大力实施学前教育普及提高工程。形成以公办幼儿园为主体、社会力量办园为补充、公办民办并举的学前教育发展格局。推进学前教育的规范化和特色化，以公办幼儿园建设为重点，改造提升农村幼儿园，接收配套建城区幼儿园，扶持规范民办幼儿园，建设一批规模适当、功能齐全、方便儿童入学的幼儿园，努力解决“入好园难”问题，不断形成能够满足不同层次需求的学前教育网络。到2013年，覆盖城乡、布局合理的学前教育公共服务体系完备，资源充足，75%以上的乡镇（街道、园区）幼儿园达省二级幼儿园，公办幼儿园全部达省等级幼儿园，省三级以上幼儿园在园儿童数占幼儿园在园儿童总数的比例达95%以上。幼儿园教师队伍专业化程度明显提高，大专以上学历达到90%。持证上岗率达到90%以上。学前三年适龄幼儿入园率达到99%以上，班额符合国家规定标准，保教水平显著提升。努力实现学前教育现代化，力争率先进入省教育现代化行列，打响“学在长兴”品牌。

（二）主要任务

1．加快园舍建设。到2013年，新建幼儿园9所，改建、扩建幼儿园4所。其中2011年，新建包桥、吴山、夹浦、泗安中心幼儿园，改建、扩建煤山、二界岭中心幼儿园；2012年，新建白岘、图影中心幼儿园，改建、扩建县中心幼儿园、新塘中心幼儿园；2013年，新建李家巷、小浦、槐坎中心幼儿园。通过加快幼儿园基础设施建设，基本解决“入好园难”的硬件保障。

2．加大创建力度。2011年底创等级幼儿园5～7所（机关幼儿园龙山园区、吴山、虹星桥、包桥、和平、图影、新塘中心幼儿园），省三级以上幼儿园在园儿童数占幼儿园在园儿童总数的比例达92%以上；69%的村级教学点达到标准化要求，创建湖州市学前教育先进乡镇6个；学前三年适龄幼儿入园率达到99%。2012年底创等级幼儿园2～4所(夹浦、泗安、后洋、吕山中心幼儿园),省三级以上幼儿园在园儿童数占幼儿园在园儿童总数的比例达94%以上;学前三年适龄幼儿入园率达到99%;创建湖州市学前教育先进乡镇5个;80%的村级教学点达市标准化教学点要求;完成小学附设幼儿园从小学分离任务。2013年底创等级幼儿园5～6所(长桥、洪桥、机关幼儿园龙山园区、白岘、槐坎、二界岭中心幼儿园),所有公办幼儿园都达省等级幼儿园,全面完成公办幼儿园建设和农村幼儿园提升建设任务,乡镇中心幼儿园达省二级以上比例达75%,省三级以上幼儿园在园儿童数占幼儿园在园儿童总数的比例达95%以上;学前三年适龄幼儿入园率达到99%以上;100%的村级教学点达市标准化教学点要求;创建湖州市学前教育先进乡镇3个。

3. 提升队伍素质。2011—2013年,加大对公办薄弱园的扶持力度,健全学前教育公共财政保障机制,依法落实幼儿园教师的各项政策和待遇,严格执行幼儿园教师资格准入制度,加强幼儿园教师培训,完成对全县幼儿园教师的全员培训。为公办幼儿园核定事业编制,逐步配齐幼儿园教职工。新增编制优先向乡镇中心幼儿园倾斜。同时各幼儿园通过适度聘用具有任职资格的编外人员,逐步缓解幼教师资不足的问题。各类幼儿园每园区校医(保健老师)配备率达100%;专科及以上学历的教师达90%;保教人员持证上岗率达到90%以上。

4. 增加经费投入。县政府将学前教育经费纳入财政预算,幼儿园建设列入政府为民办实事工程,从2011年起,县财政每年安排学前教育专项经费,主要用于支持公办幼儿园建设补助、幼儿园生均公用经费补助、幼儿园升等奖励、学前教育先进乡镇奖励及幼儿园人员经费补助等。2011年,县属幼儿园、省三级以上民办幼儿园由县财政按200元/生·年拨付公用经费,乡镇(街道、园区)中心幼儿园由县财政和乡镇(街道、园区)分别按100元/生·年拨付公用经费,并建立生均公用经费逐年增长机制。到2013年,幼儿园生均公用经费补助标准提高到240元/生·年,达到小学预算内生均公用经费的一半,基本覆盖各类幼儿园。建立贫困家庭学前儿童资助体系。

5. 提高保教质量。建立和完善幼儿园保教质量评估监管体系,继续强化规范办园指导,巩固和完善学前教育教研指导网络,以游戏为基本形式,防止和纠正学前教育"小学化"倾向,加强特色办园工作指导,办园条件和教育质量显著提升,"入好园难"问题的解决取得明显成效。

6. 完善早教网络。到2013年底,省三级以上幼儿园设立"早教站",早教相关宣传资料进家庭率达到100%,95%以上的0～3岁婴幼儿及家庭看护人接受早期教育和培训。

三、工作措施

(一)坚持政府主导,健全县、乡镇(街道、园区)共建的学前教育管理体制

县人民政府负责学前教育的规划、布局调整,落实学前教育经费,统筹管理各类学前教育机构。各乡镇(街道、园区)承担发展本乡镇(街道、园区)学前教育的责任,负责建设并办好区域内公办幼儿园,扩大婴、幼儿教育资源,积极筹措办园经费,努力改善办园条件,加强幼儿园周边环境治理,规范管理区域内各类幼儿园。鼓励乡镇(街道、园区)以各种形式支持发展学前教育。

(二)加快建设步伐,多渠道增加学前教育资源

1.实施学前教育布局调整行动。充分考虑城市化推进、进城务工人员随迁子女增加以及计划生育政策等因素,根据就近入园和规范办园要求,按照每千户100名适龄儿童的比例,全县统筹幼儿园规划布局和建设。新建幼儿园参照浙江省工程建设标准《普通幼儿园建设标准》(DB33/1040—2007),园舍规模一般不超过360名幼儿。

2.落实城镇小区配套幼儿园建设和管理制度。积极推进城镇在连片居住区配套兴建幼儿园。城镇进行连片居住区开发建设时,应根据城乡规划,以教育用地划拨或作为土地竞拍前置条件安排好幼儿园用地,配套建设相应规模的幼儿园。认真落实住宅小区配套幼儿园同步规划、同步建设、同步验收、同步交付的规定,县教育主管部门及时参与城镇住宅小区规划及配套幼儿园规划工作。配套幼儿园作为公共教育资源,由政府统筹安排举办公办幼儿园或委托举办普惠性民办幼儿园,并应充分考虑进城务工人员随迁子女接受学前教育的需求。未按规定安排配套幼儿园建设的居住区不予规划建设立项和审批。2011年底,县规划、建设、教育等部门落实配套幼儿园"四同步"工作,完成对建城区居民小区配套幼儿园的清查、移交任务。

3.加快幼儿园园舍建设工程。各乡镇(街道、园区)要从实情出发,分析人口出生趋势,结合新农村建设,根据"满足入园、规范班额、兼顾早教、确保优质"的要求,科学合理确定幼儿园数和规模,修订、完善幼儿园布局规划,并迅速启动乡镇中心幼儿园(教学点)建设工程,确保三年内所有幼儿园建设达省等级幼儿园标准。

4.扩充学前教育资源。利用闲置校舍改建幼儿园,中小学布局调整后富余教育资源要优先用于幼儿园建设,盘活资金也必须优先用于幼儿园建设。鼓励达到省一级幼儿园标准的公办幼儿园集团化开办分园,充分发挥其示范和辐射作用。鼓励社会力量以多种形式举办幼儿园,对符合定点规划,提供面向大众、收费合理的普惠性服务的规范民办幼儿园,各乡镇(街道、园区)要积极扶持。民办幼儿园在审批登记、分类定级、评先评优方面与公办幼儿园具有同等地位。

（三）多渠道加大投入，建立学前教育经费保障机制

1．增加各级政府对学前教育的投入。从2011年起，县人民政府将学前教育经费列入财政预算。新增教育经费要向学前教育倾斜。政府每年在土地出让金和教育附加费中安排一定比例用于改善幼儿园办园条件。县财政性学前教育经费占同级财政性教育经费的比例三年内提高到5%以上。各乡镇（街道、园区）要安排学前教育专项资金，用于乡镇（街道、园区）公办幼儿园建设和公用经费拨付。县财政对乡镇（街道、园区）新建、扩建公办幼儿园园舍，按照每平方米600元给予补助，改建公办幼儿园园舍按照每平方米200元给予补助。对乡镇（街道、园区）公办幼儿园园舍维修与设备添置，县财政分别按每年300万元和每年200万元的标准给予补助。鼓励企事业单位、社会团体和公民个人捐资助学。完善学前教育的收费政策。在调查幼儿园办学成本的基础上，根据上级文件规定，由教育、财政、物价部门共同研究，建立和完善公办幼儿园办学成本分担机制。

2．完善学前教育经费补助机制。县人民政府拨出专项经费，用于对公办幼儿园建设和省等级幼儿园创建单位实施“以奖代补”，并逐年提高生均公用经费标准。

3．实施幼儿园教玩具按标准配备行动计划。依据《浙江省幼儿园装备规范（试行）》（浙教办技〔2009〕173号）和《浙江省幼儿园等级评定标准（试行）》中有关教玩具配备标准，力争到2013年底，各类幼儿园教玩具配齐率达到95%以上。并实施公办幼儿园教、玩具配备经费补助政策，县财政每年补助100万元。

4．建立学前教育资助制度。对在各级各类普惠性幼儿园入读、城乡低保家庭的儿童和残疾儿童，应给予一定比例的保育费资助，资助经费由县政府承担。

（四）深化教育改革，全面提高保教质量

1．建立保教质量评估监管机制。全面贯彻《幼儿园教育指导纲要（试行）》和《浙江省学前教育保教管理指南（试行）》精神，积极推进幼儿园课程改革。遵循幼儿身心发展规律，面向全体幼儿，关注个体差异，坚持游戏为主，保教结合，寓教于乐，促进幼儿健康成长。科学安排幼儿一日活动，为幼儿创设丰富多彩的教育环境。建立幼儿园保教质量评估监管体系，防止幼儿教育“小学化”倾向。2012年底完成小学附设幼儿园从小学分离任务。

2．以点带面，区域推进学前教育改革。充分发挥公办幼儿园的辐射引领作用，在完成县第一轮园际共建的基础上，进一步完善城乡园际共建工作机制，实施第二轮城乡“园对园”的合作助教项目。

3. 加强医教结合,关注幼儿健康发展。建立由卫生和教育部门等共同参与的幼儿健康档案和评估机制。定期向社会发布幼儿健康发展状况。所有幼儿入园前都要体检,100%幼儿建立健康档案。加强对保健教师和家长科学育儿的指导。

(五)优化人员配置,切实提高幼儿园保教人员素质

1. 严格落实幼儿园教师资格准入制度。幼儿园园长、专任教师、保育员、保健人员等均应取得岗位任职资格,持证上岗。现尚不具备相关任职资格的在岗人员,要通过在职培训、自学考试等方式在三年内取得任职资格,逾期仍未获得任职资格的一律不得上岗。严把保教人员入口关,新进人员必须具备相应任职资格。

2. 积极拓宽幼教师资来源渠道。根据学前教育事业发展需要,面向高等师范院校学前教育专业毕业生和在岗的编外聘用幼儿园教师,通过择优招考等方法每年招录30名左右的公办幼儿园教师。我县教师进修学院继续承担加强学前教育专业教师招生工作。

3. 努力提升幼儿园教师整体素质。完善幼儿园教师在职培训体系,2013年前对全县幼儿园教师和园长进行一轮全员培训。以后实行每五年一周期的教师和园长全员培训。县人民政府安排专项经费,支持幼儿园园长和教师培训。继续加强城区与农村师资对口交流工作,建立教师"结对"和园长流动制度。所有幼儿园教师要制定三年成长规划。鼓励幼儿园教师参加学历进修学习,2013年专科及以上学历的教师要达90%。加快对幼儿园名园长、名教师、特级教师的培养。

4. 不断提高幼儿园教师待遇。根据《浙江省人民政府关于印发浙江省发展学前教育三年行动计划(2011—2013)的通知》(浙政发〔2011〕29号)精神,结合实际,为公办幼儿园核定事业编制,逐步配齐幼儿园教职工。新增编制优先向乡镇中心幼儿园倾斜。在编制未配齐的情况下,县财政按核定编制数划拨人头经费,减少幼儿园办园经费压力,以保障幼儿园教职工待遇和运作经费。规范编外聘用教职工的用工制度,实行统一规范管理,各幼儿园要与所聘用的编外教职工统一签订用工合同,要根据本区域经济发展情况合理确定编外聘用教职工的工资待遇。在制定编外聘用幼儿园教职工工资待遇方案时,要注意与幼儿园评估等级相结合,与教职工的岗位、学历、任职资格、工龄、职称等相结合,与工作实绩考核相结合。公办幼儿园非事业编制教师社会保险费单位缴纳部分由县财政全额补助,并逐步实施对非事业编制教师缴纳公积金制度。幼儿园编外聘用教师享有在编教师同等的继续教育、职称评定和评优权利。从2011年开始,通过财政补贴方式提高幼儿园非事业编制教师的年收入,确保不低于城镇职工平均收入,并做到逐年增长。

(六)注重内涵发展,加快实施优质幼儿园创建工程

各幼儿园要努力提高保教质量和办园水平,加快推进幼儿园素质教育和课程改革,促进幼儿园规范化、特色化发展。三年内,乡镇(街道、园区)中心幼儿园省二级以上幼儿园达到75%以上。各乡镇(街道、园区)要认真制定幼儿园创建推进计划,明确任务,落实责任,排定创建时间,积极争创省二级以上等级幼儿园。

(七)通过多种渠道,普及对0～3岁婴幼儿的科学育儿指导

基本建立0～3岁婴幼儿科学育儿指导体系。统筹教育、卫生、计生和妇联等部门的力量,建立面向0～3岁婴幼儿的家长和看护人员普及科学育儿指导的管理网络和工作机制。建立和完善以幼儿园为中心,设立"早教站",以社区为依托,向家庭辐射的科学育儿指导服务体系。

(八)加强民办园管理,促进民办幼儿园健康发展

规范民办幼儿园管理。对规范办园、实施普惠性办园的民办幼儿园,各级政府积极支持发展。组织公办幼儿园与民办幼儿园开展多形式的结对帮扶活动,继续组织实施向等级民办幼儿园派驻指导员制度,帮助薄弱民办幼儿园提高办园水平。对办学条件不达标的、不能规范办园的、无证(含未按规定年检)的幼儿园要限期整改,整改不到位的坚决取缔。同时,对以婴幼儿为教育对象的社会教育、培训、咨询等机构进行清理整顿,确保规范运行。

(九)强化安全监管,建立幼儿园安全防护体系

幼儿园实行就近招生,严禁使用非法、非客运车辆接送幼儿。高度重视幼儿园安全保障工作,切实加强幼儿园周边环境综合治理,加强园舍安全防范和幼儿园食品卫生工作,加强安全设施建设,按规定配备卫生保健人员、保安人员等,健全各项安全管理制度和安全责任制,落实各项措施,严防事故发生。实行安全属地管理,乡镇(街道、园区)承担辖区内幼儿园的安全管理工作。公安、交通、教育、工商、文化、卫生等部门按职能分工,建立全覆盖的幼儿园安全防护体系,切实加大工作力度,加强监督指导。幼儿园要提高安全防范意识,加强内部安全管理,100%的幼儿园创建平安校园。

(十)加强组织领导,完善工作机制

牢固树立科学发展观,把实施学前教育三年行动计划摆上政府重要议事日程,认真制定和落实定点幼儿园建设的政策举措,组织实施好定点幼儿园建设项目。建立由县长任组长,分管副县长为副组长、有关部门负责人和各镇(街道、园区)分管负责人为成员学前教育三年行动领导小组,负责全面推进我县学前教育三年行动计

划。县人民政府负责统一规划学前教育事业发展,乡镇(街道、园区)推进区域内中心幼儿园(教学点)的建设。发展改革部门要把学前教育纳入当地经济社会发展规划,支持幼儿园建设发展。机构编制部门会同相关部门加强对公办幼儿园核编工作指导,逐步增加公办幼儿园教职工编制总量。教育部门要牵头制定相关政策和标准,充实学前教育管理和教研力量,切实加强对学前教育的监督管理和科学指导。县政府教育督导室要加强对学前教育发展性督导评估。财政部门要加大对学前教育的投入。城乡建设部门要制定城镇小区和新农村配套幼儿园的建设规划;国土资源部门要落实幼儿园建设用地。人力资源和社会保障部门要制定完善幼儿园教职工的人事劳动、工资待遇、社会保障和技术职称(职务)评聘政策。价格、财政、教育等部门要根据职责分工,加强幼儿园收费管理。卫生部门要监督指导学前教育机构卫生保健工作。综治、公安部门要加强对幼儿园安全保卫工作的监督指导,整治、净化幼儿园周边治安环境。民政、工商、质监、安监、食品药品监管等部门要根据职能分工,加强对学前教育机构的指导和管理。妇联、残联等部门要积极开展对家庭教育、残疾儿童早期教育的宣传指导。新闻部门要大力宣传发展学前教育的先进典型。县人民政府将学前教育发展情况纳入对各乡镇(街道、园区)的考核体系,并进行表彰。各乡镇(街道、园区)、各相关部门要各司其职,齐抓共管,高效推进,确保学前教育三年行动计划各项目标任务圆满完成。

(2011年9月8日)

长兴县教育改革和发展“十二五”规划

21世纪前20年,是我国经济社会发展必须紧紧抓住而且可以大有作为的重要战略机遇期,也是长兴教育改革与发展的重要阶段。为全面、科学、和谐发展我县教育事业,打响“学在长兴”品牌,特制定本规划。

一、基础与条件

“十一五”时期,是长兴教育改革和发展取得巨大成就的五年,是人民群众得到教育实惠最多的五年。五年来,紧紧围绕“全面推进优质化,实现教育现代化”的总体要求,大力推进教育强县建设,顺利完成了“十一五”规划目标任务,为“十二五”时期全县教育进一步改革和发展奠定了坚实基础。

(一)统筹兼顾,各类教育协调发展

学前教育事业健康发展。全县在园幼儿16293名,3~5周岁学前三年幼儿入园率为98.54%,农村3~5周岁学前三年幼儿入园率为97.88%。有省一级幼儿园4所,省二级幼儿园8所,省三级幼儿园17所。义务教育成果巩固提高。全县初等教育入学率达到100%,初级中等教育入学率达到100%,三类残疾儿童入学率达到86.3%。小学、初中在校生巩固率均达到100%。高中教育稳步发展。初中毕业生升高中段比例达到96.77%,普职比继续保持1:1,高中在校生巩固率达到99.65%,高中教育质量连续几年超过省平均水平。职业教育不断做强。服务经济能力不断增强,为本地及长三角地区培养了一大批具有良好专业技能和职业素养的劳动者。毕业生就业率98.88%,专业对口就业率80%以上。成人教育、社区教育、民办教育稳步发展。

(二)均衡发展,办学水平不断提高

"十一五"期间,全县重点建设项目规划共21项,涉及高中以上学校5所、初中7所、小学8所、幼儿园1所;既涉及普通中小学,又涉及职业教育,总投资91300万元。其中20个项目均按规划实施。全县共创建标准化学校41所,市示范性教育强乡镇8个。

(三)内涵创新,办学特色不断显现

我县学校文化建设又上新台阶,初步体现了真正意义上的内涵特色发展。教育的质量观、育人观正在悄然转变,全面质量意识渐趋增浓,已经建立了"艺术节""体育节""科技节""文学节""技能节"(职教)等比较定型和成熟的重要载体,引领和助推素质教育与全面质量的跃升。随着教师素质的提高,教育科研发生了质的变化。

"十一五"的业绩令人鼓舞,经验弥足珍贵。五年来,我县始终坚持教育优先发展,以科学发展观统领教育工作全局,推进落实提升教育质量和实现教育公平两大核心任务;始终坚持以贯彻党的教育方针为根本,深入推进素质教育,牢牢把握社会主义办学方向;始终坚持为长兴经济建设和社会发展服务,把教育改革发展与经济社会发展大局有机结合,全面提升劳动者素质,加强人才培养、技术创新和文化引领;始终坚持以改革创新为动力,解放思想、实事求是、与时俱进,不断更新教育理念,创新体制机制,不断增强发展活力。

长兴教育从总体上解决了"有书读"的问题之后,当前已进入"读好书"的新阶段。对照新形势新要求,长兴教育还存在诸多问题和薄弱环节:教育观念及内容方法相对还比较滞后，应试教育倾向和学生课业负担过重问题仍比较突出；教育发展还不平衡，一些农村学校办学质量还不高，优质教育资源还不足；教育结构不够合理，学前教育、特殊教育、外来务工人员随迁子女教育比较薄弱，职业教育吸引力还不够强，继续教育和终身教育体系还不完善；教育体制机制不够完善，学校办学活力不足；教育服务经济社会发展的能力还不够强，重理论轻实践、重知识轻能力、重科研轻转化推广的状况还未根本转变；教育投入还不能满足教育改革和发展的需要，教育保障水平不高，还不能充分满足人民群众日益增长的享受优质教育的需求。

二、指导思想

高举中国特色社会主义伟大旗帜，以邓小平理论和“三个代表”重要思想为指导，深入贯彻落实科学发展观，全面贯彻落实国家、省、市《中长期教育改革和发展规划纲要》和《长兴县国民经济和社会发展第十二个五年规划纲要》精神，全面贯彻落实“优先发展、育人为本、改革创新、促进公平、提高质量”20字方针。围绕县委提出的“三升一改”总体要求，加快文化升华，加快民生改善，为加快建设“县强、民富、景美、人和”的山水园林型现代化新兴城市，加快建成惠及全县人民的全面小康社会、基本实现现代化，提供强有力的人力资源保证和智力支撑。

三、总体目标

未来五年，以推进全面优质化、加快教育信息化、促进教育国际化、实现教育现代化为基本要求，进一步提高均衡水平，进一步落实素质教育，进一步实现优质教育，进一步彰显办学特色，努力实现“学有所教”向“学有优教”转变，着力打响“学在长兴”品牌，率先基本实现教育现代化，教育发展水平位居省内前列。

——建立更加完善的教育体系。到2015年，基本建成现代教育体系，教育的布局、层次、类型结构趋向合理，农村教育、学前教育、特殊教育、外来务工人员子女教育、继续教育、终身教育等明显加强，职业教育能力全面提升。

——实现更高水平的普及教育。到2015年，学前三年教育入园率达到100%，高中段教育入学率达到98%及以上；主要劳动年龄人口（16～59岁）平均受教育年限达到10.5年，新增劳动力平均受教育年限达到13.3年。

——提供更全面的优质教育。教师整体素质明显增强，优质教育资源总量不断扩大。人才培养模式更趋多样，教育内容、方法、手段不断创新，课堂教学、实践教学质量全面提高。学生的思想道德素质、科学文化素质和健康素质明显提高。人民群众就业创业能力普遍提升。

——形成更广泛的公平教育。建成覆盖城乡的基本公共服务体系，实现基本公共教育服务均等化，城乡、区域差距不断缩小。完善教育资助制度，不让一个孩子因贫困失学，外来务工人员子女、残疾人等受教育权利和机会得到全面保障。为学生建立学业、心理等更多样的帮扶体系，维护每一名受教育者的学习尊严。到2015年，标准化中小学校比例达到95%，等级幼儿园比例达到100%。

——构建更有效的教育技术支撑基础。现代信息技术在教育领域广泛应用。到2015年，全面建成教育信息化公共服务系统，中小学建成校园网比例达到100%，多媒体班套比达到1:1，计算机生机比达到5:1。中小学校教学实验仪器设备、图书资料基本达到配备标准。

——健全更加多元开放的教育体制和机制。以政府办学为主体，全社会积极参与，公办教育和民办教育共同发展的格局进一步完善。学校自主办学、政府依法管理的机制日趋健全。教育对外开放度和国际化水平明显提高。

到2020年，形成比较成熟的现代教育体系，各级各类教育纵向衔接、横向沟通，学历教育和非学历教育、普通教育和职业教育、职前教育和职后教育协调发展，终身教育、学习型社会格局全面建立。率先全面实现教育现代化，教育主要发展指标达到全国先进水平。

四、主要任务

（一）加快各类教育科学和谐发展

1.学前教育

认真落实“政府主导、社会参与、公办民办并举的办园体制”。大力发展公办幼儿园，积极扶持民办幼儿园。到2015年，学前三年幼儿入园率力争达到100%；建成8～10所省一级幼儿园，10～12所省二级幼儿园，所有乡镇（街道）中心幼儿园全部达到省三级幼儿园标准，90%～95%的中心村建有幼儿园（班），等级幼儿园招生覆盖面达到100%；全县幼儿教师学历合格率达到100%，大专以上学历达95%，教师持证上岗率达到90%～95%，70%～80%教师具有初级及以上专业技术职务，公办教师队伍达30%～40%，拥有一支高素质的园长队伍，完成对全县幼儿园园长和教师新一轮全员专业培训，园长100%持证上岗，新教师100%持证上岗；学前教育经费列入财政预算，新增教育经费向学前教育倾斜，幼儿园生均经费标准逐年提高；全县各类幼儿园园舍建设基本达标；各年龄段班额控制在国家规定的标准以内。

2.义务教育

建立健全义务教育均衡发展和城乡一体化义务教育保障机制，优化学校布局，加快改造薄弱学校,均衡配置师资、设备、图书、校舍等资源,积极推广“名校集团化”“城乡学校共同体”等组织方式,扩大优质教育资源覆盖面,完善优质普通高中招生名额分配到区域内初中的办法,努力减少各类择校现象,加快实现义务教育高水平均衡。到2015年,全县义务教育阶段学生入学率、巩固率均达到100%,义务教育主要质量指标高于市平均水平。缩小学校之间、城乡之间教育差距,重视弱势群体子女教育,保障外来务工人员子女平等接受教育的权利,进一步完善对流动人口及城乡贫困人口子女的教育资助体系,保证教育公平,提高义务教育的均衡水平。

3.高中教育

初中毕业生升高中段比例达到98%以上,普职比继续保持1:1,高中在校生巩固率达到99.5%以上,各类指标继续保持全市领先水平;深化课程改革,加强评价研究,优化教育管理,鼓励创新发展,培育办学特色,增强自主发展能力,提高教学质量,确保高中教育质量继续保持省、市领先水平。

4.职成教育

进一步加快学校建设步伐,建好重点和示范学校。长兴职教中心成为国家级重点改革发展示范学校,长兴技工学校升格为长兴技师学院。全县中等职业学校发展形成以长兴职教中心、长兴技师学院为主,其他学校为辅的格局。乡镇成校都成为独立法人,50%的成校成为省级示范学校,成校成为传播新知识、培养新农民、建设新农村的主阵地,并逐步向社区教育过渡。根据长兴社会经济发展趋势,进一步调整专业结构。做强长线专业、做精特色专业、发展新兴专业;进一步加强实训基地和示范专业建设,推进课程改革和人才培养模式的改革,提升综合实力;进一步加强“双师型”教师和专业骨干教师队伍建设,培养一批学科带头人。通过五年的努力,丰富各职业学校的内涵,使职业学校接轨工业区、对接产业带,实现校企联动发展,形成产学研一体化的职业教育布局结构,着力推进职业学校专业化和特色化发展。探索职业教育集团化办学新路子。

5.特殊教育

高度重视特殊教育,加快培智学校建设。扎实做好“三残”儿童在普通中小学的随班就读工作,完成5所学校试点工作,“三类”儿童入学率达到98%。加大对特殊教育的投入力度,落实学生人均公用经费标准;加快改善教学条件,配足配强教学仪器、图书影像资料、实训实习设施和康复活动器材等教育装备,充分满足残疾学生平等接受教育的需要。

6.继续教育

加强城乡社区教育机构和网络建设,开发社区教育资源。广泛开展城乡社区教育活动,加快各类学习型组织建设,基本形成全民学习、终身学习的学习型社会。努力形成以长兴社区教育学院为龙头、乡镇社区教育中心为骨干、各类社区学校为基础的三级社区教育网络,开展内容丰富、形式多样的教育培训活动,基本满足社区居民多样化的教育需求,建立具有长兴特色的社区教育管理体制和运作机制。

继续加强教师的继续教育,全县中小学教师的整体素质、实施素质教育和新课程的能力得到进一步提高;为基础教育服务,适应我县基础教育改革和发展需要的中小学教师培训体系得到进一步完善;具有我县特色的中小学教师培训机制得以基本形成;充满发展活力、结构布局合理的教师梯度队伍基本形成。

7.民办教育

认真贯彻国家对民办教育"积极鼓励、大力支持、正确引导、依法管理"的十六字方针,充分考虑未来我县经济社会发展对各类高素质人才的需求,坚持教育创新,深化教育体制改革,全面推进素质教育。积极鼓励社会力量举办学前教育,形成以政府为主导、公办幼儿园为示范、社会力量办园为主体的多元化办园格局;做优做强现有民办普通高中教育,不断满足人民群众对优质高中教育资源的需求;积极促进民办中等职业教育发展,适应全县推进产业升级和经济转型对实用型技术人才的需求;进一步规范各类民办培训教育。加强民办教育法制化建设,切实保障公办、民办教育平等待遇。正确引导民办学校按照《民办教育促进法》规定的"四独立"原则健康发展,到2015年,基本形成布局合理、规模适度、与公办学校共同发展、具有长兴特色的民办教育格局。

(二)加快教育基础设施建设

2011—2015年规划实施开发区初中新建、龙山小学新建、李家巷中心小学迁建、长兴一小迁建、长兴二小改建、第二实验小学迁建、长兴县培智学校新建、学校标准化建设工程、中小学塑胶跑道改造工程和幼儿园改造工程等教育重点建设项目,计划总投资9.1亿元。其中,开发区初中建设60个教学班规模,龙山小学、李家巷中心小学、长兴一小、第二实验小学均建设为48教学班规模,长兴二小建设为54个教学班规模,长兴县培智学校建设9个教学班规模;中小学标准化建设工程建筑面积60000平方米,2015年全县标准化学校比例从目前的85%提高到95%;塑胶跑道改造工程计划总投资1500万元;幼儿园改造工程共新建、改建、扩建幼儿园19所,其中2011年,新建包桥、吴山、夹浦、泗安中心幼儿园,改建、扩建煤山、二界岭中心幼儿园;2012年,新建白岘、图影中心幼儿园,改建、扩建县中心幼儿园、新塘中心幼儿园;2013年,新建李家巷、小浦、槐坎中心幼儿园;2015年,新建或改建和平、虹星桥、开发区、水口、林城、长桥中心幼儿园。

加大教育装备投入,加快教育信息化进程。加快推进省"书香校园工程""农远工程"和市教育"三进工程"中设备设施建设。中小学建成校园网比例达到95%,多媒体班套比达到1:1,计算机生机比达到5:1。中小学校教学实验仪器设备、图书资料基本达到省定标准。确保每年教育装备投入资金1000万元以上。

(三)加强优质师资队伍建设

到2015年,补充新教师500名。90%以上的幼儿园专任教师达到大专学历,本科学历教师达到30%左右;小学教师合格学历100%,初中教师合格学历100%;小学教师高学历90%,初中教师高学历90%,普通高中教师不断提高硕、博士比例,并有10%左右达到研究生水平。中等职业学校专任教师全部达到大学本科学历,"双师型"教师达到88%以上。大力实施名优教师、中青年骨干教师培养计划。着力创造条件,促进优秀人才和优秀群体脱颖而出。重点建立和打造10个"名师工作室",充分发挥教育导师、学科带头人作用,制定优惠政策,拓宽来源渠道,切实加大人才引进力度,每年引进一定数量的硕、博士研究生。到2015年,全县力争拥有省级名师6名、市级名师80名、县级名师300名。

五、工作重点及措施

(一)坚持优先发展教育,不断提高办学水平

把教育摆在优先发展的战略地位,进一步完善教育经费保障机制,确保教育经费实现"三个增长",财政支出中教育经费所占比例达到规定标准,并逐年提高;教育投入增长比例高于同期地区生产总值增长比例;土地出让收益中按中央规定的比例提取用于教育;统筹安排教育基金;深化义务教育经费保障机制改革,完善"以县为主""校财县管"的财政保障和教育经费管理机制,逐步提高各类教育生均经费基本标准和财政拨款基本标准;学前教育、职业教育、成人教育专项经费列入财政预算,并做到逐年提高。"十二五"期间,教育费附加、地方教育附加和土地出让金中提取用于教育的经费全部用于学校基本建设、教育装备配置和削减教育债务。

继续优化办学布局,努力改善办学条件,不断扩大优质教育资源。推进重点基础设施建设,加快项目进程。严格实行学校基建项目质量责任制和终身制,完善基建项目工序验收和定期检查制度,规范施工行为,保证工程质量。加快教育信息基础设施建设,完善教育网络体系,优化各学科教学仪器和现代教育技术设备的配备。加强优质教育信息资源建设,促进优质教育资源普及与共享。

(二)全面贯彻教育方针,不断提高教育质量

1.全面推行素质教育

贯彻落实以人为本、全面实施素质教育战略主题,以更新教育理念为先导,以完善教学质量评价体系为抓手,以推进课程教学改革为载体,以落实完善减负增效机制为保障,以科学文化教育为基础,以思想道德教育为核心,以创新精神和实践能力为重点,创新教学方法,完善育人模式,促进人的全面发展。

(1)坚持德育为先。

完善德育认知体系。根据德育总体要求,建立完善中小学、幼儿园分层递进、有机衔接的德育课程体系。学前教育、小学阶段重点实施社会公德教育、养成教育;中学阶段重点实施法制教育、公民教育;职业学校重点开展职业道德和职业理想教育。充分发挥中小学德育课的主渠道作用,着力构建学科德育体系,充分开发每门课程蕴含的德育资源和功能。

加强德育实践环节。建立校内教育与校外教育合理分工、有效衔接的运行机制。统筹规划建设全县青少年素质教育实践活动基地,充分开发整合全社会育人资源。制定每个基地适合不同学生的实践教育基本要求和实施方案,并纳入教学计划。把学生参加社会实践情况纳入成长记录或计入学分。

营造德育环境。积极开展学生社团和兴趣小组活动,加强学生党团组织、少先队和学生会建设,开展多种形式的校园文化活动。充分利用重大节庆日和纪念日,开展主题教育活动。发挥校报、校刊、广播电视等媒体作用,加强网络素养培育,优化校园网络环境。深入开展平安校园、文明校园、绿色校园、和谐校园、书香校园创建活动。建立完善校园文化检查评估制度、保障机制,推动校园文化建设,着力打造校园文化品牌。

(2)坚持能力为重。

优化知识结构,丰富社会实践,强化能力培养。着力提高学生的学习能力、实践能力和创新能力,教育学生学会知识技能,学会动手动脑,学会生存生活,学会做人做事,促进学生全面发展。

推进课程建设。根据学生成长成才阶段性特点,制定中小学、幼儿园学生创新意识和能力培养规范。学前教育要保持孩子好奇心,重点培养自理能力;特殊教育要培养学生积极面对人生,融入社会,自尊自立自强;义务教育要培养学生广泛兴趣,激发求知欲和想象力,初步学会发现问题、思考问题和形成动手实践能力;普通高中要大力培养创新意识和实践能力，提高科学和人文素养；职业教育要培养学生敬业诚信的职业道德和操作应用技能，全面提高职业素养。

创新教育教学方法。坚持以学生为主体，以教师为主导。积极推广小班化教学，促进人才培养模式转型。继续办好“文学节”“科技节”活动，激发学生好奇心、求知欲，引导学生主动参与，独立思考，着力培养学生学习思考、探究创新的兴趣和能力。加强实践教学，办好“技能节”，让学生在“做中学”“学中做”，制定校企合作、产学研结合的相关规定，为实践教学创造良好制度环境。

(3)加强身心健康教育。

加强体育。落实“学生课外文体活动工程”相关要求，深入推进“阳光体育”活动，确保学生每天锻炼一小时。坚持举办一年一度的“体育节”，完善学生体质健康监测和公布制度，切实增强师生开展体育活动、参与体育锻炼的内在动力。

加强美育。完善美育课程体系。开展艺术特色学校建设，坚持举办一年一度的“艺术节”，加强学生艺术社团建设，推进高雅艺术进校园，开展经常性学校校园文化艺术活动。丰富学生美感体验，洗涤心灵，陶冶情操，提高欣赏美创造美的能力。

加强心理健康教育。完善各级各类学校心理教师配备标准和准入条件，实行教师持证上岗制度，提高学科教师心理健康教育能力。以“心理健康工作坊”为载体，加强心理教育研究，提高心理教育水平。加强生命教育，引导学生关爱生命，提高生活品质。建立心理健康教育工作网络，规范学生心理健康档案制度，完善心理咨询、危机干预工作机制。

(4)切实减轻中小学生过重课业负担。

规范办学行为。严格控制学生在校集中上课时间，严格控制学生作业量，严格控制补课，严格规范考试管理，严格确保学生休息和锻炼时间，严格规范招生秩序。规范社会文化补习机构和教辅市场，严禁学校举办面向在校学生的各种收费辅导班和教师参与有偿补课辅导活动。推广先进典型，标本兼治，全面推广“轻负担、高质量”教学模式，努力提高课堂教学效率和质量。

完善中小学课业负担监测、举报、公示和问责等制度。实行初中毕业生学业考试试卷质量评估制度、中小学生过重课业负担工作责任追究制度、中小学生课业负担征求意见制度、减轻过重课业负担家校联动制度、学校教学活动安排公示制度，广泛听取学生和家长意见，自觉接受师生和家长监督，引导家长合理安排孩子课余生活，尊重孩子有益的兴趣爱好，保障孩子的休息时间。

2. 全面发展各类教育

加强学前教育，提高办园质量。建立和完善保教质量评估监督体系，强化规范办园指导，巩固和完善学前教育教研指导网络，全面提高保教质量。

抓好义务教育，促进均衡发展。全面落实各项教育指标达到或超过省定标准的要求。推进义务教育均衡发展，加大对农村薄弱学校的支持力度，逐步缩小城乡之间、区域之间义务教育阶段学校的差距。

做优高中教育，强化质量提升。坚持优质发展，加快推进普通高中现代化建设，更新教育理念，完善评价体系，重视内涵发展，进一步发挥优质高中的示范和带动作用，促进学校独特教育风格和学校文化的形成，确保高考成绩继续保持市领先水平。推进特色高中建设的探索实践，为学生提供多元化学习机会，促进高中教育多样性发展。

做强职业教育，提高服务能力。认真贯彻省新一轮职业教育扶持政策，科学调整专业结构，加强骨干专业和重点专业建设，重视专业技能教学，创新技能人才培养模式。

扩大社区教育，强化职业培训。抓好农村预备劳动力培训、农村劳动力转移培训和农村实用技术培训等各类培训活动。进一步完善以长兴社区学院为龙头的社区教育网络，不断推进全民终身教育体系建设进程。

（三）全面开展教育培训，不断提升队伍素质

1. 进一步加强学校管理队伍建设。

坚持德才兼备、群众公认、公平竞争、择优录用的原则，加强学校管理队伍建设，通过选拔、培养、任用，形成科学的管理梯队。完善教育管理干部培训制度，加强后备干部队伍建设和培训，创新学习培训形式，着力加强后备干部队伍的思想建设、能力建设、作风建设。加强学校领导班子队伍的自身建设和民主测评工作，营造有利于优秀管理人才脱颖而出的良好环境。

2. 进一步加强校长队伍建设。

以提高管理水平和办学能力为目标，加强校长任期目标责任制管理，建立健全科学的校长选拔、任用和考核机制。实施中小学校长的任职资格培训和提高培训，定期选派优秀校长（园长）到国内重点师范院校和名校挂职培训。完善名校长考评机制，实施名校与普通学校结对帮扶工作。

3. 进一步加强教师队伍建设。

加强师德师风建设。坚持把师德师风建设放在教师队伍建设的首位，将师德表现作为教师考核、聘任（聘用）和评价的首要内容。加强教师职业理想和职业道德教育，增强广大教师教书育人的责任感和使命感。树立一批道德高尚、行为示范的教师典型。

提高教师业务水平。以“浙江省中小学教师培训制度改革试点县”工作推进为契机，积极创造条件，鼓励教师参加继续教育、业务进修，提高实施素质教育的能力和水平。立足教师进修学院，以校本培训为重点、区域培训为辅助，开展以新课程、新知识、新技术、新方法为重点的新一轮教师全员培训，切实加强教师的培训和继续教育。进一步拓宽培训渠道，加大对外学习和交流力度。每年选派一定数量的优秀教师到教育发达地区挂职顶岗学习。重点培养中青年骨干教师和学科带头人，加强名师队伍建设，发挥骨干带动和名师效益，促进教师素质整体提高。每年评选县内骨干教师给予表彰奖励，选派部分名师到国内名校学习培训。

（四）着力推进依法治教，不断提高规范水平

1．加强目标管理，提升学校内涵。继续推进学校文化建设和现代学校制度建设，开展特色学校创建活动。

2．强化质量管理，提高整体水平。提高课堂学习有效性，加强质量监测，优化过程管理，建设教育质量保障体系，推动全县教育质量整体提高。

3．强化财务管理，提高使用效益。全面贯彻实施教师绩效工资政策和《长兴县深化农村教育管理体制改革的实施意见》，落实财务收支两条线规定。认真做好义务教育阶段学生免费工作和非义务教育阶段学生资助工作。

4．深化城乡共建，实现互促共赢。进一步完善以支教为重点的城乡教师交流机制。加大对偏边地区和相对薄弱的中小学、乡镇幼儿园的帮扶力度。

5．认真贯彻落实促进民办教育的各项政策，规范社会办学，促进健康发展。

6．强化安全保障，创建平安校园。完善“政府统一领导，部门协作配合，基层积极参与”的学校安全工作格局，深化平安创建，建设和谐校园。

（五）加大教育改革力度，增强教育发展活力

1．推进办学体制改革。坚持教育公益性原则，以增强学校活力、提升教育质量、提高办学效益为目标，不断完善公办学校管理体制。积极鼓励民办教育规范发展，制订和落实支持民办教育发展的政策措施，增强民办学校是自我发展能力。形成以政府办学为主体、全社会积极参与、公办教育和民办教育共同发展的格局。

2．推进教育管理体制改革。落实“地方为主、分级管理、部门合作”的学前教育管理体制，增强乡镇政府举办学前教育的责任。完善“政府负责、分级管理、以县为主”义务教育管理体制，注重发挥乡镇在参与和支持义务教育中的作用。健全“分别管理、地方为主、政府统筹、社会参与”的职业教育管理体制，充分调动行业、企业参与职业教育的积极性。建立“政府主导、地方为主、社会参与”的继续教育管理体制，加强部门协作，积极鼓励和支持企事业单位参与举办继续教育。

3.推进人才培养模式改革。按照“调结构、减总量、优方法、改评价、创条件”的思路，继续推进基础教育课程改革。优化普通高中课程设置，增加学生学习选择性。深化职业教育工学结合、校企合作。推进小班化教学，扎实实施“轻负高质”课堂教学。

4.推进教师制度改革。严格教师准入制度，建立健全教师转岗、退出等机制。建立义务教育阶段教师在县域内有序合理流动制度，加强农村和薄弱学校、薄弱学科的师资配备。全面建立和启动实施中小学、幼儿园校(园)长和教师专业发展培训制度，扎实开展浙江省中小学教师培训制度改革试点县各项工作。改革教师教育专业、课程、培养方式方法，探索职教类师资培养模式。

5.推进考试招生制度改革。按照科学、公平、规范、易行的原则，积极稳妥地推进考试招生制度改革。严格执行义务教育阶段学校“就近、免试入学”的招生制度，努力遏制择校现象。改进普通高中学校招生考试办法，扩大优质高中招生名额分配比例，促进义务教育均衡发展。

6.推进教育评价制度改革。探索建立全面、科学、合理、开放、有效的多元教育评价制度。积极探索构建以学校发展性评价为基础的现代学校评价制度，完善学校激励、竞争机制，健全教师绩效考评制度，充分调动广大教师的工作积极性。建立健全面向学生的综合素质评价、体质健康状况测试体系，引导和促进学生全面发展。健全教育质量监测(控)机制，探索发布教育质量监测报告等办法，强化质量意识，扩大社会监督。

7.推进教育开放。开展多层次、宽领域的教育交流与合作，提高我县教育开放水平。以省“千校结好”行动计划为契机，鼓励中小学校、职业学校建立与发展对我友好、地位相称、交流合作互补性及可持续强的国外学校结对、交流合作工作。

(六)加强教育系统党的建设，提升教育发展内在动力

加强党的建设，深入学习实践科学发展观，坚持用发展着的马克思主义武装党员干部、教育广大师生，大力弘扬理论联系实际的学风，扎实开展社会主义核心价值体系学习教育，深入推动中国特色社会主义理论体系进教材、进课堂、进头脑。健全各级各类学校党的组织，把全面贯彻党的教育方针、培养社会主义建设者和接班人贯穿学校党组织活动始终，坚持社会主义办学方向，充分发挥在学校工作中的政治核心作用，把党的政治优势和组织优势转化成为推动科学发展、促进社会和谐的实际动力。加强学校领导班子和领导干部队伍建设，不断提高思想政治素质和办学治校能力。加大学校领导干部培养培训和交流任职力度。加强教育系统党风廉政建设和行风建设,严格执行党风廉政建设责任制,加大教育、监督、改革、制度创新力度,坚持反腐倡廉。坚持从严治教、规范管理,积极推行政务公开、校务公开。坚决纠正损害群众利益的各种不正之风。

(七)加强组织领导,确保长兴教育稳步发展

加强和改善党委对长兴教育的领导。各级党委和政府要以邓小平理论和"三个代表"重要思想为指导,深入贯彻落实科学发展观,进一步确立教育优先发展的战略地位,切实把推进教育现代化建设工作提上重要工作日程,健全领导体制和决策机制,及时研究解决教育改革发展的重大问题和群众关心的热点问题,改善教育发展环境,为教育多办实事。强化政策调控,提供政策支持,创造良好条件,促进教育发展和教育公平。要把推进教育事业科学发展作为各级党委和政府政绩考核的重要内容,完善考核机制和问责制度。县人大、政协要加强教育改革和发展情况的监督检查,积极提出意见和建议。充分发挥教育行政部门的职能作用,努力提升机关工作效能。有关部门要切实履行职责,大力支持教育改革和发展,大力支持教育现代化建设。扩大人民群众对教育事业的知情权、参与度。加强教育宏观政策和发展战略研究,提高教育工作科学化水平。

说明:为了更好地落实《长兴县教育改革与发展"十二五"规划》确定的主要工作任务,确保各项目标任务分年段全面有序完成,特制定《长兴县教育改革与发展"一三五"行动计划》,内容涉及学前教育、基础教育、职成教育、教师配备与培训、基础设施建设和教育装备等方面。

附件:长兴县教育改革与发展"一三五"行动计划

表1

目标完成情况 \ 实施年份		2011年	2013年	2015年
学前教育	学前三年入园率	99%	99%以上	100%
	创建等级幼儿园	省一级1所,省二级3所,省三级3所	省一级4所,省二级6所	省一级5所,省二级6所
	等级幼儿园在园儿童数占幼儿园在园儿童总数的比例	92%以上	95%以上	100%

续表1

目标完成情况 \ 实施年份		2011年	2013年	2015年
学前教育	园舍建设	新建包桥、吴山、夹浦、泗安中心幼儿园，改建、扩建煤山、二界岭中心幼儿园	新建白岘、图影、李家巷、小浦、槐坎中心幼儿园，改建、扩建县中心幼儿园和新塘中心幼儿园	新建或改建和平、虹星桥、开发区、水口、林城、长桥中心幼儿园
	村级教学点标准化比例	69%	100%	
	创建湖州市学前教育先进乡镇	6个(煤山、夹浦、虹星桥、林城、吴山、二界岭)	8个(泗安、洪桥、和平、白岘、槐坎、雉城镇、李家巷、吕山)，全面完成	
	教师持证上岗率	84%	90%以上	95%
	公办教师所占比率	26%	35%	40%
基础教育	义务教育阶段的入学率	力争达到100%	力争保持100%	力争保持100%
	义务教育巩固率	力争达到100%	力争保持100%	力争保持100%
	解决外来务工人员子女就学	外来务工人员子女率达到70%	外来务工人员子女率达到85%	外来务工人员子女率达到100%
	提高义务教育质量	完善对流动人口及城乡贫困人口子女的教育资助体系；建立后20%学生的帮助机制	义务教育主要质量指标高于市平均水平	提高义务教育均衡水平，缩小校际之间的差距
	初中升高中段比例	争取达到97%及以上	争取达到97.5%及以上	争取达到98%及以上
	提高普通高中教育质量	巩固率保持99.5%及以上，探索普高特色办学	巩固率保持99.8%及以上，办学特色初显，各类指标在市领先	巩固率保持100%，办学特色明显，教育质量保持省、市领先水平
	特殊教育	加快培智学校建设，适当招生	做好三残儿童在普通中小学的随班就读工作	做好对重度残疾儿童的送教上门工作，确保残疾儿童入学率达到98%，满足残疾儿童就学需要

续表1

目标完成情况 \ 实施年份		2011年	2013年	2015年
职成教育	重点职业学校建设	长兴职教中心成为国家级重点改革发展示范中等职业学校，完成长兴技工学校升格为长兴技师学院验收	完成职教中心体育馆建设，配足配齐省级示范专业的设备设施	全县中等职业学校发展为以长兴职教中心、长兴技师学院为主，其他学校为辅的格局，形成职业教育集团化办学的新框架
	成人文化技术学校建设	7所成校成为省级示范学校	4所成校成为市级区域性成校，创建县级成人教育中心	乡镇成校都成为独立法人，创建省标准化成校、新型农民素质培训示范基地、城乡社区教育示范学校各1所
	从业人员继续教育	从业人员继续教育达到11.5万人次，主要劳动力年龄人口平均受教育年限达到9.3年，新增劳动力平均受教育年限11.8年	从业人员继续教育达到11.8万人次，主要劳动力年龄人口平均受教育年限达到10.0年，新增劳动力平均受教育年限12.5年	从业人员继续教育达到12万人次，主要劳动力年龄人口平均受教育年限达到10.5年，新增劳动力平均受教育年限13.3年
	特色专业建设	围绕区域经济发展，不断调整专业结构，做强长线专业、做精特色专业、发展新兴专业	形成产学研一体化的职业教育布局结构，进一步加强实训基地和示范专业建设，推进课程改革和人才培养模式的改革，提升综合实力	初步形成职业学校的专业化和特色化发展，使职业学校接轨工业区、对接产业带，实现校企联动发展

续表1

目标完成情况 \ 实施年份				2011年	2013年	2015年
职成教育	优化社区教育			完善县、乡镇（街道）、村三级社区教育网络	完善全民学习、终身学习的运作机制	教育培训活动形式多样，基本满足社区居民多样化的教育需求
教师配备与培训	增加教师：总目标500名			100名	增至300名	增至500名
教师配备与培训	教师学历	幼儿园	大专学历总目标达到95%；本科学历总目标达到30%	88%	90%	95%；本科学历达到30%
教师配备与培训	教师学历	小学	合格学历（中师）总目标达到100%	99%	99.5%	100%
教师配备与培训	教师学历	小学	高学历（大专及以上）总目标达到90%	86%	88%	90%
教师配备与培训	教师学历	初中	合格学历（大专）总目标达到100%	99%	99.5%	100%
教师配备与培训	教师学历	初中	高学历（本科及以上）总目标达到90%	85%	87%	90%
教师配备与培训	教师学历	高中	研究生学历总目标达到8%	4%	6%	8%
教师配备与培训	教师学历	职教	职教专业课“双师型”总目标达到88%	78%	83%	88%
教师配备与培训	名师工作室：总目标建立10个			3个	增至6个	完成10个
教师配备与培训	名师培养	省级名教师总目标培养6名		2名	增至4名	完成6名

续表1

目标完成情况 \ 实施年份			2011年	2013年	2015年
教师配备与培训	名师培养	市级名教师总目标培养80名	20名	增至50名	完成80名
		县级名教师总目标培养300名	100名	增至200名	完成300名
教育基础设施	义务教育阶段标准化学校占总数的比例		89%	93%	95%
	中小学塑胶跑道改造完成比例		当年完成14所学校，完成比例100%	100%	100%
	学校新建(迁建)工程		龙山小学新建工程主体建筑竣工，2012年投入使用；开发区初中新建、李家巷中心小学迁建工程主体建筑结顶，两校于2012年投入使用；长兴一小迁建工程开始启动	长兴一小迁建工程投入使用；第二实验小学迁建工程主体建筑结顶，2012年投入使用；培智学校迁建工程开始启动	培智学校迁建工程投入使用
教育装备	多媒体设备配备		投入360万元，配备多媒体设备327套；班套比达到1.1∶1	投入498万元，配备多媒体设备444套，班套比达到1∶1	
	校园网建设			投入10万元，完成村完小的校园网建设	
	计算机配备		投入650万元，配备1635台计算机,生机比达到5.9∶1	投入1650万元，配备4635台计算机,生机比达到5.5∶1	投入2480万元，配备7235台计算机,生机比达到5∶1
	图书配备		投入120万元，配备12万册图书，使全县27.5%的中小学达到一类配备标准	投入600万元，配备60万册图书，使88.7%的中小学达到一类配备标准	投入1100万元，配备110万册图书，使所有中小学达到一类配备标准
	仪器设备配备		投入200万元，使全县71%的中小学达到一类配备标准	投入600万元，使全县85%的中小学达到一类配备标准	投入1200万元，使所有中小学达到一类配备标准

（2011年9月6日）

长兴县校车安全管理实施办法(试行)

第一章　总　则

第一条　为进一步规范和加强我县校车交通安全管理工作,保障师生交通安全,根据《校车安全管理条例》和省、市、县相关规定,特制定本办法。

第二条　校车管理工作坚持“政府领导、部门合作、规范管理、保障安全”的工作方针,按照“以县为主、因地制宜、讲求绩效”的原则,努力推进我县义务教育阶段学生交通安全保障工程,保障校车安全、有序运行。

坚持学生上下学交通方式公交优先,大力发展城市和农村的公共交通,合理规划和设置公共交通线路和站点,为需要乘车上下学的学生提供方便。

第三条　校车运营采用“政府主导、公司运作、专车专营、独立管理、封闭运作”的管理模式和“政府购买服务”的运行模式。

第四条　校车服务的对象为按划定施教区入学的农村义务教育阶段学校、民工子弟学校学生以及经批准参加各类活动的全日制学校学生。

第二章　管　理

第五条　县政府成立县校车工作领导小组,负责全县校车管理工作,领导小组下设校车联合管理办公室(以下简称校车办),具体负责全县校车工作的组织、协调、指导和督查。

第六条　校车办各成员单位要加强对本单位参与校车管理工作人员的业务培训和管理,切实提高履职能力。

第七条　涉及校车工作的乡镇(街道、园区)成立本乡镇(街道、园区)校车工作领导小组,负责协调本辖区校车工作相关事宜。

第八条　确定具有运输能力和资质的道路旅客运输经营企业承担校车服务工作,成立独立管理的校车管理服务公司(以下简称校车公司),专门负责校车运营管理。

第三章　车　辆

第九条　使用校车应当依照本办法的规定取得许可。

符合下列条件的7座以上载客汽车，可申请作为校车使用：

（一）车辆符合校车安全国家标准，取得机动车检验合格证明，并已经在公安机关交通管理部门办理注册登记；

（二）有取得校车驾驶资格的驾驶人；

（三）有包括行驶线路、开行时间和停靠站点的合理可行的校车运行方案；

（四）有健全的安全管理制度；

（五）已经投保机动车承运人责任保险。

第十条 校车服务提供者申请取得校车使用许可，应当向县教育局提交书面申请和相关材料。县教育局应当自收到申请材料之日起3个工作日内，分别送县交警大队和县运管所征求意见，县交警大队和县运管所应当在3个工作日内给予回复。县教育局应当自收到回复意见之日起5个工作日内提出审查意见，报县政府。县政府决定批准的，由县交警大队发给校车标牌，并在机动车行驶证上签注校车类型和核载人数；不予批准的，应书面说明理由。

第十一条 校车必须取得由公安机关交通管理部门统一制作的校车标牌，校车标牌应当载明本车的号牌号码、车辆的所有人、驾驶人、行驶线路、开行时间、停靠站点以及校车标牌的发牌单位、有效期等要素。

第十二条 校车应当配备统一的校车标志灯和停车指示标志。校车未运载学生上道路行驶的，不得使用校车标牌、校车标志灯和停车指示标志。

第十三条 禁止使用未取得校车标牌的车辆提供校车服务(应急处置除外)。

第十四条 校车达到报废标准或不属于校车公司所有，校车公司应当将该车辆的校车标牌交回县交警大队。

第十五条 校车应当每半年进行1次机动车安全技术检验。

第十六条 校车应当配备逃生锤、干粉灭火器、急救箱等安全设备。安全设备应当放置在便于取用的位置，并确保性能良好、有效适用。

校车应当按照规定配备具有行驶记录功能的卫星定位装置。

第十七条 校车应始终处于良好技术状态，不符合安全技术条件的校车，不得运载学生。

第十八条 校车应当由依法取得相应资质的企业维修。承接校车维修业务的企业应当按照规定的技术规范维修校车，并按照交通运输主管部门的规定对所维修的校车实行质量保证期制度，在质量保证期内对校车的维修质量负责。

第四章　驾驶人

第十九条　校车驾驶人应当依照《校车安全管理条例》的规定取得校车驾驶资格。

申请取得校车驾驶资格,应当符合下列条件:

(一)取得相应准驾车型驾驶证并具有3年以上驾驶经历,年龄在25周岁以上、60周岁以下;

(二)最近连续3个记分周期内没有被记满分记录;

(三)无致人死亡或者重伤的交通责任事故记录;

(四)无饮酒后驾驶或者醉酒驾驶机动车记录,最近1年内无驾驶客运车辆超员、超速等严重交通违法行为记录;

(五)无犯罪记录;

(六)身心健康、无传染性疾病,无癫痫、精神病等可能危及行车安全的疾病病史,无酗酒、吸毒行为记录。

第二十条　校车驾驶人须取得由县交警大队审核通过的校车驾驶资格,其机动车驾驶证上应有交警大队签注的"准许驾驶校车"字样(机动车驾驶人申请校车驾驶资格,应当向县交警大队提交书面申请和证明其符合本办法第十九条规定条件的材料。县交警大队应当自收到申请材料之日起5个工作日内审查完毕,对符合条件的,在机动车驾驶证上签注准许驾驶校车;不符合条件的,书面说明理由),并每年接受公安机关交通管理部门的审验。

第二十一条　机动车驾驶人未取得校车驾驶资格,不得驾驶校车。

第二十二条　校车驾驶人应遵守道路交通安全法律法规,严格按照机动车道路通行规则和驾驶操作规范安全、文明驾驶。

第五章　道　路

第二十三条　校车接送学生上下学通行道路必须符合安全保障要求,有效路面须保证两车安全交汇并能正常通行。

第二十四条　校车行驶线路应当尽量避开急弯、陡坡、临崖、临水的危险路段;确实无法避开的上述危险路段应由道路或者交通设施的管理、养护单位按照标准设置安全防护设施、限速标志、警告标牌。

第六章　开　通

第二十五条　开通校车接送学生上下学线路原则上必须同时符合路程3千米及以上,人数9人及以上,道路通过校车办的安全评估。

第二十六条　校车开通程序:

(一)申请。有校车需求的学校,属地乡镇(街道、园区)须在每年5月底前向校车办提出书面申请,申请内容包括线路、人数、里程、发车时间、站点的设置及名称、要求和建议(每天接送还是周末接送等)。其中因学校布局调整而要求新增校车线路的,县属学校由县教育局统一制定计划,向校车办提出申请;乡镇学校必须由乡镇(街道、园区)提前半年(上一年度的12月底前)向县教育局、校车办提出书面报告,报告必须注明撤销学校的名称、人数、并入学校的名称、拟新增校车的线路名称、人数、路程、站点及道路状况等。校车办在接到申请后进行调查论证,在6月底前将是否同意新增校车线路的结论通知县教育局、乡镇(街道、园区)。乡镇(街道、园区)自行撤销教学点的一律不予安排校车。

(二)评估。校车办对乡镇(街道、园区)、学校申请内容进行审核并对道路进行通车条件、安全条件评估。对达不到开通条件的线路,提出书面整改意见,并告知相关乡镇(街道、园区)和部门。在乡镇(街道、园区)和部门及时完善各类设施后,再进行评估。

(三)签约。评估通过后,乡镇(街道、园区)与相关村委会签订校车工作管理责任书,并负责落实候车点学生家长轮流值班工作;开通校车线路的学校与校车公司和所属乡镇(街道、园区)分别签订责任书,明确双方的管理职责和相关事宜。

(四)安排。签约之后,校车公司统一安排校车运行方案并报校车办审核备案,同时对校车驾驶人进行上岗培训;县交警大队对符合资质的校车进行性能检测,以上工作在学期开学前完成。

(五)告知。由校车办在开学前一周将相关工作安排以书面方式告知乡镇(街道、园区)、学校。

第七章　通　行

第二十七条　校车驾驶人驾驶校车上道路行驶前,应当对校车的制动、转向、外部照明、轮胎、安全门、座椅、安全带等车况是否符合安全技术要求进行检查并做好记录,不得驾驶存在安全隐患的校车上道路行驶。

第二十八条 当校车行驶道路出现严重安全隐患、不符合通行要求时应及时报校车办,由校车办发出停运通知并抄送隐患整改责任单位,校车公司接到停运通知后应立即停运,待隐患整改责任单位完成整改并经校车办复评合格后,方可恢复接送工作。

第二十九条 校车运载学生,应当按照公安部门规定的位置放置校车标牌,开启校车标志灯,按照经审核确定的线路行驶,遇有交通管制、道路施工以及自然灾害、恶劣气象条件或者重大交通事故等影响道路通行情形的除外。

第三十条 校车运载学生,可以在公共交通专用车道以及其他禁止社会车辆通行但允许公共交通车辆通行的路段行驶。遇交通拥堵的,交通警察应当指挥疏导运载学生的校车优先通行。

第三十一条 校车接送全日制学校学生参加经批准的各类活动,不受校车标牌所标行驶线路和开行时间的限制,但通行道路必须符合客运车辆道路通行标准。

第三十二条 校车运载学生的应当在校车停靠站点停靠;未设校车停靠站点的路段可以在公共交通站台停靠。

第三十三条 校车在道路上停车上下学生,应当靠道路右侧停靠,开启危险报警闪光灯,打开停车指示标志。校车在同方向只有一条机动车道的道路上停靠时,后方车辆应当停车等待,不得超越。校车在同方向有两条以上机动车道的道路上停靠时,校车停靠车道后方和相邻机动车道上的机动车应当停车等待,其他机动车道上的机动车应当减速通过。校车后方停车等待的机动车不得鸣喇叭或者使用灯光催促校车。

第三十四条 校车载人不得超过核定的人数,不得以任何理由超员,副驾驶座位不得安排学生乘坐。校车运载学生过程中,禁止除驾驶人、随车照管人员以外的人员乘坐(依法执行职务的校车办及校车公司检查人员除外)。

学校和校车公司不得要求校车驾驶人超员、超速驾驶校车。

第三十五条 载有学生的校车在高速公路上行驶最高时速不得超过80千米;在一、二级公路上最高时速不得超过60千米;三级公路及以下最高时速不得超过40千米;在急弯、陡坡、窄路、窄桥以及冰雪、泥泞的道路上行驶,或者遇有雾、雨、雪、沙尘、冰雹上冻等恶劣天气条件时,最高时速不得超过20千米;空车返回时最高时速不得超过60千米。

道路交通安全法律法规规定或者道路上限速标志、标线标明的最高时速低于前款规定的,从其规定。

第三十六条 交通警察对违反道路交通安全法律法规的校车，可以在消除违法行为的前提下先予放行，待校车完成接送学生任务后再对校车驾驶人进行处罚。

第三十七条 校车驾驶人不得在载有学生时给车辆加油，不得在校车发动机引擎熄灭前离开驾驶座位。

第三十八条 校车发生突发事件，驾驶人、随车照管人员应当立即报警，设置警示标志。学生继续留在车内有危险的，随车照管人员应当将学生撤离到安全区域，并及时与学校、校车公司联系处理后续事宜。校车公司负责立即启动应急预案，调运校车或客运车辆妥善处置好学生交通事宜。

第八章 职 责

第三十九条 校车办

(一)负责全县校车工作的组织、协调和监督，设立并公布举报电话、举报网络平台，方便群众举报违反校车安全管理规定的行为，对接到的举报应当及时移送有关部门依法处理。

(二)负责受理校车线路开通的申请，组织实施道路状况的评估并决定是否开通，在规定时间内将决定以书面形式告知申请单位。

(三)负责校车运行状况的督查和安全评估，发现安全隐患及时下发整改通知书，督促相关乡镇、部门和校车公司落实解决；对安全评估不达标的线路及家长护导不落实的站点，可以实行停运整顿，待乡镇(街道、园区)整改并通过验收合格后方可恢复通车。

(四)负责制定校车购置、更新及改造年度计划，监督校车公司依法、依规按照要求购置、更新、改造、维修、使用校车，保障校车运行安全有序。

(五)负责在恶劣天气、地质灾害等紧急情况或道路、桥梁整修等特殊情况下指导校车公司对学生接送方案进行临时调整。

(六)做好校车工作补助经费和学生乘车费用的收取、管理、拨付，配合审计部门做好校车公司的年度审计。

(七)负责组织实施对乡镇(街道、园区)、部门、学校、校车公司关于校车工作的年度考核。

(八)协助相关部门不定期对非法营运车辆接送学生现象进行专项整治。

(九)完成县校车工作领导小组交办的其他工作。

第四十条 乡镇(街道、园区)

（一）确定专人负责，落实校车管理责任，并与辖区内有校车的学校签订责任书，加强日常监管，确保辖区内校车管理符合“五定”（定车、定点、定时、定人、定价）原则。

（二）负责本辖区内校车道路建设，确保校车道路畅通、桥梁无险；科学设置校车停靠站点预告标识、校车停靠站点标牌，施划校车停靠站点标线，建设回车场及夜间停放站（点）等附属设施，并定期维护；同时负责做好辖区内涉及校车运行安全的各类隐患的排查、整治，确保运行安全。

（三）组织交通工作站、政法综治办等机构力量，加强对辖区内校车运行的日常监管，积极配合县有关部门开展交通综合治理，维护良好的交通秩序。

（四）指导、督促村委会建立学生候车点家长负责制，组织家长轮流维护候车点的秩序和组织学生上下车，确保学生候车、上下车安全，并将此项工作落实情况纳入乡镇（街道、园区）对村（居）委会考核。

（五）负责向校车办提交本辖区内的学生校车线路调整申请。因辖区校车通行道路及桥梁改造影响校车通行时应提前5个工作日向校车办告知并采取有效的应急处置措施。

（六）负责做好有关校车接送方面的维稳工作。

（七）及时支付学生乘坐校车补助费用。

第四十一条　县财政局

建立校车运营专项资金，制定各项补助、奖励政策和具体实施办法。

第四十二条　县交通运输局

（一）负责对县教育局校车使用许可征求意见的回复。

（二）负责维护交通运输市场秩序，依法打击非法营运车辆接送学生的行为。

（三）负责所辖校车道路的建设，确保校车道路畅通、桥梁无险，及时整改所辖道路存在的隐患，确保接送安全。

（四）因所辖道路及桥梁改造影响校车通行时应提前5个工作日向告知校车办并采取有效的应急处置措施。

（五）会同校车办做好校车接送线路勘察等工作。

第四十三条　县农业局

加强对农用车辆的监督和管理，严禁农用机动车运载学生。

第四十四条　县教育局

（一）指导、监督学校建立健全校车安全管理制度，落实校车安全管理责任，组织学校开展交通安全教育。

(二)负责受理校车服务提供者申请取得校车使用许可。

(三)督促学校做好乘坐校车学生的统计、教育、组织、管理工作,健全学校校车管理台账,认真做好"定人、定点"工作。

(四)督促学校落实随车照管人员,同时负责校车随车照管人员的工作补贴的管理、发放。

(五)配合校车公司做好学生接送安全隐患的排查,并及时告知校车办。

第四十五条 县安监局

(一)负责协调和监督乡镇(街道、园区)和有关职能部门履行校车管理职责,发现问题督促相关单位予以解决。

(二)负责将校车安全管理纳入对乡镇(街道、园区)和有关职能部门的安全生产目标责任考评内容。

第四十六条 县公安局

(一)负责回复县教育局的校车使用许可征求意见和机动车驾驶人校车驾驶资格的许可。

(二)会同校车办,按照安全、方便、就近和兼顾社会车辆通行需求的原则审核确定申请材料提出的校车行驶线路和停靠站点等,同时负责校园周边道路及校车行驶线路的交通秩序管理,配合交通运输、建设等部门完善校园周边道路交通安全设施。

(三)加强对校车运行情况的监督检查,依法查处校车道路交通安全违法行为,定期将校车驾驶人的道路交通安全违法行为和交通事故信息抄送其所属单位和县校车办。

(四)应当每半年对校车进行1次机动车安全技术检验,确保车辆达到规定要求。

(五)切实加强学校上下学期间的交通秩序维护工作,积极配合交通运输管理部门依法查处非法营运接送学生上下学车辆。

(六)配合县教育局组织学校开展交通安全教育。

第四十七条 校车公司

(一)负责向县教育局提交校车使用许可书面申请。

(二)建立健全校车安全管理制度,配备安全管理人员,加强校车安全维护;严把校车驾驶人准入关,定期对校车驾驶人进行安全教育,组织校车驾驶人学习道路交通安全法律法规以及安全防范、应急处置和应急救援知识,保障学生乘坐安全。

(三)根据校车办年度计划按时做好校车购置、更新及改造工作,并按国家规定做好校车的安全维护，建立安全维护档案，保证校车处于良好技术状态。不符合安全技术条件的校车，应当停运维修，消除安全隐患。

（四）负责编排校车运行工作方案，建立并落实校车“专用标志牌”制度，认真做好校车日常管理，建立健全工作台账，完善“一车一档”工作，并做好突发情况下的车辆应急调度工作。

（五）与学校签订校车安全管理责任书，负责校车运行途中的行车秩序和安全管理，认真做好“定车、定点、定时”工作，并确保校车准点和安全运行。

（六）负责做好全日制学校组织参加经教育局批准的各类活动时的接送工作。

（七）负责建立校车运行信息化监控平台，落实专人负责实时监控校车运行状况。

（八）当日完成学生接送任务后，校车应负责将随车照管人员送达学校。

第四十八条　学校

（一）与校车公司签订校车安全管理责任书，明确各自的安全管理责任，落实校车运行安全管理措施，并将校车安全管理责任书报县教育局备案。

（二）确定专人负责校车管理工作，落实小学中、高年级（三年级及以上）和中学阶段校车的车长和上下站点点长的配备培养，协助做好乘车安全管理。

（三）对教师、学生及其监护人进行交通安全教育，向学生讲解乘坐校车安全知识和应急处置技能，并定期组织校车安全事故应急处理演练。

（四）负责指派人员随校车全程照管乘车学生，学校和校车公司应当定期对随车照管人员开展道路交通安全法律法规、应急处置和救援知识的学习培训。

（五）负责做好学生乘坐校车安全隐患的排查，及时向县教育局和所在乡镇（街道、园区）报告。

（六）校车发生突发事件后，应积极配合校车公司处理后续事宜。

（七）教育引导学生不乘坐非法营运车辆，配合交通运输管理部门依法开展各类打击、整治活动。

第四十九条　随车照管人员

（一）学生上下车时，在车下引导、指挥，维护上下车秩序。

（二）发现驾驶人无校车驾驶资格，饮酒、醉酒后驾驶，或者身体严重不适以及校车超员等明显妨碍行车安全情形的，制止校车运行。

（三）清点乘车学生人数，帮助、指导学生安全落座、系好安全带，确认车门关闭后示意驾驶人启动校车。

(四)制止学生在校车行驶过程中离开座位等危险行为。

(五)核实学生下车人数,确认乘车学生已经全部离车后本人方可离车。

(六)负责学生接送途中安全隐患的排查,并及时上报学校。

第五十条 县教育、综治、公安、交通运输、财政、安监、物价、农业、经信、建设、税务、质监、审计、法制、气象等相关部门要根据国家和省、市、县有关规定,结合各自职责落实相应职能,并即时依法受理、查处涉及学生上下学交通安全的举报,保障校车安全有序运行。

第九章 奖 惩

第五十一条 乡镇(街道、园区)、部门、学校、校车公司、校车驾驶人及其他单位和个人违反国务院《校车安全管理条例》规定及本办法的,由各职能部门依照《校车安全管理条例》和相关法律、法规、规章的规定予以处罚。

被处罚款的,罚款不得计入运行管理成本,由相关责任人承担。

乡镇(街道、园区)未及时支付补助经费(超过半年),由校车办报校车工作领导小组同意停止校车服务,直至费用结清。

第五十二条 发生校车安全事故,造成人身伤亡或者财产损失的,相关责任人和单位依法承担赔偿责任。

第五十三条 乡镇(街道、园区)不依法履行校车安全管理职责,致使本行政区域出现重大校车安全事故,造成严重社会影响的,对直接负责的主管人员和其他直接责任人员依法给予记大过、降级、撤职或者开除的处分。

第五十四条 县经信、教育、公安、交通、质监、安监等有关部门及其工作人员不依法履行校车安全管理职责的,对负有责任的领导人员和直接责任人员依法给予处分。

第五十五条 违反《校车安全管理条例》及本办法的规定,构成违反治安管理行为的,由公安机关依法给予治安管理处罚;构成犯罪的,依法追究刑事责任。

第五十六条 每年对乡镇(街道、园区)和校车公司的校车管理工作实行分类考核。

第十章 附 则

第五十七条 对现不符合校车安全国家标准的学生专用接送车辆分3年(2012年—2014年12月前)予以更新、改造,在过渡期内可以作为校车使用。

第五十八条　本办法自颁布之日起施行。《长兴县人民政府办公室关于印发进一步加强学生交通安全管理工作实施细则》(长政办发〔2008〕33号)同时废止。

本办法由长兴县校车联合管理办公室负责解释。

(2012年10月30日)

长兴县校车工作考核办法(试行)

为强化校车安全监管,保障学生上下学交通安全,充分发挥乡镇(街道、园区)、有关职能部门、校车公司和学校在校车管理工作中的重要作用,调动工作积极性,为全县广大学生提供安全、高效、优质的接送服务,特制定本考核办法。

一、考核对象

(一)乡镇(街道、园区):为辖区学校开展校车服务的乡镇、街道、园区。

(二)校车公司。

二、考核原则

(一)坚持公开、公平、公正的原则。

(二)坚持统一管理与分类考核相结合的原则。

(三)坚持过程跟踪与结果考核相结合原则。

三、考核内容

(一)对乡镇(街道、园区)年度考核

考核实行百分制,年度考核分数在90分以上且前5名的为优胜单位,给予奖励(具体考核内容见考核细则)。当年度辖区内学校校车发生交通安全责任事故及师生伤亡事故的,实行一票否决。

(二)对校车公司年度考核

考核实行百分制,年度考核分数在90分及以上的为优胜单位,给予奖励(具体考核内容见考核细则)。当年度内出现校车交通安全责任事故及师生伤亡事故的,校车公司负有直接责任的,实行一票否决。

四、考核方法

乡镇(街道、园区)和校车公司的校车工作年度考核由学校评议和校车办考核两部分组成。学校按半年度对乡镇(街道、园区)及校车公司进行量化评议,所得分数按50%计入年度考核总分。校车办按照各单位考核内容进行年度考核,所得分数按50%计入总分,两者相加为该单位年度考核总得分。学校校车工作年度考核由教育局负责组织实施。

五、奖励办法

乡镇(街道、园区)年度考核分数在前5名的、校车公司年度考核分数在90分及以上的为优胜单位,颁发奖牌并给予一定奖励,奖励标准由县财政局另行制定。

附件:1. 长兴县乡镇(街道、园区)校车工作考核细则(试行)

2. 长兴县校车公司工作考核细则(试行)

附件1:

长兴县乡镇(街道、园区)校车工作考核细则(试行)

表2

考核内容	分值	考核标准	得分
确定专人负责,落实校车管理责任	5	未明确专人负责(查相关文件)的扣2分	
		未明确具体工作职责的扣3分	
与辖区内有校车的学校签订责任书	5	少1所学校扣1分	
加强日常监管,确保辖区内校车管理符合“五定”(定车、定点、定时、定人、定价)原则	5	每检查到1起“五定”未落实的扣1分	
负责本辖区内校车道路建设,确保校车道路畅通、桥梁无险	10	当道路、桥梁出现险情不能及时整改、应急处置导致校车停运的,每次扣2分	
设置相应的校车标志、标识、标线等设施	10	标志、标识、标线不符合标准、不全或破损的每处扣0.2分	
负责做好辖区内涉及校车运行安全的各类隐患的排查、整治,确保运行安全	10	不能定期开展(每季度1次)隐患排查的(查记录)扣5分	
		隐患整治不及时导致校车停运的,每次扣2分	
组织交通工作站、政法综治办等机构力量,加强对辖区内校车运行的日常监管	5	未落实的(查日常监管记录)扣5分	

续表2

考核内容	分值	考核标准	得分
积极配合县有关部门开展交通综合治理,维护良好的交通秩序	5	未落实的(查治理记录和其他证明材料)扣5分	
指导、督促村委会建立学生候车点家长负责制,组织家长轮流维护候车点的秩序和组织学生上下车,确保候车、上下车安全,并将此项工作落实情况纳入乡镇(街道、园区)对村(居)委会考核	10	无家长轮流护导的每个站点扣0.2分。未纳入乡镇(街道、园区)对村(居)委会考核的(查考核指标)的,每个村扣0.1分	
负责向校车办提交本辖区内的学生校车线路调整申请	5	未及时提交的每次扣1分	
因辖区校车通行道路及桥梁改造影响校车通行时应提前五个工作日向校车办汇报并采取有效的应急处置措施	5	未执行的每起扣1分	
负责做好有关校车接送方面的维稳工作	5	发生一起因校车原因县内上访的扣2分,县外上访的扣5分	
及时支付学生乘坐校车补助费用	10	未按时支付的每次扣5分	
积极配合并服从校车办的工作安排	10	不服从校车办工作安排的每次扣2分	

附件2:

长兴县校车公司工作考核细则(试行)

表3

考核内容	分值	考核标准	得分
负责向县教育局提交校车使用许可书面申请	5	不能及时提交申请的,每车扣0.5分	
建立健全校车安全管理制度,配备安全管理人员,加强校车的安全维护	10	无校车安全管理制度扣5分	
		未配备安全管理人员的扣5分	
严把校车驾驶人准入关,定期对校车驾驶人进行安全教育,组织校车驾驶人学习道路交通安全法律法规以及安全防范、应急处置和应急救援知识,保障学生乘坐安全	10	校车驾驶人不符合要求的每人扣2分	
		未定期(每季度1次)开展学习培训的,少1次扣2分	
		发生校车违法违章行为每起扣1分(扣分不封顶)	

续表3

考核内容	分值	考核标准	得分
按时做好校车购置、更新及改造工作，并按照国家规定做好校车的安全维护工作，建立安全维护档案，保证校车处于良好技术状态。不符合安全技术条件的校车，应当停运维修，消除安全隐患	15	未按时做好校车购置、更新及改造工作，每少1辆扣1分	
		未建立安全维护档案的，每车扣1分	
		发现不符合安全技术条件的校车接送学生的每次扣2分	
负责编排校车运行工作方案，建立并落实校车“专用标志牌”制度，认真做好校车日常管理，建立健全工作台账，完善“一车一档”工作，并能够做好突发情况下的车辆应急调度工作	15	未落实校车运行工作方案编排的，扣2分	
		未落实校车“专用标志牌”制度的，每车扣1分	
		工作台账不健全的，扣2分	
		“一车一档”工作未落实的，每车扣1分	
		突发情况下的车辆应急调度不落实的扣2分	
与学校签订校车安全管理责任书，负责校车运行途中的行车秩序和安全管理，认真做好“定车、定点、定时”工作，并确保校车准点和安全运行	15	校车安全管理责任书签订每少1所学校扣1分	
		“定车、定点、定时”工作不落实，每发现1次扣1分	
负责做好全日制学校组织参加经教育局批准的各类活动时的接送工作	5	无正当理由拒绝执行接送工作的，每次扣1分	
负责建立校车运行信息化监控平台，落实专人负责实时监控校车运行状况	10	未建立监控平台，扣5分	
		未落实专人负责实时监控扣5分	
当日完成学生接送任务后，校车应负责将随车照管人员送达学校	5	拒绝将随车照管人员送达学校的，每次扣1分	
积极参与配合并服从校车办工作安排，及时报送相关材料	10	不执行的每次扣2分	

长兴县创建浙江省教育现代化县实施意见

为深入贯彻落实中共浙江省委办公厅、浙江省人民政府办公厅《关于在全省开展教育现代化县（市、区）评估工作的通知》（浙委办〔2011〕142号）和浙江省人民政府教育督导室、浙江省教育厅关于印发《浙江省教育现代化县(市、区)评估操作标准》的通知(浙教督室〔2012〕2号)文件精神,加快教育现代化建设步伐,结合我县实际情况,特制定本实施意见:

一、指导思想

以十八大精神为指导,以“立德树人”为核心,以促进教育公平、提高教育质量为目标,以体制机制改革创新为动力,以促进学生健康成长和提高公民素质为出发点和落脚点,遵循教育规律和人才成长规律,坚持教育优先发展、率先发展、科学发展,努力办好人民满意的教育,全力实现教育思想、教育保障、教育管理和教育水平的现代化,为建设“太湖望县,锦绣长兴”作出积极贡献。

二、目标任务

认真落实《长兴县教育改革和发展十二五规划》,围绕“立德树人”,全面推进教育现代化目标,努力实现“理念先进、结构合理、数量充足、质量保证、体制灵活、科学和谐”的教育发展新格局,通过教育思想、教育保障、教育管理和教育水平的四个现代化建设,力争在2014年成为浙江省教育现代化县。

(一)教育思想现代化。坚持“三个面向”,遵循教育规律,树立科学的教育发展观、人才观和质量观。坚持教育公益性和普惠性,促进教育公平。坚持以人为本,以提高公民素质为根本宗旨,以培养学生的创新精神和实践能力为重点,面向全体学生,形成以素质教育为核心的教育管理和教育服务理念,培养既全面发展又有个性特长的创新型人才。

(二)教育保障现代化。依法落实教育经费,确保教育经费稳步增长,教育投入适应和满足教育事业发展需要。教师编制充足、结构合理、素质全面。统筹各类教育资源,加快薄弱学校改造,义务教育、成校标准化学校比例高。各级各类学校的基础设施和教育技术装备达到省定标准,教育信息化基础设施设备能满足信息技术课程教学和现代远程教育的需要并达省定标准。

(三)教育管理现代化。坚持依法办学、依法治教,规范教育教学行为和教育秩序,全面实施素质教育。建立适应社会主义市场经济体制、符合教育发展规律的教育体制机制。完善教育评价机制,形成科学的学生综合素质评价、校长教师专业发展评价和学校发展性评价机制。

(四)教育水平现代化。各类优质教育资源达到省定标准,教育教学质量、优质教育资源满足人民群众的教育需求,培养模式、师资水平、教育内容、教学方法、质量评价符合学生个性化发展和终身化教育需要。

三、主要措施

(一)落实教育优先发展的战略地位

1. 教育发展经费有保障。进一步加大经费投入，依法落实教育经费，确保教育经费依法实现“三个增长”。建立各级各类教育经费保障机制，确保财政教育经费支出占一般预算支出比例达到或超过省核定的比例。按规定征收教育附加和地方教育附加，并从土地出让净收益中按10%比例计提教育资金。建立校舍维修长效机制。把教育经费作为财政支出的重点领域予以优先保障。坚持多渠道筹措教育经费，不断完善中小学预算编制制度，学校建设和维修、设备更新与添置、学前教育、职业教育、继续教育、特殊教育等专项经费每年都列入财政预算。不断提高生均教育事业费、日常公用经费保障水平。

2. 教师队伍建设有保障。用足教师编制，并按小班化要求适当增加5%的编制比例，队伍结构合理，教师培训机构健全，培训经费到位，建立完善中小学新任教师培训、教师岗位培训、在职校长提高培训等制度，能按规定组织完成5年一个周期每个教师360课时的培训任务和指导中小学开展校本培训。教师各项权益得到有效保障。中小学教师实行岗位绩效工资制度，保障教师的平均工资水平不低于公务员的平均工资水平。各级各类学校教师社会保险政策落实到位。

3. 教育发展资源有保障。切实保证全县经济社会发展规划优先安排教育发展、公共资源优先满足教育和人力资源开发需要。制订完善与全县城市化发展匹配的城乡教育设施布局专项规划，建立学校建设与城市建设相配套的制度，并依规划和国家、地方有关标准进行建设。积极破解土地资源制约因素，抓紧学校基建项目建设，扩充教育资源。建立学校(幼儿园)建设与居住区建设相配套的制度，统筹安排学前教育、普通教育、职业教育、继续教育等各类教育，并依规划和国家、地方有关标准进行建设。依法制订和落实对民办教育发展的扶持政策措施，积极发展多元、优质、规范的民办教育，满足人民群众对多样化、优质化的需求。加大推进省义务教育标准化学校建设力度，到2014年全县义务教育省标准化学校比例达到85%以上。实施教育信息化工程，加快推进标准化实验室、图书馆和数字化校园建设，全县中小学教育装备达到《浙江省中小学教育技术装备标准》，实现教育技术手段现代化。建立所辖学校(幼儿园)完整建筑安全档案；建立定期安全检查和按规定提取校舍维修改造专项资金制度，确保校址、校园建筑达到安全标准。

(二)坚持育人为本的教育方针

1. 遵循教育规律。开足开齐规定的课程，大力开展学生文体活动，关注学生身心健康，建立中小学“减负”工作责任制和责任追究制。加强教育督导，规范教育、招生和考试秩序，公开教育信息，保障人民群众知情权、表达权和监督权。积极营造具有良好的素质教育舆论导向和宽松的教育环境，形成学校、家庭、社会育人合力。

2. 规范办学秩序。义务教育阶段学校做到“免试就近”入学；示范高中招生50%以上名额分配到义务教育阶段学校；高中阶段招生秩序规范；防范考试舞弊的措施和机制完善健全，杜绝发生群体性舞弊事件和重大考试责任事故。建有教育政策、招生政策、重大教育信息及时公开发布制度，全面实施校务公开，且方便群众查阅；凡涉及人民群众切身利益的招生、收费、招聘教师等，均自觉接受社会监督，做到阳光操作。切实落实履行教育督导职责，确保教育督导工作有人管事、有钱办事，督政、督学制度完善，积极开展教育督导工作，充分发挥监督、指导作用。

3. 优化教育环境。形成有利于推进素质教育的正确的舆论导向和舆论监督。不给学校下达升学指标，不以考试成绩和升学率给学校排队。学校家庭社会相互支持、相互配合，形成推进素质教育合力，部门、乡镇（街道、园区）主动支持学校建设与发展，维护校内外安全。

（三）形成教育公平的良好局面

1. 实现义务教育均衡发展。推进义务教育城乡、校际之间生均公用经费支出、图书技术装备均衡配置。进一步完善城乡学校校际共建制度，实行校长、教师合理有序交流，切实采取有效措施，解决大班额问题，加快小班化进程，把全县小学、初中98%的班级班额分别控制在40人、45人以下。公办中小学择校率控制在5%以下，且不收取择校费。

2. 促进各类教育协调发展。学前教育、义务教育、高中教育、职业教育、成人教育协调发展，建立和完善终身教育体系。学前三年入园率达96%以上，镇（乡）中心幼儿园建有等级幼儿园率达100%，省三级以上幼儿园在园儿童数占在园儿童总数的比例达到95%以上；学前教育教师持证上岗率达90%。义务教育阶段入学率、完成率均达到99.9%以上，高中教育阶段毛入学率达到98%、完成率达到98%以上。学校按规定多形式开设选修课程，保证学生完成学习的选课需要；省级优质特色高中达到50%以上。职业学校100%达到省等级职业学校标准。形成以县社区学院为龙头、街道社区学校（乡镇成人学校）为骨干、辐射城乡的社区教育网络，标准化率达100%。广泛开展城乡居民文化教育、技能培训等各类教育培训。每年至少有占常住人口0.1%比例的成人通过“双证制”教育取得证书，满足人民群众多样化的学习需求。

3.弱势群体教育有保障。残疾儿童少年教育纳入全县教育体系,适龄三类残疾儿童少年义务教育入学率基本达到普通儿童少年水平、基本普及三类残疾儿童少年学前三年教育;建立培智学校的同时在普通学校附设特教部(班),并建有随班就读保障体系。合理配置资源教室,按规定配备特殊教育师资,教育经费达到规定要求。学校建有针对学习成绩后20%的学生和行为有偏差学生的帮扶制度。

(四)切实提高全面的教学质量

1.健全教育评价机制。建立完善的学生综合素质评价机制。学校建立包括师德和教师专业发展的评价机制,实现教师评价与聘任、职称评审、评先、绩效工资紧密挂钩。建立学校发展性评价制度,且与校长工作评价、校长任期相结合。

2.教育质量稳步提高。全面建立中小学教育教学监测体系,包括:义务教育学业水平和身体素质监测、高中会考合格率、A等率或提高幅度、职高毕业生取得"双证率"和一次就业率及其专业对口率。促进学生全面并有个性地发展,教育教学质量达到监测规定要求。

3.着力打造平安校园。不断提高学校安全教育管理水平,健全学校(幼儿园)安全管理制度,安全教育、安保措施、校车管理等方面责任落实,深入推进平安校园创建活动,创建率达100%,建立突发事件应急处置机制。学校周边环境秩序良好,校园平安稳定和谐。确保不发生重大学校责任安全事故和群体性事件,杜绝发生校园内严重刑事案件。

(五)探索改革创新教育模式

在深化人才培养模式改革、深化招生制度改革、深化现代学校制度建设、深化办学体制改革、深化教育评价制度改革、深化教师队伍管理改革、积极扩大教育开放等方面积极探索,进一步深化教育券制度和德育导师制的推广应用,扎实推进全省教师培养培训在我县的改革试点工作,力争取得新成果。

四、工作步骤

(一)启动准备阶段(2012年7月1日—2012年11月30日)。认真学习浙江省教育现代化县创建的文件,掌握相关标准及要求,调查摸清本地教育发展现状,研究制订实施意见。建立推进区域教育现代化建设领导机构、工作小组,明确责任主体、工作目标和任务。召开推进教育现代化县建设动员大会,部署全县教育现代化创建工作。利用多种渠道宣传教育现代化县创建工作,营造创建舆论氛围。成立长兴县创建浙江省教育现代化县工作领导小组,组长由县长担任,副组长由分管副县长担任,成员由县政府办、编委办、发改委、财政局、公安局、建设局、人力社保局、教育局、卫生局、国土资源局、食品药监局等部门以及各乡镇(街道、园区)政府主要负责人担任。领导小组下设创建工作办公室,办公室设在教育局。

(二)实施争创阶段(2012年12月1日—2013年12月31日)。各成员单位贯彻落实县政府会议精神,召开本部门动员会,明确创建目标与责任,抓好各项工作任务的落实,建立创建项目的管理制度,所有项目均明确时间进度及责任人。要加强指导和督促,确保工作质量和进度。适时召开研讨会、现场会、推进会,攻坚克难,有效推进。

(三)迎接验收阶段(2014年1月1日—2014年12月31日)。各成员单位对照职责、标准自查完善;县政府组织模拟评估,发现问题及时改进;县、乡镇(街道、园区)、学校做好迎接省、市评估的各项准备工作,力争我县在2014年成为浙江省教育现代化县。

五、工作要求

(一)提高认识,加强领导。县政府成立教育现代化县创建工作领导小组。领导小组成员单位也要成立相应的领导机构和工作班子,主要领导亲自抓,并有专门人员具体负责,全程推进。领导小组成员单位要从践行科学发展观、构建和谐长兴的高度,深刻认识推进教育现代化县创建工作的重要意义。各乡镇(街道、园区)、各部门要明确教育现代化县创建的工作任务,纳入本地区、本部门经济和社会事业发展的年度工作计划,统一部署。县政府与各乡镇(街道、园区)签订创建目标责任书;教育局与学校、科室分别签订创建目标责任书,建立"条块结合,责任到人"的双重责任机制。形成一级抓一级、层层抓落实的联创共建机制。

(二)加强宣传,全面推进。领导小组成员单位要组织新闻媒体,积极宣传教育现代化县创建工作的意义、目标、任务,宣传全县推进教育现代化县创建工作的重大举措,充分发挥舆论导向作用,让全社会了解长兴教育,关心长兴教育,支持长兴教育,努力为长兴教育现代化县创建工作的顺利开展营造良好的氛围。

(三)齐抓共管,协调联动。实现教育现代化是一个系统工程,涉及方方面面,各部门要明确自己的职责,认真学习贯彻《中共浙江省委办公厅、浙江省人民政府办公厅关于在全省开展教育现代化县(市、区)评估工作的通知》和《浙江省人民政府教育督导室、浙江省教育厅关于印发省教育现代化达标县评估操作标准的通知》,认真履行职责,把各项工作落到实处,确保项目指标进度按序按时有效落实到位。同时要建立健全部门间沟通协调机制,进一步加强协调,密切配合,齐抓共管,努力形成创建工作的整体合力。县人民政府教育督导室要进一步完善教育督导机制,加强过程性督导,强化监督、检查、评估、指导的功能。

(2012年12月31日)

后记

根据长兴县第二轮修志工作的总体要求与安排，2014年8月开始《长兴县志》（教育编）的分撰工作。在完成《长兴县志》（教育编）的分撰任务后，2017下半年启动《长兴县教育志（1989—2014）》的编写工作，在前期收集资料的基础上，再次补充收集教育历史资料。通过查阅市县教育局、市县档案馆、县体育局、各级各类学校档案室的教育历史图书档案，面询史实当事人等，将资料进行系统整理、鉴别，并反复征求意见，于2018年年底完成《长兴县教育志（1989—2014）》初审稿，多次进行小组初审。2019年7月，交县史志办复审。2019年12月，交县教育局党委终审。

在编写过程中，得到县史志办给予的具体指导帮助，得到县教育局各科室、各级各类学校及县教育系统前辈的大力支持，积极提供大量史实资料及线索，并对志书编写提供宝贵的意见。谨致衷心的感谢！

限于编纂参与人员能力水平有限，部分资料缺失，疏漏差错在所难免，敬请读者批评指正。

《长兴县教育志》编纂办公室

2020年8月

图书在版编目（C I P）数据

长兴县教育志 ：1989—2014 / 长兴县教育局编. --
北京 ：方志出版社，2020.9
ISBN 978-7-5144-4465-0

Ⅰ. ①长… Ⅱ. ①长… Ⅲ. ①教育史-长兴县-
1989-2014 Ⅳ. ①G527.554

中国版本图书馆CIP数据核字（2020）第236461号

长兴县教育志（1989—2014）

编　　者：长兴县教育局
责任编辑：李志瑜
出 版 者：方志出版社
地址　北京市朝阳区潘家园东里9号（国家方志馆4层）
邮编　100021
网址　http://www.zgfzcb.cn
发　　行：方志出版社图书经销中心
电话（010）67110500
经　　销：各地新华书店
印　　刷：杭州富春电子印务有限公司
开　　本：787×1092　1/16
印　　张：40
字　　数：708千字
版　　次：2020年9月第1版　2020年9月第1次印刷
印　　数：0001～1000册

ISBN 978-7-5144-4465-0　定价：300.00元